华东师范大学言语听觉科学教育部重点实验室项目
上海泰亿格康复医疗科技股份有限公司项目

言语治疗学

黄昭鸣　朱群怡　卢红云　著

华东师范大学出版社

·上海·

图书在版编目（CIP）数据

言语治疗学/黄昭鸣，朱群怡，卢红云著.—上海：
华东师范大学出版社,2017
言语听觉科学专业系列教材
ISBN 978 - 7 - 5675 - 6553 - 1

Ⅰ.①言… Ⅱ.①黄… ②朱… ③卢… Ⅲ.①言语障
碍-治疗学-高等学校-教材 Ⅳ.①H018.4 ②R767.92

中国版本图书馆 CIP 数据核字(2017)第 121465 号

言语治疗学

著　者　黄昭鸣　朱群怡　卢红云
项目编辑　范耀华
特约审读　李　莎
责任校对　张多多
装帧设计　俞　越　陈晓云

出版发行　华东师范大学出版社
社　　址　上海市中山北路 3663 号　邮编 200062
网　　址　www.ecnupress.com.cn
电　　话　021 - 60821666　行政传真 021 - 62572105
客服电话　021 - 62865537　门市(邮购)电话 021 - 62869887
地　　址　上海市中山北路 3663 号华东师范大学校内先锋路口
网　　店　http://hdsdcbs.tmall.com/

印刷者　上海华顿书刊印刷有限公司
开　　本　889毫米×1194毫米　1/16
印　　张　29
字　　数　893 千字
版　　次　2017 年 8 月第 1 版
印　　次　2023 年 7 月第 6 次
书　　号　ISBN 978 - 7 - 5675 - 6553 - 1/G·10413
定　　价　168.00 元

出 版 人　王　焰

谨将此书献给我的学生们
感谢你们为
中国言语听觉康复的发展所作出的贡献

In Love of My Students
The Pioneers
in Speech-language Pathology and Audiology

前　　言

在我国,言语语言、听觉康复(Speech-language Pathology and Audiology)尚属一门新兴学科。相比听觉科学而言,言语科学在我国起步更晚,相关专业参考书籍寥寥无几,缺乏科学系统的理论指导,言语治疗水平参差不齐。2004年,经教育部批准,华东师范大学成立了我国第一个言语听觉科学专业,2009年,成立了言语听觉科学教育部重点实验室。这12年以来,在大家的共同努力下,从学科、教材、理论、实践等方面走过了从无到有的创建历程,已经取得了令人瞩目的成绩。但毋庸置疑,国内言语语言、听觉康复的发展和发达国家相比仍存在很大差距。尤其近年来,随着高新技术的迅猛发展,言语治疗的相关知识和治疗手段在不断地更新、丰富,并深刻影响着教学、科研和临床实践的各个方面。目前,国内许多高校也陆续开始设立康复治疗学、听力与言语康复学、教育康复学等专业,言语治疗学已成为这些相关专业的核心课程之一。因此,从学科建设、专业发展的角度看,编写一部与时俱进的系统、专业的《言语治疗学》,非常有必要。

自1995年至今22年,本人先后在中国、美国、英国、法国、西班牙、巴西、印度、韩国等多个国家,从事本科生和研究生"言语科学、言语康复、言语测量、嗓音治疗等"课程的教学、科研工作,积累了丰富的教学、科研和实践经验,《言语治疗学》这本书就是在此基础上进一步总结形成的。本书的编写过程十分艰辛,如今书稿即将付梓,在此我要特别感谢华东师范大学言语听觉康复科学系主任杜晓新教授、华东师范大学言语听觉康复研究院院长孙喜斌教授对本书理论框架建设的鼎力支持;感谢上海泰亿格康复医疗科技股份有限公司周红省、周林灿等提供现代化言语康复设备的大力支持;感谢上海泰亿格康复服务有限公司卢红云、白银婷等提供临床实践研究的大力支持;感谢华东师范大学我的博士研究生团队与我长期根植言语康复的科学研究中,不断完善理论体系,创新康复手段和方法,不断充实本书内容,他们是韩知娟、万萍、刘巧云、金野、万勤、肖永涛、卢红云、张蕾、卢海丹、周林灿、金星、孙韡郡、张磊、胡金秀、白银婷、李宁、汪红、张青、司博宇、杨三华、朱群怡、熊利平、宿淑华、王勇丽、高晓慧、张玉红、徐灵芝、刘杰、徐帅、张云舒、林青、张梓琴、李孝洁、尹敏敏等。还有我的众多硕士生们。感谢我的学生们!

最后,衷心希望本书的出版能为我国言语康复的发展贡献绵薄之力。但受学识和视野之限,书中难免存有不当之处,为使本书在使用中不断完善,还望同行与读者不吝指正。

自　序
不忘初心，方得始终

曾记得，1996年11月，我在美国出席ASHA（American Social Health Association，美国社会健康协会）会议并做主题报告，会后一位记者向我提问："Dr. Speech，您确实为一些发展中国家言语康复科学专业的建设与发展作出了贡献。那么，是否也能谈谈您的祖国——中国该专业的发展情况？"一听此言，我顿时语塞，竟无言以对。在此后的数天内，我经常辗转反侧、夜不能寐，经反复思量，狠下决心：立即回国，不管有多少困难险阻，我将义无反顾，决心穷毕生之力，为祖国言语语言、听觉康复科学的学科建设、为残疾人康复事业尽自己的一份绵薄之力。

光阴似箭，日月如梭，转眼已20余载。近来，我常突发奇想，如能邂逅当年的那位记者，我一定会自豪地告诉他："中国大陆的言语听觉康复事业已今非昔比，正像雨后春笋，茁壮成长……"

回顾近20年的办学之路，作为一名亲历者，此时此刻，我不禁感慨万千。1995年，我从美国华盛顿大学言语病理学博士毕业，1998年回国后就一直寻找办学之路。起初在医学院校寻找途径，由于当时大家对言语康复还没有基本的认识，结果屡试屡败。直至2003年，我偶遇时任华东师范大学学前与特殊教育学院的副院长杜晓新教授和时任中国聋儿康复中心的副主任孙喜斌教授，他们慧眼识真才，面对中国十聋九哑、言语障碍儿童有病无处医的现状，认为中国急需言语康复的人才，高校有责任和使命引进言语语言、听觉康复学科的高端人才。

在我和杜晓新、孙喜斌教授的倡议和申报下，2004年，教育部批准华东师范大学设立言语听觉科学专业（本科）。这是我国高等教育院校中的首创，填补了国内言语语言康复领域的空白。2009年，华东师范大学成立了中国大陆第一个言语听觉康复科学系，建立了第一个言语听觉科学教育部重点实验室。2013年，教育部批准在全国成立听力与言语康复学专业（本科）。

12年的办学历经艰辛。我和同事们始终怀着"科学有险阻，苦战能过关"的信念，携手奋进，在学科建设、人才培养、科学研究与社会服务等方面取得了众多骄人的成绩。本着"科学研究、服务社会"的办学理念和"医教结合、文理结合、理论与实践相结合"的办学原则，组建了一支团队，攻关了10多项课题，创造了11项发明专利，成立了四个教学科研实践基地，构建了三套"言之有理、操之有物、行之有效"的理论体系和实践模式（即：言语康复的RPRAP理论与ATM实践模式、聋儿康复HSL理论与1＋X＋Y模式、多重障碍儿童多重干预的HRS理论与ATM实践模式），在全国特校建立了18所"医教结合"实验基地、23所"教育康复"师资培训基地，培养了学生3000多人，使上万残疾儿童得到康复,对推动中国言语语言、听觉康复行业的发展以及特殊教育的改革作出了突出贡献。

在诸多的成果中,最使我感到自豪的是:2013 年,我们研究团队申报的"言语听觉障碍儿童康复技术及其示范应用"科研成果,荣获上海市科学技术二等奖,凸显政府对"言听新行业"运行机制的高度认同。2015 年,我们研究团队申报的"基于残障儿童综合康复理论的康复云平台的开发与示范应用"科研成果,再次荣获上海市科学技术二等奖。

然而,我们也清醒地认识到,成就和荣誉已成过去,新的机遇与挑战就在面前。我们必须继续顺应时代的发展与需求,与时俱进,不断创新,勇于改革,才能取得更大的成绩。

2012 年 9 月,教育部等五部委联合发布 12 号文件,在"加大特殊教育教师培养力度"一项中提出:"加强特殊教育专业建设,拓宽专业领域,扩大培养规模,满足特殊教育事业发展需要。改革培养模式,积极支持高等师范院校与医学院校合作,促进学科交叉,培养具有复合型知识技能的特殊教育教师、康复类专业技术人才。"2013 年,经教育部批准,华东师范大学在全国率先成立教育康复学专业(本科)。教育康复学的设立是我国高等特殊教育改革的产物,符合当前特殊教育实施"医教结合"的改革思路,符合特殊教育新形势下对师资培养的需求,有助于发展基于学校的康复治疗模式。至 2015 年,包括华东师范大学在内,全国已有五所高校成立了教育康复学本科专业,许多医学类院校也开设了听力与言语康复学专业。

然而,新学科的建立与发展,必然面临许多理论与实际问题,其中的首要问题是课程与教材建设。在华东师范大学出版社的大力支持下,我们已经出版了多部相关专著。目前,由本人负责的专著《言语治疗学》即将付梓问世。我衷心地希望该书的出版能为言语听觉科学、听力与言语康复学、教育康复学、特殊教育学等专业的建设贡献绵薄之力,能为联合医学和教育两大系统的力量解决言语障碍儿童的需求贡献一份力量。

"木欣欣以向荣,泉涓涓而始流,赞医教之结合,感吾辈之逢时。"同仁们,让我们谨记:"空谈无益,实干兴邦!"大家携起手来,脚踏实地,求真务实,为中国康复医学和特殊教育事业的美好明天贡献力量!

黄昭鸣

Daniel Zhaoming Huang, Dr. Speech

Ph. D. in Speech-language Pathology and Audiology

The University of Washington

华东师范大学言语听觉科学教育部重点实验室主任

华东师范大学教育康复学系教授、博导

2016 年 9 月 9 日于美国西雅图

目　　录

第一章 绪 论

【 本章目标 】

阅读完本章之后,你将:
1. 掌握言语产生和感知的过程;
2. 了解言语处理过程中的三个水平;
3. 了解言语产生的三大系统和五大功能模块,以及言语生理和声学之间的关系;
4. 了解言语治疗的对象与流程。

言语障碍主要体现在呼吸、发声、共鸣、构音和语音五个方面的功能异常。正确的评估与治疗,是提高患者言语流畅性和清晰度的基础和前提,是进行正常言语沟通交流的重要保障。本书将从以上五个功能模块出发,对言语障碍的评估与治疗作较为详细的介绍。

第一节 言语产生的机理

言语的产生是在中枢神经系统的控制下,通过外周发音器官复杂而精确的运动从而产生语音来实现的。因此充分了解发音的原理,能为有效地选择不同的方法对言语语言障碍患者进行全面的评估、诊断和治疗奠定基础。在此之前,还必须明确两个概念:言语(speech)和语言(language)。在人们的日常生活中,言语和语言两个词往往被混用,但从言语病理学的角度来说,两者是有区别的,正确地区分"言语"和"语言",可以帮助言语治疗人员正确地理解各种言语语言障碍,并进行有效的康复治疗。

一、言语和语言

语言是人类社会中约定俗成的符号系统,它是一个以语音或字形为物质外壳(形态),以词汇为建筑构建材料,以语法为结构规律而构成的体系。在人出生以后,经过各个言语器官长期综合的协调,有声语言(语音)逐渐形成,人们通过应用语音达到口语交流的目的。

形成语言的关键是语言中枢。语言中枢位于一侧大脑半球,习惯用右手者,语言中枢位于大脑左半球,习惯用左手者,其语言中枢位于大脑右半球。按照分工不同,语言中枢可分为四类:运动性语言中枢(言语中枢)、听性语言中枢(感觉中枢)、视运动性语言中枢(书写中枢)和视感觉性语言中枢(阅读中枢)。外界各种信号或刺激经过眼、耳等器官传递到大脑的语言中枢;语言中枢对传入的信号或刺激进行综合分析后,经由神经系统,将分析的结果传递到语言表达器官(主要指发音器官)。语言能力包括对符号的接受(理解)和运用(表达)的能力,其接受和表达的方式包括书写、阅读、肢体语言和哑语等。代表性的语言障碍为失语症(aphasia)和语言发育迟缓(delayed language development)。

言语是有声语言(口语)形成的机械过程,是人类沟通的主要途径之一,为使口语表达声音响亮、发音清晰,需要有与言语产生相关的神经和肌肉参与活动。

按照功能定位,可将大脑皮层划分成 47 个区,称之为波得曼区(Brodmann areas),如图 1.1 所示。与

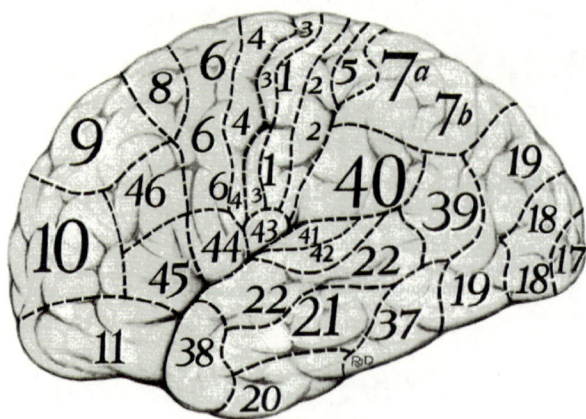

图 1.1　大脑的功能定位(波得曼区)

言语运动密切相关的是布罗卡言语区(44 区与 45 区,Broca area),它作为运动性语言中枢之一,功能主要是控制、协调下颌、唇、舌、软腭等构音器官的肌肉运动,为言语构音作准备。说话和唱歌时,人脑的高级指令中心(包括大脑皮层的言语区),首先确定形成言语特征序列的指令,这些指令被传送到位于大脑额叶中央前回的运动皮质中,运动皮质再发出一系列指令到位于脑干内的运动神经核和脊髓,然后传送到呼吸、发声和构音系统的肌肉。当这些相关的神经或者肌肉发生病变时,就会出现说话费力或发音不清等现象。代表性的言语障碍为运动性构音障碍(dysarthria)、嗓音障碍(voice disorder)和口吃(stutter)。

可以说,言语是有声语言的第一步,它是说话的动态的机械过程,产生出的结果即为语音;而语音在按照一定的语法结构和词汇等构成有意义的符号时,才能被称为语言,且这种语言是有声语言,除此之外语言还包括肢体语言、书面语言和内部语言等。

二、 言语的产生与感知

言语的产生是一个非常复杂的过程,需要各言语器官的协调运动,其中任何一个环节出现问题,言语都难以准确形成。图 1.2 显示了人类言语产生(speech production)和言语感知(speech perception)的过程。

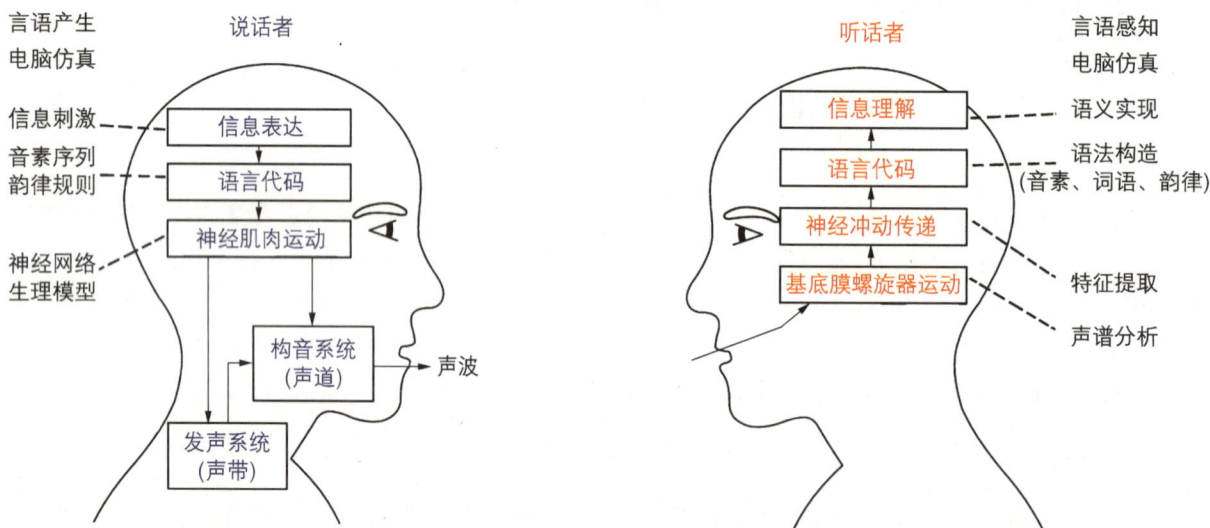

图 1.2　言语产生和感知过程

说话者在向听话者传递言语信息之前,首先将该信息在大脑中进行加工处理,这时言语产生的过程就开始了(相当于电脑仿真程序中的建立表达信息含义的刺激)。下一步是将该信息转变成语言代码(在电脑仿真程序中,这相当于把信息源转变成一系列的音素序列,并以韵律的方式标定其响度、音调、音长等特征)。选定了语言代码(语音特征)后,说话者的神经系统就发出一系列神经肌肉的运动指令(神经冲动的传递及其受支配肌肉的运动),促使声带发生振动,进而声道形状发生变化。这些指令必须能够同时控制呼吸系统、发声系统和构音系统中各器官的运动(构音过程表现),其中包括控制膈肌、声带、唇、下颌、舌部和软腭等结构的运动,这样就产生了一系列有序的言语声,最后由说话者发出。言语声最终以声波的形式输出(声学表现)。

当言语信号以声波的形式传递给听话者时,言语的感知过程就开始了。首先,言语信号在听话者内耳基底膜的螺旋器上进行声学信号处理,这是对输入言语信号进行的初步声学分析。然后,基底膜输出的声音信号被转变成听觉神经传递的电信号,这相当于一个特征提取的过程。听觉神经冲动(即:神经电信号)传递到大脑高级听觉中枢后,将以一种十分抽象的方式转变成一种语言代码(相当于电脑的仿真程序中的句子构造),进而最终实现对言语信号的理解(相当于电脑的仿真程序中的语义实现)。

每一种言语声都能用抽象复杂的语音特征表现出来,即语音能力。语音能力可以从不同的角度来进行分析和考察。从心理学的角度分析,语音是语言符号的标记,是语言中唯一具有物质特性的部分。从生理学的角度分析,语音的构成(不包括机器合成)是指通过人类相关发音器官的运动来影响喉腔、咽腔、口腔或鼻腔内空气的流动,从而产生声波并形成语音的过程。所谓的发音器官,如肺、声带、舌等,在解剖和生理学中,它们原本分属于呼吸器官和消化器官,但是因为语言在人类现代文明社会生活中的作用越来越重要,所以,我们从发音功能的角度把这些器官归为一类,并从思维科学、通讯科学、社会学、人类学等现代学科的角度对发音器官的机制和功能进行了科学研究。

语音能力还可以从计算机处理的角度(输入—输出机制)加以考察,即语音的收发能力。将语音看作一种语言代码时,语音输入就是对语言代码进行信息理解,这是一个由表层向深层过渡的过程,称为语音解码(phonetic decode);而语音输出则是将信息以语言代码的形式表达出来,是一个由深层向表层过渡的过程,其最后一个程序则是语音编码(phonetic code)。可见输入和输出则是一组逆向的过程,而语音能力恰好分属于听觉功能和言语技能的最表层。但是,从语言获得和语言发展的角度来看,语音输入的能力跟语音输出的能力一般是不平衡的。在时间上,语音"输入"能力的获得大大早于"输出"能力的获得,并且"输入"的容量也远远大于"输出"的容量。

在日常生活和工作中,人们运用言语进行交往和传递信息,而产生和运用言语的过程常常是无意识的,人们意识不到有哪些言语器官参与了此过程,以及它们是如何运动的。实际上,言语处理的过程是相当复杂的。为了便于理解,可将言语的产生(说话者)和感知(听话者)过程分为三个水平,如图1.3所示。

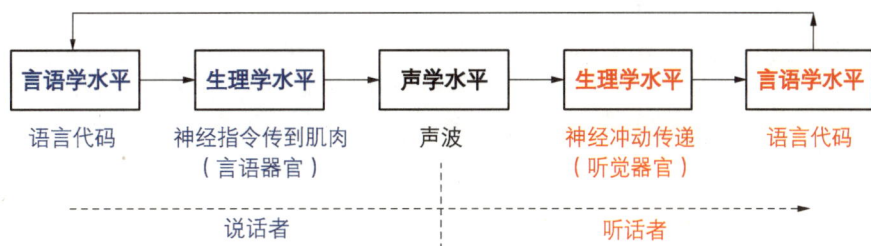

图 1.3　言语听觉链

1. 言语学水平(speech level)
言语学水平阶段的活动是在大脑内完成的。不论是汉语、英语,还是其他语种,都是以规定的符号为基础,用语言学概念将所要表达的内容组合起来,例如,小单位由一个个的音排列成单词,大单位依语法结构排列成词组、句子和文章等。

2. 生理学水平(physiological level)
决定了要表达的内容后,呼吸器官、发声器官和构音器官就开始工作了。通过这些器官的协调运动,人们说出单词、词组、句子和文章。例如,表达"苹果"这个词时,要在大脑和神经的支配下,通过言语肌群(呼吸肌群、发声肌群和构音肌群)的协调运动来实现;在说出这个词后,其声音通过听话者的外耳、中耳、内耳、听神经传到听觉中枢,同时,也通过同样的途径传到说话者的听觉中枢。由此,说话者可以调节和控制自己说话的音调和音量。

3. 声学水平(acoustic level)
通过言语肌群的协调运动产生的单词或语句,是以声音的形式传递的。这种形式包括三方面的因素:

声音的大小（强度）、声音的高低（音调）和声音的长短（时长）。

在言语处理过程中，每一水平都很复杂，而且要表达的意图、内容的组合、发音器官（呼吸器官、发声器官和构音器官）的协调运动等都随着年龄的变化而变化，所以，言语功能与大脑的发育有关。如果存在先天性因素导致的大脑发育不全，便会不同程度地影响言语学水平的处理过程。后天性因素，如脑梗死或脑外伤等损伤了大脑的语言中枢，也会影响言语学水平和生理学水平的处理过程，进而影响声学水平。如在言语发育完成之前发生听力障碍，则言语产生和感知的三个水平都会受到影响。

第二节　言语产生的三大系统和五大功能模块

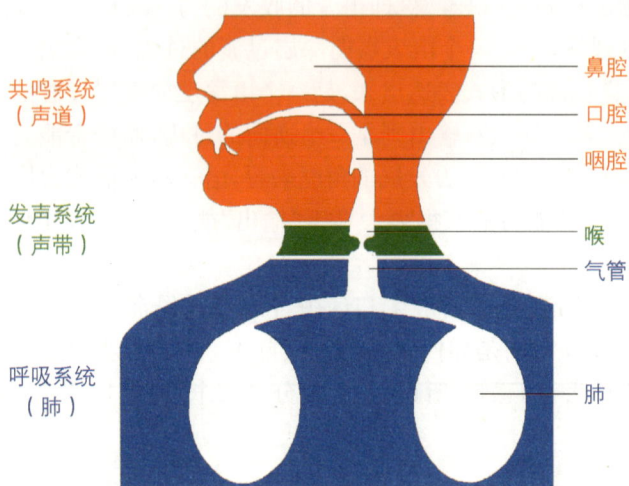

图 1.4　言语产生的三大系统

言语的产生过程涉及三大系统、五大功能模块，三大系统是指呼吸系统、发声系统和共鸣系统，如图 1.4 所示。在三大系统的基础上再加上构音和语音，则形成了五大功能模块，如图 1.6 所示。

贮存在肺、气管与支气管内的气体随呼气运动有规律地排出，形成气流；当气流到达声门处时，被转变成一系列的脉冲信号（声门波），然后通过声道的共鸣作用，形成具有适当形态的声波，最终由嘴和鼻发出并产生言语信号（声波）。在言语的产生过程中，听觉反馈使说话者能够更好地调节自身言语的输出。

言语产生的决定性条件是声带振动。声带作为振动源，可以用其位置、形状、大小和黏弹性来描述其特征。声带的振动受到喉部发声肌群、声带结构及其附属结构的影响。声道指位于喉与唇、鼻之间的通道，是一个共鸣腔。声道的形状主要通过构音器官的运动来进行调节，但也受到声带振动方式的影响，如图 1.5 所示。从声学角度来看，声带有两个主要功能：其一，把直流气流转换成交流气流；其二，把气流的动能转变成声学能量。

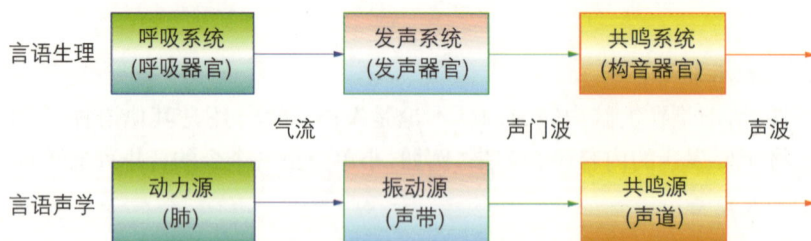

图 1.5　言语生理和言语声学之间的关系

从言语的发育角度而言，言语由呼吸（R）、发声（P）、共鸣（R）、构音（A）和语音（P）五个板块构成，即："言语产生的 RPRAP 理论"（如图 1.6 所示）。其中，**呼吸是言语产生的动力源**。在言语过程中，需要瞬间吸入大量的气体并维持平稳的呼气，用较小的气流来维持足够的声门下压，这种呼吸调节过程要求呼气运动与吸气运动之间相互协同和拮抗，即呼吸支持。因此，呼吸支持是言语的基础。**发声时产生振动源**。呼吸时产生的气流作用于声带，声带运动并产生振动，发出声音，这一过程即为发声。因此，发声时声带振动，形成振动源。**不同的共鸣形成不同的嗓音**。声带振动产生的声能脉冲信号通过咽腔、口腔、鼻腔时，会产生不同的共鸣，从而形成不同音色的嗓音。**构音是言语发育过程的转化点**。舌、软腭等构音器官的运动,改变了声道的形状大小,从而使人发出不同的元音和辅音,使单纯的声音向复杂的构音转化。**语音是言语发育过程的连接点**。它是人类发音器官发出的具有区别意义功能的声音,包括超音段音位和音段音位(二者将构音与连续的语音连接起来)。

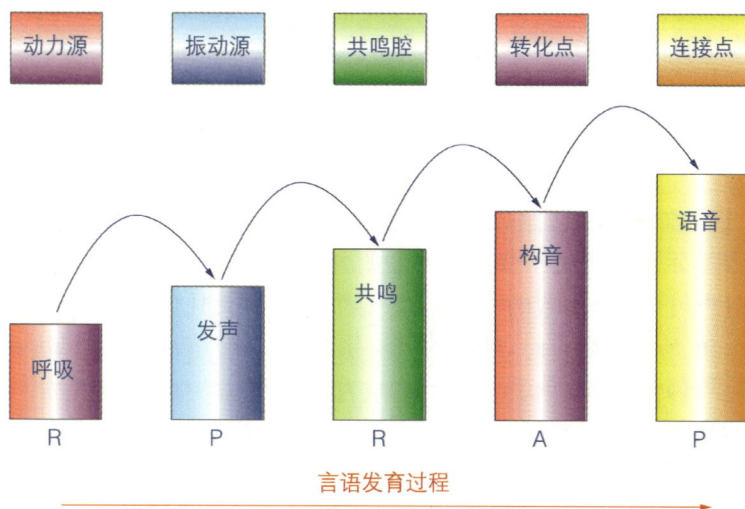

图 1.6　言语产生的五大功能模块

一、 呼吸与言语

呼吸(respiration)是人体重要的生命活动之一。如图 1.7 所示,当人体吸气时,膈肌和肋间外肌收缩,胸廓扩张,膈肌下降,胸腔内负压增大,外界富含氧气的新鲜空气经气道进入肺泡内,氧气透过肺泡壁进入毛细血管内,而毛细血管内由组织新陈代谢而产生的二氧化碳进入到肺泡内。人体呼气时,膈肌及肋间外肌松弛,肋间内肌收缩,胸廓依靠弹性回收,二氧化碳便经气道排出体外。由呼吸肌的收缩和舒张所引起的胸腔的扩大与缩小,称为呼吸运动。平静状态下,吸气时胸腔的前后、左右和上下径均增大,肺容积随之增大,空气被吸入肺内,称为吸气运动。呼气时胸腔各径均缩小,肺内部分气体被驱出,称为呼气运动。言语呼吸是以平静状态下的生理呼吸为基础的。言语是在呼气的过程中产生的。言语呼吸,要求瞬时吸入较多的气体,呼气则是一个缓慢的过程,呼出的气流能使声带振动,产生噪音。**肺的运动,是言语产生的动力源**。

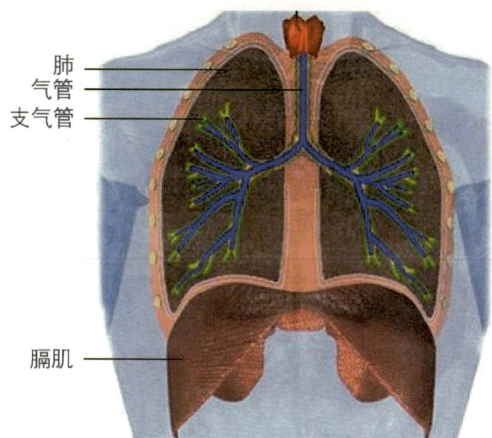

图 1.7　呼吸器官示意图

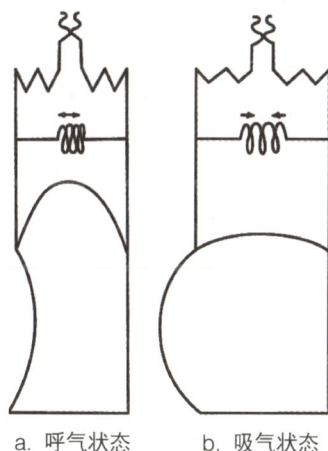

a. 呼气状态　　b. 吸气状态

图 1.8　呼吸系统的物理模型

呼吸系统的生理和物理模型如图 1.7 和图 1.8 所示。图中,肺组织类似于一个弹簧,膈肌位于胸腔和腹腔之间。图 1.8a 是机体处于呼气状态时的模型,此时,肺内压小于大气压,膈肌舒张,腹部回缩,胸腔容积减小,肺部被压缩,气体排出。图 1.8b 是机体处于吸气状态时的模型,此时,肺内压大于大气压,膈肌收缩,腹部突出,胸腔容积增大,肺组织扩张,气体吸入。

言语过程中的快速吸气运动,源自胸腔和肺部的扩张,以及膈肌的快速收缩下移。当呼气肌(主要是肋间内肌)收缩和吸气肌(主要是肋间外肌和膈肌)舒张时,胸腔内产生的压力大于大气压,再加上肺的弹性回缩力的共同作用,使胸腔逐渐变小。双肺体积的缩小增加了肺内压力,使得气流被呼出。气流呼出的多少,能直接控制言语声的大小:耳语声需要的气流量非常少;相反,大声说话要求呼出的气流量大。

二、 发声与言语

气流从肺部呼出,途经肺泡、支气管和气管,然后到达喉部。如图1.9所示,两侧声带位于喉部,声带间的区域称为声门,a图表示声门开放,b图表示声门闭合。

图1.9a中,吸气时声门开放呈倒置的"V"形,空气经过声门,无任何阻力地到达肺部。吸气完成后声门闭合呈"I"形,如图1.9b所示。发声时,呼出的气流挤开声门,使声带产生振动。声带振动产生一系列气流脉冲波,并转化成一系列声能脉冲信号,从而形成言语的基本声源,这就是发声(phonation),或被称为嗓音。**运动的声带,是言语产生的振动源。**

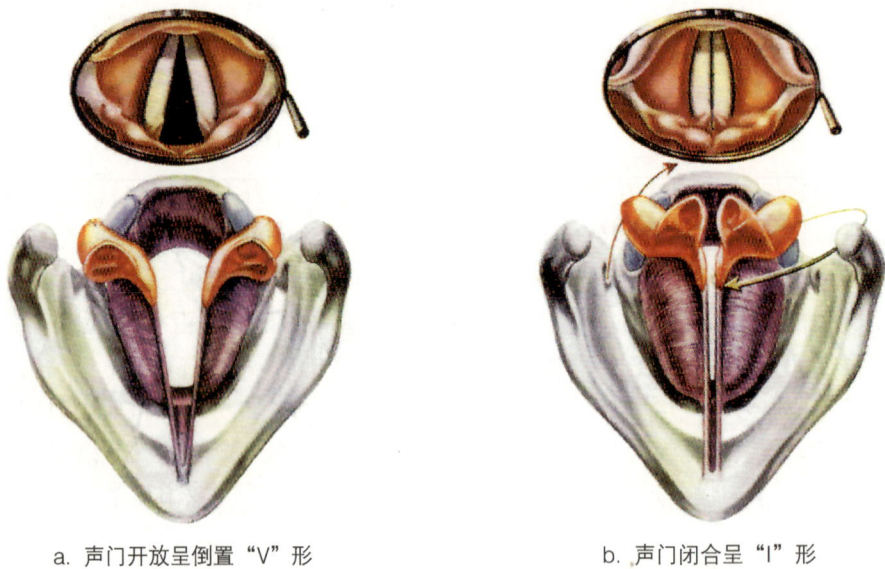

a. 声门开放呈倒置"V"形　　　　　　　　　　b. 声门闭合呈"I"形

图1.9　声带示意图

如图1.10所示,喉主要有三种发声功能:其一,气流形成的声门下压作用于声带,使两侧声带边缘在靠近到一定程度时产生振动,发出浊音;其二,开启声带,发出清音;其三,作为发声系统的重要组成部分,喉为构音系统提供必需的声学能量。

图1.11是声带(vocal folds)单质量块模型示意图。图中,声带类似于一个机械振荡器,M代表声带的质量,弹性系数K代表声带张力,黏性阻尼B代表声带关闭时双侧声带之间相互碰撞的边界状态(即阻尼状态)。而没有相互碰撞的声带表面则是无质量的或是流体的。当双侧声带在中线相遇时,它们会失去一部分冲量。但是,由于声带固有的特性(惯性),它们仍将向中线移动,其结果是声门关闭一段时间。当声门关闭时,由于声带自身弹力,会立刻出现一个作用于声带的力冲开声门。于是,声带产生了自激振荡。

图1.11中,P_s表示声门下压(subglottal air pressure),P_1和P_2分别表示声门输入和输出的压力,U_g表示气流通过声门时的速度。呼气时,气流开始经过声门,声带向中线靠拢,使声门间的气道变得窄小,阻止声门间的气流通过,从而使声门下压增加。声门下压的增加使声门间的气流速度加快,结果声门间产生负压,两侧声带互相吸引,从而使声门关闭,这种现象称为伯努利效应。

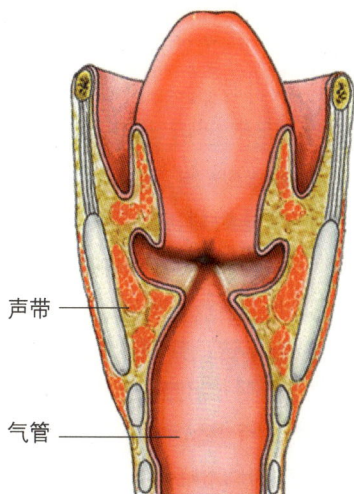

图 1.10 喉部器官示意图

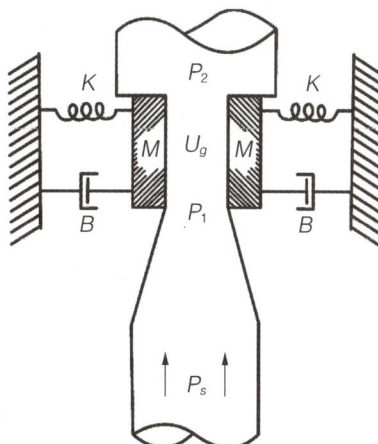

图 1.11 发声系统的物理模型

声门闭合的时间须与气流呼出的时间协调一致,不能过快也不能过慢,这样才可能产生自然和谐的嗓音。如果气流呼出后声门还没有闭合,则产生发音时的软起音,那么产生的嗓音会让人听起来气息音过重;而声门闭合后气流还没有呼出,则产生硬起音现象,导致嗓音过于刺耳。

三、 共鸣与言语

言语产生在喉部,形成于声道。声道(vocal tract)是指由咽腔、口腔、鼻腔,以及它们的附属器官所组成的共鸣腔。当声能脉冲信号通过咽腔、口腔、鼻腔时,会产生不同的共鸣(resonance)。共鸣与构音密不可分。图 1.12 为呼吸器官、发声器官和构音器官(唇、下颌、舌部和软腭)的简单示意图。声道中的咽腔与喉相连,鼻腔与口腔相通。舌是最主要的构音器官,舌在口腔内的前后、上下运动改变了声道的形状,从而发出不同的元音。舌的不同部位与齿列、齿龈、硬腭、软腭形成不同程度的阻塞与狭窄,构成不同的辅音。**形状和大小发生变化的声道,是言语产生的共鸣腔。**

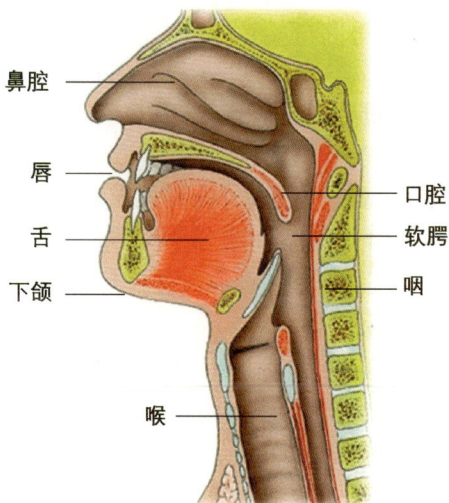

图 1.12 言语器官示意图

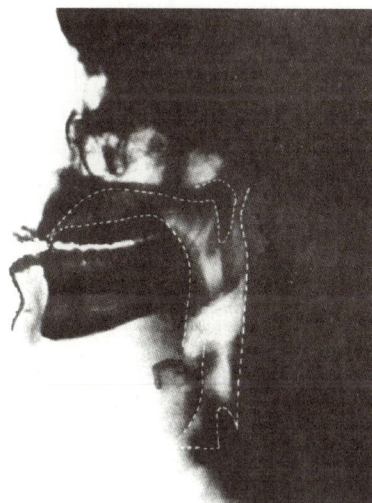

图 1.13 声道示意图

图 1.13 是一张 X 光片,它显示了在正中矢状面(纵切面)上人类言语器官的构造。用虚线画出来的部分是声道的一部分,它起始于声门,止于嘴唇。男性该部分声道全长约 17 cm。在声道切面上,由舌、唇、下颌和腭部所围成的区域的面积可从 0 cm^2(完全闭合)变为 20 cm^2。鼻道(nasal tract)始于腭部,止于鼻孔。当软腭(口腔后部活塞样装置)下降的时候,鼻腔与口腔共同产生鼻音。

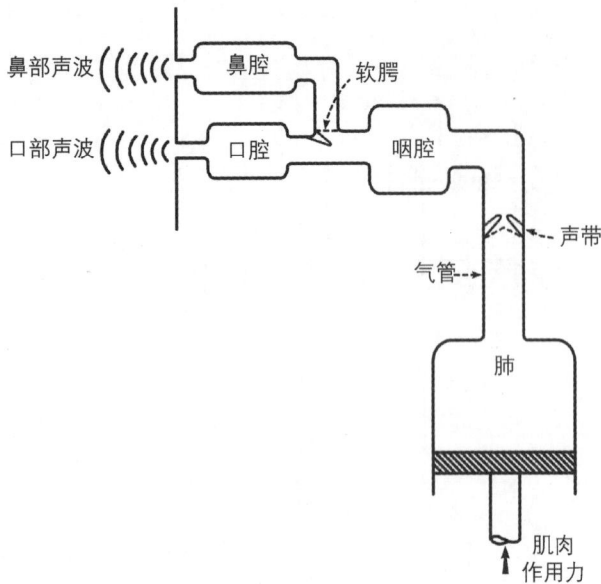

图 1.14 共鸣系统的物理模型

口腔共鸣发生在口腔。良好的口腔共鸣，应该是从口腔内、舌表面的中央部位发出的。舌位对言语音质的影响较大：舌位过前易导致前位聚焦（即娃娃调）；舌位过后，易导致后位聚焦；而舌位过低，将产生喉位聚焦。在汉语系统中，只有两个鼻声母 m、n 和鼻韵母 ng 需要鼻腔共鸣，鼻腔共鸣发生在鼻腔。口腔和鼻腔由硬腭（口腔顶部前端）和软腭（口腔顶部后端）隔开。非鼻音要求软腭悬雍垂向上运动，关闭鼻咽通道。鼻音则要求软腭悬雍垂下降，鼻咽部迅速开放；声波经过软腭悬雍垂，到达鼻腔。有些人的鼻腔共鸣过多，而有些人则过少。自然的言语声要求口腔音与鼻腔音之间相互协调。

共鸣系统的物理模型如图 1.14 所示。肺部的运动为言语产生提供动力源。肌肉（膈肌、肋间内肌）的作用力将肺内的气体泵出（如图所示，就像是气缸内的一个活塞向上推移），并经由支气管和气管经由声带排至体外。当声带紧张的时候，气流就会使声带振动，产生浊音。当声带处于放松状态时，气流经过声道中一个狭窄的部分，形成湍流，从而产生擦音；或者是在声道内完全闭合部分的后方形成一个压力，当闭合部分开放后，压力突然消失，形成塞音。之后声能脉冲信号再通过咽腔、口腔、鼻腔时，唇、下颌、舌部和软腭等器官的运动导致各腔体的大小和形状发生变化，从而引起不同的共鸣。最终气流从鼻腔喷出产生鼻音，从口腔喷出产生非鼻音。

四、 构音与语音

构音（articulation）就是指声波通过构音器官之间的灵活运动而转变为言语声的协调过程。构音系统是由下颌、舌、唇、软腭等器官组成的，其中最主要的是下颌、唇、舌和软腭，它们之间灵活、协调的运动是产生清晰和有意义的言语声音的必要条件，只有构音系统各个器官的运动在时间上同步，在位置上精确，才能保证准确构音。因此，下颌、唇、舌和软腭等构音器官的运动是影响构音的最主要因素。

构音的最终结果是产生言语声波信号，即语音，它是言语过程的最终产物，也是形成语言的基础和前提。语音代码转换为言语声波信号的过程可以表示为：语言代码（语音特征）——神经指令传到肌肉（神经冲动传递）——肌肉收缩模式（肌肉运动表现）——声带激励和声道形状（构音过程表现）——言语声波信号（声学表现）。这一过程也就是从语音信息到声学信息的转化过程，如图 1.15 所示。

言语产生过程中语音信息的转化是非常重要的。这些特征的实现，是通过神经冲动向声道肌肉传达发音指令完成的，声道的形状决定输出的言语声波信号的声学特征。

我们每个人都应当在自己的意识中建构言语听觉科学的工作机制。这种建构是个人素质发展的必要因素，是临床工作的重要组成元素，亦是我们在专业生涯中的有力教学手段。专业思想的构建应时常处于根据外界灵活应变的良好状态，决不能让墨守成规阻碍甚至负面影响临床治疗。在图 1.16 中，我们会进一步了解言语听觉科学机制的结构，以及如何将这些结构整合成一套具可操作性的工作建构模式。

言语产生的三大系统决定了言语整体功能的状态，但是还没有最终产生可以用于交流的物质，而构音和语音两大模块就产生了这样的物质，这种物质就是语音。声门处产生的声波经过声道的调节，最终由口和鼻发出并形成单个言语信号（声波），这个过程称为构音，发出的单个言语信号经过不同的组合，形成不同的语音，语音组合被赋予不同的韵律特征、语法特征等，构成了语言系统。图 1.17 可以更清楚地说明言语内部几大模块的关系，以及言语和语言的关系。

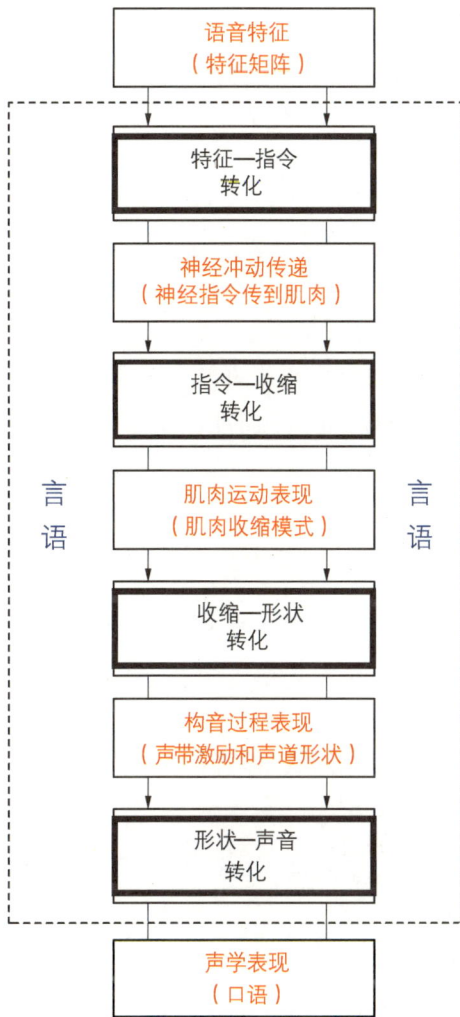

图 1.15 语音信息转化模式

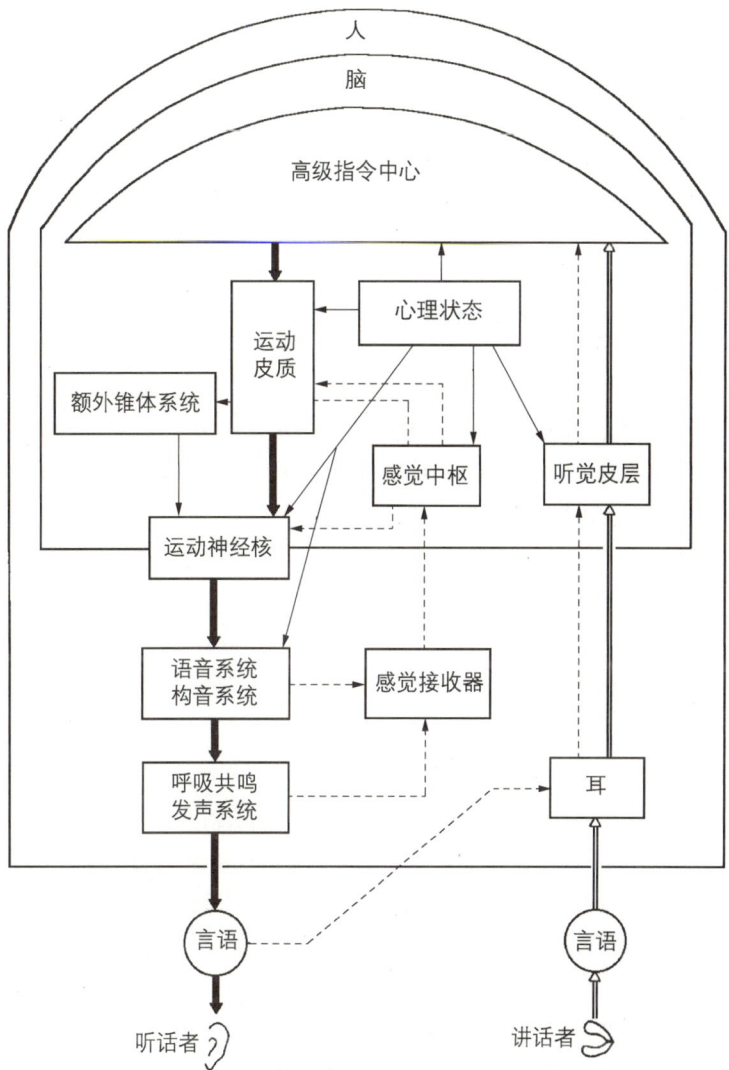

图 1.16 言语听觉科学机制

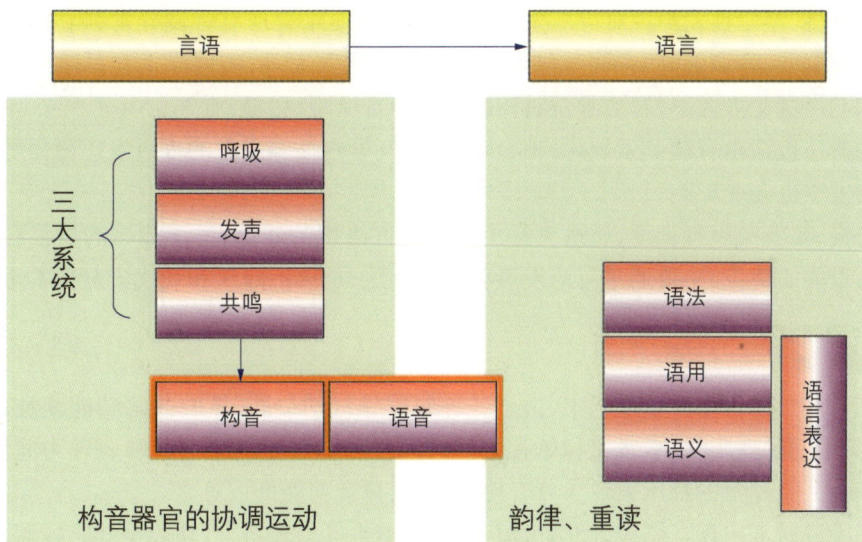

图 1.17 言语产生的五大模块

第三节　言语治疗的原理

言语治疗(Speech-Language Pathology,SLP)是目前国际上标准的称呼,是由美国言语语言听力协会(American Speech-Language-Hearing Association,ASHA)在国际范围内所定的规范,也就是我国通称的ST(Speech Therapy)。言语治疗是指对患者的呼吸、发声、共鸣、构音和语音功能进行测量评估和康复训练。

一、言语治疗的对象

言语障碍指各种原因导致的不同程度的言语障碍,包括:言语呼吸障碍,言语发声障碍,言语共鸣障碍,构音障碍,语音障碍,吞咽障碍,儿童言语发育迟滞,听障、智障、脑瘫自闭症所致的言语障碍,失语,口吃等。言语治疗的对象是所有言语障碍患者,每类患者的具体治疗方法可能略有不同,但其评估与治疗的基本流程相同。常见言语障碍有:

1. 言语呼吸障碍

言语呼吸障碍是指由于各种原因引起的在发出言语声过程中出现的说话气短、吃力、异常停顿、吸气时发音、病理性硬起音或气息声等,临床表现为呼吸方式异常、呼吸支持不足或呼吸与发声不协调。呼吸系统为言语产生提供动力源,是获得自然、舒适言语声的必要前提,当呼吸方式、呼吸支持以及呼吸与发声的协调性出现异常时,就会导致言语呼吸障碍。

言语呼吸障碍包括由帕金森氏症、小脑病变、颈脊髓损伤、脑瘫和机械性通气(即需要人工支持呼吸)等引发的言语呼吸障碍,嗓音疾病患者和听力障碍患者的言语呼吸也会受影响。

言语呼吸障碍是造成其他类型言语障碍的主要原因之一,是言语治疗师在进行治疗时首先要解决的问题,主要通过言语呼吸促进治疗法、重读治疗法和现代康复技术来完成。

2. 言语发声障碍

言语发声障碍又称嗓音障碍,是指由于喉和声带等存在器质性(organic)、功能性(functional)或神经性(neurogenic)异常等而引起的发声障碍。器质性发声障碍包括声带息肉、喉蹼、声带囊肿、乳头状瘤、肉芽肿、喉癌等,功能性发声障碍包括室带发声、功能性失音症、声带小结、雷氏水肿、男声女调等,神经性发声障碍包括声带麻痹、痉挛性发声困难等。发声障碍常见的临床表现有音调异常、响度异常和音质异常:音调异常包括音调偏低、音调偏高、音调变化单一和音调变化太大等;响度异常包括响度过小、响度过大、响度变化单一和响度变化太大等;音质异常具体表现为声音嘶哑、粗糙、有气息声等。

言语发声障碍还包括由脊髓侧索硬化、帕金森氏病、气管内插等引发的言语发声障碍等。口吃和听力障碍患者的言语发声也会受影响。

声带振动快慢、幅度及声带长度、质量决定了一个人言语声的质量,发声障碍的矫治在言语治疗师的工作中占据较为重要的地位,主要通过言语发声促进治疗法、重读治疗法和现代康复技术来完成。

3. 言语共鸣障碍

言语共鸣障碍是指在言语产生过程中,由于各种原因导致的口腔、鼻腔共鸣功能紊乱,它使发出的言语声出现刺耳、尖细、颤抖、阻塞、喉音化和鼻音化。口腔共鸣障碍在临床上通常表现为前位聚焦、后位聚焦、喉位聚焦,鼻腔共鸣异常的临床表现为鼻音功能亢进、鼻音功能低下等。

器质性共鸣障碍通常出现在腭裂、硬腭过短、腺样体增生等患者身上,功能性共鸣障碍包括舌前刺耳、口咽阻塞、喉腔发音和鼻音同化等,除器质性因素外,大多数鼻腔共鸣异常都与软腭功能异常有关,神经性共鸣障碍包括由脑瘫、延髓麻痹、脑中风、肌萎缩性侧索硬化症等引发的鼻音功能亢进等。

共鸣障碍的矫治主要通过言语共鸣促进治疗法、重读治疗法和现代康复技术来完成。

4. 构音障碍

构音障碍是由下颌、唇、舌、鼻腔、软腭和咽喉等构音器官结构异常、功能障碍或未理解目标音位的发音特征异常而引起的声韵调异常,造成言语清晰度和可懂度下降。

器质性构音障碍(organic dysarthria)常由器官的炎症、外伤、肿瘤和畸形等所致,如牙齿排列异常、鼻咽部的腺样体肥大和腭裂等。这些患者可以采用药物或手术治疗的方法,修复器质性病变部位的结构和功能。构音障碍的典型代表为腭裂(cleft palate),可以通过手术来修补缺损,但由于腭裂修补术前几乎100%的患者会出现腭咽闭合不全,腭裂修补术后约5%—20%的患者仍存在腭咽闭合不全的问题,而腭咽闭合不全会导致患者在发口腔音时口腔内的压力不足,影响正常构音运动的形成,尤其是无法发出压力性辅音。大部分患者术后还会遗留构音障碍,需要通过言语训练来改善或治愈。

运动性构音障碍(dysarthria)是指由于神经病变或与言语有关的肌肉麻痹、收缩力减弱或运动不协调所致的言语的障碍从大脑到肌肉本身的病变都可引起言语异常(darley);也指由于外伤、肿瘤压迫和中枢神经性损伤引起的神经性疾病,如三叉神经、面神经、舌咽神经和迷走神经等的障碍使构音器官麻痹而产生的末梢神经性构音障碍,如脑外伤引起的神经元损伤、神经肌腱部的障碍和咽部软腭麻痹等引起的构音障碍。这些障碍的常见病因有脑血管病、脑外伤、脑瘫、多发性硬化。可以通过言语治疗改善神经的功能状态。

功能性构音障碍(functional dysarthria)多见于学龄前儿童,指不存在任何运动障碍、听力障碍、相关结构异常和复合型功能异常等情况,部分发音不清晰和声调异常。它可通过言语训练改善或完全恢复。

构音障碍的矫治通过口部运动治疗、构音运动治疗、构音音位对比法(PCT:Pair Contrast Therapy)、重读治疗法和现代康复技术来完成。构音PCT法重点强调通过音位诱导、音位习得、音位对比和音位强化训练来提高构音清晰度,重读治疗法的主要目的是提高声韵调的协调能力。

5. 语音障碍(音韵障碍)

语音障碍(也称音韵障碍)是指患者在发出连续语音过程中出现的韵律异常(流畅性异常)、构音不清的现象,包括口吃、呼吸构音综合征等,但从广义来说,还包括儿童语言发育迟缓和失语症,特别是运动失语症。

口吃(stutter)是典型的说话时字音重复或词句中断的流畅性障碍(fluency disorder),患者多表现为在单个字构音时表现为清晰度高,但在连续语音过程中口齿不清、呼气发音断断续续。可以通过语音治疗等方法,提高患者的语音清晰度和连续性。

语音障碍中的儿童语言发育迟缓,患者多表现为单字发音正确,但在产生连续语音时则出现某些语音的替代等现象。语言发育迟缓是指由各种原因引起的儿童口头表达能力和/或语言理解能力明显落后于同龄儿童的正常发育水平。脑瘫、智障、听障、构音器官疾病、中枢神经系统疾病和语言环境不良等因素均是儿童语言发育迟缓的常见原因,可以采用运动康复、言语康复和听觉康复等综合性的方法进行逐步的分阶段治疗。

语音障碍也通常出现在失语症患者身上,特别是运动失语症。运动失语症常见于大脑损伤的患者,患者完全或部分失去了说话的能力,多表现为连续语音过程中口齿不清,吸气发音、呼气发音时断断续续。运动失语症是大脑左半球额叶损伤导致的,患者虽然发音器官正常,却失去了相当一部分说话的能力,但仍保留听懂别人说话、写字和阅读的能力。

语音障碍的矫治主要通过语音CRDS法、重读治疗法和现代康复技术来完成。语音CRDS法重点强调通过语音巩固、语音重复、语音切换和语音轮替训练来提高连续语音清晰度,重读治疗法的主要目的是提高连续语音的韵律。语音障碍的矫治是言语治疗的最后阶段,旨在通过训练提高患者连续语音的清晰度和流畅性,为语言学习打下坚实的基础。

上述障碍大多同时出现在同一患者身上,但不同的患者表现出来的症状不一样,这就要求言语治疗师根据科学的评估结果,制定符合患者障碍类型和程度的治疗方案,依据言语产生理论,循序渐进地为患者解决言语产生中出现的问题。影响言语产生的疾病如表1.1所示。

表 1.1　影响言语产生的疾病

临床表现	影响言语产生的疾病
言语呼吸障碍	脑瘫、听力障碍、帕金森氏症、小脑病变、颈脊髓损伤、机械性通气、嗓音疾病等
言语发声障碍	声带良性肿瘤、声带囊肿、喉癌、中风、车祸或枪伤等外伤、肌萎缩性脊髓侧索硬化症、多发性硬化、Huntington 氏舞蹈病、脑部肿瘤和创伤性脑损伤等
言语共鸣障碍	听力障碍、发育迟缓、脑瘫、延髓麻痹、脑中风、肌萎缩性侧索硬化症、腭裂、腭咽闭合不全、鼻中隔偏曲、腺样体增生等
构音障碍	腭裂、脑外伤、肿瘤压迫神经、脑瘫、多发性硬化等
语音障碍	口吃、儿童言语发育迟缓、运动性失语症等

6. 吞咽障碍

吞咽障碍在医学上是指难以吞咽下食物或饮用液体。吞咽障碍是由于下颌、唇、舌、软腭、咽喉、食管括约肌或食管功能受损,不能安全有效地把食物由口送到胃内而使身体取得足够营养和水分的进食困难。吞咽障碍的原因很多,在分类上也有各种学说,即:部位分类,器质性或功能性疾病分类,时期分类(急性、慢性),疾病分类(畸形、炎症、肿瘤、神经,其他)。从临床观点进行的原因分类,有:形态异常者(畸形),吞咽疼痛者(炎症),管腔狭窄者(肿瘤),神经麻痹、痉挛者(神经)等。

常见的吞咽障碍的症状包括:流口水、哽塞、餐间或餐后咳嗽、无法用吸管吸取食物、食物残存于颊侧沟、呕吐反射消失、慢性上呼吸道感染等。

二、言语治疗的流程

言语治疗必须按照一定的操作流程进行,这样才能使实际工作有章可循,如图 1.18 所示。

具体的治疗流程如下:

1. 个人信息的输入

2. 测量评估:通过相应参数的定量测量,获得客观数据进行评估。

3. 分析诊断:诊断言语功能障碍的类别并判断严重程度。

4. 训练监控:根据言语功能障碍的类别,提出可供选择的言语治疗方案。

三、言语治疗的原理与操作模式

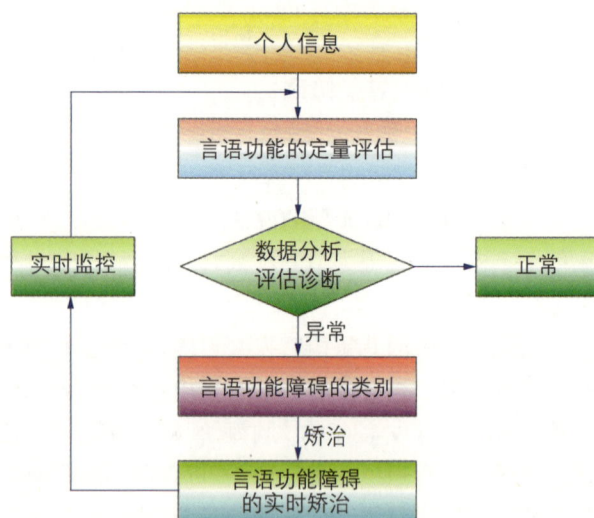

图 1.18　言语评估与治疗流程

黄昭鸣博士提出的"言语产生 RPRAP 理论"指导下的言语治疗,主要通过 A＋T＋M 的操作模式来实现。其中 A 即评估 Assessmen,T 即治疗 Therapy,M 即监控 Monitor,如图 1.19 所示。言语治疗的整个过程就是通过这样一个评估—治疗—监控的循环过程来完成的,A＋T＋M 操作模式具有可操作性、实用性和科学性。它是指以言语的产生和言语病理研究为基础,利用现代化的实时言语测量手段,对言语功能进行主观和客观的评估,是结合言语干预的多年临床研究和实践构建而成的。言语治疗包括五个功能模块:呼吸模块、发声模块、共鸣模块、构音模块和语音模块。

1. 个人信息

个人信息的输入,是指将患者的相关信息导入计算机的相应处理模块。言语治疗之前首先要收集患

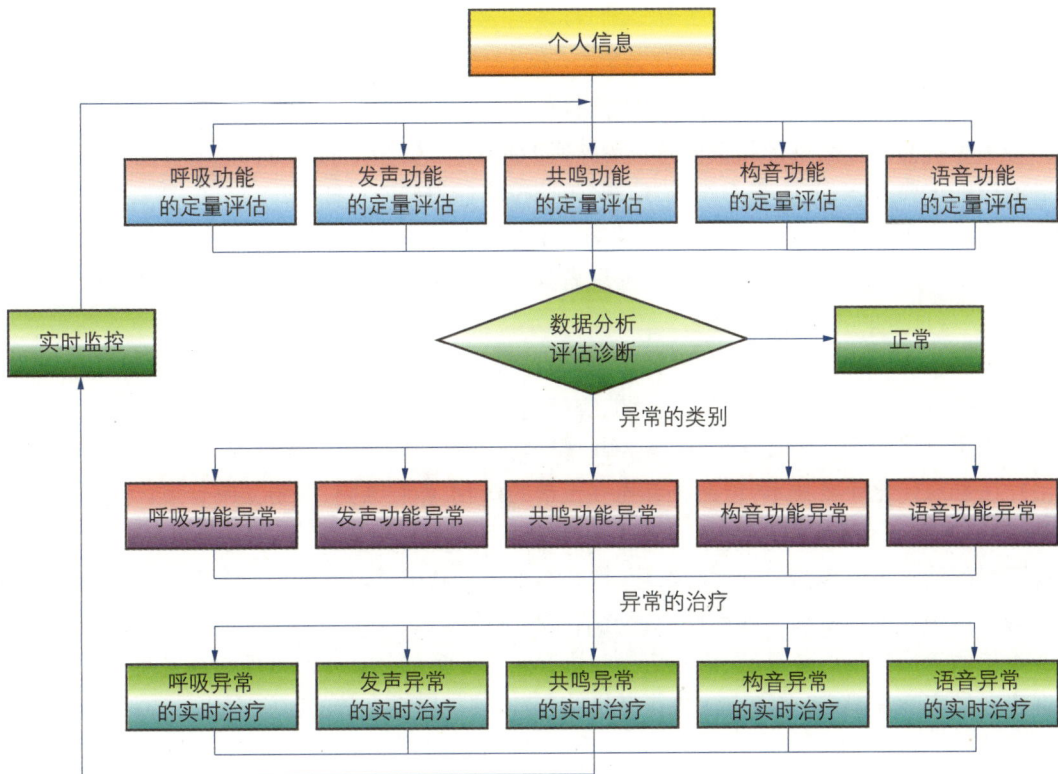

图 1.19 言语产生的 RPRAP 理论与 A＋T＋M 操作模式(昭鸣原理,2006)

者的一般信息,包括年龄、性别、相关病史及治疗状况、是否接受过言语训练及训练情况、有无其他疾病史、主要言语症状等。

2. 言语功能的评估(Assessment,A)

经过大量研究发现,言语功能的正常与否是由呼吸、发声(嗓音)、共鸣、构音和语音五个模块的功能正常与否来决定的。因此,A＋T＋M操作模式中,这五个模块中的每个模块都有反映各自功能的参数,通过计算机多媒体技术和语音信号处理技术,可以对每个功能模块中的相应参数进行定量评估,针对患者所表现出的言语症状,进行相应参数的定量测量,并获得较客观的数据,使言语治疗工作更加科学客观、有效。

将测得的言语参数与对应的参考标准值进行对比,即与同年龄、同性别正常人相应参数的参考标准值进行比较,可确定该参数是否落在正常值的范围内,以及与正常值的差距。对测得的言语参数进行分析,发现偏离正常的范围,同时结合言语表现,可以判断言语功能障碍的性质以及严重程度。呼吸功能评估主要包括四个分项的测量:最长声时测量、最大数数能力测量、s/z比测量和声门波测量。其中,最长声时测量主要用于评估患者的言语呼吸能力,最大数数能力测量主要反映呼吸协调性是否异常,s/z比测量可以有效地反映发音时声门调节的情况,声门波测量主要反映起音的情况。发声功能的评估主要包括言语基频测量、言语响度测量、嗓音音质测量和电声门图测量。其中言语基频测量用于评估患者的音调水平,言语响度测量用于评估患者的响度水平,嗓音音质测量可用于评估患者的音质质量,而电声门图测量主要反映声带振动的情况。共鸣功能的评估主要包括口腔共鸣测量、鼻腔共鸣测量、共鸣音质测量及鼻流量测量。其中口腔共鸣测量可用于评估口腔共鸣聚焦水平,鼻腔共鸣测量用于评估鼻腔共鸣是否异常,共鸣音质测量能反映共鸣音质的情况,鼻流量测量主要反映鼻腔共鸣的情况。构音功能的评估主要包括口部运动功能评估、构音运动功能评估及构音语音能力评估。其中口部运动功能评估能有效地反映出构音器官下颌、唇、舌、软腭在自然及模仿状态下的运动情况,构音运动功能评估能有效地反映出构音器官在自然语音状态下的运动情况,构音语音能力评估主要用于评估构音时的声韵调的语音清晰度。语音能力评估主要包括字清晰度评估、句清晰度评估及连续语音清晰度评估。字清晰度、句清晰度及连续语音清晰度评估能有效反映出语音过程的清晰度及流畅度。

3. 言语障碍的治疗(Therapy,T)

治疗师应根据言语异常的类型,提出可供选择的言语治疗方案,在诊断明确的基础上,制定相应的治疗计划。每个患者的治疗方案都是根据其言语障碍的类型、程度和原因制定的具有针对性的方案,该方案包括言语治疗的主要内容、方法与手段、治疗频率、监控指标和预期目标等。

呼吸障碍主要表现为呼吸方式异常、呼吸支持不足和呼吸与发声不协调三种情况。呼吸障碍的矫治就是通过促进治疗法和现代化康复技术,帮助患者建立正常的呼吸方式,提高呼吸支持,促进呼吸与发声的协调性,为获得良好的言语奠定基础。

发声障碍主要表现为音调异常、响度异常、音质异常三种情况。发声障碍的矫治就是通过促进治疗法和现代化康复技术,帮助患者建立正常的音调、响度,改善音质,为获得良好的言语奠定基础。

共鸣障碍主要表现为口腔共鸣异常、鼻腔共鸣异常、共鸣音质异常三种情况。共鸣障碍的矫治就是通过促进治疗法和现代化康复技术,帮助患者建立正常的口腔、鼻腔共鸣,改善共鸣音质,为获得良好的言语奠定基础。

构音障碍的治疗主要包括口部运动治疗、构音运动治疗和构音语音训练三个部分,其中构音语音训练包括了提高韵母构音清晰度和提高声母构音清晰度两个部分。

语音障碍的治疗包括语音重复、语音切换和语音轮替三个部分。言语治疗师在进行临床康复训练时,需要根据患者的实际情况,将多种方法进行有机结合,以便可以在有效的时间内让患者得到最有针对性的治疗,获得最佳的康复效果。

4. 言语治疗的监控(Monitor,M)

言语治疗的过程不是一成不变的,整个言语治疗过程遵循评估——治疗——评估——治疗——评估的科学程序,可在尽可能短的时间内使患者的言语异常表现得到缓解或消失。在言语治疗过程中会采用相应的参数作为监控指标,即用测得的参数与参考标准值之间的距离变化判断疗效,通常以距离缩小作为治疗有效的标志。

言语治疗是一个连续的过程,它首先对五大功能模块进行评估,通过对各个模块评估结果的综合分析,给出针对性的治疗方案,并通过科学的监控,不断调整和完善康复方案,为言语障碍患者的康复奠定了科学的基础。本书在后面各章节中将分别对言语产生过程中涉及的呼吸功能、发声功能、共鸣功能、构音功能和语音能力的评估内容和方法做详细阐述,并分别给出目前各种常见言语障碍的针对性治疗方法,其中包括促进治疗法、口部运动治疗法、构音PCT法、现代康复技术等有效的言语治疗方法,言语治疗师可以根据患者的临床表现和评估结果选择适合患者的方法来组织康复方案,并通过评估部分的有效参数,对言语治疗过程进行监控。本书的附录中给出了所有言语功能评估指标的评估方法、评估结果表格和参考标准,并给出了常用言语治疗方法的部分训练材料,以便言语治疗师可以更快地为言语障碍患者进行康复训练,提高言语障碍患者的康复效率。

四、 言语治疗的专用仪器设备

针对言语障碍患者,在评估和治疗中需要使用一些仪器设备。言语治疗仪器有以下特点:首先是测量评估和康复训练相结合,对患者言语功能进行定量测量与客观评估,在测量与评估的基础上进行康复训练;其次是言语与语言相结合,仪器应符合患者生理和心理发展规律,吸收现代康复医学的新理论与新技术,融入言语矫治、语言康复的相关内容,并将二者有机结合起来,从而促进患者的言语与语言发展、提高口语交往沟通能力,为其回归社会奠定基础。主要用到的仪器设备如下:

1. 启音博士言语测量仪(Dr. Speech-1,Dr. Speech-S1)

"启音博士言语测量仪"是一个利用数字信号处理技术和实时反馈技术,对言语功能进行定量评估和实时训练的现代化言语治疗设备,可依据"言语功能评估标准"对言语的呼吸、发声、共鸣功能进行评估并制定合理的矫治方案。

"启音博士言语测量仪"通过对言语、构音、语音、鼻音信号进行实时检测处理,来进行言语障碍的功能评估,包括通过实时多维建模技术为言语功能检测提供技术参数。它可开展下列项目:(1)言语呼吸、发声、共鸣、构音、语音,以及鼻音功能的实时测量(音域图、聚焦图、鼻音六进等);(2)声门波动态显示与测量(声门波开商、基频微扰、起音斜率、声门噪声、频谱倾斜频率等);(3)声带振动动态显示及定量分析(声门面积、声带长宽比、黏膜波轨迹等);(4)采用单一被试技术对言语康复效果进行评估和全程监控。它为言语、构音、语音、鼻音的诊断提供相关信息,以及康复过程的监控。

产品技术指标要求: 实时言语信号性能:谐波频率误差为±4%、基频实时响应速率≤6 ms、FFT 实时响应速率≤48 ms、LPC 实时响应速率≤45 ms;语谱图窄带实时分辨率:12.7 ms±4%;信号色度误差≤15%;信号线性误差≤2%。

生产商:上海泰亿格康复医疗科技股份有限公司

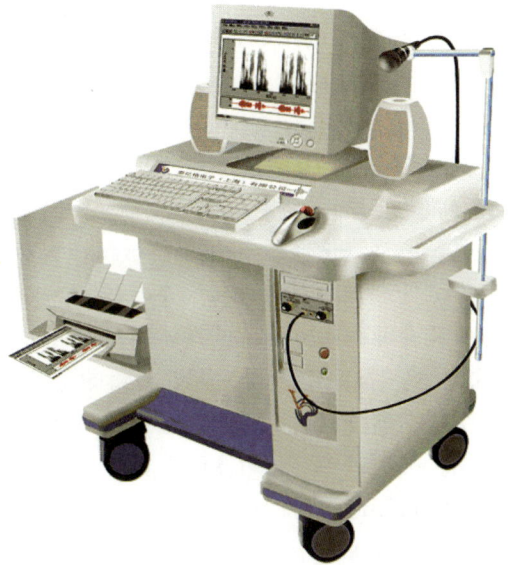

图 1.20 专用仪器车

2. 启音博士言语矫治仪(Dr. Speech-2,Dr. Speech-S2)

"启音博士言语矫治仪"是应用范围极为广泛的,融实时治疗与视听反馈技术为一体的言语矫治设备,为各类言语异常的矫治提供了有效的手段。它提供 75 个实时的,可以激发言语产生的声控卡通游戏,以及 200 多个卡通游戏,为建立综合发音能力奠定基础。由于患者在发音后能立刻获得动画形式的视觉反馈,所以他们对这种形式活泼、参与性强的训练方法特别感兴趣,对于言语治疗师来说,这是个多用途的、功能独特的治疗工具。在患者玩游戏的同时,言语治疗师就能获得其特征曲线图和统计报告。这套设备具有实时录放的功能,可以提高治疗效果。

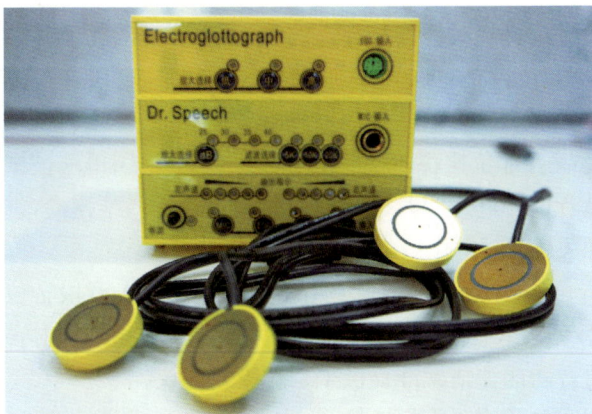

图 1.21 言语电声门图信号采集仪
(提供多维信号采集,包含:麦克风、口部/鼻部话筒音频信号输入和喉部电极信号采集;通过对音频和电声门图信号进行实时检测处理,来进行言语障碍的评估诊断和康复训练。)

"启音博士言语矫治仪"通过对言语、构音、语音、鼻音信号进行实时检测处理,来进行言语障碍的康复训练、疗效监控,包括通过实时言语促进视听反馈。它可开展下列项目:(1)实时声音、音调、响度、起音、清浊音的感知及发音教育;(2)言语呼吸、发声、共鸣、构音、汉语语音功能的视听反馈训练;(3)言语呼吸、发声、共鸣障碍的促进治疗(常用 39 种);(4)电声门图显示、测量及其发声矫治(闭合率、闭合率微扰等);(5)采用单一被试技术对言语康复效果进行动态评估及全程监控,并根据汉语的言语功能评估标准提供个别化康复建议。它对言语、构音、语音障碍的矫治提供相关信息,并提供相应的康复训练。

产品技术指标要求: 实时言语信号性能:谐波频率误差为±4%、基频实时响应速率≤6 ms、FFT 实时响应速率≤48 ms、LPC 实时响应速率≤45 ms;语谱图窄带实时分辨率:12.7 ms±4%;电声门图信号频响性能:频响在 70 Hz—500 Hz 的频率范围内为 0 dB——3 dB;静止噪声≤5 mV;电声门图电极性能:电极信号输出频率为 2.5 MHz。

生产商:上海泰亿格康复医疗科技股份有限公司

3. 启音博士构音测量与训练仪(Dr. Speech-3,Dr. Speech-S3,Dr. Speech-S4)

"启音博士构音测量与训练仪"从运动角度和语音角度对患者的构音功能进行科学的评价,从而诊断出患者造成构音障碍的生理和语音水平的双维度原因。导致构音障碍的原因是构音器官运动异常或协调运动异常,造成的结果是构音清晰度下降。本仪器能够针对性地提供个别化构音训练手段。

"启音博士构音测量与训练仪"通过对构音、鼻音信号进行实时检测处理,来进行构音障碍的功能评估与康复训练,包括构音障碍测量(用于构音、鼻音障碍的诊断评估),具体如下:(1)构音运动能力评估;(2)构音语音能力评估;(3)下颌距、舌距、舌域距、口腔轮替运动速率等口部、构音运动功能测量;(4)声道形状动态显示及测量;(5)浊音起始时间、语音类型、构音清晰度等构音语音功能测量;(6)实时口鼻分离式鼻流量测量;(7)采用单一被试技术对言语康复效果进行全程监控。它通过对构音、鼻音信号进行实时检测处理和实时构音多维建模,进行构音、鼻音障碍的评估,为诊断和治疗提供相关信息。

构音障碍康复训练的具体项目如下:(1)口部运动治疗(常用 60 种);(2)下颌、唇、软腭构音运动的康复训练;(3)构音音位感知、习得的康复训练;(4)构音音位对比、强化的康复训练;(5)实时口鼻分离式视听反馈训练;(6)采用单一被试技术对言语康复效果进行动态评估及全程监控,并根据汉语的构音功能评估标准提供个别化康复建议。

此仪器通过对构音、鼻音信号进行实时检测处理和实时言语声道形状修正,为构音、鼻音障碍提供相应的康复训练及指导,并提供构音、鼻音康复过程的动态评估与效果监控。

产品技术指标要求:实时构音信号性能:谐波频率误差为±4%、基频实时响应速率≤6 ms、FFT 实时响应速率≤48 ms、LPC 实时响应速率≤45 ms;语谱图实时分辨率:窄带 60 Hz、中带 120 Hz、宽带 240 Hz:12.7 ms±4%;实时鼻音信号性能:口腔、鼻腔谐波频率误差:≤±6%;电声门图信号频响性能:频响在 70 Hz—500 Hz 的频率范围内为 0 dB——3 dB;静止噪声≤5 mV;电声门图电极性能:电极信号输出频率为 2.5 MHz。

生产商:上海泰亿格康复医疗科技股份有限公司

4. 启音博士语音评估与训练仪(Dr. Speech-4,Dr. Speech-S5,Dr. Speech-S6)

"启音博士语音评估与训练仪"是专门用于对连续语音能力进行评估和训练的。系统采用特定场景中的词语作为材料,以问答的形式完成连续语音的训练,促进言语障碍患者完成从言语听觉能力到语言表达能力的过渡。

"启音博士语音评估与训练仪"通过对语音、鼻音信号进行实时检测处理,来进行语音障碍的功能评估与康复训练,包括语音障碍测量,具体如下:(1)超音段音位评估;(2)音段音位评估;(3)超音段音位测量:音调变化率,升调、降调、升降调能力;(4)混合式音段音位测量:发音部位比率、发音方式比率、音征、送气时间比率、清浊音比率;(5)分离式音段音位测量:发音部位比率、音征、低频鼻音;(6)采用单一被试技术对言语康复效果进行全程监控。它通过对语音、鼻音信号进行实时检测处理和实时语音多维建模,进行语音、鼻音、流畅性障碍的评估,为诊断和治疗提供相关信息,适用于语音损伤分级评估。

语音障碍康复训练的具体项目如下:(1)超音段音位(升调、降调、升降调)的康复训练;(2)音段音位(语音巩固、重复、切换、轮替)的康复训练;(3)实时口鼻分离式视听反馈训练;(4)采用单一被试技术对言语康复效果进行动态评估及全程监控,并根据汉语的语音功能评估标准提供个别化康复建议。

此仪器通过对语音、鼻音信号进行实时检测处理和实时音位矩阵切换轮替,为语音、鼻音、流畅性障碍提供相应的康复训练及指导,并提供语音、鼻音康复过程的动态评估与效果监控。

产品技术指标要求:实时语音信号性能:谐波频率误差为±4%、基频实时响应速率≤6 ms、FFT 实时响应速率≤48 ms、LPC 实时响应速率≤45 ms;语谱图实时分辨率:窄带 60 Hz、中带 120 Hz、宽带 240 Hz:12.7 ms±4%;实时鼻音信号性能:口腔、鼻腔谐波频率误差:≤±6%;电声门图信号频响性能:频响在 70 Hz—500 Hz 的频率范围内为 0 dB——3 dB;静止噪声≤5 mV;电声门图电极性能:电极信号输出频率为 2.5 MHz。

生产商:上海泰亿格康复医疗科技股份有限公司

5. 启音博士鼻音测量与训练仪（Dr. Speech-5）

"启音博士鼻音测量与训练仪"通过观察和计算口腔和鼻腔的声强分配，计算鼻流量并给出鼻部和口部信号的平均功率谱、线形测谱、语谱图等。它主要用于鼻腔共鸣功能异常的测量与矫正，也可以用于腭裂患者修复术后的发音训练，以及鼻构音功能障碍的矫治。

"启音博士鼻音测量与训练仪"通过对鼻音信号进行实时检测处理，来进行鼻音障碍的功能评估与康复训练，具体可开展下列项目：（1）鼻流量的实时测量与评估；（2）鼻腔与口腔的功率谱、线性预测谱、语谱图的测量与评估；（3）进行悬雍垂训练、鼻腔共鸣训练、鼻音训练、鼻音对比、鼻音轮替训练；（4）前位、后位、喉位、鼻腔聚焦障碍的矫治；（5）根据汉语的鼻腔功能评估常模，提供动态的个别化计划。

产品技术指标要求：实时鼻音信号性能：口腔、鼻腔谐波频率误差：≤±6%。
生产商：上海泰亿格康复医疗科技股份有限公司

6. 启音博士言语重读干预仪（Dr. Speech-6，Dr. Speech-S7）

"启音博士言语重读干预仪"是根据重读治疗法的原理设计而成的综合性训练设备，旨在帮助患者在采用正确呼吸方式的前提下，获得良好的音调变化能力，实现流畅的言语和语言韵律，促进呼吸、发声和共鸣三大系统功能的协调。它主要用于言语韵律障碍的诊断评估，提供言语韵律训练、言语重读干预。

"启音博士言语重读干预仪"通过对言语、言语韵律信号进行实时检测处理，来进行言语韵律障碍的功能评估与康复训练，包括通过实时多维建模技术为言语、构音、语音、鼻音功能检测提供技术参数（用于言语韵律、构音、语音、鼻音障碍的康复训练）。

此仪器具体可开展下列项目：（1）超音段音位（升调、降调、升降调）的康复训练；（2）字、词、句、段重读的双屏交互式实时反馈训练；（3）采用重读治疗法（慢板、行板、快板）进行言语诱导及言语韵律训练；（4）采用单一被试技术对言语康复效果进行动态评估及全程监控，并根据言语韵律评估标准提供个别化康复建议。它可用于言语韵律障碍的诊断评估，提供言语韵律训练、言语重读干预。

产品技术指标要求：实时言语信号性能：谐波频率误差为±4%、基频实时响应速率≤6 ms、FFT实时响应速率≤48 ms、LPC实时响应速率≤45 ms；语谱图实时分辨率：窄带60 Hz、中带120 Hz、宽带240 Hz：12.7 ms±4%。
生产商：上海泰亿格康复医疗科技股份有限公司

7. 喉内窥镜图像检测处理系统（Dr. Larynx）

"喉内窥镜图像检测处理系统"利用现代化的言语训练手段，收集喉功能障碍患者的信息、资料，通过分析处理和诊断决策，做出与诊断结果相对应的矫治方案并进行有针对性的康复训练。它提供声带振动动态显示及定量分析，可开展发声（嗓音）功能的多维测试，进行同步的实时图像、电声门图、声学信号视频显示和多帧显示。它通过喉图像信号提供声门面积、声门开放角度、声带长宽比、黏膜波振动曲线等测量。它具体可开展下列项目：（1）各类内窥镜下图像的获取、显示、存储和打印；（2）在喉内窥镜下观察声带运动及分析声带运动、声门面积等参数；（3）在动态喉镜下观察声带运动及黏膜波运动；（4）实时显示及全屏图像捕提；（5）采用单一被试技术对康复效果进行动态评估及全程监控。

产品技术指标要求：此仪器主要用于对声带动态显示及其振动功能的测量，为发声（嗓音）障碍的诊断提供相关信息主要技术指标有：信号色度误差：≤15%；信号线性误差：≤2%。
生产商：上海泰亿格康复医疗科技股份有限公司

第二章 呼吸系统与言语

【本章目标】

阅读完本章之后,你将:

1. 熟悉呼吸系统的解剖与生理功能;
2. 熟悉双侧肺叶如何在胸膜腔的牵引下进行呼吸运动;
3. 掌握言语呼吸过程中呼吸肌群的作用;
4. 掌握平静生理呼吸与言语呼吸之间的区别;
5. 掌握呼吸时肺内气体的压力变化和流动情况;
6. 掌握在不同情况下的肺容积和肺容量与言语呼吸的关系;
7. 了解言语呼吸模式随年龄增长的发展规律。

在理解了基本的声学知识,同时将这些声学概念适当地运用于临床之后,我们现在接着讨论人类的言语产生系统与言语声波输出是如何进行精确匹配的,即言语是如何形成的。为了进一步地理解发声系统的声学潜能,我们需要掌握发声系统各个部分的解剖和生理结构,各个部分是如何运动的,运动是如何以复杂的方式进行协调互动的,言语声波的最终输出是如何形成的。参与言语产生与感知的分系统包括呼吸系统(肺)、发声系统(喉)、共鸣系统(构音器官)、听觉系统以及神经系统。

言语能力取决于呼出气流在声带振动时是否稳定,是否形成一种基本的喉音,然后通过声道将其进行修饰,以产生特定形式的言语声(无论何种语言)。如果没有气流呼出,将无法产生言语声。关于呼吸系统的问题有:

(1)气体如何进出肺部;

(2)言语过程中人们是如何改变以往那种完全自主的、只为维持生命需要的平静呼吸模式;

(3)进行言语呼吸时,身体各部分压力和气体流动的情况等。

这些均是本章要重点讨论的问题。然而,我们首先需要从整体上讨论呼吸是如何进行的。也就是说,我们将描述呼吸系统的解剖和生理结构,它使我们能够了解最基本的生命功能。同时它将提供一个框架,使我们能够进一步探索正常和异常言语产生的呼吸机制。

第一节 呼吸系统概述

言语产生的动力源是呼吸系统(respiratory system)。然而就言语而言,这个定义还不能充分地解释其所涉及的呼吸运动。言语呼吸的产生并不仅仅指维持生命的生理呼吸功能。言语产生的机制强调的是声门下压的建立,这便是本节的主旨,即研究空气进出肺部的动力机制。

一、 呼吸的概念

呼吸(respiration or breathing)这个词语可能有许多含义。呼吸源于印欧语(Aryan)的词根,即燃烧,最初指蒸发(如水蒸气消失在空气中),或指寒冬中呼出的气雾。现在它指通过胸腔的扩张和缩小以吸入和呼出气体。拉丁语 spiritushalitus 是指呼吸时吸入和呼出的气体,由此我们引申出诸如吸气、呼气以及口臭等的词语。另外一个拉丁语 spirare 同样指呼吸,代表吸气、呼气以及呼吸。

如今,呼吸通常指生物体与其周围环境进行气体交换的过程。气体交换是一个物理过程(physical process),这种解释得到一些生物学家的认可。另一些人则认为呼吸过程是指食物在氧化过程中产生水、CO_2 和热量,因此呼吸是一个化学过程(chemical process),并且可以采用以下的公式来表示:

$$C_6H_{12}6O_2 \longrightarrow 6CO_2 + 6H_2O + 热量 \qquad (公式\ 2.1)$$

二、 呼吸的物理基础

十七世纪中叶的哲学家和化学家波义耳(Boyle)提出了一个著名的物理定律。Boyle 定律是指如果气体的温度保持恒定,那么其所受的压力与容积之间成反比关系,且它们的乘积是一个常数。为了解释此项物理定律,我们需回到气体动力学理论。气体动力学理论的基础是指气体是由大量的分子所组成的,这些分子在不停地运动着。如图 2.1a 所示,当这些气体分子被容纳在一个容器中时,它们进行着杂乱无章的快速运动,不但与器壁相碰,而且互相撞击。这种撞击力将压力施加在容器壁上。如果容器的体积和温度维持恒定,那么施加在容器壁上的压力便是容器内大量气体分子合力的结果。图 2.1b 中气体分子施加在容器上的压力大于图 2.1a 中的气体分子施加在容器上的压力。

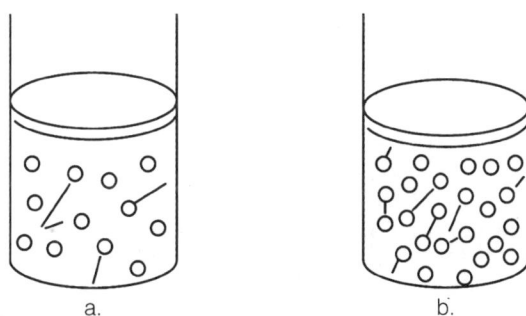

图 2.1　压力、气体和密度三者的关系

图 2.2a 显示了圆柱体中处于压力(P)下的气体容量(V)。同时力(F)施加在活塞上。活塞被推进一段距离直至气体的容量减半为止。如图 2.2b 所示,每单位容积的气体分子数量是原有的两倍(气体密度增加一倍),结果,分子之间以及分子与器壁的碰撞在单位时间内也增加了一倍,活塞与器壁上的推动力增加了一倍,压力也相应地增加了一倍,但压力与容积的乘积是相同的,即 $(2P)V/2$ 是一个常数。另一方面,如果活塞被提升直到使气体容积增加一倍为止,如图 2.2c 所示,那么施加于容器壁上的压力一定是减少一半的,即 $P/2(2V)$ 也是常数。Boyle 定律也可以用公式表示:$P_1V_1 = P_2V_2$,此处 P 表示压力,V 表示容积,1 表示初始状态,2 表示改变后状态。

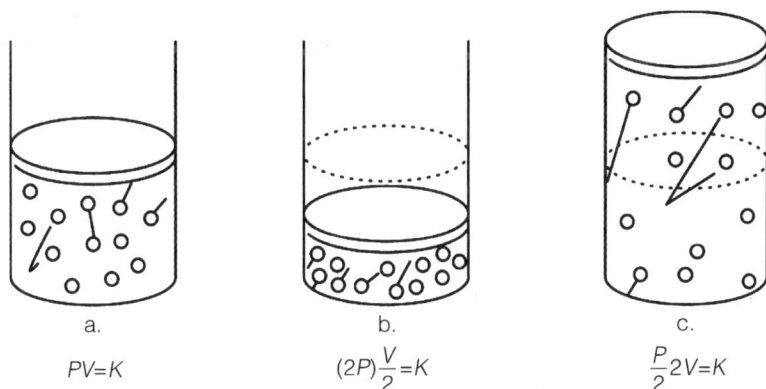

a.
$PV = K$

b.
$(2P)\dfrac{V}{2} = K$

c.
$\dfrac{P}{2}2V = K$

图 2.2　Boyle 定律的图解(方程式显示压力与容积的乘积为常数,二者之间成反比)

当处于密封容器中的空气压力等于大气压,即容器壁的内外压力相同时,此时器壁上的压力总和等于0。密封容器容量的减少便增加了壁内的压力(相对于壁外而言)。比大气压大的压力通常称为正压(positive pressure),小于大气压的压力称为负压(negative pressure)。

人类的肺组织位于密闭的胸腔内,通过气管、喉腔、咽腔以及口鼻腔与外界大气相连通。这些结构组成了呼吸管道,它将气体传递至呼吸器官(肺)。胸腔结构表现为其容积可以增加或减少,我们已经看出胸腔容积增加将导致肺内负压的形成。结果气体进入肺部,直到内外气压相等为止。呼吸的这一阶段被称为吸气(inspiration)。气流量与肺部的内外气压差成正比,可以采用公式 $F = k(P_1 - P_2) = k(P_{atmo} - P_{alv})$ 来表示。其中:F 为气流量,k 为斜率常数,P_1 为初始压力,P_2 为终末压力,P_{atmo} 为大气压,P_{alv} 为肺内压。

胸腔容积的减小将导致肺部形成正压,如果呼吸通道是开放的,气体将被呼出,直至肺的内外气压相等。这一阶段的呼吸称为呼气(expiration)。在接下来的章节,我们将关注呼吸时胸腔体积发生改变的机理,不过在这之前我们需要了解呼吸系统的解剖和生理知识,以及呼吸动力系统的结构组成。

第二节　呼　吸　道

呼吸道由鼻腔、口腔、咽腔、喉腔、气管、支气管以及肺组成。呼吸道通常以喉腔为界,分为上呼吸道和下呼吸道。

一、上呼吸道和下呼吸道

上呼吸道是由鼻腔、口腔、咽腔以及喉腔所组成的,如图2.3所示。鼻腔、口腔以及咽腔是空气进出肺部的对外门户,而喉腔则保护下呼吸道,控制进出肺部的气体容量和流动过程。下呼吸道是由气管、支气管、肺以及周围组织所组成的。气管与支气管是气体进入肺部的终末通道。

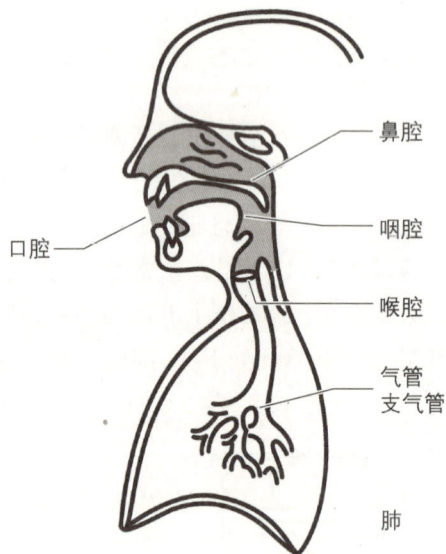

图2.3　呼吸通道的图解(图中阴影部分代表上呼吸道)

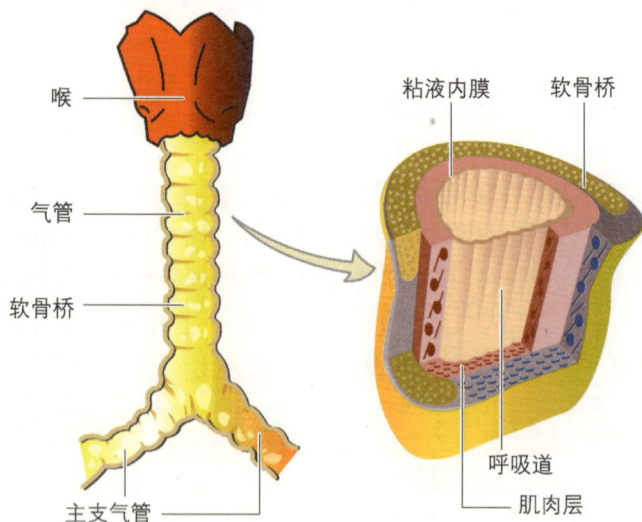

图2.4　气管与支气管

二、气管与支气管

如图2.4所示,气管位于喉与左、右主支气管分叉处的气管权间,起于环状软骨下缘(平第6颈椎体下缘),向下至胸骨角平面(平第4胸椎体下缘)。成年男性的气管平均长10.30 cm,女性平均长9.71 cm。气管分为颈段和胸段。

气管由 18 块软骨与肌肉、韧带连接而成。气管软骨由 14 —17 个缺口向后，呈"C"形的透明软骨环构成。气管后壁缺口由气管膜壁封闭，该膜壁由弹纤维与称为气管肌的平滑肌构成。甲状腺峡部多位于第 2 —4 气管软骨环前方，气管切开术常在第 3—5 气管软骨环处施行。在胸骨角平面有一向下凸出并略偏向左侧的半月状嵴，称为气管隆嵴，是支气管镜检查的重要内容，如图 2.5。

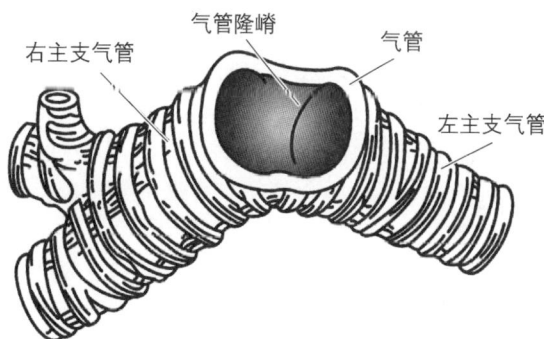

图 2.5　气管、支气管和气管隆嵴

支气管是由气管分出的各级分支，其中一级分支为左、右支气管，称为主支气管。气管中线与主支气管下缘间夹角称为嵴下角。右主支气管：男性右嵴下角为 21.96°，女性右嵴下角为 24.7°；左主支气管：男性左嵴下角为 36.4°，女性左嵴下角为 39.3°。因此左、右主支气管的区别为：前者细而长，嵴下角大，斜行，通常有 7—8 个软骨环；后者短而粗，嵴下角小，走行较直，通常有 3—4 个软骨环。经气管坠入的异物多进入右侧。

第三节　肺与胸膜联接

肺部位于胸腔，是呼吸的主要器官。肺部呈锥形结构状，分别居于纵隔的两侧，几乎占据整个胸腔。肺的前面、侧面和后面均由胸廓所包围，下方是膈肌。透过胸膜可见许多呈多角形的小区，称为肺小叶，其出现炎症反应时称为小叶性肺炎。正常肺呈浅红色，质柔软呈海绵状，富有弹性。成人肺的重量约等于自己体重的 1/50。健康男性成人两肺的空气容量约为 5000 ml，女性的肺容量小于男性。

一、肺的形态

两肺外形不同，右肺宽短，左肺狭长，如图 2.6。肺呈圆锥形，分一尖、一底、三面、三缘。肺尖钝圆，经胸廓上口伸入颈根部，在锁骨内侧 1/3 处向上突至锁骨上方 2.5 cm 处。肺底在膈肌顶部的上方，膈肌压迫使肺底呈半月形凹陷。肋面与胸廓的外侧壁和前、后壁相邻。纵隔面中央有椭圆形凹陷，称为肺门，其内有支气管、血管、神经、淋巴管的出入并为结缔组织包裹，称肺根。膈面即肺底。肺前缘锐利，左肺前缘下部有心切迹，切迹下方有一突起称左肺小舌。下缘位于膈肌上，是肺三个面的移行部，其位置随着呼吸运动而发生显著变化。

人的肺左右各一，右肺分三叶，左肺分两叶。左肺斜裂由后上斜向前下，将左肺分为上、下两叶。右肺的斜裂和水平裂将右肺分为上、中、下三叶。肺的毗邻器官可在其表面形成压迹或沟，如两肺门前下方均有心压迹。右肺门后方有食管压迹，上方是奇静脉沟。

每侧肺均为含气的容腔，因而其质量非常小，较容易扩展，并且如同海绵一样，如果不存在外来的牵引力，便皱缩成一小团，呈现塌陷状。但这种情况并不会发生，否则呼吸运动将无法进行。

二、支气管树

在肺门处，左、右主气管分为次级支气管，进入肺叶，称为肺叶支气管。左肺有上叶和下叶支气管，而右肺有上叶、中叶和下叶支气管。

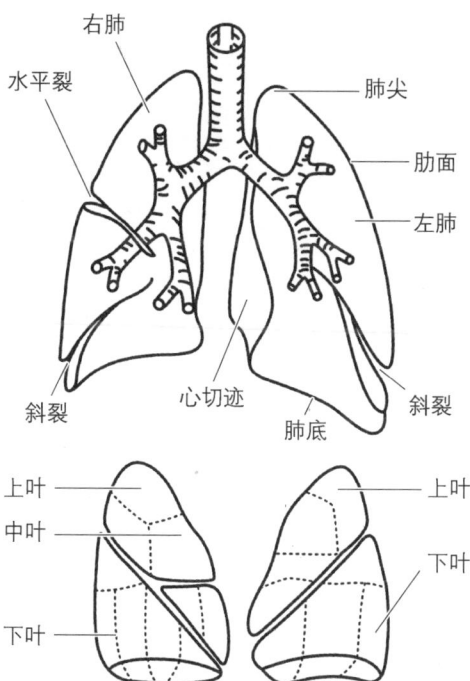

图 2.6　肺的外观及其表面的沟裂

肺叶支气管进入肺叶后，再继续分出第三级支气管，称肺段支气管。故称主支气管为一级支气管，肺叶支气管为二级支气管，肺段支气管为三级支气管。全部各级支气管如此繁复分枝形成树枝状，称为支气管树（如图 2.7）。主支气管经多次分枝后，形成无数的细支气管，肺泡囊（如图 2.8）位于每根细支气管的终末分支端。

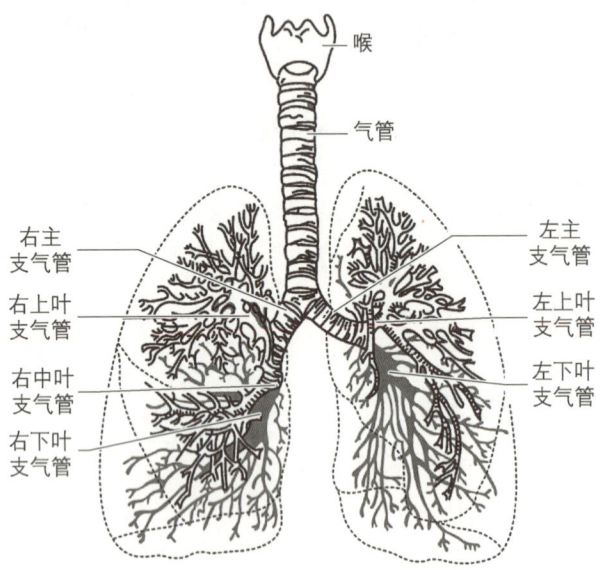

图 2.7　支气管树整体观

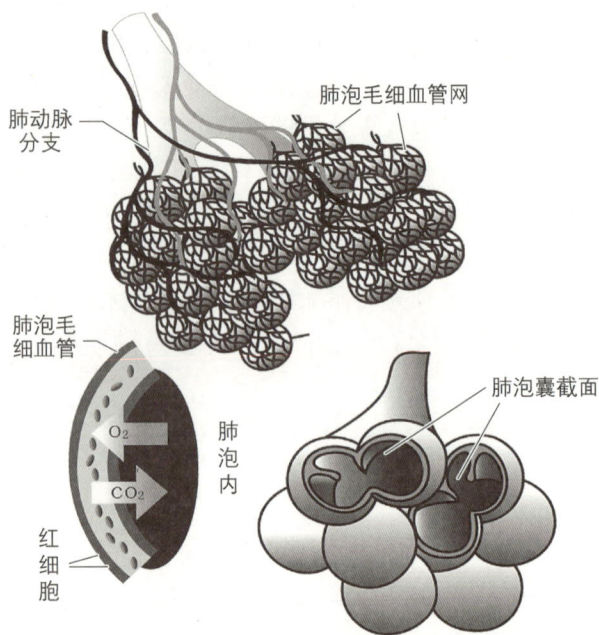

图 2.8　肺泡

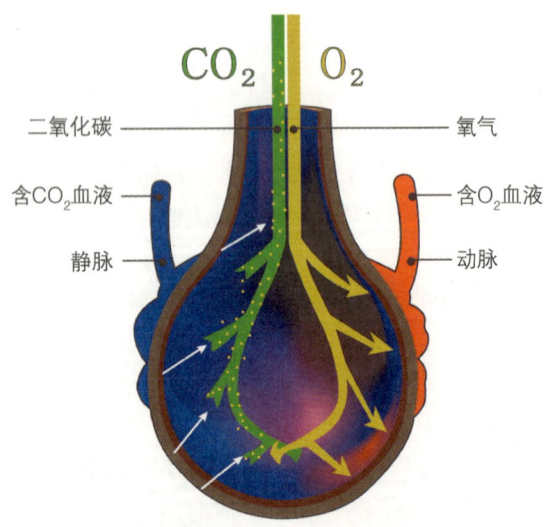

图 2.9　肺泡内的气血交换

肺组织的弹性结构由致密结缔组织（弹性纤维和胶原纤维）所组成，它们环绕着细支气管和肺泡。当肺扩张吸入气体时，这些弹性纤维被牵拉而倾向于回缩。肺扩张程度越大，其牵拉作用越强，肺的回缩力和弹性阻力便越大；反之，亦然。在呼气过程中它们通过弹性回缩力，起到协助肺部收缩的作用。

肺动脉为功能性血管，其分支在肺门内先位于支气管前方，后转向后方。在肺内的分支多与支气管的分支伴行，直至分支进入肺泡隔，包绕肺泡壁形成肺泡毛细血管网。由于肺泡壁非常单薄，吸气时氧气通过肺泡壁弥散入肺泡毛细血管，呼气时血管内的二氧化碳通过它释放到肺泡内（如图 2.9）。

左、右侧支气管动脉为营养性血管，通常有 1—4 支，进入肺内紧密伴随支气管走行，经肺段门进入肺段内，形成 1—3 支肺段支气管动脉。支气管动脉最终在支气管壁的外膜和黏膜下层分别形成供应支气管的毛细血管网，如图 2.9 所示。

三、胸膜

胸膜是衬覆于胸壁内面、膈上面和肺表面的一层浆膜。覆于胸腔各壁内面的称为壁胸膜，覆盖于肺表面的称为脏胸膜。两层胸膜之间密闭、狭窄、呈负压的腔隙称胸膜腔。壁、脏两层胸膜在肺根处互相移行，移行处两层胸膜重叠形成的三角形皱襞为肺韧带。

两侧的肺表面覆盖着一层弹性纤维组织（称为脏胸膜），该层弹性纤维组织与胸廓肋骨相连，称为胸膜联接(pleural linkage),其中的密闭的潜在的胸膜腔对于呼吸运动起着不可或缺的作用。一方面胸膜联接使得双肺在呼吸时既能直接受到来自胸腔壁的压力,又能活动自如,不致产生摩擦和不适感(图2.10);另一方面,胸膜腔内少量的浆液分子的内聚力使两层胸膜贴附在一起,不易分开,所以肺就可以随胸廓的运动而运动。因此,胸膜腔的密闭性和两层胸膜间浆液分子的内聚力对于维持肺的扩张状态和肺通气具有重要的生理意义。如果胸膜破裂,胸膜腔与大气相通,空气将立即进入胸膜腔内,形成气胸,此时两层胸膜彼此分开,肺将因其本身的回缩力而塌陷,从而使肺的通气功能受到限制。

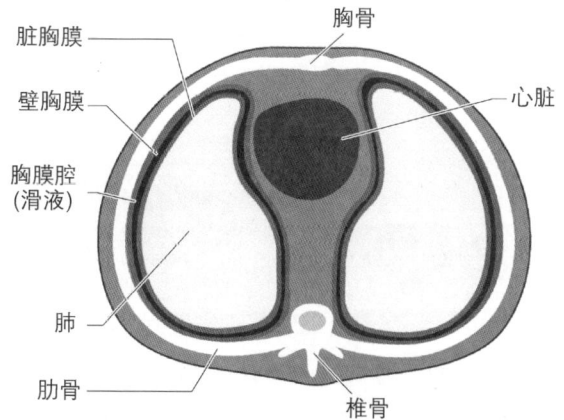

图2.10　胸膜联接

第四节　胸 廓 结 构

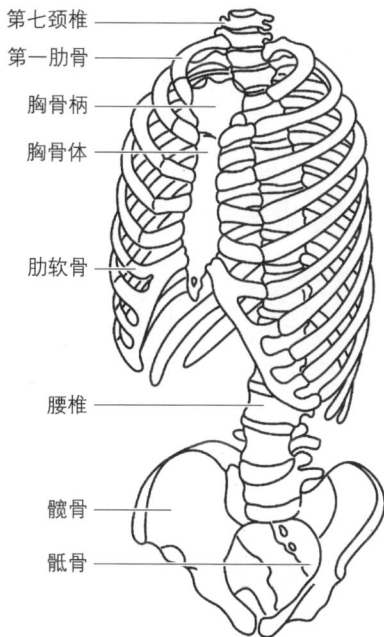

图2.11　与呼吸生理相关的胸廓结构

胸廓是骨—软骨性结构,呈圆锥筒状,胸廓内为胸腔,其包括纵膈部分和双侧被覆胸膜的肺腔部分,纵膈内主要容纳心脏、血管和食管等器官。双肺容纳在胸廓当中,胸廓的前面是胸骨,两侧为肋骨(共12对),后方是胸椎骨(图2.11)。胸腔骨架由十二对肋骨组成,它们向后通过胸肋关节(costovertebral joints)分别连在十二块胸椎骨上。从前面看,最下方的两对肋骨前端并没有附着在胸骨上,称为浮肋(floating ribs)。浮肋上方的较低位肋骨则斜向上通过肋软骨连接在胸骨上。除浮肋以外的其余十对肋骨中,第一至第七对肋骨直接与胸骨相连,第八至第十对肋骨通过共有的软骨连接与第七肋软骨相连。肋骨的运动由胸肌和腹肌牵引,以此来增加或减小胸腔的体积。因此,当肋骨向上抬起时,它们向外两侧运动。由于上端的肋骨固定在胸骨上,因此它们只是稍微向前移动,它们使胸腔扩大的幅度远不如下端肋骨上抬时的效果明显。这些运动导致了胸腔内压力的变化,这在以后的章节将做详细的介绍。

第五节　呼吸肌群及其神经支配

呼吸肌群分为吸气肌群和呼气肌群两组。传统上通常认为:使胸腔体积增加,协助气体进入肺内的呼吸肌群是吸气肌群,例如膈肌和肋间外肌是主要的吸气肌群,此外还有一些辅助吸气肌如斜角肌、胸锁乳突肌等;使胸腔体积缩小,协助气体从肺部排出的呼吸肌群是呼气肌群,主要有肋间内肌和腹肌。

吸气肌群主要由膈肌和肋间外肌所组成。膈肌是分隔胸腔和腹腔的肌肉—腱膜组织,呈扁平状,并与胸廓肋骨部的下缘相连,静止时向上隆起,形似一只倒置的钟罩。膈肌收缩时,其隆起部分向四周拉平,使胸腔在垂直方向上进行扩张,并使下部肋骨上提并向外移动。呼气与吸气时,膈肌的运动方向如图2.12所示。

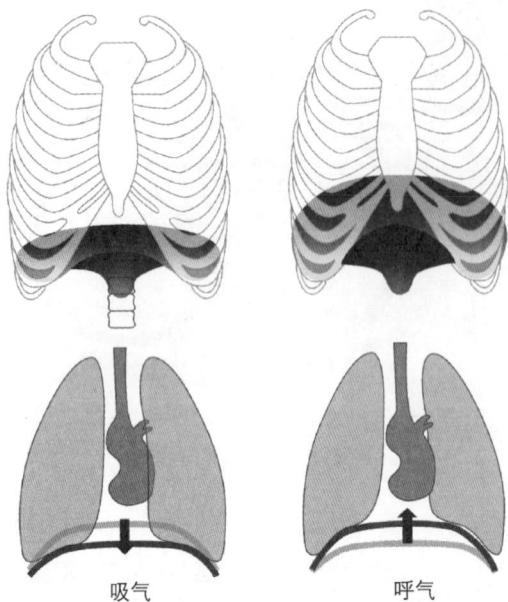

图 2.12 呼气与吸气时的膈肌运动
方向(用箭头表示)

肋间外肌起于上一肋骨的下缘,斜向前下方走行,止于下一肋骨的上缘。共有11对肋间外肌覆盖于12对肋骨的表面,它们向着第一肋骨的方向作整体的提升运动。第一肋骨连于胸椎并间接地连于颅底。呼气肌群主要由肋间内肌所组成。从胸骨缘到肋膈角,肋间内肌起自上面11对肋骨的下缘,止于相邻的上一肋骨,走行方向与肋间外肌相反。它们的作用在于使肋骨下降,缩小胸腔容积(图2.13)。

膈肌和肋间外肌是对吸气起主导作用的肌肉,而平静呼吸中的呼气过程基本上是被动的,是吸气后借助肺部弹性回缩力的作用释放气体。呼气时,腹部肌群先使腹压增强、膈肌上升,接着降低肋骨和胸骨,使得胸腔的容积缩小。主要呼吸肌群的特征如图2.14所示。

所有的呼吸肌群均由脊神经中胸腰神经的大部分分支所支配,胸神经前支共12对,第1—11对各自位于相应肋间隙中,称为肋间神经,第12对胸神经前支位于第12肋下方,故名肋下神经。肋间神经行走于肋间内、外肌之间,支配其收缩运动。第7—11肋间神经及肋下神经沿相应肋间隙逐渐向前下走行于腹横肌和腹内斜肌之间,并继续前下行,在腹直肌外缘进入腹直肌鞘,分布于腹直肌,下5对肋间神经发出的肌支分布于肋间肌及腹肌前外侧群;腰丛的分支—髂腹下神经和髂腹股沟神经沿途发支分布于腹壁诸肌群(腹内、外斜肌等);膈肌由膈神经(第3—5对颈神经的分支)支配。

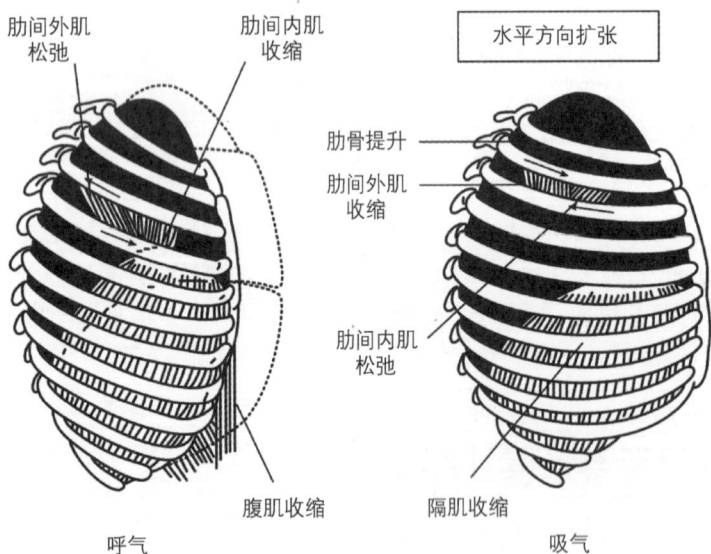

图 2.13 呼吸时呼吸肌群的作用

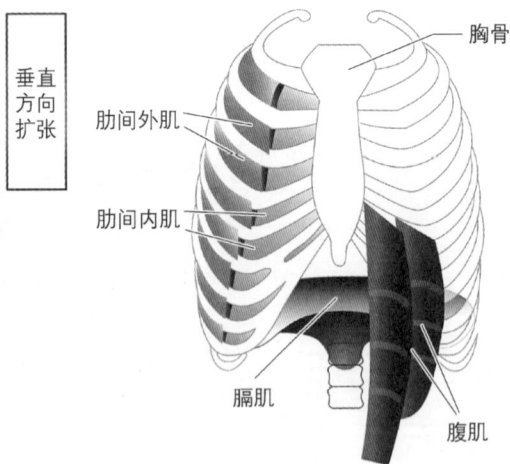

图 2.14 主要的呼吸肌群

人体在平静生理呼吸和言语呼吸两种状态下,呼吸肌群的运动是迥然不同的。言语时,人既要完成气体交换,维持生命的需要,同时又要完成发声的任务,呼吸量增大了。言语时的呼吸肌群运动在幅度及目的方面均不同于非言语的呼吸运动,胸腹肌群均主动参与了呼吸运动。在言语呼吸过程中,呼吸肌群不仅提供了声带振动的动力源,而且通过抵抗肺的弹性回缩力来调控胸腔气流的呼出速率。有关这方面的知识在以后的小节中还将详细介绍。

第六节 言 语 呼 吸

呼吸系统的基本解剖知识有助于理解呼吸运动的生理机制。然而,这些知识不足以解释言语呼吸的形成机制。言语时,呼吸系统(respiratory system)就像一只泵或风箱,可被视为由两个运动系统所组成,即由胸腹壁系统(chest wall)和肺部系统(pulmonary system)所组成。被称之为呼吸泵的动力是由胸腹壁和肺部系统的协调运动所提供的,如图 2.15 所示。

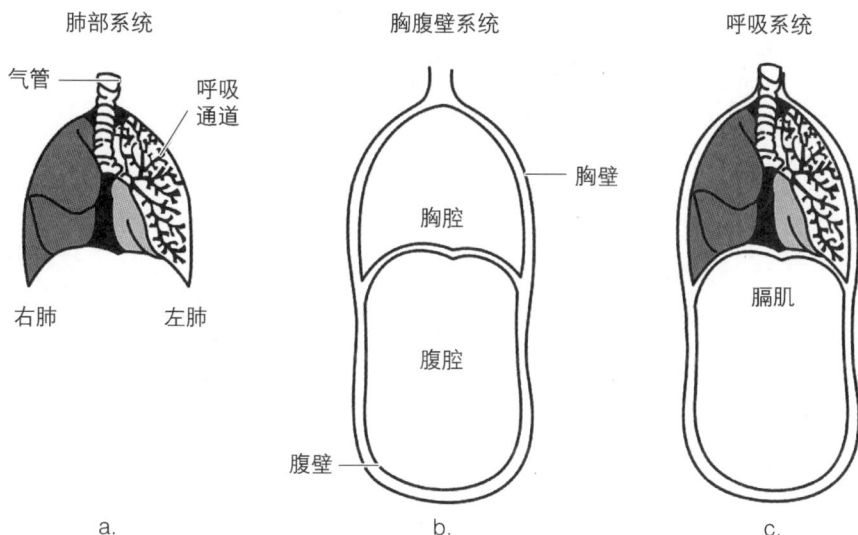

图 2.15 呼吸系统
(a. 肺部系统;b. 胸腹壁系统;c. 肺部系统和胸腹壁系统的组合)

肺部系统包括双肺及与之相连的气体输送管道。这些管道从气管开始,经过各级树枝状分支,直到肺的末端(即肺泡囊)。无数个肺泡构成肺的最外周组织;胸腹壁系统由肋骨框架、胸部肌群、膈肌、腹部肌群和所有的腹内容物所组成,因为它们在呼吸过程中均产生了运动。胸腹壁围绕着胸腔和腹腔,中间有一块活动的隔板(即膈肌),它位于胸腔的底部或腹腔的顶部。膈肌的上方是胸腔,下方是腹腔。腹腔内有消化系统和一些不涉及发声的器官,诸如腹膜腔后的肾和肝脏等。

膈肌(diaphragm)是一块自主收缩的吸气肌群,它构成了胸腔的底部。膈肌直接位于腹部器官的顶部,因此也形成了腹腔的顶部。腹腔中充满了实质的内脏组织,从机械运动的角度分析,这些内脏器官的体积无法被压缩。

所有的腹腔壁,除了前壁之外,均呈固定状态。前壁主要由腹部肌群所组成,因此可以产生伸缩运动。当膈肌处于舒张状态时,它呈现为穹隆状;当其收缩时,则逐渐变得平坦。收缩的膈肌迅速将内脏器官压得更低。由于腹部是个实心腔隙,顶部的压低只能使腹部凸向某处。而腹部凸出的地方只能是前壁。因此,膈肌和腹内容物的运动表现为一个整体的运动,我们称之为膈腹部(diaphragm-abdomen)运动。

吸气时,膈肌收缩,胸腔底部下移,使胸腔的上下径扩大,同时隔肌压迫腹部脏器,使腹壁向前凸出,如图 2.16 所示。腹腔容积的变化量等同于膈肌收缩时胸腔增加的容积。与此同时,膈肌协助肋骨上提,促进了肋间外肌上抬肋骨的运动。胸腔扩张后,其内外部的压力差使得空气不断吸入,最终充满肺内。

吸气时腹壁的前凸表明腹壁肌群伸展,就像一块被拉长的橡胶片(具有弹性回缩力)以抵抗所受的外力,随时准备恢复原状。当膈肌舒张时,弹性回缩

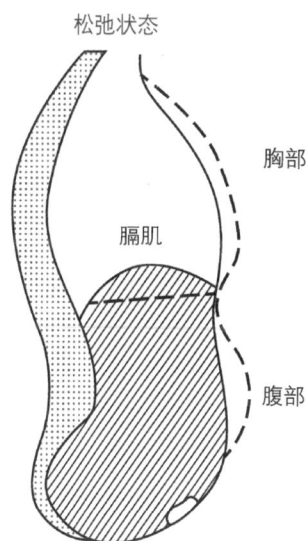

图 2.16 呼吸时膈肌和腹部的运动效果图
(虚线表示吸气状态,实线表示呼气状态)

力使腹部脏器和膈肌恢复到原位,此时肋间外肌也松弛了。换句话说,膈肌和胸腹部呼吸肌群的松弛对于平静生理呼气来说已经足够。但是仅靠肌肉舒张而被动获得的胸腔正压,对于发声是远远不够的。因此在言语时,腹部肌群主动收缩推动膈肌,从而获得更大的呼气压力。同时,肋间内肌主动收缩,使肋骨下降、胸腔容积缩小,从而增加了使气体呼出的胸腔压力差。

尽管言语呼吸与平静生理呼吸之间有着不同的作用、目的,但它们均有着相似的发生机制。这些呼吸力是内在固有和随意的。内在固有的力量源自于结缔组织的弹性回缩力,它们随着胸腹壁的运动和肺部的扩张伸展或压缩。这些内在固有力有助于呼吸器官恢复至静息状态。随意的力量存在于胸腹壁肌群(胸腔壁,膈肌以及腹腔前壁)。这些肌群的活动主要有:(1)增加或减小胸腔体积;(2)控制和调节呼出气流,特别是在肺容量较大的时候;(3)控制隆起腹部的运动方向。

平静时的生理呼吸运动与发声时的呼吸运动是有差别的,如图 2.17 所示。一般来说,在平静生理呼吸时,吸气占整个呼吸周期的 40%,呼气占整个呼吸周期的 60%,即吸气与呼气时间的比值为 2∶3。成年人每分钟呼吸 12—15 次左右,呼吸量约为 500 ml,胸腔压力的变化仅为 1—2 cmH$_2$O。吸气是一个主动过程,呼气则是依靠弹性回缩力量的一个被动过程。

由于呼吸速率、容量和肌力作用的改变,言语时的呼吸运动与上述情况很不相同。言语过程中,肺部必须给喉部器官提供足够的动力和通气量。因此呼吸周期发生了较大的变化,吸气时间更短、呼气时间更长。吸气占整个呼吸周期的 10%,呼气占整个呼吸周期的 90%,即吸气与呼气时间的比值为 1∶9。另一方面,单位时间内的呼吸次数减少且不规则,肺活量(VC,Vital Capacity)增加 35%—60%。言语呼吸的优势在于:① 有足够的气流量来支持持续的发声;② 肺部容积增大使得说话者能够更有效地利用弹性回缩力,从而减少呼吸肌群的收缩力量,使发声更加舒适。

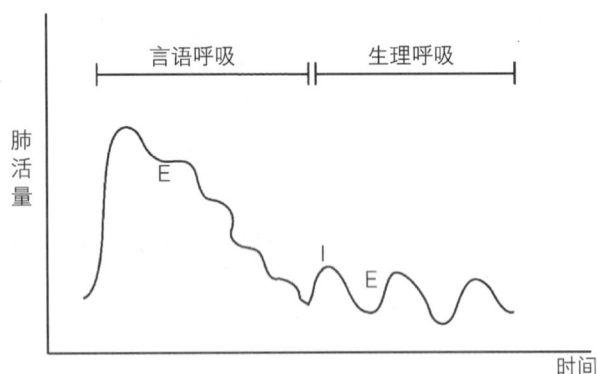

图 2.17　生理和言语呼吸时的肺活量随时间的变化图(E: 呼气,I: 吸气)

言语产生时,肺容量持续地发生变化,其变化的幅度取决于言语内容。交谈时测得的胸腔压力变化为 7—8 cmH$_2$O,远大于平静生理呼吸时的胸腔压力差(在正负 1 cmH$_2$O 之间)。这些压力差波动的幅度取决于言语的响度、重音以及长短等。

言语呼吸与平静生理呼吸相比,会在呼气运动期间产生更加充足的动力。平静生理呼吸中呼气的动力来自于弹性回缩力,但这些动力对于言语呼气而言却不充足,还需借助腹部肌群主动收缩的力量等。加入的肌肉收缩的力量的大小取决于几个因素:① 言语产生时所需的肺容量,② 发声长短,③ 响度,④ 重音,⑤ 语调种类等。因此加入呼吸肌群的收缩力量等于言语呼吸所需的总驱动力与弹性回缩力的差值。

我们在说话、歌唱时的呼吸运动使胸部运动的功能如同一只压力泵。为了使压力增加,肺部膨胀的幅度应大于平静生理呼吸时肺部的扩张幅度,即通过增加胸腔的容积,造成胸腔内的负压,以便吸入更大量的气体。胸腔的扩张呈三维方向:垂直向、横向和前后向。膈肌收缩使胸腔获得垂直方向的扩张,上提肋骨使胸腔能获得侧向和前后向的扩张,从而吸入气体。腹部肌群的有力收缩使肋骨下降、膈肌上升,导致肺的容积减小,从而获得呼气压力。

最后,图 2.15 显示了言语呼吸时胸腹壁所特有的形态:腹部缩回,胸腔被推出,腹肌的收缩力量将腹腔内脏推进,并向上移动,这使膈肌被推高,使其恢复原有的钟罩形状。言语期间膈肌的舒张运动更加迅速有力,从而大大减少了说话者在言语换气时所受到的干扰。

第七节　呼吸动力学

在平静吸气的过程中,膈肌、肋间肌甚至是斜角肌的收缩都会增加肋胸腔在所有三个平面上的尺度。因为肺组织紧跟于胸壁的运动,所以它们也会扩张,从而使外界的气体不断地进入其内,直到肺内压等于外界气压为止。与此同时,腹腔脏器受到下降的膈肌的压迫,从而导致腹内压的增加。

一旦肺组织膨胀起来了,吸气肌就逐渐地停止收缩而回缩力开始发挥作用。由腹腔脏器和增加了的腹内压所产生的、与膈肌作用方向相反的、大小逐渐增加的、向上的力是回缩力的一种。肺—胸联合单位也会被动地发生变形。而当吸气肌停止收缩时,其他的回缩力开始发挥作用。在吸气过程中上升并发生扭转的肋骨将会松解开来,从而产生一个旋转的回缩力,其被称之为扭转力(torque)。图 2.18 中对其进行了详细说明。

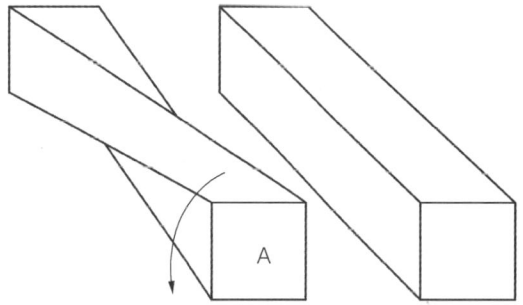

图 2.18 扭转力的图例说明

(扭转力:扭转呈 A 字形的一个弹性杆会产生一个旋转的回缩力)

系统同样受到地球引力的影响,因此潜在的能量(势能 potential energy)将会转化成运动的能量(动能 kinetic energy)。此外,肺组织本身也具有相当的弹性力,而且肺组织与胸壁相连,所以它们能产生一个随舒张程度增加而逐渐增加的回缩力。这个力使得胸腔恢复到其没有扩张时的位置;同时,肺组织的弹性力提供清除肺内气体所必需的呼气力。

这是日常生活中的常见现象:看似简单的平静呼吸的过程会由于某一原因或其他原因而被迫中止。这一现象在言语过程中尤为常见,而且对于歌唱而言,其可能会产生意想不到的效果。最终我们还是会对平静呼吸和被动呼吸进行进一步的测试,但是,在这一过程中,我们需要大量的专业术语。

一、 肺的测量

尽管呼吸生理学的历史可以追溯到公元前 3000 年,但是,直到 1950 年,有关呼吸生理学的定义和符号的标准化系统才得到确立(Pappenheimer et al.,1950)。

因为有些测量是建立在自主呼吸运动的基础上的,而且很明显,它们会限制人们的活动,所以明确一个人的肺容积和肺容量对于临床和实验环境而言都是非常重要的。一些测量方式明确地说明了我们在完成某些不常见的活动过程中所需的肺容量。这些测量方式对于解释和理解呼吸系统的工作模式而言是很重要的。

绝大部分的肺的测量可以直接通过一台简单的设备(即:肺量计 spirometer)而测得。如图 2.19 所示,其中一个容器倒置放入另一个盛有水的容器之中。倒置的容器通过砝码或者是弹簧装置来取得平衡,以此来保持其作用力为零。从倒置的容器中吸入气体或者呼出气体至这个容器中,就会使得这个容器下降或者上升,其运动幅度决定于气体交换量。

附带有油墨纪录系统的肺量计以及计算机系统能够提供非常快速的肺容积和肺容量的测量方法。如图 2.20 所示,在实验室环境中,相关仪器包括有多通道的肌电描记仪和气流记录设备。

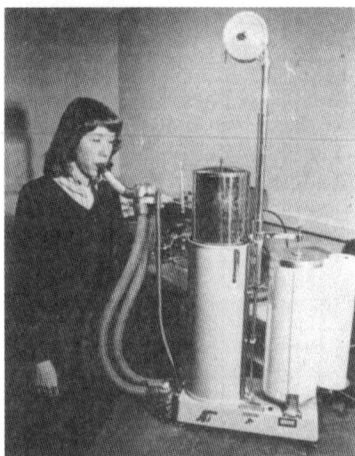

图 2.19 肺量计原理和实例

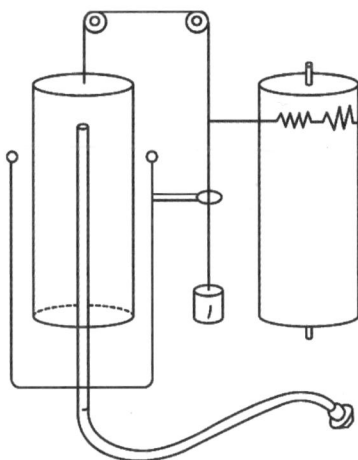

图 2.20 呼吸功能和气流量评估的实验室环境

肺量计的图表记录称为呼吸描计图(spirogram),图2.21是一张有关肺容积和肺容量的图例,它包含两大部分:肺容积(Lung Volume)和肺容量(Lung Capacity)。

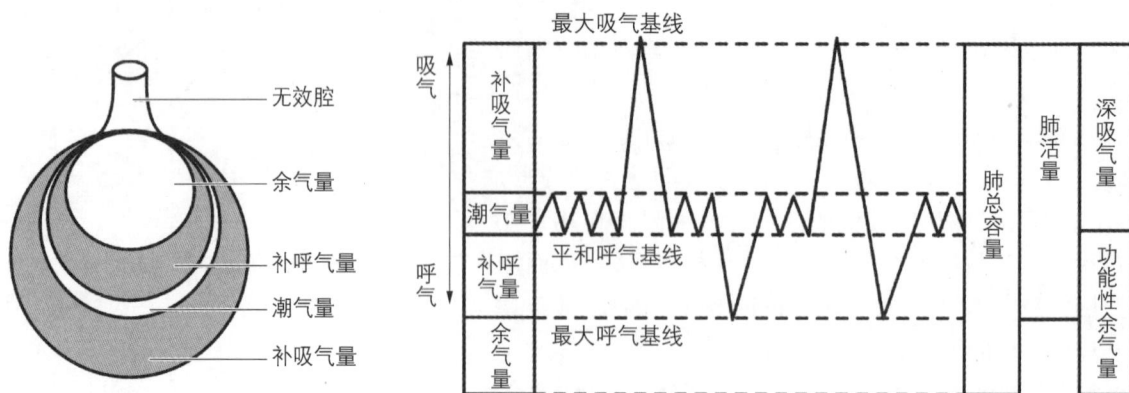

图2.21　呼吸描计图

(左图:肺容积:补吸气量,潮气量,补呼气量,余气量)

(右图:左,肺容积;右,肺容量)

肺的测量将以肺容积和肺容量来说明:(1)肺容积是一个独立值,其中不包含另一个值。肺容积之间没有重叠部分。(2)肺容量包括了两个或者更多的肺容积。吸气量和肺活量可以通过肺量计直接测出来,但是功能性余气量和肺总容量就必须要经过计算得出。

二、 肺容积 (Lung Volume)

肺容积是一个变量,在以下边界情形中,用四个参数来表示:

1. 潮气量(TV: Tidal Volume)

在任何一个呼吸周期中,吸入或呼出的气流量(一次吸气后紧跟着一次呼气)被称为潮气量。年轻的成年男子在平静状态下,其潮气量平均为500 ml。当在从事劳动强度小的工作的时候,同样是这组人,他们的平均潮气量为1670 ml,而在从事劳动强度大的工作的时候,他们潮气量的平均值为2030 ml。这就说明劳动需要更大的氧耗,这可以通过一个人潮气量的值而得到反映。

正常人的潮气量具有较大的变异性,从而降低了潮气量的应用价值,而且使得它的解释也变得很复杂。比如,95%的成年男性的潮气量介于675—895 ml之间,然而95%的成年女性则介于285—393 ml之间,其平均值为340 ml。大体上,成年人的平均潮气量值约为500 ml,此值是经常引用的。

2. 补吸气量(IRV: Inspiratory Reserve Volume)

超出潮气量的吸入的气体量被称之为补吸气量。在平静呼吸状态下,补吸气量通常介于1500—2500 ml之间。

3. 补呼气量(ERV: Expiratory Reserve Volume)

平静呼气后,再尽力呼出所能呼出的气体,该气体的量被称为补呼气量或者是平静肺容积。补呼气量通常介于1500—2000 ml之间。以前,这个量被看作是储存气或者是补足气的量,但这些说法已经废弃了。

4. 余气量(RV: Residual Volume)

在经过最大限度的呼气之后,仍存留在肺部和气道内的气体量被称为余气量。因为肺部与胸壁紧密连接,所以,即使是在一次最大呼气之后,肺组织也是被牵拉的。正是由于这个原因,使得即使是在最大呼气之后,仍有相当一部分的气体不能被排出体外。这部分气体被称为余气(residual air),成年男性的余气量为1000—1500 ml。即便是在死后,这部分气体仍然残留在肺部和上呼吸道内。所以,我们不能依靠余气来说话,"残留性呼吸者"或者是"残留性说话者"的说法都是不正确的。注意,不能将余气量与功能性余气量的概念混淆起来。

由于余气不能自主地从肺部呼出,所以就造成了它不能被直接测量出来的结果,但是其仍可以通过特殊的临床方法而计算出来(Mead and Milic-Emili, 1964)。

如果在人死后很快地将其肺从胸部取出,那么肺与胸壁间的连接结构就被破坏了,而且肺本身的弹性使得大量的余气都跑出去了,但是仍残留有一小部分的气体(约500 ml)。正是由于这个原因,肺的比重要比水的小,而且肺组织可以漂浮起来。另外一方面,从一个死胎体中取出的肺组织则会下沉。

我们将平静呼吸周期划分为主动吸气和被动呼气两个阶段。成年男性和女性每分钟约呼吸12次,每次的潮气量介于500—750 ml之间,每分钟的呼吸总量为6—9 L。这一值被称为每分通气量(minute volume)。

$$每分通气量(L) = 潮气量(L) \times 呼吸频率(次/min)$$

如果不考虑吸气的深度,我们的余气中有大约150 ml的气体既不为血液提供氧气,也不接受血液中释放出来的二氧化碳。这一气体被称为无效气体(dead air),它存留在鼻腔、喉部、气管、支气管和细支气管等被统称为无效腔(dead-air spaces)的地方。这部分气体是吸气过程中最后被吸入的那部分,但在下一个呼吸周期中,其却是被最先呼出体外的部分。呼气过程中,最后被呼出的、肺泡内的150 ml气体残留在无效腔内,尽管其中满是二氧化碳,但是,它仍然是下一次吸气时最先被吸入体内的部分。因此,大约有150 ml被吸入的气体对于内呼吸而言是无功能的。因此,计算真正有效的气体交换应以肺泡通气量为准。

$$肺泡通气量(L) = (潮气量 - 无效腔气量)(L) \times 呼吸频率(次/min)$$

呼吸频率和潮气量都是影响肺泡通气量的因素。从气体交换的效率来看,深而慢的呼吸比浅而快的呼吸效率高。如果延长表浅呼吸,期间只有比无效气体稍多的气体进行了交换,那么在肺泡和血液里就会有过多的二氧化碳堆积。这种情况一旦发生,紧接着就会出现一次反射性的、不自主的深呼吸,而我们会说这个人刚才打了一个哈欠。

三、肺容量 (Lung Capacity)

肺容量是一个变量,在以下边界情形中,用四个参数来表示:

1. 深吸气量(IC: Inspiratory Capacity)

在平静呼气状态下,能够吸入的最大气流量被称为深吸气量。它可以通过肺量计直接测量出来,而且等于潮气量加上补吸气量。平静状态下的呼气水平与呼吸系统的平衡状态有关。肺组织的压缩力由胸部的扩张力来平衡。

2. 肺活量(VC: Vital Capacity)

最大吸气后,从肺内所能呼出的最大气量称作肺活量。它是潮气量、补吸气量和补呼气量的总和。成年男性的肺活量在3500—5000 ml之间。个体身材与其肺活量的大小之间存在一定的关系,这种想法是合理的。事实上,肺活量的测量已经简化为一些明确的标准,这些标准建立在身高和体重或者是体表面积的基础之上。

3. 功能性余气量(FRC: Functional Residual Capacity)

平静呼气后存留于肺和气道内的气体量为功能性余气量。它是补呼气量和余气量之和。年轻男性的功能余气量大约为2300 ml。

4. 肺总容量(TLC: Total Lung Capacity)

肺所能吸入的最大气量为肺总容量,它等于全部肺容积之和。

四、 肺容积和肺容量的意义

1. 体位的影响

在正常的健康人群中,肺容积和不同的肺容量主要与身材和体格有关,但是,体位也会影响肺的这些取值。大多数情况下,一个人在平躺时的肺容积和肺容量要比直立位时的小。之所以会引起此种变化主要是因为两个因素:第一,当人在平躺的时候,腹腔脏器有向上挤压膈肌的倾向;第二,平躺时肺内的血容量增加,这样就会减少肺内气体的可用空间。

作为呼吸综合研究的一部分,Hixon、Goldman 和 Mead(1973)观察了人在朗读时,不同体位对呼吸的影响。通过观察他们在平静呼气状态下的肺容量情况发现,仰卧位的肺容量要比直立位的肺容量低20%,而且仰卧位时所产生的言语呼吸也相应地处在一个较低的水平,这里肺容量以肺活量的百分比(%)作为衡量单位。

图 2.22 显示了在不同体位时的功能性余气量水平(圆点)和在朗读一个标准段落时的气体呼出量(五个垂直线)。例如,仰卧位的余气量是肺活量的40%,直立位的余气量是肺活量的32%。垂直线代表了朗读过程中呼吸组的呼气量。这里,呼吸组代表一个标准段落有五个划分,每个划分对应在相同呼气运动过程中所产生的一组音节数,每个划分结尾表示的是为了吸气而进行的一次短暂的停止。Hixon 等发现这与句子和短语的划分是一致的,而且此现象特别常见于朗读的情况。

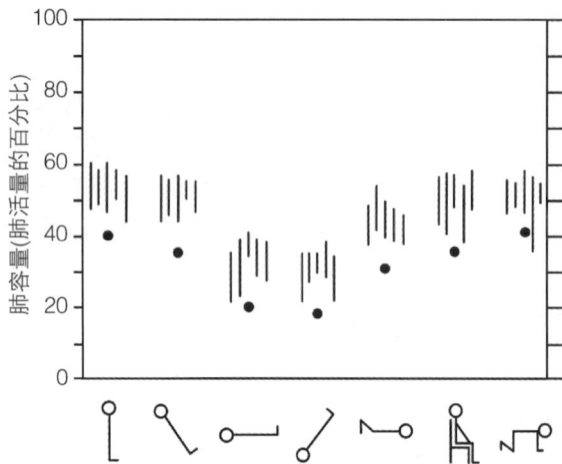

图 2.22　不同体位下的功能性
余气量(余气量:圆点)

2. 余气量的作用

残余气体起到一个非常重要的作用,因为即使是在没有气体交换的情况下,它也为肺泡提供气体从而为血液供氧。如果不是因为肺内有残余气体的存在,血液中氧和二氧化碳的浓度会随着每次呼吸而升高和下降。

因为新生儿的肺占胸腔的比例非常大,所以在吸气的过程中它们被拉伸的程度不会太大。其平静肺的容积(也称补呼气容积)基本上与无通气肺的一样。另外,胸壁顺应性好以至于其根本不提供呼气力,而呼气的出现是由于肺组织的弹性。所有这些都意味着新生儿根本就没有补呼气量和余气量,但是,他们在睡觉时的呼吸节律在 24—116 次/分之间。

> 临床指出:为了验证体位对呼吸的影响,可以假设你是一个坐在轮椅上的脑瘫的儿童,突然从椅子上掉下来,而你会试着加强呼吸的深度。你可能会感觉呼吸困难,但是呼吸的深度增加了,而且你的身体会趋向于伸直然后直立。许多脑瘫的患者,尤其是那些坐在轮椅上的,会出现一个逐渐恶化的脊柱侧凸(lateral curvature of the spine),这就增加了他们伸直身体的难度。

3. 影响肺活量的因素

除了一个人的解剖结构外,还有三个影响肺活量的因素。第一,就是我们都知道的,在测量过程中所采用的体位会影响肺活量。呼吸肌的收缩强度是第二个重要的因素,胸—肺联合的扩张程度或者说肺的顺应性是第三个影响因素。例如,肺纤维化会严重地影响肺活量的测量。

人一生中,胸膜表面压力(pleural surface pressure)一般都低于大气压,而只有在过度的被动呼气、咳嗽或者是打喷嚏的时候,压力才会(短暂地)超过大气压。无论是在做何种呼吸运动,吸气、呼气或者是根本就没有呼吸,胸膜表面压力总是负值。

胸膜表面压力与肺压力(alveolar pressure)是有较大区别的,二者在压力方面的不同是在吸气和呼气的过程中肺容积的变化所造成的,如图 2.23 所示。其中,a 代表肺容积在两次平静呼吸周期中的变化曲线,单位为 ml,b 代表气流率的变化曲线,单位为 ml/s,c、d 代表肺内压、胸膜表面压力的变化曲线(相对于大气压),单位为 cmH_2O。

肺容积变化(ΔV)与跨肺压变化(ΔP)的比值就是肺顺应性(lung compliance)。这个比值($\Delta V/\Delta P$)越高,肺的顺应性越大。正常情况下,肺—胸联合的顺应性是 130 ml/cmH_2O。换句话说,当肺内压增加 1 cmH_2O 时,肺也扩张到 130 ml。

临床指出:任何破坏肺组织的疾病都会使得肺组织纤维化或是水肿(肿胀),阻塞肺泡或者是通过其他途径限制肺的扩张和收缩将导致肺顺应性的下降。

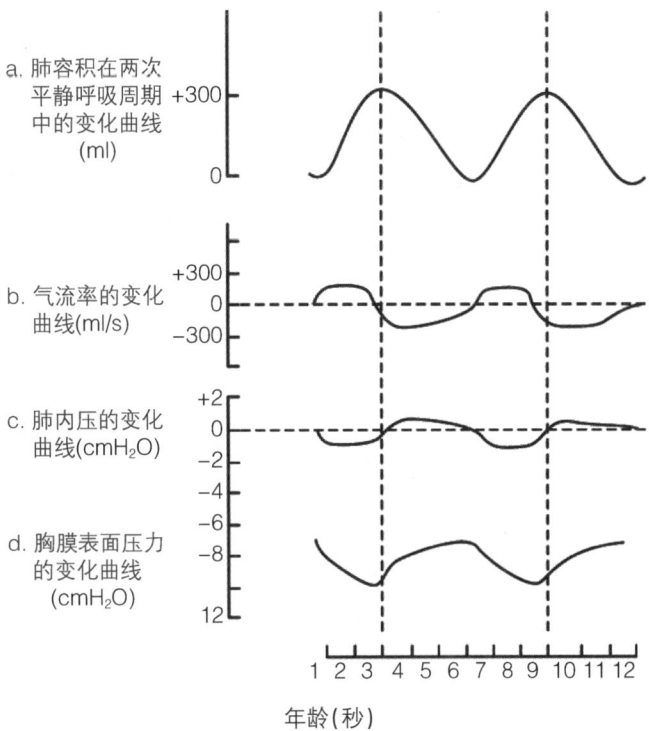

a. 肺容积在两次平静呼吸周期中的变化曲线(ml)

b. 气流率的变化曲线(ml/s)

c. 肺内压的变化曲线(cmH_2O)

d. 胸膜表面压力的变化曲线(cmH_2O)

年龄(秒)

(a. 肺容积 ml,b. 气流率 ml/s,c. 肺内压 cmH_2O,
d. 胸膜表面压力 cmH_2O)

图 2.23　两次平静呼吸周期中的肺内压、气流量和胸膜表面压力

肺气肿时,肺内的结构过度拉伸使得肺顺应性增加。肺泡—胸膜表面压力差使肺扩张的程度超出了正常范围,其结果就是平静状态下的肺变大了。另外,胸壁畸形,例如脊柱后突、错误体位、严重的脊柱侧突或者是纤维胸膜炎,都会减少肺的扩张性和总的肺顺应性。

年轻男性的肺活量可达 4.6 L 而女性可达 3.1 L,但根据体格、身体健康状况和其他一些因素的不同,这些值有一个相当大的变化范围。例如,一个男运动员的肺活量可达 6—7 L,这超出了正常值的 30%。

除了与一个人的身材和性别有关外,肺容积和肺容量会随着年龄而变化。图 2.24 简要地显示了 6—75 岁男、女性的肺总容量和肺活量。数据来源于 Spector(1956,p.26)。

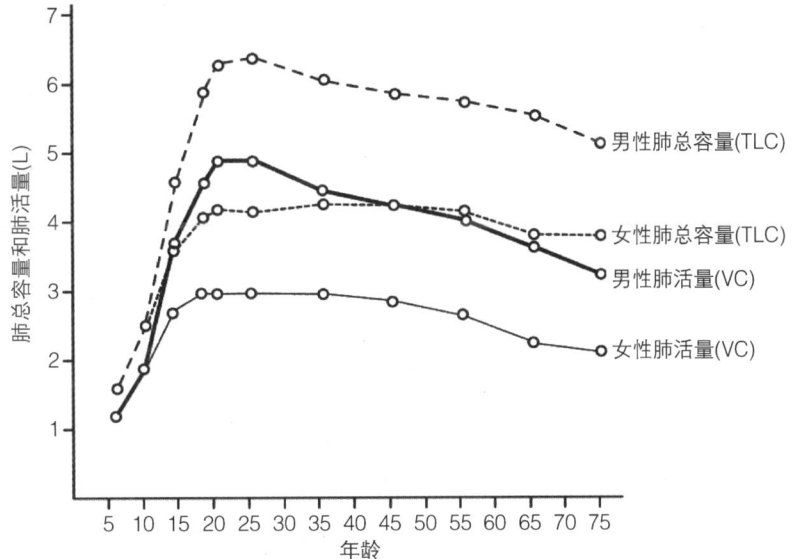

图 2.24　男性和女性肺总容量和肺活量的简图

图 2.25 显示了 20—79 岁男性的余气量（根据体表面积 BSA，body surface area 计算得来）。指出这一时期的余气量大约翻了两番，其反映的是胸—肺顺应性的变化。

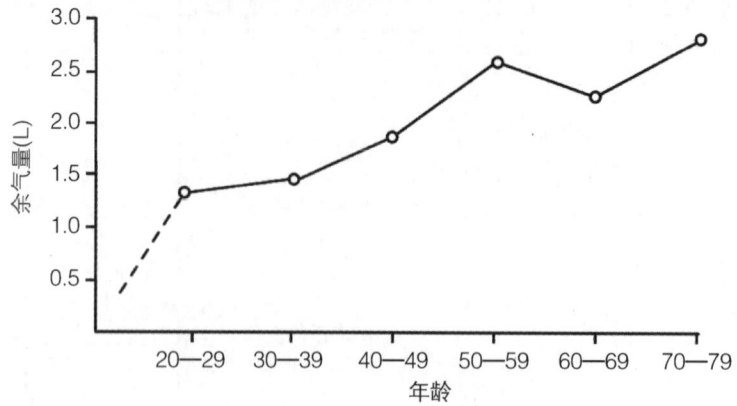

图 2.25　男性余气量的简图

言语治疗学

第三章　言语呼吸障碍的评估

言语的产生需要呼吸系统、发声系统和共鸣系统的协调运动。呼吸系统是言语产生的动力源,它主要包括肺、气管、支气管、肋骨、膈肌,以及胸腹部的呼吸肌群。气管和支气管是气体进入肺的最初通道。呼出的气流使声带振动产生一种基本的喉音(即嗓音),它通过声道加工,成为特定形式的言语声。如果没有气流呼出,将无法产生言语声。

平静腹式呼吸是最为放松的一种呼吸方式,主要表现为腹部的主动隆起和被动回缩运动(膈肌运动所致)。在言语过程中,需要瞬间吸入大量的气体并维持平稳的呼气,用较小的气流来维持足够的声门下压,这种呼吸调节过程要求呼气运动与吸气运动之间相互协调,因此,呼吸支持是发音的基础。言语呼吸不仅在吸气时需要吸气肌群主动收缩,在呼气时同样也需要腹部肌群主动、稳健地收缩,以维持充足的声门下压,继而支持发声活动,但在呼气时,吸气肌群呈舒张状。因此,与平静呼吸相比,言语呼吸需要瞬间吸入更多的气体,来提供更多的呼吸支持,以维持足够的声门下压,从而获得言语的自然音调、响度,以及丰富的语调变化。因此,正常的呼吸功能是获得自然舒适言语的必要前提。在进行呼吸障碍矫治之前,首先需要进行呼吸功能的评估,关于言语呼吸功能评估的问题有:(1)呼吸的主观评估;(2)呼吸的客观测量及其临床应用;(3)主观评估和客观测量的关系。

这些均是本章要重点讨论的问题。我们需要从整体上讨论我们是如何对呼吸功能进行评估的。也就是说,我们将描述言语呼吸功能的主观评估和客观测量,并提供一个功能评估的框架。然后,我们才能够进一步探索正常和异常言语呼吸功能的评估机制。

第一节　呼吸功能评估概述

呼吸功能评估包括主观评估和客观测量两部分,主观评估又包括触觉感知、视觉感知和听觉感知,客观测量指标包括最长声时、最大数数能力、s/z 比值和声门波测量四方面。主观评估和客观测量相结合,可以对患者的呼吸功能进行评价,发现呼吸功能异常所在,并明确呼吸障碍的类型和程度,从而为制定针对性的治疗方案提供依据,如图 3.1 所示。

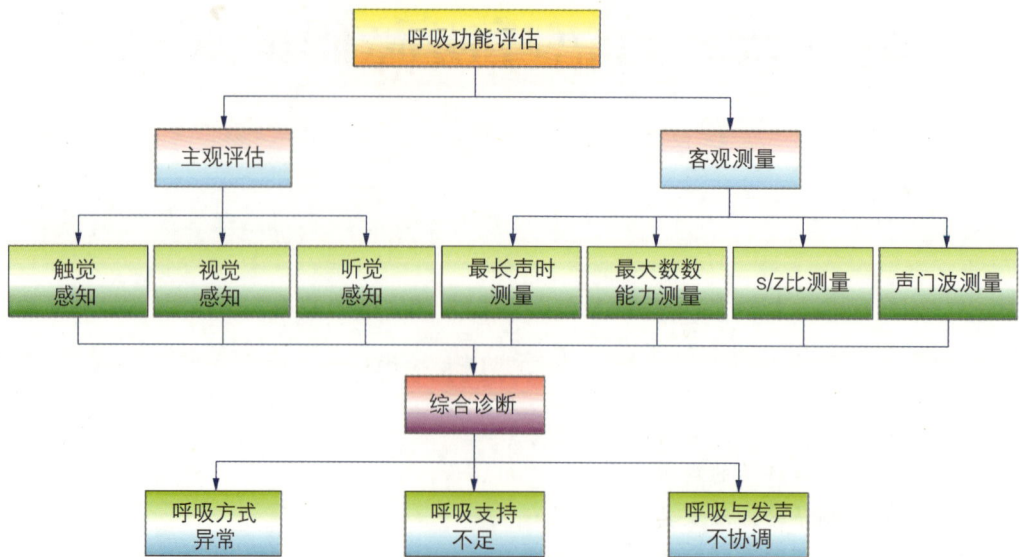

图 3.1　呼吸功能评估的流程图

第二节　呼吸功能主观评估

呼吸功能的主观评估包含触觉、视觉和听觉感知三个部分,多用于呼吸功能的异常检查,如表 3.1 所示。治疗师可以利用自己的手部触觉、视觉或听觉来帮助自己判断患者的呼吸方式和程度。

表 3.1　主观评估——呼吸状态(呼吸功能异常检查)

为每一个评估项目选择合适的答案,在相应的空格中打"√"			
	评 估 项 目	是	否
1	能听到呼吸音吗?		
2	呼吸有规则吗?		
3	是胸式呼吸吗?		
4	能够随意调整自身的呼吸方式吗?		
5	呼吸不充分,影响到发音吗?		
6	呼吸充分,可以进行任何句长的发音吗?		
7	大部分气流呼出后还能进行任何发音吗?		
8	说话时气息音过重吗?		
总体描述:			

呼吸时,需要通过改变肺部的体积使得气体能够进出肺部,从而形成呼气和吸气的过程。不同呼吸方式下的呼吸运动,所导致的肺部体积产生变化的方式是不同的,其所产生的胸、腹部的运动也是不同的。比如,在胸式呼吸状态下,主要是依靠肋间内肌调节胸腔的前后径和左右径,因此在呼吸的过程中,胸腔体积的变化较腹腔体积的变化大,胸壁的位移会比腹壁的更明显。在腹式呼吸状态下,主要是依靠膈肌的舒缩运动来调节胸腔的上下径,因此在呼吸的过程中会出现与胸式呼吸相反的情况,即腹腔体积的变化较胸腔体积的变化大,腹壁的位移会比胸壁的更明显。而在胸腹连动呼吸状态下,由于肋间内肌和膈肌都有一定程度的参与,因此在呼吸过程中,胸、腹腔的体积都有一定程度的改变,胸、腹壁都会明显地发生一定程

度的位移。

在进行视觉感知评估时,主要观察患者在呼吸的过程中,胸壁和腹壁的位移哪一个更明显。如果是胸壁更明显,则提示患者其采用的是胸式呼吸方式,特别是当患者出现抬肩吸气的情况时,则可进一步明确对其胸式呼吸的判断。如果是腹壁更明显,则提示患者其采用的是腹式呼吸方式。如果胸腹壁均发生一定程度的位移,没有明显的区别,则提示患者其采用的是胸腹连动的呼吸方式。

在进行触觉感知评估时,治疗师可以将自己的双手手掌分别接触患者的胸壁和腹壁,然后休会患者在呼吸的过程中,胸壁和腹壁的位移哪一个更明显。如果是胸壁更明显,则提示患者其采用的是胸式呼吸方式;如果是腹壁更明显,则提示患者其采用的是腹式呼吸方式。如果胸腹壁均发生一定程度的位移,没有明显的区别,则提示患者其采用的是胸腹连动的呼吸方式。

第三节　呼吸功能客观测量

客观测量是呼吸功能评估的主要手段,它又包括最长声时测量、最大数数能力测量、s/z比测量和声门波测量。通过主观感知觉评估和上述参数的客观测量,可以对言语呼吸障碍的程度进行评估,也可监控呼吸训练的效果,这些对言语矫治方案的制订和矫治过程中方案的调整均起到十分重要的作用。下面将对四个客观测量指标的定义及其测试方法做具体讲述。

声波就是扰动(disturbance)在媒质中的传输,它是能量传递的一种形式。在空气中,一旦空气分子产生振动,每个分子(或分子群)不会自己运动到接收者的耳朵,而只是在起始位置附近移动很小的一段距离。传到接收者耳朵的其实是空气的扰动,也就是空气分子的振动所引起的空气压强疏密相间的变化,这种疏密相间的传播将传播很长一段距离,最终对接收者的耳朵产生影响。

一、s/z比值测量及其临床含义

1. s/z比的定义及其特点

s/z比(s/z Ratio)是指让一个人在深吸气后分别持续发/s/音和/z/音(英语发音)后,所求得的二者最长发声时间的比值。s/z比可以有效地反映发音时声门调节的情况,它是言语呼吸疾病的判断依据之一。

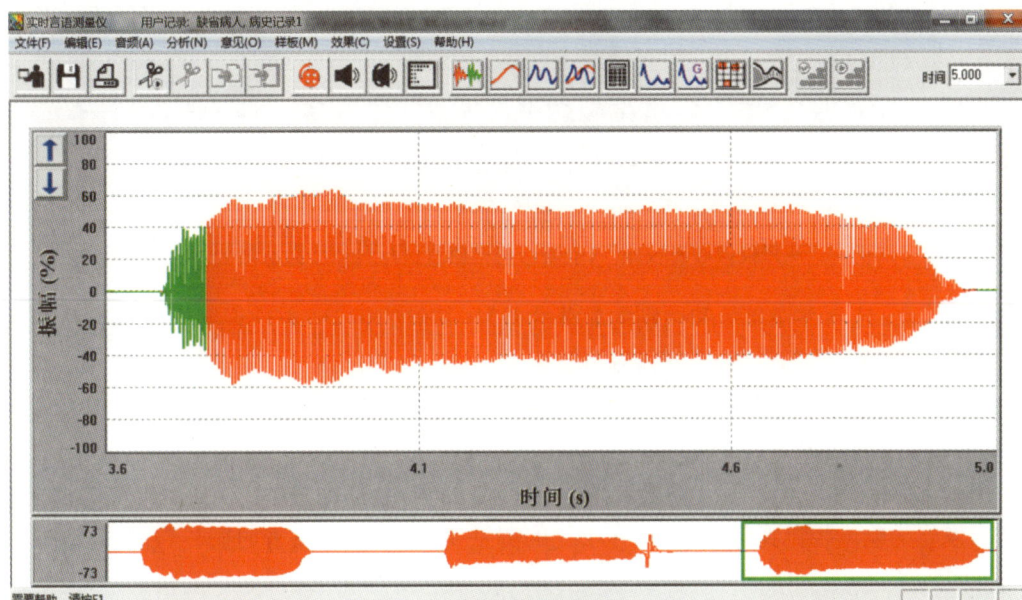

a. 声波/u、i、ɑ/

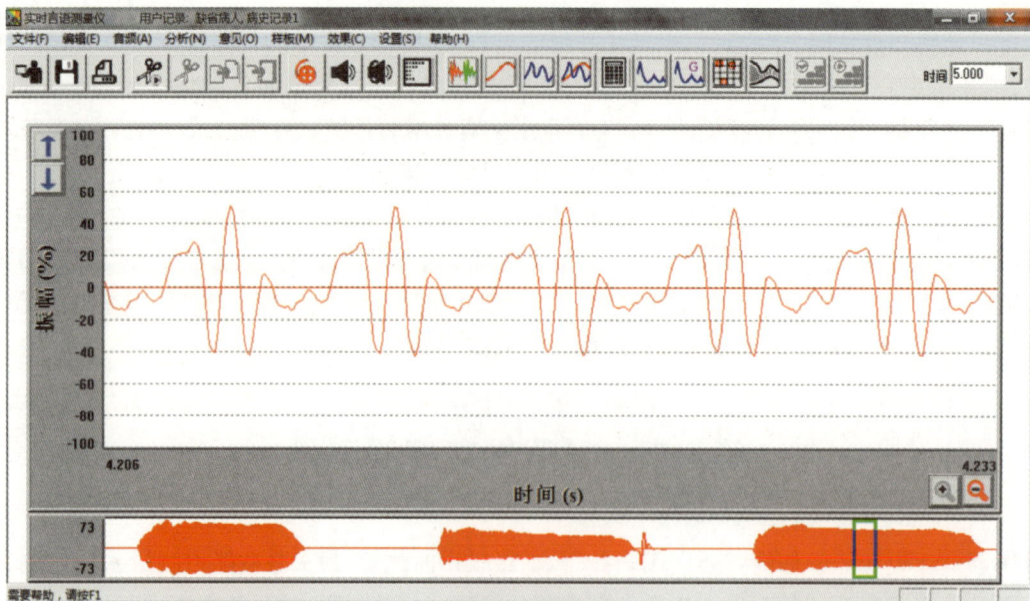

b. 声波/α/的部分

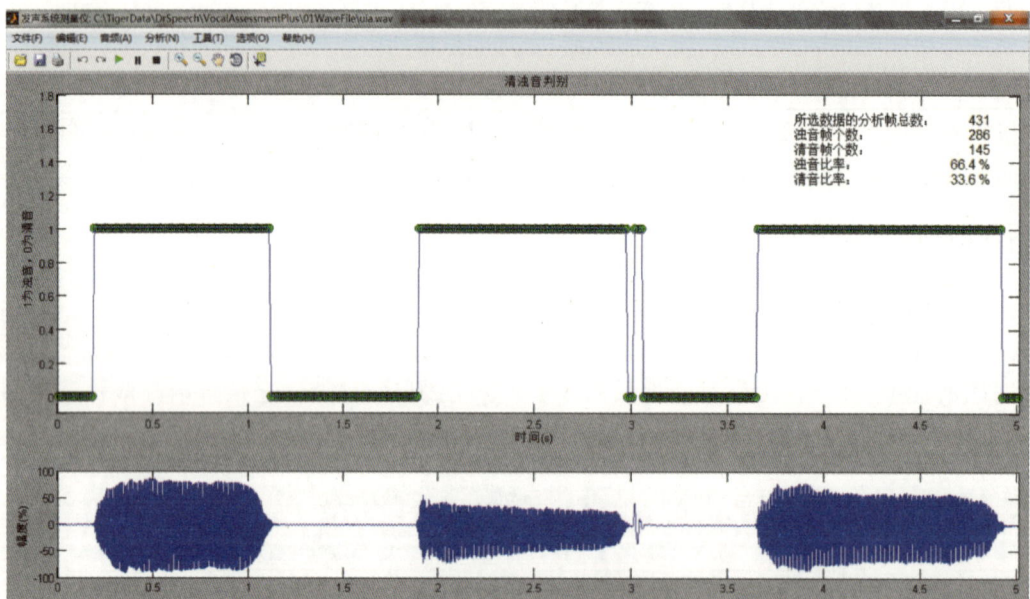

c. 声波的清音、浊音、无声部分

图3.2　声波显示(振幅随时间的变化曲线)

(启音博士言语测量仪,Dr. Speech™,上海泰亿格康复医疗科技股份有限公司授权使用)

经研究发现:s/z比不存在年龄和性别的显著性差异,其值约等于1。这说明在言语发育的过程中,呼吸运动与发声运动之间能够无意识地进行精确协调。

2. 测量方法及测量步骤

s/z比测试可使用"启音博士言语测量仪"来进行,结果填入表3.2所示的s/z比测量记录表。测量s/z比时,要求发音的响度控制在舒适水平。s/z比的测量要求是:(1)发音时间尽可能长;(2)气息均匀;(3)响度均匀。

s/z比的具体测量步骤如下:

(1)深吸气,持续发/s/音,记录最长发音时间。发/s/音时,气流位于切齿和舌尖部,发音持续时间(呼气量)与切齿和舌尖之间的间隔成反比,即间隔越小,发音持续时间越长。

(2) 再深吸气,持续发/z/音,记录最长发音时间。当发/z/音时,气流位于声带之间,发音持续时间(呼气量)与声带之间的闭合程度成正比,即闭合程度越好,发音持续时间越长。

(3) 求出的二者最长发音时间的比值,即为 s/z 比的测量结果。

表 3.2　客观测量——s/z 比测量

深吸气后,分别尽可能长地发/s/和/z/(英文),共测两次,取其中的较大值。											
日期	第1次测 s_1	第2次测 s_2	s	第1次测 z_1	第2次测 z_2	z	s/z	s/z≤0.75	1.2<s/z<1.4	s/z≥1.4	提示
注意:/s/或/z/的最长声时正确与否参见下文中的"最长声时"参考标准。											

表 3.3 是一个填表示例,患者 1 第一次测量时发/s/的时间为 8.5 秒、发/z/的时间为 4 秒,第二次分别为 9 秒和 4 秒。分别取其中的较大值,则该患者的 s/z 比测量结果为 2.25,其值≥1.4。

表 3.3　s/z 比测量填表示例

深吸气后,分别尽可能长地发/s/和/z/(英文),共测两次,取其中的较大值。											
日期	第1次测 s_1	第2次测 s_2	s	第1次测 z_1	第2次测 z_2	z	s/z	s/z≤0.75	1.2<s/z<1.4	s/z≥1.4	提示
例1	8.5	9	9	3.5	4	4	2.25			是	不协调
例2	12	11.5	12	6	9	9	1.33		是		嗓音疾病
例3	9	8.9	9	12	13	13	0.69	是			构音障碍
注意:/s/或/z/的最长声时正确与否参见下文中的"最长声时"参考标准。											

3. s/z 比的临床意义

通过上述测量,如果患者的 s/z 比没有达到参考标准,则存在以下几种可能:

(1) 如果 s/z 比接近1,但/s/和/z/的最长发音时间明显缩短,说明呼吸支持不足。如果 s/z 比接近1,但分别发/s/音和发/z/音时的最长声时明显缩短,说明呼吸支持不足(呼气力量减弱,即:肺活量减少)。

(2) 如果 s/z 比显著大于1,但/s/音的最长发音时间正常,说明呼吸系统与发声系统不协调,起音方式不协调,以及整个言语过程不协调。

(3) 如果 s/z 比大于1.2,但小于1.4,说明有功能性嗓音疾病或可能的器质性嗓音疾病。

(4) 如果 s/z 比大于1.4,说明声带结构的病变影响了正常发声,存在器质性嗓音疾病。

(5) 如果 s/z 比小于0.75,说明可能存在构音障碍或语音障碍。

如果存在嗓音疾病,则需要使用"喉内窥镜诊察仪"(ScopeView™,上海泰亿格康复医疗科技股份有限公司生产)进行影像检查分析,以及"喉功能检测仪"(Vocal Assessment™,上海泰亿格康复医疗科技股份有限公司生产)进行微扰测量,这样才能最终明确言语障碍的类型及程度。

二、 最长声时测量及其临床含义

1. 最长声时的定义及其特点

最长声时(Maximum Phonation Time,MPT)是指一个人在深吸气后,持续发单韵母/ɑ/的最长时间。它反映了人在深吸气后的最大发声能力,是衡量言语呼吸能力的最佳指标之一。

最长声时受性别、年龄、健康状况、身高、体重、肺活量,以及呼吸方式等因素的影响。任何一种呼吸系统的疾病、发声系统的疾病或者呼吸功能与发声功能的不协调,均可能导致最长声时的减小。将患者最长声时的测量值与其参考标准进行比较,就可以了解患者言语呼吸的质量,还可以通过训练前后最长声时的测量来评价言语矫治的效果。

最长声时的特点主要包括:(1)受年龄影响:年龄不同,最长声时不同,最长声时随着年龄的增长而增加;(2)受性别影响:性别不同,最长声时也不同,同龄男孩的最长声时大于女孩;(3)学前期是儿童言语形成、发展最迅速的阶段,在学前期(3—7岁)和变声旺盛期(12—14岁),各年龄组儿童之间的最长声时有极其显著的差异。

2. 测量方法及测量步骤

在进行最长声时的测试时,如果仅需获得粗略的测量结果,可以用一只秒表或手表进行。如果想获得精确的测量结果,则需要使用"启音博士言语测量仪"进行测量,结果填入表3.6所示的最长声时测量记录表。

表 3.4　客观测量——最长声时测量

深吸气后,尽可能长地发/ɑ/音,共测两次,其中的较大值即为最长声时(MPT)。						
日　期	第1次测 MPT$_1$	第2次测 MPT$_2$	MPT	MPT 最小要求	MPT 训练目标	相对 年龄	是腹式 呼吸吗?

最长声时的具体测量步骤如下:

(1)被测试者先深吸气,然后尽可能长地发单韵母/ɑ/音,记录发声时间。最长声时的测量要求是:① 发声时间尽可能地长;② 气息均匀;③ 响度均匀;④ 音调必须在正确的频率范围之内。只有在满足这些条件下的测量,才能获得正确的结果。

(2)以同样的测试方法再测试一次,并记录发声时间。

(3)从两次记录中选择一个满足测试条件的较大的测试数值作为最长声时的最终测量结果,将结果填入表3.4所示的最长声时测量记录表。

(4)将最长声时的测量结果与相应年龄和性别组的最长声时最小要求和最长声时参考标准(表3.5、表3.6)进行比较,判断被测试者的最长声时是否在正常值范围内。

表 3.5　最长声时、最大数数能力:最小要求和训练目标(单位:秒)

年龄 (岁)	最长声时的最小要求 [m−2σ]		最长声时的训练目标 [m−σ,m+σ]		最大数数能力的 最小要求		最大数数能力的 训练目标	
	男	女	男	女	男	女	男	女
4	2	2	2.8—5.0	2.5—4.9	2	2	4	2
5	4	4	4.7—5.9	4.6—5.6	3	3	5	3
6	6	6	6.9—7.9	6.4—7.4	3	3	6	3
7	8	8	8.5—10.1	8.3—9.5	5	5	7	5
8	8	8	8.9—11.9	8.7—10.7	5	5	8	5
9	9	9	9.8—12.6	9.9—11.7	6	6	9	6
10	9	9	10.5—13.9	9.9—12.9	7	7	10	7
11	10	10	10.7—12.3	10.9—13.5	7	7	11	7
12	10	10	11.8—13.8	10.9—13.5	7	7	12	7
13	11	11	12.9—16.1	12.2—15.4	8	8	13	8

年龄 (岁)	最长声时的最小要求 [m－2σ]		最长声时的训练目标 [m－σ,m＋σ]		最大数数能力的 最小要求		最大数数能力的 训练目标	
	男	女	男	女	男	女	男	女
14	12	12	13.7　19.7	13.4—17.2	8	8	14	8
15	12	12	14.8—20.8	13.3—19.5	8	8	15	8
16	20	15	22.0—25.6	15.7—17.9	12	10	16	12
17	21	15	23.4—27.8	15.6—17.8	13	10	17	13
18—40	22	15	23.6	15.7	14	10	18	12

表3.6　中国人最长声时的参考标准(单位：秒)

年龄 (岁)	男					女				
	m－2σ	m－σ	m	m＋σ	m＋2σ	m－2σ	m－σ	m	m＋σ	m＋2σ
4	1.7	2.8	3.9	5.0	6.1	1.3	2.5	3.7	4.9	6.1
5	4.1	4.7	5.3	5.9	6.5	4.1	4.6	5.1	5.6	6.1
6	6.4	6.9	7.4	7.9	8.4	5.9	6.4	6.9	7.4	7.9
7	7.7	8.5	9.3	10.1	10.9	7.7	8.3	8.9	9.5	10.1
8	7.4	8.9	10.4	11.9	13.4	7.7	8.7	9.7	10.7	11.7
9	8.4	9.8	11.2	12.6	14.0	9.0	9.9	10.8	11.7	12.6
10	8.8	10.5	12.2	13.9	15.6	8.4	9.9	11.4	12.9	14.4
11	9.9	10.7	11.5	12.3	13.1	9.6	10.9	12.2	13.5	14.8
12	10.8	11.8	12.8	13.8	14.8	9.6	10.9	12.2	13.5	14.8
13	11.3	12.9	14.5	16.1	17.7	10.6	12.2	13.8	15.4	17.0
14	10.7	13.7	16.7	19.7	22.7	11.5	13.4	15.3	17.2	19.1
15	11.8	14.8	17.8	20.8	23.8	10.2	13.3	16.4	19.5	22.6
16	20.2	22.0	23.8	25.6	27.4	14.6	15.7	16.8	17.9	19.0
17	21.2	23.4	25.6	27.8	30.0	14.5	15.6	16.7	17.8	18.9
18—40	22.4	23.6	24.8	26.0	27.2	14.8	15.7	16.6	17.5	18.4

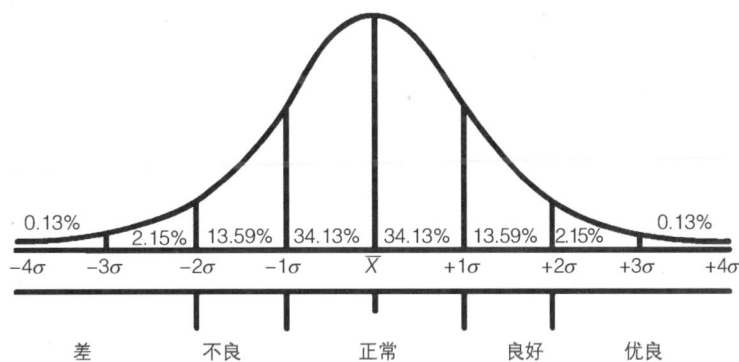

表3.7是一个填表示例,假设患者1是一个8岁的男孩,第一次测量的最长声时为3.2秒,第二次为3.4秒,取其中的较大值,则该患者的最长声时测量结果为3.4秒,根据表3.4可以得知,8岁男孩最长声时的最小要求为8秒,因此该男孩的最长声时未达到同性别、同年龄健听儿童的水平,相对年龄为4岁。

表 3.7　最长声时测量填表示例

深吸气后,尽可能长地发/ɑ/音,共测两次,其中的较大值即为最长声时(MPT)。

日　期	第1次测 MPT₁	第2次测 MPT₂	MPT	MPT 最小要求	MPT 训练目标	相对 年龄	是腹式 呼吸吗?
例1	3.2	3.4	3.4	8	10	4	是
例2	3.2	3.4	3.4	8	10	4	不是
例3	9.2	7.8	9.2	8	10	4	是

注意:如果最大数数能力明显低于参考标准,则说明呼吸和发声的不协调。

3. 最长声时的临床意义

通过上述测量,如果最长声时没有达到参考标准,则可能存在以下几种呼吸异常:

(1) 呼吸方式异常(例如:胸式呼吸)。

(2) 呼吸支持不足(即呼吸功能减弱,例如:肺活量下降)。

(3) 嗓音功能异常(如:声门闭合控制能力减弱)。需要进一步看 s/z 比、CQ 和声门关闭程度。

(4) 呼吸和发声运动不协调(如:吸气时发音)。需要进一步看 MCA。

(5) 起音方式异常(如:硬起音或软起音)。需要进一步看硬起音(Jitter,**CQ**)或软起音(NNE,**CQ**)。

图 3.3 是通过"启音博士言语测量仪"测得的最长声时的声波,图中左侧光标位于红柱开始端(红色:

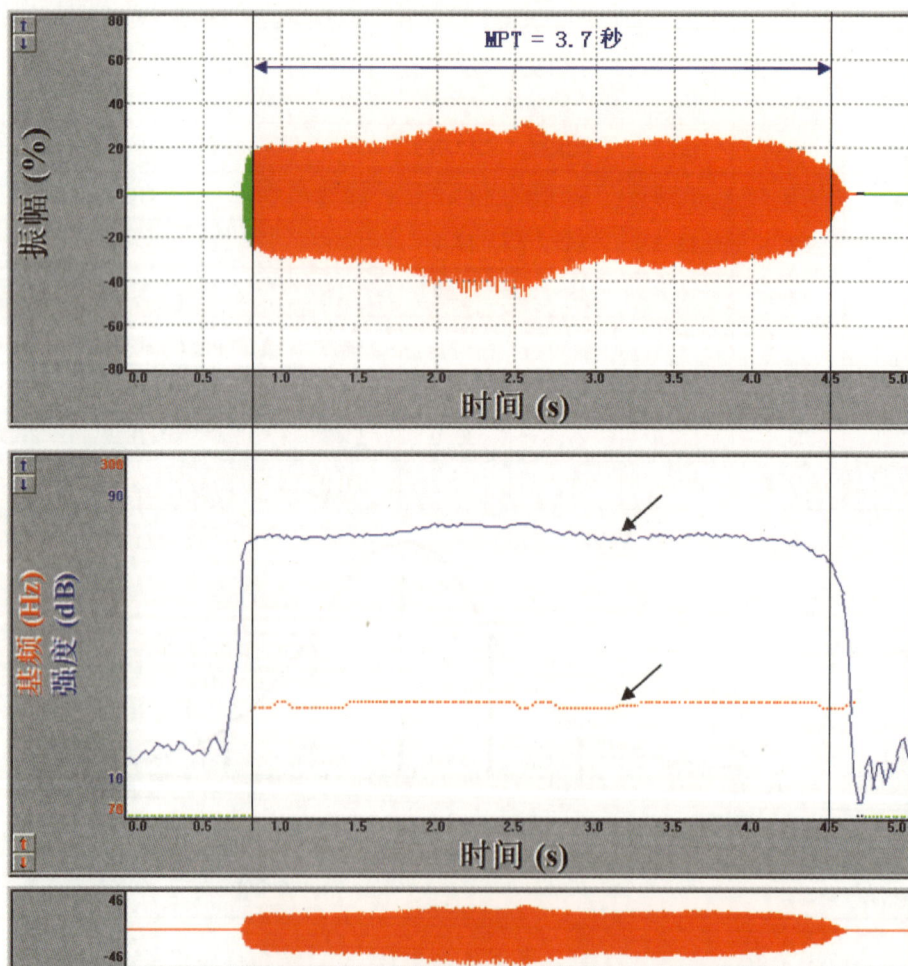

图 3.2　测量最长声时的声波、强度和基频曲线(基频正常)
(启音博士言语测量仪,Dr. Speech™,上海泰亿格康复医疗科技股份有限公司授权使用)

言语治疗学

浊音,且在正常的频率范围之内),不包括绿柱部分(绿色:清音,或在正常的频率范围之外),右侧位于声波结束端。选中部分的强度和基频均匀一致(见箭头),这样才符合最长声时的测量要求。

如果测量最长声时的声波出现如图 3.4 所示的情况,中间出现了两段绿柱,则表明该段声波的基频未达到最长声时测量时基频的要求。因此,取其中一段强度和基频均匀一致且相对长的声波红柱进行起止端定位,获得该次测量的最长声时数据 0.8 秒。由此看出,通过"启音博士言语测量仪"得出的最长声时(0.8 秒)比采用秒表测量(4.2 秒)的结果更可靠,因为它能更好地监控测量结果是否符合要求。

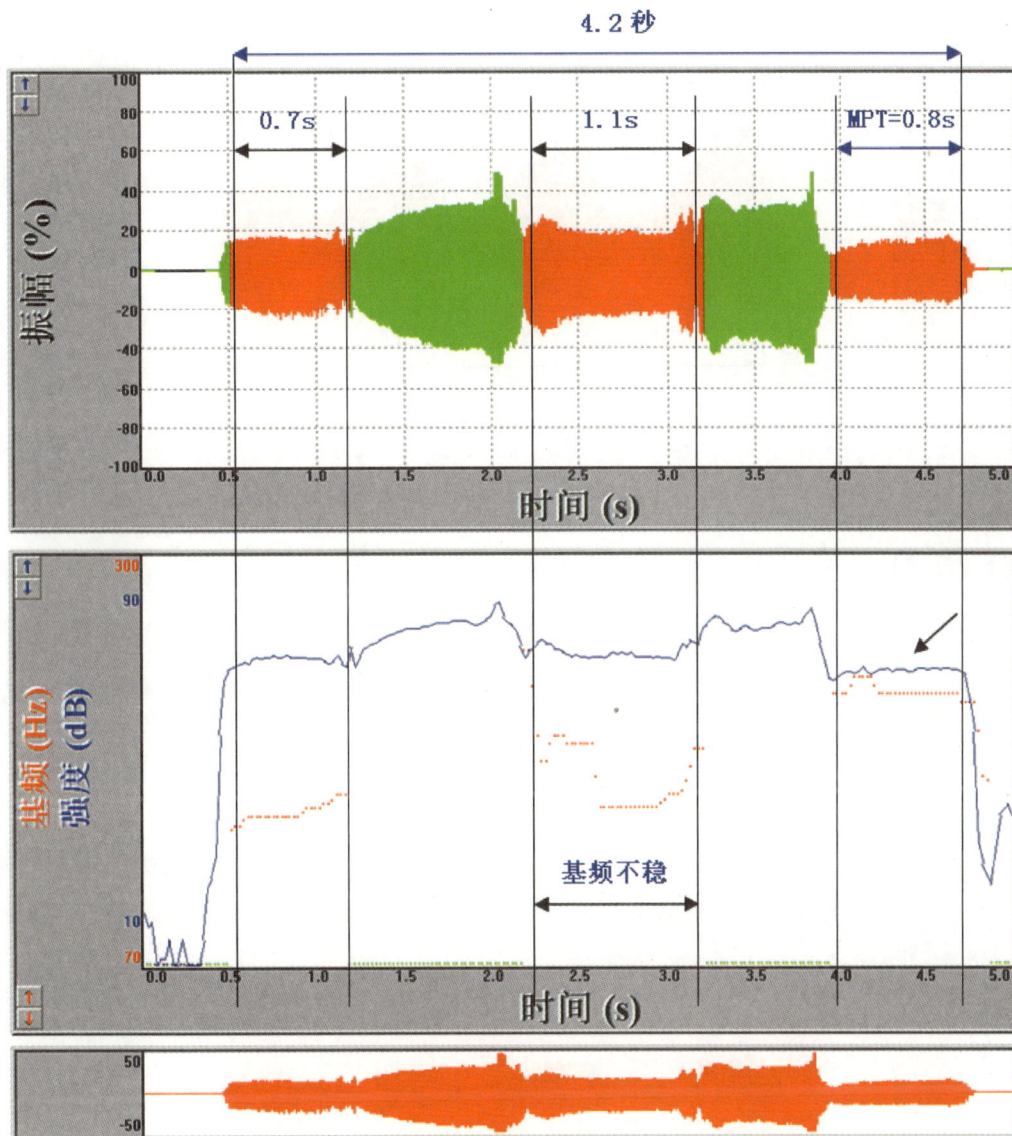

图 3.4　测量最长声时的声波、强度和基频曲线(基频异常)
(启音博士言语测量仪,Dr. Speech™,上海泰亿格康复医疗科技股份有限公司授权使用)

三、 最大数数能力测量及其临床含义

1. 最大数数能力的定义及其特点

最大数数能力(Maximum Counting Ability,MCA)是指一个人在深吸气后,一口气连续说 1 或 5 所持续的最长时间。人在数数时,需要喉内肌进行有序的收缩和舒张运动,还需要呼气运动配合喉内肌的运动。

最大数数能力主要反映呼气和发声之间的协调性、言语时呼吸控制能力的大小等。如果呼气和发声协调性好,数数时的速度就均匀、适中,响度和频率就呈规律性变化,数数时间就长;如果协调性差,数数时的速度、响度和频率则无规律可循,最大数数能力就会下降。

2. 测量方法及测量步骤

在进行这项测试时,如果仅需获得粗略的测量结果,使用一只秒表或手表即可。如果想获得精确的测量结果,就需要使用"启音博士言语测量仪"(Dr. Speech™,上海泰亿格康复医疗科技股份有限公司生产)来测量。图3.5是通过"启音博士言语测量仪"测得的最大数数能力的声波,测量结果可填入表3.8所示的最大数数能力测量记录表。

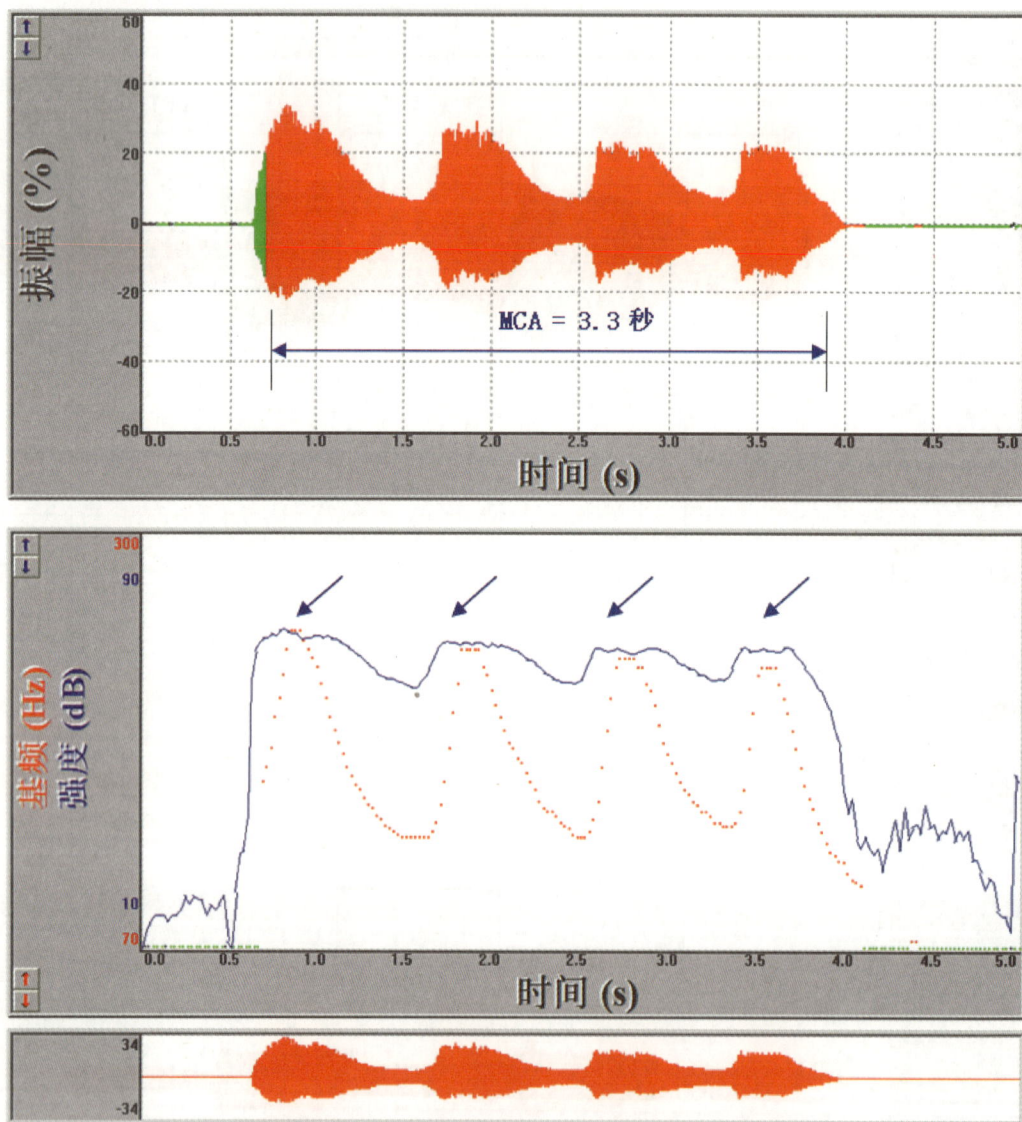

图3.5 最大数数能力测量(在正确的基频范围之内)
(启音博士言语测量仪,Dr. Speech™,上海泰亿格康复医疗科技股份有限公司授权使用)

表3.8 客观测量——最大数数能力测量

测深吸气后持续说"1"或"5"的最长时间,共测两次,其中的较大值即为最大数数能力(MCA)。					
日 期	第1次测 MCA₁	第2次测 MCA₂	MCA	MCA 最小要求	MCA 训练目标	吸气和呼气 协调吗?

最大数数能力的具体测量步骤如下：

（1）先深吸气，呼气时开始连续数 1 或 5，记录数数时间。最大数数能力的测量要求：① 一口气连续数数；② 数数时速度均匀；③ 基频和强度变化连贯；④ 数数时间尽可能长。图 3.5 是通过"启音博士言语测量仪"测得的声波。

（2）测完一次后，按要求再测一次，并记录数数时间。

（3）从两次结果中选择一个满足测试要求的较大的数值作为最终的测量结果。

（4）将最大数数能力的测量结果与表 3.4 中的数值进行比较，从而判断被试者的最大数数能力是否达到同年龄段、同性别组的最小要求，并确定最大数数能力的训练目标。

表 3.9 是一个填表示例。假设这张表格显示的患者 1 是一个 8 岁的女孩，该患者第一次测量的最大数数能力为 2.2 秒，第二次为 3.4 秒，取其中的较大值，则该患者的最大数数能力测量结果为 3.4 秒。根据表 3.4，可以知道 8 岁女孩最大数数能力的最小要求为 5 秒，因此该女孩的最大数数能力未达到同性别、同年龄健听儿童的水平。

表 3.9　最大数数能力测量填表示例

测深吸气后持续说"1"或"5"的最长时间，共测两次，其中的较大值即为最大数数能力（MCA）。

日　期	第 1 次测 MCA$_1$	第 2 次测 MCA$_2$	MCA	MCA 最小要求	MCA 训练目标	吸气和呼气协调吗？
例 1	2.2	3.4	3.4	5	8	不协调
例 2	4.2	5.8	5.8	5	8	协　调

注意：如果最大数数能力明显低于参考标准，则说明呼吸和发声的不协调。

3. 最大数数能力的临床意义

表 3.4 中给出了最大数数能力的最小要求和训练目标，如果患者的最大数数能力明显低于同年龄、同性别组的最小要求，则主要说明患者呼吸和发声功能的不协调。

四、 声门波测量及其临床含义

1. 声门波的定义及其特点

起音（Voicing Onset，VO）是指声带从不振动到开始稳定振动之前的过程（图 3.6）。根据声门关闭和呼气运动的协调程度，可以将起音方式分为三种情况：硬起音、正常起音和软起音，硬起音和软起音是两

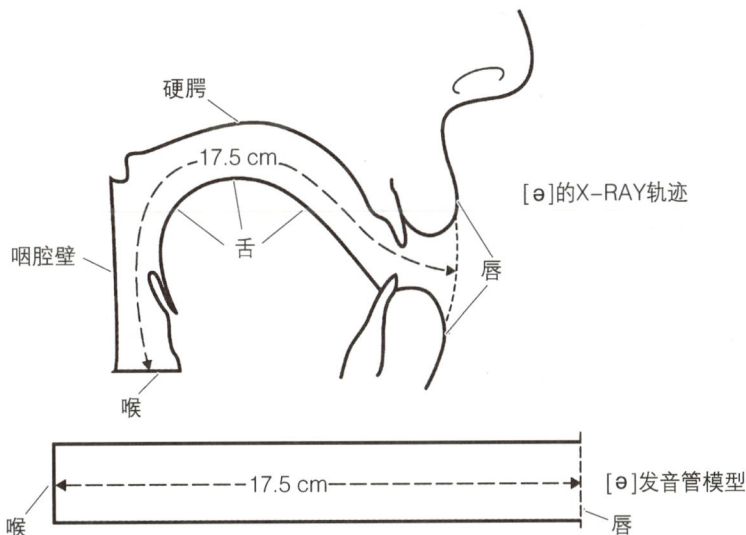

图 3.6　声道示意图

种较常见的呼吸与发声不协调的临床表现，临床上对硬起音的客观测量较为普遍。

2. 测量方法和临床含义

声门波测量主要包括了幅度商的测量、开商的测量、速度幂的测量、起音频率及起音幅度的测量等。这些参数都可采用"启音博士言语测量仪"（Dr. Speech™，上海泰亿格康复医疗科技股份有限公司生产）进行。

（1）幅度商的测量

幅度商（Amplitude Quotient）是指声门波最大振幅和其对应的一阶导数的最大负峰值之比，即图 3.7 中 A 点与 B 点之比。

临床上，幅度商指的是声带打开至最大时的声门面积，关系着发声的类型。例如硬起音患者发音起音阶段，声门关闭较快，声门打开至最大时声门面积较小，幅度幂较小；反之软起音患者在起音阶段，声门关闭较慢，声门最大面积较大，幅度幂较大。

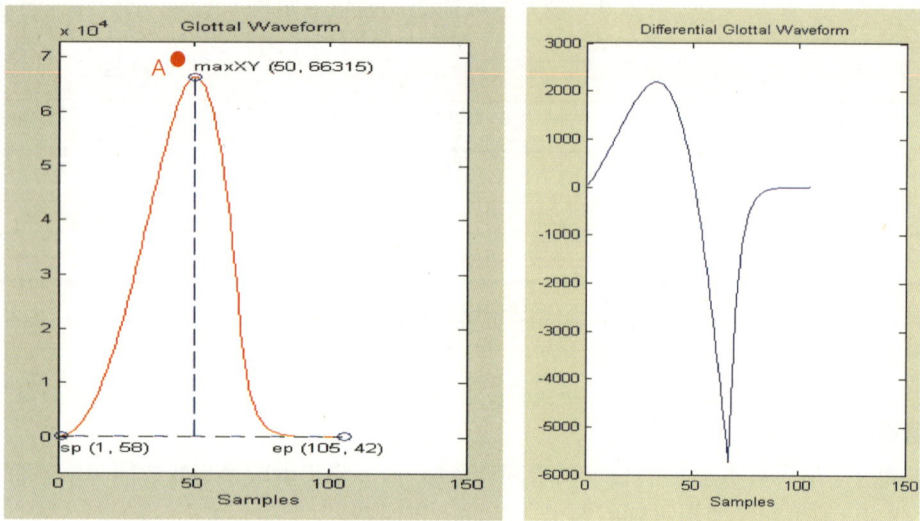

a. 声带打开时的声门波

b. 声带打开时的声门波微分图

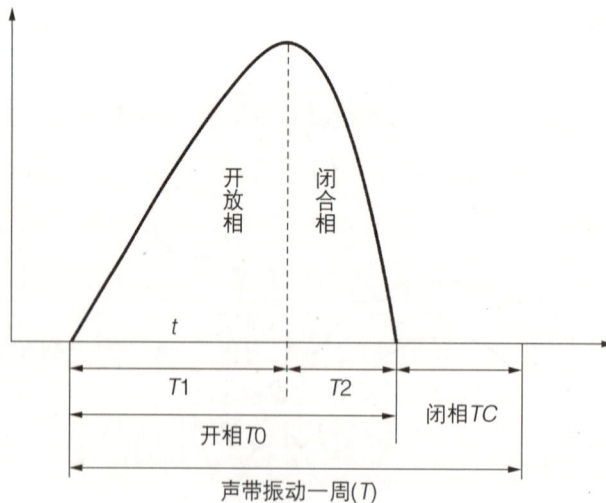

c. 声门波解说

图 3.7　声门波示意图

（2）开商、速度商及速度幂的测量

开商（open quotient, OQ）是指声门开放的时间与开放与关闭时间的总和之比。临床上，硬起音的患者由于声门关闭较快，闭合相的时间较短，因而开商变小。

$$OQ = \frac{开相}{开相 + 闭相} = \frac{TO}{TO + TC} = \frac{T1 + T2}{T} \qquad (公式 3.1)$$

速度商(speed quotient,SQ)是指声门波中开放相与闭合相的时间比。在临床上,硬起音的患者发音起音阶段由于声门关闭较快,闭合相的时间较短,因而速度商变大。

$$SQ = \frac{开放相}{闭合相} = \frac{T1}{T2} \qquad (公式 3.2)$$

速度幂(speed index,SI)是指开放相与闭合相之差与开相的时间比。速度幂以 1 为临界。临床上,硬起音的患者速度商在变大,故速度幂也在变大。

$$SI = \frac{开放相 - 闭合相}{开相} = \frac{T1 - T2}{TO} = \frac{SQ - 1}{SQ + 1} = 1 - \frac{2}{SQ + 1} \qquad (公式 3.3)$$

(3) 声门波的稳态和起音分析

声门波稳态、起音部分的波形图和频谱图如图 3.8 所示。

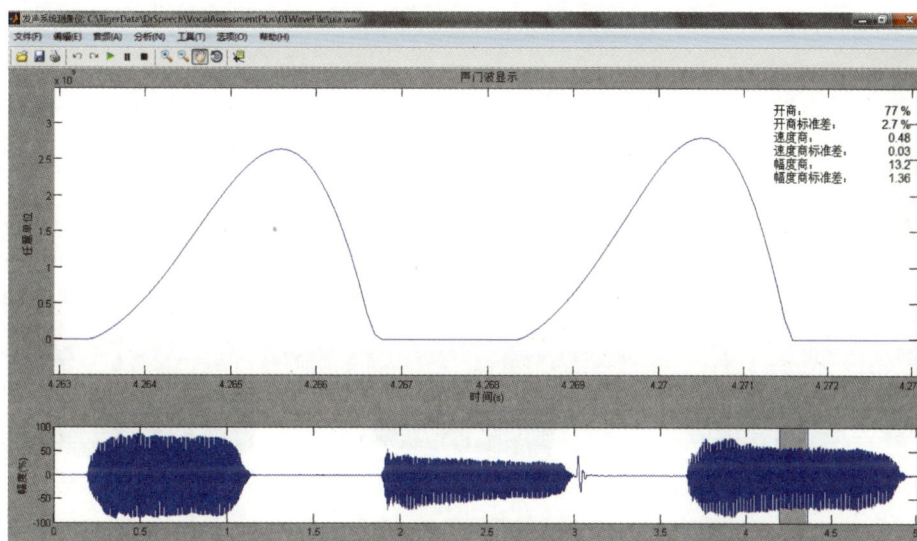

a. 声门波的二个周期

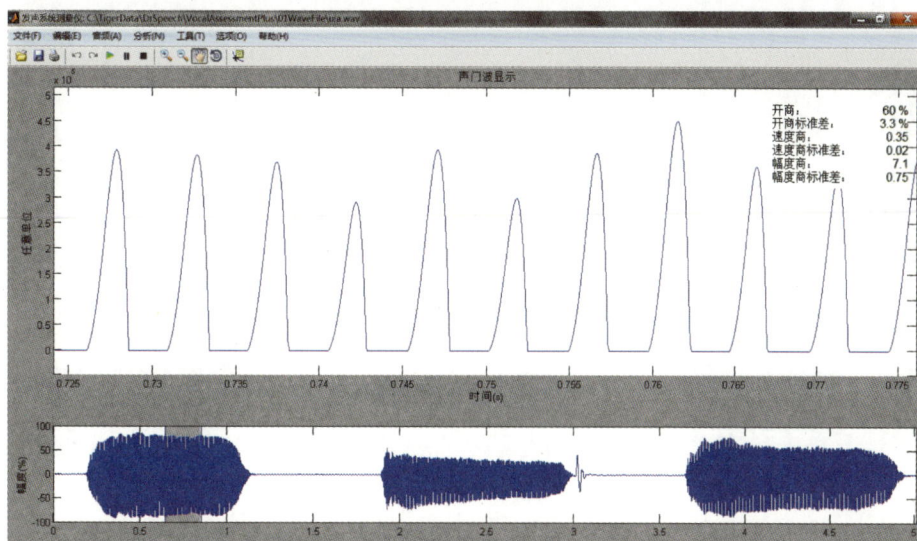

b. 声门波稳态部分的波形图

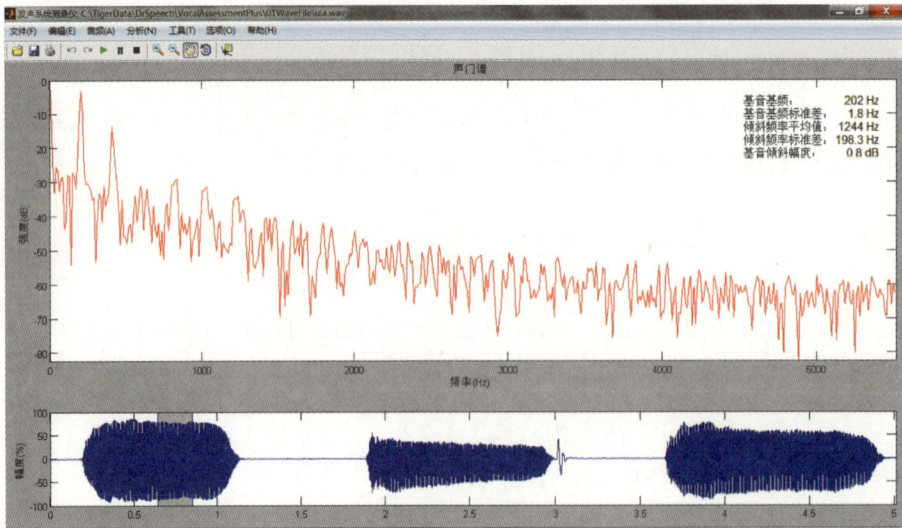

c. 声门波稳态部分的频谱图

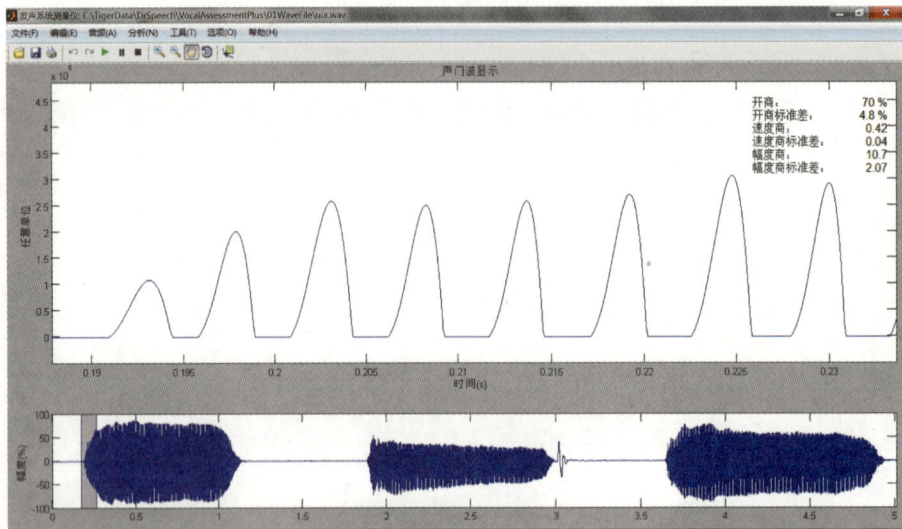

d. 声门波起音部分的波形图

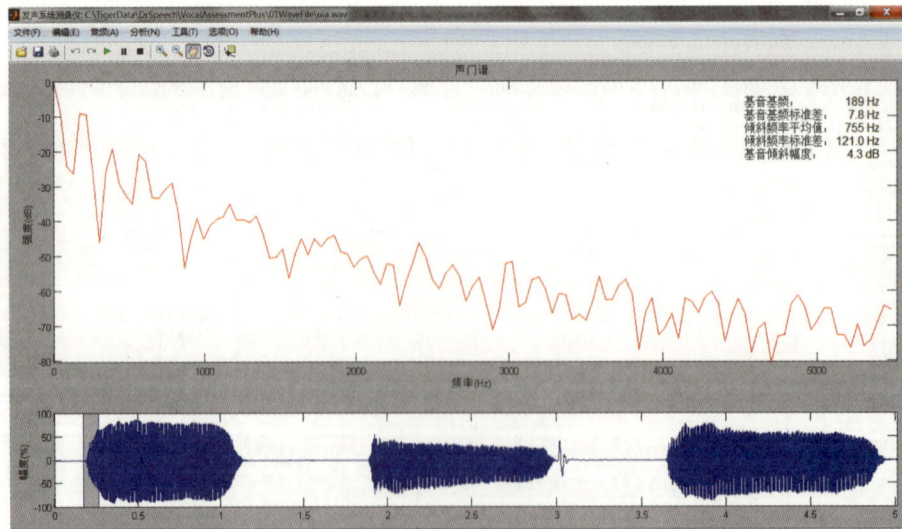

e. 声门波起音部分的频谱图

图 3.8　声门波的稳态和起音分析

（启音博士言语测量仪，Dr. Speech™，上海泰亿格康复医疗科技股份有限公司授权使用）

　　　　　　　　　　　言语治疗学

（4）起音频率及起音幅度的测量

将声门波进行频谱转换之后得到声门谱（图 3.9），声门谱经归一化处理之后，频率由 0 dB 开始衰减，在某个频率时其频谱开始急速衰减，该频率即频谱倾斜频率 VOF（Voice Onset Frequency，简称：起音频率），单位 Hz。在该频率时所对应的强度与在该频率 2 倍频程时所对应的强度之差即起音幅度 VOA（Voice Onset Amplitude），单位为 dB。临床上，硬起音的患者起音幅度略大于正常值，软起音的患者起音幅度略小于正常值。

如图 3.10 是采用"启音博士言语测量仪"后得到的一位硬起音患者发出的单韵母/æ/的声学分析结果，图 3.10(a)中显示开商 OQ 为 76%，速度商 SQ 为 0.47，幅度商 AQ 为 10.6。

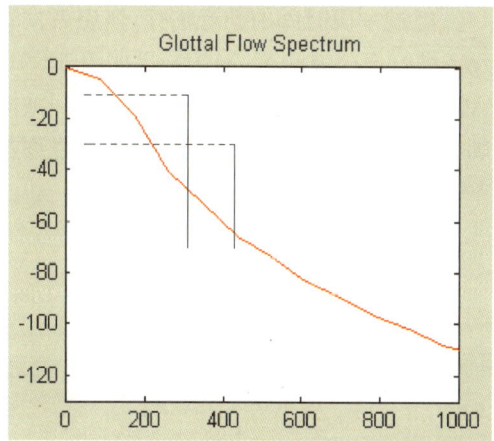

图 3.9　声门谱（起音频率、起音幅度）

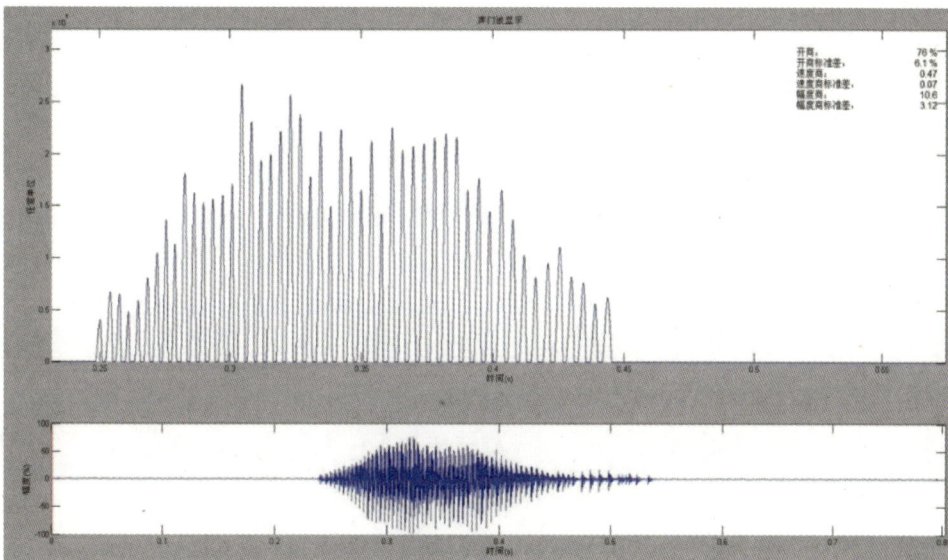

a. 硬起音患者治疗前（OQ＝76%，SQ＝0.47，AQ＝10.6）

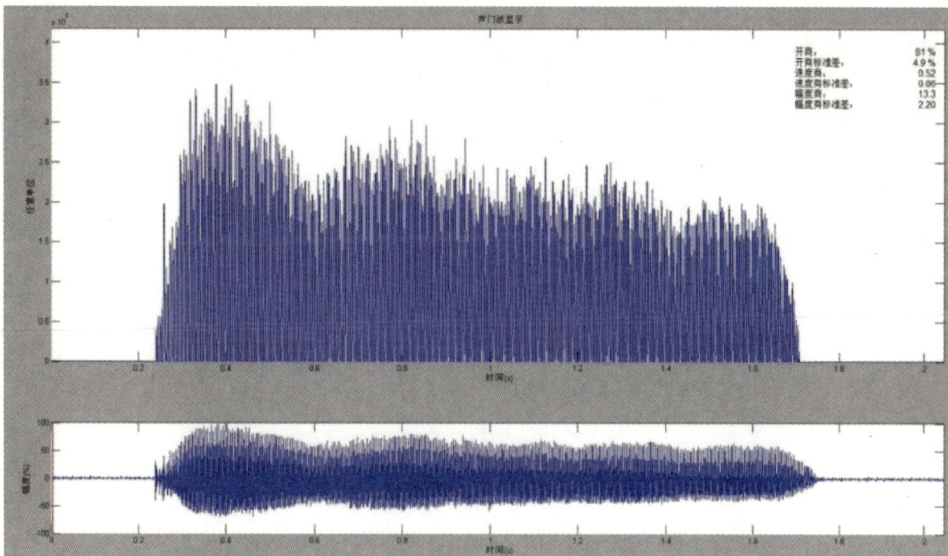

b. 硬起音患者治疗后（OQ＝81%，SQ＝0.52，AQ＝13.3）

图 3.10　治疗前后声学分析结果

（启音博士言语测量仪，Dr. Speech™，上海泰亿格康复医疗科技股份有限公司授权使用）

经过一段时间的嗓音治疗,该患者发音的硬起音现象在主观听感上有明显的改善。再次对该患者发/æ/进行声门波测量,测量结果如图 3.10(b)所示,图中显示开商 OQ 为 81%,速度商 SQ 为 0.52,幅度商 AQ 为 13.3。经过嗓音治疗,患者声门波时域参数开商逐渐增大,幅度商 AQ 逐渐增大,说明患者的声门闭合速度变慢,声门关闭时的气流量也逐步趋于正常,硬起音现象得到逐步的改善。

第四章　言语呼吸障碍的矫治

正常情况下，言语呼吸需要瞬间吸入更多的气体，来提供更多的呼吸支持，以维持足够的声门下压，从而获得言语的自然音调、响度、共鸣，以及丰富的语调变化。因此，呼吸是自然舒适言语的必要前提。当呼吸方式、呼吸支持、呼吸与发声的协调性（如起音方式）出现异常时，就会导致呼吸障碍。

呼吸障碍大致分为呼吸方式异常、呼吸支持不足、呼吸与发声不协调三类。存在呼吸功能障碍的患者一定要及时进行治疗，治疗越早，效果越好。

第一节　呼吸障碍矫治概述

呼吸障碍的矫治方法包括言语呼吸促进治疗法和现代化康复技术，本节将对其中几种经典的方法做简单讲述，更多的训练方法可参见《呼吸障碍的促进治疗》（华东师范大学出版社出版）。

呼吸障碍的临床表现主要包括说话气短、吃力、异常停顿、病理性硬起音或气息声等，归纳起来主要有呼吸方式异常、呼吸支持不足、呼吸与发声不协调三类。

呼吸障碍的矫治包括呼吸方式异常的矫治、呼吸支持不足的矫治和呼吸与发声不协调的矫治。对于这三类呼吸障碍，临床中有很多针对性的训练方法，其中既有常规训练，也有现代康复技术。图4.1以框架图的形式，列出了呼吸障碍矫治主要方法。其中，呼吸放松训练是所有训练进行前的必要准备，呼吸方式异常的矫治包含生理腹式呼吸训练、声音感知、"嗯哼"法、拟声法、数数法五种方法，呼吸支持不足的矫治包含快速用力呼气法、缓慢平稳呼气法、最长声时训练法、逐字增加句长法四种方法。呼吸与发声不协调主要有两种临床表现：吸气时发音和起音异常（包括软起音和硬起音）。针对吸气时发音的训练方法为唱音法和啭音法。针对起音异常的方法首先是起音感知，其次，针对不同的起音更有特殊的方法，例如：针对硬起音，可采用气息式发音法、减少硬起音和起音训练的方法；针对软起音可采用甩臂后推法、减少软起音和起音训练的方法。

无论是哪种呼吸异常，在针对性训练前，都要先进行呼吸放松训练，它是呼吸障碍矫治中的"热身运动"，不仅适用于有呼吸障碍的患者，也适用于头颈肌群强直人群。

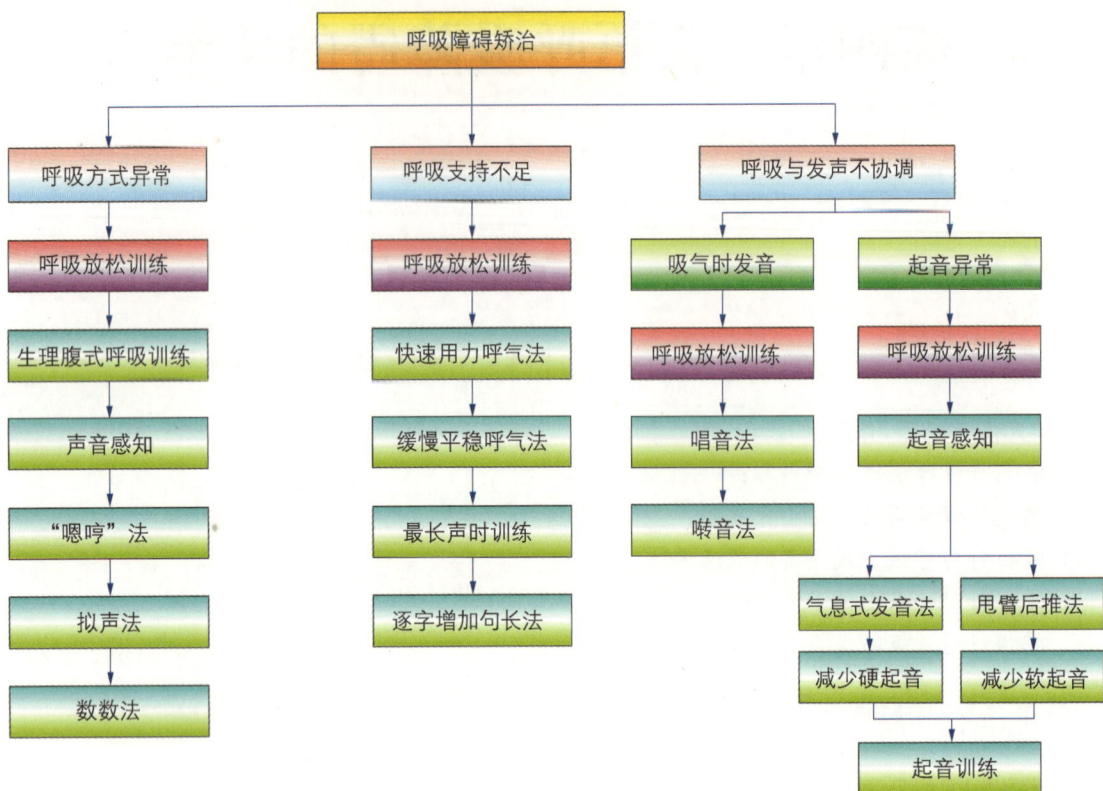

图 4.1　呼吸障碍的矫治方法

第二节　呼吸放松训练

呼吸放松训练指将有节律的呼吸与放松运动相结合,通过手臂和肩部的运动带动肋间肌群和肩部肌群运动,使这些肌群乃至全身都得到放松,从而促进呼吸系统整体功能的提高。呼吸放松训练主要适用于呼吸功能异常。在进行呼吸放松训练时,患者与治疗师动作应自然、放松,并与呼吸相结合。其训练步骤为:

1. 双臂交替上举运动

治疗师与患者一起练习双臂交替上举运动。运动时,患者保持直立位,双脚微开,与肩同宽,双臂自然下垂。吸气时,身体重心缓慢移向左侧,同时左手臂尽力伸直向上举;呼气时,左手臂回到原位。接着用同样的方法继续做:吸气时,身体重心移向右侧,同时右手臂尽力上举;呼气时,右手臂回到原位(见图 4.2)。如此左右交替进行,重复五次。

2. 单臂划圈运动

治疗师与患者一起练习单臂划圈运动。运动时,患者保持直立位,双脚微开,与肩同宽,双臂自然下垂。吸气时,左臂向前、向上做划圈运动;呼气时,左臂向后、向下做划圈运动并回到准备动作。接着用同样的方法继续做:吸气时,右臂向前、向上做划圈运动;呼气时,右臂向后、向下做划圈运动并回到准备动作(见图 4.3)。如此左右交替进行,重复五次。

图 4.2　双臂交替上举运动

(运动示意图)　(运动示意图)

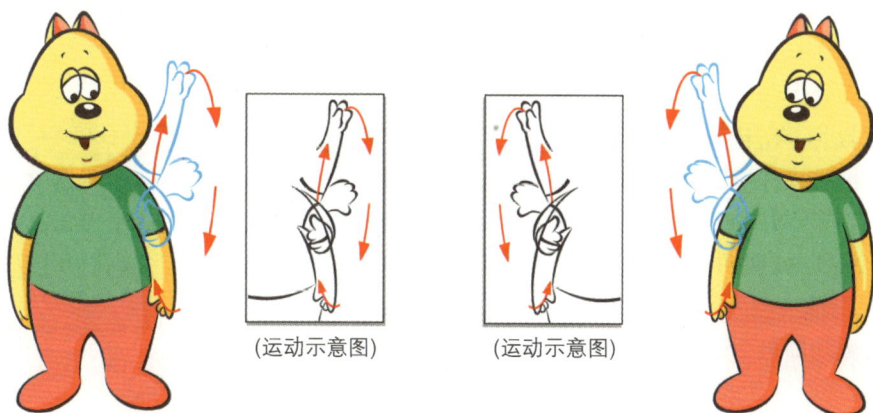

图 4.3　单臂划圈运动

3. 双臂划圈运动

治疗师与患者一起练习双臂划圈运动。运动时，患者保持直立位，双脚微开，与肩同宽，双臂自然下垂。吸气时，双侧手臂同时向前、向上做划圈运动；呼气时，双侧手臂同时向后、向下做划圈运动并回到准备动作。接着用同样的方法，换个方向继续做：吸气时，双侧手臂同时向后、向上做划圈运动；呼气时，双侧手臂同时向前、向下做划圈运动并回到准备动作（见图 4.4）。前后交替进行，如此重复五次。

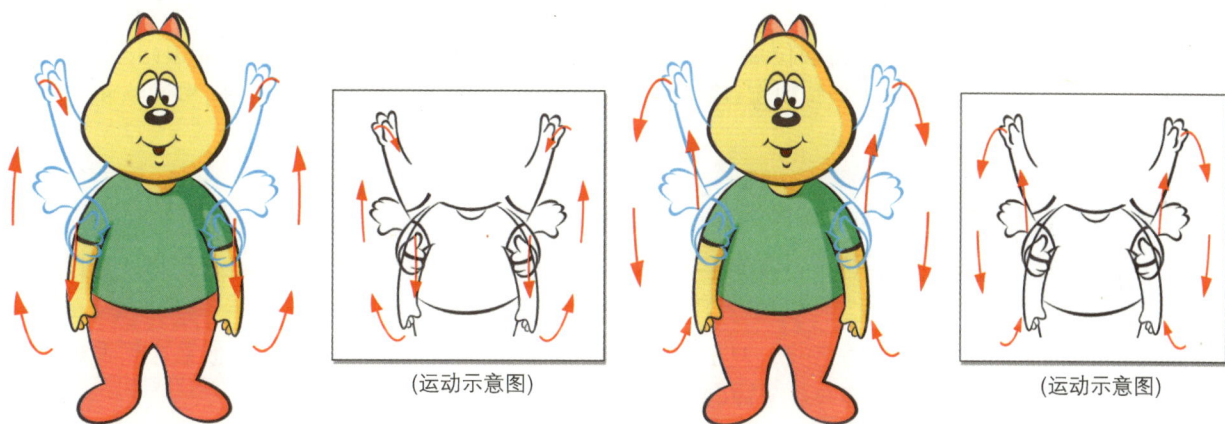

(运动示意图)　　　　　　　　(运动示意图)

图 4.4　双臂划圈运动

4. 双肩耸立运动

治疗师与患者一起练习双肩耸立运动。运动时，患者保持直立位，双脚微开，与肩同宽，双臂自然下垂。吸气时，耸立双肩，维持数秒；呼气时，迅速放下双肩并回到准备动作（见图 4.5）。如此重复五次。

5. 双臂晃动运动

治疗师与患者一起练习双臂晃动运动。运动时，患者保持直立位，双脚微开，与肩同宽，双臂自然下垂，轻松晃动双侧手臂（见图 4.6）。如此重复五次。

在进行上述五项训练时，可以选择性地加入音乐律动，可以是节奏感强的背景音乐，也可用不同频段的乐器进行简单的节奏演奏（鼓为低频段乐器，钢琴为中频段乐

图 4.5
双肩耸立运动

图 4.6
双臂晃动运动

器,小号为高频段乐器),而节拍器的速度选择因对象不同而不同。通常,成人一般选择约为58的速度,儿童一般约为62,障碍儿童一般约为54。节奏多采用强—弱二四拍或者强—弱—弱三四拍这样的简单节奏。例如对一名高频损伤的听障儿童进行呼吸放松训练时,选择一首低中频的四四拍的音乐作为背景乐,节拍器的速度定为54,采用强—弱二四拍节奏。进行双臂交替上举运动时,右手在强弱二拍时抬至最高,在又一个强弱二拍时放下,然后左手在强弱二拍时抬举至最高,在又一个强弱二拍时放下。进行单臂划圈运动时,右手在强弱强弱四拍时抬至最高,在又一个强弱强弱四拍时放下;然后,左手在强弱强弱四拍时抬至最高,在又一个强弱强弱四拍时放下。双臂划圈运动同单臂划圈运动一致。做双肩耸立运动时,双肩在强弱二拍时耸立,在又一个强弱二拍时维持耸立姿势,在下一个强弱二拍时放下。做双臂晃动运动时,双臂跟随音乐随意晃动即可。

第三节　呼吸方式异常的矫治

在呼吸训练的基础上,呼吸方式异常的矫治主要由生理腹式呼吸训练、嗯哼法、拟声法和数数法四种方法,以及现代化康复技术(声音感知)的方法所组成。

一、 生理腹式呼吸训练

生理腹式呼吸训练指通过不同的体位让患者体验非言语状态下呼吸中呼和吸的过程,帮助患者建立正确、自然、舒适的生理腹式呼吸方式,为言语呼吸奠定基础,其主要适用于呼吸方式异常的患者。生理呼吸训练分四节九个步骤:第一节为仰位训练,包括四个步骤——闭目静心、腹部感觉、胸腹同感、口腹同感;第二节为侧位训练;第三节为坐位训练;第四节为站位训练,包括基本的站位训练、同步训练和交替训练三个步骤。

1. 仰位训练
(1) 闭目静心:患者仰躺在诊疗台或床上,双手臂自然地平放于身体两侧,全身放松,闭目。治疗师注意观察患者呼吸方式(见图4.7)。

(2) 腹部感觉:治疗师指导患者将一只手放在腹部,观察患者的呼吸情况,让患者感觉这只手是如何随着呼吸而上下起伏的,保持该姿势数分钟(见图4.8)。

图4.7　闭目静心

图4.8　腹部感觉

图4.9　胸腹同感

(3) 胸腹同感:治疗师指导患者将一只手放在腹部,另一只手放在胸部,感受放在腹部的手随着呼吸上下运动。治疗师观察患者的呼吸情况,如果患者双手都在上下运动,应重新进行第一步的训练(见图4.9)。

(4) 口腹同感:治疗师指导患者将手背放在口前,收紧双唇发/p/音,放在口前的手能感觉到口腔中的气流喷出。同时放在腹部的手随着腹部凹下去。此时,腹肌应该主动参与呼气运动(见图4.10)。

图 4.10　口腹同感

图 4.11　侧位训练

2. 侧位训练

患者在治疗台或床上取侧卧位,一只手放在腹部,感受呼吸时是否只有膈肌或腹肌在运动(见图 4.11)。如果没有,应重新进行第二步训练。

3. 坐位训练

患者挺直腰板坐在小凳上,一手放于腹部,感受呼吸时的起伏运动(见图 4.12)。

图 4.12　坐位训练　　　　图 4.13　基本站位训练　　　　图 4.14　同步训练

4. 站位训练

(1)基本站位训练

患者采取站立位,双脚左右稍许分开,前后分开 10 厘米,深呼吸,感觉到腹壁向前运动。患者通过腹肌运动将空气挤出肺部,呼气时试着想象在吹一朵"蒲公英",并照镜子观察身体运动:吸气时身体应稍许向前运动,呼气时身体应稍许向后运动(如图 4.13 所示)。

(2)同步训练

患者采取站立位,双脚前后分开,与治疗师并肩站立。患者与治疗师双手交叉互握。治疗师深吸气,让患者感受治疗师吸气时腹部隆起,并学习其动作。然后,治疗师呼气,让患者感受治疗师的腹部回缩,同时学习其动作(如图 4.14 所示)。如此循环进行治疗师与患者的同步呼吸运动,即互相用放于对方腹部的手感受其呼吸运动。治疗师可提示患者在吸气时隆起腹部,呼气时回缩腹部。

(3)交替训练

患者与治疗师面对面站着,双脚左右微开。患者与治疗师各自一手放于对方腹部,一手放于自己腹部,交替进行呼吸训练,感受对方腹部在吸气时隆起,呼气时回缩(如图 4.15 所示)。治疗师可稍许用力帮助患

图 4.15　交替训练

者在吸气时隆起腹部,呼气时回缩腹部。

二、嗯哼法

从言语产生的过程来看,吸气和呼气不是两个不相干的过程,而是一个持续的运动。嗯哼法是指,通过有节奏地移动步伐来控制呼吸,并在呼气时发出"嗯哼"的声音,从而促进生理腹式呼吸到言语腹式呼吸的过渡。这种方法主要适用于呼吸方式异常,也适用于呼吸与发声不协调。言语呼吸主要在于呼吸与发声之间的协调配合,而嗯哼法便是训练协调配合能力的一种很有效的方法,其训练步骤为:

1. 一步"嗯哼"

患者采取站立位,一手放在腹部,左脚向后退一步时深吸一口气,同时手掌感觉腹部隆起。然后重心前移,左脚向前回到原位,发"嗯哼"的音,同时手掌感觉腹部回缩(如图4.16所示)。重复数次,直到发声和呼吸比较协调为止。

2. 二步"嗯哼"

患者采取站立位,一手放在腹部,左脚向后退一步时深吸一口气,同时手掌感觉腹部隆起。然后重心前移,左脚向前走第一步时发"嗯哼"的声音,同时手掌感觉腹部回缩。当右脚向前走第二步时,再发"嗯哼"的声音。两次发声在一口气内完成,同时手掌感觉腹部回缩(如图4.17所示)。重复数次,直到发声和呼吸比较协调为止。

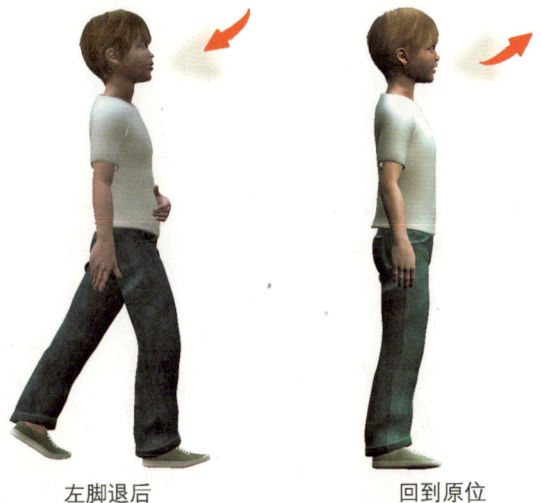

左脚退后　　　　　　　回到原位

图4.16　一步"嗯哼"法分解步骤

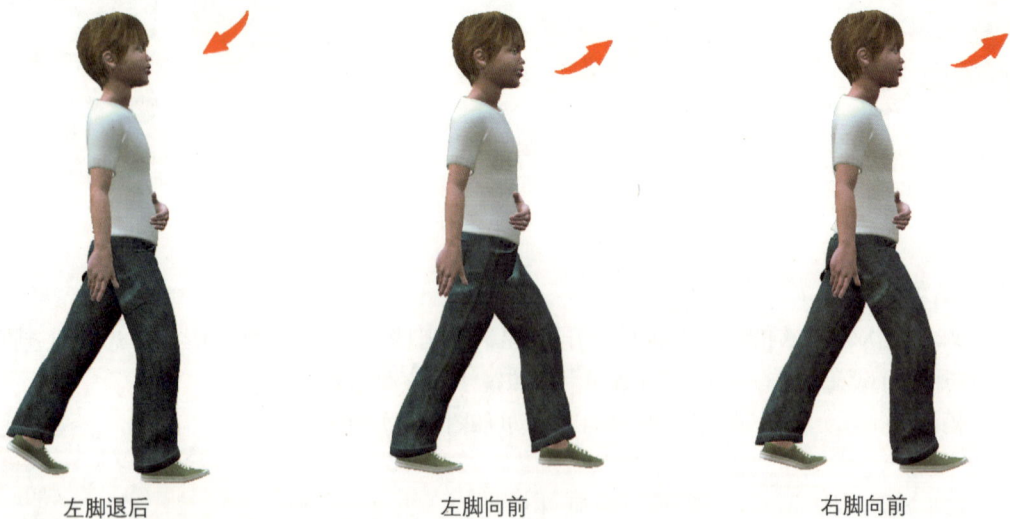

左脚退后　　　　　　左脚向前　　　　　　右脚向前

图4.17　二步"嗯哼"法分解步骤

3. 多步"嗯哼"

患者采取站立位,一手放在腹部,左脚向后退一步时深吸一口气,同时手掌感觉腹部隆起。然后重心前移,左脚向前走第一步时发"嗯哼"的音,同时手掌感觉腹部回缩。接着右脚向前走第二步,再发"嗯哼"的音。左脚向前走第三步的时候仍发"嗯哼"的音。三次发声用一口气完成,同时手掌感觉腹部回缩(如图4.18所示)。重复数次,直到发声和呼吸比较协调为止。

以同样的方式,进行三步以上的"嗯哼"练习。退一步吸气后,向前走。每走一步都发一个"嗯哼"的

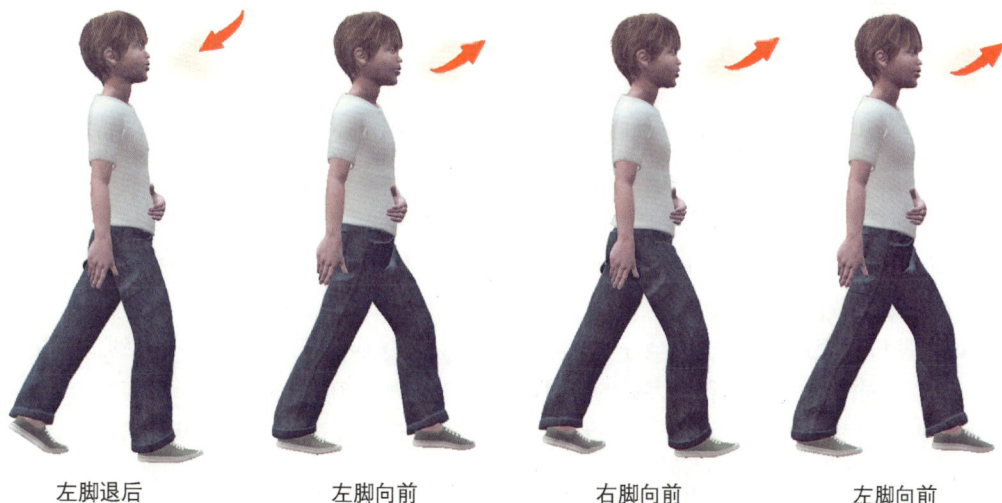

| 左脚退后 | 左脚向前 | 右脚向前 | 左脚向前 |

图 4.18 多步"嗯哼"法分解步骤

音,所有发声均在一口气内完成。但要注意保持腹式呼吸,从而达到巩固言语腹式呼吸的目的。

三、 拟声法

拟声法是指在建立了生理腹式呼吸的基础之上,通过模拟简单有趣的声音,来帮助患者从生理腹式呼吸过渡到言语腹式呼吸,其主要适用于呼吸方式异常。其训练步骤为:

1. 单元音拟声法练习

在进行充分的呼吸放松训练之后,治疗师利用图片,向患者示范拟声,让患者深吸气,用单元音进行练习,并根据图片,向患者提问,如火车图片:火车开过来的时候,会发出什么声音呢? 治疗师和患者一起模仿火车的声音,发出/u——/的声音。患者在发音时应采用言语腹式呼吸,并保持气息和响度均匀。

2. 单音节拟声法练习

在进行充分的呼吸放松训练之后,治疗师利用图片,向患者示范拟声,让患者深吸气,用单音节进行练习,并根据图片,向患者提问,如女孩骑马的图片:骑马的时候,马蹄会发出什么声音呢? 治疗师和患者一起模仿马蹄声,发出/da—da—da—da/的声音。患者在发音时应采用言语腹式呼吸,并保持气息和响度的均匀。

3. 双音节拟声法练习

在进行充分的呼吸放松训练之后,治疗师利用图片,向患者示范拟声,让患者深吸气,用双音节进行练习,并根据图片,向患者提问,如钟的图片:秒针走动的时候会发出什么声音? 治疗师和患者一起模拟秒针走动的声音,发出/dida—dida—dida—dida/的声音。患者在发音时应采用言语腹式呼吸,并保持气息和响度的均匀。

四、 数 数 法

数数法指通过有节奏地移动步伐来控制呼吸,并在呼气的同时数数,从而促进从生理腹式呼吸到言语腹式呼吸的过渡,其主要适用于呼吸方式异常,也适用于呼吸与发声不协调。其训练步骤为:

1. 数一个数训练

患者采取站立位,双脚微开,左脚向后退一步时深吸一口气,同时手掌感觉腹部隆起,然后重心前移,左脚向前回到原位时数"1",延续到呼气末,同时手掌感觉腹部回缩。重复数次,直到患者发声和呼吸比较协调为止。

2. 数两个数训练

患者采取站立位,双脚微开,左脚向后退一步时深吸一口气,同时手掌感觉腹部隆起,然后重心前移,左脚向前走第一步时数"1",同时手掌感觉腹部回缩。当右脚向前走第二步时再数"2"。两次发声用一口气完成,发声延续到呼气末,同时手掌感觉腹部回缩。重复数次,直到患者发声和呼吸比较协调为止。

3. 数多个数训练

患者采取站立位,双脚微开,左脚向后退一步时深吸一口气,同时手掌感觉腹部隆起,然后重心前移,左脚向前走第一步时数"1",同时手掌感觉腹部回缩。当右脚向前走第二步时数"2"。左脚向前走第三步时数"3"。三次发声用一口气完成,发声延续至呼气末,同时手掌感觉腹部回缩。重复数次,直到患者发声和呼吸比较协调为止。患者以同样的方式,进行数多数的练习,退一步吸气后,向前走步,每走一步都数一个数,所有发声均在一口气内完成。但要注意:患者发音时应始终是用腹式呼吸进行发声,以便达到巩固言语腹式呼吸的目的。

五、实时视听反馈技术:声音感知

声音感知是指帮助患者建立发音的概念。可采用"启音博士言语矫治仪"(Speech Therapy™,Dr. Speech™,上海泰亿格康复医疗科技股份有限公司授权使用)中的游戏进行声音感知训练。

1. 声音感知

如图4.19所示,采用"启音博士言语矫治仪"中的"木桶狗"游戏进行声音感知训练。不发音时,小狗在湖面上停止不动(图4.19a);发音时,湖面顿时活跃起来,小狗踩动滚筒,水花四溅,海豚也好奇地探出了水面(图4.19b)。

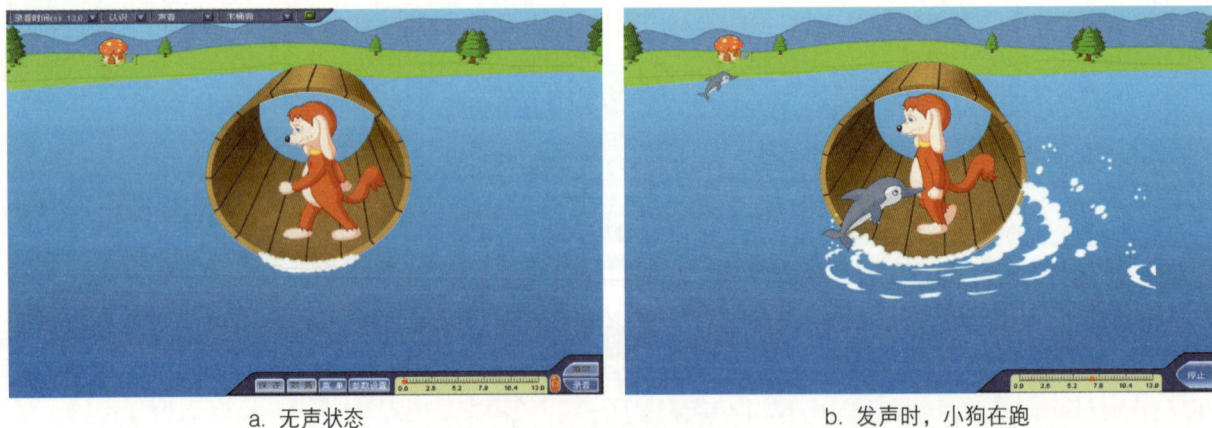

a. 无声状态   b. 发声时,小狗在跑

图4.19 木桶狗游戏(声音感知)
(启音博士言语矫治仪,Speech Therapy™,Dr. Speech™,上海泰亿格康复医疗科技股份有限公司授权使用)

2. 拟声法与声音感知的结合

当患者初步掌握了声音的概念后,言语治疗师可将拟声法与此类游戏相结合。如图4.20所示,当患者模仿马跑发出/da—da—da/的声音时,小熊敲起了小鼓(图4.20a),模仿火车开的声音/u——/时,红苹果在跑(图4.20b)。不同的声音产生不同的运动:如果是间断的声音,小熊敲鼓也是间断的;如果是连续的声音,苹果的运动就是连续的。

3. 数数法与声音感知的结合

当患者可以进行数数时,治疗师可撤去步伐的提示,让患者将声音感知与数数法相结合。例如:发"1"时,小猴从一棵树跳到另一棵树,发"1—2"时,小猴从一棵树跳到另一棵树再跳回原来的树(图4.20c);

c. 发音时,小猴在跳

d. 发音时,跷跷板在动

图 4.20　各种声音感知游戏

(启音博士言语矫治仪,Speech Therapy™,Dr. Speech™,上海泰亿格康复医疗科技股份有限公司授权使用)

发快速的"1—2—3—4—5"时,跷跷板连续出现运动(图 4.20d)。数数的速度不同,动画的运动速度也相应发生改变。

【案例】

[患者信息]

楠楠,女,5 周岁,极重度听力损失,现植入人工耳蜗,刚开机。患者为胸式呼吸,呼吸时偶尔伴有耸肩动作;最长声时约为 2 s 左右,低于同龄同性别儿童。

[周方案]

训练时间	训练目标	主　　要　　内　　容
周一	1. 呼吸方式:腹式呼吸 2. MPT = 4 s	1. 通过呼吸放松训练,使患者得到全身放松。 2. 通过生理腹式呼吸训练,形成初步腹式呼吸的习惯,利用同步训练和交替训练巩固正确呼吸方式。
周二		通过有节奏地移动步伐,同时控制气流发出"嗯哼"声,初步达到从生理呼吸到言语呼吸的过渡。主要采用一步"嗯哼"法,两步"嗯哼"法,多步"嗯哼"法。(嗯哼法)
周三		通过单元音拟声法训练、单音节拟声法训练,巩固腹式呼吸,提高发声时长。(拟声法)
周四		1. 开展双音节拟声法训练,在正确呼吸方式下,达到一口气说 3 个双音节词的目标。(拟声法) 2. 开展数数法训练形成正确言语呼吸方式。(数数法)
周五		综合训练,巩固生理腹式呼吸,通过复习嗯哼法、拟声法、数数法训练,达到从生理呼吸到言语呼吸的正确过渡。

[康复目标]

以周三为例,日康复目标为:

1. 能够进行正确的腹式呼吸。

2. MPT 达到 3 s。

3. 能够一口气发出 3 个单音节。

[康复准备]

启音博士言语测量仪;

启音博士言语矫治仪;

小鼓、双响筒、三角铁。

[康复前评估]

主观评估:胸式呼吸。

客观测量:MPT 为 2.5 s。

[康复过程]

一、预备练习:

1. 听觉察知训练。

目的:检测助听设备是否正常工作,并了解患者现阶段听觉的情况。

2. 站位生理腹式呼吸。

由于患者不能理解吸气时小肚子鼓起来,治疗师在操作时应要求患者先呼气再吸气。

二、呼吸放松训练:

结合鼓声、双响筒声进行双肩耸立运动。

由于患者呼吸时伴有耸肩现象,因此应进行双肩耸立放松运动,以放松肩部。可利用现阶段察知较好的乐器声配合进行放松训练。

三、结合启音博士言语矫治仪进行拟声法练习

目的:通过模拟简单有趣的声音,来帮助患者将生理腹式呼吸过渡到言语腹式呼吸。

1. 结合启音博士言语矫治仪中的最长声时训练——"小火车"游戏,开展单元音拟声法训练。

操作提示:逐渐增加一口气发长音/u/的时长。

提示患者进行腹式呼吸,及时矫正。

2. 结合启音博士言语矫治仪中的声音感知训练——"小熊打鼓"游戏,开展单音节拟声法训练。

操作中,先一口气说两个单音节,患者能熟练掌握后,再逐渐过渡到一口气说三个单音节。

[康复后评估]

主观评估:患者偶尔能自主进行腹式呼吸,多为胸式呼吸。

客观测量:MPT 为 3.1 s。

康复后评估结果显示,患者发/ɑ/时最长声时增加到 3.1 秒,能够一口气说三个单音节词,达到康复目标。这说明训练过程有效。

第四节 呼吸支持不足的矫治

在呼吸训练的基础上,呼吸支持不足的矫治主要由快速用力呼气法、缓慢平稳呼气法、逐字增加句长法三种方法,以及现代化康复技术(最长声时训练)的方法所组成。

一、 快速用力呼气法

快速用力呼气法指首先尽量用鼻子深吸气,然后用力将气流快速地从口中呼出,从而增加肺活量,提高言语呼吸支持能力。它主要适用于呼吸支持不足。该方法的动作要领是:深吸气,再快速用力呼出。其训练步骤为:

1. "快速用力呼气法"的动作要领指导

让患者体会深吸气后快速呼出的感觉(可通过吹羽毛,吹蜡烛,吹纸青蛙等活动让患者感知)。

2. 无意义音节的快速用力呼气训练

利用图片,教患者深吸一口气,然后在快速呼气的同时发无意义音(/p/、/t/、/k/、/c/、/ch/、/q/)。训练时先采用耳语式的发音方法诱导出送气音,再用正常嗓音发送气音,进行快速用力呼气训练。接着进一步提高难度:利用图片,教患者深吸一口气,然后在快速呼气的同时用力发连续的两个音,如/p—p/、/t—t/、/k—k/等。

3. 单音节词的快速用力呼气训练

利用图片,教患者深吸一口气,然后在快速用力呼气的同时发以/p/、/t/、/k/、/c/、/ch/、/q/等6个送气音开头的单音节词语,如铺、爬、劈、塔、兔、踏、哭、渴、筷等。训练时先采用耳语式的发音方法诱导出送气音,再用正常嗓音发送气音,进行快速用力呼气训练。

4. 双音节词的快速用力呼气训练

治疗师可以利用图片,让患者深吸一口气,然后在快速用力呼气的同时发以/p/、/t/、/k/、/c/、/ch/、/q/等6个送气音开头的双音节词语,如皮球、泡泡、土坡、踢球、哭泣、可乐等。训练时先采用耳语式的发音方法诱导出送气音,再用正常嗓音发送气音,进行快速用力呼气训练。

快速用力呼气法会改善患者的起音斜率、最长声时,使得/s/和/z/的最长声时较训练前有所延长且s/z比接近1。训练后会出现这些测量参数变化的原因有:

首先,与平静呼吸相比,言语呼吸需要瞬间吸入更多的气体来提供更多的呼吸支持,以维持足够的声门下压。在此训练中要求患者深吸气,深吸气时膈肌和肋间外肌收缩较强,肋骨向上向外抬起,使胸腔获得较大的垂直方向、横向和前后向的扩张,胸腔容积增大,从而使得吸气量增加。患者因此获得了更多的呼吸支持,改善了起音斜率。

其次,言语呼吸不仅在吸气时需要吸气肌群主动收缩,在呼气时同样也需要腹部肌群主动地收缩,以维持充足的声门下压,继而支持发声活动。该训练要求深吸气后快速用力呼气同时发音,快速用力呼气是一个主动的过程,使得患者肋间内肌主动收缩,肋骨下降,胸腔容积减小,呼气驱动力增大。同时,腹部肌群也主动收缩,推动膈肌,获得更大的呼气驱动力,即可以维持充足的声门下压,提高言语呼吸支持能力,改善最长声时。

临床指出:"快速用力呼气法"注重发音的起始阶段。

二、缓慢平稳呼气法

缓慢平稳呼气法指让患者深吸气后,缓慢平稳持续地发音,以提高患者对呼气的控制能力,从而为患者的言语提供稳定持久的呼吸支持,其主要适用于呼吸支持不足。该方法的动作要领是深吸气后呼气,呼气时气流必须平缓、均匀,并注意控制声时。其训练步骤为:

1. 缓慢平稳呼气法的动作要领

深吸一口气,然后平稳、缓慢地将气流呼出。把几根蜡烛固定在桌上,以一字形排开并点燃。患者站在桌子的旁边,与桌上的蜡烛保持一段距离,深吸气,然后缓慢平稳地吹气,使蜡烛的火苗不断闪动但不灭。训练中,治疗师也可将游戏换成吹肥皂泡、吹哨子等。

2. 无意义音的缓慢平稳呼气训练

深吸气后发无意义音,选择擦音或元音进行练习。

发元音/a/、/o/、/e/、/i/、/u/、/ü/时注意对声时的控制,做到缓慢平稳。发音时注意深吸一口气,然后平稳缓慢地将气流呼出,同时发元音。发音应保持连贯,发音时间越长越好。

发擦音/f/、/h/、/x/、/s/、/sh/的本音时,延长发音的时间,让气流平缓均匀而持续地呼出。发音时注意深吸一口气,然后平稳缓慢地将气流呼出,同时发擦音。发音应保持连贯,发音时间越长越好。

3. 单音节词的缓慢平稳呼气训练

患者可在以上发擦音本音的基础上,配合某些韵母,练习发单音节词。患者可在深吸气后缓慢平稳地呼气,同时发音,并适当延长单音节词的声母部分,即擦音部分。可练习发以擦音/f/、/h/、/x/、/s/、/sh/开头的单音节词,如孵、喝、吸、酥、狮等。

缓慢平稳呼气法有助于使患者的最长声时值更接近正常值,并使得 s 和 z 的最长声时较训练前有较大的延长且 s/z 比接近 1。训练后会出现这些测量参数变化的原因有:

第一,与"快速用力呼气法"相同,训练中要求患者深吸气,深吸气时会引起膈肌和肋间外肌较强的收缩,使肋骨向上向外提起,使胸腔获得较大的扩张,胸腔容积进一步增大,吸气量增加,这样就有足够的气流量支持持续的发音。

第二,该训练要求深吸气后缓慢平稳持续地发音,此时呼吸肌群(膈肌和肋间内肌)和腹部肌群不是简单地主动收缩,而是保持稳定持久的收缩。患者用较少的气流来维持足够的声门下压,以支持持续的发音,随着训练难度逐步增加,对这些肌群收缩的控制能力也得到较大的提高,能够支持更持久的发音,从而使得最长声时值更接近正常值。

临床指出:"缓慢平稳呼气法"注重发声的持续性。

三、 逐字增加句长法

逐字增加句长法指通过让患者一口气连贯地朗读词句,并循序渐进地增加句长,来增强患者的言语呼吸支持能力,提高其呼吸与发声的协调性。这种训练方法主要适用于呼吸支持不足,也适用于呼吸与发声不协调。其训练步骤为:

1. 跟读句子:治疗师朗读,患者跟读,朗读时要一口气朗读一个句子,可根据患者情况选择句子及增加句子长度,例如:

> 宝宝。
> 大宝宝。
> 大宝宝笑。
> 大宝宝爱笑。
> 大宝宝爱大笑。
> 大宝宝很爱大笑。

快速跟读句子:当患者能够顺利地跟读上述句子后,治疗师加快朗读速度,让患者快速跟读。同样,要求患者快速地一口气读一个句子。句子的难度也可适当增加,例如:

> 瓜。
> 西瓜。
> 大西瓜。
> 一个大西瓜。
> 吃了一个大西瓜。
> 大家都是笑哈哈。

2. 朗读句子：当患者能够顺利地跟读上述句子后，让患者自己朗读句子。注意一个句子要一口气读完，换气和朗读要协调自然，例如：

包。
书包。
红书包。
背着红书包。
早早出门去学校。

使用逐字增加句长法进行训练时，治疗师可以将发声总时长作为监控的指标，随着患者一口气能说出的字数的增加，其发声总时长的值会相应增加。听感上，患者说话时的句子长度和连贯性增加，说话气短、说话停顿较多等现象会得到一定程度的改善。

声时测量记录表

	第 1 次测时长	第 2 次测时长	第 3 次测时长	备　　注
包。	0.7 s	0.8 s	0.7 s	随着训练的进行，声时长度逐步增加。
书包。	0.9 s	1 s	1.1 s	
红书包。	0	1.5 s	1.6 s	
背着红书包。	0	0	1.9 s	
早早出门去学校。	0	0	0	

四、实时视听反馈技术：声时感知和最长声时训练

声时感知是为帮助患者建立声时的概念。可采用"启音博士言语矫治仪"（Speech Therapy™, Dr. Speech™, 上海泰亿格康复医疗科技股份有限公司授权使用）中的游戏进行声时感知训练。

1. 声时感知

如图 4.20d 所示，与声音感知类似，持续发音/ɑ——/时，跷跷板上下持续运动，不发音时画面静止。

2. 最长声时训练

若 MPT 测量结果显示某 6 岁男孩的最长声时仅为 4 秒，根据中国人最长声时的训练目标（附录 1），应该达到 7 秒，他需要进行最长声时训练。由于患者现有的最长声时和治疗目标之间的差距较大，言语治疗师需要根据患者的呼吸能力设置几个阶段性目标，循序渐进地进行治疗。例如，第一阶段目标定为 5 秒，第二阶段目标定为 6 秒，最终目标是 7 秒。

在确定了治疗的总目标以及阶段性目标后，言语治疗师可利用"启音博士言语矫治仪"中的五个游戏（"小火车"、"草莓"、"买蛋糕"、"小蜜蜂"和"苹果屋"）对患者进行最长声时训练。

在进行第一阶段的训练之前，先要让患者了解游戏规则，学会将自己的声音与动画过程联系起来。如图 4.21 所示的"小火车"游戏中，患者的训练任务是让小火车送小象回家。只有连续发音时，小火车才会不断地往前开。进入游戏的起始页面后，言语治疗师向患者解释游戏规则："小象要回动物园，但是它迷路了，好心的小火车要送它回家。但是小火车需要你的帮助，只有你不停地发/ɑ/音，火车才能开动"（a 图）。当患者在言语治疗师的指导下连续发音时，火车头喷出白烟，一路摇摇晃晃地载着小象往前开（b 图）。在这个过程中，患者认识到小火车与自己声音之间的联系，即要让小火车往前开，就要持续地发音。而小火车要开多久才能到达动物园，即患者需要持续发音的时间，则取决于言语治疗师预先设定的目标值。

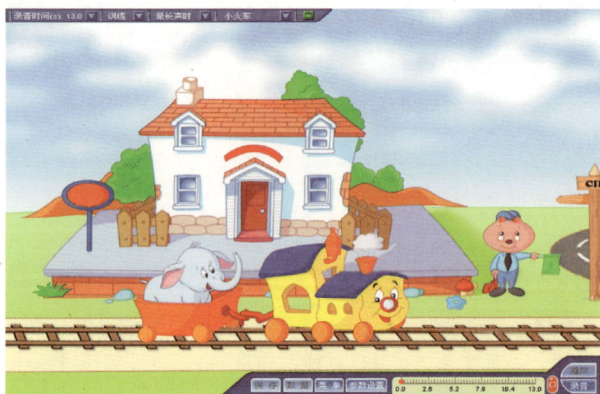

a. 解释游戏

b. 送小象回动物园

c. 游戏成功

d. 游戏失败

图 4.21　小火车游戏 (最长声时训练：4 秒)

(启音博士言语矫治仪，Speech Therapy™，Dr. Speech™，上海泰亿格康复医疗科技股份有限公司授权使用)

　　言语治疗师可根据训练的实际需要在游戏开始之前设定游戏时间，当 6 岁患者刚开始玩游戏时，将难度降低，将发音时间定在现有的 4 秒水平。只要患者一口气持续发音的时间达到 4 秒，小火车就能将小象送到动物园。为了让患者体验游戏的成功，也为了对成功的发音表示鼓励，游戏成功后立即响起清脆欢快的音乐 (c 图)；而当游戏失败时，则会出现小象哭泣的画面，以鼓励患者再为小象重新进行发音 (d 图)。

　　在患者熟悉游戏规则以后，言语治疗师就可以开始实施第一阶段的训练方案。在游戏开始之前，言语治疗师将游戏的目标 (即发声时间) 调整为 5 秒。为了调动患者训练的积极性，言语治疗师可以交替进行多个游戏，例如将"小蜜蜂"游戏和"小火车"游戏相互穿插进行。如在图 4.22 所示的"小蜜蜂"游戏中，患者的发音转化为小蜜蜂的飞行 (a 图和 b 图)。如果患者发音时间持续到 5 秒，小蜜蜂就能成功到达采蜜的花园 (c 图)；如果发音时间少于 5 秒，小蜜蜂则会从半空中掉下来 (d 图)。

a. 小蜜蜂准备飞行

b. 小蜜蜂在飞行过程中

c. 游戏胜利

d. 游戏失败

图 4.22 小蜜蜂游戏(最长声时训练:5 秒)

(启音博士言语矫治仪,Speech Therapy™,Dr. Speech™,上海泰亿格康复医疗科技股份有限公司授权使用)

在经过一段时间的治疗之后,言语治疗师需要对患者进行阶段性评估。如果患者能连续三次较为轻松地通过目标时间为 5 秒的游戏,就可以进入第二阶段的治疗,即 6 秒阶段。在这一阶段中,言语治疗师可以首先采用图 4.23 所示的"买蛋糕"游戏。游戏开始之前,言语治疗师将目标定为 6 秒。游戏中,患者的发音转变为小猫的走动(a 图)。游戏开始了,小猫去买蛋糕,它从左向右走向食品车,其中所走的路程便是患者最长发音的时间。只有当患者持续发音的时间达到 6 秒时,小猫才能够顺利买到蛋糕,这时计算机界面会给出一个游戏奖励界面(b 图)。如果患者在这一阶段的训练中连续失败三次(c 图),为了避免患者因游戏失败产生挫败感而想放弃练习,言语治疗师应选用新的游戏,并酌情降低训练难度。

a. 发声时间决定小猫能否买到蛋糕

b. 游戏成功

c. 游戏失败

图 4.23 买蛋糕游戏(最长声时训练:6 秒)

(启音博士言语矫治仪,Speech Therapy™,Dr. Speech™,上海泰亿格康复医疗科技股份有限公司授权使用)

在图 4.24 所示的"草莓"游戏中,言语治疗师将最长声时暂时降到 5 秒,患者的发音变成了让小汽车开动的动力了。当患者发音持续 5 秒时,小汽车轻松地把草莓送到了饥饿的恐龙宝宝那里。这样,恐龙宝宝的笑容又帮儿童找回了游戏的乐趣和动力。这时言语治疗师可以把练习目标上调为 6 秒,继续本阶段的训练。同时,言语治疗师可以结合其他的训练方法,比如逐字增加句长等,帮助患者更好、更顺利地完成各阶段的训练。

a. 设定目标　　　　　　　　　　　　　　　　b. 游戏失败

图 4.24　草莓游戏(最长声时训练：5 秒,5—6 秒)

(启音博士言语矫治仪,Speech Therapy™,Dr. Speech™,上海泰亿格康复医疗科技股份有限公司授权使用)

如果患者在本阶段的评估中可以连续三次通过 6 秒阶段,则可以进入治疗的最后一个阶段——7 秒。这时,言语治疗师可运用新的游戏——"苹果屋"。在这个游戏中(图 4.25),患者的发音转化成了毛毛虫过天桥。当发音持续 7 秒时,毛毛虫就能成功地将葡萄运到天桥对面的小屋里,否则,毛毛虫就会从天桥上掉下来。如果患者能顺利通过这个阶段的评估,则患者的呼吸支持能力已经达到同年龄和性别儿童的正常水平,整个治疗圆满结束。

a. 设定目标　　　　　　　　　　　　　　　　b. 完成目标

图 4.25　苹果屋游戏(最长声时训练：7 秒)

(启音博士言语矫治仪,Speech Therapy™,Dr. Speech™,上海泰亿格康复医疗科技股份有限公司授权使用)

3. 缓慢平稳呼气法与最长声时训练相结合

缓慢平稳呼气法中单韵母的缓慢平稳呼气训练可与启音博士言语矫治仪中最长声时训练相结合,根据目标设置最长声时目标,再要求患者深吸一口气,缓慢平稳地发出元音/ɑ/、/o/、/e/、/i/、/u/、/ü/,注意发元音时对声时的控制,做到缓慢平稳。

4. 逐字增加句长法与最长声时训练相结合

在使用逐字增加句长法时可结合启音博士言语测量仪中的样板跟读、时频跟读进行视觉反馈,如图 4.26

及图 4.27。治疗师可在视觉上给予患者动画及基频线的提示,要求患者的基频线与样板一致,使得患者能逐渐缓慢地增加句子长度,从而提高呼吸支持能力。在训练过程中,康复师需注意患者字与字之间的连贯性。

(1) 进行样板跟读训练:首先治疗师录制样板(绿色),再由患者进行跟读(红色)

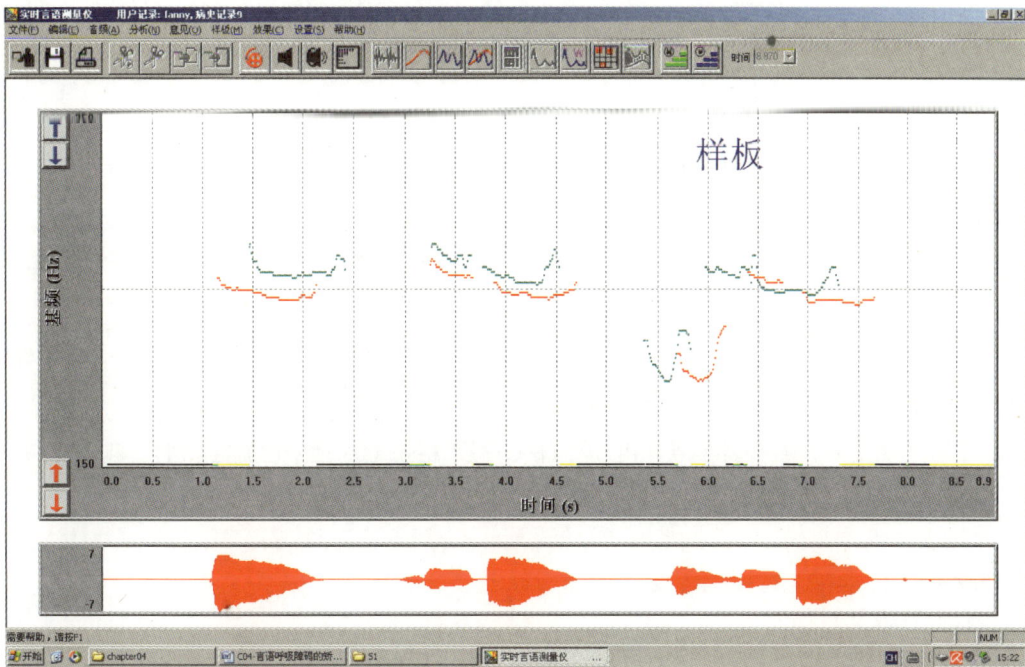

图 4.26　样板跟读训练
(启音博士言语测量仪,Dr. SpeechTM,上海泰亿格康复医疗科技股份有限公司授权使用)

(2) 逐字增加句长法视听反馈时频(F_0 - Time)跟读训练

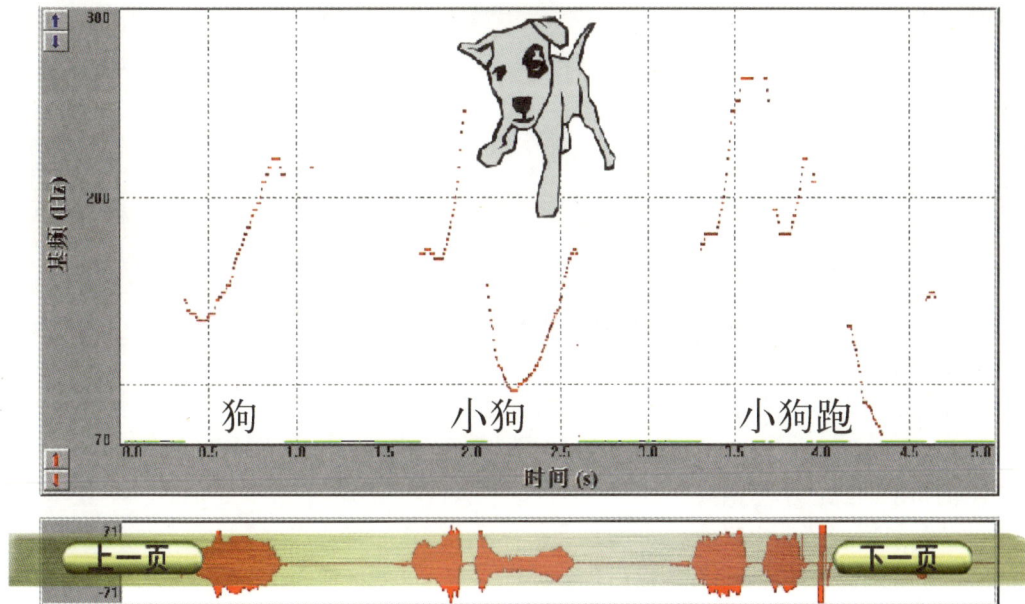

图 4.27　逐字增加句长法视听反馈时频跟读训练
(启音博士言语测量仪,Dr. Speech™,上海泰亿格康复医疗科技股份有限公司授权使用)

【案例】
[患者信息]
小贝,女,4 周岁,双耳佩戴助听器,右耳补偿后听力为 45 dB,左耳补偿后听力为 55 dB,助听补偿效果

为较适。智力正常,认知能力较好,呼吸支持不足,最长声时为 2.5 秒,能说三字短语,构音发展水平处于第二阶段。

[周方案]

训练时间	训练目标	主 要 内 容
周一	MPT 达 3.5 s	呼吸放松训练
周二		快速用力呼气诱导,无意义音的快速用力呼气训练,单音节词的快速用力呼气训练。(快速用力呼气法)
周三		缓慢平稳呼气诱导,无意义音的平稳呼气训练,有意义音的平稳呼气训练,结合词、短语进行有效的时长训练。(缓慢平稳呼气法)
周四		快速用力呼气法双音节词的训练,逐字增加句长训练。目标:深吸一口气能说出 4 个字的句子。(快速用力呼气法 逐字增加句长法)
周五		综合训练(快速用力呼气法、缓慢平稳呼气法、逐字增加句长法)。目标:深吸一口气能说出 5 个字的句子。

[康复目标]

以周四为例,日康复目标为:

1. MPT 达到 3 秒。

2. 句长增加至 4 个字。

[康复准备]

启音博士言语测量仪;

启音博士言语矫治仪;

纸条、AAC 沟通辅具。

[康复前评估]

客观测量:MPT 为 2.5 s。

[康复过程]

一、快速用力呼气训练

1. 无意义音节训练:深吸一口气,发“/p/”。

2. 单音节训练:深吸一口气,发“跑”、“跑—跑”。

目的:帮助患者巩固快速用力呼气法的动作要领。

3. 双音节词训练:深吸一口气,发“跑步”。

目的:练习快速用力呼气法(双音节词),为逐字增加句长做准备。

二、逐字增加句长训练

1. 3 个字的句子训练:“小狗跑”。

2. 4 个字的句子训练:“小狗跑步”。

目的:提高呼吸对言语的支持度,增加句长。

三、结合设备进行训练

1. 利用启音博士言语矫治仪中的“木桶狗”游戏进行快速用力呼气法训练。

2. 利用 AAC 沟通辅具练习逐字增加句长法训练。

[康复后评估]

客观测量:MPT 为 3.2 s。

康复后评估结果显示,患者发/ɑ/时最长声时增加到 3.2 秒,达到康复目标,说明训练过程有效。

第五节　呼吸与发声不协调的矫治

在呼吸训练的基础上,呼吸与发声不协调的矫治主要由唱音法、啭音法、气息式发音法、甩臂后推法四种方法,以及现代化康复技术(起音感知和起音训练)的方法所组成。

一、唱音法

唱音法通过让患者连续地发长音、短音,或者长音和短音交替发音,来提高患者言语呼吸支持能力,促进患者呼吸与发声的协调,提高其言语时灵活控制气流的能力,从而轻松地发音。它主要适用于呼吸与发声不协调,也适用于呼吸支持不足。其训练步骤为:

1. 长音训练

患者深吸气后持续发长音,如:/a——,ya——,da——/,发音时要采用腹式呼吸,并注意保持声音平稳及声时的稳定性。治疗师可记下患者的发音时间,让患者逐渐延长一口气的发音时间。

2. 短音训练

要求患者深吸气后连续发几个短音,如:/a—a—a—a—a/。注意建立正确的起音。另外,需要注意发音过程中不要换气、漏气,每个音要干脆利落。治疗师可记录下每次连续发音的个数,以便逐步增加一口气发短音的个数。在训练时可逐渐加快发音速度。

3. 长短音结合训练

当患者能够顺利地发长音和短音后,让其深吸气后发长短交替的音,如:/ya—— ya—— ya ya/。注意在稳定声时的条件下正确起音。应让患者深吸气后,先发长音后发短音。注意同样要一口气说完,中间不要换气、漏气,换音时前一个音收尾要干脆。

与唱音法对应的主要测量参数是 s/z 比和最大数数能力(MCA)。在短音训练中,患者一口气连续发短音,并逐步增加一口气发短音的个数。训练后,患者的声门闭合情况得到改善,呼吸与发声协调能力增强,整个言语过程更加协调。从参数上看,MCA 数值逐渐增大,/s/和/z/的最长发音时间也有所增加且 s/z 比趋近于 1。

与唱音法对应的测量参数还有最长声时(MPT)。在长音训练中,患者采用腹式呼吸发音,并逐渐延长一口气的发音时间。训练后,患者的呼吸支持增加,MPT 数值逐渐增大。

与缓慢平稳呼气法与最长声时相结合的训练类似,唱音法中的长音训练可结合启音博士言语矫治仪的最长声时来进行,短音训练、长短音结合训练可结合启音博士言语矫治仪中的起音来训练。

二、啭音法

啭音法通过发音调和响度连续起伏变化的旋转式发音,促进患者呼吸与发声功能的协调,提高其言语时声带的控制能力,进而打破其固有的错误发声模式,建立新的、舒适的发声模式,改善其音质。这种方法主要适用于呼吸与发声不协调。其训练步骤为:

(1)啭音法动作要领的学习:利用图片 4.28,向患者讲解啭音的动作要领,要求用音调和响度连续变化的音发啭音/i/。

图 4.28　"啭音法"动作要领示意图

（2）快速哼音训练：教患者用较快的速度发哼音，发音时音调与响度连贯并快速起伏变化，如：/i⌒/。随后，发以浊音开头的单音节词，重复用哼音发出，然后过渡到用正常嗓音说该单音节词，如：/ma⌒/（妈）。

（3）慢速哼音训练：教患者用较慢的速度发哼音，如：/u⌒/，发音时音调与响度连贯并缓慢起伏变化。随后，发以浊音开头的单音节词，重复用哼音发出，如：/na⌒/（拿），然后过渡到用正常嗓音发该单音节词。

（4）快慢交替哼音练习：教患者时快时慢地发哼音，快慢变化时过渡自然，提高呼吸和发声的协调能力，如：/e⌒/。随后，发以浊音开头的双音节词，重复用哼音发出，然后过渡到用正常嗓音发该双音节词，如：/ma ma/（妈妈）。

与哼音法对应的主要测量参数是 s/z 比和最大数数能力（MCA）。训练后，患者的声门闭合情况得到提高，呼吸与发声协调能力增强，整个言语过程更加协调。从参数上看，MCA 数值逐渐增大，s/z 比趋近于 1，且/s/和/z/的最长发音时间也有所增加。

哼音法改善患者音质，增强呼吸与发声协调能力的效果还能通过基频微扰（Jitter）、振幅微扰（Shimmer）、噪声能量（NNE）来显示。患者的粗糙声减少，Jitter 值将减小至 0.5% 以内。患者的嘶哑声减少，Shimmer 值将减小至 3% 以内。患者声门漏气减少，嘶哑声改善，NNE 值将减小至 −10 dB 以内。哼音法中快速哼音及慢速哼音都可以用启音博士言语测量仪中的样板模式进行训练，如图 4.29 所示，绿色为治疗师所录的样板，红色为患者的基频线，这样既可以提示患者，又可给予患者视觉反馈。

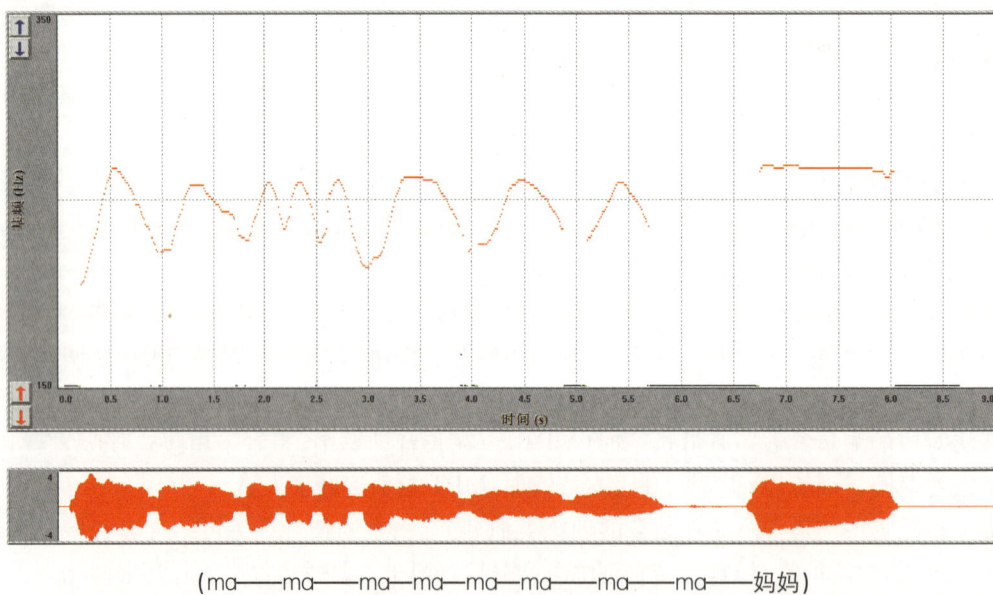

（ma———ma———ma——ma——ma——ma———ma———ma———妈妈）

图 4.29　哼音法样板匹配
（启音博士言语测量仪，Dr. Speech™，上海泰亿格康复医疗科技股份有限公司授权使用）

三、气息式发音法

气息式发音法通过采用气息式的发音帮助患者放松声带和咽缩肌，从而建立正常的起音方式，其主要适用于硬起音，以及由硬起音导致的高音调。其训练步骤为：

1. 硬起音与软起音的比较

利用图片，向患者介绍图片所代表的意义（一幅代表硬起音，一幅代表软起音），并模仿两种发音，让患者进行区分比较，这样可以让患者触摸治疗师发音时的喉部，使其能感觉到治疗师在模仿硬起音时喉部较紧张僵硬，模仿软起音时喉部较为柔软，并能听到发声时伴有气息声。

2. 以/h/开头的气息式发音练习

先以/h/音来诱导柔和起音方式(气息式发音),然后试着不发/h/音,直接发这些词。有两种不同的模式,分别为:

模式1:/h+以 y 开头的词/——/以 y 开头的词/,如/h+鸭/——/鸭/;

模式2:/h+以 w 开头的词/——/以 w 开头的词/,如/h+窝/——/窝/。

3. 以/s,sh/开头的词语的气息式发音

用气息式发音法说以/s/、/sh /开头的词诱导出正常的发音,来避免硬起音的发生。有五种模式,分别为:

模式1:/s,sh+以 i 开头的韵母/——/以 y 开头的词/,如"/四/——/鸭/";

模式2:/s,sh+以 u 开头的韵母/——/以 w 开头的词/,如"/笋/——/挖/";

模式3:/s,sh+以 a 开头的韵母/——/以 a 开头的词/,如"/三/——/啊/";

模式4:/s,sh+以 o 开头的韵母/——/以 o 开头的词/,如"/送/——/哦/";

模式5:/s,sh+以 e 开头的韵母/——/以 e 开头的词/,如"/蛇/——/鳄/"。

与气息式发音法对应的参数是声门波测量中的幅度幂、开商、速度商、速度幂、起音幅度这几个参数。

随着治疗的进行,幅度幂的值逐渐变大表示治疗是有效果的。临床上,硬起音患者在起音阶段,声门关闭较快,声门打开至最大时声门面积较小,幅度幂较小;治疗之后,声门关闭变缓,声门打开到最大时的面积就相应变大,所以幅度幂的值就会变大。

开商(open quotient)是指声门开放的时间与开关时间总和之比。随着治疗的进行,开商的值应当是从小逐渐变大的。临床上硬起音的患者由于声门关闭较快,闭合相的时间较短,因而开商小,经过治疗之后,闭合时间变得缓慢,则开商的值渐渐变大。

随着治疗的进行,速度商的值应当是变小的。硬起音的患者发音起音阶段由于声门关闭较快,闭合相的时间较短,因而速度商的值大,经治疗后,声门闭合时间变长,患者的速度商变小。

速度幂(speed index)是指开放相与闭合相之差与开放相的时间比。随着治疗的进行,速度幂的值也是会变小的。临床上,硬起音的患者速度商偏大,故治疗的目的是让它的值变小。

随着治疗的进行,起音幅度的值会逐渐变小达到正常值。因为临床上,硬起音的患者起音幅度较大于正常值,所以治疗的目的就是让它的值变小。

四、甩臂后推法

甩臂后推法指让患者在甩臂后推的同时突然发音来提高声门闭合能力,减少软起音,这能帮助其建立正确的起音方式。这种方法主要适用于软起音。其训练步骤为:

1. 甩臂后推法的动作要领

治疗师向患者示范甩臂后推的动作,并让患者学习一起做。治疗师指导患者紧握双拳提至胸前,深吸气,然后在用力呼气的同时将手臂突然向下向后甩至臀部以下,手掌完全张开(如图 4.30 所示)。

2. 减少软起音

患者在用力甩臂后推的同时发音。患者边做动作边发单元音,注意用力甩手臂,并同时起音,以提高声门闭合能力,减少软起音的产生。

3. 减少软起音并逐渐建立正确的起音方式

患者边甩臂后推边说单音节词。患者用力甩臂后推的同时发声,注意用力甩手臂,并同时起音,以提高声门闭合能力,减少软起音。在此基础上,逐渐过渡到正确的起音方式发声。

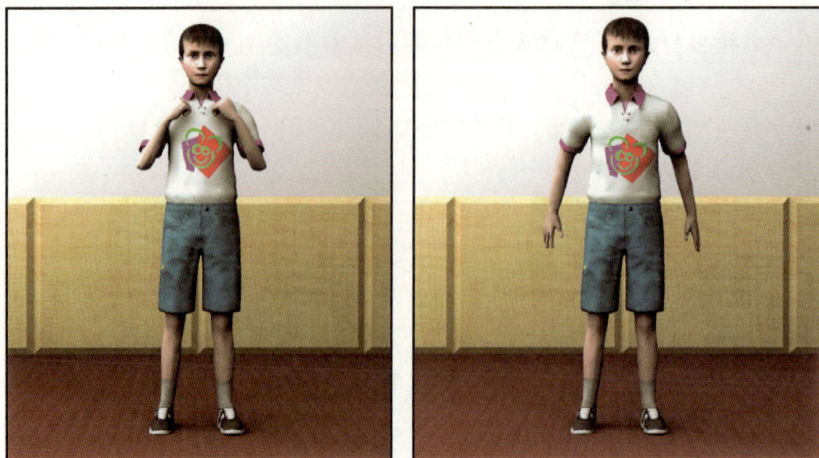

图 4.30　甩臂后推法

4. 建立正确的起音方式

患者省略甩臂后推动作,直接说单音节词,发音时起音方式正确,呼吸与发声协调。

与甩臂后推法对应的参数也是声门波测量中的幅度幂、开商、速度商、速度幂、起音幅度这几个客观参数。接受训练后,患者的声门闭合能力加强,幅度幂的值逐渐变小,这表示治疗是有效果的。临床上软起音患者在发音起音阶段,声门关闭较慢,声门打开至最大时声门面积较大,幅度幂较大;治疗之后,声门关闭变快,声门打开到最大时的面积就相应变小,所以幅度幂的值就会变小。

随着治疗的进行,开商的值应当是由大逐渐变小的;速度商的值应当是由小变大的;速度幂的值是由小变大的;起音幅度的值逐渐变大。

五、 实时视听反馈技术: 起音感知和起音训练

起音感知是为帮助患者建立起音的概念。可采用"启音博士言语矫治仪"(Speech Therapy™,Dr. Speech™,上海泰亿格康复医疗科技股份有限公司授权使用)中的游戏进行起音感知训练。

1. 体会起音方式,提高起音速率

正确的起音是声门关闭与呼出气流的协调。在声门关闭之前,气流已经呼出,这样的起音是软起音;在声门关闭之后,气流再呼出冲向声门,这样的起音为硬起音。软起音与硬起音都不是正常的起音,对声带都有损伤。起音速率是指在正常起音时,单位时间内起音的次数。它反映起音的熟练程度,并影响到患者一口气起音的次数。有的患者两次起音之间的时间间隔很长,一口气连续发出的音节就很少,这样说出来的话听起来断断续续的,让人感到非常吃力。因此,有必要让患者提高起音速率,增加一口气连续发声的能力。

2. 起音感知

建立起音概念的首要任务,就是让患者意识到声带由不振动到振动的过程。这个训练可以用启音博士言语矫治仪(Speech Therapy™,Dr. Speech™,上海泰亿格康复医疗科技股份有限公司授权使用)中的"雨伞"游戏来帮助患者体会起音。如图4.31所示,在起音之前,伞中没有小动物(a 图);当患者第一次发/ɑ/时,伞中出现了第一只小动物——斑点狗(b 图);当第二次发/ɑ/时,伞中出现第二只小动物——小黄狗(c 图);当第三次发/ɑ/时,伞中出现第三只小动物——青蛙(d 图)。以后每一次起音,伞中就会新增一只小动物。每一只小动物出现的过程都代表着声带从不振动到振动的一个完整过程。在此过程中,治疗师引导患者正确发音,保证每次起音都必须用正确的发音方式和起音方式。

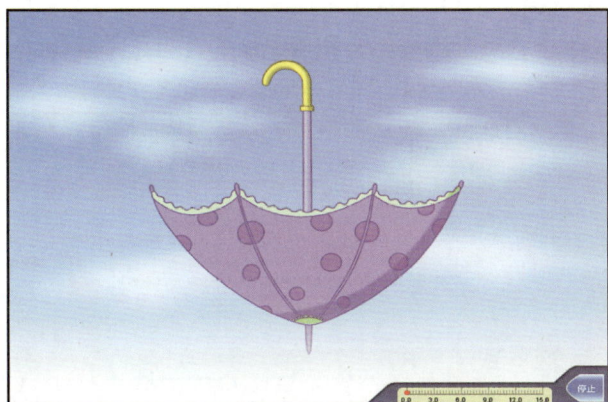

a. 起音之前,伞中没有小动物

b. 第一次起音时,伞中出现一只斑点狗

c. 第二次起音时,伞中出现一只小黄狗

d. 第三次起音时,伞中出现一只青蛙

图4.31 雨伞游戏(建立起音概念)
(启音博士言语矫治仪,Speech Therapy™,Dr. Speech™,上海泰亿格康复医疗科技股份有限公司授权使用)

3. 体会起音方式

在患者建立了起音概念之后,就要让他进一步体会正常起音和硬起音的不同。只有当患者意识到其自身的起音方式是错误的时候,他才会改正这种不正确的起音方式。这个训练可以采用"启音博士言语矫治仪"(Speech Therapy™,Dr. Speech™,上海泰亿格康复医疗科技股份有限公司授权使用)中的"兔子飞"和"池塘"游戏,让患者在生动有趣的动画场景中识别硬起音。如图4.32所示,用正常的起音方式发/ɑ/时,一只兔子飞了上去(a图);当用硬起音的方式发/ɑ/时,没有小兔子飞上去(b图)。

a. 正常起音使兔子飞上了天

b. 硬起音不能使兔子飞上天

图4.32 兔子飞游戏(体会不同的起音方式)
(启音博士言语矫治仪,Speech Therapy™,Dr. Speech™,上海泰亿格康复医疗科技股份有限公司授权使用)

在图 4.33 所示的"池塘"游戏中,硬起音不能使金鱼跳出水面(图 a),正常的起音会使金鱼跳出水面(图 b)。这种显而易见的方式,可以让患者,尤其是小年龄患者更直观地体会和认识硬起音与正常起音。

a. 硬起音不能使金鱼跳出水面

b. 正常起音会使金鱼跳出水面

图 4.33　体会起音方式的池塘游戏

(启音博士言语矫治仪,Speech Therapy™,Dr. Speech™,上海泰亿格康复医疗科技股份有限公司授权使用)

4. 减少软起音

对于存在软起音问题的患者,首先要帮助其减少软起音,建立正确的起音方式。言语治疗师用实时视听反馈游戏为起音训练提供训练情境、反馈工具和强化奖励,并结合促进治疗法中的甩臂后推法,达到事半功倍的效果。甩臂后推法利用甩臂的同时全身肌力提高同时带动喉部肌群,使声门下压增大,提高了声带的闭合能力,增加了声音的响度,从而有助于减少患者软起音的现象。减少软起音训练可以采用"启音博士言语矫治仪"(Speech Therapy™,Dr. Speech™,上海泰亿格康复医疗科技股份有限公司授权使用)中的"小歇"游戏来完成。

第一步,将甩臂后推动作要领与"小歇"游戏中的青蛙起跳动作结合。甩臂后推时,治疗师指导患者紧握双拳提至胸前,深吸气,然后在用力呼气的同时将手臂突然地向下向后甩至臀部以下,手掌完全张开。患者在"小歇"动画中青蛙下蹲做起跳准备动作时深吸气,然后在青蛙起跳的同时用力呼气,如图 4.34(a 图、b 图)所示。

第二步,在模仿青蛙起跳的同时发音。患者模仿游戏中的动画,在用力起跳的同时完成起音,以提高声带的闭合能力,减少软起音。在"小歇"游戏中,青蛙必须完成三次起跳,才能到达河中心的小床睡觉,即患者需要进行三次正确的起音,游戏才能成功。当患者配合动作说/ɑ/时并没有软起音时,青蛙顺利完成第一跳。后面的两次起跳,治疗师可以根据患儿的情况,进行/ɑ/音的重复动作配合起音的训练,或者选择其他单元音或单、双音节词进行以上训练,如图 4.34(c 图、d 图所示)。

a. 等待起音状态:青蛙等待过河

b. 第一次起音成功,青蛙跳到荷叶上

c. 第二次起音成功,青蛙跳到木桥上

d. 第三次起音成功,青蛙跳到小床上

图 4.34　小蛄游戏(减少软起音,起音 3 次)

(启音博士言语矫治仪,Speech Therapy™,Dr. Speech™,上海泰亿格康复医疗科技股份有限公司授权使用)

第三步,去除模拟动作,建立正确的起音方式。通过以上的训练,患者软起音的问题基本得到解决。治疗师可以从增加起音个数及减少起音时间等两个方面,对患者进行正确起音方式的反复训练,直到患者稳定掌握正确的起音方式为止。

5. 减少硬起音

在患者认识了起音并能区分硬起音与正常起音之后,言语治疗师就可以针对患者的起音异常进行矫治。对于硬起音患者,治疗师首先要帮助患者减少硬起音,建立正确的起音方式。言语治疗师可以采用"启音博士言语矫治仪"(Speech Therapy™,Dr. Speech™,上海泰亿格康复医疗科技股份有限公司授权使用)中的游戏进行减少硬起音的训练,并结合促进治疗法中的气息式发音法,达到事半功倍的效果。气息式发音法利用矫枉过正的原理帮助患者治疗硬起音,即以软起音的发音纠正患者的硬起音。

第一步,发/hɑ/音。在发/h/音期间,声带并没有完全闭合,因此可以防止硬起音发音方式的出现。这时可以采用起音训练初级阶段时的做早操游戏。如图 4.35 所示,只要在言语治疗师设定的时间内以非硬起音的方式起音两次就能获得成功。发/h/音时,画面没有变化(a 图);当第一次发/hɑ/音时,小兔子从蘑菇房子中走了出来(b 图);第二次发/hɑ/音时,小老虎会从树洞里走出来(c 图);为了奖励患者起音正确,计算机会及时给出动画奖励(d 图)。而当患者出现硬起音问题时,患者的起音不能引起画面的变化,画面维持在最初状态(a 图)。

第二步,先发/hɑ/音,然后发/ɑ/音,重复数次。这样,便能听出从/hɑ/音到/ɑ/音的变化。硬起音患者在发/ɑ/时经常会出现硬起音现象,而在发音之前加入/h/音,就能防止硬起音的出现。言语治疗师和患者都能及时地看到这种变化。在患者取得初步成绩以后,言语治疗师应该为患者设计多种不同的游戏,巩固其已有的成绩,减少其游戏成功所需的时间。

a. 发/h/音时,画面没有变化

b. 第一次发/hɑ/音时,小兔子出来了

c. 第二次发/ha/音时,小老虎出来了　　　　　　d. 动画奖励:小动物伴着音乐一起做早操

图 4.35　做早操游戏(减少硬起音,起音 2 次)
(启音博士言语矫治仪,Speech Therapy™,Dr. Speech™,上海泰亿格康复医疗科技股份有限公司授权使用)

第三步,先以/h/开头的词语来获得柔和的起音,然后省略/h/音。例如,/hai/——/ai/。随着患者硬起音现象的减少和游戏成功率的增加,言语治疗师可以选用难度稍高的游戏。例如,在"小歇"游戏中(图 4.34),正确起音的次数必须达到 3 次才能获得游戏的成功。青蛙要睡午觉了,但是小床在湖中央,青蛙必须跳三下才能到小床上去睡午觉(a 图)。当患者说/h/ + "爱"时,青蛙顺利完成第一跳,即从岸上跳到荷叶上(b 图);当患者省略/h/,说"爱"时并没有硬起音时,青蛙完成第二跳,即从荷叶跳到了木桥上(c 图);当患者说"我爱你"时并没有硬起音时,青蛙完成第三跳,即从木桥跳到了小床上(d 图)。作为患者成功完成训练的奖励,青蛙会在音乐声中慢慢入睡,以增加患者的成就感和对训练的兴趣。

6. 提高起音速率

当患者初步建立了正确的起音方式后,就需要通过训练提高起音速率,即单位时间内正常起音的次数。因为有的患者虽建立了正确的起音方式,但由于两次起音之间的时间间隔很长,一口气连续发出的音节变少,说出来的话就显得断断续续,听起来会让人感到非常吃力。因此有必要让患者在初步建立正确的起音方式的时期,进一步体会并在训练中提高起音速率,提高患者起音的熟练程度,增加一口气连续起音的次数。

提高起音速率的前提条件是感知起音速率。对起音速率的感知主要通过游戏的方式来进行,"启音博士言语矫治仪"(Speech Therapy™,Dr. Speech™,上海泰亿格康复医疗科技股份有限公司授权使用)可以提供多种患者喜欢的游戏,如"土豆跑"、"兔子飞"、"一群兔"、"池塘"等,治疗师可根据患者的喜好进行选择。以"土豆跑"为例,如图 4.36 所示,每有一次正常起音,土豆就往前跑一步。起音速率越快,土豆跑动

a. 起音速率快,土豆跑得快　　　　　　　　　b. 起音速率慢,土豆跑得慢

图 4.36　土豆跑游戏(体会起音速率)
(启音博士言语矫治仪,Speech Therapy™,Dr. Speech™,上海泰亿格康复医疗科技股份有限公司授权使用)

的速度也就越快(a图);起音速率越慢,土豆跑动速度也就越慢(b图)。与此类似,在图4.37所示的"一群兔"游戏中,起音速率越快,单位时间内起音的次数就越多,就有越多的小兔子转过身来(b图)。起音速率越慢,单位时间内起音的次数就越少,就只有较少的小兔子转过身来(a图)。

a. 起音速率慢,单位时间内转身的兔子少   b. 起音速率快,单位时间内转身的兔子多

图4.37　一群兔游戏(体会起音速率)

(启音博士言语矫治仪,Speech Therapy™,Dr. Speech™,上海泰亿格康复医疗科技股份有限公司授权使用)

随着患者对起音速率认识的加深,言语治疗师可利用"做早操"、"小歇"、"弹跳"、"企鹅"、"破壳"等游戏对患者进行提高起音速率的训练。"启音博士言语矫治仪"(Speech Therapy™,Dr. Speech™,上海泰亿格康复医疗科技股份有限公司授权使用)中设置的这几个游戏的起音次数逐次增多,对患者的起音速率,即一口气起音的次数的要求依次提高。如"做早操"游戏需要患者在规定的时间内正确起音两次,这样小兔子和小老虎才能从家里走出来。音乐响起,两只小动物共做早操(如图4.35),第一次正确起音,一只小兔子从屋内走出(b图),第二次正确起音,小老虎从屋内走出(c图)。而"小歇"游戏则需要患者在规定的时间内正确起音三次,游戏才能获得成功。

起音速率与句子停顿有着密切的关系,患者如果一口气起音的次数少,就需要不断地停下来吸气,从而也就会造成读句时停顿不恰当的读破句的现象,甚至影响意思的表达。因此,患者一口气起音的数量,对于患者正确读句、正确表达意思有着重要意义。在提高起音速率游戏中,言语治疗师可以在不同的游戏中逐渐增加患者一口气起音的次数,让患者在愉悦轻松的环境中潜移默化地提高自己言语表达的流利程度。例如,在"企鹅"游戏中(图4.38),小企鹅会从冰山上跳下来,只有当患者在规定时间内成功完成八次起音时,小企鹅才会表演一次完美的跳水。而在"破壳"游戏中(图4.39),患者需要在规定时间内完成九次成功的起音,才能使三只小鸡都破壳而出。

a. 正确起音,企鹅跳动   b. 奖励动画

图4.38　企鹅游戏(提高起音速率,起音8次)

(启音博士言语矫治仪,Speech Therapy™,Dr. Speech™,上海泰亿格康复医疗科技股份有限公司授权使用)

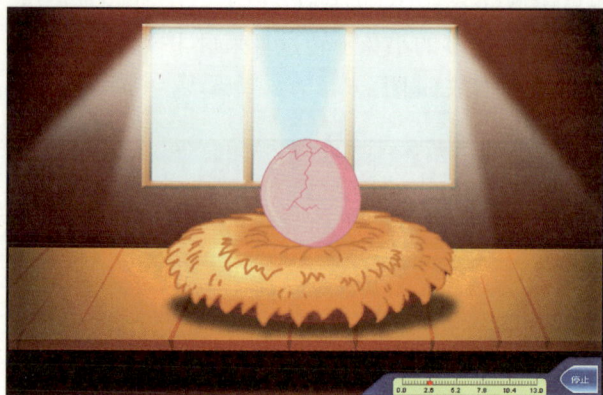

a. 正确起音,小鸡破壳

b. 奖励动画

图 4.39　破壳游戏(提高起音速率,起音 9 次)

(启音博士言语矫治仪,Speech Therapy™,Dr. Speech™,上海泰亿格康复医疗科技股份有限公司授权使用)

　　在提高起音速率的训练中,治疗师可随时根据患者的起音情况对游戏进行一些设置,如随着患者硬起音或软起音的现象逐渐减少,可以将游戏时间设置得短一点。例如,在起音两次即可成功的"做早操"游戏中,将起音时间设置为 6 秒,如果患者不能在 6 秒内以正确起音的方式起音两次,就不能获得成功。还可在起音次数为三次的"小憩"游戏中将时间设定为 9 秒。为了能在规定的时间内完成预定的起音次数,患者必须在游戏中一口气尽可能多地正确起音。

　　在每一个游戏中,言语治疗师应该先给患者较多的时间来尝试用正确方式起音,并使起音次数达到游戏的要求。待患者能以较高的成功率完成游戏以后,言语治疗师再逐渐减少每个游戏中起音的时间,以提高患者的起音速率,例如,采用成功起音次数为四次的"弹跳"游戏(图 4.40)。刚开始玩这个游戏时,言语治疗师可以将起音时间设置为 12 秒。当患者第一次以正确起音的方式说"我"时,土豆先生跳到第一个"弹簧"上(a 图);当患者第二次以正确起音的方式说"爱"时,土豆先生跳到第二个"弹簧"上(b 图);当患者第三次以正确起音的方式说"你"时,土豆先生跳到第三个"弹簧"上(c 图);当患者第四次以正确起音的方式说"我爱你"时,土豆先生跳到第四个"弹簧"上。最后,作为患者成功完成训练的奖励,土豆先生跳起了舞(d 图)。随着起音正确率的逐步提高,应逐渐缩短给患者的起音时间。例如,把"弹跳"游戏的完成时间设置为 10 秒、9 秒……起音训练增加了患者对起音掌控的熟练程度,缩短了两次起音之间的时间间隔,最后使患者一口气正确起音的次数不断增加。

　　起音速率训练的最终目的是提高患者对起音掌控的熟练程度,增加一口气起音的次数,从而使患者能够流畅发音,听起来感到舒服。因此在起音速率训练到一定阶段后,治疗师可适当将"唱音法"或"哼音法"的部分内容加入到训练中。如在患者能一口气正确起音四次之后,言语治疗师可以使用起音次数为五次的"启动"游戏(图 4.41),并且将起音训练游戏与"唱音法"中的短音训练结合起来。首先,言语治疗师需

a. 第一次以正确起音的方式发"我"时

b. 第二次以正确起音的方式发"爱"时

言语治疗学

c. 第三次以正确起音的方式发"你"时

d. 第四次成功起音后的奖励

图 4.40　弹跳游戏(提高起音速率,起音 4 次)

（启音博士言语矫治仪,Speech Therapy™,Dr. Speech™,上海泰亿格康复医疗科技股份有限公司授权使用）

要确保患者能够以正确的起音方式发出/a/、/ba/、/pa/、/da/、/ta/,然后才能对其进行训练。当患者能一口气连续五次正确地发这些音时,五个交通信号灯将依次变绿(a 图),最后小老鼠可以开车穿过马路(b 图)。与此类似,当患者能一口气连续五次正确地发这些音后,治疗师可以加大难度,将/a/、/ba/、/pa/、/da/、/ta/等音依次换成五个啭音/a—/。

a. 五次起音正确,五个交通灯依次变绿

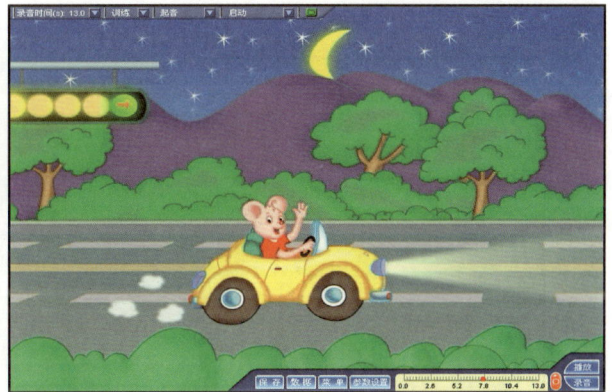

b. 作为奖励,小老鼠可以开车穿过马路

图 4.41　启动游戏(提高起音速率,起音 5 次)

（启音博士言语矫治仪,Speech Therapy™,Dr. Speech™,上海泰亿格康复医疗科技股份有限公司授权使用）

言语治疗师还可以采用"启音博士言语矫治仪"(Speech Therapy™,Dr. Speech™,上海泰亿格康复医疗科技股份有限公司授权使用)中起音游戏的丰富场景和实时反馈来帮助患者做"唱音法"中的长短音训练,促进患者相关呼吸肌群与发声肌群运动之间的协调,例如,采用"圣诞节"游戏来练习"先长后短"的发音(图 4.42)。在这个游戏中,患者依次发/a—/、/a—/、/a—/、/a/、/a/、/a/,需要起音六次才能成功。当患者第一次发长音/a—/时,从天花板上掉下了圣诞节大礼包(a 图);第二次发长音/a—/时,大礼包的盖子打开了(b 图);第三次发长音/a—/时,大礼包里出现热狗(c 图)。第一次发短音/a/时,从大礼包里跳出了冰淇淋(d 图);第二次发短音/a/时,从大礼包里跳出了正方形的黄油(e 图);第三次发短音/a/时,从大礼包里跳出了土豆(f 图)。这时,患者就完成了六次正确的起音,获得了游戏的奖励。

患者可在"晚餐"游戏中练习先短后长的发音(图 4.43)。患者依次发/a/、/a/、/a/、/a—/、/a—/、/a—/、/a—/,需要起音 7 次才能成功。在这个过程中,患者每正确起音一次,猪妈妈就在桌上变出一道菜来。

a. 第一次发/ɑ——/时,圣诞大礼包掉下来

b. 第二次发/ɑ——/时,大礼包的盖子打开

c. 第三次发/ɑ——/时,蹦出热狗

d. 第一次发/ɑ/时,跳出了冰淇淋

e. 第二次发/ɑ/时,跳出了黄油

f. 第三次发/ɑ/时,跳出了土豆

图 4.42　圣诞节游戏(呼吸和起音训练相结合)
(启音博士言语矫治仪,Speech Therapy™,Dr. Speech™,上海泰亿格康复医疗科技股份有限公司授权使用)

a. 起音之前

b. 每正确起音一次,出现一道菜

图 4.43　晚餐游戏(呼吸和起音训练相结合)
(启音博士言语矫治仪,Speech Therapy™,Dr. Speech™,上海泰亿格康复医疗科技股份有限公司授权使用)

起音速率本身就是一个监控患者呼吸与发声协调状况的重要参数。起音速率反映的是患者起音的熟练程度,它影响着患者一口气起音的次数。起音速率低,提示患者可能存在呼吸与发声不协调,表现为患者说话断断续续,听感上让人很不舒服,并且听者理解也费力。从声学角度而言,提高起音速率的前提是患者的起音方式正确,既不是硬起音也不是软起音,即首先要求声门开放时间与关闭时间的比值在正常的范围之内;从病理的角度讲,患者的起音速率偏低,说明患者两次声门开放与关闭的时间过长,患者的MPT 可能偏离了正常值范围,MCA 亦会出现问题。

【案例】

[患者信息]

杰杰,男,5 周岁,自闭症患儿,能连续发音 3 秒,连续发 2 个短音,不能连续发长短交替的无意义音节,MCA 为 2.4 s,存在呼吸与发声的不协调。

[周方案]

训练时间	训练目标	主　要　内　容
周一		呼吸放松训练。
周二		让患者深吸气连续地发长音、短音,或者交替发长音和短音,增加呼吸支持能力,促进呼吸与发声的协调。唱音法(S1,S2)
周三	MCA 达 4 s	运用啭音法,进行慢速、快速啭音训练,注意深吸气,以音调、响度连贯的起伏变化发啭音,以促进呼吸与发声的协调。啭音法(S1,S2)
周四		运用啭音法,进行快慢交替啭音训练。教患者时快时慢地发啭音,快慢变化时过渡自然,提高呼吸和发声的协调能力。啭音法(S1,S2)
周五		综合训练,巩固唱音法、啭音法,促进呼吸与发声的协调。

[康复目标]

以周三为例,日康复目标为:

MCA 能达到 3 s。

[康复准备]

启音博士言语测量仪;

启音博士言语矫治仪;

纸条、AAC 沟通辅具。

[康复前评估]

客观测量:MPT 为 2.6 s。

[康复过程]

一、唱音训练

1. 长音训练:深吸一口气,发"ɑ——"。

2. 短音训练:深吸一口气,发"ɑ—ɑ—ɑ"。

目的:提高其言语时灵活控制气流的能力,从而轻松地发音。

二、利用 AAC 沟通辅具学习啭音法的动作要领

1. 深吸气,音调响度连贯地发 1 个/u/的啭音;

2. 深吸气,音调响度连贯地发 2 个/u/的啭音;

3. 深吸气,音调响度连贯地发 3 个/u/的啭音。

(先学习慢速啭音法,再学习快速啭音法。)

目的:对啭音法动作进行分解学习,啭音个数由少到多,这样可以降低学习难度,逐步提高患者呼吸与发声协调的能力,逐步提高其言语时对声带的控制能力。

三、啭音训练

1. 利用启音博士言语测量仪进行啭音训练；

2. 利用启音博士言语矫治仪中"小火车"的游戏,对患者进行快速啭音、慢速啭音、快慢交替地发啭音/u/训练。

[康复后评估]

客观测量：MCA 为 3.1 s。

康复后评估结果显示,患者最大数数能力增加到 3.1 秒,达到康复目标。这说明训练过程有效。

第五章 影响言语产生的呼吸性疾病

【本章目标】

阅读完本章之后,你将:

1. 掌握临床上治疗言语呼吸障碍的一些基本原则;
2. 了解帕金森氏症的呼吸功能问题;
3. 能够描述小脑病变和颈脊髓损伤引起的肺容积和肺容量上的差异;
4. 能够解释脑瘫患者呼吸功能的参数;
5. 掌握机械通气性患者的言语呼吸是如何受影响的;
6. 掌握嗓音疾病和听力障碍中呼吸功能的作用。

解剖结构或神经上存在的障碍都有可能影响到呼吸系统、系统结构或者系统中任一部分的功能甚至全部功能。如果一个人的呼吸系统有障碍,那么不仅影响到生理呼吸,言语呼吸也会更加吃力。造成这些问题的原因可能是呼吸肌本身的障碍、支配呼吸肌的神经方面的障碍,也有可能是由于身体衰弱而使得人体不能采取恰当的坐姿或站姿,影响了言语所需的呼吸。体位的问题在神经性疾病中表现得尤其明显,例如帕金森氏症、小脑病变、颈脊髓损伤和脑瘫。机械性通气患者(即需要人工支持呼吸的患者),嗓音疾病患者和听力障碍患者的言语呼吸也会受到影响。正常的呼吸参数见表 5.1,某些疾病导致的异常参数见表 5.2。

表 5.1 生理与言语呼吸时呼吸参数的参考标准

	平静呼吸(正常)	言语呼吸(正常)
呼吸量	潮气量:500 ml	补吸气量:1500—2500 ml 补呼气量:1500—2000 ml
呼吸途径	主要经鼻	主要经口
每分钟呼吸次数	12—15	8—10
吸气与呼气时间比	2∶3	1∶9
呼吸控制	非随意性	随意性

临床治疗言语呼吸障碍的两个基本原则是:

第一个原则,言语所需的气流量并不比静息时正常的呼吸活动所需的气流量多很多,大约是 20% 的 VC。然而,这些气流量必须有效地用于言语。一些临床的研究者指出,如果一位患者能产生一个持续 5 秒或者更长时间的、稳定的 5 cmH$_2$O 的声门下压(Ps),则其呼吸系统就足以支持言语活动。虽然一些具有神经肌肉性呼吸障碍的患者能够进行一些静息的工作,但是言语呼吸所需的更动态、更复杂的呼吸活动,他们可能是无法协调的。因此,在临床上,同时测量病人的静态和动态的呼吸技能是十分关键的。

第二个原则,治疗应针对相应的呼吸障碍。肌张力过高(too much muscular tone)的患者可能需要一些能帮助他们放松肌肉的治疗。用背带或腰带支撑腹腔可能对有姿势问题的患者有帮助。小脑有障碍的患者常常需要一些能提高其平衡性和方位感的治疗。肌张力过低(too little muscular tone)的患者则需要通过锻炼来增加吸气和呼气所需的肌肉力量。

表 5.2　疾病导致的异常参数

疾　　病	呼　吸　参　数
帕金森氏症	胸腔壁形状改变,肋骨运动幅度减小,腹腔运动增加 VC 减少 P_{oral} 减少
小脑病变	VC 减少 胸壁活动骤变 言语活动开始时的肺容积小于正常水平
颈脊髓损伤	VC,IRV 和 ERV 减少 言语呼气开始和结束时的肺容积大于正常水平 腹腔容积大于正常水平 每次呼吸所发出的音节量低于正常水平
脑　瘫	VC 减少 难以达到 IRV 和 ERV 水平 胸壁无力,畸形 言语过程中气流异常地高
机械性通气	P_{trach} 高于正常水平 TV 过高
嗓音障碍	锁骨式呼吸 P_{trach} 高于正常水平 言语活动开始时肺容积高,结束时低
听力障碍	胸式呼吸 言语呼气时的肺容积低于正常水平 发每个音时的气体耗损量过多

第一节　帕金森氏症

帕金森氏症(PD)是一种渐进性的神经性疾病,其特征为肌肉僵硬,限制了受累结构的活动范围。如果言语产生所涉及的呼吸结构或其他结构受累的话,那么言语也会受到影响。事实上,典型的帕金森氏症通常伴有音调单一、构音歪曲、气息声以及音量变弱。PD 患者的声音强度太弱、太低是很典型的,而声音强度又是言语交流的重要因素,太弱太低会降低言语的清晰度(clarity)和可懂度(intelligence)。音量弱产生的部分原因是呼吸支持的降低。研究发现:言语呼气时,PD 患者的胸壁形状与正常人不同,正常情况下人体在直立姿势时做胸廓运动比腹部运动容易,且高于静息状态下呼气时的水平。因此,当膈肌收缩的时候,胸廓的运动幅度大于腹腔的。而 PD 患者由于胸壁肌肉僵硬,导致其胸廓运动幅度减少并代之以加强腹腔运动。因胸廓运动受限,患者可能表现出肺活量的减小。然而,尽管胸壁形状不同,部分 PD 患者还是能够产生足量的言语 P_{trach} 的。如果患者不能产生足够的压力,那么他是不能形成正常强度的言语声的。

尽管 PD 患者能够产生足量的言语 P_{trach},但是在一般情况下,他们还是不能形成与正常人的水平相当的 P_{oral}。这表明 PD 患者可能在呼吸经过喉部、腭咽部和唇部时损失了压力。有些 PD 患者似乎能够产生足够的呼吸来驱动言语,但他们在通过构音器官控制气流方面可能存在困难。另外,有些 PD 患者的 P_{oral} 水平低于正常人,造成其言语清晰度低,这可能是因为有些声音,例如塞音、摩擦音需要在唇部聚积足够的压力,而 PD 患者聚积的压力不足。

就 PD 患者而言,呼吸系统是重要的言语亚系统之一,所以一些用来提高呼吸功能的策略通常被纳入治疗计划。这些策略应该以患者的呼吸生理为基础。首先,患者的胸壁僵硬,所以教患者用一些短语说话可能会比试着提高他们的肺容积更有效;其次,患者的主要问题是声音响度下降,所以治疗计划中通常应包括声音响度的提高,而主要是提高 P_{trach} 和声带闭合的力度。治疗策略包括:(1)通过训练其尽可能多且尽可能用力地吸气和呼气来提高呼吸力度;(2)尽可能长地发稳定的/s/和/f/;(3)经常进行深呼吸训练;(4)在呼气刚发生且没有消耗性呼吸的情况下开始讲话;(5)尽可能长地持续发元音。

第二节　小　脑　病　变

我们同样需要研究小脑病变(cerebellar disease,CD)患者的呼吸功能。小脑在协调自主运动方面是很重要的,因为它能调节运动的速度、方向、力量等。如果小脑由于疾病或外伤的原因而受损的话,那么其协调性将受损,运动将变得抽搐(jerky)、不协调,人看起来就像喝醉了(intoxicated),具有不稳、蹒跚的步态,如果导致言语系统受累,那么患者的嗓音音调和响度可能有不确定的波动,也会丧失较好的调节音调和响度的能力,而这种能力在语调和语速方面却起着重要的作用。发音时响度变化过强或者无变化,同时言语变得缓慢,这就使得言语声几乎就像机器人的一样,这种声音称为断续言语(scanning speech)。造成这些问题的原因可能是一种潜在的呼吸疾病,因为呼吸系统提供了言语产生的能量,且参与了响度、音调和响度变化的调节。意识到这一点很重要,这样我们就可以把治疗的重点放在潜在的言语呼吸问题上了。小脑病变的呼吸参数如表5.3所示。

表 5.3　小脑病变的呼吸参数

	小脑病变(CD)	正 常 范 围	
言语时的肺容量(LC): 补吸气量(IRV) 潮气量(TV) 补呼气量(ERV) 余气量(RV)	低于正常水平的53%	1500—2500 ml 500 ml 1500—2000 ml 1000—1500 ml	1. TLC 不变 2. 言语开始时的肺容积低于正常水平,仅仅超过静息状态下呼气末相的水平
言语时的肺活量(VC):	低于正常水平	3500—5000 ml	
最长声时(MPT)	低于正常水平的78%		
最大数数能力(MCA)	低于正常水平的86%		

研究表明:一些小脑病变患者的肺总容量(TLC)在正常水平之内,但其肺活量(VC)低于正常水平。肺活量的减少可能是由于胸壁成分的协调运动受损所造成的,如胸廓和腹部运动突然转变或痉挛。有些患者在言语呼气时甚至伴有一种吸气式喘气(inspiratory gasps)。这种喘气模式似乎是由于暂时不能控制言语气流外流所造成的。

一般情况下,正常者开始说话时呼气水平两倍于静息状态下呼气末相(end-expiratory)的水平,而结束说话时的水平大约等于或超过余气量(RV)。小脑病变的代表性异常就是开始说话时的肺容量水平:小脑病变患者开始说话时的肺容积低于正常水平,而大多数患者仅仅超过静息状态下呼气末相的水平。

详细了解小脑病变患者的呼吸模式具有重要的临床应用意义。例如,可以告诉存在这些呼吸模式的患者,在一个更高的肺容量水平上开始说话是非常重要的。

第三节　颈　脊　髓　损　伤

颈脊髓损伤者(cervical spinal cord injury,CSCI)通常有呼吸障碍。如果损伤了为呼吸肌传导神经冲动的那部分脊髓,将会导致其无力或者是瘫痪。如果膈肌受累,那么患者可能就根本不能呼吸,而需要机械性通气;如果膈肌没有受累,患者能够自主呼吸,但是如果他不能产生足够的压力和气流,其言语也可能会受到影响。这可能导致响度减弱,辅音构音不准确(因为在形成塞音和擦音所需的 P_{oral} 方面有障碍),呼吸异常短促,吸气缓慢。颈脊髓损伤的呼吸参数如表5.4所示。

表5.4　颈脊髓损伤的呼吸参数

	颈脊髓损伤	正 常 范 围	
言语时的肺容量(LC): 补吸气量(IRV) 潮气量(TV) 补呼气量(ERV) 余气量(RV)	低于正常水平 正常 低于正常水平	1500—2500 ml 500 ml 1500—2000 ml 1000—1500 ml	1. 言语呼气开始和结束相的肺容积大于正常水平 2. 每次呼吸所发出的音节低于正常水平
言语时的肺活量(VC):	低于正常水平	3500—5000 ml	
最长声时(MPT)	低于正常水平的31%		
最大数数能力(MCA)	低于正常水平的38%		

研究表明:CSCI 患者的肺活量(VC),补吸气量(IRV)和补呼气量(ERV)比正常人的要小得多。但是他们在静息状态下的潮气量(TV)和呼吸频率可能是正常的。大部分 CSCI 患者言语呼气开始相和结束相的肺容积大于正常人的水平。言语呼吸时,正常人的腹腔容量较小,而患者的腹腔容量较大。大多数颈脊髓损伤患者每次呼吸所发出的音节比正常人的少,但每个音节的平均气流量介于 35 至 80 ml 之间,这与正常人相似。显然,这些患者必须通过呼吸更多的空气来弥补他们肌肉上的缺陷,这相应地增加了回复力,所以他们不必依靠呼气肌来完成言语过程。这种补偿措施导致的不良后果是每次呼吸所发出的音节数减少了。尽管这是一个小缺点,但这种补偿措施在临床上还是很有用的。我们可以通过指导 CSCI 患者吸入更大容量的空气来以提高其响度,使其发音更好。

这里举一个案例来说明临床治疗 CSCI 言语呼吸障碍的重要性。一个未满四岁的 CSCI 儿童,早期评估时,他每次呼吸仅能发出两个音节。治疗的重点放在胸壁的发育上,如身体姿势、肌肉力量和协调性训练。两个月后,他每次呼吸就能够发出 8 个音节,而且能够整句表达。

第四节 脑 瘫

许多脑瘫(cerebral palsy,CP)儿童和成人都面临着呼吸功能的问题,而这又或多或少地影响了言语的产生。不同的 CP 患者,其呼吸功能的受累方式也不同:痉挛型脑瘫(spastic CP)的主要特征是,受累肌肉的张力亢进且无力。如果胸壁肌(chest wall muscles)、肋间肌(intercostal muscles)受累,则患者的吸气变浅,呼气被动且不受控制。手足徐动型脑瘫(athetoid CP)的主要特征是,不自主运动的存在影响了正常的自主运动。共济失调型脑瘫(ataxic CP)患者缺乏协调性,从而导致静息状态下的呼吸频率不规则。这种情况更容易导致不规则和不受控呼吸的形成,使得在吸气和/或呼气的过程中会不自主地突然吸入空气。这些突然的运动可能是由于胸壁运动的异常节奏和深度不规则。

脑瘫的呼吸参数如表5.5所示。脑瘫(CP)的儿童和成人,其呼吸功能的所有参数都可能受到影响(压力,气流,容积和胸壁形状),其压力和气流可能低于正常人的水平。CP 儿童的肺活量小于正常的水平,而且由于这些 CP 儿童的肌肉无力,他们很难通过其呼吸肌来达到补呼气量 ERV,因为这些空气的使用需其呼气肌的激活。同样,这些 CP 儿童通常很难超过肺活量(TV)达到补吸气量(IRV)水平,因为他们使用吸气肌有困难。因此,这些 CP 儿童也不能像健康儿童一样自主地吸气和呼气。肌无力的另一个副作用是:这些 CP 儿童必须将他们本已减小的肺活量中的大部分用于言语。另外,CP 儿童在声道的任一位置都不能有效地调节气流进出,包括喉腭咽部或其他的构音部位。这样就浪费了空气,所以他们在言语过程中的气流都异常地高。

表5.5 脑瘫的呼吸参数

	脑瘫(CP)	正 常 范 围	
言语时的肺容量(LC): 补吸气量(IRV) 潮气量(TV) 补呼气量(ERV) 余气量(RV)	低于正常水平 低于正常水平	1500—2500 ml 500 ml 1500—2000 ml 1000—1500 ml	1. 言语时气流过高 2. 呼吸肌无力导致补吸气量和补呼气量低下
言语时的肺活量(VC):	低于正常水平	3500—5000 ml	
最长声时(MPT)	低于正常水平的53%		
最大数数能力(MCA)	低于正常水平的64%		

在治疗 CP 儿童时,胸壁的形状是一个极其重要的变量。言语过程中,最有效的胸壁姿势是腹腔比放松状态时的小,胸廓比放松状态时的大。CP 儿童普遍都有胸壁的畸形。这可能是由肌肉张力亢进和/或肌无力所造成的,也可能是因为姿势问题。例如,强直型脑瘫的儿童完成弯曲动作要花费大量的时间。这使得呼吸随着发育的进行而变得越来越糟糕,同时伴随着音调和响度的下降。当这些儿童试图补偿其音调异常时,就可能导致言语呼吸更加困难。另外,共济失调型脑瘫的儿童随着成长,其姿势会变得更平稳,那么其言语可能也会变得更易理解。

增强胸壁肌肉的力量可能会促进儿童产生更大的 P_{trach} 以及相应的更加响亮的嗓音。呼吸肌力的增强也可有助于提高肺活量(VC),增加呼吸的持久性。那么儿童每次呼吸所发出的音节也将更多,并且能够进行持续时间更长的交谈。肌肉张力低的儿童可以通过戴上一张面具来进行增加呼吸的训练。戴上面具为气体的呼出设置了障碍。治疗总共为 6 周的时间,每周 5 天,每天有 15 分钟戴上这张面具。尽管训练过程并没有直接针对言语本身,但是儿童的 P_{trach} 还是有提高的,正常言语和大声言语时的声音响度都有提高,这表明训练过程对于潜在的呼吸困难还是有效的。

呼吸训练的一个主要目的是提高言语呼吸的协调性。我们可以指导儿童在说话时快速地深吸气,然后慢慢地有控制地呼气。这种训练方式称作"快入慢出法"。深呼吸可以提高肺容积和可利用的言语压力。要控制呼气,儿童必须使用吸气肌来抵消高容积状态下的被动回复力。同时,我们也应该进行吸气训练、呼气训练以及两者之间的自主性转换运动。

在呼吸功能的治疗中,增加身体姿势的支持力是很有用的。当 CP 儿童形成一个自主调节坐姿系统的时候,改善体位将改变身体定位,其 VC 将增加,呼气时间将更长。

另一种改善体位、提高言语呼吸能力的重要方法就是束腹(abdominal trussing)。紧身衣(corsets)、背带(braces)、毯子(wraps)和腰带(belts)可以用来推动腹部内移,使得膈肌上移,胸廓上抬。这样会使得呼气更有效,肺容积、吸气和呼气压力、最大气流量以及最长声时都会增加。这样做的另一个优点是,由于束腹的缘故,个体说话时间延长了,因而他们能够在更符合语言学的说话的地方停顿,从而提高言语的流畅性。

这里介绍一个学前儿童呼吸功能的个案。X 是个早产儿,患有强直型脑瘫和呼吸障碍。当她得不到支持时,在低于静息水平(REL)的状态下发音,声音听起来很紧张,伴有呼吸音。而当她能得到适当的支持,她开始说话时的肺容积较高,说话结束时达到或高于静息(REL)水平,这一点与健康儿童很相似。因此,恰当的支持可以使得言语呼吸能力达到最大限度。该患儿言语呼吸能力极弱,平时只能说一个字来表达语义。治疗师根据《呼吸障碍的促进治疗》对儿童进行康复训练,增强儿童对言语腹式呼吸方式的感知,再进行肺活量训练、逐字增加句长训练和停顿换气训练。经过 8 个月的言语呼吸矫治,该儿童的言语呼吸方式转变为正确的腹式呼吸,言语呼吸能力有了显著的提高,且能一口气表达六字句或七字句。言语呼吸训练是言语矫治的一个关键步骤,也是最基础的步骤。但在临床工作中其重要性往往被忽视,从而影响言语矫治的效果。当脑瘫患儿的言语呼吸能力得到提高,那么其言语表达也会更为轻松自然。

第五节　机械性通气

因为不同疾病，诸如 CP，颈脊髓损伤，哮喘，肺气肿，头部或颈部癌症等，患者需要机械性人工呼吸器来维持呼吸。在治疗这些患者的时候，明确言语过程中的呼吸方式是很重要的，患者要连接一个通气管，称为插管（cannula），插管正好与患者颈部通向气管的一个小孔（洞）紧紧相连。这种通气装置有一个吸气相，此时空气被泵入人体的呼吸系统。在这个阶段，由于气管内的空气密度的增加，P_{trach} 也增加了。胸腔和肺部回复的时候发生呼气，促使被泵入的空气排出系统。呼气过程中的 P_{trach} 减少。有些情况下，如果患者的通气功能调节得当，那么就没有空气流向上气道，而是直接地、完全进入到气管。然而，有些患者能通过使用通气装置中的气体而说话。这种情况下，被压入气管的小部分气体是可以向上流动，经过喉部和声道进行言语活动的。

尽管有些机械通气的患者能够说话，但这样做通常是很困难。主要存在三个问题：第一，患者可能无法控制通气循环的时间；第二，通气装置所产生的气管压力异常地高，而且变化很快；第三，患者需要平衡言语产生时的气体力学要求和体内气体交换的需要。

研究发现：正常言语和依靠机械通气的言语，其言语呼吸行为是不同的。例如，Hoit（1994）称，大多数依靠机械通气的患者，其潮气量可达到正常人的三倍。正常的潮气量（TV）大约在 500 ml，而这些患者的潮气量达到 700—1470 ml。Marvin（1994）指出，机械通气的潮气量接近于亚急性护理（subacute care）的机械通气患者的正常值。Hoit（1994）也发现了 P_{trach} 的差异。依靠机械通气的患者的 P_{trach} 介于 14—26 cmH_2O 之间，而健康人所需的言语 P_{trach} 大约在 5—10 cmH_2O 之间。另一差异是，与呼气时产生的言语相比，依靠机械通气的患者在吸气过程中，当 P_{trach} 上升的时候讲话，在呼气过程中，当 P_{trach} 下降的时候停止讲话。这些患者通常是在吸气开始后的 0.3—0.7 秒开始说话，吸气停止后的 0.7—1.1 秒停止说话。Hoit（1990）发现，患者停止说话的时间受到语言学结构的影响。然而，有时这些患者在 P_{trach} 低于 2 cmH_2O 左右时就停止说话了。大体上来说，患者并没有充分利用所有可用的说话时间，平均说话时间大约是其潜能的 59%—81%。因此，患者的每呼吸音节量小于正常。

根据这些研究，专家们建议采用渐进的方法，使得言语持续时间达到最大，这要鼓励患者尽可能持续说话，直到进入循环的呼气部分，声音开始衰弱且 P_{trach} 降低为止。然而，尽管这种方法能增加说话时间，但也可能导致说话过程中的停顿时间不合乎语言学习惯。Hoit（1990）指出这些停顿可能是有益的，因为它提示听者说话人打算继续说话。

具有某些障碍的患者，如颈脊髓损伤者，他们需要机械通气，是安装语声阀（speaking valve）的最佳人选，如 Passy-Muir 阀，效果通常不错。这是一个安装在患者颈部气孔的单向阀。当患者想要说话时，该阀依靠气管产生的正压力可以关闭。因此气流就不能离开气管，而是由喉部呼出。这样患者就可以用喉部来发音了。

第六节　嗓音疾病

在治疗各种嗓音疾病的过程中，呼吸参数是一个关注的焦点。Huang（2007）指出：通过呼吸训练可以减少胸腔、颈部、喉部和声道的紧张程度。涉及言语产生的三个系统（呼吸、发声、共鸣）必须是密切配合、协调工作的，一个系统的紧张状态将会相当程度地影响到其他的系统。缓解呼吸肌的紧张可以保证从吸气到呼气的过程都有持续的气流，从而可以帮助缓解喉部紧张。

嗓音治疗应该采用一种整体的治疗方法，将呼吸和发声相结合。嗓音治疗的常用方法都是以调整气压和气流为基础的。例如，我们常用甩臂后推技术（pushing technique）帮助声带麻痹患者更加强有力地关闭声带，从而防止过多的空气通过喉部而被浪费掉。另一方面，我们还用哈气—叹息技术（yawn-sigh technique)帮助那些嗓音功能过度且声带关闭过紧的患者产生一种更舒适的气流。还有一些方法是用来消除锁骨式呼吸(clavicular breathing)的,用锁骨式呼吸的人吸气时肩膀会抬起,从而造成颈部和喉部的紧张。声带小结的呼吸参数如表5.6所示。

表5.6 声带小结的呼吸参数

	声 带 小 结	正 常 范 围	
言语时的肺容量(LC): 补吸气量(IRV) 潮气量(TV) 补呼气量(ERV) 余气量(RV)	低于正常水平	1500—2500 ml 500 ml 1500—2000 ml 1000—1500 ml	1. 静息状态的呼吸浅 2. 言语开始时的肺容积高于正常水平,结束时低于正常水平
言语时的肺活量(VC):		3500—5000 ml	
最长声时(MPT)	低于正常水平的20%		
最大数数能力(MCA)	低于正常水平的24%		

嗓音功能亢进常常伴有较高的P_{trach},这将导致静息状态的呼吸浅(shallow breathing)、呼气与发声的协调性差、锁骨式呼吸模式以及潮气量呼吸时的吸气和呼气的循环被打乱。整体上意味着呼吸将更加吃力。Huang(2007)指出:相当一部分功能亢进的嗓音疾病患者在发声过程中有呼吸缺失和呼吸疲劳的问题。Huang等还发现有声带小结的儿童在言语开始时的肺容积较高,结束时较低,说明其使用的气流量比正常儿童的多。因为小结会妨碍声带正常关闭,使得气流泄漏,所以这可能是对小结的一种补偿方式。因此,患者在言语过程中就需要更大的肺容量以保持足够的压力。临床上,患者在较高的肺容量水平上进行言语活动会更加有效,他在言语活动结束时的肺容量水平也会高于静息水平(REL),这样将能缓解呼吸肌和喉部肌肉的紧张。

这里介绍一个儿童呼吸功能的个案。X是个9岁男孩,被确诊为嗓音滥用导致的声带小结。平时男孩说话喜欢喊叫,用力太大,导致小结阻碍了声带的闭合。为了能让别人听清,他不自主地提高了声音的强度,从而形成了硬起音的发音方式。治疗师根据《言语矫治手册:呼吸障碍的促进治疗》对患儿进行一周两次的言语治疗,首先采用自我提醒和家长监督的方法,逐步减少这种不良的用嗓习惯,然后以"咀嚼法"为重点,并配合"减少硬起音"等方法进行训练。同时服用黄氏响声丸等进行辅助治疗。经过6个月的治疗,男孩的声带小结缩小至"声带边缘稍微增厚",声门下压下降,嘶哑声和气息声有所减轻,声带闭合较以前紧密,声音质量有所提高。一年后,其声带基本恢复正常。

再介绍一个成人的呼吸功能个案。X是个47岁的中年男子,发声疲劳近两年,工作一天后,经常出现失声的症状。该患者就诊前连续两周失声症状加重,并伴有左颈微疼。检查发现双侧声带呈慢性充血。在嗓音评估时发现,该患者说话时用硬起音、发音困难。治疗师根据《言语矫治手册:呼吸障碍的促进治疗》对患者进行言语康复,在让患者禁声一天之后,采用"哈欠—叹息法"和"减少硬起音"等治疗方法,使患者音质随即有所改善。一周两次的治疗持续了22周,治疗前的症状均得到缓解,患者的音质有较明显的好转。呼吸训练减少了嗓音疾病患者喉部和声道的紧张程度,缓解了其硬起音的现象,使其能够轻松、自然地发声。

第七节 听 力 障 碍

听力障碍患者在言语呼吸控制上常有困难。他们的呼吸系统似乎没有异常,但是在协调发声和构音气流时出现了障碍。这些患者在言语呼气开始时的肺容积低于正常水平,通常还要耗费过多的气体。例如,许多患者发一个音节需要耗费180 ml的气体,而在结束发音时需要耗费500 ml的气体,并低于FRC。

如果患者吸入的空气太少，其可使用的气流在呼吸活动时将处于非常低的位置。发声时的气息音，导致气流的浪费。这样，就需要更加频繁地停下来呼吸，而且常常是在不符合句法的地方停下来。听力障碍的呼吸参数如表 5.7 所示。

表5.7　听力障碍的呼吸参数

	听　力　障　碍	正　常　范　围	
言语时的肺容量(LC)： 补吸气量(IRV) 潮气量(TV) 　补呼气量(ERV) 余气量(RV)	低于正常水平 低于正常水平	1500—2500 ml 500 ml 1500—2000 ml 1000—1500 ml	1. 言语开始时的肺容积低于正常水平 2. 呼吸短促，停顿 3. 气体耗费 180 ml/音节
言语时的肺活量(VC)：	低于正常水平	3500—5000 ml	
最长声时(MPT)	低于正常水平的 31%		
最大数数能力(MCA)	低于正常水平的 38%		

诸如人工耳蜗植入术等现代听力技术不断进步，可以帮助我们提高儿童和成人的听觉敏感度。一旦听觉敏感度提高了，呼吸系统与其他言语系统的协调性也将得到提高。例如，我们对一些儿童在人工耳蜗植入前、后的言语呼吸进行了测量。一旦患者收到植入器的听觉传入，那么他们在任何情形下都会以一种更加正常的方式来调整言语呼吸，包括调整平均气流、每音节消耗的空气量以及言语结束时的肺容积水平。

这里介绍一个聋儿呼吸功能的个案。X 是个 3 岁女孩，听力损失为左耳 90 dB、右耳 80 dB。呼吸方式为胸式呼吸，呼吸速度不均，比较急促短浅。吸入的气体少于腹式呼吸时吸入的气体量，通常不能提供给其持续有力的言语呼吸支持，其最长声时和最大数数能力显著小于同年龄段的儿童。治疗师根据《言语矫治手册：呼吸障碍的促进治疗》对其进行言语腹式呼吸训练。通过一年的言语呼吸训练之后，其最长声时和最大数数能力不仅与自身相比有极显著的提高，甚至还高于同龄健听儿童。听力障碍导致言语呼吸能力明显滞后(长期用声不当或不用声)，即造成了呼吸与发声活动不能有效地协调，而言语腹式呼吸训练明显改善了聋儿的言语呼吸功能，为发音提供持久的动力支持。

第六章 喉 与 声 带

喉是发声系统的主要组成部分。这个小小的器官通过一种极其复杂的过程将呼吸系统提供的空气动能转变成共鸣和构音系统所需的声学能量。该过程主要涉及声门下压,气流速率,以及喉部声带的肌弹性等特征参数。为了能更好地理解从空气动能到声学能量的转变过程,我们有必要掌握喉与声带的解剖结构以及生理功能。

喉就像一只阀门,上通咽腔,下接气管。喉的主要生理功能包括:(1) 避免异物进入气管;(2) 增加胸腹腔压力,产生一些常见的生理现象,例如咳嗽、打喷嚏和呕吐;(3) 喉连结在气管的上端,是空气进出下呼吸道的枢纽;(4) 声门紧闭,使胸腔内压力剧增,胸部力量增大,有助于提起重物。喉的发声功能主要有:(1) 为共鸣系统提供必需的声学能量;(2) 气流形成的声门下压作用于声带,使两侧声带边缘在靠近到一定程度时产生振动,发出浊音;(3) 开启声带,发出清音。

第一节 喉 的 骨 架

喉位于舌骨之下,胸骨之上。喉由软骨、肌肉和韧带相互连接而成。整个喉腔通过韧带和肌肉附着在气管之上,软骨由肌肉收缩产生运动。喉的骨架是由一块骨和九块软骨组织组成的,如图 6.1 所示。其中有不成对软骨三块,成对软骨三块。不成对的软骨有环状软骨、甲状软骨和会厌软骨;成对的软骨包括杓状软骨、小角软骨和楔状软骨。

一、 喉软骨及其连结组织

喉的软骨支架悬挂在舌骨下方,如图 6.2 所示。舌骨(hyoid bone)位于甲状软骨的上方以及会厌软骨的前上方,是一块小的 U 形骨。它是舌肌的附着处,同时也支撑着喉腔,喉腔借助于一块膜性结构(甲状舌骨膜)悬挂在其下方。舌骨的解剖结构包括前方的舌骨体以及舌骨大角,从而构成了 U 字形的长边。每个舌骨大角向上略微延伸处是一个小的突起(舌骨小角)。舌骨还是喉外肌群和韧带的附着点。上述所提及的软骨

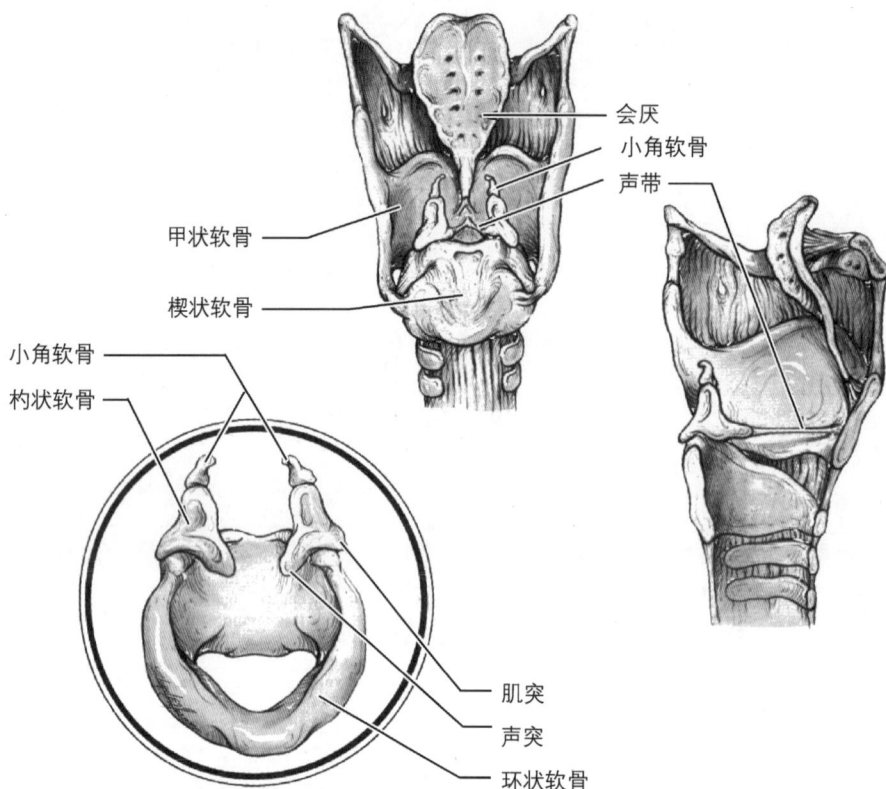

图 6.1　喉的全面观

通过关节、韧带和膜性结构与其他软骨相联结。通过肌群的收缩牵引作用,软骨之间进行着协调的运动。

　　舌骨的下方是甲状软骨(thyroid cartilage),即最大的一块喉软骨。其由左、右两个方形的软骨板组

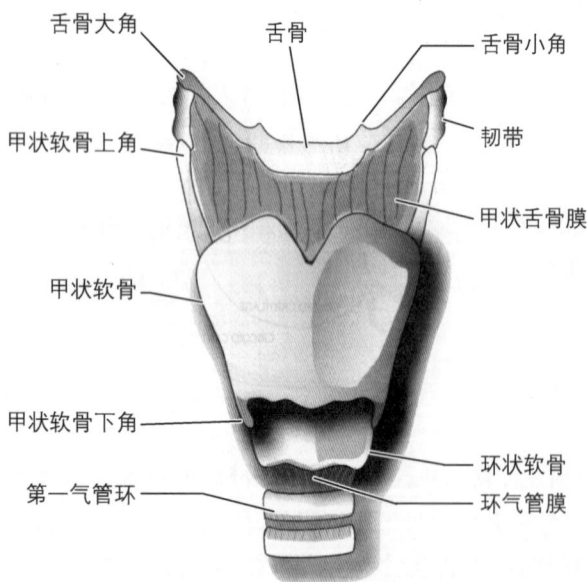

图 6.2　喉和气管的前面观

成。两板在前正中线相遇成前角,成年男性此角明显向前凸隆,称为喉结,女性则不明显。喉结上方为 V 型的甲状软骨切迹,俗称"阿旦的苹果"。甲状软骨两侧的上方有一对长的突起(上角),并向上延伸,通过韧带与舌骨相连结;在甲状软骨两侧的下方还有一对短的突起(下角),其向下延伸,与环状软骨两侧相连结。甲状软骨的后半部分呈开放状。声带前端附着于甲状软骨的内表面,即甲状软骨切迹的正下方,此处是一种纤维性结构,又称前联合(anterior commissure),如图 6.3 所示。

　　第二块不成对软骨是环状软骨(cricoid cartilage),拉丁语中的意思是"图章、戒指",其前方较为狭窄(弓起),向后方逐渐张开成较大的方形盘状结构,如图 6.4 所示。环状软骨呈一封闭的软骨环,位于甲状软骨的下方、第一气管环的正上方(构成气管的软骨支架均呈半环形)。环气管膜性组织位于环状软骨的下缘和第一气管环的上缘之间。环状软骨是喉的解剖基础,其他软骨均与之相连。

　　第三块不成对软骨是会厌软骨(epiglottis),它是一块宽的软骨,形状像树叶,如图 6.5 所示。它位于甲状软骨切迹的正下方,通过甲会厌韧带附着于甲状软骨的内表面,并通过舌会厌韧带附着于舌骨体上。吞咽过程中,会厌软骨向下运动,挡住喉入口,并作为一座桥梁,将食物和液体直接导入食道。然而该软骨在嗓音产生方面并没有发挥重要的作用。

　　　　　　　　　　　　　　　　言语治疗学

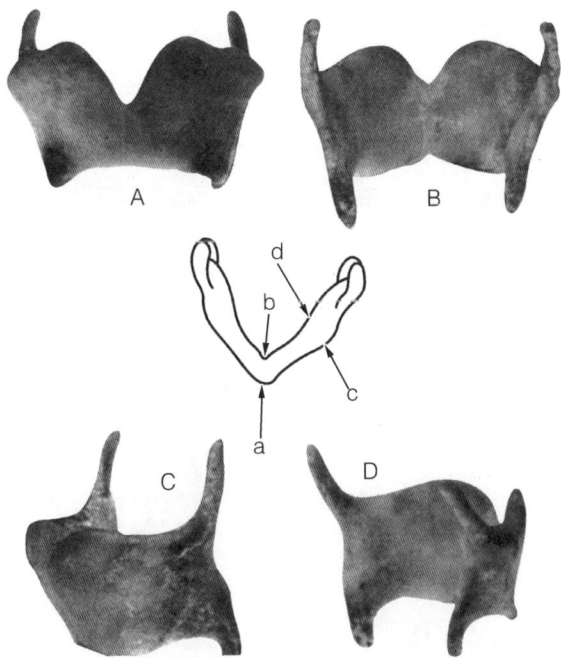

图 6.3 甲状软骨的全面观
上图中,中间一图所示的是甲状软骨上面观的轮廓图,其箭头和字母表示不同的观察角度。(A) 甲状软骨的前面观;(B) 甲状软骨的后面观:显示左右两侧上下角的明显突起;(C) 主要是甲状软骨壁;(D) 后方 3/4 侧面观。甲状软骨的形状和大小因人而异,且通常可见不对称的现象。

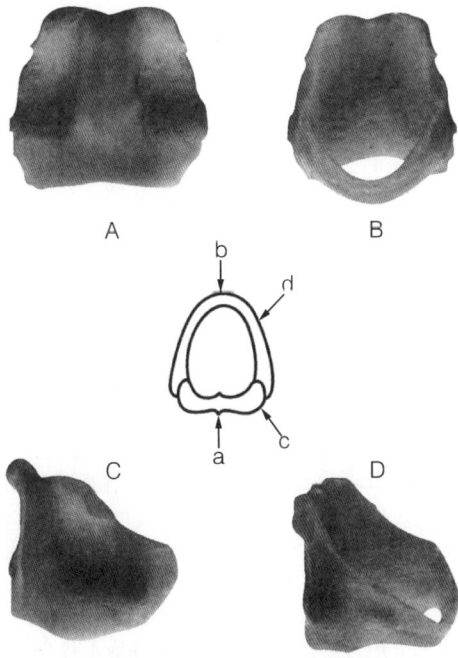

图 6.4 环状软骨的全面观
如上图所示,与软骨相连的韧带、肌肉以及被覆的膜性组织被剔除,此处仅显示软骨结构。中间一图所示的是环状软骨上面观的轮廓图,其箭头和字母表示不同的观察角度。(A) 环状软骨的后面观:质地的不同(光滑与粗糙)表现在骨化方面,光滑的部分表示骨化良好;(B) 环状软骨的前面观;(C) 环状软骨的右侧后面观,其顶端向上,显示出软骨的板状部分上缘;(D) 环状软骨的右侧前面观:注意软骨前端细窄部分与较宽的板状部分之间的厚度差异,此厚度差异也可从图 B 中看出来。

图 6.5 会厌软骨
右图示的会厌软骨已从甲状软骨前下方的内表面游离出来。为了能充分暴露会厌软骨的轮廓,已去除其韧带、肌肉以及膜性附着物。a. 会厌软骨的前侧面观:通过旋转会厌软骨使我们能够看到会厌软骨的凹面;b. 会厌软骨的前面观:前方的整个范围都属于语言功能面。

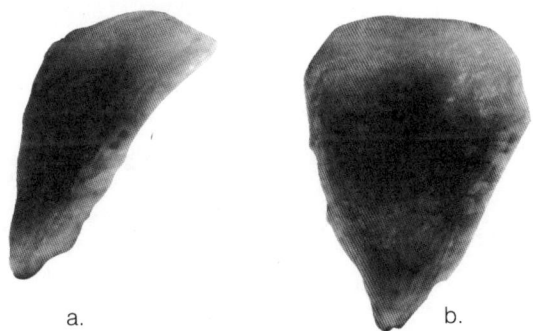

杓状软骨(arytenoid cartilages)骑跨在环状软骨板上缘的外侧,左、右各一块,形似三角锥体,如图 6.6 所示。其基底部宽而平,向上延伸至一顶点。基底部有两个突起:一个向前,称为声突(vocalprocess),声带后端即附着于此;一个向后外方,称为肌突(muscular process),一些控制声带开闭的肌肉附着于此。因为声带附着于声突上,所以杓状软骨在发声过程中起着关键性的作用。喉部肌群附着于杓状软骨的肌突,其收缩和舒张使杓状软骨产生运动,从而带动附着在声突上的声带产生开闭运动。杓状软骨有两种运动方式:转动和滑动。两种运动方式可单独出现,有时也会同时出现。

在嗓音产生的过程中,有几块软骨并没有发挥重要的作用。例如:成对的小角软骨(corniculate cartilages),其位于杓状软骨的顶部,但并非所有的人都有这对软骨;成对的楔状软骨(cuneiform cartilages)是具有弹性的小型软骨棒,它们被包裹在杓会厌襞中。这些软骨的功能可能是撑开喉黏膜的皱褶部分。

另外,图 6.7 综合显示了喉软骨的前面观、后面观和侧后面观,图 6.8 显示的是喉软骨的上面观,而图 6.9 是甲状软骨的矢状位切面图,其显示了声带、气管、杓状软骨以及环状软骨间的关系。

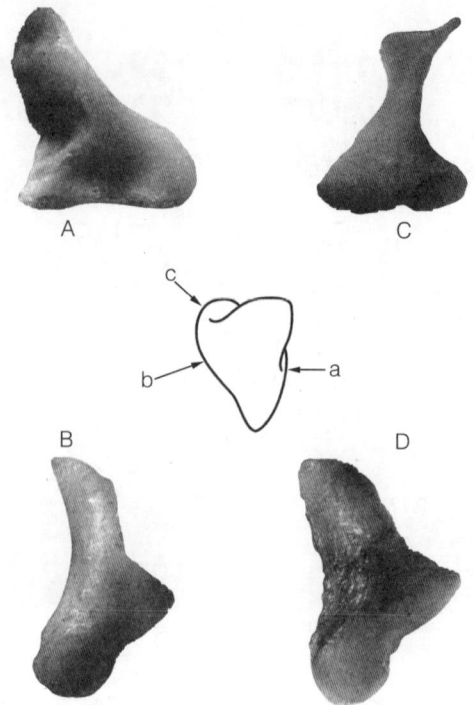

图 6.6 除去韧带、肌肉以及膜性组织后的杓状软骨
右图中，中间一图所示的是杓状软骨上面观的轮廓图，其
中的箭头和字母表示不同的观察角度。（A）指向基底部
的凹面侧面观，是甲杓肌（声带）的附着处，左缘的高处凹
面是室带的附着处，杓状软骨右侧基底部的肌突是环杓
后肌以及环杓侧肌的附着处；（B）杓状软骨的中间观略
微向左侧倾斜，右侧转角处是声带突；（C）肌突基底部的
后面侧面观：注意环杓关节面朝向右侧基底部（关节联结
面）；（D）照相机镜头精选了软骨的基底面以及中线剖
面，凹凸不平的底面能够使杓状软骨在声门开放、闭合以
及调节声带紧张度时在环状软骨缘上做旋转、滑动以及
摆动运动。

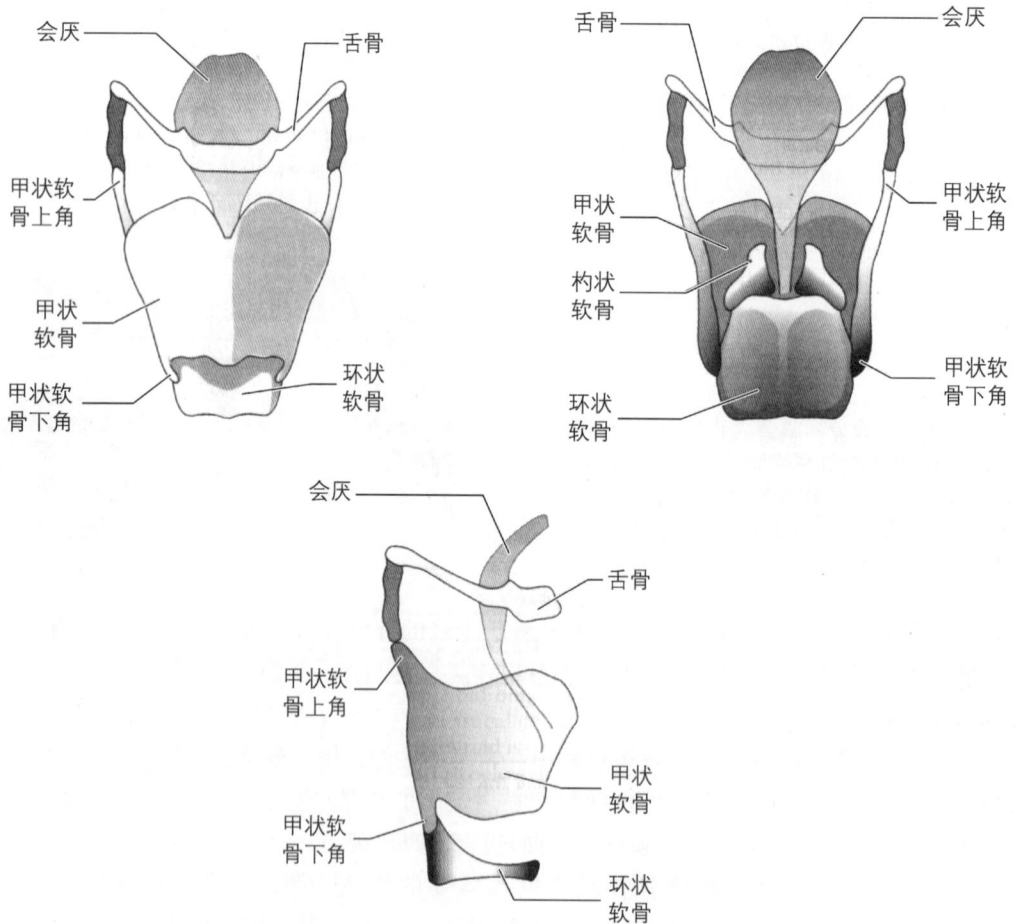

图 6.7 喉软骨的前面观、后面观和侧后面观

言语治疗学

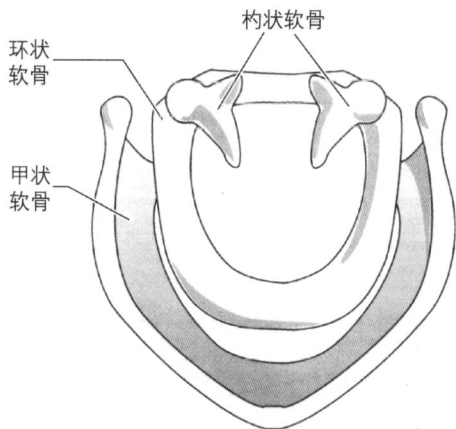

图 6.8　喉软骨的上面观

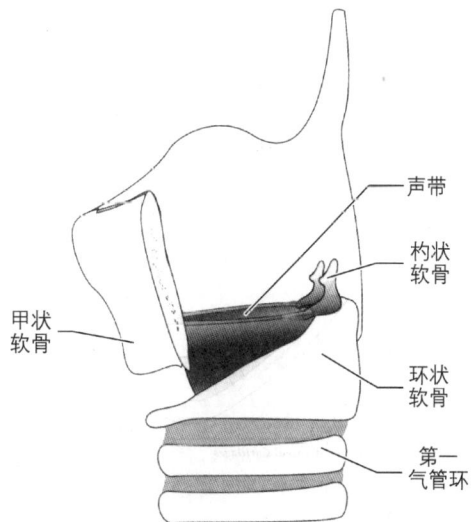

图 6.9　甲状软骨的矢状切面图

喉的骨架结构可用表 6.1 来描述。其中喉软骨包括不成对软骨(甲状软骨、环状软骨、会厌软骨)和成对软骨(杓状软骨、小角软骨、楔状软骨);喉关节包括环杓关节和环甲关节。舌骨不属于喉骨架的内容,但它与喉骨架紧密相关,故列于此表内。

表 6.1　喉的骨架结构

骨	
舌　　骨	舌肌附着处。喉骨架通过甲状舌骨膜悬挂在舌骨上。
不 成 对 软 骨	
甲状软骨	最大的喉软骨,与环状软骨相连结。声带前端附着于前连合处。
环状软骨	完整的环形软骨。大部分位于喉的基底部,通过环气管韧带连接在气管上。
会厌软骨	具有弹性,呈叶状,附着于舌骨和甲状软骨上。
成 对 软 骨	
杓状软骨	位于环状软骨板上缘的外侧。声带附着于声突,喉肌附着于肌突。
小角软骨	位于杓会厌皱襞的后部、杓状软骨的顶部。
楔状软骨	弹性纤维软骨,位于杓会厌皱襞边缘小角软骨的前面。
喉 关 节	
环杓关节	位于环状软骨板上缘两侧与两侧杓状软骨底部肌突之间。其功能在于控制声门的开闭。
环甲关节	位于两侧环状软骨后外侧与甲状软骨下角之间。其功能在于调节声带的长度,从而控制基频。

二、喉关节

尽管喉只有两对重要的喉关节,即环杓关节(cricoarytenoid joint,CA)和环甲关节(cricothyroid joint,CT),但声门所有的开闭运动均由这两对关节来调节。

环杓关节是环状软骨板上缘两侧与两侧杓状软骨底部肌突之间的滑膜关节。环杓关节是一对活动度较大的关节,在声门的开闭运动方面起到关键性的作用。

环杓关节是鞍状关节,环状软骨关节面是关节头,位于环状软骨板上缘斜面的两侧,呈椭圆形凸起,左右关节面向前呈八字形走向,左右轴夹角为 50°—60°,左右轴与冠状面呈 45°角(如图 6.10 所示),关节面纵径约 5.8 mm,横径约 3.8 mm。杓状软骨关节面是关节窝,其纵径约 4.0 mm,横径约 5.8 mm。此关节主要有两种运动形式:

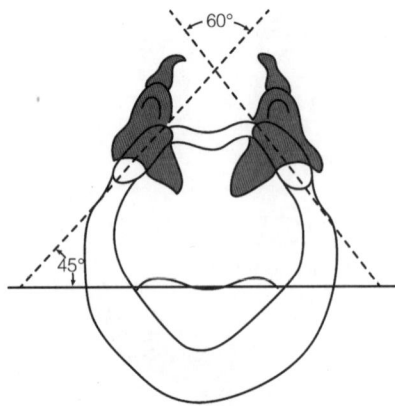

图 6.10　环杓关节面的角度定位

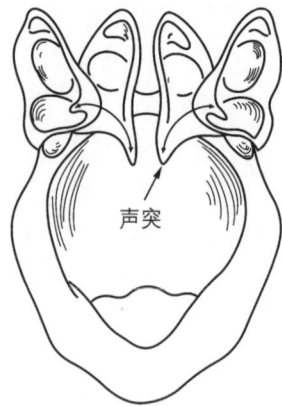

图 6.11　环杓关节的运动

一种是摆动（rocking motion），如图 6.11 所示。由于环状软骨左右关节面之间有一段距离，单纯依靠杓状软骨的滑动，不能使声突在中线位置相遇，因此还必须要有一定程度的延长轴周围的摆动来配合。也就是说，有一种向内前的摆动来关闭声门，而另一种向外后的摆动可以开放声门。

另一种是轻微的滑动（gliding action），如图 6.12 所示。环状软骨板的上缘两侧呈向上、后、内和向下、前、外的走向，所以，杓状软骨沿着环状软骨关节面进行向上、后、内和向下、前、外的滑动，使杓状软骨相互靠近或远离，从而开闭声门。

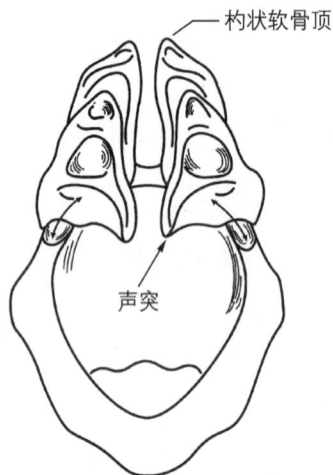

图 6.12　环杓关节可以产生少量的滑行运动

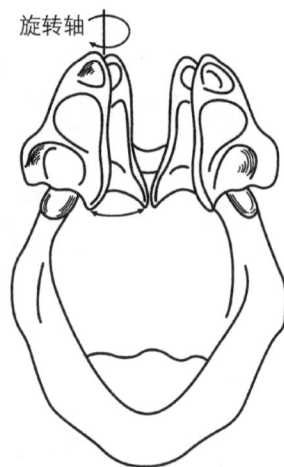

图 6.13　环杓关节产生少量的旋转运动

此外，有时还能见到此关节出现少量围绕垂直纵轴进行的旋转运动，这种带有争议的运动如图 6.13 所示。由于关节的自然属性，此种运动可以忽略不计，在正常喉腔中也很可能是不存在的。

环杓关节的活动是滑动和摆动的综合运动，如图 6.14 所示，通过环杓后肌和环杓侧肌的作用，环杓关

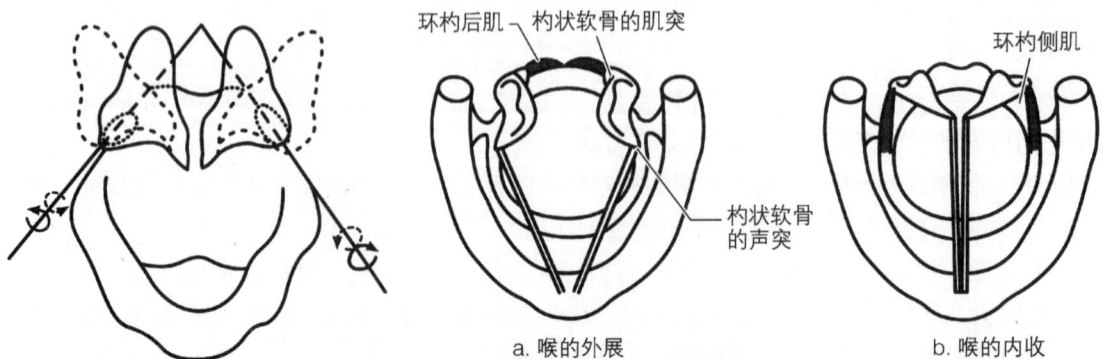

a. 喉的外展　　　b. 喉的内收

图 6.14　环杓关节运动原理

　　　　　　　　　言语治疗学

节使双侧声带打开和关闭,即声带的外展和内收。该功能很重要,因为其能对通过声门的气流产生阻力,这也正是发声所必需的。

环甲关节是两侧环状软骨后外侧与甲状软骨下角之间的滑膜关节,在调节嗓音基频方面起到重要的作用。

环甲关节是车轴关节,甲状软骨两侧翼板的后缘向上、下两端延伸,下角末端的内侧面有一圆形小关节面与环状软骨的关节面相连结。环甲关节的主要运动方式是沿两侧关节水平轴发生旋转,也可发生滑动。如图 6.15 所示,当环甲肌收缩时,甲状软骨向环状软骨弓的方向倾斜,或环状软骨弓向上倾斜,这样环状软骨弓更加靠近甲状软骨。当环状软骨或甲状软骨进行如此的运动时,后方的杓状软骨与前方的甲状软骨之间的距离拉大,声带的张力也就增加了,从而提高了嗓音基频。

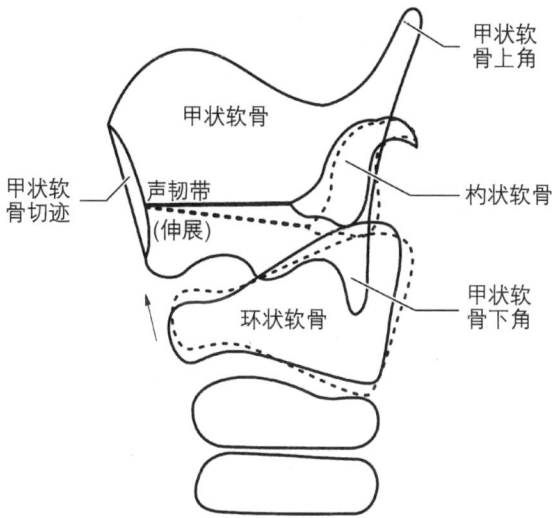

图 6.15　环甲关节运动原理

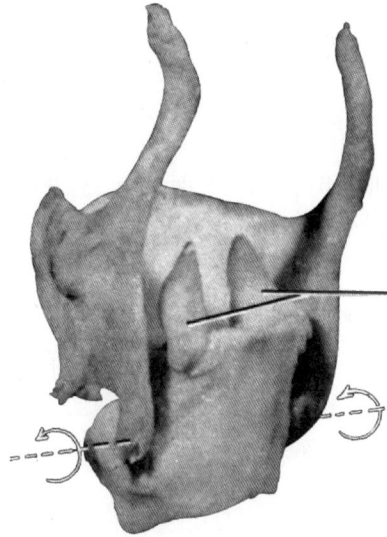

图 6.16　环甲关节的旋转轴

环甲关节早期被描述成屈戌关节,其旋转轴如图 6.16 所示。小的椭圆形(或圆形)关节面位于环状软骨弓的两侧。这些关节面可能是平坦的、轻微凹的、轻微凸的,或几乎完全缺失。位于甲状软骨下角的关节面也是如此。然而,关节表面通常被覆上皮黏膜,同时由带状韧带所固定,限制了关节的运动。在这些例子中,关节面非常粗糙或缺失,关节韧带极度发达。

Mayet 和 Muendnich(1958)证实了小角环状软骨韧带(cerato cricoid ligaments)位于环甲关节后面、两侧以及前方,共同组成了囊状韧带,如图 6.17 所示。关节囊的结构很大部分决定了所产生的运动类型。

环甲关节的主要运动是围绕水平轴产生旋转运动。这种运动将声韧带拉至紧张状态,只表现为旋转运动。然而,在中间位置上,声韧带有些松弛,因此可以围绕矢状面进行少量的滑行运动。这种旋转或滑行运动逐渐将声带拉紧,因此能提高嗓音的音调。

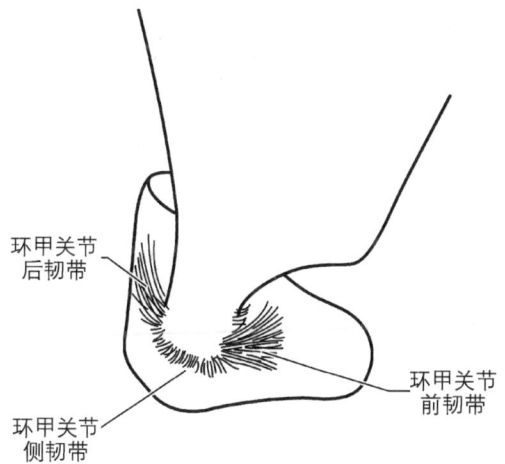

图 6.17　环甲关节的囊状韧带

至于哪些软骨(是环状软骨、还是甲状软骨)实际参与了旋转运动尚存在争议:

(1) Mayet 和 Muendnich 认为:由于甲状软骨附着于肌肉组织以及其他一些结构组织,故环状软骨主要进行旋转运动。如图 6.18 所示,这种运动使环状软骨弓前方与甲状软骨之间的距离缩短,同时杓状软骨的声带突与甲状软骨角之间的距离加大。Arnold(1961)以及其他许多人都强烈支持环状软骨而非甲状软骨参与重要的旋转运动的观点,这是引人注目的。

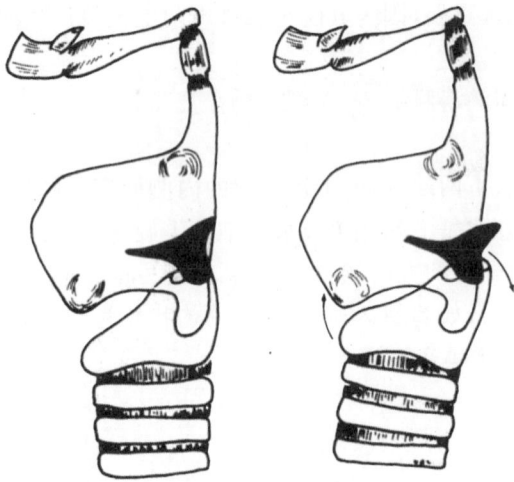

图 6.18　环甲关节的旋转运动
Mayet 指出环状软骨的旋转运动可以缩短环状软骨弓与甲状软骨前方的距离，同时增加构状软骨的声带突与甲状软骨角之间的距离。

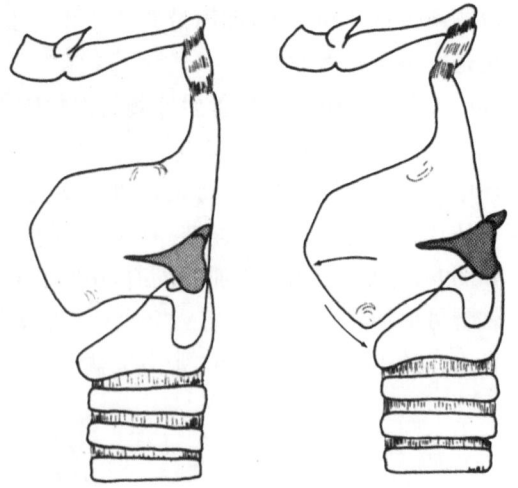

图 6.19　环甲关节的旋转运动
Cates 指出甲状软骨向前倾斜增加了喉部的前后距离，因此也增加了声带的紧张度。

　　(2) Cates 和 Basmajian(1955)，Vermard(1967)，Zemlin(1968)以及其他人都提出甲状软骨实际上是两块软骨中相对灵活的一种。如图 6.19 所示，甲状软骨的向前倾斜运动使喉声带的前后距离同等地增加。另外，Vennard 提出环状软骨与甲状软骨均屈从于肌肉力量，软骨间的协调运动并非没有一点道理。

　　除了关节韧带之外，大量其他的韧带以及黏膜组织均与喉部相连。一些附着于喉内，而另一部分则与喉外组织相联系。

第二节　喉腔内的瓣膜组织

　　喉腔基本上是一个中空的管腔，其内有三套由结缔组织和带状结构的肌纤维所组成的瓣状结构，分别是构会厌韧带、假声带(即：室带)和声带(即：真声带)。它们在喉腔内自上而下依次排列，分别具有不同的功能。图 6.20 则显示了真声带与室带的毗邻关系。

一、构会厌韧带

　　构会厌韧带(aryepiglottic folds)，是喉腔皱襞最上方的部分，其从会厌软骨的两侧分别向同侧构状软骨的顶部延伸。构会厌韧带由结缔组织和肌纤维组织所构成，其收缩时呈环形或括约形，将会厌组织拉向后方。因此，在吞咽饮食的时候，它可以帮助会厌软骨关闭喉入口。

二、假声带

图 6.20　喉的冠状面

　　假声带(false vocal folds，或称室带 ventricular folds)位于构会厌皱襞的下方，并与真声带平行，位于真声带的正上方。它们不像真声带一样含有丰富的肌纤维组织，所以只能进行少量的运动。当吞咽或进行提重物、排便、分娩等用力活动时，它们处于关闭状态。正常情况下，它们在发声时维持开放状态。在真声带与室带之间有一个很小的空间，被称之为喉室。这个空间容纳了分泌黏液的腺体组织，它们使喉黏膜保持湿润与光滑。

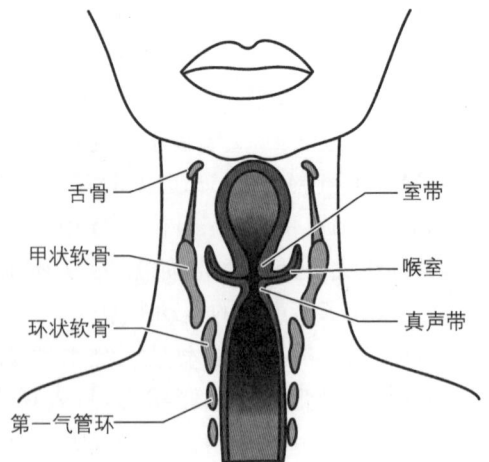

三、真声带

真声带(true vocal fold,或称声带 vocal folds)是最为复杂的喉腔瓣膜组织。直至近二十年,声带结构的复杂性及其非凡的特性才得到充分肯定,而这主要归功于日本耳鼻咽喉科专家、嗓音专家 M. Hirano 以及他的同事们。M. Hirano 的研究发现,声带组织共分为五层,其由内至外分别是肌层(即:甲杓内肌)、固有层深、中、浅层和上皮层。图 6.21 显示了声带组织的分层情况。

Hirano 和其他专家在研究中借助于电子显微镜(electron microscopy)等高尖端技术,揭示了各层不同的细胞成分及其不同的运动机制。声带从结构上可以分为五层。声带的最表面一层是**上皮层**(epithelium),其特点是既薄又滑,但也是很坚韧的一层组织。上皮层下方是固有层(lamina propria,又称黏膜层 mucous membrane),固有层又分为三层:(1)固有层浅层(superficial layer)又称为雷氏间隙(Reinke's space),主要是由弹性纤维所组成,因此富有弹性;(2)固有层中层(intermediate layer)也是由弹性纤维所组成的,但与浅层相比,显得比较致密而缺少弹性;(3)固有层深层(deep layer)主要由胶原纤维所组成,柔韧性较固有层中层差。肌层是构成声带的最里层组织,也就是甲杓内肌(thyroarytenoid muscle),即声带肌,它是声带的主要构成部分。通常认为该层比其他声带各层更加厚实。

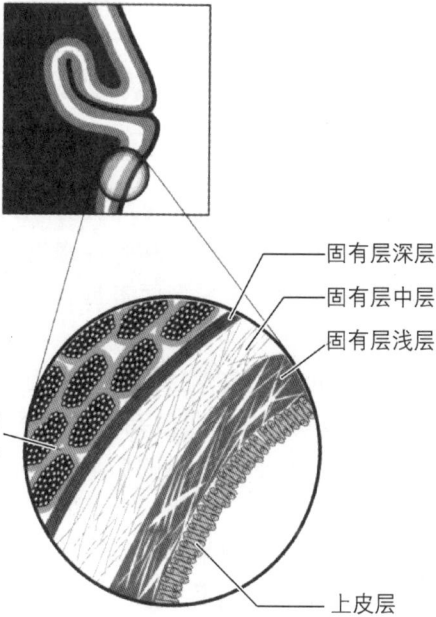

图 6.21　声带组织示意图

声带是多层的振动器官,每一层都具有自己的物理学特性,而当各层结合在一起时,就能产生平滑的剪切运动,这就是声带振动的基础,如图 6.22 和图 6.23 所示。

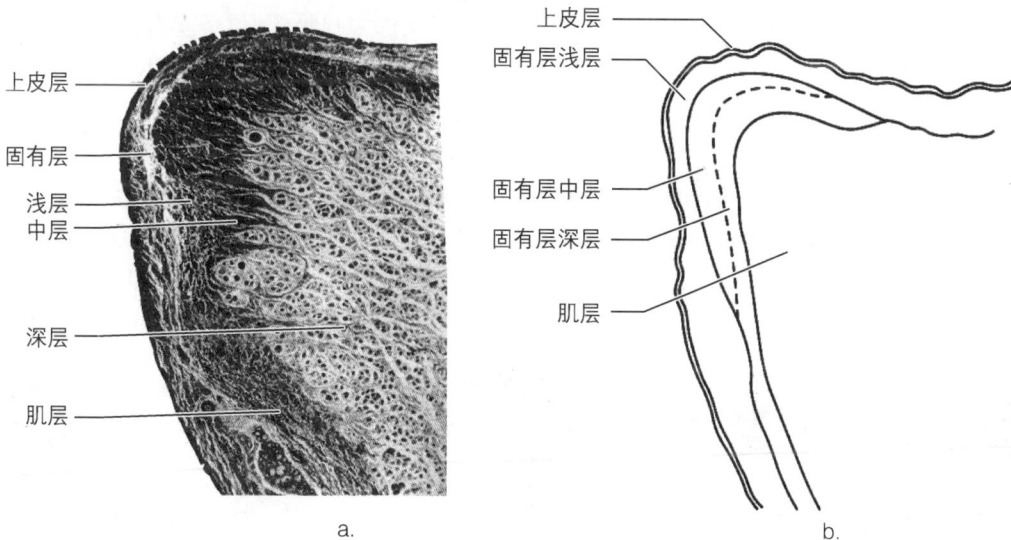

a.

b.

图 6.22　声带结构分层图(Hirano,1991)

四、包膜体层模型

硬度(stiffness)是指组织结构抵抗被扭曲现象的能力。硬度的反义词是顺应性(compliance),主要是指结构被扭曲的容易程度。根据声带各层硬度的不同,Hirano 及其同事又将声带重新分为包膜层、过渡层和体层。Hirano 的这种声带模型也被称为包膜体层模型(cover-body model)。**包膜层**(cover)包括

图 6.23
声带结构分层彩图

上皮层以及固有层浅层。**过渡层**(transition,又称声韧带 vocal ligament),包括固有层中层和深层。甲杓内肌构成了声带的**体层**(body)。每一层均有不同的振动模式,这是因为各层的组成成分和硬度是不同的。很明显,声带是一种多层次、极度复杂的振动器官。这种结构的复杂性就导致了一种复杂的声学波形的产生,进而形成一种饱满的、富有共鸣效应的人类嗓音。

固有层浅层由弹性纤维和少量的胶原纤维松散地交织而成。该区域就是具有重要临床意义的雷氏间隙,因为过度发声或喉炎造成的肿胀或水肿就常发生于此。过渡层包括固有层中层和深层,中层主要由弹性纤维组成,而深层主要由胶原纤维组成。过渡层较包膜层坚硬,但比体层柔韧。这些肌肉纤维通过影响声带的张力和包膜层的顺应性和弹性来达到调节基频的目的。这种结构使黏膜波的运动相对于声韧带而言具有一定的独立性。声韧带的振动是同步的,但相对弱些。

从运动特性的角度出发,通过对声带进行超高速摄影和生物力学的测试发现,由上皮层和固有层浅层组成的包膜层是声带波动性最佳的部分。发声时,黏膜的波状运动将沿着声带表面传布,这种运动对改变通过声门的空气分子的振动模式是很必要的。

声带的这种分层方法具有重要的意义:第一,声带各层组织都有其不同的力学特性;第二,外周四层的运动特性是被动的,而最里层的力学特性是既有主动运动,又有被动运动;第三,几乎所有的声带病变都起源于这五层中的一个具体层次。

五、声门

两侧声带及杓状软骨底内缘之间的裂隙称为声门裂(fissure of glottis)。声门裂和两侧声带则共同构成了声门(glottis)。声门裂被分为前后两部分:前部是膜间部(membranous glottis),又称为声部,位于两声带之间,占前 3/5;后部是软骨间部(cartilaginous glottis),又称为呼吸部,位于左右杓状软骨底内缘及声带突之间的部分,占后 2/5。成年男性膜间部声门裂的长度约 15 mm,成年女性膜间部声门裂的长度为 12 mm。软骨间部声门裂长约为 4—8 mm,这主要受个体的性别、年龄以及体形等因素的影响。儿童的声门裂则更短。

声带位置的改变会引起声门形状的变化。图 6.24 所示的就是不同状态下声门形状的变化:(a) 平静呼吸时,声门是开放的,但开放程度并非最大,声带处于旁中位;(b) 在进行剧烈运动时,声门开放程度加大,以便吸入更大量的气体,该位置称为用力吸气位;(c) 发声时,声门闭合,两侧声带位于中间位置;

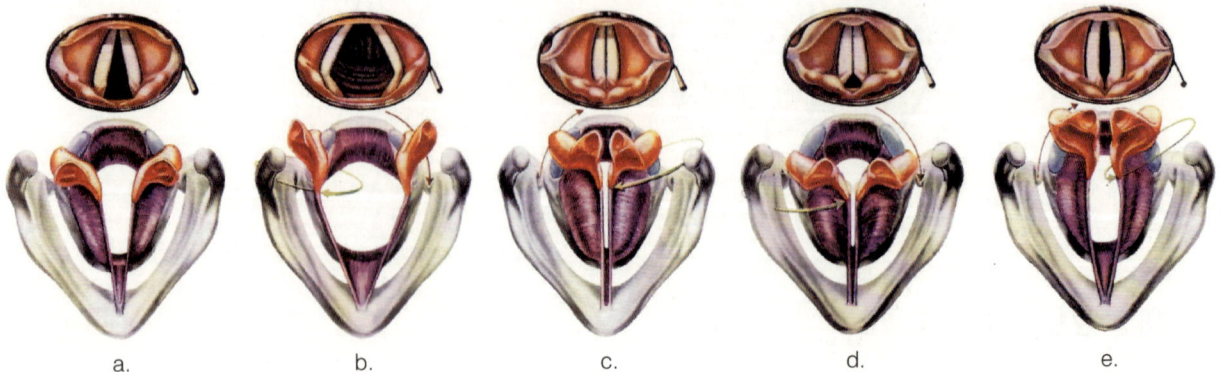

a.　　　　b.　　　　c.　　　　d.　　　　e.

图 6.24　声门状态彩图
(a. 吸气,b. 深吸气,c. 正常发声,d. 耳语,e. 假声歌唱)

(d) 耳语声主要是由膜间部声门裂关闭、软骨间部声门裂开放所产生的;(e) 假声歌唱。

由喉软骨支架围成的一个形状不规则的管腔称为喉腔(laryngeal cavity)。喉腔以室带和声带为界,自上而下可被分为声门上区(supraglottal, SG,又称喉前庭)、声门区(glottal, G)、声门下区(infraglottal, IG)。声门区最为狭窄,声带与假声带(室带)突向喉腔中央,如图 6.25 所示。

在喉腔内上皮组织的下方,弹性纤维组织(方膜与弹性圆锥)因肌肉的收缩,使得其被从相邻组织中牵拉出来,或受到其间空气动力的影响,而重塑喉腔的形状。喉腔的黏膜或黏膜层由喉上和喉下神经中的感觉神经所支配(第十对脑神经即迷走神经的分支)。同样,它也受到对气流的方向和速率、疼痛和触觉刺激敏感的感受器的支配。

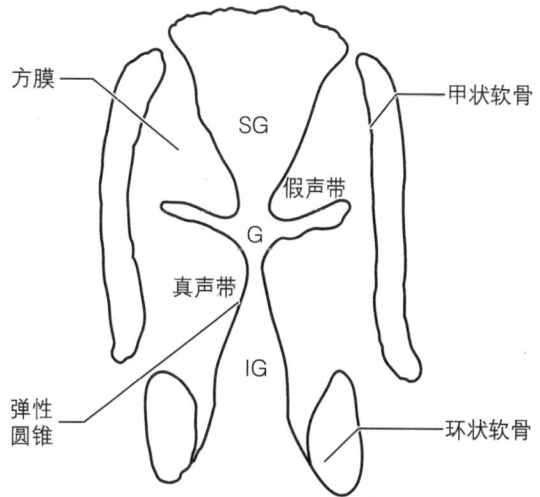

图 6.25　声门上区、声门区和声门下区

第三节　喉部肌群

喉部肌群可分为喉内肌群和喉外肌群。喉外肌群将喉软骨连接在其他结构上,喉内肌群则使喉软骨之间产生相对运动。

喉腔的运动通过喉内、外肌的舒缩运动来实现。喉外肌群可以抬高或降低喉腔骨架,这改变了软骨之间的角度和距离,也改变了喉内肌群的自然长度。喉内肌群由多块小肌肉组成,它们都附着在喉腔内(喉软骨上)。喉内肌的作用包括:

(1) 开闭声门;

(2) 改变喉软骨的相对位置;

(3) 改变声带的物理特性(如长度、紧张度、每单位长度的质量、顺应性、弹性等);

(4) 改变声门裂的大小,克服声门的阻力。

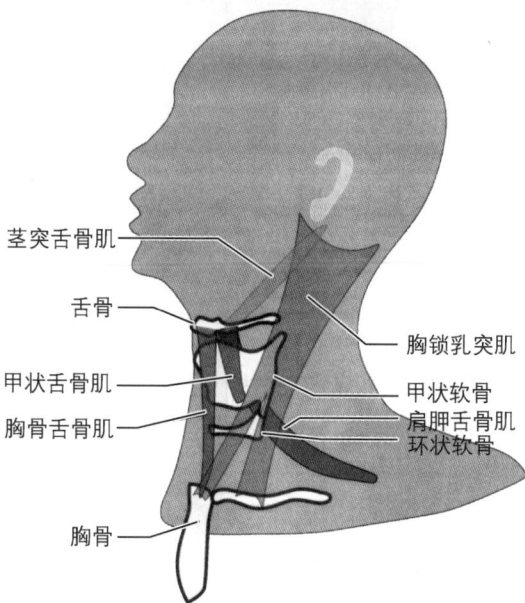

图 6.26　喉外肌群示意图

一、喉外肌群

喉外肌包括附着于颅底、舌骨、下颌骨、喉、胸等邻近组织的肌肉。喉外肌形成了一种围绕喉腔的网络结构,从而固定喉腔。喉外肌以舌骨为界,可分为舌骨上肌群(infrahyoid muscles)和舌骨下肌群(suprahyoid muscles)。当舌骨上肌群收缩时,可以抬起舌骨,进而将整个喉腔向上牵拉,并减小喉腔气道的阻力。而当舌骨下肌群收缩时,可以降低舌骨,进而将整个喉腔向下牵拉,并增加喉腔气道的阻力。如此大幅度的喉腔上下运动主要见于吞咽的过程。图 6.26 显示了部分喉外肌。

表 6.2 列出了所有的喉外肌群:舌骨上肌群包括二腹肌前腹和后腹、茎突舌骨肌、下颌舌骨肌、颏舌骨肌和舌骨舌肌;舌骨下肌群包括肩胛舌骨肌、胸骨舌骨肌和甲状舌骨肌。

表 6.2 喉外肌群

舌骨上肌群	舌骨下肌群
二腹肌	肩胛舌骨肌
茎突舌骨肌	胸骨舌骨肌
下颌舌骨肌	甲状舌骨肌
颏舌骨肌	
舌骨舌肌	

二、喉内肌群

喉腔有五块喉内肌,这些肌肉的起止点均位于喉腔内。在这五块喉内肌中,两块是声门关肌,一块是声门开肌,一块使声带拉长拉紧,一块构成了声带的主体。喉内肌群如图 6.27 所示。

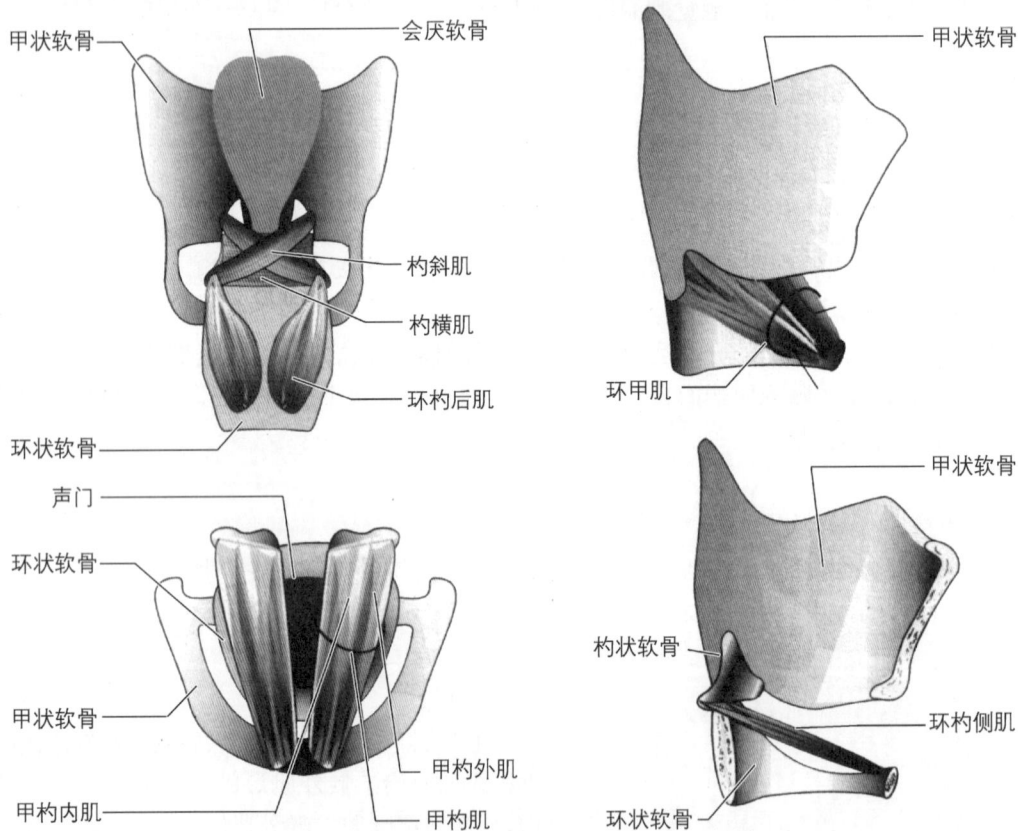

图 6.27 喉内肌群示意图

1. 声门开肌

环杓后肌(Posterior CricoArytenoid muscles,PCA)是唯一一对声门开肌。如图 6.28 所示,它是一块体积较大、呈扇状的肌肉,起于环状软骨的后侧,止于两侧杓状软骨的肌突。环杓后肌收缩时,肌突向后、下方移动,相应地使声带突向两侧后、上方移动,左右声突分离,继而声门被打开。

2. 声门关肌

第一块声门关肌是成对肌,即环杓侧肌(Lateral CricoArytenoid muscles,LCA),其起于环状软骨弓两侧的上缘,止于两侧杓状软骨肌突的前端,如图 6.28 所示。当环杓侧肌收缩时,肌突向前移动,这使得两侧声突向内下方移动、靠近,而附着于声突的声带也相互靠近,并使膜间部声门裂得以关闭。环杓侧肌与环杓后肌的作用方向相反,因而产生相反的效果——使杓状软骨靠拢,并在两侧声带向中间靠拢的同时,将声突前端紧紧地靠在一起。

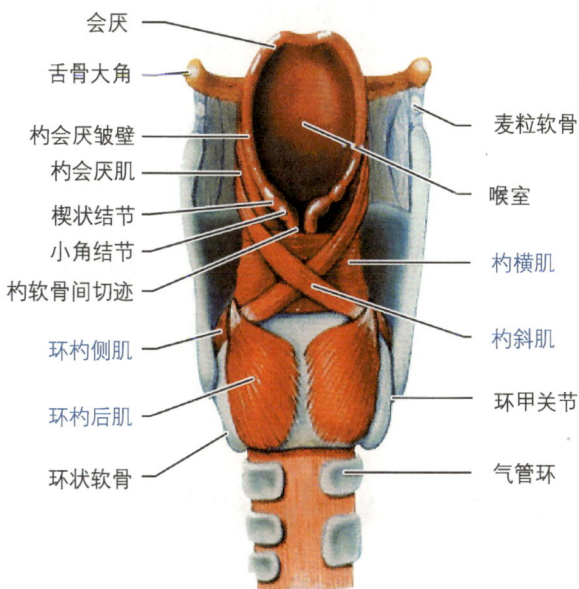

图 6.28　喉后面观(彩图)

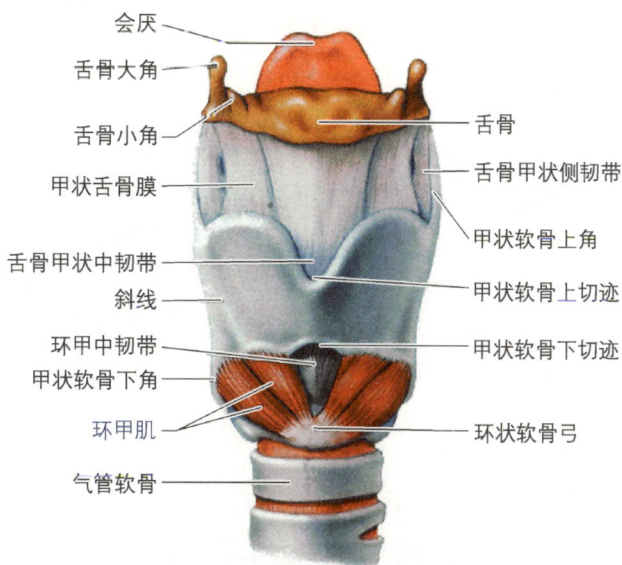

图 6.29　喉前面观(彩图)

杓间肌(InterArytenoid muscles,IA)是第二块声门关肌,其包括单一的杓横肌和一对杓斜肌,如图 6.28 所示。杓间肌的收缩,使两侧的杓状软骨向中线移动,并关闭后部分的声门。杓横肌起于一侧杓状软骨肌突的后面及其外侧内缘,止于另一侧杓状软骨肌突的同一位置。此肌肉的收缩将杓状软骨互相拉近。杓斜肌则位于杓横肌的表面,起于一侧杓状软骨的肌突,止于另一侧杓状软骨的顶端,两侧肌束相互交叉呈"X"形。杓斜肌的收缩运动将杓状软骨的顶端互相拉拢。

3. 声门张肌

成对的环甲肌(CricoThyroid muscles,CT)起于环状软骨前弓的侧面,呈扇形,其纤维向后分叉为两组,如图 6.29 和图 6.31 所示。上组为直行纤维,其纤维几乎垂直走行,止于甲状软骨下缘的后部。下组为斜行纤维,其纤维呈多角度走行,止于甲状软骨下角的上缘和甲状软骨板的上缘。环甲肌的舒缩运动用于调节音调。当它收缩时,甲状软骨与环状软骨靠拢,因此增加了甲状软骨前连合与杓状软骨之间的距离。因为声带向前附着于前联合,向后附着于杓状软骨的声突,这两点间距离的增加使声带得到伸展,并减少了单位长度声带的质量,纵向增加了声带表面的紧张度。因此声带振动的速率增加,产生高频率噪音(可能被感知为高音调)。换句话说,环甲肌主要用于增加声带的长度,以控制音调。

表 6.3　喉内肌群

肌　　肉	附　　着　　处	功　　能
环杓侧肌 LCA	起自环状软骨的两侧,止于杓状软骨的肌突	关闭声门
杓间肌 IA:杓横肌 杓间肌 IA:杓斜肌	起自一侧杓状软骨的侧缘,止于另一侧杓状软骨的侧缘 起自一侧杓状软骨的基底部,止于另一侧杓状软骨的顶部后方	关闭声门 关闭声门
环杓后肌 PCA	起自环状软骨的后方,止于杓状软骨的肌突	打开声门
环甲肌 CT:直部 环甲肌 CT:斜部	起于环状软骨的前缘,止于甲状软骨的下界 起于杓状软骨的前缘,止于甲状软骨下角的前面	使声带拉长 使声带变紧
甲杓肌 TA:甲杓外肌 甲杓肌 TA:甲杓内肌	起于前联合,止于肌突(声带体部) 起于前联合,止于声突(声带体部)	缩短及放松声带 使声带紧张

第五块肌肉——甲杓肌(ThyroArytenoid muscles,TA)是声带的主要构成部分。这部分在包膜层—体层模型中被称为体层。甲杓肌是成对肌,起于前连合,止于杓状软骨。甲杓肌可被其他喉内肌群的收缩运动所带动而产生自身的开闭运动,并得以紧张或放松。它也能够由自身的收缩而产生内部紧张力,使声带变硬,这有助于增加声带振动的速率。甲杓肌包括内外两部分:内侧的甲杓内肌和外侧的甲杓外肌,如图 6.30 所示。甲杓内肌(也称声带肌 vocalis muscle),止于杓状软骨声突的后面和杓状软骨体的侧面,其后端较厚而前端稍薄。它是声带的振动部分,此肌肉收缩时,会将其附着于声突的部分拉向甲状软骨的切迹(起点),使声带拉直。当声门位于张开位置,甲杓内肌的运动则使声带缩短,并使声门关闭。另外,这种运动将使声带质地变硬。甲杓外肌止于杓状软骨外侧缘及其肌突前内侧。甲杓外肌究竟是作为张肌还是松弛肌起作用,这取决于其他特定肌群的收缩程度。

表 6.3 列出了所有的喉内肌,包括环杓侧肌、杓间肌(杓横肌、杓斜肌)、环杓后肌、环甲肌(直部、斜部)和甲杓肌(甲杓外肌、甲杓内肌)。

图 6.28 所示的是喉的后面观,图 6.29 所示的是喉的前面观,图 6.30 所示的是喉的上面观,图 6.31 所示的是喉的侧面观。图 6.32 所示的是解剖后喉的侧面观,而图 6.33 所示的是喉的矢状断面、软骨以及韧带。

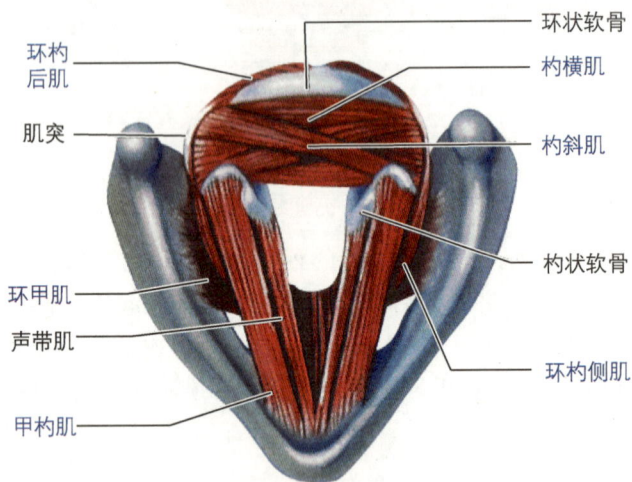

图 6.30 喉上面观(彩图)

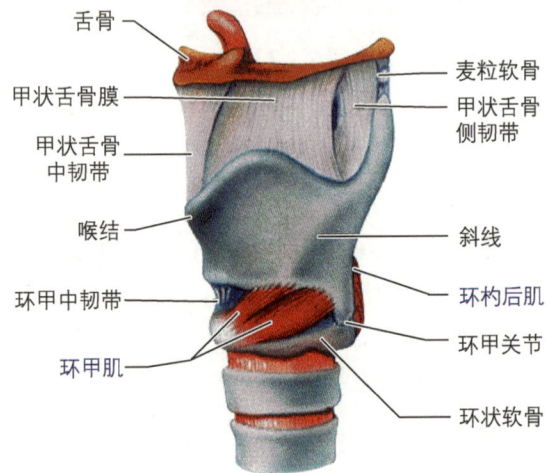

图 6.31 喉侧面观(彩图)

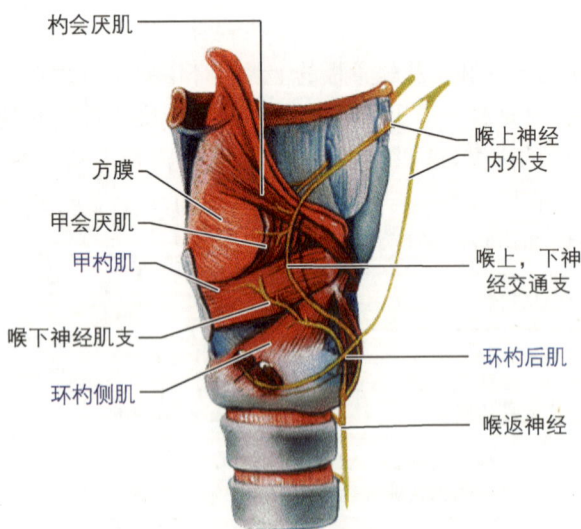

图 6.32 喉侧面观(解剖后彩图)

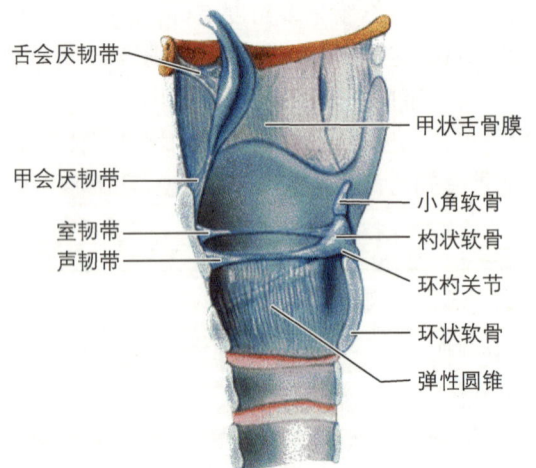

图 6.33 矢状断面、软骨以及韧带(彩图)

图 6.34 所示的是喉侧面、后面观。尽管我们分别说明了上述肌群的收缩运动,但请一定不能忘记喉肌是作为一个整体在进行运动的,不能孤立看待它们各自的运动。在言语治疗中,必须将喉内肌看作一个运动的整体。

图 6.35 大致说明了各喉内肌的功能。左边这一栏显示了每对喉内肌单独运动时,软骨和声带的位

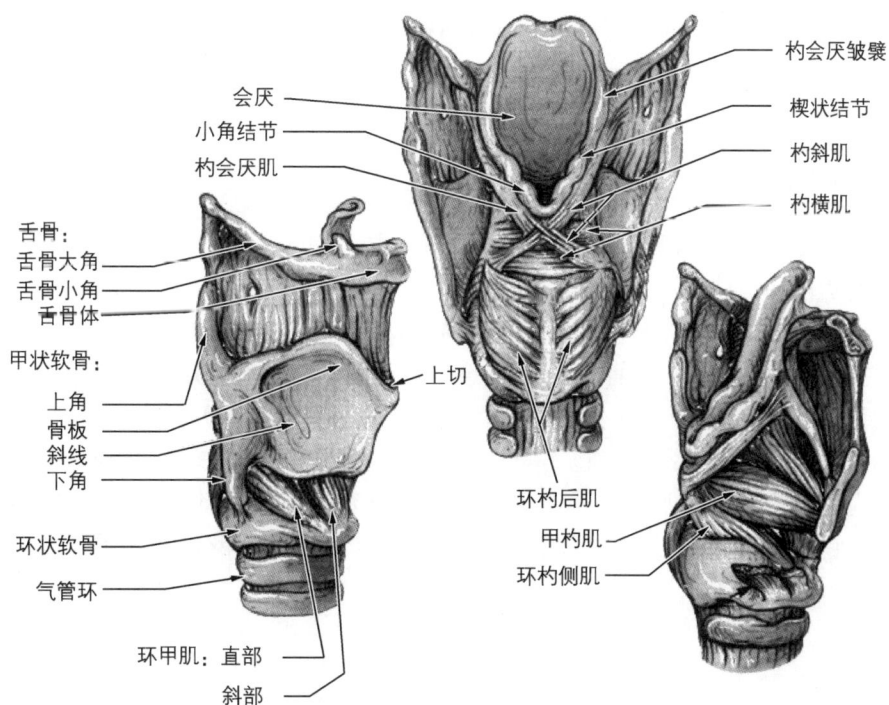

会厌
小角结节
杓会厌肌

舌骨：
舌骨大角
舌骨小角
舌骨体

甲状软骨：
上角
骨板
斜线
下角

环状软骨

气管环

环甲肌：直部
斜部

杓会厌皱襞
楔状结节
杓斜肌
杓横肌

上切

环杓后肌
甲杓肌
环杓侧肌

图 6.34　喉的侧后面观

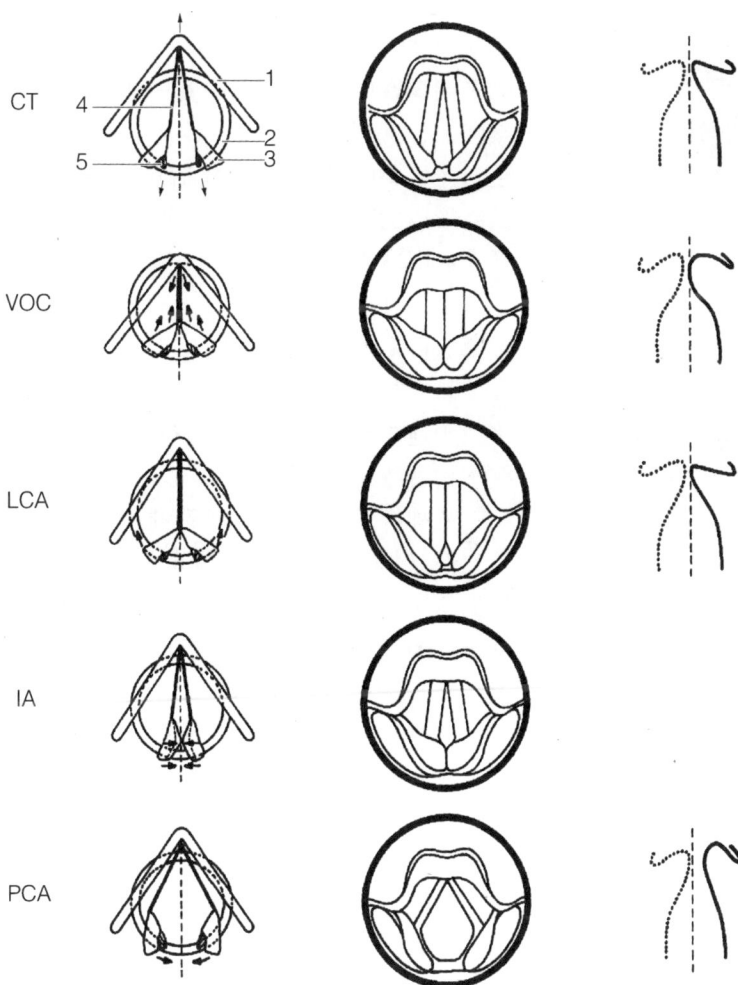

CT

VOC

LCA

IA

PCA

图 6.35　喉内肌功能示意图
（1. 甲状软骨，2. 环状软骨，3. 杓状软骨，4. 声带肌，5. 环杓后肌）

置,箭头表示外力的作用方向;中间一栏显示喉的上面观;右面一栏是声带的冠状切面图,其中,虚线表示当喉内肌没有运动时声带的参考位置。在这里,CT 代表环甲肌;VOC 代表甲杓内肌或声带肌;LCA 代表环杓侧肌;IA 代表杓间肌;PCA 代表环杓后肌。

三、喉黏膜和韧带

喉软骨通过关节相连结,覆有膜性组织。在这层结构中,与言语产生过程有关的最重要的膜性结构,是室带、喉室、弹性圆锥和声韧带。

室带位于真声带的上方,又称为假声带。它们主要形成了弹性圆锥厚厚的皱褶部,伸入气道,但不如声带突出那么明显。室带位于甲状软骨的内表面,会厌软骨附着处的正下方,止于杓状软骨顶端下方三角形凹口处。在意识的控制下,室带一般不振动。就是说,室带的作用较为次要。

喉腔的弹性圆锥在真假声带之间有一深凹,称为喉室。它又被称为 Morgani 室。它延伸至整个声带,两侧以甲杓外肌为边界。喉室内有些黏液腺,它们为声带的运动提供润滑剂。弹性圆锥是一层宽广的弹性膜,它覆盖了整个喉内壁。这层膜性结构的下部从声带边缘延伸至环状软骨,表层覆有黏膜。

第四节　喉的神经支配

图 6.36 显示了嗓音产生的过程。说话和唱歌都需要身心活动的协调。声音信息起源于大脑皮层(比如言语中枢),喉的活动则受到嗓音中枢的控制,嗓音中枢将神经冲动通过各级神经传递至喉,最终引起声带振动,形成嗓音。嗓音在通过声门上区的声道时产生共鸣(这些区域包括咽腔、舌部、腭部、口腔和鼻腔),使最终形成的声音能够被听话者听明白。听觉和触觉的反馈使说话者或唱歌者获得最佳的声输出。

周围神经系统将中枢神经系统的运动指令传递给肌群(例如喉部肌群),它也能将感受声门下压的机械感受器所感受到的位置信息上行传入大脑和神经反射系统。12 对脑神经中有 8 对或多或少地参与了言语产生的过程,它们控制着呼吸系统、发声系统和构音系统。

从神经学的角度看,嗓音的产生需要中枢和周围神经系统进行复杂且协调的工作,如图 6.36 所示。言语的产生是由大脑皮层的特定区域,如布罗卡区,所引发的。来自布罗卡区的神经冲动被传递至运动皮层的中央前回(主要的运动神经带),然后又通过皮质延髓束和皮质脊髓将此神经冲动分别传递至脑干和脊柱核。来自于脑干神经核的下位运动神经(即:脑神经)共有十二对。在所有的脑神经中,第十对脑神经,或称迷走神经(vagus nerve),在发声过程中担任最为重要的任务,因为它是喉内肌群的主要支配神经。来自脊神经根的下位神经元,或称脊神经,用于支配呼吸肌群,使呼吸与发声相协调。在这些神经中,第三、四和第五对脊神经共同组成膈神经,而十二对脑神经是最为重要的,因为它们直接与膈肌、胸腹壁肌群形成神经肌肉接头。交感与副交感神经支配在喉部自主调节功能方面也起到很大的作用。

迷走神经起自脑干的延髓部分。它的运动神经元(疑核),接受来自中央神经系统的神经冲动,然后将这些神经冲动通过由脑干所发出的运动神经传递至喉腔。迷走神经经颈静脉孔出脑组织,直接分支进入

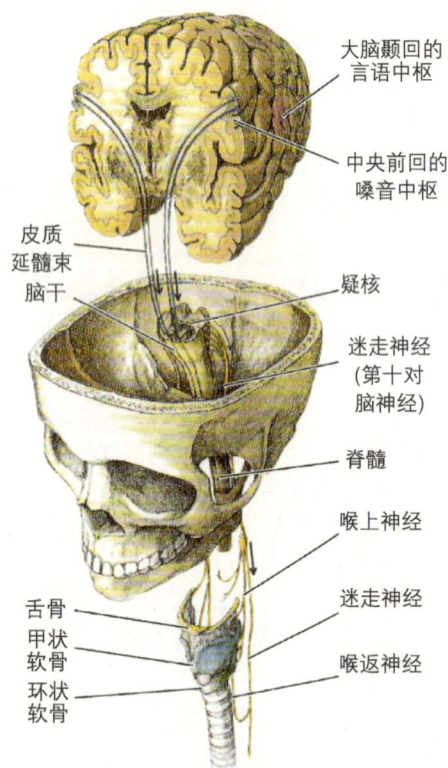

图 6.36　嗓音的产生过程

(图中标注)
- 大脑颞回的言语中枢
- 中央前回的嗓音中枢
- 皮质延髓束脑干
- 疑核
- 迷走神经(第十对脑神经)
- 脊髓
- 喉上神经
- 迷走神经
- 喉返神经
- 舌骨
- 甲状软骨
- 环状软骨

喉腔,称为喉上神经(superior laryngeal nerve),如图 6.37 所示。喉上神经在舌骨大角的高度分成内、外侧支。内侧支通常称为喉内神经,主要为感觉神经。内侧支从喉上神经分出后,下降至正中,与喉上动脉伴行,穿过舌甲膜后进入喉腔,其接受喉腔声门上区域的感觉信息。外侧支通常称为喉外神经,主要为运动神经。外侧支从喉上神经分出后,在舌甲膜下面下降,与甲状腺上动脉伴行,下至胸骨甲状肌表面,然后穿过咽下缩肌,止于环甲肌,并支配这两块肌肉。

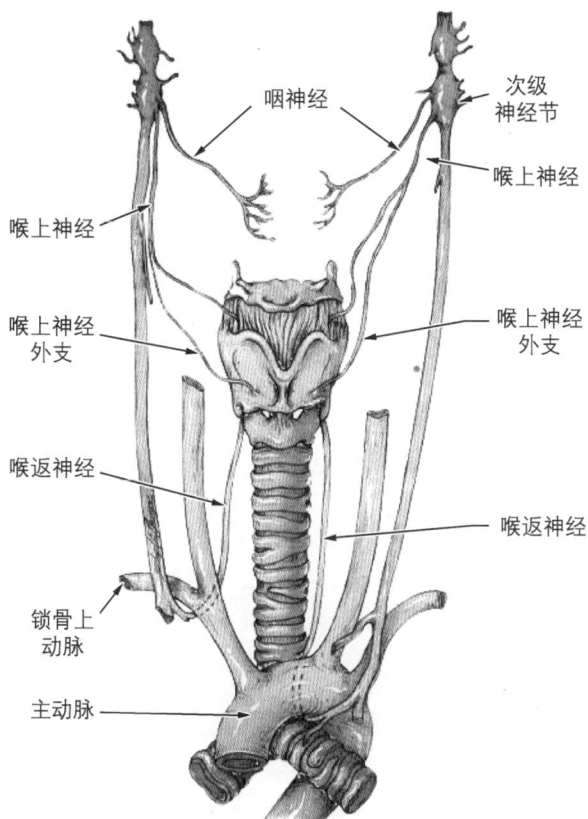

图 6.37　喉上神经、喉返神经、喉返神经的不对称性通路

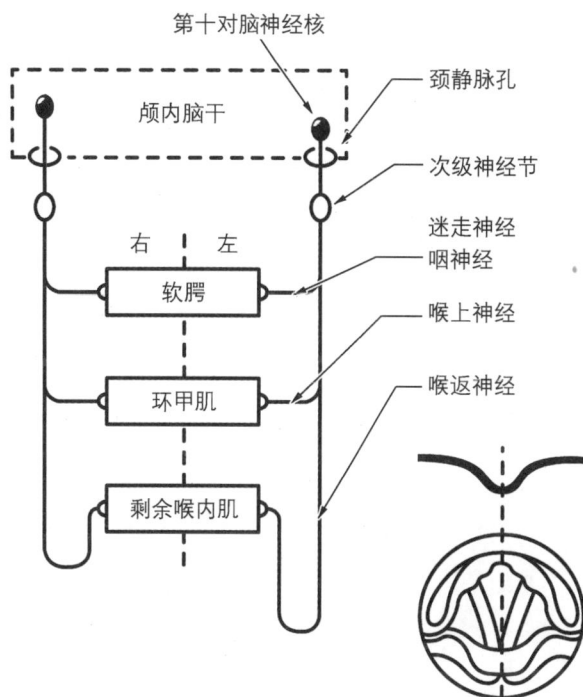

图 6.38　脑干至喉腔的迷走神经通路(RILM: 剩余喉内肌)

迷走神经进入胸腔后分出喉返神经(recurrent laryngeal nerve)。喉返神经主要传递声门下腔和所有喉内肌的感觉与运动信息。左右两侧喉返神经分出部位和行走路径不完全相同。右侧喉返神经在右锁骨下动脉之前的颈根部离开迷走神经,然后自前、下向后绕过右锁骨下动脉,沿气管食管沟,伴甲状腺下动脉的喉上支上行,深入咽下缩肌下缘,在环甲关节的后面入喉。左侧喉返神经在迷走神经跨过主动脉弓时,在其左侧分出,然后自前、下向后绕过主动脉弓,在主动脉总韧带附着点的后面,返至颈部,取与右侧喉返神经相似的径路入喉。在到达咽下缩肌下界之前,左侧喉返神经分出前、后两支,其后支有部分神经纤维与喉上神经内支相吻合,故称为喉神经襻(即: Galen 襻)。

迷走神经的两个重要分支支配着喉内肌和喉部感受器:喉上神经外支支配环甲肌的运动,而其内支则被作为来自喉感受器的感觉支。喉返神经,之所以这样称呼,是因为它从迷走神经分出之后,再向上行走,控制着除环甲肌以外的其他喉内肌的运动,并且传递机械感受器(位于喉肌和黏膜内)所感受的刺激。

在分别感受声门下压、声带张力和呼吸运动的感受器之间存在一个非常重要的反射机制。由于腹肌的参与,呼气的运动幅度加大,引起声门下压的增加,从而导致了声带张力的反馈性增加,这样使得声带能够抵制来自声门下的高压,而不致被吹开。

图 6.38 显示了喉部肌群主要的神经支配,即迷走神经。在颈部,迷走神经也接受来自副神经(第十一

对脑神经)的运动神经纤维。

嗓音治疗应该充分地利用这一控制系统。当嗓音治疗较为完善时,嗓音训练有望重新构建反射弧,这样就能在声门下压(由呼气运动引起)和声带张力之间建立起正确的平衡状态。这样,在整个发声期间,声带能够始终保持闭合,并且,在最适宜的中央闭合位置上,声带振动能够持续地进行。

第七章 发声系统与言语

人类的言语行为受到大脑左半球言语中枢的控制。从言语中枢发出的神经信息通过周围神经系统传递给呼吸、发声(嗓音)和构音肌群,对言语器官的运动进行调控。言语产生(speech production)的过程被认为是由这三大系统的协调运动而形成的:(1)呼吸系统:提供充足的压力和气流来启动和维持发声;(2)发声系统:声带作为一个振动源,提供充足的能量以及合适的声门谱作为构建言语声的基础;(3)构音系统:通过构音器官(舌部、唇部、下颌和软腭等)的运动,调整声道的大小和形状,产生不同的言语声。言语产生的过程,与其他的声学现象一样,都涉及一系列的气压波形,其特征由频率(赫兹)和强度(声压级)等参数来标定。

为了能被听者识别,言语声音的频率(frequency)一定是处于人耳能够感知的频率范围内,人耳能够感知的频率范围是 20—20000 赫兹。大多数人发出的言语声,基频范围大约在 40—2200 赫兹之间,频谱中的谐波频率(harmonic frequency)至少可达 15000 赫兹。

人耳对大约 20 微帕(听阈)至 20 帕(痛阈)范围内的声音比较敏感,帕是压强单位帕斯卡(Pascal)的缩写,用于声压的测量。SPL 代表声压级,1 dB SPL 相当于 20 μPa,即听阈。以往的标准参考值为 0.0002 dynes/cm^2,也相当于听阈值的声压级。声压级应该在标准大气压(760 毫米汞柱)周围波动,用对数(分贝)来表示较为方便,声压加倍,相当于声压级增加 6 分贝。从听阈到痛阈,声压级的范围在 0 至 120 分贝。在距离嘴唇 30 厘米处,测得人类所能产生的声压级大约在 35—120 分贝之间,训练有素的歌唱家才能够发出 120 分贝的声音。

把嗓音产生的过程(即发声)分为两个阶段较容易理解:(1)前发声阶段(或起音 voice onset):可以描述成声带产生振动的先决条件,主要包括声带从吸气位置到闭合位置的前加载运动;(2)声带振动阶段:主要指声带在闭合位置产生振动,这可以通过肌弹性—空气动力学理论来描述,并涉及基频、强度和音质的控制机制。

第一节　前发声阶段

在声带开始振动之前,必须做三项重要的调整工作:(1) 声带肌收缩,声带向中线靠近;(2) 气流开始呼出;(3) 上述两个活动之间的精确协调。

一、第一项重要的调整工作

起初两侧声带是适度张开的,就像平静呼吸吸气时一样。成年男性在平静呼吸时,声带的张开度平均为 13 毫米,在深吸气时可增加到 25 毫米。

前发声阶段所需要的时间主要取决于说话方式和语言环境,其平均值在 350—450 毫秒之间。在这一时间段中,两侧声带逐渐向中线靠近,它们之间的距离大约从 13 毫米减至 2—3 毫米,声带从完全张开至完全闭合是一个连续的过程。一些常见的声门状态如图 7.1 所示,包括在深吸气(forced inspiration)、正常吸气(normal inspiration)、耳语声(whisper)、清辅音发声(voiceless)、正常发声(normal phonation)和用力发声(pressed phonation)时声门的典型状态。

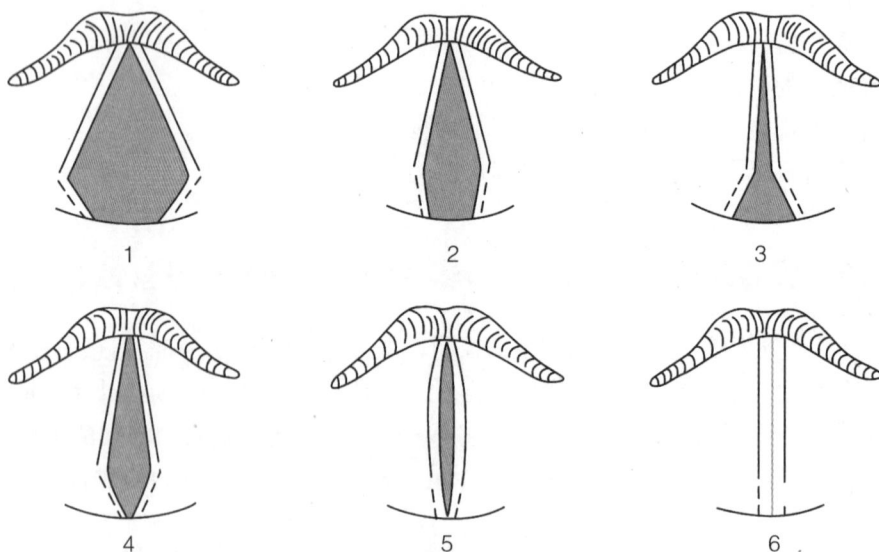

图 7.1　声门状态的简易图
(1. 深吸气;2. 正常吸气;3. 耳语声;4. 清辅音发声;5. 正常发声;6. 用力发声)

常见的发声功能障碍的典型表现如图 7.2 所示,主要包括声带内收肌功能障碍、横肌功能障碍和侧肌功能障碍。图 7.3 主要描绘在中位(发声)、尸位(喉返神经麻痹)、间位(喉上神经麻痹)、侧位(呼吸)时声门的情形,有助于进一步理解喉镜下肉眼所见到的声门形状。

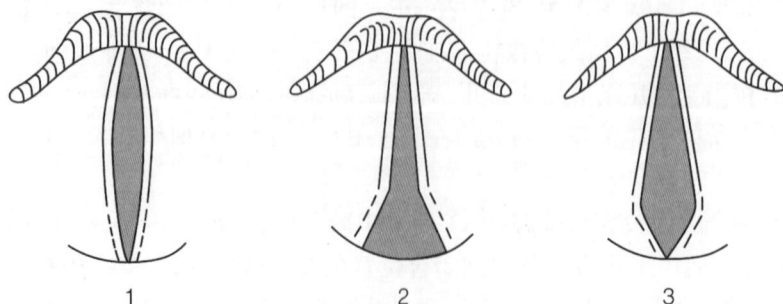

图 7.2　常见的功能障碍
(1. 内收肌功能障碍;2. 横肌功能障碍;3. 侧肌功能障碍)

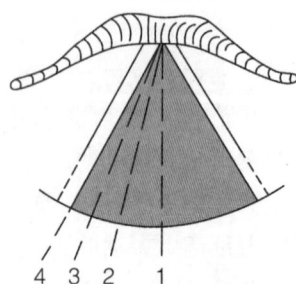

图 7.3　声门位置定义
(1. 中位;2. 尸位;3. 间位;4. 侧位)

环甲肌(CT)是使声带拉伸的主要张肌,主要通过拉伸声带来调节发声频率。甲杓肌(TA)(包括甲杓外肌和甲杓内肌)主要使声带增厚。而甲杓内肌又被称为声带肌(VOC)。

声门的关闭主要通过环杓侧肌(LCA)、杓肌(IA)(包括杓横肌和杓斜肌)、甲杓肌(TA)的协同收缩来完成。这些肌群在前发声阶段同时进行不同程度的收缩。从功能上讲,这些肌群可分成两大类:(1)控制声门关闭(环杓侧肌)或使声带向中线靠近的肌群(甲杓外肌)。中线收缩力(medial compression)是一个解释性术语,它是指一种将两侧声带向声门中央拉近、并互相接触的力量。(2)调节声带紧张度的肌群(环甲肌CT、声带肌VOC,在一定程度上还包括甲杓外肌)。

环杓后肌(PCA)作为甲杓肌的拮抗肌群,它们的收缩幅度较小,主要是阻止甲杓肌收缩时声突过分向前拉伸。环杓后肌的主要功能仍是使声门打开。

实际上,喉肌之间的收缩在功能上是相互协调的,每块肌肉都必须在其他肌群相拮抗的作用下进行收缩运动。但是,为了能更好地理解每块肌肉的独特功能,我们将分别描述四组喉内肌群的功能(喉内肌的起点和止点都联结在喉软骨上,然而喉外肌所有的附着点中都有一个不在喉软骨上)。图7.4显示了在前发声阶段每块肌肉收缩时的效果图。

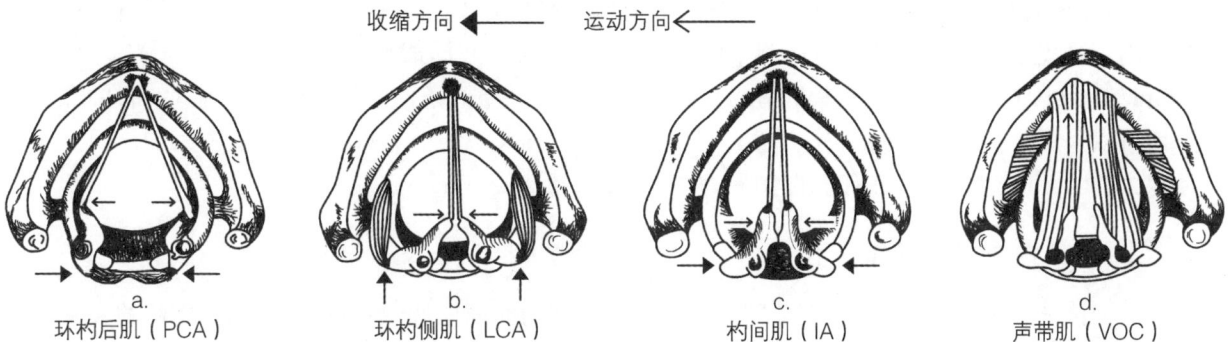

图7.4 前发声阶段每块肌肉独立收缩的效果示意图

环杓后肌(PCA)是主要的声门开肌,它的收缩效果如图7.4a所示。当它们收缩时,杓状软骨的肌突向后下方运动,声突则向外上方翻转,使声门张开。拮抗环杓后肌的一对肌肉是环杓侧肌(LCA),如图7.4b所示,当它们收缩时,将杓状软骨的肌突拉向前下方并使声带向中线靠拢,同时将杓状软骨体之间的距离拉开。杓间肌(IA)的收缩运动如图7.4c所示,杓间肌包括杓横肌和杓斜肌,它们的功能是拉近杓状软骨体。声带肌(甲杓内、外肌束)的收缩运动如图7.4d所示,其功能主要是调整声带的张力和厚度,由此来保持声门的关闭程度与声带的紧张度之间的最佳协调状态。

嗓音生理学阐明了图7.4所描绘的四类收缩运动为何不能割裂开来,因为它们几乎同时收缩。在对发声障碍的患者进行矫治的时候,我们应从整体上把握发声机理,而不只是锻炼单根肌肉或单组肌肉群。所有的喉肌同时训练,并与呼气运动相协调,这样就能使发声功能亢进或发声功能低下在不同的声门下压状态下得以改善。也就是说,通过训练,使得声带能够在最有效的声门闭合状态下产生振动。

呼气时,气流开始经过声门,声带向中线靠近,使声门间的气道变得窄小,阻止声门间的气流通过,从而使声门下压(subglottal pressure)增加。声门下压的增加使声带黏膜间的气流速度加快、两侧声带之间产生负压,导致两侧声带互相吸引,声门闭合,这就是前发声阶段的伯努利效应。(Daniel Bernoulli,1733年成为Basle,Switzerland的解剖学教授,1750年又成为物理学教授。他主要研究水动力学,即流体运动)。

伯努利效应的公式为$c=d/2\times(v^2\times p)$,这里c是一常数,d是空气密度,v是气流速度,p是垂直作用于气流的压力。这个公式可以用来解释两侧声带逐渐向中线靠拢的过程:声门间气道越窄,气流相对速度v越快,结果导致该处的气体较为稀薄,并使声门间压力p锐减,进而引发声带振动。另外请注意一个重要的现象,通过声带边缘的气流要比通过中线的气流运行更长的距离,前类气流的加速流动会使声带边缘的气体密度下降更多。

如果伯努利效应公式中的 d 接近一常数,那么公式可以简化为 $k=v^2 \times p$,k 为一常数($k=2c/d$)。这就意味着:当气流速度加快时,声门间的压力急剧下降;如果气流速度增加 6 倍,气压则下降 36 倍。在 2 毫米的声门裂中测得的 2 cmH₂O 的气压差足够用于产生近似 12 米/秒的气流速率,从而启动声带的振动。这些观察结果从对刚切除不久、黏膜较紧的喉组织的研究工作中获得。

二、 第二项重要的调整工作

声带只有在适当的气流速度和声门下压下才能产生振动。在声门闭合至发音位置的过程中,如果声门下压太高,嗓音中将出现一种可听见的声门擦音/h/,被称作气息声;如果声门下压太低,嗓音将出现吱嘎声,或声带几乎不产生振动。因此最有效的起音运动要求在前发声阶段,呼气运动(声门下压与气流速度)和声带闭合运动(即位置和肌张力)保持平衡,呼气运动应适度。

发声至少需要 2 cmH₂O 的声门下压和接近 100 ml/s 的气流速度。正常发声在 6 cmH₂O 的声门下压时需要 150 ml/s 的气流速度(气流速度指单位时间内通过声门的空气体积值,它等于声门间的气压差除以气流阻力。因此,通过声门的气流速度与声门上下的气压差成正比,与声门阻尼值成反比)。

然而,在说话时还必须产生足够的语气变化(如音调变化、语调变化、响度变化等),呼气肌群应能在更大的声门下压范围内进行调整,这一范围约为 2—30 cmH₂O,同时呼气肌群应能使气流速度达到 1000 ml/s 以上。呼吸运动应该在较舒适的状态下产生上述必要的条件。如何能够达到这一目的呢?我们一般可以采用重读治疗法中的慢板节奏二来进行训练。据文献研究记载,男高音歌唱家的声门下压的上限值大约为 70 cmH₂O,训练有素的歌唱家的气流量大于 11000 ml/s。

三、 第三项重要的调整工作

最后谈谈第三项调整工作。声门关闭与呼气开始之间的时间协调十分重要,这两者之间的关系可以分成三种情况。

第一种情况,在声门完全关闭之前气流已经呼出,这种声音听感上包含了很多气息音,被称为气息声(breathy),也称送气声(aspirate),如/h/。而这种起音方式被称为软起音(soft glottal attack)。气息声/h/ 在声带向中线靠拢的过程中逐渐加重,而在声门完全关闭时停止。习惯性的气息声或软起音被认为是病理性的,特别是当气息声出现在元音的前面时,使元音的强度减弱,声音质量明显下降。

第二种情况,当两侧声带刚达到完全闭合时,呼气运动正好开始,这是最佳的起音状态,这种起音方式被称为"同时撞击"(attack simultaneously)。图 7.5 所示的光电声门图就是这种起音方式。实验观察证明声带黏膜的运动首先发生在中层,气流速度越快,声带中层的运动就越明显(该运动在声带闭合过程中进行了叠加)。

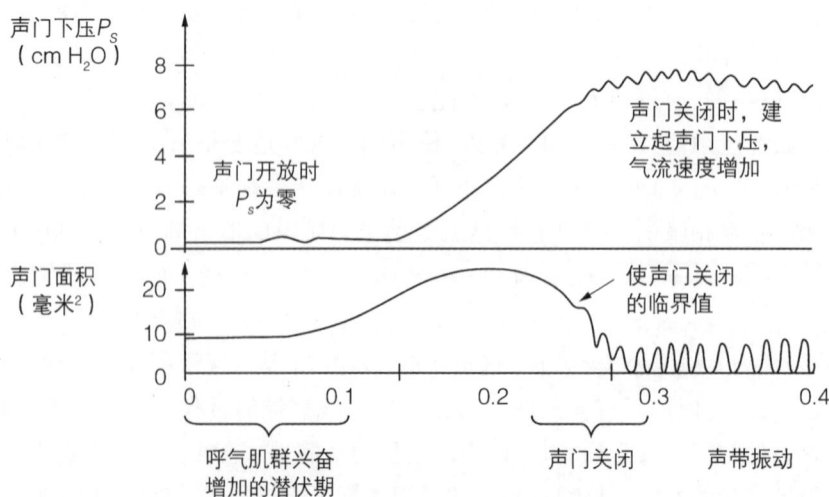

图 7.5　前发声阶段的光电声门图

重读治疗法中的行板节奏二和行板节奏三的训练目的就是使声门关闭和呼吸运动的时间保持精确的一致,旨在在发声功能亢进或发声功能低下的呼气和起音之间寻找一种适当的平衡状态。另外,肌电图研究显示,呼气肌群的兴奋刺激与喉内肌群的兴奋刺激之间应达成精确的协调。发单个元音时,在起音前50—400毫秒,环杓侧肌的肌电运动就已开始,接着在50—100毫秒以后,腹肌运动开始,并建立起适当的声门下压。

第三种情况,如果声门在呼气运动开始之前就已关闭,那么起音是突然的,即呈爆破式(explosive)。在声带正式振动之前,声门下的高压必须克服声带的抵抗作用,这种起音方式通常被称为硬起音(hard glottal attack)或声门颤动(glottal shock)。硬起音给声带增加了多余的负担,尤其是当声带处于病理状态(如慢性喉炎或血管隆起)时,可能受到损伤。当一个单词的起始音为元音时,硬起音现象非常普遍,常常表现为声带运动亢进性的发声困难(hyperkinetic),严重时将导致声带水肿、声带小结、声带边缘息肉或引起肌张力的过度代偿。

重读治疗法的目的在于通过训练呼气运动与声带振动发声之间的协调性,来矫治硬起音和软起音,并提高声带向中线收缩的调节能力。

第二节　声带振动阶段

过去对于喉部发声功能的大部分理论都以实际经验为基础,如歌唱的需要。只有少数理论建立在客观的生理和声学测量的基础上。近30年来,喉肌电图的研究提供了大量新的数据(Hirano,1989),这项技术用于观察在说话和唱歌时的喉肌运动,增强了我们对如何维持音区(register)、嗓音音调(pitch)、嗓音响度(loudness)和嗓音音质(voice quality)稳定性的认识。

如上所述,在前发声阶段,声带从完全张开的位置向中线闭合至2毫米左右,这个调整过程在350—450毫秒的时间内完成。呼气运动使气流速度加快,当声门裂为2—3毫米时,气流速度达到一定程度,引发了声带的振动。正常情况下,在声带达到平稳振动之前,我们可以观察到在前发声阶段有3—5个振动周期。伯努利效应能解释这种两侧声带向中线收缩靠拢的早期振动,一旦建立起这种振动模式,只有当喉内肌收缩与呼气运动之间的协调关系发生变化时,振动方式才会发生变化。而这两者协调关系的变化可以调节嗓音音调、嗓音响度、嗓音音质和音区。

声带是声音的振动源,它们振动来自肺部的气体,气体流经喉腔后,在声道产生声波。1950年提出的关于发声的肌弹性—空气动力学理论是最为流行的嗓音产生的理论模式。这个模式描述了嗓音是肌肉收缩力量、组织弹性、空气压力及流速共同作用所产生的。

一、发声的肌弹性—空气动力学理论

声带振动的前提条件是声带必须靠向中线,这主要通过环杓侧肌与杓间肌的收缩作用来完成,这一收缩力称为中线收缩力。中线收缩力使声门在中线闭合,声门下压(声门下压力或气管压力)开始增加。当声门下压力足够强大时,它克服了声门闭合所产生的阻力,使声门开放。一股气流进入声道,使声道内的空气产生振动即声波,如同音叉的效果。声波通过声道传递,在声道内由各类瓣膜对声波进行调节。同时,声带由于中线收缩力再次产生闭合。首先,一旦声带被分开,它们便由于肌肉的弹性回缩力返回到中线位置。当它们开始闭合时,便形成了一个狭窄的通道。其次,根据伯努利效应,声门下气流在通过闭合声门的狭缝时,会产生负压。这是因为通过狭小通道的气流流速增加,气体压力减小。声带之间压力的下降将进一步拉近两侧声带的距离,使声门充分闭合。再次建立的声门下压将声门打开之后,整个过程再次重复。声门的一次开闭运动构成了声带的一个振动周期。当然在言语期间,声带每秒钟振动数百次。需要记住的是,在发声时,声带不能完全闭合,但分开的距离也不能超过3 mm。

由于声带是一种分层结构,它以一种极为复杂的方式产生振动。与其说声门开闭是一项整体运动,不如说声带从底部向顶部逐渐开放,然后从底部向顶部逐渐关闭,整个过程呈波浪运动状。这类复杂的振动主要是由声带在水平与垂直纬度上开闭的时间差异所造成的。在垂直面上,当声带下缘开始接触闭合时,声带上缘仍处于开放状态。当气体向上流经声门时,产生负压状态,闭合运动由下向上逐渐进行。当声带上缘闭合时,声门下压逐渐建立,迫使声门打开,声门下缘已开始逐渐再次开放。这种声门上下缘的开闭运动轻度滞后的现象,被称为垂直相差(vertical phase difference)。

声带自后向前的开闭运动之间也有类似的时间落差问题。它们自声突的后附着处向前联合部分逐渐开放。然后,它们自前向后逐渐关闭。这类闭合的落差被称为纵向相差(longitudinal phase difference)。

这些相差使声带的振动形同波浪状,这在声带较松弛柔韧的层面表现得特别明显,术语称为黏膜波(mucosal wave)。声带波浪状的振动对于正常嗓音的产生是至关重要的。黏膜波受到的干扰或破坏均会影响到嗓音的产生,从而导致各种类型的嗓音问题。只有在发浊音时,声带是振动的,而在发清音或吸气时,声带通过环杓后肌的作用而被打开。

声带的复杂振动产生一种周期性的复合声波,正如所有的波形一样,它包括基频和谐波。基频代表声带振动的速率,对应于可感知到的嗓音音调。

如前已述,嗓音是气体压力、组织弹性和肌肉活动共同作用的结果。声带振动产生嗓音(即喉源音),再经过构音器官产生共鸣而形成言语。在发声时,双侧声带在内收肌的作用下向中线靠拢,但是二者并不需要完全靠拢,只要接近到足以使气体力学产生振动过程的距离,便能发声了。

声带的每个振动周期都包括一个渐开相(离开中线)、一个渐闭相(回到中线)和一个闭合期(接触阶段)。图 7.6 是喉腔冠状剖面的示意图,它解释了在一个声带振动周期中,贯穿整个声门上、下的压力变化情况。图中深色区域表示气体压力增强,该处空气密度增大;浅色区域表示气体压力减弱,该处空气密度变稀。每个振动周期都是有规则地将声门下气柱压力分节地转化为由空气中各种分子撞击而形成的声能。声带振动以一种有规律的准周期的方式进行。

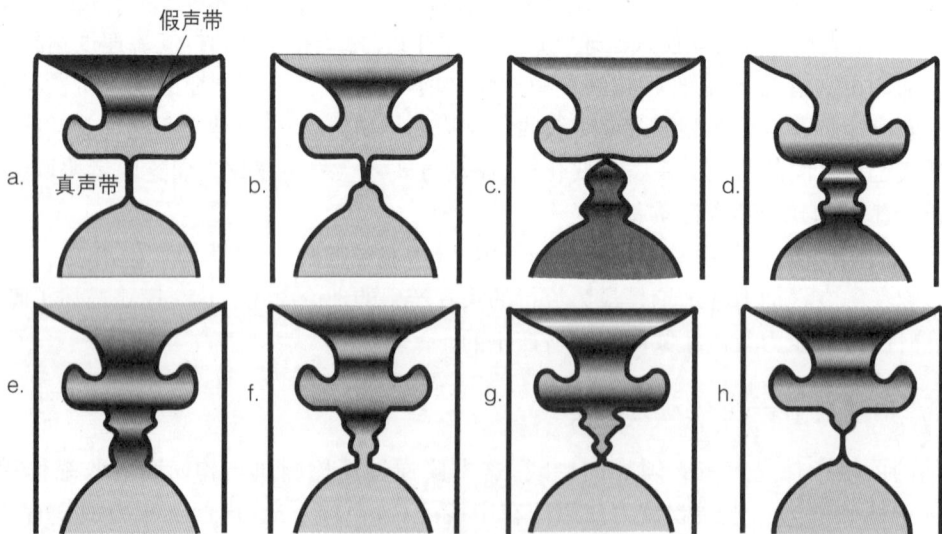

图 7.6　声带振动模式图

声带振动的过程:气流到达声门处,由于声门的闭合,该气流受到阻碍,形成了声门下压(图 a);压力升高到大于声门阻力时,声门下缘被吹开(图 b),并向上继续快速地冲开声带(图 c);两侧声带分开时,伴随产生波浪形的运动。接着在声门下压的作用下,声门上缘也被吹开(图 d、e);而先前被吹开的下缘也同时向中线靠拢(图 f、g、h)。

声带的弹性回缩力和伯努利效应,导致声门关闭。伯努利效应是一种由气体通过狭小空间而引起的空气动力学现象,该效应在声带之间产生瞬时负压,使得两侧声带很快被吸在一起。声门完全闭合后,声门下压重新积聚,声带又开始了一个新的振动周期。由此得出的结论是:声带振动是在空气动力学以及肌弹力的协同作用下产生的。

二、嗓音基频

嗓音基频（voice fundamental frequency）是声带每秒钟振动的次数，对应的心理学参数就是音调，它取决于声带的长度（length）、单位长度的质量（mass）、紧张度（tension）和硬度（stiffness）。声带的长度越长，质量越大，紧张度以及硬度越小，声带振动的速度就越慢，音调就越低；反之，声带越短，质量越小，紧张度及硬度越大，声带的振动速度就越快，音调就越高。在言语过程中，我们不断地改变嗓音基频，这主要取决于是在说疑问句、还是在说陈述句，是否某些具体的单词和音节需要重音（stress）或重读（accent）等。儿童由于声带小而单薄，因此产生较高的振动基频（青春期之前的男女儿童的基频大约为 250—350 Hz）。成年女性的平均基频为 180—250 Hz，成年男性的声带一般较长、质量较大，其基频范围一般为 80—150 Hz。

嗓音基频的提高主要是通过环甲肌运动使声带拉长来实现的。甲杓肌、环杓侧肌和环杓后肌的协同收缩，使环甲肌运动增强，声带张力增大。嗓音基频提高时声带的变化情况表现为：声带的张力和长度增加，单位长度的质量减少（即声带拉长，引起质量的重新分配），弹性增加，顺应性减小，振动速度增加。尽管嗓音基频提高时，声门下压力也略有提高，但嗓音基频的改变主要还是由声带本身的物理特性变化所导致的。

三、嗓音强度

嗓音强度（voice intensity）是声带振动的强度，对应的心理学参数就是响度。它可以通过调节声门下压的大小得到控制，主要是通过增加和减少中线收缩力量的方式来进行的。当中线收缩力量增加时，声带闭合更加紧密，时间更长，从而产生较高的声门下压。当声带被声门下压吹开时，声门开放的幅度更大。由于它们的弹性回缩力，声带再次同样强有力地闭合，使声道内的气体受到更强烈的激励。因此，产生的言语声波具有更大的振幅与强度（intensity）。言语期间，根据口头表达的信息，声带需要不断地调整其紧张度来适时地改变基频与强度。这些持续的变化产生了言语韵律。

嗓音强度的改变也需要一些协调运动。声带的内收和紧张必须对气流产生足够的阻力。喉部阻力、呼气肌和胸腔的运动则产生克服阻力的声门下压，当它大于声带闭合时所能承受的压力时，声带就被吹开。压力越大，声带张开幅度越大，嗓音响度也就越响；声带间的空隙越大，冲出的气流越多，言语声波的振幅（amplitude）也就越大。声带振动的幅度（voice intensity）随声门下压的增大而增大，振动周期中的声带接触时间也随声门下压的增大而增大。

四、嗓音微扰

由于声带组织及其机械运动的特性，声带本身不能以一种完全周期的方式产生振动，这种特征被称之为嗓音的准周期特征。发声时，在频率和振幅方面总有一些小的波动，结果产生一种准周期（但非完整的周期波）。例如，当你试图以 200 Hz 的基频稳定地发/ɑ/音，你必须使声带保持适当的张力和硬度，使声带每秒钟振动 200 次。如果你的声带以全周期的方式产生振动，那么每次声带振动的时间为 0.005 秒。然而，由于声带以准周期的方式产生振动，一个振动周期可能维持 1/200 秒，下一个周期可能维持 1/199 秒，再下一个周期维持 1/203 秒，等等。一个振动周期的微小变化被称为基频微扰（voice fundamental frequency perturbation），或更通俗一点，称为 Jitter。幅度也会出现类似的周期变化。如果你发/ɑ/音，并尽可能有意地维持一定的响度水平，你的声带振动仍会有一些轻微的幅度差异。这类差异被称为幅度微扰（voice amplitude perturbation 或 Shimmer）。

1. 基频微扰和幅度微扰的来源

这些周期波之间频率与幅度的变化由多种因素（包括神经性、生物力学、空气动力学以及声学的因素）而引起。例如，左右两侧声带可能并不十分对称，导致在质量与紧张度方面略微不同，或者一侧声带较另一侧有更多的黏膜，导致一侧比另一侧质量更重（神经性的因素）。肺内压的变化也能引起声带振动频率与幅度的扰动，因为在气流通过声门时，声门处的压力时而建立，时而释放，导致声门下压数值产生轻微的波动(空气动力学的因素)。构音器官也会对声带的振动产生影响,例如,发前元音时,舌部向前运动,将舌骨拉向前上方,结果使喉腔抬高,喉腔的提高可能改变声带的硬度,因此使基频产生扰动(声学的因素)。声门处空气动力学的变化也会引起声带振动周期的变化,当气体通过声门时,产生湍流现象,结果引起嗓音中压力的迅速变化(生物力学的因素)。

2. 嗓音微扰的测量

在测量 Jitter 和 Shimmer 时,通常有必要测量声带振动的每个周期。最新的计算机技术通过按键盘或点击鼠标便能执行复杂的运算程序。目前市面上有许多测量 Jitter 和 Shimmer 的仪器和软件包,如"嗓音功能检测仪"(Vocal Assessment™,Dr. Speech™,上海泰亿格康复医疗科技股份有限公司)。

测量 Jitter 时,每个周期的变化受到基频的影响,基频较高时,Jitter 较难进行测量,因此 Jitter 的运算公式中必须将这个因素考虑在内(Huang,1995)。另外,由于 Jitter 的测量取决于嗓音信号周期的精确判断,它在计算非周期嗓音的 Jitter 值方面是无效的。由于 Jitter 测量方面存在这些局限,因此在采用这项技术前必须了解嗓音功能方面的更多知识。例如,声带振动周期轻微的变化是人类嗓音中如此自然的一部分,以至于嗓音中没有 Jitter 和 Shimmer 会导致嗓音感知的不自然。黄昭鸣等的研究显示人类嗓音中存在小于 0.5% 的 Jitter 是属于正常现象。

Titze(1991)制定出了关于 Jitter 的数学公式,用于衡量声带的神经肌肉功能的各个方面,并且发现人类嗓音 Jitter 的最低水平在 0.2% 左右。这些数据在大量的研究中得到印证,这说明人类嗓音的 Jitter 值表示声带并非完全按照周期的方式产生振动。Jitter 值过大,说明正常的声带振动以及黏膜波受到了干扰。另一方面,正常的说话者实际上可以通过训练,来减少嗓音的 Jitter 值。例如言语功能正常的女性通过练习,可以将 Jitter 值从 0.4% 降至 0.3% 左右。Jitter 也可以作为儿童嗓音成熟以及嗓音老化的指标。儿童的 Jitter 值高于成年人;年长者的 Jitter 值高于年青人。关于 Shimmer 的研究不像 Jitter 那样彻底,但黄昭鸣等研究人员证明人类正常嗓音的 Shimmer 值小于 3%。

Jitter 和 Shimmer 反映的是人体内部的噪音。黄昭鸣认为如果我们从微观的角度进行人体分析,我们可以看出人体大量的"物理工厂"(水力、电力以及化学系统)展现出复杂的前后运动。这些微观运动使其他的稳态运动产生波动。喉腔对神经、血管、呼吸系统、淋巴系统以及其他运输系统所产生的微小波动特别敏感。由于人体大多数重要的生命枢纽均通过颈部,并与喉腔十分接近,这些波动将在其行径中留下"痕迹",在声带振动模式中成为可以察知的部分。

声带振动的周期性变化使我们能够感知神经肌肉的功能变化或导致声波输出变化的声带层面的改变。控制声带振动的肌肉需要产生一定的力量来维持特定的频率与幅度水平。这种力量主要是通过支配喉腔的神经控制肌肉的收缩而产生的。控制声带振动的肌肉群收缩越稳定,声学信号的产生就越稳定,越具有周期性,Jitter 和 Shimmer 值就越小。神经肌肉控制障碍可导致声带振动的不稳定,从而表现出较高的 Jitter 和 Shimmer 值。同样,如果声带质量增加了,例如声带长有小结或息肉,不仅 F_0 可能减小,而且声带振动也会变得不规则,Jitter 和 Simmer 值将增加。

五、 发声压力和跨声门压力

对于声带振动而言,声门下压力(P_s)必须高于其上方的压力,这样气流才能够通过声门。这种声门上方与声门下方之间的相对压力差是一种驱动力量,即跨声门压力(transglottal pressure),它迫使气体通过声门。当两侧声带处于合适的关闭状态时,这种跨声门压力使声带产生振动。使声带振动的最小压力被称为发声压力阈值(P_{th},phonationthreshold pressure)。对于采用正常响度水平进行交谈的言语而言,这个发声压力(phonationpressure)范围大约在低频区的 3 cmH_2O 到高频区的 6 cmH_2O 之间。在高频区,声带更薄、更硬,因此需要更高的发声压力使声带产生振动。在低频区,大约 3—4 cmH_2O 的发声压力阈值对应着 45—65 dB SPL 的言语强度水平。响度更大的言语声需要更高的跨声门压力差。例如,喊叫式的跨声门压力大约为 50 cmH_2O。

第三节　声门波及其频谱特征

声带具有独特的分层结构,并且每层具有不同的硬度。不同于音叉的硬性振动,声带以一种极其复杂的波浪形式进行振动。喉部产生的声门波(glottal wave,即喉音 laryngeal tone)是复杂波,它与其他复杂波具有相同的声学特征,即声门波包含基频(fundamental frequency)和谐波(harmonics)两种声学成分。基频表现为可感知的嗓音音调(pitch),而谐波则表现为嗓音音质(voice quality)。若用声学术语进行描述,嗓音音质是指各个谐波的频率与其幅度之间的关系。从听觉感知的角度上说,嗓音音质是指嗓音的独特音色。人类的嗓音通常是通过嗓音音质来区分的。例如,如果你和你的朋友采用相同的基频发/ɑ/音,他人能够辨别出你们声音的不同。这是因为嗓音中谐波的幅度是不相同的。乐器同样如此,即使钢琴与小提琴有着相同的基频,你也能够很轻松地辨别出两种乐器之间的差异,这也是由于每种乐器具有其独特的音色,这与它们的声学质量有关。

一、声门波

言语的产生直接与声带开闭的方式有关。喉内肌群和喉外肌群之间的协调工作使得声带组织、韧带和黏膜的张力发生不同程度的变化,这将改变声门开放的时间和幅度。图 7.7 显示了同一个人在喉功能亢进,正常发声和喉功能低下三种状态下的声门波。可以看出,发声功能亢进时,声门开放期缩短,发声功能低下时则有着较长的声门开放期。

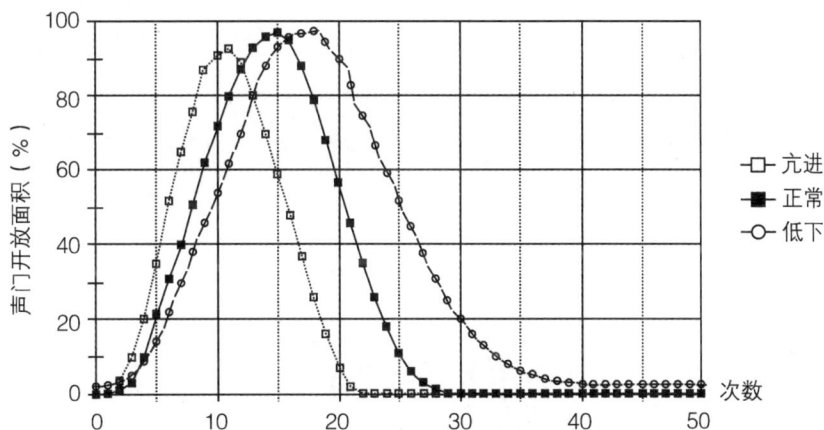

图 7.7　发声喉功能亢进、正常和低下时声门开放
面积的变化(一个振动周期测量 50 次)

二、声门谱

声门波的基频与谐波在线性频谱上能够清晰地显示出来。声门波的频谱简称为声门谱(glottal spectrum),如图 7.8 所示。发声(phonation)表现为喉腔中嗓音产生(voice production)的过程。声门波并不反映我们实际听到的言语声音,因为声门波在通过声道后,向上从口或鼻中发出,已经得到修饰,发生了变化。声门波代表的是将麦克风置于喉部时,所听到的输入声道的声音。声门谱显示的基频是最低的频率成分,有着较大的振幅。当谐波频率增加时,其振幅以每倍频程 12 dB 的方式逐步递减(倍频程是指频率的两倍或一半)。声门谱显示的频率从 100 增至 200 Hz 时,就是增加了一个倍频程,幅度减少 12 dB;从 200 增至 400 Hz 时,幅度又减少 12 dB;从 400 增至 800 Hz 时,幅度再减少 12 dB,依此类推。随着频率的增加,声学能量逐渐减少。因此声门波低频区的声学能量较多,中频区的声学能量较少,高频区的声学能量微乎其微。人类嗓音约有 40 个谐波成分,在 4000 或 5000 Hz 处仍然存在较

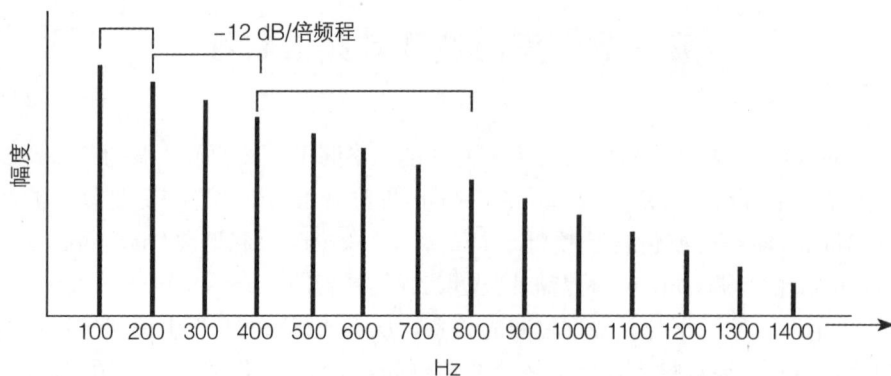

图 7.8　声门谱

少的声学能量。

　　言语过程中，我们是通过调节声带振动速度来控制言语基频的高低，从而达到改变音调的目的的。由于谐波是基频的整数倍，当基频发生变化时，谐波间距也发生变化。改变音调的过程中，谐波间距（harmonic space）也发生了改变，谐波间距是声门谱中各谐波之间的距离（见图 7.9）。

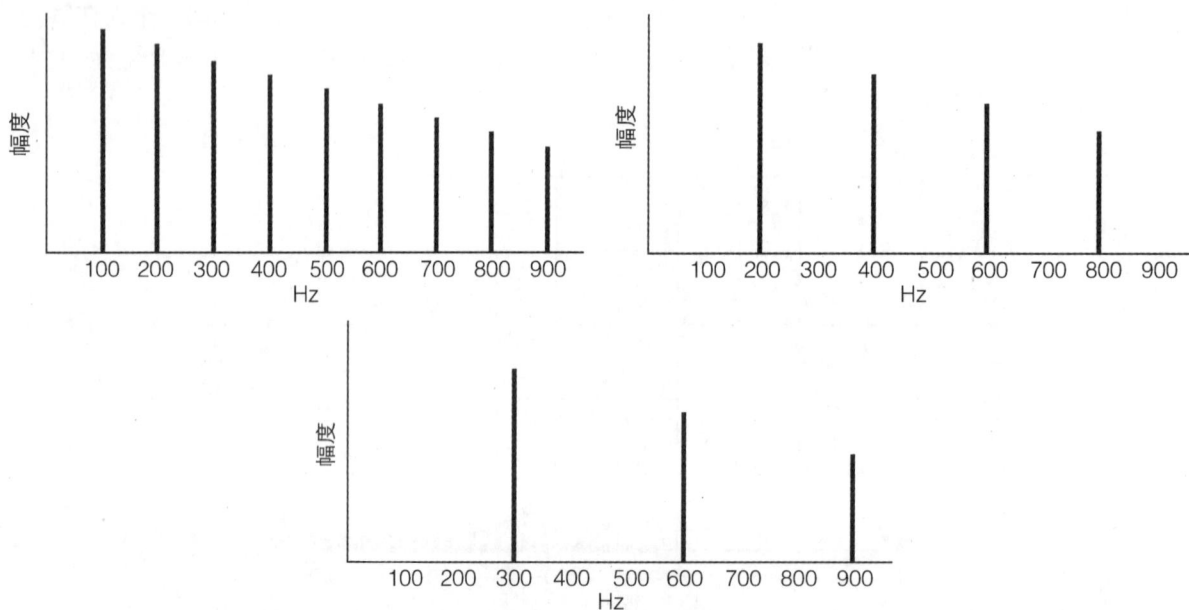

图 7.9　谐波间距

　　如果某人的基频为 100 Hz，谐波则为 200、300 以及 400 Hz 等，直到 4000 或 5000 Hz 左右。如果他通过增加基频，将音调提高至 200 Hz，谐波则为 400、600 和 800 Hz 等，直到 4000 或 5000 Hz 左右。谐波间距从 100 增至 200 Hz，但谐波频率成分有所减少。因此，200 Hz 的音调不仅听起来较高，而且声门谱也发生了变化。嗓音基频越高，谐波间距也越宽。这有助于解释儿童嗓音与成人嗓音明显不同的原因。青春前期儿童的基频大约在 330 Hz，明显高于成人（成年男性约 130 Hz，成年女性约 230 Hz）。青春前期儿童的音调较高，由于其声门谱具有较宽的谐波间距，谐波成分较少，使得他们的嗓音不具备成年人那种饱满的、具有共鸣效应的磁性音质，音质比成年人单薄。然而，这种音质对于音乐合唱队（如维也纳合唱队）和教堂的儿童歌手而言，不失为一种优势。

三、声门波的特征

　　不同声门波导致了三种不同的声门谱（发声功能亢进、正常发声和发声功能低下），如图 7.10 所示。

a. 发声功能亢进时的频谱图

b. 正常发声时的频谱图

c. 发声功能低下时的频谱图

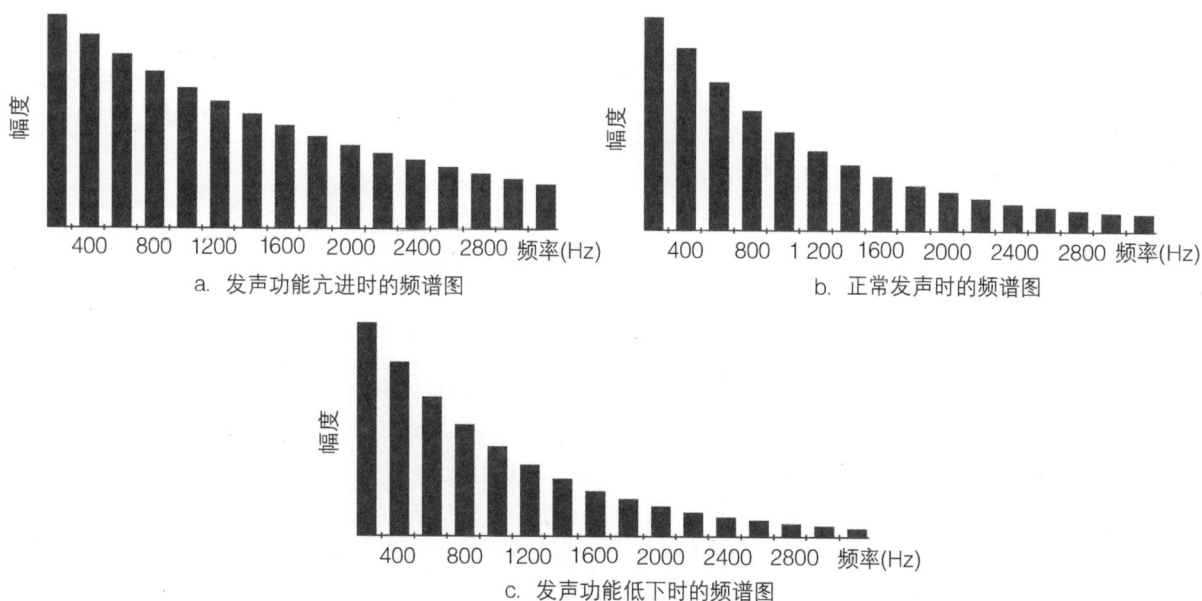

图 7.10　发生功能亢进、正常发声和发声功能低下时的声门谱

正常发声的时候,声门下压和声带张力之间达成平衡,这是最不费力的发声方式,产生最高的声门输出能量,是嗓音产生的最佳方式,相应的频谱如 b 图所示。

有两种情况会造成发声功能亢进:其一,声门闭合的力量过强,声门下压要冲开声门需要较长的时间;其二,声带张力过大,引起一种较为快速的声门闭合运动。这两种情况下,嗓音的输出能量不是最有效的,此时形成的嗓音听起来单薄、过于吃力,相应的声门波频谱如 a 图所示。

如果声门闭合无力,则声门的闭合运动较慢。声门下压也很容易将声带再次吹开。声门开放时间过长,导致大量声门下的气体释放,造成了发声功能低下,这种嗓音听起来就像气息音,其音质较柔和、暗淡。这种嗓音能量太低以至于不能产生清晰的构音,相应的声门波频谱如 c 图所示。

第四节　音　　区

了解了嗓音产生的机理之后,现在详细讨论声带振动的方式,以及喉腔所产生的不同嗓音音质。当我们提高音或降低调时,会感觉到嗓音机制发生变化。实际上,声带振动有许多不同的方法,以便能够产生不同的基频和嗓音音质。这些基频与嗓音音质均与音区有关。

一、音区

唱歌或弹奏乐器时,会经常遇到音区(Vocal Registers)的概念。从音乐的角度来看,音区是指嗓音或乐器音调的范围。嗓音基频的整个范围是非常宽广的,从低音歌手的 60 Hz 以下至女高音歌手的 1568 Hz 以上,高低不等。每个音区都有一个具体的名称。

就嗓音的产生而言,基频的范围通常分为五个区:脉冲区、胸音区、头音区、假音区以及哨音区。从听觉感知的角度上看,这五个音区的嗓音音质截然不同,它们分占了一定的基频与强度范围:(1)脉冲区是指基频的低音区,感觉上是一种叽叽嘎嘎的、爆破式的声音。脉冲区发音也称为气泡发声,或叽嘎音。(2)胸音区是指基频的中音区,它在正常的言语交谈中最为常用,与假音区相比,声带的有效振动长度略短,包膜层较松弛,体层完全参与了振动。(3)假音区是指基频的高音区,有时也称为顶音区。(4)胸音区和假音区之间存在着过渡性的音区,称为头音区或混声区。(5)高于假音区的音区被称为哨音区。表 7.1 显示了与不同音区相关的言语基频范围(Zemlin,1998)。

表 7.1　五种不同音区男性与女性的平均言语基频范围(单位: Hz)

	男　性	女　性
脉冲区	43—82	87—165
胸音区	98—147	175—294
头音区	196—294	349—587
假音区	349—494	659—988
哨音区	523—698	988—2093

鉴别音区的关键是每种音区均由一种不同的声带振动方式而产生。一种振动方式对应某个基频范围,当说话者的言语基频超出此范围(或高或低),对应的声带振动形式也发生了改变,这种振动形式的变化导致嗓音音质的相应变化,这种变化对于说话者及其听众而言是突然的、可被察知的。实际上,嗓音专家以及歌唱老师似乎认为歌唱训练的首要任务是采用一种不被察觉的方式实现音区之间的平稳过渡。在正常的言语交谈中,当说话者的基频达到胸音区的上限时,声带振动的方式突然发生变化,声音转变为假音发声。当基频降低到胸音区的下限处,声带振动产生了气泡发声或脉冲发声。

二、 胸音区

声带振动的常见音区被称为胸音区(chest register)或自然音区(model register)。在适当的习惯基频和声门下压水平下的言语交流被认为是胸音区发声。贝尔实验室的慢镜头首次显示出胸音区发声时典型的声带振动模式,后来通过频闪喉镜得以证实。

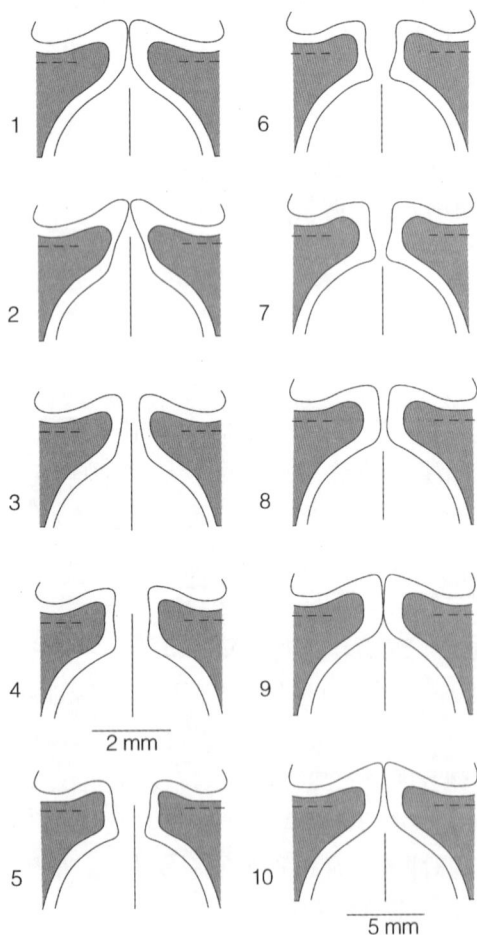

图 7.11　胸音区发音一个振动
周期的 10 个时间点

基频为 75 赫兹,声门最大张开度为 2 毫米(图 3)。

图 7.11 显示男性胸音区发声一个振动周期的 10 个时间点,他的基频为 75 赫兹:(1)气流压力在闭合声门的下方建立起来,因此(2)两侧声带的下缘开始分离。气流压力继续使声门打开,将疏松的黏膜组织层向声带的上表面吹起,在声带的上表面可见明显的涟漪状。(3)松弛的声带上缘被吹开,呼出的气流被释放。在黏膜组织周围的气流速度最快,使得该处的气流压力减小,与声门中央的气流压力形成了压力差,从而产生了垂直于气流方向的牵引力,这个牵引力使得两侧声带下缘疏松的上皮层开始互相靠近。(4)同时,声带组织的弹缩性协助了这一闭合运动。(5、6)声带下缘的闭合运动正在加速进行,直到声带的下缘开始接触。(7)随着声门下缘的关闭,跨声门的气流被中断。声带两侧之间的气流继续向上排出,同时声带闭合时的冲力使得声带边缘的接触向上伸展(8、9),直至整个声带边缘在垂直面上达到完全的闭合。(10)由于声门的闭合,声带间的阻力逐渐增加,声门下气压又重新建立起来,即回到(1)。当声门下压大于声门阻力时,声带的下缘开始分开,最后两侧声带分离开来,重新开始另一个运动周期。

以上是采用肌弹性—空气动力学理论对声带振动进行的详细解说。发声系统之所以能够循环往复地产生振动,主要是依靠声门下压、声韧带弹力、弹性圆锥的弹缩性和伯努利效应来支持的。

许多研究人员对声带运动做出了科学的解释。他们借

言语治疗学

助于显微镜显示了声带的五层解剖结构(Hirano,1991)。在这里应该强调疏松黏膜层的重要性,这个黏膜层使得声带振动的方式趋于复杂。

胸音区是人们用于言语交谈的自然音区,所以"重读治疗法"侧重于胸音区。尽管这是一种嗓音言语的治疗方法,而非歌唱的训练方法,但是歌手们通常也对这种训练课程反应良好,主要体现在嗓音保健、嗓音音质和音域方面的改进。

三、假音区

高速摄影术也曾被用来检测假音区的声带振动。在假音区(falsetto)或顶音区(loft register),声带被拉长且硬,边缘很薄,通常表现出弓样的形状。这种被拉长的形状表示声韧带被拉紧,这主要是因为环甲肌收缩增加了声带纵向的紧张度。此时声门是紧张而且狭窄的,声带的包膜层较松弛,声带通常不在中线处接触,声带的边缘在发声时产生振动,声韧带以及体部并不像胸音区以及脉冲音区一样产生充分的振动,而是产生一种相对简单的振动。

图 7.12 显示在假音区中一个声带振动周期的七个阶段。(1)声门下压开始建立,使声带迅速分开(2、3)。当气体从声门处呼出后,声门下气压开始下降,声韧带的张力与弹力使声带回到闭合位置上(6、7)。伯努利效应在假音区发音中被极大地削弱了,它不能有力地支持声带的闭合运动,如(4)(5)(6)所示,通常是声带的不完全闭合。假音区所测出的气流量通常为胸音区的两倍(Hirano,1989),这进一步证实了声门的不完全闭合。可以认为,假音区的声带振动主要取决于声门下气压和声韧带的弹力。

由于在假音区,声带振动的速度极快,而且相对简单,声音的音质几乎像长笛一样。当基频很高时,谐波之间的间隔很宽,因此假音与低调嗓音的厚实音质相比,显得较为单薄。另一个造成假音独特音质的原因是轻微的气息声成分,造成气息声的原因是声带振动时产生了不完全闭合。

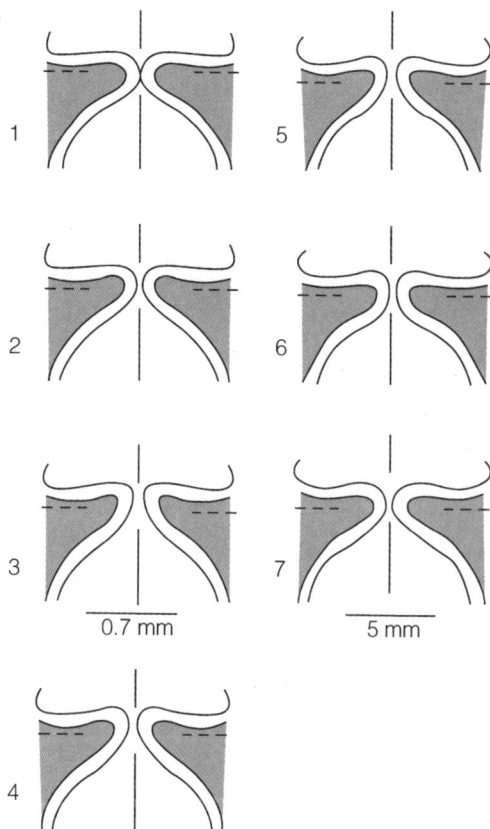

图 7.12　假音区发音的一个振动周期的 7 个时间点

基频为 280 赫兹,声门最大张开度为 0.7 毫米(图 3)。

四、脉冲音区

在脉冲音区(pulse register)或气泡音区(vocal fry),声带紧紧关闭,但声带的游离缘是松弛的,声门下气流在声门间产生气泡音。声带振动的速率大约在 30—80 Hz 之间,平均值在 60 Hz 左右。每个振动周期的声门闭合时间较胸音区长。在脉冲音区,声门闭合占整个周期的 90%,而声门的开放与闭合运动总共占振动周期的 10% 左右。

在声带的一个振动周期中,声带闭合状态不仅占据了大部分时间,而且声带采用了一种与胸音区不同的方式振动,在每个振动周期中进行两阶段式闭合(biphasic closure)或多阶段式闭合(multiphasic closure)。也就是说,声带轻轻地打开、闭合,但并非全部闭合至中线位置。在整个振动周期中 90% 的时间内,声带均处于闭合状态。脉冲音区发声不同于胸音区发声。胸音区所需要的声门下压接近 5—10 cmH$_2$O,然而脉冲音区所需要的声门下压只有 2 cmH$_2$O(Zemlin,1998)。

从声学角度上看,脉冲音区发声的声波类似于一系列声波包(wave packets)。在每次声门闭合之后,有一次声学能量的释放。当这种能量消失时,产生一个间隔,其间无声学能量,这种间隔被称为暂时间隙(temporal gap)。当基频低于 70 Hz 时,人耳似乎能够察觉到这些声学能量脉冲,紧接着是一段无声的时间间隙。当基频高于 70 Hz 时,可以感知到一种连续音,而非单个的声学脉冲以及暂时间隙。

就言语交谈而言,胸音区是最常使用的音区,尽管每个人都倾向于在词组与句子末尾降至脉冲音区(这种音区是胸音区音调范围下限的延伸)。交谈时采用假音区也很罕见。三种音区都是声带振动的正常模式。实际上,音区的转换在语言学(linguistics)、美学(esthetics)或生理学(physiology)领域有时是必要的。例如,一些非洲与亚洲语系采用音区间的突然变化来区分不同的音素(Titze,1994)。然而在临床上,如果说话者主要采用脉冲区或假音区进行言语交谈,而不是主要采用胸音区,通常会被言语病理学家认为是一种错误的发声方式(或嗓音疾病),需要得到矫治。

五、 音区转换

随着音调的提高,可以感觉到嗓音音质有明显的变化,这种嗓音音质的改变来自于音区的变化。与习惯音调的嗓音相对应的音质被称为胸音区音质,而与高音调嗓音相对应的音质被称为假音区音质。未接受训练的嗓音(尤指男性)在胸音区和假音区之间转换时,经常会出现可感知到的声音的陡变。由胸音转变为假音的换音点对每个人来说都是不同的,两个音区的音调可以向上或向下延伸。

在相同音调下胸音区和假音区的喉内肌活动的肌电图研究显示:在假音区,声带肌的活动较少,环甲肌的活动较大,从而使声带向前拉伸。拉伸运动将引起声带紧张度的增加,因此与胸音区相比,声带变薄;环杓侧肌和杓间肌也表现出较小幅度的主动收缩,从而使声带向中线收缩的幅度减小;假音区的声带拉伸得越长,声带紧张度的增加越明显,此时声带振动幅度减小,声带之间接触面积减少,甚至几乎不接触。实际上,在假音区只有声带的平滑边缘产生振动。

女歌手运用假音区歌唱,她们有时在说话时也可能会用到这一音区。采用假音区说话时,在声带边缘所产生的张力很可能是一种不充分的、有着潜在损伤力的言语交流模式。许多喜欢大声喊叫(即在假音区高音调发声)的男孩子容易形成声带小结,这就是一个有代表性的实例。

从声谱图的角度看,不同的音区具有不同的形状,如同各种乐器。例如,铜管乐器(如小号 trumpet)有许多谐音,表现出平坦的频谱图。另一方面,木管乐器(如长笛 flute)的谐音较少,因此产生了陡峭的声谱图。同样,脉冲区的嗓音有着较低的基频和大量的谐音成分,具有平坦的声谱图。假声区的嗓音有着较高的基频与较少的谐音成分,具有陡峭的声谱图。若采用乐器音质来比喻,当人的嗓音由脉冲区过渡至假音区时,乐器声由"铜管音(brassy)"变至"笛音(fluty)"。

六、 歌唱艺术中的音区转换

音乐教师发现在胸音区和假音区之间存在着过渡性的音区,称为头音区(head register)或混声区(mixture)。外来张力的逐渐增加主要来自甲杓外肌,随着甲杓内肌(即声带肌)张力的增加,胸音区音调提高。为避免向高音区转换时出现非艺术的嗓音,要求实现胸音区和假音区的均匀平稳过渡,这种平稳的过渡是通过甲杓肌和环甲肌之间的协调收缩来实现的(Miller,1986)。音调提高的过程中,声带肌张力降低,声带被拉长,声带黏膜变得更坚韧,结果产生了更为柔和的音色,这样在胸音区和假音区之间形成一种新的过渡性嗓音,它实现了两者平稳的过渡。在歌唱艺术中还可以见到关于其他音区的介绍,但与嗓音治疗并无太大的关系,故在这一节中不予说明。

尽管胸音区与假音区表现出不同的嗓音振动模式,胸音区的上限与假音区的下限之间实际存在大量的重叠。一些训练有素的歌手也能够将胸音区提高至上限部分(500 Hz 左右),同时也能产生与假音区下限相同的基音部分。音区的迅速改变被广泛应用于各种形式的歌唱中,如岳得尔民歌(yodeling)、西部乡村音乐(country western)、民间唱法(folk singing)、圣歌(soul)以及福音歌(gospel)。然而,在经典的西方歌唱方式中,如歌剧(opera)、艺术唱法(art song)以及宗教剧(oratorio),音区之间明显的变化一般是不能被接受的。持这类唱法的歌手必须花费大量的时间以及精力学会在音区之间进行平稳过渡,在嗓音音质方面不能出现可被察知的变化。

第五节　嗓音基频和嗓音强度的控制

一、嗓音基频的控制

成年男性的平均基频大约为 130 赫兹,成年女性大约为 230 赫兹,儿童大约为 330 赫兹。言语交谈中,基频范围在 5—8 个半音阶(semitone)之内。基频范围取决于说话的方式、语言背景以及言语的生理基础。未受训练的说话者的基频范围通常不超过两个音阶(tone)。训练有素的歌唱家的基频范围可能大大超过三个音阶,常用基频范围很少超过两个音阶。习惯基频范围通常位于个人音调范围下限上方的 1/3 到 1/4 处。

声带张力的改变是影响音调的重要因素。特别重要的是环甲肌的运动,这一肌肉的垂直纤维的收缩,先拉近环状软骨弓与甲状软骨下部,然后使环甲关节产生旋转运动。这种旋转运动带动了杓状软骨(对称地位于环状软骨板上的两块软骨)的运动。杓状软骨相对地向后运动,拉长了声带,并减少了横截面积(X光拍摄证实了这一观察结果,X光片中的声带正面观显示:当声带被拉长时,它的横截面积减少了)。环甲关节还能够进行一些前后滑动,斜部环甲肌的收缩使得甲状软骨向环状软骨滑动,同时也拉长了声带。

可见并不是环甲肌的单独收缩运动使得声带拉长。为了增加声带的长度和张力,同时需要其他肌群也做出相应的收缩运动。环杓后肌的同步收缩运动固定了杓状软骨,使它们在环甲肌收缩时,不至于在环状软骨板上向前滑动,因此声带向后被拉长、变薄。同样,甲杓肌单独收缩也不能使声带变薄,它们向上、向中线方向拉动声带的游离缘,从而缩短了声带的有效振动长度。肌肉隆起使得声带变厚变硬,从而增加了两侧声带游离缘的接触面积。

三组肌群(环甲肌群、环杓后肌群、甲杓肌群)之间的拮抗作用调节声带的张力,控制音调。肌电图研究证实了在音调的控制方面,这三组肌群同时发生协调收缩。肌电图记录还证实了甲杓肌的收缩主要是针对产生最佳韵律(主要是音调)的精细调节,而环甲肌的收缩则维护了声带的一种持续张力。在特定的音调范围(音区)内,随着音调的提高,声带的张力将增加。如果超过了音调阈限的范围,可以观察到肌肉活动的突然变化。在胸音区,随着音调的提高,环甲肌的收缩导致声带逐渐被拉长;在假音区,音调的提高通常伴随声带的缩短。

一般情况下,声门下压的增加会引起声音强度的提高,一定程度上也提高了音调。在正常言语范围,声门下压增加 1 cmH$_2$O,音调大致提高了 4 Hz,然而,声门下压的增加也会导致声门更加紧闭,为了维持声带的有效振动,声带的张力也将增加。因此在较高的声门下压下,很有可能声带张力的增加仅导致了音调略微的提高。当声带张力不变时,随着声门下压的增加,音调并没有提高。

总之,音调的改变首先是因声带张力的变化而引起的,其次是由声带的质量所引起的。当声带张力不变时,声门下压的改变并不引起音调方面可感知的变化。

二、嗓音强度的控制

强度的改变主要表现在重音(stress)和语调(intonation)上。强度是口语交流的重要组成部分。理解强度变化的生理机制对于把握言语产生过程十分必要。高速摄影的研究证实:声带振动幅度的增加将使声带闭合期增加(中线靠拢幅度增加),这相应地增加了声音的强度,这种类似的关系可通过频闪喉镜再现出来(黄昭鸣,2001)。声门下压和强度之间呈明显的正相关,当声门下压增加一倍时,声音强度将提高 8—12 分贝(Zhu 和 Huang,1990;黄昭鸣,1999)。Titze(1989)的研究认为:低频区与高频区声音强度的变化有着不同的调控机制。

在胸音区,发低频声音时,随着声带向中线靠拢幅度的增加,声音的强度增加了,从而延长了声门闭合期。当声门的阻抗增加时,通过声门释放气流的时间缩短,声带更加紧张,因此可感知到声音强度的提高;如果音调提高,声门关肌(如环杓侧肌和声带肌)会进行收缩运动以维持较高的音调,在这种情况下,为了维持较长的闭合期以提高声音的强度,气流量必须增加,以增强伯努利效应。在假音区,气流量的增加相应地增加了声音强度。

Hirano(1989)关于肌电图的研究证实了随着声音强度的增加,环杓侧肌和声带肌的收缩运动增强了。环甲肌的收缩并不导致声音强度的改变,但在声音强度发生变化时,为了稳定音调,环甲肌确实在进行一些代偿性的收缩运动。

第六节　嗓　音　音　质

嗓音音质是一个多维的概念,与嗓音产生过程中的各个方面均有关联,包括嗓音基频和嗓音强度。嗓音音质主要是由声带振动的形式决定的,同时也与声道的形状和结构有关(包括长度、硬腭的弯形程度、口咽腔的比例等)。例如,女性的声道结构较男性略有不同。因此即使男性与女性产生相同基频的声音,仍可以通过不同的音质来判断其性别。

声带振动期间声门闭合的方式在调节嗓音音质方面担任着重要的角色:

一方面,声门闭合过紧,声带在中线部位收缩过于强烈,这被称为发声功能亢进(也称声带闭合功能亢进)。声带闭合功能亢进(hyperadducted)由多种原因所导致,例如嗓音滥用和痉挛性发声障碍等。当声门闭合过紧时,肌肉的紧张度与声门下压之间的平衡遭到破坏,需要增加声门下压来克服声门阻力,这类嗓音被感知成粗糙声(harsh quality)的嗓音音质,Colton 和 Casper(1996)称其为硬缘(hard edge)。

另一方面,如果声门并不像"发声功能亢进"那样闭合过紧,而是闭合得过于松弛,则被称为发声功能低下(也称声带闭合功能低下)。声带闭合功能低下(hypoadducted)也是由大量的因素所导致的,例如嗓音误用和声带麻痹等。

就声带闭合功能亢进来说,肌肉收缩力量与空气动力学力量之间的平衡被破坏。而声带闭合功能低下的肌肉收缩力量过小,因此声带不能为气流提供足够的抵抗力,气流不能转变成声学能量从声带间溢出。当空气流经声门时,就产生湍流现象,出现气息声(breathy quality)的嗓音音质,噪声成分过大。

一、嗓音音质的控制

嗓音音质主要是一个听觉感知的术语,有时被描述成暗或亮的音质。当用语谱图来分析较暗的音质时,可以发现声音能量主要集中在频谱的低频区(特别是在 1000 赫兹以下),而较亮音质的声音能量集中在中频段。

图 7.13 为一名患者在进行十次嗓音治疗前、后所做的 FFT 功率谱图形记录(FFT:快速傅立叶转换)。FFT 功率谱主要用于长时语句分析(LTAS:long-term average spectrum),每个值都基于 512 个数据点的统计计算。该图表现出疲弱、暗哑的音质和清脆、洪亮的音质之间的差异,FFT 功率谱显示了声音在 1000—5000 赫兹范围内能量最高,同时说明共振峰的值很重要。治疗前,第一共振峰 F_1(约 300 赫兹)和第二共振峰 F_2(约 2000 赫兹)之差为 21 dB,治疗后,二者之间的峰值差为 13.5 dB。此类测量可用于评估患者在治疗前后,嗓音音质变化的情况。

治疗后,患者嗓音的强度提高了 12.7 dB,相应音质的变化也通过曲线表现出来。图 7.13 中,语谱图和平均线性预测谱描绘相同语句的发音。左边的语谱图和平均线性预测谱表示声音疲弱、暗哑、缺乏较高的谐音,而右边的语谱图和平均线性预测谱所表示的声音则清脆、洪亮并在中频区显示出较高的能量。

说话时,声带的振动产生了嗓音(voice),使每个人都具有自己特有的嗓音音质(voice quality)。呼出的气流通过振动的声带形成一种波形,这种波形被称作声门波(glottal wave),它由开放期(渐开相、渐闭相)和闭合期所组成。这些被描记成声门波的呼出气流通过声道共鸣形成语音的过程,被称之为言语(speech)。声门波包含了丰富的信息,通过傅立叶分析可以被分解成不同的频率组成,即基音和谐波分量,这种已得到广泛应用的分析方法被称为频谱分析法。

声带振动的幅度主要取决于气流声门波的振幅。气流声门波的峰值越大(即声带在中线的运动幅度越大),声带振动的幅度就越大,因此,气流声门波振幅的峰值就与发声功能从低下至亢进的变化过程密切相关。如果振幅的峰值过小,这种声音将很有可能发展成病理性发声功能低下,成为气息音;如果振幅的

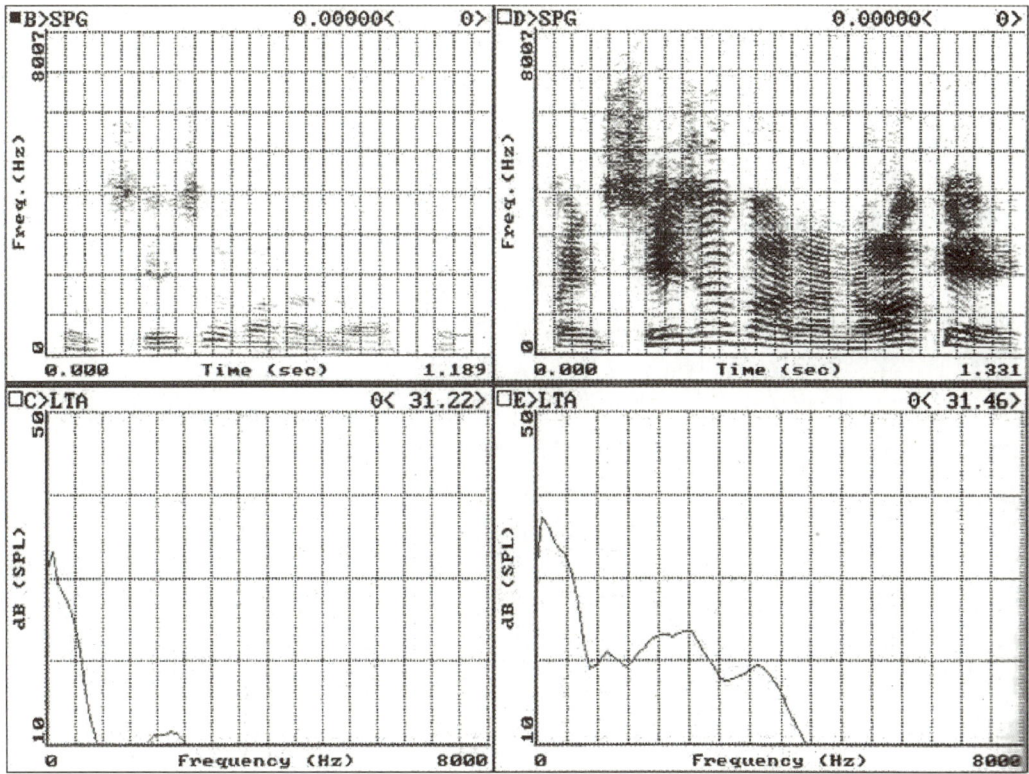

图 7.13　一患者治疗前（左）和治疗后（右）的语谱图和平均线性预测谱的记录

峰值过大，那么这种噪音更可能是病理性发声功能亢进型的，声带振动的幅度过大，听起来过于吃力。

　　黏膜波可看成是穿过声带表面被覆黏膜的波纹。实际上，在发声期间，当两侧声带逐渐靠近至相距 2 mm 左右时，这些波纹从声带的下缘开始运动，沿垂直方向进行，抬高和降低声带边缘，然后从声带表面向两侧分开。黏膜波可以通过动态喉镜来进行观测，黏膜波的存在预示着声带组织无病变，发声功能令人满意。

　　声道共振腔的阻尼值对音质来说是另一个重要的因素。阻尼是由声道中大量松软的黏膜及其与声门下腔（喉以下的气管）的声学连接所引起的（Minifie，1973）。有一点须注意，声门闭合不全将导致声道共振腔阻尼的增加，以及共振峰峰值的降低（Klatt，1990），这种声音听起来很沙哑，发音不清晰，言语可懂度较低。这在未受过训练的嗓音中较容易出现，因喉内肌运动功能太弱，发声时不能维持有效的声门闭合，清脆洪亮的嗓音消失了。

　　图 7.10 是图 7.7 所显示的在声门处测出的三个声门谱所对应的频谱图。图 7.14 提供了在图 7.10 中所指的发音功能亢进、正常和低下三种情况下在唇部所测得的言语声波 LPC 频谱图。

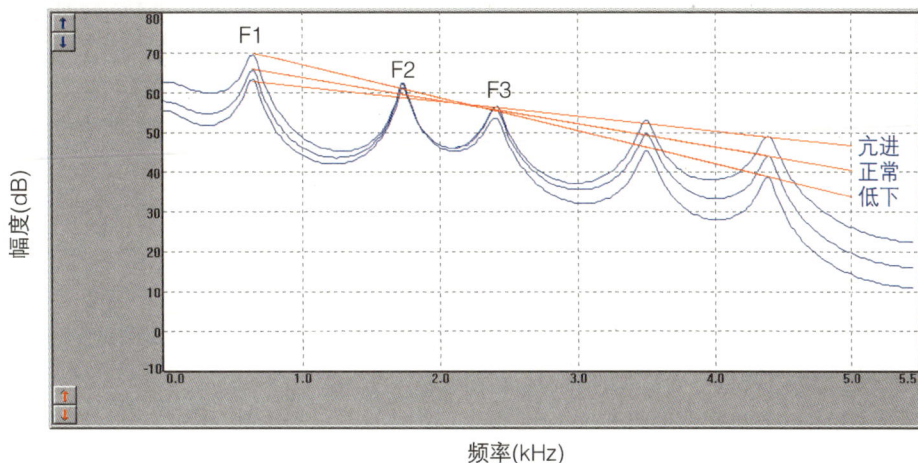

图 7.14　发音功能亢进、正常和低下时的言语声波 LPC 频谱图

声门下压与声带张力之间的协调作用产生了各种不同的言语声学频谱图。尽管在声门下压与声带张力(闭合)之间达成的动态平衡中最明显的变化是声学改变,但还必须注意一些其他的重要变化,例如声门开放面积减少时,气息音也减少了,声门上方共振腔的阻尼作用就降低了。这会使共振峰增大,从而形成更为清晰的言语声。

二、 嗓音音质和重读治疗法

嗓音强度由声门下压决定,因为泛音的振幅直接由声门闭合率决定。声门下压能够明显地改变声门闭合率。如果声门阻抗固定不变,提高声门下压将引起声带黏膜间的闭合率增加,这样伯努利效应就更加明显,促使声带向中线更加靠拢,从而提高了声门闭合率。黄昭鸣等(1995)使用以橡皮制作的声带模型进行实验,研究发现语谱图中较高的泛音主要依赖于声门关闭部分。**这个实验奠定了"重读治疗法"的理论根据,即在语声频谱图中较高的泛音主要依赖于声门关闭部分。声门的闭合越快,产生的泛音就越显著。**

重读治疗法在提高嗓音音质方面起着重要作用,采用重读治疗法进行训练时:(1)首先应使用一种柔和、低调的气息音进行练习(如慢板节奏二)。此时,训练的首要目标就是产生如图7.12(发声功能低下)所示的音色,这种初步的训练使声带黏膜更加具有韧性,同时增加了声带的灵活性和弹缩性,此时强调了伯努利效应。(2)当声带及其黏膜得到锻炼,能够接受更为强有力的训练时,即进行行板节奏一和/或快板节奏一的训练,以形成更为洪亮的音色,如图7.11(发声正常)所示的音色。当语速较快时,这种训练方式可较好地保护声带。(3)训练后,患者通常被提示有正常的声带黏膜波的产生。

慢板训练旨在增加声门间的气流量和伯努利效应,随后我们将发现嗓音的基频范围变大了,音质更加饱满。这些嗓音变化的声学分析显示了基频和强度增加的情况,而喉内窥镜检查显示出声带运动更加灵活,黏膜波形更加有序。行板和快板节奏训练加强了喉内肌的功能,并加强了腹式呼吸来增加声门下压。增强的声门开闭的功能大大削弱了声道的阻尼作用,使人恢复清脆、响亮的音质,发声清晰,嗓音强度适中。

总的说来,重读治疗之后所观察到的一系列声学改进,都能通过喉内窥镜、电声门图和声学测量表现出来,同时很好地印证了声学的研究成果和理论解释。

三、 嗓音音质的多维评估

尽管研究者们就嗓音音质做了大量的研究,然而该术语并没有一个被广泛接受的定义。不同的应用领域对嗓音音质的定义是不同的。例如,语言学家用音质来区分音素;歌唱家主要考虑不同音区中的音质;言语病理学家则用气息声、嘶哑声和粗糙声来描述音质。

即使未见本人,个性化的嗓音音质通常也容易被识别。在接朋友的电话时,通过嗓音就基本能知道对方是谁,然而,客观地测量和描述嗓音音质却不是一件十分容易的事情。

可能有许多个形容词都可以用来描述嗓音音质,例如,愉悦的、刺耳的、粗糙的、尖声的、清晰的、厌恶的、嘶哑的、紧张的等等。这些丰富的形容词在嗓音疾病的临床诊治过程中却存在一些问题,因为这些词语非常主观。对某些人而言属于粗糙的嗓音可能对于另一些人而言是嘶哑或刺耳的嗓音。如果没有一个标准的描述嗓音音质的参考框架,会使学术交流变得异常困难。

嗓音音质的主观评估并不能体现声带是如何振动的。大多数术语并没有与生理基础达成共识。换句话说,嗓音音质的听觉感知评估与嗓音生理和声学评估之间并未达成很好的协调关系。

(一)正常的嗓音音质

给嗓音音质下定义是非常困难的。Colton 和 Casper(1996)明确指出了定义正常嗓音音质时存在的问题。

> 正常的嗓音并不存在一个被普遍接受的定义,没有一个确定的标准,而且也没有明确的界定。尝试着建立这样一个标准可能与解释正常嗓音的成分一样困难。嗓音如同外表一样,有着如此多的变数。文化的、环境的以及个人因素均直接影响到对嗓音的正确判断。嗓音并不是永恒不变的,它在人

的一生中不断地变化着,会随着情绪以及环境的变化而变化。它反映了身体与思想的健康状态。给正常嗓音下一个简单的定义,同时还可以包括正常嗓音的各种属性,是一件极为困难的事情。正常不是一个简单的状态,而是存在于一个连续的过程中。由于缺乏正常嗓音的定义,因此在设定治疗目标以及描述嗓音异常的程度方面就存在着问题。不存在一种完全客观的模板来进行嗓音的测量与比较。如果嗓音得到改进,我们应如何来衡量这种进步呢?我们如何来进行比较呢?嗓音的何种属性将得到改进呢?改进的程度如何?它恢复正常了吗?

尽管在定义正常嗓音的问题上存在困难,研究人员以及临床医师还是试图详细说明形成正常嗓音的各种声学及生理学参数。近年来,嗓音科学家开始采用一种代表喉功能的方式来判断嗓音音质。

黄昭鸣等提出了嗓音的六项具体参数,用于标定正常的、清晰的嗓音音质。这六项参数清楚地证明了嗓音音质的多维属性。

第一项参数是**平均言语基频**(MSFF),即交谈时声带振动的平均频率。我们知道儿童、成年女性以及成年男性均表现出各自非常典型的平均言语基频 F_0。若 F_0 高于或低于相应年龄及性别群体的正常参考值,则可能存在音调异常的现象。

第二项参数是**最大基频范围**。正常嗓音在交谈期间的音调是可变的。音调缺少变化的嗓音听起来是非常单调无味的。成人的基频范围大约为 2—3 个倍频程。

第三项参数是**最长声时**,它是指某人深吸气之后持续舒适地发元音/ɑ/的最长时间。成年人的最长声时约为 15—25 秒左右。儿童的最长声时至少为 10 秒。最长声时数值小于正常参考值,则可能是言语呼吸支持力量减弱。

第四项参数是**嗓音强度范围**,即在不同的 F_0 水平时的最大和最小强度的差值。一般我们认为在言语的中频区域,20—30 dB 的声压水平(SPL)是正常的嗓音强度范围,但 Zemlin(1998)认为 50 dB SPL 的范围也属于正常。在较高和较低的基频区域,嗓音的强度范围略有几分贝的变化。强度变化范围过于窄小的人可能存在嗓音问题。

第五项参数是**嗓音微扰**,即指声带振动的周期性变化,声学上表现为 Jitter。如果声带的质量(mass)、长度(length)、硬度(stiffness)以及声门下压保持不变,正常的声带振动采用准周期的、而非完全周期的形式。非完全周期性的振动通常表现为粗糙的或嘶哑的嗓音音质。

第六项参数是**噪声能量**。噪声能量来自于湍流,伴随着声学能量的随机分配。当某项障碍物干扰了正常的声带振动功能,湍流便产生了,它使呼出的气流以一种不规则的方式通过声门。在正常的嗓音中,声带以准周期形式振动,所产生的谐音能量应高于任何一种噪声能量。嗓音中的噪声可以被感知成气息音、嘶哑声、粗糙声或这些成分的任意组合。声源处少量的噪声可能表现为"失真的柔和"或"柔软的音质"。更多的湍流可能被感知成气息声或粗糙声,然而大量的湍流声通常被感知成嘶哑声。

谐噪比(HNR)是嗓音中谐音成分与噪声成分的能量(dB)比例。HNR 使得嗓音信号中存在的附加噪声能量得以量化(Awan & Frenkel,1994)。HNR 数值越高,说明与噪声成分相比,嗓音中的谐音成分更加占据主导地位;HNR 数值越低,说明嗓音中存在过多的噪声成分。HNRs 参数与嗓音音质的判断有着较高的相关性。因此这项测量可用于客观测量嗓音中气息音、粗糙声或嘶哑声的程度。据 Awan(1994)报告,男性 HNRs 的正常参考值为 15.63 dB,女性为 15.38 dB。并且有研究报道儿童以及老年人的HNRs 数值比中年人低(Ferrand,1999,2000)。

HNR 值低于正常值的患者被证实嗓音中存在过多的噪声成分,例如,声带小结或息肉的增生,单侧或双侧声带麻痹或其他的喉部疾病。声门漏气等导致湍流噪声(Pabon & Plomp,1988),使声带振动出现障碍。非周期的声带振动也会产生额外的噪声,结果产生较低的谐噪比值,进而出现可感知的发声障碍。

正常嗓音有着较为陡直的频谱斜率,因此它在高频区没有太多的能量。频谱中高频谐音的能量增加预示着信号部分存在噪声。信号中的噪声,或称附加噪声,可能被感知成某种形式的发声障碍。有时在频谱中存在一些噪声是正常的,特别是女性嗓音中的噪声,它使嗓音听起来气息音较重(Klatt,1990;Mendoza,1996;Sodersten & Lindestad,1990)。

(二) 异常的嗓音音质

异常的嗓音音质，一般指发声困难，主要表现在音调、响度方面的异常。例如，在黄昭鸣等的研究中，将中至重度发声障碍时的发声(元音)与较轻度发声障碍时的发声(元音)进行比较时发现：前者音调显著偏低。同样，当我们模仿发声障碍时的发声(元音)时，一般会采用一种比实际音调平均低六个半音的音调来发声。因此，音调的感知与实际的嗓音 F_0 之间的关系似乎随着嗓音音质的变化而变化。音调越低、响度越大，嗓音被归类为严重发声障碍的可能性就越大(Huang，2006)。

尽管专业人员使用不同的词语来描述不同的嗓音音质，近年来被普遍接受的术语是气息声、粗糙声以及嘶哑声。气息声是指是嗓音中的噪音成分，听起来如同送气般。粗糙声是指嗓音中的不规则成分，被感知成刺耳音、低音调。嘶哑声是指嗓音中气息音与粗糙声音质的组合(Huang，1995)。另外一些专家以某种不同的方式来使用这些相同的术语。例如，Colton 和 Casper(1996)没有指出嘶哑声与粗糙声之间的差别。另一方面，他们也没有描述许多不同种类的嗓音音质，包括紧张嗓音以及挣扎嗓音等。

一般而言，气息声、粗糙声以及嘶哑声比较便于进行声学分析。研究人员试图使用不同的方法从声学角度来测量这些音质，目的是形成一套客观有效的方法，将异常嗓音的感知与嗓音的声学因素相连。正常及异常嗓音均采用了大量不同的声学测量方法，目的是为了找到一系列区分正常及异常嗓音的有效方法。但到目前为止，还没有寻找到完全成功的方法。

(三) 嗓音音质的声学特征

将嗓音定义为气息音，粗糙声还是嘶哑声，这主要取决于声门谱中额外的噪声或频谱的噪声。

1. 气息音

当声带不能正常关闭时，在整个振动周期中气流呈连续状。漏出的气体伴随着声带振动产生嗓音，包括嘶嘶的摩擦噪声。气体湍流模型显示了一种非周期的声学信号。嗓音的周期成分在中高频部分比较薄弱，因此噪声在 2—3 kHz 以上时特别显著。气息式的嗓音比非气息式的嗓音信号具有更多的高频能量。气息声与在 2—5 kHz 时的声学能量的相对缺失有关，5 kHz 以上的嗓音频谱中，噪声能量增加。

气息式发声是一种非有效的发声方式，通常产生较小的声强范围，因为当声带不能正确闭合时，声门下压减少。另外，有着气息嗓音的人通常比正常嗓音的人每秒呼吸量要高出 3—4 倍。气息音也是器质性以及功能性嗓音疾病的非常普遍的症状(如声带麻痹)，同时气息音的逐渐加重可能与年龄老化有关，然而气息式嗓音并不总是异常的。气息式嗓音或送气音用于区分一些音素。例如，Zulu 是在南非使用的一种 Bantu 语言，用于区分送气与不送气的清塞音，如/k/和/kʰ/。在 Zulu，这两个音之所以被听成两种截然不同的音素，就是基于其所伴随的气息音程度。

2. 粗糙声

正常发声时，声带呈准周期性振动，周期与周期之间，声带的振动方式和时间都大致相同。粗糙声是一种被认为是粗糙、不嘹亮的嗓音，经常出现在软弱或响亮的嗓音音质中。导致粗糙声的直接原因是声带振动的不规律性。当声带某个振动周期的时间与相邻的周期，或者相邻若干个周期的振动时间出现微小差异时，就会产生粗糙声。这种声带振动在时间上的微小差异就是基频微扰，简称 Jitter，它直接导致了声带振动的不规律，从而影响了基频的稳定性。正常情况下，基频微扰应在 0.5% 以内，即 Jitter≤0.5% 时，多数情况下不会产生粗糙声。Jitter 越大，说明嗓音音质的粗糙程度越大。不同的言语病理学专家对 Jitter 的定义不同，因此会选用不同的计算公式来确定 Jitter 值。

3. 嘶哑声

嘶哑的嗓音也是大多数喉部疾病的非常普遍的症状。它是某些嗓音问题的主要症状，如一次轻微的喉炎,甚至是危及生命的癌变。与气息嗓音的声学基础相类似的是,嘶哑声也与频谱噪声能量有关,其原因在于与谐波能量有关的声门处气体的湍流运动。然而,嘶哑声也与声带周期性的振动方式有关。例如,当声带发炎或肿胀时,它们以一种非周期性的方式产生振动,因为炎症使声带的包膜层不能正常振动,即黏膜波受到干扰。由于非周期波是噪声,振动周期越不明显,嗓音表面的噪声就越明显。导致嘶哑声的噪声倾向于处于低频区,即在 100—2600 Hz 之间更加明显。

总之,气息音和粗糙音均采用附加的噪声来表示,但在气息音中,噪声位于更高的频率区,而在粗糙声中,噪声只出现在低频率区。这些因素的联合出现也是可能的,而且也的确时常发生。

(四) 嗓音功能的生理特性

在过去的几十年中,已有多种方法用于嗓音音质的声学和生理学的分析。

1. 电声门图波形

电声门图测试(也称为喉部成像术,或更简单地称为 EGG),现已成为一种无损伤性评估声带功能的流行方法。该方法产生于 20 世纪 50 年代,并得到黄昭鸣等的修订。EGG 的工作原理是电学传导。人类组织是很好的导电体,然而空气则相对绝缘。EGG 便是利用组织与空气之间的传导差异性来进行工作的。低电流的高频信号产生后,从用绝缘带固定在甲状软骨的两侧的电极表面经过。个人没有任何感觉,整个测试程序是相对安全的。因为人体组织有着较好的导电性,而空气是绝缘体,当声门闭合时,电流很容易从一个电极流向另一个电极(用电子学术语表达,就是电阻很低)。然而,当声门开放时,两声带之间有着大量的气体,因此对电流从一侧电极流向另一侧电极有着更多的阻力。当声门开闭时,阻力的变化以一定的波形呈现在屏幕上,水平轴代表时间,垂直轴代表电压的相对振幅。这种波形被称为 Lx 波,它反映了声带的接触面积(见图 7.15)。当声带在振动期间闭合时,电流的阻抗下降,波形的幅度增加。当声带在振动期间开放时,电流的阻力增加,波形的幅度减小。因此 Lx 波在发声期间显示了声带的振动情

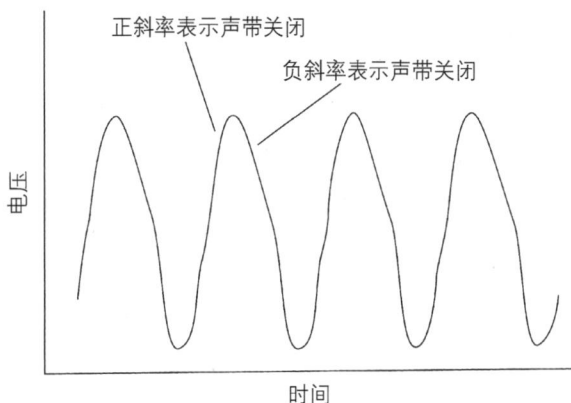

图 7.15　胸音区的 Lx 波

况。对于清音而言,并不存在 Lx 波,因为清音不是由声带振动所产生的。

Lx 波看上去与声波相类似,但测量的内容却不相同。声学波形代表空气压力的增加与减少。Lx 波则显示电子活动的增加与减少,其对应着声带的开闭运动。Lx 波反映了声带振动的付周期波(duty cycle)。付周期波是指声带振动周期的时相,包括声带开始闭合的时间、声带充分闭合的时间、声门开始开放的时间以及声门完全开放的时间。

黄昭鸣等提供了 Lx 波位点详细解释,以表明它们是如何与声带的振动相对应的,见图 7.16。在 a 点上,声带的下缘首先接触,预示着声门开始闭合。在 a 点与 b 点之间的声带边缘继续闭合,在 b 点上,声带的上缘开始接触。在 b 点与 c 点之间,声带上缘开始闭合,在 c 点处,声带之间获得充分的闭合,预示闭合相的结束,闭合期的正式开始。在 c 点与 d 点之间的间隔反映出整个振动周期的闭合阶段。在 d 点处,声带的下缘开始分离,在 d 和 e 点之间声带下缘开始分离。在 e 点上,声门下缘的分离是充分的,声门上缘开始打开,在这点上,由于斜率变化比较陡直,被称为开放相的膝部。在 e 点与 f 点之间,声带上缘开始开放,在 f 点处,声带之间接触面积最小。在 f 点

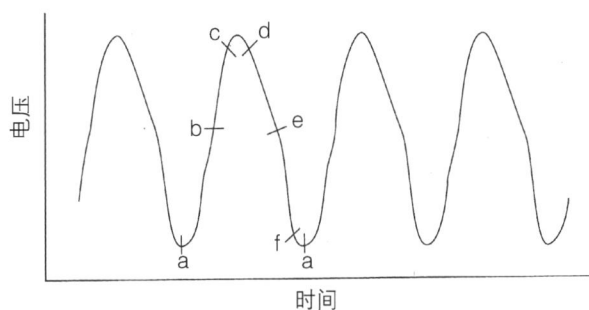

图 7.16　Lx 波上的振动位点

与 a 点之间，声门的宽度最大。接着又开始新的振动周期。

EGG 代表的是声带的相对接触面积。Lx 波的顶峰并不意味着声门的充分闭合。在声带振动期间声门未充分闭合是完全可能的，声带间的距离为 3 mm 时，声带振动仍能够发生。例如，在假音区，声带在振动期间并非完全闭合。仅仅通过观察 Lx 波，我们还不能辨别声门是否充分闭合，我们能够辨别峰值代表最大闭合，但闭合程度如何无法判断，要说出声门开放与闭合的确切时间也是不可能的。

通过计算 Lx 波中特定时间间隔的峰值，我们能够判断个性化的 F_0。通过评估波形的形状，我们也能够判断声带开闭的方式。例如，声门开放时间过长，可能预示着声门处有大量的气体溢出，使得嗓音呈气息状，闭合时间过长可能预示着某人使用了过多的中线收缩，表现为发声功能亢进，音质呈挤压式。Lx 波中平坦规则的周期反映了声带周期性的开闭运动，然而，不规则的模式表示声带非周期的振动，听起来就像是嘶哑声。Lx 波样本如图 7.16 所示。

2. 电声门图波形和音区

由于 Lx 波信号与嗓音 F_0 相匹配，因此用 EGG 评估音区是相当容易的一件事，如图 7.17 所示。每个音区与特征性的 Lx 相联系。每秒中大量的振动周期预示着假声的使用。每秒中声带振动周期的减少预示着脉冲音区发声，以前 Baken 将胸音区按相位进行描述。胸音区的闭合相比开放相更加陡直，这就反映了声门闭合是迅速的，而声门开放则是缓慢的、循序渐进的。随着声门的闭合，声门下压必须建立起来，而且要大于中线闭合的力量，这是一个逐渐的过程。另一方面，一旦声带被打开，其弹性回缩力及声带间逐渐增加的负压迅速作用，使声门快速闭合。

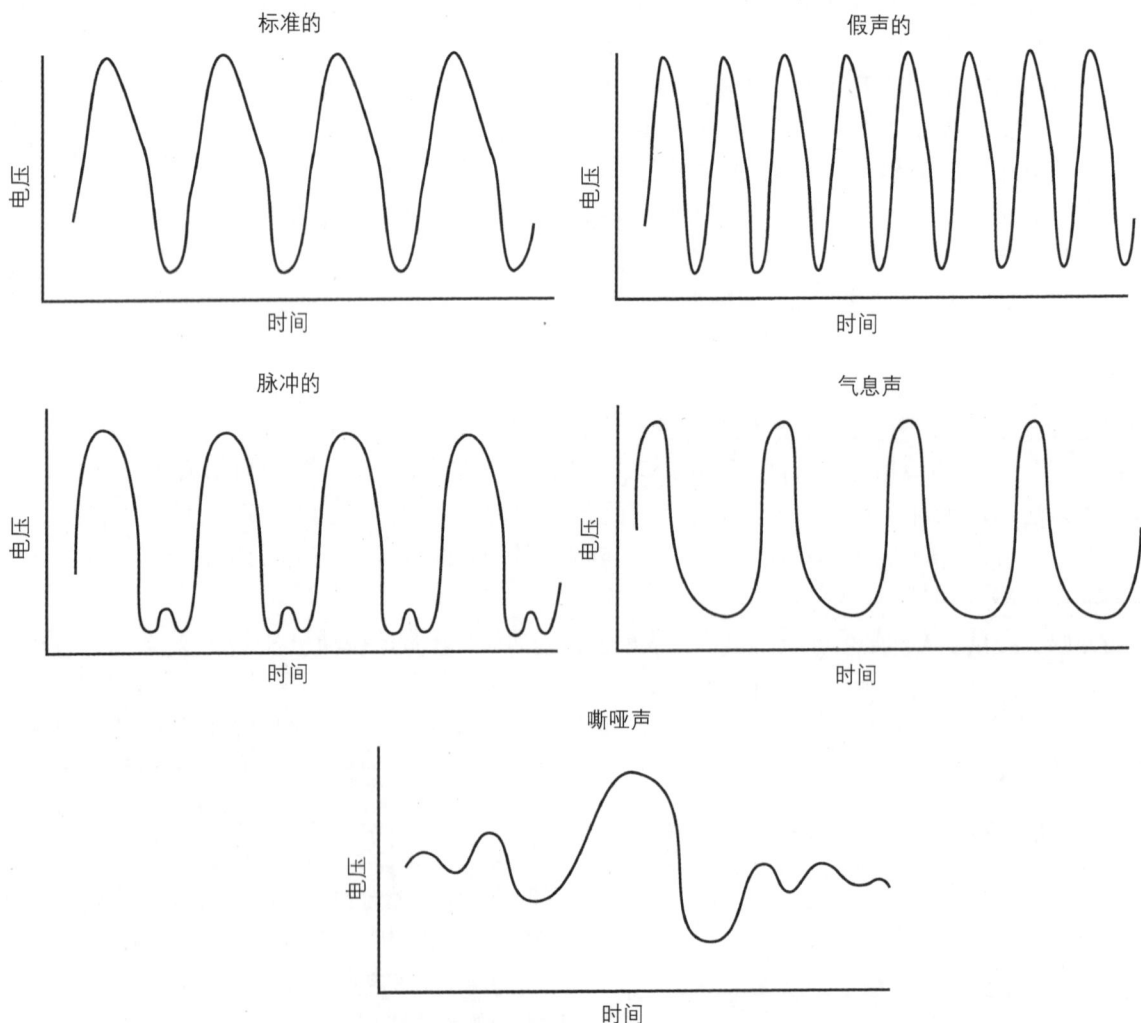

图 7.17 Lx 波的音区及音质

脉冲音区的 Lx 波显示每个周期有多个波峰,反映出双相或多相闭合模式。脉冲音区(pulse)的波形特征表现为尖锐、短暂的脉冲波,同时伴随着一个长的闭合间隔。脉冲音区声带振动的开放相在声带完全闭合之前,可能有一、二或三个微小的开放及闭合相。脉冲音区比胸音区的声带振动频率要慢。

在假声区(falsetto),喉波的数量大大地增加。Lx 波看上去也更接近正弦曲线(几乎像纯音),这反映出声带在振动期间的极度纵向紧张以及可能存在的不完全性闭合。由于闭合不充分,波形未能显示出像胸音区那样不太陡直的渐进开放相以及陡直的闭合相。这种具有特色的形状显示闭合相不存在,声带的振动具有周期性,但声门开放的幅度忽大忽小地交替变化。

3. 电声门图参数

使用 EGG 波形的另外一些方法已经产生,它们不依靠视觉的检查以及主观的解释,而是具有量化的特征。这些测量基于付周期波及其各相位所占据的时间成分。这些类型的 EGG 参数代表声带接触时的状态(Huang,2005)。不仅正常嗓音可以获得 EGG 的参数,同时该项测量也已应用于各种类型的嗓音疾病的诊断与鉴别诊断中。在这种分析中,可以测量付周期波的各种相位的时间,将某个周期分成其他的时间段获得参数。例如,闭合率(closed quotient,CQ)是闭合相的时间与整个振动周期的时间的比值。因为它反映了声带互相接触的时间比例,这与声带所受的中线收缩的力量有关。胸音区的闭合率的范围一般在 0.40—0.70 左右(Huang,2005)。较高的闭合率显示较长的闭合时间,较低的闭合率反映较短的闭合时间。例如,闭合率为 0.67 的声门比闭合率为 0.52 的声门闭合时间更长。较响的嗓音比柔和的嗓音有着更高的闭合率,一种"挤压"或紧张的嗓音比软起音或气息起音有着更高的闭合率。假声由于缺少闭合相,其闭合率倾向于低很多。因此,这项测量可以为发声功能亢进或发声功能低下提供一个客观的标准。

另一项测量参数是接触幂(CI),它等于闭合相与开放相之间的时间差除以闭合期的时间。接触幂的测量对声带表层的黏膜波非常敏感,因此它能够提供声带在特定音区振动方式的相关信息。一项类似的测量是闭合/开放比(C/O 比),它能给出付周期波的闭合相以及开放相的相对时长的信息。从声带闭合与开放时间的比值的相关信息可以判断人类嗓音的发音功能亢进或发音功能低下的严重程度。闭合时间越长,闭合/开放比值就越高,而闭合/开放比值越低,意味着声门闭合的时相越短。

第七节　声带物理模型

建立声带和声道的物理模型,可以帮助我们了解喉在发声过程中的作用,评估人类发音器官各部分的功能,揭示声带向中线靠拢和纵向拉伸对发声的影响。一个成功的模型应该能够表现被模拟的系统或结构的全部特性。

目前,至少有两种方法可以对人类言语机制进行建模。方法一由 Richard Paget 先生于 1930 年提出,它通过建立一个由橡胶声带组成的附带复杂共鸣腔的机械系统,模拟人类的言语声。经过调试,该机械系统可以发出言语声,但它只能模拟出言语过程的部分特性。Paget 设想可把声道视为由多个等长的不同截面积的管子串连而成的系统,每个管子发一个具有固定频率和幅度的纯音,若干个管子组合起来就能发出元音。D. C. Miller 的研究证实了 Paget 的设想,根据这一思路,Miller 将元音分解为若干有着固定频率和振幅的纯音。通过合成纯音,可以获得分解前的元音。

第二种方法是根据喉的特性建立一个声带和声道模型。在了解喉部组织的质量、弹性、顺应性、张力、声门下压、气流速度和振动模式等的前提下,工程师们设计出一种能产生言语声的自激振荡系统。喉的数学模型可用于计算机言语模拟,它有其他模型所不具备的优点。通过改变模型中的参数,我们可以系统地控制和测量声带振动的周期、垂直和纵向相位等相关特性参数。

一、单自由度模型

一般采用单自由度模型来模拟声道的自激振荡(Flanagan,1967)。该模型将声带视为质量单一,只能在中线的垂直方向往返运动的物体。Flanagan 解释说，声带类似于一个空气动力学振荡器，它具有自激振荡的功能，可以自发地调节声门下压、声带张力和声道共鸣等一系列参数。

图 7.18 是声带的单自由度模型示意图。图中，声带类似于一个机械振荡器，M 代表单侧声带的质量，弹性系数 K 代表声带张力，黏性阻尼 B 代表声带关闭时双侧声带之间相互碰撞的边界状态（即阻尼状态）。P_s 表示声门下压，P_1 和 P_2 分别表示声门输入和输出的压力，U_g 表示气流通过声门时的速度。声带没有相互碰撞的表面则是无质量的或流体的。当双侧声带在中线相遇时，它们会失去一部分冲量。但是，由于声带固有的惯性，它们仍继续向中线移动，结果将导致声门关闭一段时间。当声门关闭时，会即刻出现一个作用于声带的力，冲开声门。如此反复，声带便产生了自激振荡。

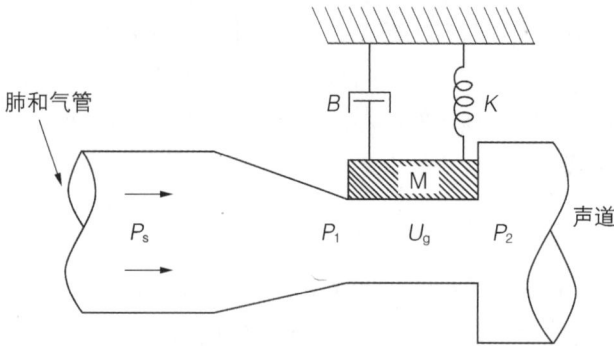

图 7.18　声带的单自由度模型示意图

如果声带边界很坚硬的话，双侧声带会在瞬间失去冲量，阻尼会发生变化，声带也会反弹，这对应着低音调发音。然而在黏性条件下，双侧声带在碰撞的过程会相互影响，这对应着高音调的情况。

在中音和低音条件下，振荡中的声带出现一定量的纵向位移，并存在垂直相位差。考虑到声带作为单一质量不能在中线的垂直方向往返运动，我们必须使用更复杂的模型才能更清楚地反映人类的发音机制。

二、 双自由度模型

双自由度模型可以解释声带的垂直相位差。按照 Ishizaka and Flanagan(1972)的描述，图 7.19 中的双自由度模型更全面地反映出声带振动的一般特性。该模型用两个质量 M_1 和 M_2 表示声带，它们各自做水平运动。

每个质量都可以被视为单个的机械振荡器，各自具有质量 M、弹性系数 S 和黏性阻尼 R。S_3 是连接 M_1 和 M_2 的弹簧，通过 S_3 对 M_1 和 M_2 施加水平方向的力，引起位移 X_1 和 X_2，从而使两个物体相互联系。如果 L_g 表示声门的长度，那么与 M_1 对应的声门面积 $A_1 = (L_g X_1)/2$，与 M_2 对应的声门面积 $A_2 = (L_g X_2)/2$。X_0 是质量的平衡点。声带的纵向张力决定弹簧 S_1 和 S_2 的刚度。如果 $X_1 - X_0$ 和 $X_2 - X_0$ 分别表示质量的位移，对应的回复力等于 $S_1(X_1 - X_0)$ 和 $S_2(X_2 - X_0)$。

阻尼器的阻力 r_1 和 r_2 表示声带的黏滞性。阻尼器的作用类似于液压活塞式汽缸，后者可以减缓阀门关闭的速度。在回复力 S_1 和 S_2 的作用下，阻尼器 r_1 和 r_2 可以减缓 M_1 和 M_2 的速度。U_g 表示通过气管的气流速度。当双侧声带互相接近时，气流速度会增加，回复力也会因为柏努利效应而增强。

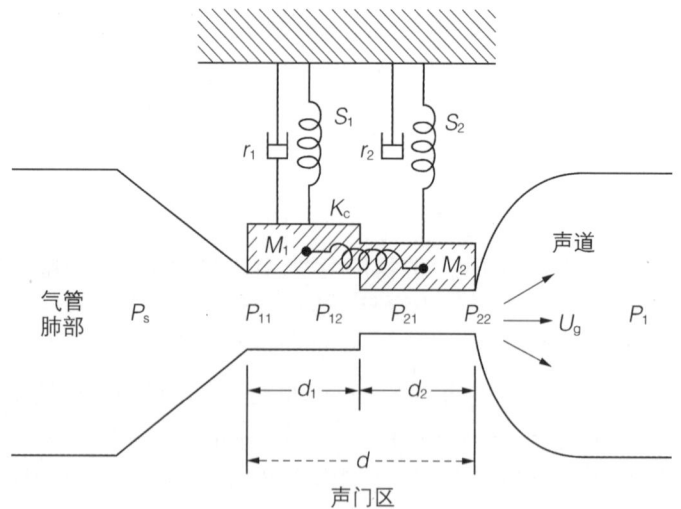

图 7.19　声带的双自由度模型示意图

需要指出的是：(1)回复力与位移并非线性相关；(2)声带并非以正弦形式振动；(3)在一定条件下，系统存在不稳定性。

三、 16 自由度模型

Matsushita(1975)和 Hiroto(1966)认为，喉黏膜的振荡是一个重要因素，我们应该重视喉的黏滞性特征。实际上,应该用肌动力学理论解释声带的振荡。该理论强调喉黏膜和声带之间非紧密结合的重要性。因为,如果两者紧密结合,声带就不可能产生垂直方向的位移,喉部就不可能振动。

如果用高速摄像机拍摄振荡中的声带,会发现声带在水平方向做往返运动的同时存在垂直相位差。声带的边缘也存在一定程度的外翻,同时喉黏液和黏膜沿着声襞上表面波动。上述事实表明,声带有着很大的自由度。因此,要构建自然逼真的言语模型,就必须考虑喉的这一特性。

为了更好地模拟人类的言语机制,Titze 于 1973 年提出了 16 自由度模型。该模型具有以下特点:(1)能够发出两个以上音域的声音;(2)能够满足解剖学研究的需要;(3)能够模拟声带的瞬时反应,如轻声咳嗽等;(4)可以调节与生理特征相关联的参数;(5)发音方式更真实。

Titze 的模型试图模拟声带的各种活动,包括声带的垂直和水平运动及其相位差。该模型认为:声带由两部分所构成,就是与声韧带(固有层中层和深层)紧密连接的黏膜(mucous membrane)和声带肌(vocalis muscle,或称作甲杓内肌)。这两部分在振动时有不同的表现。双自由度系统则假设这两部分之间的联系是很松散的,而十六自由度模型中整体质量和张力的差异更多地解释了黏膜和声带肌之间的垂直相位差。另外,黏膜和声带肌之间的连接随着音调的变化而变化,音调会随着声带张力及长度而变化。

研究者发现,女歌唱家演唱高音时,声带黏膜上有 8 个部位呈现出稳定的振动波形。考虑到这一点,Titze 把黏膜和声肌韧带(vocalis-vocal ligament,声带肌和声韧带的组合体)分成 8 个部分,从而构建了 16 个自由度的模型。每个物体都可以在气流的垂直方向运动。图 7.20 是 16 自由度模型的图示。

Titzer 认为,有三种力作用于声带,分别是内力、外力和耗力。内力指的是最相邻的力,是作用于特定粒子的四个相邻力中的最大值。内力也是一种回复力,它与距离相关,遵循胡克定律:$F = -k \cdot x$(f 为应力,x 为应变)。关于回复力的公式解释了位于平衡点的粒子位置,以及黏膜和声肌韧带相邻粒子之间的张力。也解释了声肌韧带和边界相邻粒子之间的横向应变。外力包括重力和空气动力。耗力与声门气流,声道及声带组织有关。该系统的阻尼因素是可变的,它取决于声道是外展还是内缩。

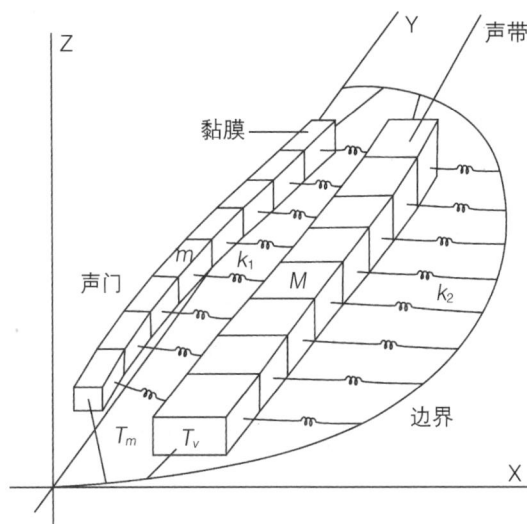

图 7.20　声带的 16 自由度模型示意图

在对于模型进行弹性定量的过程中,Titze 结出了以下结论:(1)松弛的肌肉组织可以被压缩到原有长度的一半;(2)声带肌的实际压力在 0—10 g/mm^2 范围内不断变化;(3)声韧带的最大应变约为松弛力的 30%。压力应变曲线类似于幂函数曲线。应变达到最大值后,声带不再外展。Titze 认为,存在负压力,而且负压力与正压力有着相似的特性。通过假定声韧带和声带肌的深度、压力、压力常数和应变,可以计算出声韧带和声带肌的张力值。当声带肌张力从 0 开始小范围增加时,声韧带张力会随之减小(限定小范围)。

在非振动状态下,黏膜的张力较小。在振动过程中,黏膜明显位移,黏膜粒子之间产生巨大的横向应变。Titze 认为:黏膜的弹性会以指数形式变化(具体的弹性值未知)。弹性系数 k_1 和 k_2 取决于原有记录;有关的参与运动的肌群在横向变形过程中,阻力增加。

这个模型的计算机模拟可以产生声门波合并计算出声门谱,同时给出气流特性和速度功能。这些数据与人类言语的真实模型比较接近。

Titze 的模型是一个复杂的系统,它用 16 个自由度的模型来模拟声带,用 18 节圆柱管道来模拟口腔和咽,用 12 节类似管道模拟鼻管。该模型能够逼真地模拟人类发声时声带的振动以及它产生的压力。在这个模型中,与言语生理相关的参数可以控制和模拟,如声门下压、肌张力、舌及下颚的构音运动等。Titze 的模型能够发出两个以上音域的音,能够模拟言语系统的瞬时反应(例如塞音等)。我们也能够借助该模型进行言语病理学研究。

Titze 和 Strong(1975)认为,声带不是由质量和弹簧构成的离散体,而是一个连续的统一体。他们把声带的黏弹性特征引入自己的模型。声带同时存在黏性和不可压缩性,因此在出现垂直相位差时同时存在水平和垂直位移。早期的单、双自由度模型无法解释这一特性。

1979年,Titze和Talkin考虑到声带的弯曲边界和黏弹性特征,模拟出喉在发音过程中的作用。他们发现,声带长度影响基频。也就是说,基频受肌肉层的纵向应力影响,而影响基频的主要因素不是声门下压。

1984年,Titze描述了有关声门面积、声带接触面积和声门气流的参数。除基频和振幅外,还包括开放商、相位商和负荷商等参数。通过设定参数和计算机模拟技术,我们可以更好地了解声带的振动机制。

第八节 声带多层质量分布模型

质量块模型能够较好地模拟正常声带振动,但由于其离散性,较难来模拟病理声带,也较难来模拟声带的多层特征。另外,每个质量块都需要相应的弹簧振子,使得计算量急剧增加,边界条件难以确定,无法应用于临床,故创立40年来鲜有进展。这在相当程度上影响了人喉功能障碍的基础研究及其相应治疗技术的进一步发展。为了能够更好地模拟声带振动原理,推动声带微创手术、病理嗓音测量与治疗技术的发展,黄昭鸣等(2001,2008,2010)提出了声带多层质量分布模型。

一、 声带多层质量分布模型

1. 多层模型

多层质量分布模型的特点是利用快速成型技术(RP)模拟声带的肌层、声韧带层及黏膜层的质量。该模型具有以下特点:(1)能够发出两个以上音域的声音;(2)能够满足解剖学、病理学研究的需要;(3)能够模拟声带的瞬时反应,如轻声咳嗽等;(4)可以调节与生理特征相关联的参数;(5)发音方式更真实。

RP技术是在现代CAD/CAM技术、激光技术、计算机数控技术、精密伺服驱动技术以及新材料技术的基础上集成发展起来的,其基本原理是"分层制造,逐层叠加"。RP技术可以直接接受三维声带模拟CAD数据,快速制造出病理声带多层质量模块。在声带模块的设计和制作上,RP技术具有如下四个特点:(1)声带模型成型过程快速;(2)可制造任意形状复杂的、连续的三维病理声带实体;(3)用CAD模型直接驱动,实现声带模型设计与制造高度一体化;(4)声带模型成型过程不需专用夹具、模具、刀具。

2. 质量分布模型

该模型主要关注的是模拟不同年龄段正常及病理声带的几何特性,其中纵向是声带长度指向,横向是声带宽度指向。正常成年男性声带宽16 mm,长9 mm,深5 mm。可根据不同的年龄段形成不同的质量块,按照16:9的比例排列在底座上,如图7.21所示。

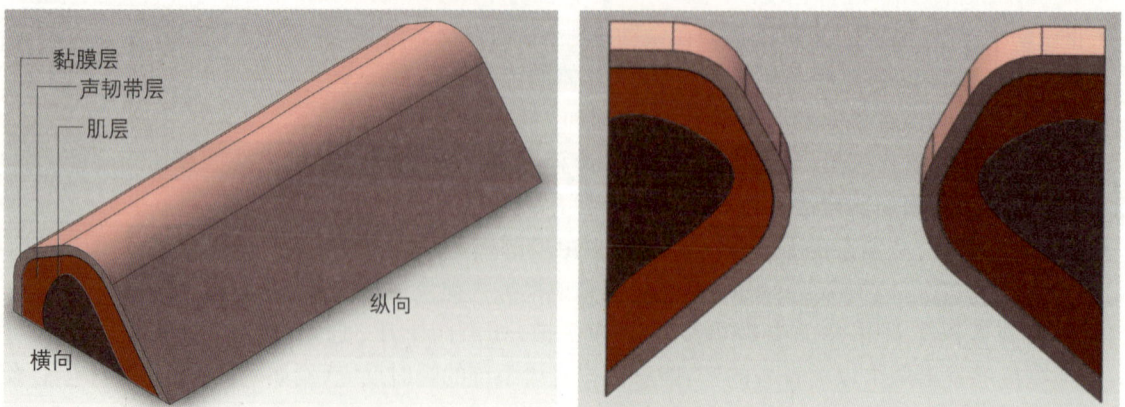

图7.21 声带概念图

言语治疗学

声带的三层组织包括肌层、声韧带层及黏膜层，根据声带的三层组织可形成多层质量分布模型，该模型将声带物理模型从单质量块、二质量块、多质量块发展成三层质量模块的组合，不仅可以模拟声带的正常振动，如图7.22a所示，而且可以模拟声带的各种病理特征，主要表现在四个方面：第一，声带振动长度的模拟——可以通过调节纵向的自由度来模拟声带振动部分的长度，例如，喉噗具有较小的纵向自由度，如图7.22b所示；第二，声带质量的模拟，即通过在不同位置质量的大小模拟不同的病例声带组织，例如，声带息肉在局部位置具有较大的质量，如图7.22c所示；第三，声带韧度的模拟，即通过使用不同弹性系数的材料来模拟不同韧度的声带病理，例如，声带沟在纵向位置具有较大的韧度，如图7.22d所示；第四，声带发育的模拟，即通过不同的质量模型组合表现不同的年龄段声带特征。这使得质量块理论应用于临床成为现实。

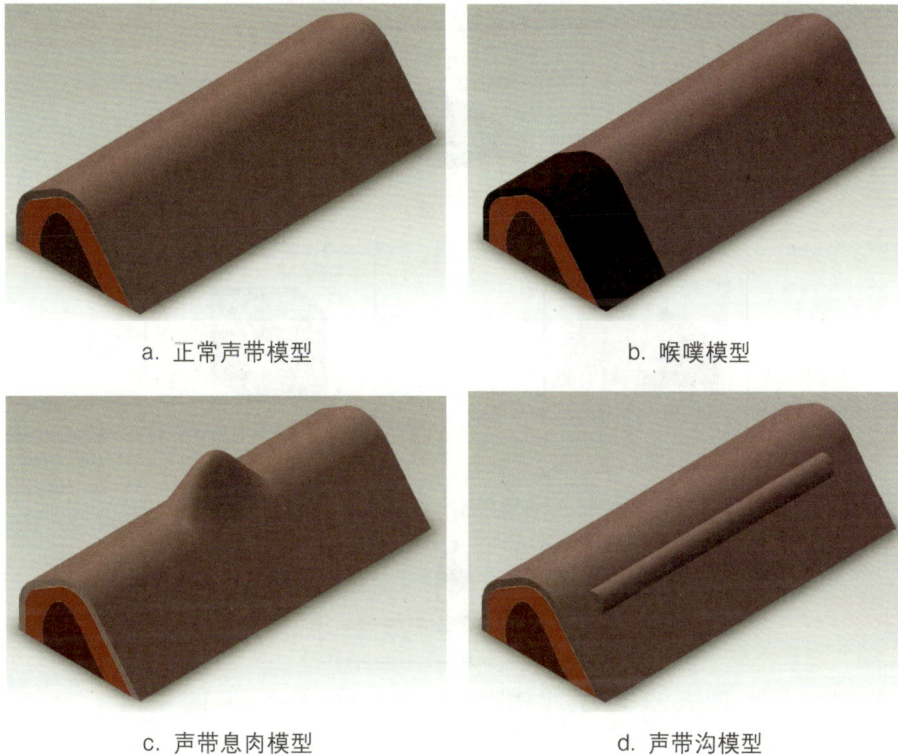

a. 正常声带模型   b. 喉噗模型

c. 声带息肉模型   d. 声带沟模型

图7.22　声带正常模型及病理模型示例

声带多层质量分布模型的生成分成五个步骤：(1) 通过 Dr. Larynx 喉内窥镜图像检测处理系统生成吸气相声带图像、振动相声门面积变化曲线；(2) 将所获得的声带图像转换成声带网格图（如：16×9）；(3) 将网格图数据导入到 Solidworks 中进行三维 CAD 声带模型构建；(4) 根据 CAD 模型形成 RP 模型和数控成组模型；(5) 将 RP 模型和数控成组模型有机整合，形成声带多层质量分布模型，如图7.23所示。

二、声带模拟装置的结构组成

最理想的情况就是制作一个1：1的声带物理模型，但是由于人喉声带比较小，1：1模型固定在检测装置上会非常困难，同时为了使粒子成像测速（PIV）照相机能够获取大而清晰的图像，本仪器选择以4：1的比例来设计声带物理模型进行模拟实验。声带振动模拟检测平台设计线路如图7.24所示。

本仪器的工作流程为：当气流通过通道时，气流带动声带上下振动，安装在声带上的加速度传感器会随着声带一起振动，产生加速度信号，同时加速度信号通过 TTL 电平/脉冲发生器，来触发 PIV 激光和 PIV 相机的快门并获取相应的数据。超声波气体流量计、动态压力传感器将采集的数据通过采集卡输入到计算机上进行处理，计算机将动态压力分析的结果反馈到变频器上来控制鼓风机的送气量。声带物理模型实验平台的工作流程如图7.25所示（Voice：噪音功能检测）。

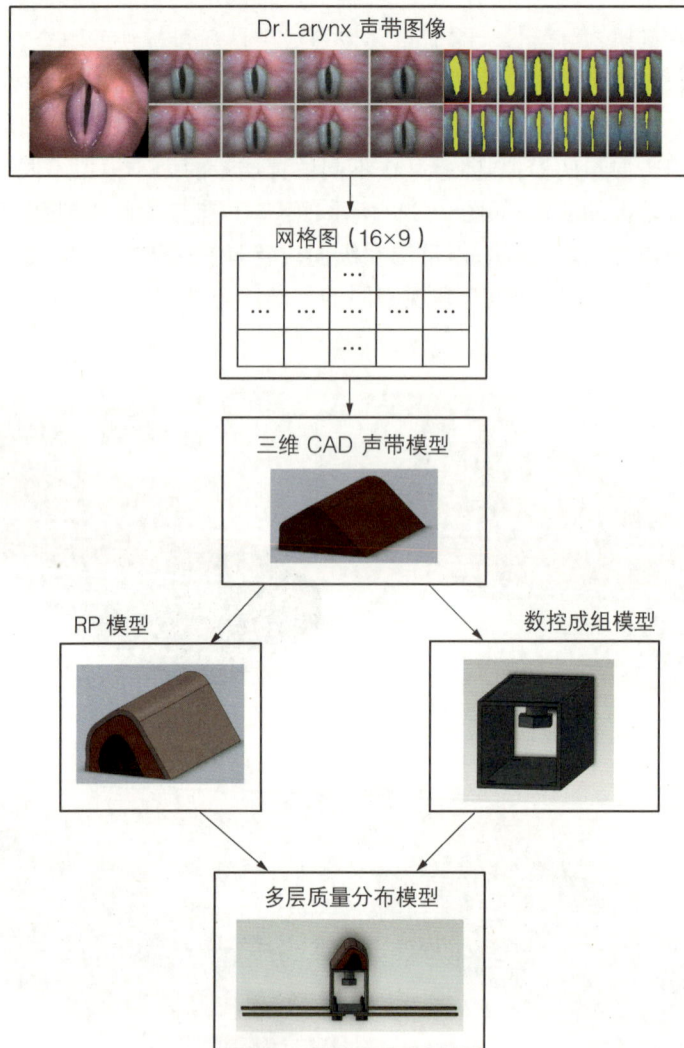

图 7.23　声带多层质量分布模型的生成流程图

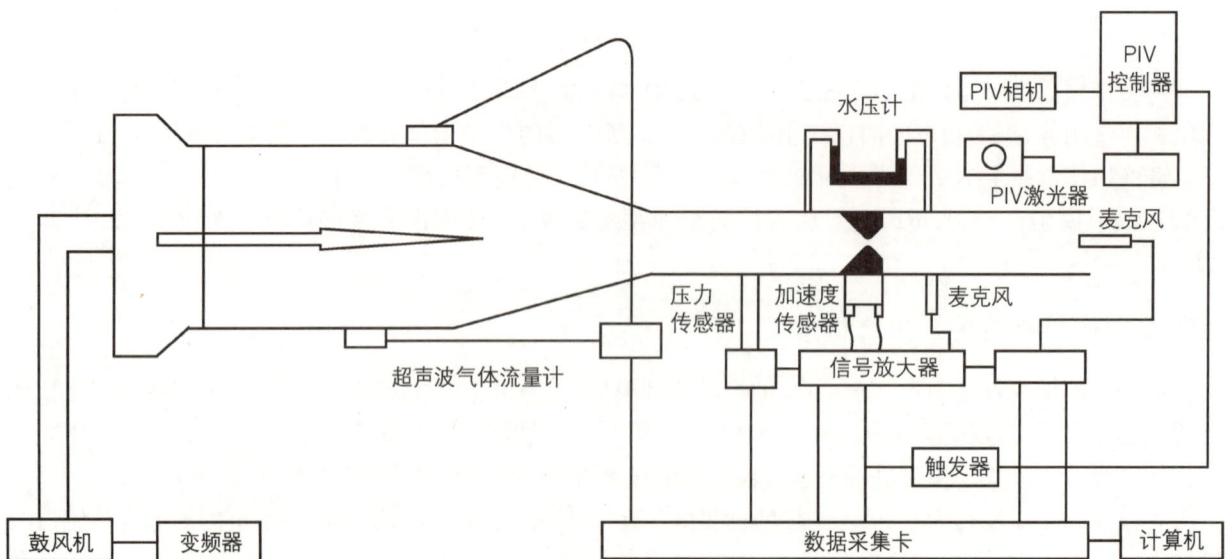

图 7.24　声带物理模型结构及配套实验装置示意图
（PIV：Particle Image Velocimetry）

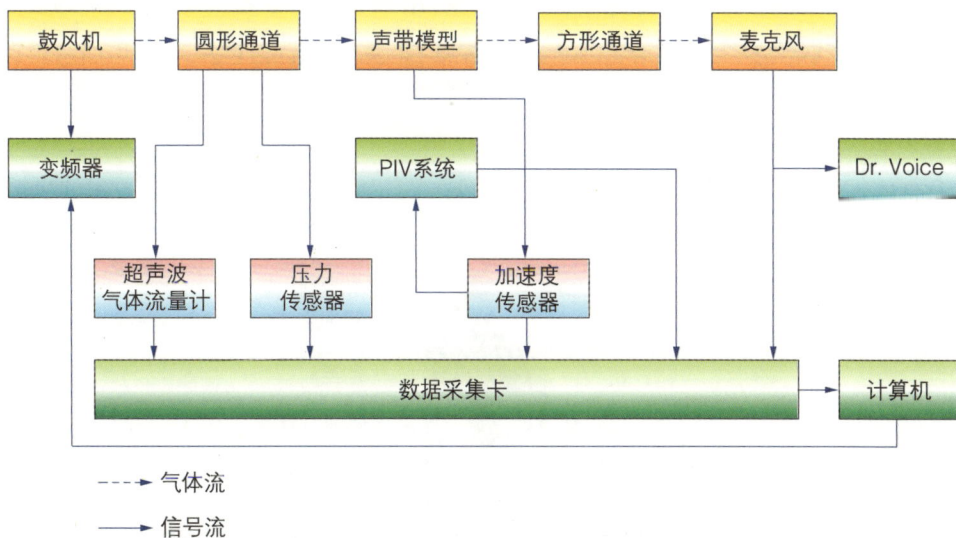

图 7.25　声带物理模型实验平台工作流程图

　　另外,PIV 系统将采集到的图像信号通过采集卡输入到计算机上进行处理,获得相关的粒子成像测速参数(PIV 参数),麦克风采集的声音信号通过 Dr. Voice 嗓音功能检测处理系统进行分析,获得相关的嗓音功能参数(Voice 参数)。声带物理模型实验平台的反馈调节流程图如图 7.26 所示,相应的组装设计图如图 7.27 所示。

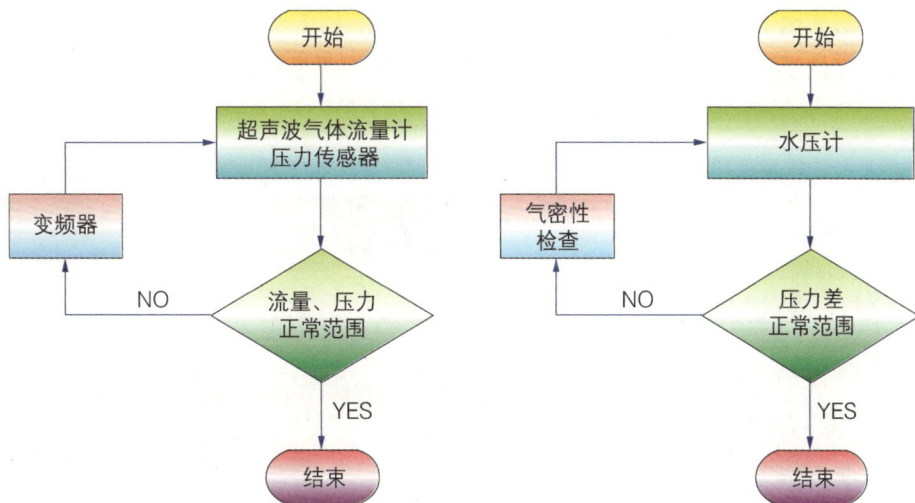

图 7.26　声带物理模型实验平台反馈调节流程图

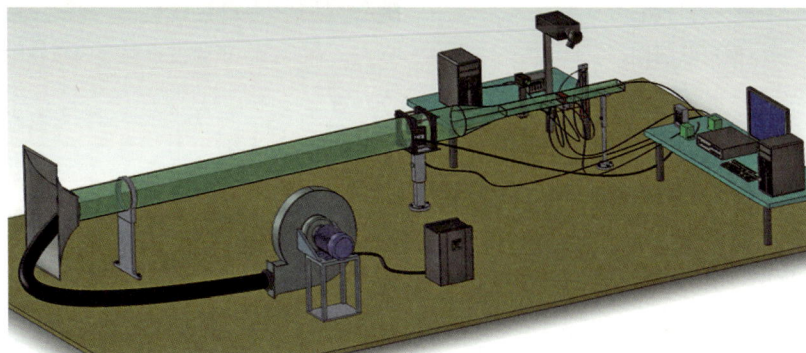

图 7.27　声带物理模型实验平台组装设计图(装置模型效果图)

声带安装在底座上,底座为铝制,底座的上方有卡槽,用来安装声带模型,卡槽的下部装有夹紧螺栓,将快速成型生成的声带模型安装在卡槽内,旋动夹紧螺栓,声带模型就会固定在卡槽内。同时,底座下方装有弹簧片和加速度传感器,弹簧片用来带动声带模型振动,加速度传感器用来记录声带模型振动时的加速度。其结构如图 7.28 所示。

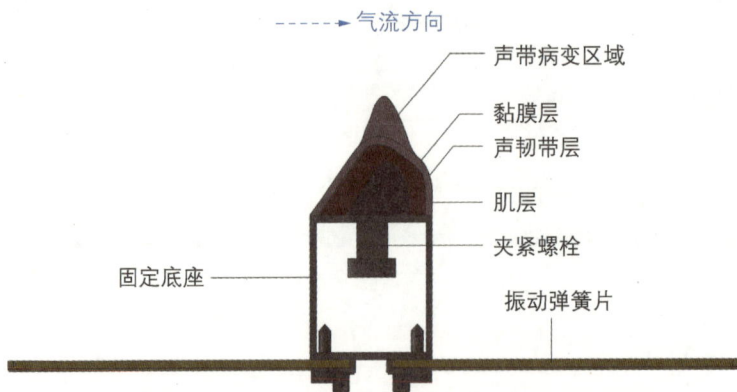

图 7.28　底座结构设计图

三、声带模拟装置的外形设计

1. 声带生理模型

在发声过程中,声带会收缩,只留下很窄的声门开放发声,声带的姿态是平行的。正常成年男性喉冠状面图和喉内窥镜图如图 7.29 所示。假设发声时,声带从前端到后端基本没有变化,那么,将三维的声带转化为二维平面的冠状模型,然后在纵向上拉伸,可得到声带三维模型。另外,发声时声带振动可以认为是近似对称的,为了简化装置,取一侧声带作为研究对象,固定另一侧声带模型。

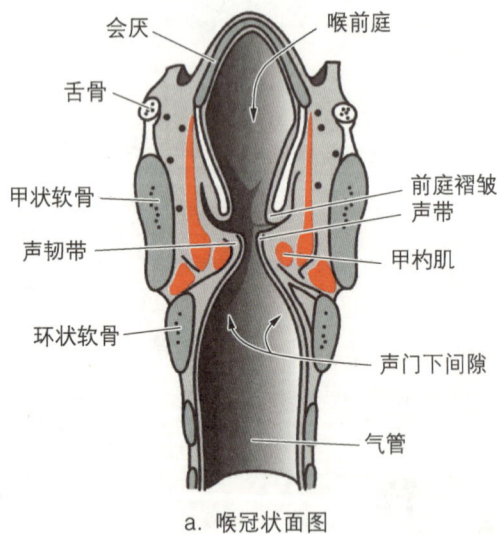

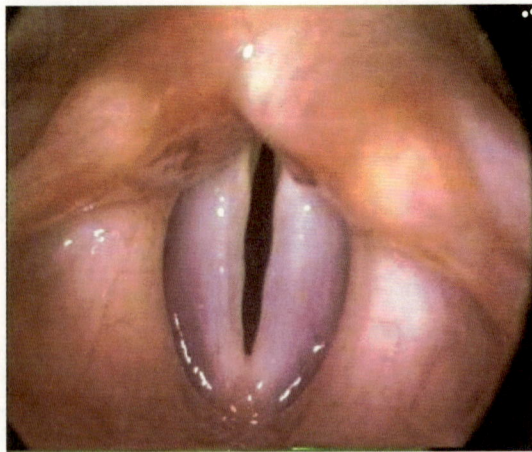

a. 喉冠状面图　　　　　　　　b. 声带发声时喉内窥镜图

图 7.29

2. 声带物理模型外形设计

声带在声门出口和入口的形状是由声门角的半径决定的,声带出口与入口的半径通过直线连接起来,声带外形几何形状及尺寸如图 7.30 所示。

四、声带模拟装置的特征参数

根据中国人言语基频的参考标准,我们制作一系列的正常声带物理模型,共 26 种,其中男性、女性年

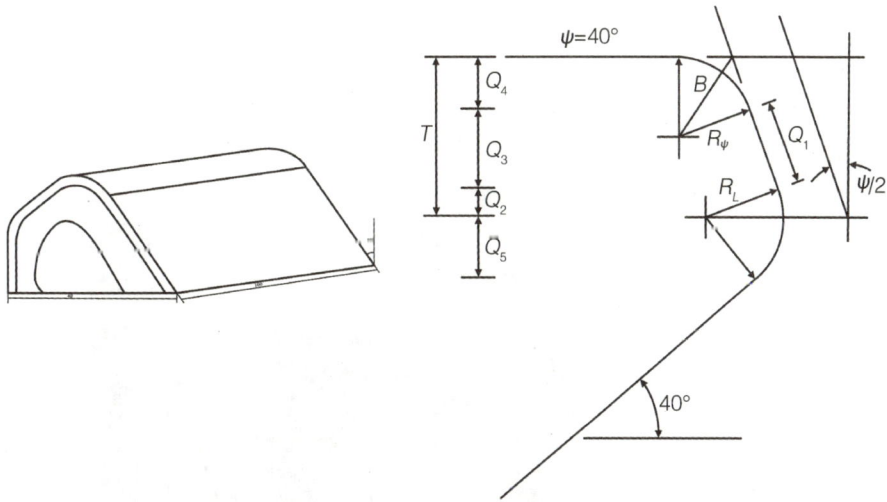

图 7.30　声带外形几何形状

龄段各 13 种。根据各年龄段的基频 F_0 参数分别得出声带模拟装置的各种参数值：质量 M（包括组合块、方形块、螺栓、弹簧片），弹性系数 K，阻尼系数 B。为方便声带实验平台的设计与安装，固定弹簧片的 K 值和阻尼系数 B。

以 18—40 岁男性为例，F_0 为 125 Hz，根据模型的自然频率公式：

$$f \propto \sqrt{\frac{M}{k_b}} \qquad\qquad \text{（公式 7.1）}$$

M 是质量，k_b 是支撑弹簧片的刚度；四个细长的悬臂梁弹簧片，长度为 l_s、宽度为 w_s、厚度为 t_s；一个悬臂梁的弯曲和扭转刚度可以表示为 k_b^1 和 k_t^1。

$$k_b^1 = \frac{E w_s t_s^3}{12 l_s^3 (1-\mu^2)}, \quad k_t^1 = \frac{G t_s w_s^3}{3 l_s} \qquad \text{（公式 7.2）}$$

其中：E——杨氏弹性模量，G——剪切模量，u——泊松比

$$l_s = 80 \text{ mm}, \ w_s = 10 \text{ mm}, \ t_s = 0.5 \text{ mm} \qquad \text{（公式 7.3）}$$

使用以上公式及 $k_t \gg k_b$，计算出装置的质量 $M = 56$ g。

其中：M 为质量块的质量总成，包括质量块底座、$i \times j$ 个质量组合块、RP 肌层、RP 声韧带层、RP 黏膜层、螺栓、弹簧片。这里，声带长度、宽度通过 i 行、j 列质量组合块来模拟，$m(i,j)$ 是指第 i 行 j 列的质量单元，RP 指通过快速成型技术生成的模拟肌层、声韧带层、黏膜层组织的特殊烧结材料。不同性别对应不同的质量块底座，共有 26 种。

声带质量块理论的 K、M、B 分别对应仪器中的弹簧片、声带模型和方形底座质量、密封圈（示意图中紫色部分，用字母 B 指示），在这里密封圈非常巧妙地既起到密封又起到阻尼的作用。模型效果如图 7.31 所示。

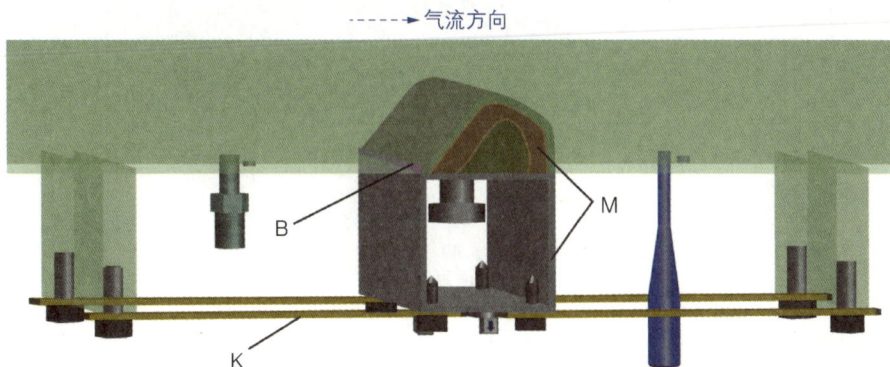

图 7.31　声带模型 K、M、B 示意图

通过喉内窥镜图可以非常清楚地记录声带的外形及表面特性,图 7.32 描述了 3 例声带病理模拟的全过程,即从喉内窥镜图到声带组合块成组编码图,再到声带组合块三维视图。

声带扁平溃疡性肉芽肿的喉内窥镜图	
声带扁平溃疡性肉芽肿声带组合块成组编码图	
声带扁平溃疡性肉芽肿声带组合块三维视图	

0	0	0	0	0	0	0	0	0	0	0	0	0	0	0	0	0	0
0	0	0	0	0	0	0	0	0	0	1	1	1	1	1	0	0	0
0	0	0	0	0	0	0	0	0	0	1	3	3	2	1	0	0	0
0	0	0	0	0	0	0	0	0	0	1	2	3	2	1	0	0	0
0	0	0	0	0	0	0	0	0	0	1	1	3	2	1	0	0	0
0	0	0	0	0	0	0	0	0	0	1	1	2	2	1	0	0	0
0	0	0	0	0	0	0	0	0	0	1	1	1	1	1	0	0	0
0	0	0	0	0	0	0	0	0	0	1	1	1	1	1	0	0	0
0	0	0	0	0	0	0	0	0	0	0	0	0	0	0	0	0	0
0	0	0	0	0	0	0	0	0	0	0	0	0	0	0	0	0	0
0	0	0	0	0	0	0	0	0	0	0	0	0	0	0	0	0	0
0	0	0	0	0	0	0	0	0	0	0	0	0	0	0	0	0	0
0	0	0	0	0	0	0	0	0	0	0	0	0	0	0	0	0	0
0	0	0	0	0	0	0	0	0	0	0	0	0	0	0	0	0	0
0	0	0	0	0	0	0	0	0	0	0	0	0	0	0	0	0	0
0	0	0	0	0	0	0	0	0	0	0	0	0	0	0	0	0	0

a. 声带扁平溃疡性肉芽肿

声带半透明息肉的 喉内窥镜图	
声带半透明息肉 组合块成组编码图	
声带半透明息肉 组合块三维视图	

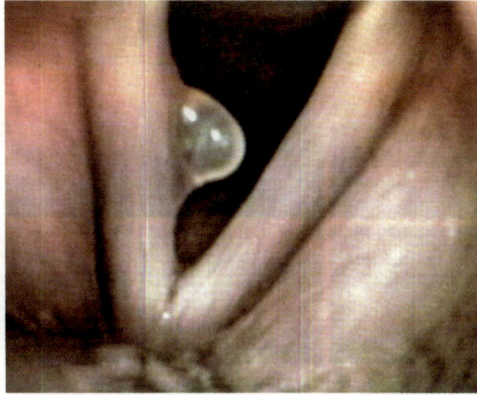

b. 声带半透明息肉

血管性囊肿的喉内窥镜图	

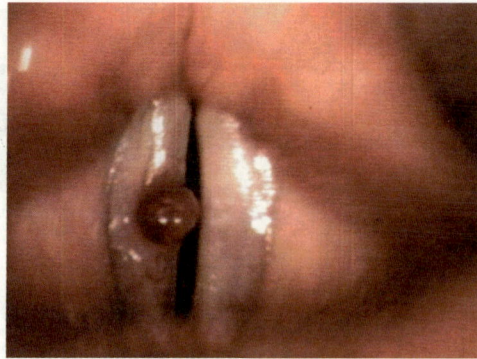

声带血管性囊肿成组编码图

0	0	0	0	0	0	0	0	0	0	0	0	0	0	0	0
0	0	0	0	0	0	0	0	0	0	0	0	0	0	0	0
0	0	0	0	0	0	0	0	0	0	0	0	0	0	0	0
0	0	0	0	0	1	0	0	0	0	0	0	0	0	0	0
0	0	0	0	1	1	1	0	0	0	0	0	0	0	0	0
0	0	0	1	1	1	1	1	0	0	0	0	0	0	0	0
0	0	0	1	2	2	2	2	1	0	0	0	0	0	0	0
0	0	1	1	2	3	3	2	1	0	0	0	0	0	0	0
0	0	1	1	2	3	3	2	1	0	0	0	0	0	0	0
0	0	0	1	2	2	2	1	0	0	0	0	0	0	0	0
0	0	0	1	1	1	1	0	0	0	0	0	0	0	0	0
0	0	0	0	1	1	0	0	0	0	0	0	0	0	0	0
0	0	0	0	0	0	0	0	0	0	0	0	0	0	0	0
0	0	0	0	0	0	0	0	0	0	0	0	0	0	0	0
0	0	0	0	0	0	0	0	0	0	0	0	0	0	0	0
0	0	0	0	0	0	0	0	0	0	0	0	0	0	0	0

声带血管性囊肿组合块三维视图

c. 声带血管性囊肿

图 7.32 声带病理模拟示意图

第八章 言语发声障碍的评估

【本章目标】

阅读完本章之后,你将:

1. 熟悉发声功能主观评估的内容;
2. 掌握音调主客观评估的方法及其临床含义;
3. 掌握响度主客观评估的方法及其临床含义;
4. 掌握音质主客观评估的方法及其临床含义。

　　言语的产生需要呼吸系统、发声系统和共鸣系统的协调运动。发声系统是言语产生的振动源。气流从肺部呼出,经过呼吸系统到达喉部,两侧声带即位于此。喉主要有三种功能:其一,气流形成的声门下压作用于声带,使两侧声带边缘在靠近到一定程度时产生振动,发出浊音;其二,开启声带,发出清音;其三,作为发声系统的重要组成部分,为构音系统提供必需的声学能量。

　　呼气时,气流经过声门,声带向中线靠拢,使声门间的气道变得窄小,阻止声门间的气流通过,从而使声门下压增加。声门下压的增加使声带黏膜间的气流速度加快,结果使声带之间产生负压,两侧声带由于伯努利效应,互相吸引,使声门关闭。只有当声门关闭的时间与气流呼出的时间相协调时,才可能产生自然和谐的嗓音。如果气流完全通过声门时,声门尚未闭合,那么产生的嗓音会让人听起来有气无力;如果气流尚未到达,声门提前闭合,那么产生的嗓音会让人听起来尖锐刺耳,并有爆破音的感觉。因此,气流的呼出与声带开闭运动之间的相互协调,是产生自然和谐嗓音的先决条件。在进行发声障碍矫治之前,首先需要进行发声功能的评估,关于言语发声功能评估的问题如下:

　　(1) 发声的主观评估;

　　(2) 发声的客观测量及其临床应用;

　　(3) 主观评估和客观测量的关系。

　　这些均是本章要重点讨论的问题。我们需要从整体上讨论如何对发声功能进行评估。也就是说,我们将描述言语发声功能的主观评估和客观测量,并提供一个功能评估的框架。然后,我们才能够进一步探索正常和异常言语发声功能的评估机制。

第一节 发声功能评估概述

　　各类发声障碍的病因和临床症状是不同的,因此,在为患者进行言语矫治前,应先对患者的发声功能进行评估。通过倾听和交谈,可以大致了解患者的发声情况,明确其是否存在不良的发声行为(即嗓音的滥用和误用的情况),然后对其进行声学测量、电声门图测量或喉镜检查。

　　发声功能评估框图如图8.1所示,它包括音调评估、响度评估和音质评估三部分。其中音调评估又包括听觉感知评估和言语基频测量;响度评估包括听觉感知评估和言语强度测量;音质评估包括听觉感知评估、嗓音声学测量、电声门图测量和喉内窥镜测量。

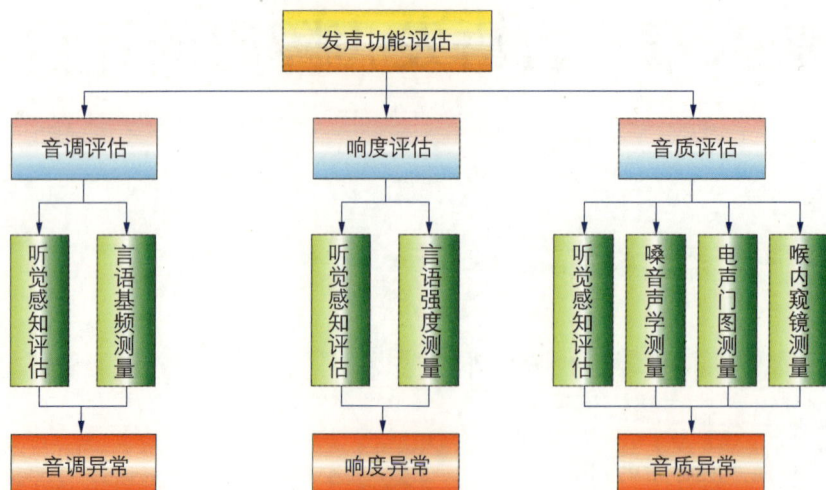

图 8.1　发声功能评估的流程图

发声即嗓音的产生过程,而嗓音又是一个多维概念,音调、响度和音质三个方面都能通过主观和客观的方法进行评估。主观方面,音调、响度和音质均可以通过听觉感知的方法来进行评估。客观方面,音调、响度和音质的测量均可借助于相应的测量设备来进行,目前最常用的设备包括启音博士言语测量仪、嗓音博士喉功能检测仪、电声门图仪、泰亿格喉内窥镜诊察仪等。

对于功能性和轻度器质性发声障碍的患者而言,首先应对患者的音调、响度和音质分别进行主观和客观的评估,然后,根据其评估结果,就可以明确其发声功能障碍的类型和严重程度,并制订针对性的治疗方案。对于中、重度器质性发声障碍的患者而言,他们首先需要接受临床医生的药物或手术治疗,在治愈或控制了器质性疾病之后,再接受言语矫治。

将发声功能的主观评估与客观测量有机地结合起来,可以提高发声功能评估的有效性。通过上述评估,就可以判断患者是否存在音调异常、响度异常或音质异常等发声障碍。

第二节　发声功能主观评估

一、音调的听觉感知评估

音调的听觉感知评估方法有两种:一种是"嗯哼"法,可以对自然音调进行主观的、粗略的测量。这种方法通过测试人们在表示赞同时发出的"嗯哼"音的音调,来测得说话者的自然音调(我们称之为准自然音调)。另一种方法是音乐辅助法,它要求评估者具备基本的音乐知识。在测量中,我们发现"嗯哼"法和乐调匹配法所测得的准自然音调往往相同或相近,但是音乐辅助法由于使用了乐器而显得更为精确。

1."嗯哼"法

"嗯哼"法比较简单,使用这种评估方法有助于判断患者说话时是否使用了自然音调。具体方法如下:

(1) 朗读并录音

患者大声朗读一段话,然后将其声音录制下来。言语矫治师仔细聆听录音并体会声音的音调是否异常,这样就可以对其音调有一个基本的认识。

(2) 对话并录音

录制一段患者与他人(选择与患者年龄和性别相同的、无嗓音障碍的正常人)的对话。言语矫治师仔细聆听录音,如果发现患者音调高或低于他人,需要进一步对话来加深对患者异常音调的认识。

(3) 录下"嗯哼"的发音

① 言语矫治师手持图片并大声提问,接着自己回答说"嗯哼",然后要求患者模仿。例如,言语矫治师

拿出一张红苹果的图片,大声地问:"你喜欢苹果吗?"自己回答:"嗯哼。"然后要求患者模仿发"嗯哼",重复若干次,并录下患者"嗯哼"的发音,仔细聆听。

② 要求患者说"一、一、一",比较患者在说"一、一、一"时的音调是否与在说"嗯哼"时的音调处在同一水平,并体会二者的音调是否存在显著的差异。

③ 大声地问患者其他的问题,然后要求患者回答说"嗯哼"。仔细听录音,感觉一下患者的音调高低和音调变化是否存在问题。

2. 乐调匹配法

在评估音调方面,音乐辅助法比"嗯哼法"更精确。此项评估要求有一台电脑(或者录音机)和一种乐器(钢琴或电子琴)。评估时,评估者首先选择一个琴键,此键的音调必须对应于患者年龄和性别的正常音调水平,然后由言语治疗师或患者来弹奏这个琴键,将其发出的音作为示范音,要求患者进行模仿,判定患者声音的音调能否与这个音的音调相匹配。如果不能匹配,则应判断患者的音调是高于示范音音调,还是低于示范音音调。前者说明该患者可能存在音调过高的问题,后者说明可能存在音调过低的问题。

上述两种主观评估方法均易受评估者本人的影响而产生偏差,因此,在条件允许的情况下,还应采用客观测量的方法。

二、 响度的听觉感知评估

响度听觉感知评估的主要作用是帮助言语治疗师更加全面地了解患者在日常生活中言语的响度情况。响度等级评定尺度包含五个响度等级(见表8.1),言语治疗师在与患者交谈的过程中,根据与患者交谈的情况,大致确定患者的习惯响度水平处于五个响度等级中的哪一级。这个评估结果,可让言语治疗师了解患者发声的响度级别,明确是否需要改变患者的习惯响度,也让患者认识到响度随时都在发生变化。

表8.1 响度等级表

序 号	等 级	描 述
1	耳语声	用耳语声与周围人交流时,只有相互说话的两者能够听见,此时声带是不振动的。
2	轻 声	这类响度水平不会吵醒周围休息的人。
3	交谈声	这种响度水平适合与他人进行正常交流。
4	大 声	适合在大众面前演讲使用(没有麦克风),或者在想引起他人注意时使用。
5	喊叫声	生气时或者运动场上的啦啦队成员加油时使用的响度水平。

除了言语治疗师的主观评估外,还要求患者根据自己的实际情况填写响度自我评价表(见表8.2),如果患者对自我评价表中的问题都做了肯定的回答,说明其言语响度是合适的。如果患者对上述问题有一项或多项否定的回答,那就应该对其响度做进一步的评估。

表8.2 响度自我评价表

序号	描 述	答 案
1	声音响度在任何场合都是适合的。	
2	他人很少要求我再重复说一遍。	
3	他人很少要求我说话轻一点。	
4	他人很少要求我说话响一点。	
5	说话时,声音的响度有所变化。	
6	总体对言语的响度表示满意。	

三、 音质的听觉感知评估

1. 患者自测

患者自测部分见表 8.3。根据患者情况的不同,可以选择让患者自行回答问题,或由言语治疗师帮助患者理解和回答问题。患者确实无法进行该部分评估时,可以考虑放弃。

表 8.3　嗓音音质自测表

序　号	问　　　题	答　案
1	你说话时经常感到气短吗?	
2	你不喜欢听录制下来的自己的嗓音吗?	
3	一用嗓音,你就感到累吗?	
4	电话里的陌生人认为你比实际年龄老或年轻吗?	
5	当你疲劳的时候,嗓音很小吗?	
6	你的嗓音在早晨和夜间是不同的吗?	
7	长时间说话之后,你的喉部不舒适吗?	
8	在某些场合,众人无法听清楚你在说什么吗?	
9	你的嗓音听起来不如以前吗?	
10	你的嗓音听起来鼻音很重吗?	
11	你的嗓音听起来过于紧张吗?	
12	当你疲劳或紧张时,容易失声吗?	
13	说话时,你的嗓音令你失望吗?	
14	你想要改变你的音调吗?	
15	你感到你的声音听起来不像是自己的吗?	
16	你经常需要清嗓吗?	
17	当过敏或感冒时,你有时会失声吗?	
18	长时间说话之后,你的嗓音听起来过度干涩吗?	
19	人们经常误解你说话的意思吗?	
20	当你和陌生人电话交谈时,对方常弄错你的性别吗?	

嗓音等级表	肯 定 回 答 数	等　级
	0—2个	正常
	3—4个	轻度影响
	5—8个	中度影响
	9个以上	重度影响

2. 言语治疗师主观评估(听觉感知评估一般描述)

让患者按要求完成某些指令后,言语治疗师根据自身的主观听觉感受对患者的表现给予评价,并记录结果,见表 8.4a。

表8.4a 发声功能主观评估(发声功能异常检查)——听觉感知评估一般描述

选择合适的等级：偏低(↓)、正常(—)或偏高(↑)。

日　期	音　调	响　度	起　音	速　率	解　释

注意：起音：发"一，五"或"鸭，娃娃，爷爷"
　　　速率：数数

日　期	口腔共鸣	鼻腔共鸣	解　释

注意：口腔共鸣：发/a，i，u/音时，捏鼻与不捏鼻时的发音无明显差异。
　　　鼻腔共鸣：发/mo，ne，ming，ning/音时，捏鼻与不捏鼻时的发音有明显差异。

表8.4b 发声功能主观评估(发声功能异常检查)——听觉感知评估一般描述

选择合适的等级：偏低(↓)、正常(—)或偏高(↑)。

日　期	音　调	响　度	起　音	速　率	解　释
5.1	↑	↓	↑		

日　期	口腔共鸣	鼻腔共鸣	解　释
5.1	—	↑	

表8.4b是一个填表示例，嗓音音调指治疗师主观感觉患者说话时音调的高低，↑表示音调偏高；嗓音响度表示治疗师主观感觉患者说话时声音的大小，↓表示响度偏小；起音指治疗师让患者发"一"、"五"或"鸭"、"娃娃"、"爷爷"等，然后主观评价其起音状况，↑表示硬起音；嗓音速率指治疗师让患者数数的时候，主观评价患者发音时的速度，—表示正常。

口腔共鸣指治疗师让患者分别在捏鼻与不捏鼻的条件下发/a,i,u/，并主观评价患者的两次发音有无明显差异。—表示正常。

鼻腔共鸣指治疗师让患者分别在捏鼻与不捏鼻的条件下发/mo, ne, ming, ning/，并主观评价患者的两次发音有无明显差异，↑表示鼻音功能亢进。

3. 言语治疗师主观评估(听觉感知评估 GRBAS 描述)

言语治疗师："小朋友，跟老师一样，用大大的声音发/æ/音。"然后，言语治疗师根据自身的主观听觉感受对患者的嗓音音质进行主观判断，并判断异常程度，见表8.5a。

表8.5a 发声功能主观评估(发声功能异常检查)——听觉感知评估 GRBAS 描述

用正常的发音方式，尽可能"响"地发/æ/音(英文)。

日　期	嘶哑声 G	粗糙声 R	气息声 B	虚弱程度 A	紧张程度 S

注意：GRBAS尺度：(0)正常，(1)轻度，(2)中度，(3)重度。
　　　G 代表嗓音嘶哑的程度(嗓音异常)。
　　　R 表示声带振动的不规则程度，它对应于基频和振幅的不规则变化情况。
　　　B 表示声门漏气的程度，它与声门处气体的湍流程度有关。
　　　A 表示嗓音的疲弱程度，它与低强度的声门振动或缺少高频谐波分量有关。
　　　S 代表发音功能亢进的现象，它包括基频异常的增高、高频区噪音能量的增加或含有丰富的高频谐波成分。

表 8.5b 是一个填表示例,表中数字为言语治疗师根据自己的主观听感,对患者嗓音的嘶哑声、粗糙声、气息声、虚弱程度和紧张程度进行描述,0 为正常,1 为轻度,2 为中度,3 为重度。

表 8.5b　发声功能主观评估(发声功能异常检查)——听觉感知评估 GRBAS 描述

用正常的发音方式,尽可能"响"地发/æ/音(英文)。					
日　　期	嘶哑声 G	粗糙声 R	气息声 B	虚弱程度 A	紧张程度 S
5.16	2	1	1	1	0

第三节　发声功能客观测量

一、音调评估

音调评估的实质是测量言语的基频。基频是一个物理量,是指声带每秒钟振动的次数,其单位是赫兹(Hz)。而音调是基频的听觉心理感知量,是个体对声音高低的主观感觉。从解剖与生理学角度看,音调则对应于声带振动的频率或速率。在自然音区范围内,声带振动的速率越大,音调则越高;声带振动的速率越小,音调则越低。音调是反映发声功能的关键因素,音调不同,嗓音也各不相同。一般情况下,我们即使没有看到说话者,也可以通过其音调大致辨别出此人的性别和年龄。音调在不断地发生着变化,但是,每个人在说话时总有一个经常使用的音调,这个音调被称为**习惯音调**。我们说话的音调总是在习惯音调的基础上进行上下波动。

除习惯音调外,每个人还存在一个**自然音调**。使用自然音调说话时,喉部肌群的耗能最低,由此所产生的声音听起来让人感觉自然、舒适和放松。自然音调是一个范围,这个范围应该包含一到两个音级,自然音调通常位于正常音域下限之上的几个音阶之中。**对不同性别和年龄段的群体而言,自然音调都有各自的正常范围,而习惯音调则存在着较大的个体差异**。一般情况下,人们发"嗯哼法"时的音调比较接近于自然音调。

基频也可以用音乐尺度来表示,如图 8.2 所示。钢琴键盘(52 个白键,36 个黑键)被划分成七个完整的八度音阶,左右两端各有一个不完整的音阶。每个完整的八度音阶包含七个音级(CDEFGAB)。键盘中音调最低的音级是 A_2,最高的音级是 C_5,中间的音符是 C_1。C_1 被用来区分低音区和高音区。通过使用钢琴,我们给出某一性别和年龄段的人正常的音调。例如,学龄前儿童的自然音调落在 E_1(330 Hz)的附近。

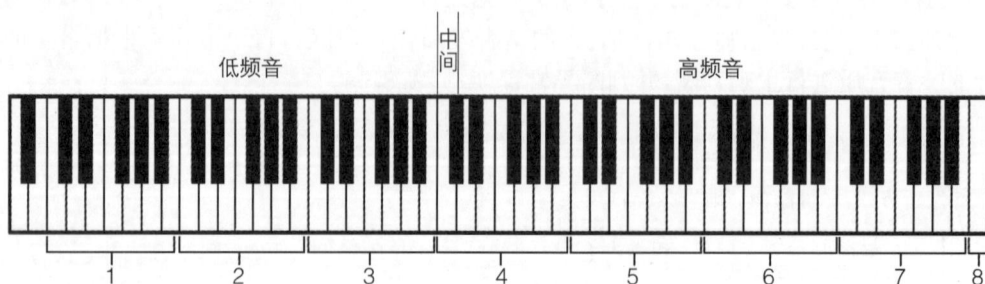

图 8.2　传统的 88 键钢琴
(1=大字一组,2=大字组,3=小字组,4=小字一组,5=小字二组,6=小字三组,7=小字四组)

临床上,我们常用平均言语基频(mean F_0)和基频变异量来判断个体的习惯音调正常与否,因此,这些参数具有很重要的临床意义。常用的基频变异量有两个:**言语基频范围**:指在某一言语样本中,基频 F_0 的最高值与最低值间的差值,即 $Max\ F_0 - Min\ F_0$,其单位是赫兹(Hz),也可以转化成半音或音阶;**基频标准差**(F_0SD):反映基频平均值的波动范围。基频标准差是一个统计值,单位是赫兹(Hz)。在正常的交谈中,基频标准差 F_0SD 介于 20—35 Hz 之间。

(一) 言语基频测量

音调的客观测量指借助声学手段来完成对声带振动频率的测量,主要参数包括声带振动的平均基频、基频标准差、最大基频、最小基频以及基频变化范围等。基频(F_0)是声带做周期性振动的频率,单位是赫兹(Hz),指一秒钟内声带振动的次数,一般来说,正常男性的基频在 130 Hz 左右,正常女性的基频在 250 Hz 左右,正常儿童的基频在 340 Hz 左右。

图 8.3 为采用"喉内窥镜诊察仪"观察出的声带的振动情况。图 8.3 显示的是声带在不同频率下振动时的长度,我们可以发现,对于同一个体而言,振动频率增大,声带的长度也随之增加。

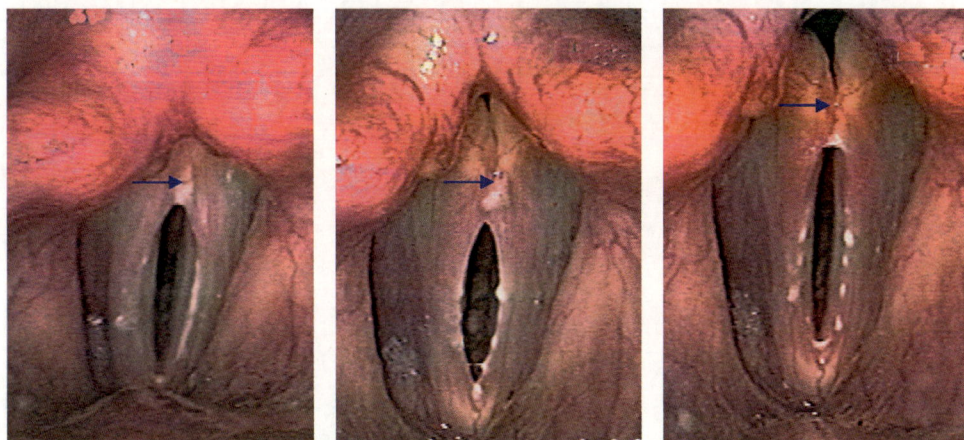

图 8.3 声带在不同频率振动时的示意图(对应不同的声带长度)
(左图:$F_0 = 120$ Hz,中图:$F_0 = 160$ Hz,右图:$F_0 = 200$ Hz)
(喉内窥镜诊察仪,ScopeView™,上海泰亿格康复医疗科技股份有限公司授权使用)

言语治疗师可利用"启音博士言语测量仪"记录下患者的声波数据,并对声波的基频特征进行实时分析,如图 8.4 和图 8.5 所示。基频的测量主要通过交谈的方式来完成,比较常用的方法是要求患者回答"姓名及年龄"等问题完成测量,将测量结果填写至如表 8.6 所示的第一项标准测试的表格中。主要记录项目为平均言语基频、言语基频范围训练目标、言语基频诊断结果、言语基频标准差及实际年龄和相对年龄。其中基频标准差(F_0SD)是基频偏差量的测定值,单位也是赫兹(Hz),一般来说,基频标准差的正常值介于 20—35 Hz 之间。若患者无法完成交谈的过程,可以采用备选测试中模仿发音的方式完成,如表 8.6 中第二项所述。

表 8.6 客观测量——言语基频

标准测试:交谈时的言语基频(Hz),询问"姓名及年龄"等问题										
备选测试:阅读或跟读时的言语基频(Hz),阅读或跟读:"妈妈爱宝宝,宝宝爱妈妈。"										

日期	平均言语基频 F_0	m−2σ	m−σ	F_0(Hz)	m+σ	m+2σ	言语基频标准差 F_0SD	F_0SD 状况(偏小、正常、偏大)	言语基频范围训练目标	实际年龄	相对年龄

1. 言语基频标准差 F_0SD:代表基频变化状况,其中有三个状况:$F_0SD < 20$ Hz 偏小、正常、$F_0SD > 35$ Hz 偏大
2. 言语基频范围训练目标 F_0(Max—Min):代表基频有效范围

日 期	清音时间%	浊音时间%	清浊音比 V/U

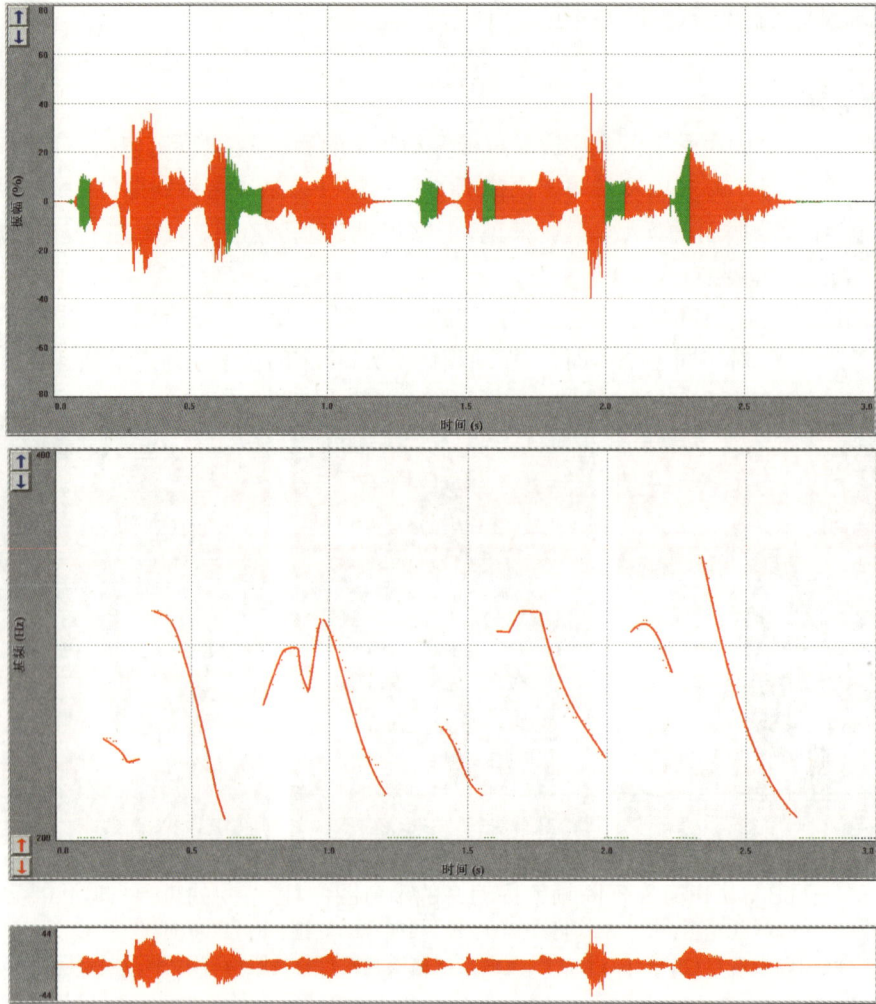

图 8.4　声波和基频的客观测量(我叫×××,我今年×岁了)
(启音博士言语测量仪,Dr. Speech™,上海泰亿格康复医疗科技股份有限公司授权使用)

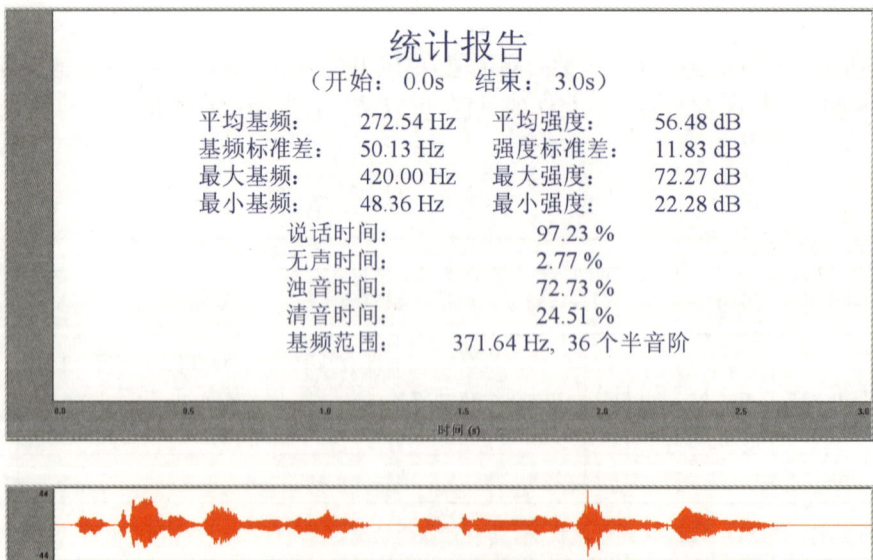

统计报告

（开始：0.0s　结束：3.0s）

平均基频：	272.54 Hz	平均强度：	56.48 dB
基频标准差：	50.13 Hz	强度标准差：	11.83 dB
最大基频：	420.00 Hz	最大强度：	72.27 dB
最小基频：	48.36 Hz	最小强度：	22.28 dB

说话时间：	97.23 %
无声时间：	2.77 %
浊音时间：	72.73 %
清音时间：	24.51 %
基频范围：	371.64 Hz, 36 个半音阶

图 8.5　基频客观测量的结果
(基频平均值 272.54 Hz、标准差 50.13 Hz、最大值 420.00 Hz、最小值 48.36 Hz)
(强度平均值 56.48 dB、标准差 11.83 dB、最大值 72.27 dB、最小值 22.28 dB)
(启音博士言语测量仪,Dr. Speech™,上海泰亿格康复医疗科技股份有限公司授权使用)

　　　　言语治疗学

表 8.7 是一个填表示例。假设这张表格显示的患者 2 是一个 9 岁的女孩,该患者交谈时的平均言语基频为 292 Hz,言语基频标准差为 40 Hz,根据表 8.8 所示的参考标准,9 岁女孩的平均言语基频标准为 270 Hz,可知该女孩的平均言语基频偏高,言语基频变化偏大,平均言语基频的相对年龄为 8 岁。该患者浊音时间为 72.73%,清音时间为 24.51%,因此清浊音 V/U 比为 0.34。

表 8.7　言语基频测量填表示例

标准测试:交谈时的言语基频(Hz),询问"姓名及年龄"等问题
备选测试:阅读或跟读时的言语基频(Hz),阅读或跟读:"妈妈爱宝宝,宝宝爱妈妈。"

日期	平均言语基频 F_0	m-2σ	m-σ	F_0(Hz)	m+σ	m+2σ	言语基频标准差 F_0SD	F_0SD 状况 (偏小、正常、偏大)	言语基频范围训练目标	实际年龄	相对年龄
例 1	292↑	205	232	260	288	315	30	正常	150	9	8
例 2	292↑	205	232	260	288	315	40	偏大	150	9	8
例 3	225↓	205	232	260	288	315	15	偏小	150	9	11

1. 言语基频标准差 F_0SD:代表基频变化状况,其中有三个状况:F_0SD<20 Hz 偏小、正常、F_0SD>35 Hz 偏大
2. 言语基频范围训练目标 F_0(Max—Min):代表基频有效范围

日　期	清音时间%	浊音时间%	清浊音比 V/U
5.16	24.51	72.73	0.34

(二) 音调异常的临床诊断

对于一个音调异常的患者而言,基频的声学测量非常重要。将测得的平均言语基频与表 8.8 所示的同年龄、同性别组的参考标准进行比较,结合音调主观评估的结果,能确定患者音调异常的类型与程度。通过对平均言语基频(MSFF: Mean Speaking Fundamental Frequency)的分析发现:不同年龄、性别的人群有着不同的言语基频水平。婴幼儿的平均言语基频非常高,其值大概介于 400—600 Hz 之间。之所以有如此之高的平均言语基频,是因为婴幼儿的声带非常短、薄,所以也就导致其声带振动的速度非常快。另外,婴幼儿的频率范围也是最广泛的。这是因为他们的言语中包含了许多无意义音,例如"唧唧"、"嘎嘎"以及哭闹声。随着年龄的增长,儿童的声带也在增长、增厚,同时伴随着平均言语基频的下降。4—7岁的男性和女性的平均言语基频值约介于 280—380 Hz 之间。从大约 3 岁起(儿童基本掌握言语技能)一直到青春期以前,儿童在正常交流中的言语基频动态范围的均值介于 150—200 Hz 之间。此范围在成年阶段会进一步下降。从大约 7 岁开始,女性的基频动态范围较男性的更广,这可能是一种社会教育所致的现象而不是生理现象。7—9 岁学龄阶段男生的言语基频范围较 3—6 岁学前阶段的男生的言语基频范围更窄,7—9 岁女孩的言语基频范围却与比其更小的女孩的言语基频范围大致相当。

青春期过后,男性的平均言语基频会显著下降,而女性则基本保持不变或有轻微的下降。基频的这种改变与生理因素有关。在青春期,男性喉部明显增大,而且声带变得更长、更厚且更有力量,相应的也就伴随着基频的下降。女孩的喉部和声带在青春期也会有所增大,但其程度不如男性的明显,因而基频的变化较小。到 18 岁,男性的平均言语基频为 125 Hz 左右,女性的平均言语基频要比男性的高出大约 105 Hz,为 230 Hz 左右。

在 60 岁以前,成年男性和女性的平均言语基频都是非常稳定的。而在 60 岁以后发生在喉部的、与年龄有关的退行性改变(包括声带变薄),使得男性的平均言语基频明显增加。因为更薄且质量更小的声带要比质量更大的声带振动得更快,所以,男性声带变薄会使其平均言语基频增加。另一方面,由于激素水平的改变,老年妇女的声带质量增加。因此,老年妇女的平均言语基频会随着年龄的增长而下降。

表 8.8(a)　平均言语基频和言语基频范围训练目标(单位：赫兹)

年龄	平均言语基频训练目标 m		平均言语基频变化状况 [m−σ,m+σ]		言语基频范围训练目标 F_0(Max—Min)	
（岁）	男	女	男	女	男	女
3	400/g¹	380/#f¹	378—422	352—408	240	223
4	380/#f¹	355/f¹	353—407	324—386	200	200
5	355/f¹	335/e¹	330—380	328—382	200	200
6	325/e¹	295/d¹	297—353	275—315	200	200
7	295/d¹	282/#c¹	268—322	259—305	150	175
8	295/d¹	275/#c¹	272—318	257—293	150	175
9	260/c¹	270/c¹	232—288	252—288	150	175
10	245/b	265/c¹	223—267	249—281	150	175
11	225/a	265/c¹	196—254	248—282	150	175
12	210/#g	260/c¹	184—236	246—274	150	175
13	195/g	245/b	170—220	228—262	100	150
14	180/f	235/#a	152—208	218—253	100	150
15	170/e	220/a	136—204	201—239	100	150
16	150/d	215/a	128—172	197—233	100	125
17	140/#c	210/#g	118—162	194—226	100	125
18—40	125/B	230/#a	104—146	206—254	100	125

表 8.8(b)　中国人平均言语基频的参考标准(m±σ)(单位：赫兹)

年龄（岁）	男					女				
	m−2σ	m−σ	m	m+σ	m+2σ	m−2σ	m−σ	m	m+σ	m+2σ
1	259	420	580	741	901	167	383	600	817	1033
2	272	411	550	689	828	193	357	520	683	847
3	356	378	400	422	444	324	352	380	408	436
4	326	353	380	407	434	294	324	355	386	416
5	306	330	355	380	404	301	328	335	382	409
6	268	297	325	353	382	254	275	295	315	336
7	241	268	295	322	349	236	259	282	305	328
8	248	272	295	318	342	239	257	275	293	311
9	205	232	260	288	315	235	252	270	288	305
10	200	223	245	267	290	233	249	265	281	297
11	168	196	225	254	282	232	248	265	282	298
12	157	184	210	236	263	232	246	260	274	288
13	144	170	195	220	246	211	228	245	262	279
14	124	152	180	208	236	200	218	235	253	270
15	102	136	170	204	238	182	201	220	239	258

年龄（岁）	男					女				
	m−2σ	m−σ	m	m+σ	m+2σ	m−2σ	m−σ	m	m+σ	m+2σ
16	106	128	150	172	194	179	197	215	233	251
17	96	118	140	162	184	178	194	210	226	242
18—40	83	104	125	146	167	182	206	230	254	278
41—50	85	98	110	122	135	178	189	200	211	222
51—60	95	110	125	140	155	150	170	190	210	230
61—70	86	98	110	122	134	135	163	190	217	245
71—80	109	122	135	148	161	134	154	175	196	216
81—90	104	127	150	173	196	132	154	175	196	218

言语音调的评估能够帮助我们诊断音调异常的类型和严重程度,从而为音调矫治方案的制订提供依据。具体诊断标准如下:

(1)如果测得的平均言语基频值高于附录1中列出的同年龄、同性别参考值的上限,说明患者存在音调过高的问题。

(2)如果测得的平均言语基频值低于附录1中列出的同年龄、同性别参考值的下限,说明患者存在音调过低的问题。

(3)如果测得的基频标准差大于35 Hz,说明存在音调变化过大的可能。

(4)如果测得的基频标准差小于20 Hz,说明存在音调变化过小的可能。

对于成人而言,音调过高往往使得男性的声音听起来像女性的声音。而如果女性的音调过高,则会使她的声音听起来不够严肃和庄重。无论是男性还是女性,其音调高于或低于正常水平都会使发声系统过于紧张,从而影响其言语的可懂度。

二、响度评估

响度评估的实质是评估说话者言语声音的强度。强度是一个物理量,指单位面积上通过的声功率的大小,常用单位是 W/cm²。响度是强度的听觉心理感知量,指在一定强度的声波作用于人耳后,大脑对该声音的强度的主观感受。从解剖与生理学角度看,响度对应于声带振动的幅度。响度随着声音强度大小和强度变化率的改变而变化,但这并不是一种线性变化。此外,响度的大小不仅取决于声音的强度,而且与声音的频率也有关。例如,强度同样是 40 dB SPL 的声音,频率为 1000 Hz 的比 500 Hz 的听起来更响亮。由于响度和强度关系密切,习惯上人们将强度的评估称为响度的评估。

响度的客观测量是指将患者的声音文件输入计算机进行数据处理,并对患者的声音强度特征进行实时分析的过程,可以通过"启音博士言语测量仪"来完成。响度客观测量主要包括以下四个参数:平均强度、强度标准差、最大强度和最小强度。强度测量所需的言语材料主要通过交谈的方式获得。言语治疗师可以在交谈时询问患者的年龄与姓名，将获得的声音文件输入"启音博士言语测量仪"，并进行言语强度分析，图8.6为使用"启音博士言语测量仪"测得的某人的言语强度。言语响度的客观测量主要用于对治疗过程进行监控，从而为调整响度矫治方案提供科学的依据。

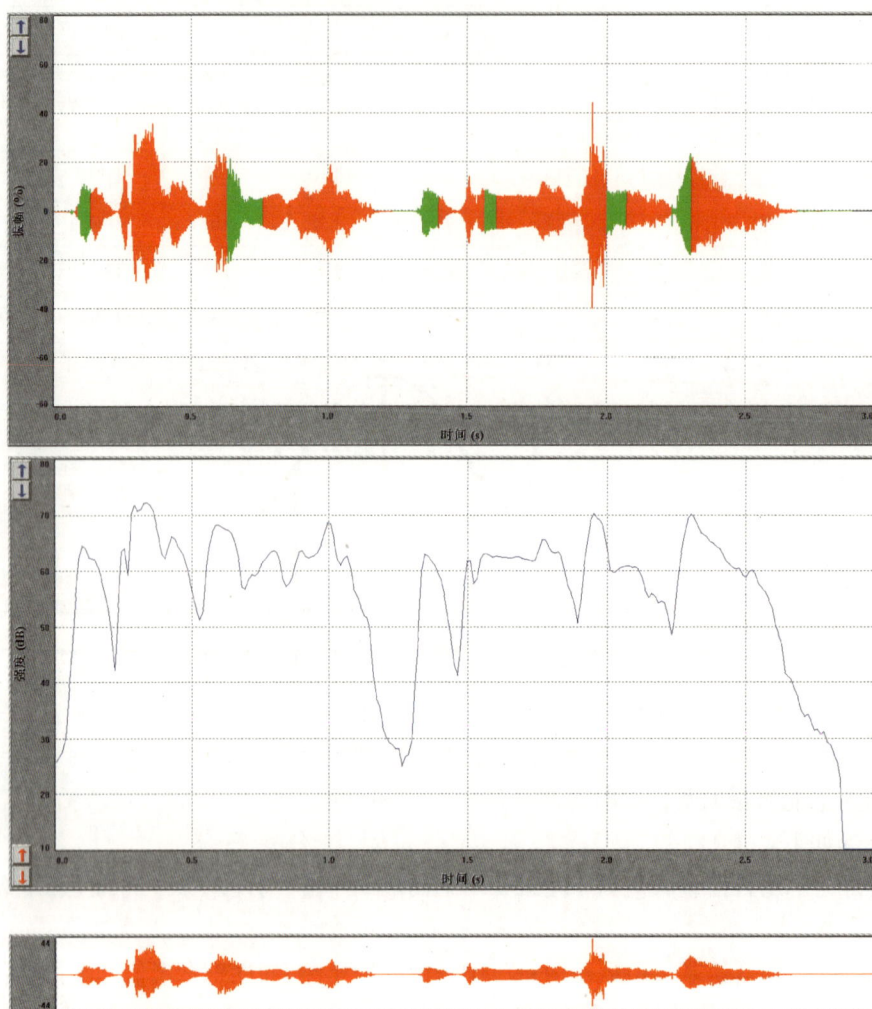

图 8.6　响度的客观测量(我叫×××,我今年×岁了)
(启音博士言语测量仪,Dr. Speech™,上海泰亿格康复医疗科技股份有限公司授权使用)

三、音质评估

当患者的嗓音听起来出现气息音过重、嘶哑等现象时，可考虑其可能存在音质方面的问题。音质的评估包括主观评估和客观测量两部分。音质的主观评估包括嗓音音质自测、嗓音质量的一般描述和听觉感知评估 GRBAS 描述(G,grade,表示嗓音嘶哑的程度;R,roughness,表示声带振动的不规则程度,即粗糙声的程度;B,breathiness,表示声门漏气的程度,即气息声的程度;A,asthenicity,表示嗓音的疲弱程度;S,strain scale,表示发音功能亢进的现象)三部分。嗓音质量的一般描述要求言语治疗师根据患者自身感受对患者嗓音质量的一般情况进行描述;听觉感知评估 GRBAS 描述要求言语治疗师根据自身对患者嗓音的主观听觉感受,评估其嗓音音质情况。音质的客观测量主要反映声带功能是否存在异常。

音质的客观测量主要包括嗓音声学测量、电声门图测量和喉内窥镜测量三部分。

(一) 嗓音声学测量

嗓音声学测量是无损伤性的,能对声音提供定量分析,评估发声功能。现在,已有许多嗓音声学参数被广泛应用,目的是准确反映声音的特性,继而推断出喉部的发声功能。嗓音声学测量为收集被试发/æ/时的声学信号,并进行分析。下面是九个常被用来鉴别正常嗓音和病理嗓音的声学参数。

1. 基频
基频(F_0)是声带进行周期性振动的频率,单位是赫兹(Hz),指一秒钟内声带振动的次数。

2. 基频标准差
基频标准差(F_0SD)是基频偏差量的测定值,单位是赫兹(Hz)。正常值小于 3 Hz。

3. 基频微扰
基频微扰(Jitter)指基音频率的变化率,用于度量所制定的一个周期与它相邻前几个周期或是后几个周期的差异量,基频微扰的单位是%,正常值一般小于 0.5%。从图 8.7 中可以看出每个周期的基频变化,上方是声波规律变化时的情况,基音为 100 Hz,一共 5 个周期;下方是声波变化不规律的情况,基音在 100 Hz 上下浮动。基频微扰主要反映粗糙声的程度,其次是嘶哑声程度。**若患者的基频微扰值大于 0.5%,则表示该患者可能存在一定程度的粗糙声及嘶哑声。**基频微扰的计算方法如公式 8.1 所示,其中 k 为移动平均长度,$k>1$,且 k 为整数(一般取 $k=3$ 或 $k=5$),M 为周期数。若周期数 M 为 10,取 $k=5$(即平均移动长度为 5 个周期),则 $m=3$,代入公式计算可得 Jitter 值。

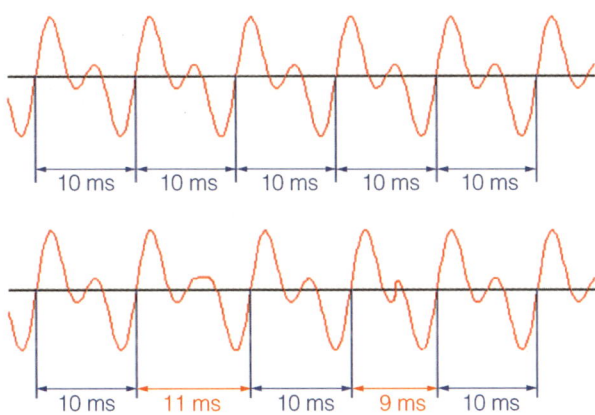

图 8.7　声波的基频变化

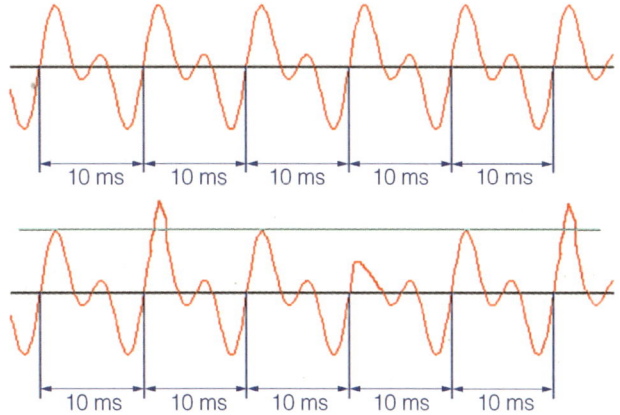

图 8.8　声波的振幅变化

4. 振幅微扰
振幅微扰(Shimmer)是指声波振幅的变化率,可从测量声波振幅的峰—峰值获得。振幅微扰的单位是%,正常值一般小于 3%。从图 8.8 中可以看出每个周期的振幅变化,上方是声波规律变化时的情况,振幅不变,一共 5 个周期;下方是声波变化不规律的情况,振幅上下浮动。振幅微扰的计算公式与基频微扰相同,如公式 8.1 所示,其中 k 为移动平均长度,$k>1$,且 k 为整数,M 为周期数。振幅微扰主要反映嘶哑声程度。**若患者的振幅微扰值大于 3%,则表示该患者可能存在一定程度的嘶哑声。**

$$\text{Jitter/Shimmer} = \frac{100}{M-k+1}\sum_{n=1}^{M-k+1}\left|1-\frac{k\times x(n+m-1)}{\sum_{j=1}^{k}x(n+j-1)}\right|(\%),其中\ m=(k+1)/2$$

(公式 8.1)

5. 噪声能量
噪声能量(NNE)指在发音过程中声门漏气所产生的扰动噪声的程度。**噪声能量的单位是 dB,**

正常值小于－10 dB。 图 8.9 所示的是一个夹杂噪声成分的声波。噪声能量是总声音能量减去谐波能量的结果,其计算方法如公式 8.2 所示,其中 $w(n)$ 代表噪声成分,$x(n)$ 代表声学信号,BL 为一常数,用于补偿滤波器中去除的噪声能量。噪声能量主要反映气息声程度,其次反映嘶哑声程度。

$$NNE = 10 \times \log \frac{\sum\limits_{n} w(n)^2}{\sum\limits_{n} x(n)^2} + BL(dB)$$

(公式 8.2)

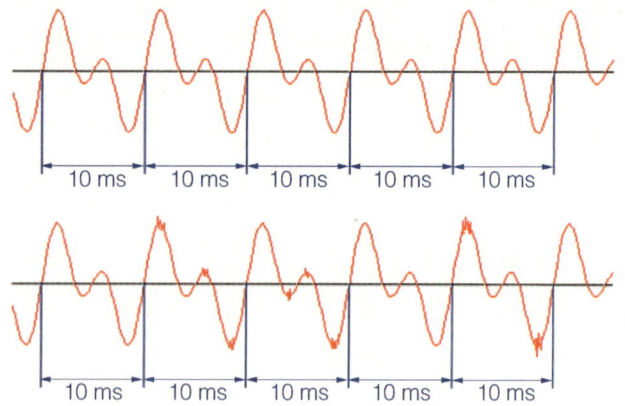

图 8.9 声波的噪声分布

6. 能量比率

能量比率(Ratio)是衡量声音信号在高频区域和低频区域强度差异的指标,即低频区能量和高频区能量之比,单位是%。在汉语体系中,声母的能量比率主要集中在中低频区。因此,说话时声母的发音时间越长,能量比率就越高。

7. 频谱和共振峰

采用快速傅立叶变换(FFT)和线性预测谱(LPC)获得的频谱(Spectrum),能显示声音能量随频率而变化的特性(即强度和频率的二维显示)。在进行噪音分析时,声道的共鸣特性发生了变化,频谱中的一些频率得到共鸣加强,而另一些则被削弱减幅,这些被加强的共振频率域称为共振峰(Formant),它们揭示了声带振动与声道共振相互作用而产生的声学变化。

8. 语谱图

采用快速傅立叶变换(FFT)和线性预测谱(LPC)获得的语谱图(Spectrogram)具有三维特性,纵轴对应于频率、横轴对应于时间,图像黑白度正比于语音信号的能量。语谱图有三个特点:周期性,规律性和噪声成分。正常语谱图如图 8.10 所示,基频周期性强,谐波有规律,高频区的噪声成分少。异常语谱图如图 8.11 所示,基频周期性差,谐波规律性差,高频区的噪声成分多。

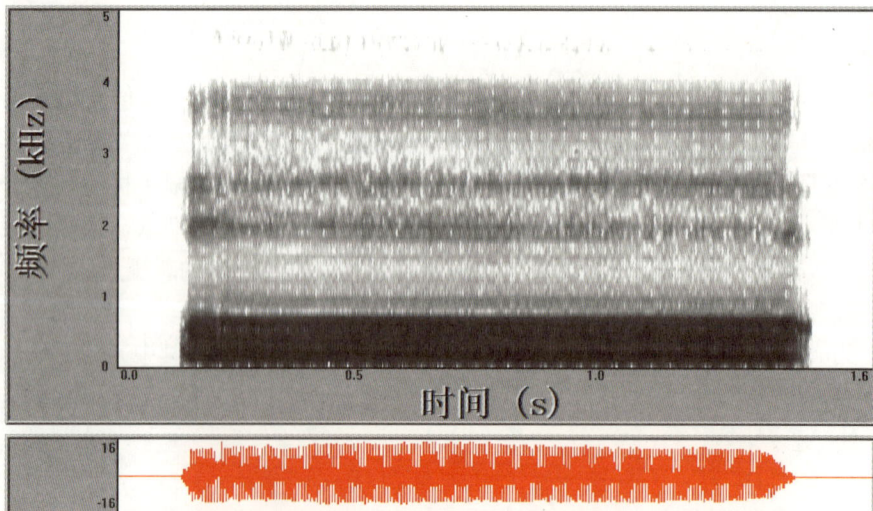

图 8.10 正常嗓音的语谱图

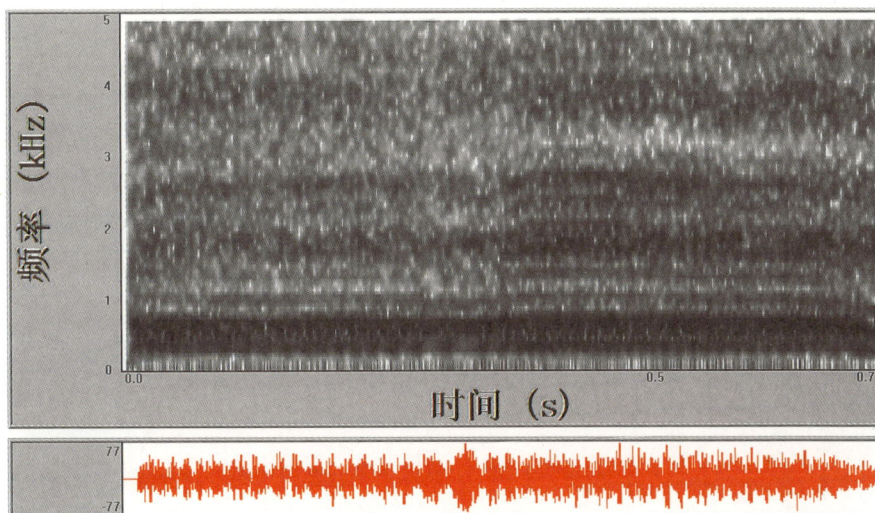

图 8.11　病理嗓音的语谱图

9. 基频震颤和振幅震颤

从嗓音信号中可获 1—15 Hz 的调制信号,如基频震颤(F₀ Tremor)和振幅震颤(Amplitude Tremor)这两个周期性参数,它们可能是声带神经源或神经病学和生物力学相互作用的结果。以上这些声学参数虽然反映了嗓音信号的不同方面,但它们之间又是相互依赖的,因此在分析正常与病理嗓音时被广泛采用。

言语治疗师可利用"嗓音博士嗓音功能检测仪"(Dr. Voice™,上海泰亿格康复医疗科技股份有限公司生产),记录患者的声波数据,并进行嗓音特征的声学分析。仪器通过分析患者的声音文件,自动给出上述声学参数的值以及其是否位于参考标准范围内,并给出最终的嗓音质量评估结果。如图 8.12 所示,该患者的基频微扰和振幅微扰位于正常范围之内,但是基频标准差和噪声能量均高于参考标准值,这些参数的综合测量结果提示该患者存在中度的嘶哑声、轻度的粗糙声和重度的气息声。

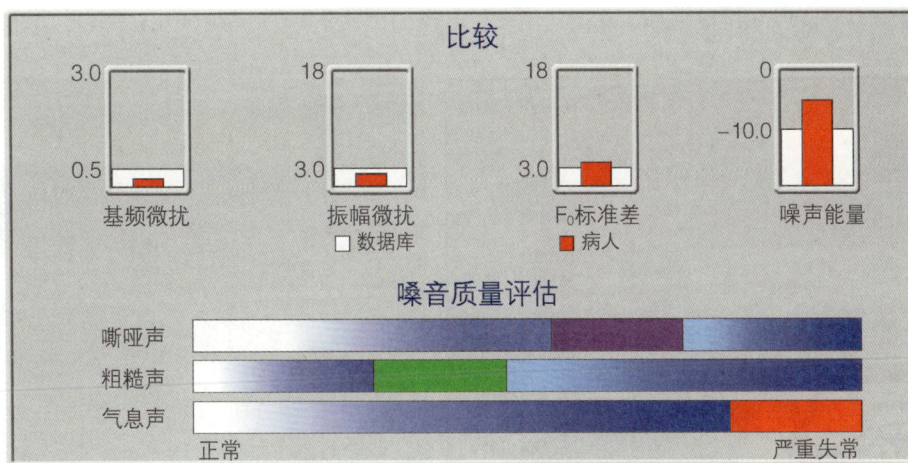

图 8.12　嗓音音质的声学测量
(嗓音博士嗓音功能检测仪,Dr. Voice™,上海泰亿格康复医疗科技股份有限公司授权使用)

上述测量结果可填写至如表 8.9a 所示的嗓音声学测量表。表 8.9b 是一个填表示例。假设这张表格显示的患者是一个 11 岁的女孩,该患者经声学测量的平均言语基频为 368.08 Hz,基频标准差为 25.81 Hz,基频微扰为 0.13%,振幅微扰为 1.31%,声门噪声能量为 −22.38 dB,能量比率为 35%。声学分析结果表明,该患者存在轻度的嘶哑声、中度的粗糙声,无明显的气息声。

表 8.9(a)　客观测量——嗓音音质(嗓音声学测量)

日期	基频 (Hz)	基频标准差(Hz)	基频微扰 (%)	幅度微扰 (%)	声门噪声 (dB)	能量比率 (%)	嘶哑声	粗糙声	气息声

用舒适的发音方式,尽可能响地发/æ/音(英文)。

参考标准:注意:基频微扰:＜0.5%;幅度微扰:＜3%;基频标准差:＜3 Hz;声门噪声:＜－10 dB

表 8.9(b)　客观测量填表示例——嗓音音质(嗓音声学测量)

用舒适的发音方式,尽可能响地发/æ/音(类似英文发音)。

日期	基频 (Hz)	基频标准差(Hz)	基频微扰 (%)	幅度微扰 (%)	声门噪声 (dB)	能量比率 (%)	嘶哑声	粗糙声	气息声
例 1	163.30	1.99	0.23	1.26	－14.05	48%	0	0	0
例 2	163.26	7.13	0.48	3.02	－10.58	44%	1	2	1
例 3	154.31	4.07	0.25	2.16	－6.43	47%	2	1	3

注意:基频微扰:＜0.5%;幅度微扰:＜3%;基频标准差:＜3 Hz;声门噪声:＜－10 dB

(二) 电声门图测量

电声门图测量是指通过颈部电极直接记录被试发/æ/时的电信号时,电流通过声带接触面整体面积时的电阻的变化,用于测量基频微扰、振幅微扰、接触率、接触幂、噪声能量等参数,分析声门闭合时间、声带振动的规律性。电声门图与声门波测量不同,它是用来对声带功能进行客观评价,即对声带振动的规律性与声带闭合程度作出客观判断的一种常用临床手段,它对声带开放的信息反映不明显。

电声门图测量主要针对声带接触时声带的运动,反映声带闭合期的情况,用于测试声带黏膜波的接触性,可以较全面地反映黏膜波的不规则性,弥补喉镜检查的不足。电声门图测试一般采用无损伤性的体外测试法,特别适用于不适合做喉镜的儿童。临床上采用"电声门图测量仪"进行电声门图测量,如图 8.13 所示。

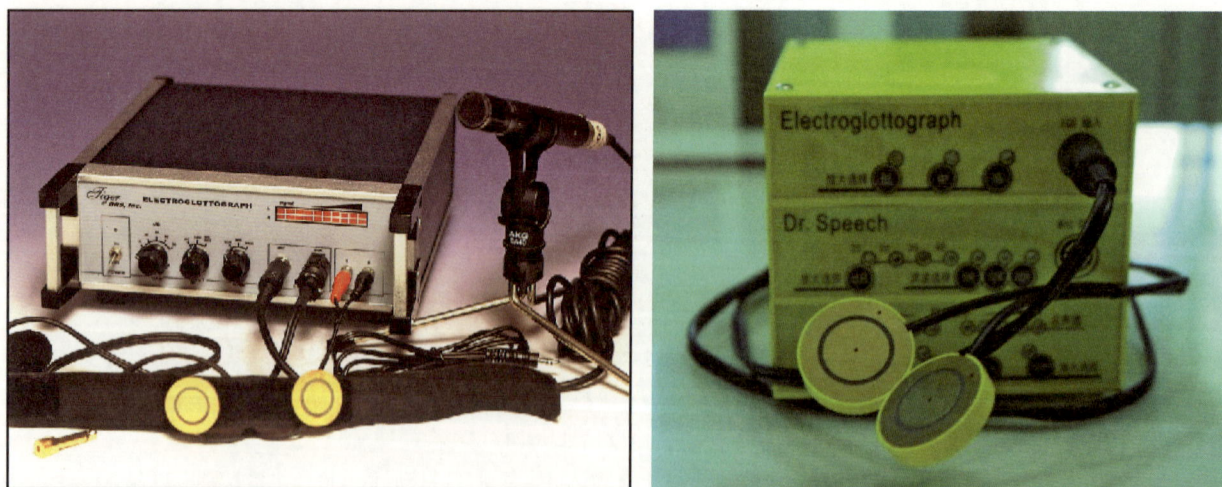

图 8.13　电声门图仪硬件
(嗓音博士电声门图测量仪,Dr. Voice™,上海泰亿格康复医疗科技股份有限公司授权使用)

电声门图测量的主要参数除了包括上述声学测量的主要参数外,还有电声门图波形、接触率及其微扰、接触幂及其微扰。

1. 观察电声门图波形

稳定发声时获得的正常电声门图波呈现为有规律的类正弦曲线，如图 8.14 所示。在电声门波的 25% 处画一横线，可将一个振动周期分为闭合相（渐闭相和渐开相）和开放相。其特点是：渐闭相曲线陡直上升，渐开相曲线呈弧度状缓慢下降，具有完整的开放相。

2. 电声门图信号的基频（EGG－F_0）

EGG－F_0 是指声带进行周期性振动的速度测量值，单位是赫兹，指一秒钟内声带振动的次数。

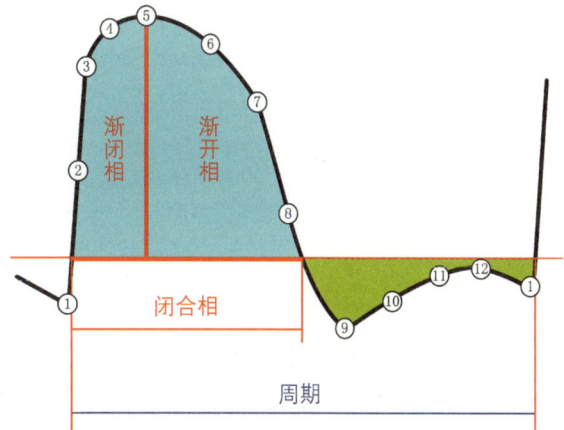

图 8.14　声带振动一个周期中的各种状态

3. 电声门图信号的基频统计值

基频标准差（Standard deviation of EGG－F_0）是对 EGG－F_0 标准偏差值的测量；

最大基频（Max. EGG－F_0）是对 EGG－F_0 最大值的测量；

最小基频（Min. EGG－F_0）是对 EGG－F_0 最小值的测量；

习惯基频（Mode EGG－F_0）是对 EGG－F_0 最频值的测量。

4. 电声门图信号的基频微扰（EGG－Jitter）

EGG－Jitter 测量电声门图信号的相邻周期间的基频变化。

5. 电声门图信号的振幅微扰（EGG－Shimer）

EGG－Shimmer 测量电声门图信号的相邻周期间的振幅变化。

6. 接触率和接触率微扰

接触率（Contact Quotient, CQ）是测量声带振动时声门的闭合程度，其计算公式如公式 8.3 所示，其中，cp 代表闭合相，t 代表声带振动的一个周期。图 8.15 所示的是通过喉镜观察到的声带振动一个周期的图片以及相对应的电声门波形图。

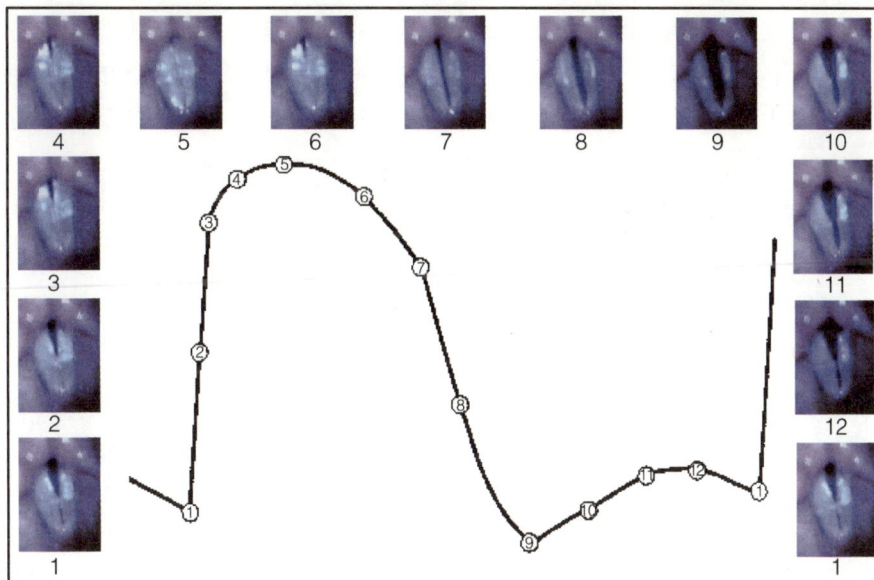

图 8.15　喉镜图像和电声门波

$$CQ = \frac{cp}{t}$$（公式 8.3）

接触率主要用来描述声带的接触程度（闭合程度），主要反映声带水平方向上的开闭。无论男女，随着频率的增加，声带的拉长，双侧声带接触面积减小，闭合度降低，CQ 下降。接触率还可以描述声能的有效率，当声带接触时，声能通过嘴唇传给听众。当声带分开时，声能的一部分通过下声门传到肺部，这一部分能量被吸收而没有传给听众。就声带振动的某一周期而言，增加声带接触时间，将提高声能传输的有效率。接触率微扰主要描述相邻周期间的 CQ 的变化，其计算原理与基频微扰和振幅微扰相同。

7. 接触幂和接触幂微扰

接触幂（Contact Index，CI）是测量声带振动时渐闭相与渐开相的对称度，其计算公式如公式 8.4 所示，其中 ccp 代表渐闭相，cop 代表渐开相，cp 代表闭合相。当声带接触时，闭合相的时间很短；声带打开时，开放相的时间很慢。当声带闭合时，接触幂表示了闭合率和开放率的比，或称作对称性。

$$CI = \frac{ccp - cop}{cp}$$（公式 8.4）

接触幂主要用来测量声带振动时的渐闭相和渐开相的对称性，在一定程度上体现声带开闭运动在垂直面上的相位差，对声带麻痹非常敏感；而接触幂微扰主要测量相邻周期间 CI 的扰动。

8. 基频震颤和振幅震颤

从电声门图信号中可获得 1—15 Hz 调制的周期性参数，如基频震颤和振幅震颤，它们可能是声带神经源或者神经病学和生物力学相互作用的结果。

9. 声门图信号的噪声能量（EGG‐NNE）

电声门图信号的标准噪声能量（EGG‐NNE）的计算公式为

$$EGG\text{-}NNE = 10 \times \log \frac{\sum_n w(n)^2}{\sum_n x(n)^2} + BL \text{ (dB)}$$（公式 8.5）

$w(n)$ 代表"肌肉"的噪声成分，而 $x(n)$ 代表电声门图信号，BL 为一常数，用于补偿滤波器中去除的噪声能量。该公式与声学信号的计算方法相似，只是分析对象换成了电声门图信号。

电声门图主要是测试声带接触时的喉部运动情况，从电声门图信号中可以获知声带是否振动。CQ 反映了声带的闭合程度，CP 反映了声带振动的对称性，CQP 和 CIP 反映了声带振动的规律性以及声带接触段的周期性变化。图 8.16 为采用"电声门图检测仪"（Dr. Speech™，上海泰亿格康复医疗科技股份有限

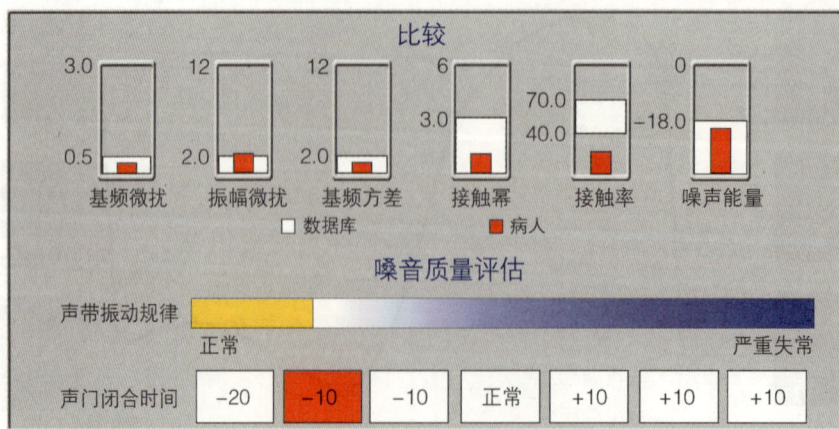

图 8.16 电声门图测量
（电声门图检测仪，Dr. Voice™，上海泰亿格康复医疗科技股份有限公司授权使用）

公司)进行电声门图测量的结果,该患者的基频微扰、接触幂和噪声能量位于正常范围之内,但振幅微扰略高于参考标准值,接触率低于参考标准值。这些参数的综合测量结果说明该患者声带振动规律,无异常现象存在,但声门闭合时间为中度偏短。可将上述测量结果填写至如表8.10所示的嗓音声学测量表,填表方法与声学测量相同,此处不再重复叙述。

表 8.10(a) 客观测量——嗓音音质(电声门图测量)

用舒适的发音方式,尽可能"响"地发/æ/音(英文)。							
日期	基频(Hz)	基频标准差(Hz)	CQ接触率(%)	接触率微扰(%)	CI接触幂(%)	接触幂微扰(%)	声门关闭程度	声带振动规律性

参考标准:接触率CQ:50%—70%;接触率微扰CQP:<3%;基频标准差:<2 Hz

表 8.10(b) 客观测量填表示例——嗓音音质(电声门图测量)

用舒适的发音方式,尽可能"响"地发/æ/音(英文)。								
日期	基频(Hz)	基频标准差(Hz)	CQ接触率(%)	接触率微扰(%)	CI接触幂(%)	接触幂微扰(%)	声门关闭程度	声带振动规律性
例1	221.13	2.10	57.12	0.46	−0.59	2.37	0	0
例2	143.51	1.56	21.21	1.15	−0.29	11.85	−20	0
例3	125.49	3.88	41.89	28.38	−0.27	136.63	0	3

参考标准:接触率CQ:50%—70%;接触率微扰CQP:<3%;基频标准差:<2 Hz

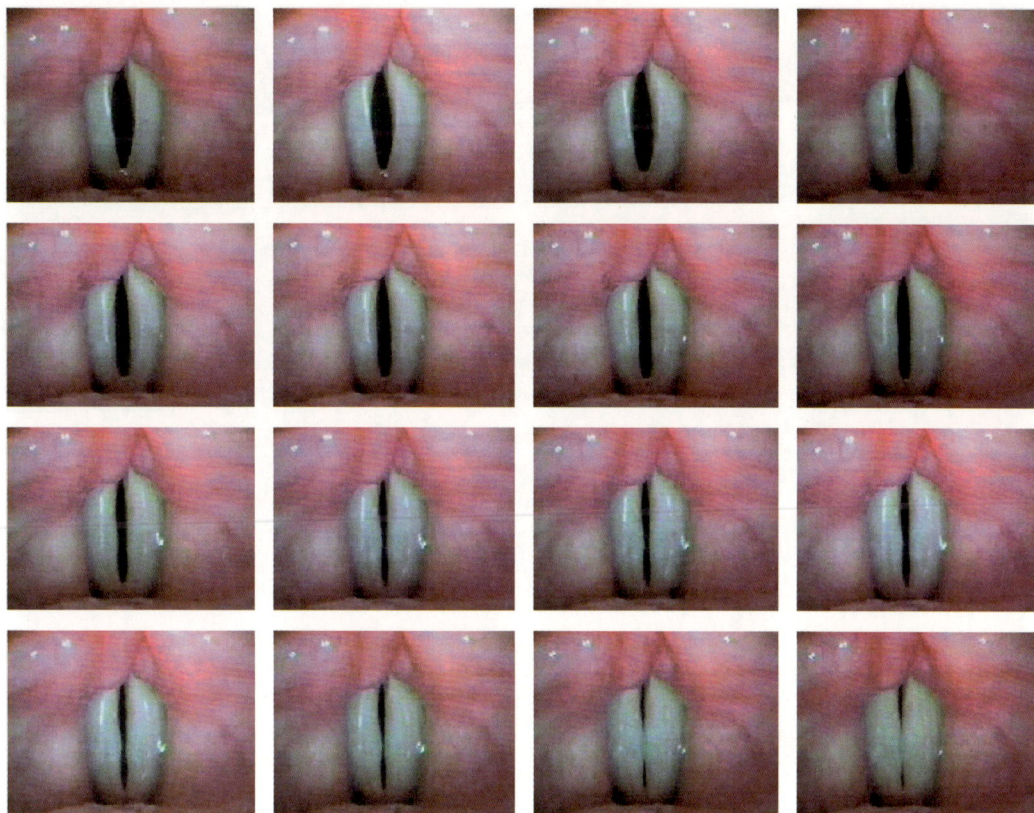

图 8.17 声带振动序列示意图

(喉内窥镜诊察仪,ScopeView™,上海泰亿格康复医疗科技股份有限公司授权使用)

（三）喉内窥镜测量

喉内窥镜测量是指利用喉内窥镜的计算机图像处理系统，在电脑上观察患者以尽可能舒适的音调和响度发持续的元音/i/或/æ/时声带的振动情况，并于患者发声时，在光源（或频闪光源）下录取喉部图像，同时获取声学和电声门图的信号。这一过程重复进行，直至录到令人满意的结果为止。测量要求图像稳定，至少要有四个连续的声带振动周期，并有相应的电声门波以用于临床定量分析。

喉内窥镜测量后马上就能获得大量具有临床价值的客观信息，方便喉科医生存储、分析、处理和打印喉部图像，帮助他们及时诊断和治疗各种声带疾患。临床上采用"喉内窥镜诊察仪"进行喉内窥镜测量，如图 8.17 所示。

图 8.17 为采用"喉内窥镜诊察仪"（ScopeView™，上海泰亿格康复医疗科技股份有限公司）观察的声带的振动情况。图 8.17 显示的是声带振动一个周期时，由开到闭的过程。

第九章　言语发声障碍的矫治

阅读完本章之后,你将:

1. 熟悉发声障碍矫治的内容;
2. 熟悉发声障碍的不同临床表现;
3. 掌握针对音调异常的矫治方法;
4. 掌握针对响度异常的矫治方法;
5. 掌握针对音质异常的矫治方法。

发声障碍是指音调、响度、音质等方面的异常。音调异常主要包括音调过高、音调过低、音调单一和音调变化过大等,主要受声带的长度、质量、张力和声门下压等因素的影响。响度异常主要包括响度过强和响度过弱等,是呼吸气流量、声带阻力、声带振动形态和声门下压等因素共同作用的结果。音质异常主要表现为发声时存在嘶哑声、粗糙声和气息声等现象,音质的改变,一般由声带的功能性异常或器质性病变引起。本章将着重讨论响度、音调和音质异常的矫治。

第一节　发声障碍矫治概述

发声障碍的矫治方法包括言语发声促进治疗法和现代化康复技术,本节将对其中几种经典的方法做简单讲述,更多的训练方法可参见《言语矫治手册:发声障碍的促进治疗》。

发声障碍主要表现为音调异常、响度异常或音质异常。音调异常的常见临床表现有音调过低、音调过高(如:男声女调)、音调变化单一、音调变化过大等;响度异常的常见临床表现有响度过强和响度过弱;音质异常可分为功能性和器质性两类,大多数都是功能性的,本章所述也仅限于功能性音质障碍。功能性嗓音音质障碍可分为功能亢进型嗓音音质障碍和功能低下型嗓音音质障碍两大类。功能亢进型嗓音音质障碍临床多表现为粗糙声和嘶哑声,伴有气息声;功能低下型嗓音音质障碍临床多表现为气息声和嘶哑声,伴有粗糙声。发声障碍的矫治包括音调异常的矫治、响度异常的矫治、音质异常的矫治。对于这三类发声异常,都有特殊的针对性训练方法,既有常规训练,也有现代康复技术,如图 9.1。

其中,放松训练包括了发声放松训练、哈欠—叹息法和张嘴法;音调异常的矫治包括音调感知、音调训练、手指按压法、乐调匹配法、音调梯度训练法;响度异常的矫治包括响度感知、响度训练、用力搬椅法、掩蔽法、碰撞法和响度梯度训练法;音质异常的矫治包括了喉部按摩法、咀嚼法、哼鸣法、气泡式发音法、半吞咽法、吸入式发音法、吟唱法、清浊音感知、清浊音训练。

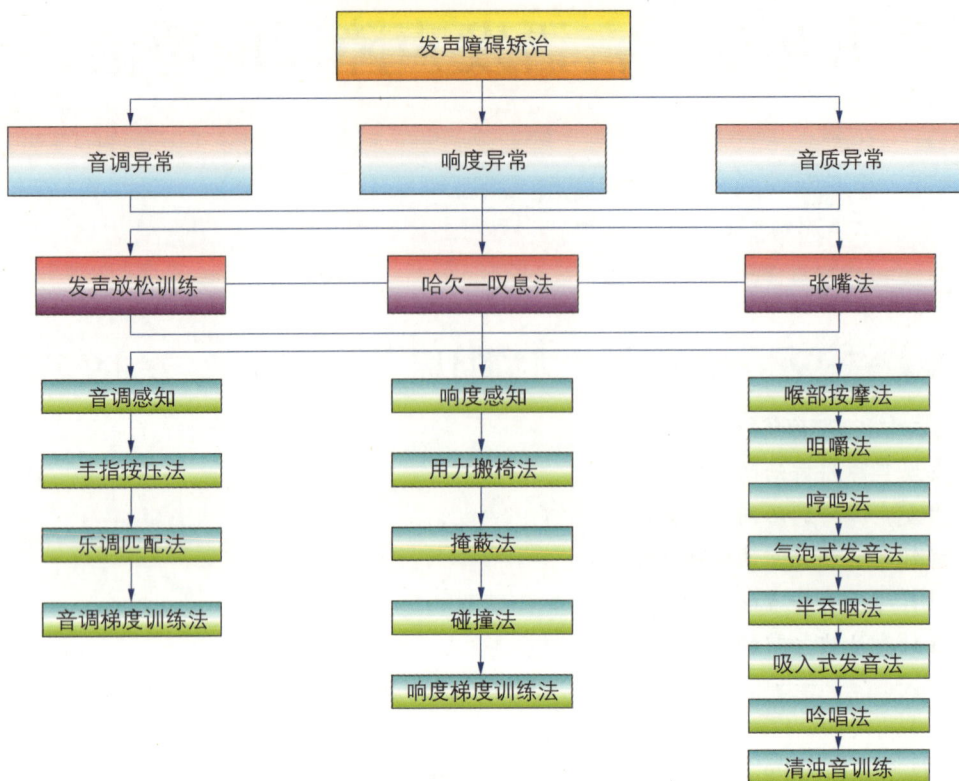

图 9.1　发声障碍矫治的方法

（流程图内容如下：）

发声障碍矫治
- 音调异常
- 响度异常
- 音质异常

发声放松训练 / 哈欠—叹息法 / 张嘴法

发声放松训练：
- 音调感知
- 手指按压法
- 乐调匹配法
- 音调梯度训练法

哈欠—叹息法：
- 响度感知
- 用力搬椅法
- 掩蔽法
- 碰撞法
- 响度梯度训练法

张嘴法：
- 喉部按摩法
- 咀嚼法
- 哼鸣法
- 气泡式发音法
- 半吞咽法
- 吸入式发音法
- 吟唱法
- 清浊音训练

第二节　发声放松训练

　　"发声放松训练"是通过颈部运动或者声带打嘟的方法使患者的发声器官及相关肌群得到放松，为获得自然舒适的嗓音奠定基础。它主要包括"颈部放松训练"和"声带放松训练"两部分。"颈部放松训练"是通过颈部肌群紧张和松弛的交替运动，使患者的颈部肌群（即喉外肌群）得到放松。"声带放松训练"是通过打嘟的形式，让患者体会发声过程中声带的放松，进而放松整个发声器官甚至颈部肌群，主要适用于发声障碍。其中，颈部放松训练由五小节组成，声带放松训练由六小节组成。其训练步骤如下：

一、颈部放松训练

1. 颈部向前运动

　　保持上身稳定，头部直立，颈部放松，头部随重力快速向前落下，下颌靠近胸部，感觉颈后肌群被拉直，保持 5 秒，然后头部缓慢地上抬，直至恢复正常的直立位（见图 9.2）。重复此运动 5 次。

2. 颈部向后运动

　　保持上身稳定，头部直立，颈部放松，头部随重力作用迅速向后倾，下颌上抬，感觉颈前部肌肉被拉直，保持 5 秒，然后将头部缓慢抬起，直至恢复正常的直立位（见图 9.3）。重复此运动 5 次。

图 9.2　向前运动　　图 9.3　向后运动

3. 颈部向左运动

保持上身稳定,头部直立,颈部放松,头部随重力快速向左倾,感觉右侧颈部肌群被拉直,保持 5 秒,然后头部缓慢恢复直立位(见图 9.4)。重复此运动 5 次。

4. 颈部向右运动

保持上身稳定,头部直立,颈部放松,头部随重力快速向右倾,感觉左侧颈部肌群被拉直,保持 5 秒,然后头部缓慢地恢复直立位(见图 9.5)。重复此运动 5 次。

5. 颈部旋转运动

治疗师可向患者介绍颈部旋转运动的动作要领:即头颈部必须放松,头部顺时针或逆时针旋转时应缓慢自然。可利用图片,与患者一起练习颈部旋转运动:保持上身稳定,头部直立,颈部放松,头部依次向下、向左、向后、向右逆时针旋转一周,回到准备动作,重复五次;然后,以同样动作顺时针旋转一周,回到准备动作,重复五次,如图 9.6 所示。

颈部放松训练可参考呼吸放松训练加入音乐律动进行训练,效果甚佳。

图 9.4
颈部向左运动

图 9.5
颈部向右运动

图 9.6 颈部旋转运动

图 9.7 平调向前打嘟

图 9.8 平调快速旋转打嘟

二、 声带放松训练

1. 平调向前打嘟

保持上身稳定,自然闭合双唇,深吸气,气流由肺部发出;呼气时,双唇振动并带动声带振动向正前方发"嘟——"的音(见图 9.7),重复 10 次。注意发"嘟——"时是平调,并且要连贯持续。

2. 平调快速旋转打嘟

保持上身稳定,自然闭合双唇,深吸气,气流由肺部发出,双唇振动并带动声带振动,持续快速发"嘟——"音。与此同时,头部向左或右做快速旋转(见图 9.8)。重复此运动 10 次。注意发"嘟——"时要快速旋转,并且要连贯持续。

3. 平调慢速旋转打嘟

保持上身稳定,自然闭合双唇,深吸气,气流由肺部发出,双唇振动并带动声带振动,持续慢速发"嘟——"音。与此同时,头部向左或右做慢速旋转(见图 9.9)。重复此运动 10 次。注意发"嘟——"时要慢速旋转,并且要连贯持续。

图 9.9
平调慢速旋转打嘟

4. 平调快慢结合旋转打嘟

保持上身稳定,自然闭合双唇,深吸气,气流由肺部发出,双唇振动并带动声带

图 9.10
平调快慢结合
旋转打嘟

振动,持续发"嘟——"音。发"嘟——"音时快慢结合,与此同时,头部向左或右随之做相应的快速或慢速旋转(见图9.10)。重复此运动10次。注意发"嘟——"时是先快速后慢速或先慢速后快速旋转,并且要连贯持续。

5. 升调快速打嘟

保持上身稳定,自然闭合双唇,深吸气,气流由肺部发出,双唇振动并带动声带振动,音调快速向上升高,持续发"嘟——"音。与此同时,头部向左上方或右上方做弧状快速上升动作(见图9.11),各重复5次。

6. 升调慢速打嘟

保持上身稳定,自然闭合双唇,深吸气,气流由肺部发出,双唇振动并带动声带振动,音调缓慢向上升高,持续发"嘟——"音。同时,头部向左上方或右上方做弧状缓慢上升动作(见图9.12),各重复5次。

7. 升调旋转打嘟

保持上身稳定,自然闭合双唇,深吸气;呼气时,双唇振动并带动声带振动,音调向上旋转发"嘟——"的音,同时头部向左上或右上方做螺旋状上升运动(见图9.13),重复5次。

图 9.11　升调快速打嘟

图 9.12　升调慢速打嘟

图 9.13　升调旋转打嘟

8. 降调快速打嘟

保持上身稳定,自然闭合双唇,深吸气,气流由肺部发出,双唇振动并带动声带振动,音调快速降低,持续发"嘟——"音。同时,头部向左下方或右下方做弧状快速下降动作(见图9.14),各重复5次。

9. 降调慢速打嘟

保持上身稳定,自然闭合双唇,深吸气,气流由肺部发出,双唇振动并带动声带振动,音调缓慢降低,持续发"嘟——"音。与此同时,头部向左下方或右下方做弧状缓慢下降动作(见图9.15),各重复5次。

10. 降调旋转打嘟

保持上身稳定,自然闭合双唇,深吸气;呼气时,双唇振动并带动声带振动,音调向下旋转发"嘟——"的音,同时头部向左下方做螺旋状下降运动(见图9.16),重复5次。

图 9.14　降调快速打嘟

图 9.15　降调慢速打嘟

图 9.16　降调旋转打嘟

　　　　　　　　　　言语治疗学

三、 哈欠—叹息法

"哈欠—叹息法"指通过夸张的哈欠和叹息动作,使声道充分打开,咽部肌肉放松,然后在叹息时发音并体会放松的感觉,为形成自然舒适的嗓音奠定基础。它主要适用于发声障碍,也适用于硬起音。其训练步骤为:

(1)"哈欠—叹息法"动作要领的学习

利用图片,向患者介绍哈欠—叹息法的动作要领,即在打哈欠快结束时叹气。

(2)在哈欠、叹息时发无意义音

利用图片,要求患者叹息时发/h/音,然后加入一连串的低元音如/a/、/u/、/e/,并过渡到/ha/、/hu/、/he/音,重复数次。发声应该舒适、松弛、柔和。

(3)在哈欠、叹息时发单音节词或多音节词

利用图片,以/h/为引导,练习正常的发音。发音时,仔细聆听那些分别以/h/音开头和以韵母开头词语的发音差异,确保发这些音时没有硬起音的现象。如果产生硬起音现象,那么只练习发/h/音开头的词语,直到获得舒适的起音方式为止。

(4)在哈欠、叹息时发短语或句子

在患者初步掌握正确发声方式的基础上,可让其从字、词过渡到简单的句子,其中字、词、句子中/h/音所占比例超过50%,能比较好地诱导发音。

四、 张嘴法

"张嘴法"是指通过视觉提示等方式,帮助患者培养张嘴发音的习惯,增加发音时嘴的张开度,从而协调发声器官和构音器官之间的运动,为获得更好的音质奠定基础。它主要适用于发声障碍。其训练步骤为:

(1)"张嘴法"动作要领的学习

治疗师检查患者的习惯姿势,如头位过低,头偏斜等,帮助患者矫正姿势,并保持放松的状态。可利用布娃娃向患者介绍张嘴的动作,并告诉患者如何能发出较好音质的声音。

(2)张嘴时发无意义音

治疗师示范张嘴动作并发音,让患者模仿发单元音,然后治疗师不示范,要求患者自主地张嘴并发音,发音时注意张嘴的幅度要大。

(3)张嘴时发单音节词

治疗师示范张嘴发单音节词,要求患者模仿。然后治疗师不示范,要求患者自主地张嘴并发音。

(4)张嘴时发双音节词

治疗师示范张嘴发双音节词,要求患者模仿。然后治疗师不示范,要求患者自主地张嘴并发音。

(5)张嘴时发多音节词

治疗师示范张嘴发多音节词,要求患者模仿。然后治疗师不示范,要求患者自主地张嘴并发音。

(6)张嘴时说句子

治疗师示范张嘴说句子,要求患者模仿。然后治疗师不示范,要求患者自主地张嘴并发音。

第三节 音调异常的矫治

一、 实时视听反馈技术: 音调感知

言语治疗师在为患者进行音调异常的矫治前,应先让患者建立音调概念。在建立音调概念的游戏中,可利用患者的听觉和视觉,让患者听到、看到自己的音调变化对卡通人物动作的影响,并通过音调变化诱导来认识音调。治疗师可用不同的游戏反复让患者体会音调,逐渐建立起音调与卡通人物之间的对应关

系,熟悉音调的概念,进而让患者能在游戏中尝试着改变自己的音调。音调感知可以采用"启音博士言语矫治仪"完成。

图中箭头的变化代表音调的变化。以"小熊飞行"游戏为例(图 9.17),小熊飞行的高度和音调成正比。患者的音调越低,小熊飞得就越低(a 图);音调越高,小熊飞得也就越高(b 图)。也可采用"小飞机飞行"游戏(图 9.18),小飞机的升降代表音调的升降。

a. 音调低时,小熊飞得低   b. 音调升高,小熊飞得高

图 9.17　小熊飞行游戏(小熊飞行的高度和音调成正比)
(启音博士言语矫治仪,Speech Therapy™,Dr. Speech™,上海泰亿格康复医疗科技股份有限公司授权使用)

a. 音调高时,小飞机飞得高   b. 音调降低,小飞机飞得低

图 9.18　小飞机飞行游戏(小飞机飞行的高度和音调成正比)
(启音博士言语矫治仪,Speech Therapy™,Dr. Speech™,上海泰亿格康复医疗科技股份有限公司授权使用)

如图 9.19 所示,左图中红色直线和右图中折线的作用就是诱导患者按照线条的模式来调整自己音调的高低。左图直线代表平调训练,右图折线代表升降调训练,从而让患者更清楚地认识音调。这种直观的训练方式尤其适用于听力障碍患者,视觉的反馈补偿了听觉的不足。

很多嗓音言语疾病患者,尤其当他存在听力障碍时,由于体验不到周围人群说话时的音调变化,他就没有音调变化的模仿对象;同时,由于听觉言语反馈的缺失,患者无法依靠听觉反馈来调整自己的音调变化。而游戏的设计正好弥补了患者的这种缺陷。

言语治疗师也可以将音调认识与前面讲到的音调训练结合起来。例如,在"老鼠弹琴"游戏(图 9.20)中,患者起初在习惯音调(初始较低音调,即 a 图中黄色箭头处)水平数数,通过训练后逐渐小步递进提高到合适的自然音调。小老鼠会随着患者音调的变化在琴键上跳动。一方面这些训练方式增加了患者训练的兴趣;另一方面,患者通过观察卡通人物的动作来调整自己的音调,从而建立起音调的概念。

a. 背景中的直线诱导平调发声　　　　　　　b. 背景中的曲线诱导升降调发声

图 9.19　通过画面中鲜明的线条诱导患者调整音调
（启音博士言语矫治仪，Speech Therapy™，Dr. Speech™，上海泰亿格康复医疗科技股份有限公司授权使用）

a. 小老鼠在较低音调对应的音阶　　　　　　b. 小老鼠在较高音调对应的音阶

图 9.20　老鼠弹琴游戏（建立新的音调）
（启音博士言语矫治仪，Speech Therapy™，Dr. Speech™，上海泰亿格康复医疗科技股份有限公司授权使用）

二、手指按压法

"手指按压法"指治疗师以手指按压患者喉部某处，改变喉软骨的位置，以提高或降低患者音调，主要用适用于音调障碍的患者。不同的音调异常类型，有不同的按压手法。

1. 音调过高时的手指按压步骤

（1）下压甲状软骨时发元音

患者面对治疗师坐于凳子上，治疗师要求患者发一个拉长的元音/ɑ/或/i/，同时以右手食指放于患者甲状软骨切迹上，拇指和中指分别固定于两侧的甲状软骨板，食指用力，将甲状软骨向后向下推，同时让患者发/ɑ/或/i/。此时患者的音调会立刻降低。

（2）保持低音调后过渡到发其他音

治疗师移开手指，让患者自己把拇指和食指轻轻地按压在甲状软骨上进行发声，体会并记住低音调发声时喉的位置。然后患者移开手指，仍然维持这种喉的位置和音调进行发声，逐步过渡到发其他音并在平常说话时使用此音调。

2. 音调过低时的手指按压步骤

(1) 上推甲状软骨时发元音

患者面对治疗师坐于凳子上,治疗师要求患者发一个拉长的元音/ɑ/或/i/,并以右手食指放于患者甲状软骨切迹上,拇指和中指分别固定于两侧的甲状软骨板,拇指和中指用力,将甲状软骨向上推,同时让患者发/ɑ/或/i/。此时患者的音调会立刻升高。

(2) 保持高音调后过渡到发其他音

治疗师移开手指,让患者自己把拇指和食指轻轻地按压在甲状软骨上进行发声,体会并记住高音调发声时喉的位置。然后患者移开手指,仍然维持这种喉的位置和音调进行发声,逐步过渡到发其他音,并在平常说话中以此音调说话。

3. 音调变化过大时的手指按压步骤

(1) 体会喉的纵向运动

治疗师让患者将食指和中指的指腹放在甲状软骨上,发一个中等音调的音,依次降低一个音级,直到最低,通过指腹感觉并体会喉的下降运动;然后再依次上升一个音级,直到最高(防止出现假声),通过指腹感觉并体会喉的上升运动。

(2) 指导患者发声

治疗师要求患者用食指和中指将甲状软骨固定在适当的位置上(这时的发声音调是患者的自然音调),并限制喉的移动幅度,通过大量朗读或交流来强化这种发声方式,直至不需要手指的辅助力量也可以保持发声时喉的纵向移动幅度很小。这时声带的振动耗能较少,嗓音是放松、自然的。

三、 乐调匹配法

"乐调匹配法"指根据患者现有的音调水平,选择乐器的不同音阶,对其进行音调的模仿匹配训练,以逐步建立正常的音调,提高其音调控制能力。它主要适用于音调异常。其训练步骤为:

1. 哼唱乐调

治疗师弹奏乐器并唱某音调。治疗师应根据患者对应的基频参考标准确定目标音调,并根据当前患者的言语基频确定本次训练使用的音阶,音阶数目的多少根据患者的能力决定。乐调的上升或下降应根据患者障碍的类型确定,若患者音调过低,则应采用升调进行训练。可根据患者情况选择不同的乐器。

2. 哼唱后发单元音

治疗师弹琴的同时哼唱,并将音调稳定在最末一个音符对应的音调上,然后过渡到发单元音/ɑ/、/o/、/e/、/i/、/u/、/ü/。如果患者音调过低,应先升调再发音,并遵循从易到难的原则。治疗师应根据患者当前的言语基频选择阶段目标音调,根据其能力决定音阶的多少以及元音的数目。

3. 哼唱后数数

同样,治疗师应根据患者的言语基频选择阶段目标音调,根据其能力决定音阶的多少、数字的多少以及是升调还是降调。

4. 哼唱后说词语

当患者能很好地完成上面的发音时,治疗师可让他先唱音,然后练习说词语。同样,应根据患者的言语基频选择阶段目标音调,根据其能力决定音阶的多少、词语的难度以及是升调还是降调。词语难度可视患者情况逐渐增加,从双音节词到多音节词、短句等。

5. 歌唱式发单元音

这是指像唱歌一样将单元音配上某种乐调唱出。如果患者音调过低,应先升调再发音,并遵循从易到难的原则。治疗师应根据患者的言语基频选择阶段目标音调,根据其能力决定音阶的多少以及元音的数目。

6. 歌唱式说词语

这是指像唱歌一样将词语配上某种音调唱出。同样,应根据患者的言语基频选择阶段目标音调,根据其能力决定音阶的多少、词语的难度以及是升调还是降调。

四、 音调梯度训练法

"音调梯度训练法"是指通过阶梯式音调上升或下降的训练,使患者建立正常音调,并提高言语时音调控制的能力。它主要适用于音调异常。其训练步骤为:

1. 提高音调

(1)向患者介绍音调升高的意义,即从低音慢慢上升至高音。治疗师用梯度上升法帮助患者练习升调。如图 9.21 所示。

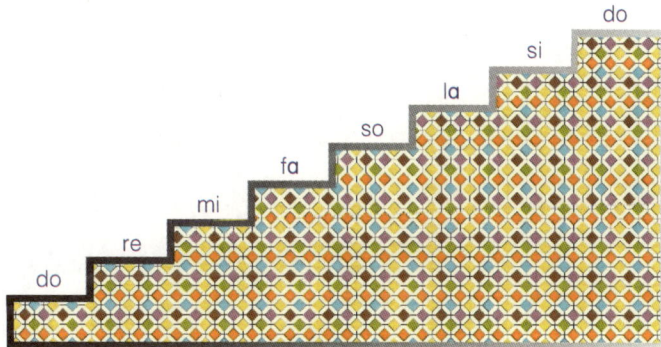

图 9.21　提高音调的训练

(2)利用图片(如图 9.22),用升调来哼音调,但在某个音调处停顿。在停顿的音调处,使用对应音调从 1 数到 5,要求数数时音调尽可能地稳定在同一音调上。

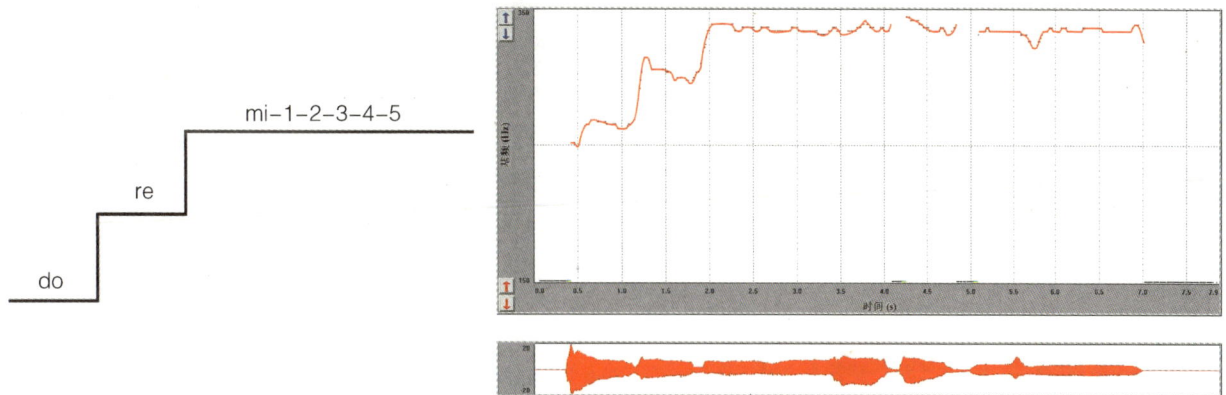

图 9.22　提高音调的训练

(3)利用图片(如图 9.23),用唱歌形式将韵母/ɑ/、/o/、/e/、/i/、/u/、/ü/配上某种音调以升调的形式唱出。然后,在停顿的音调处,使用对应音符的音调分别唱出六个韵母,并维持最后的那个音调说出韵母。

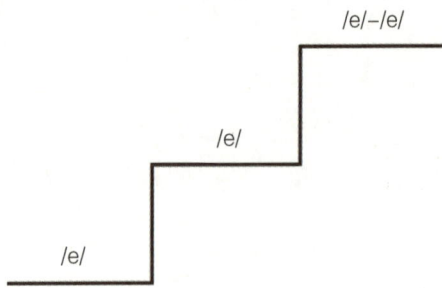

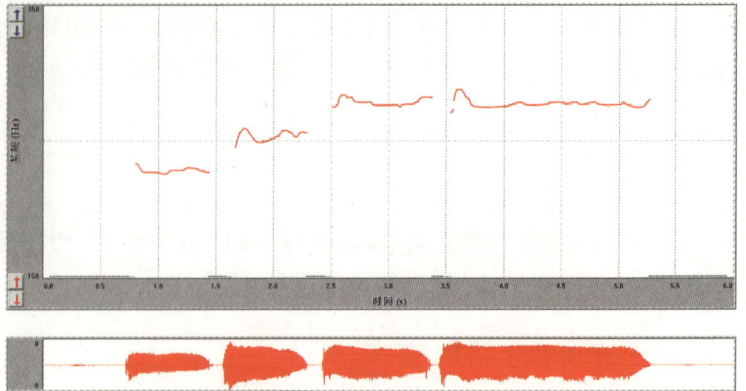

图 9.23　提高音调的训练

(4) 利用图片(如图 9.24),分别用韵母/ɑ/、/e/、/u/发音,在每个韵母前加/h/音,从低音调开始,逐渐上升到高音调。发声应该舒适、松弛、柔和。以较快的速度重复上述训练(听起来像在大笑一样),分别用不同的韵母加上/h/进行练习。

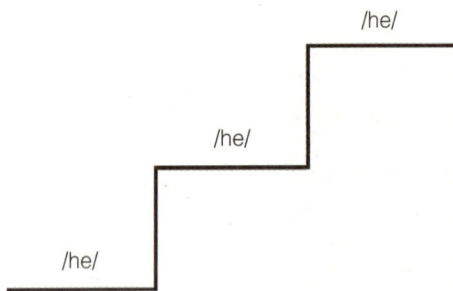

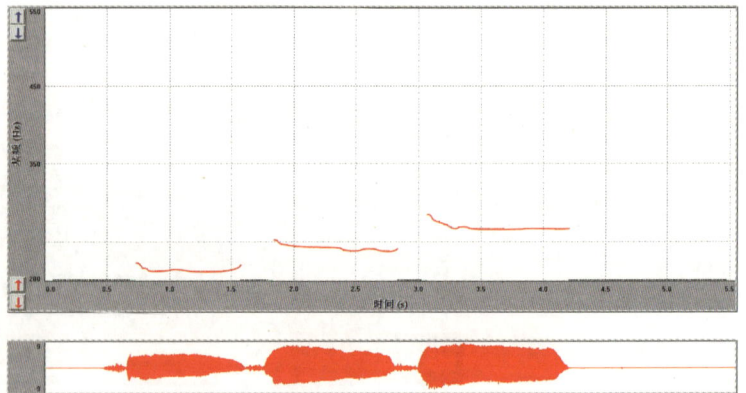

图 9.24　提高音调的训练

(5) 利用图片(如图 9.25),用单、双、三音节词进行升调练习。分别在 do、re、mi 或低、中、高不同的音调上发单、双、三音节词。当患者能够自如地在三个不同音调上发单、双、三音节词时,增加难度,将梯度变为五级,从而更为细化地进行音调上升的梯度练习。

图 9.25　提高音调的训练

(6) 利用图片(如图 9.26),通过每说一个字增加一个音调的方式,将说话的音调由低逐渐抬高。注意,两个字之间言语基频的上升幅度不宜过大,应逐渐提高音调说完整个句子。

　　　　　　　　　言语治疗学

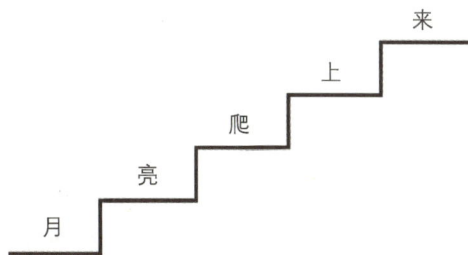

图 9.26　提高音调的训练

2. 降低音调

（1）利用图片（如图9.27），向患者介绍音调降低的意义，即从高音慢慢下降至低音。与患者用梯度下降法练习降调。

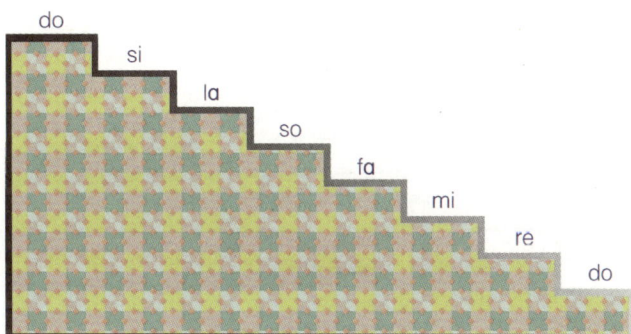

图 9.27　降低音调的训练

（2）利用图片（如图9.28），用降调哼音调，但在某个音调处停顿。在停顿的音调处，使用对应音调从1数到5，要求数数时音调尽可能地稳定在同一音调上。

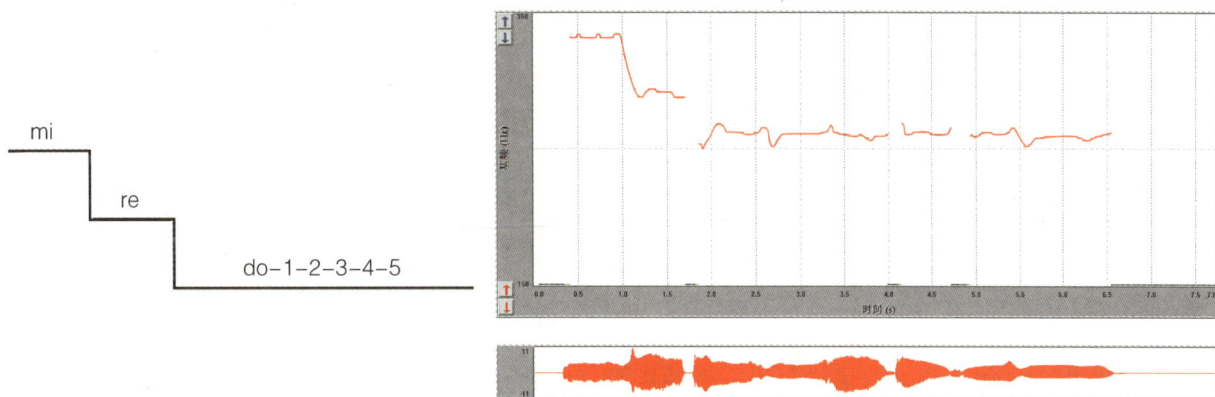

图 9.28　降低音调的训练

（3）利用图片（如图9.29），用唱歌形式将韵母/a/、/o/、/e/、/i/、/u/、/ü/配上某种音调以降调的形式唱出。然后，在停顿的音调处，用对应音符的音调分别唱出六个韵母，并用最后的那个音调说出韵母。

（4）利用图片（如图9.30），分别用韵母/a/、/e/、/u/发音，在每个韵母前加/h/音，从高音调开始，逐渐

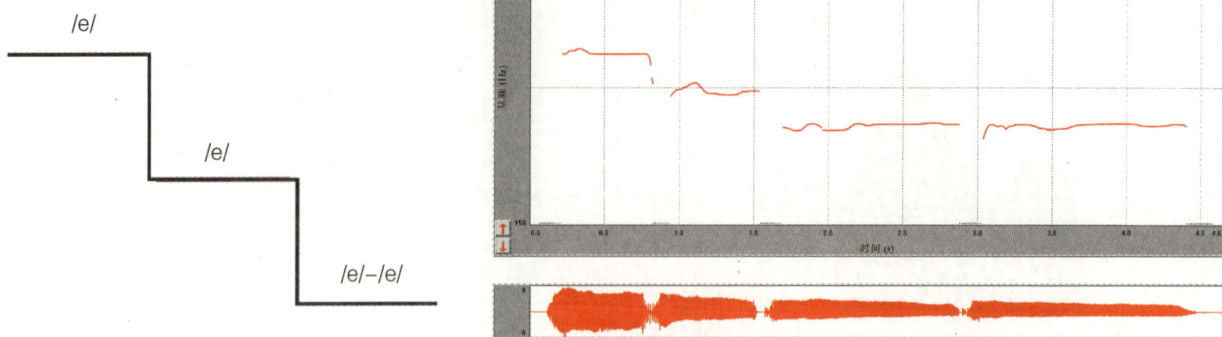

图 9.29　降低音调的训练

下降到低音调。发声应该舒适、松弛、柔和。以较快的速度重复上述训练(听起来像在大笑一样),分别用不同的韵母加上/h/进行练习。

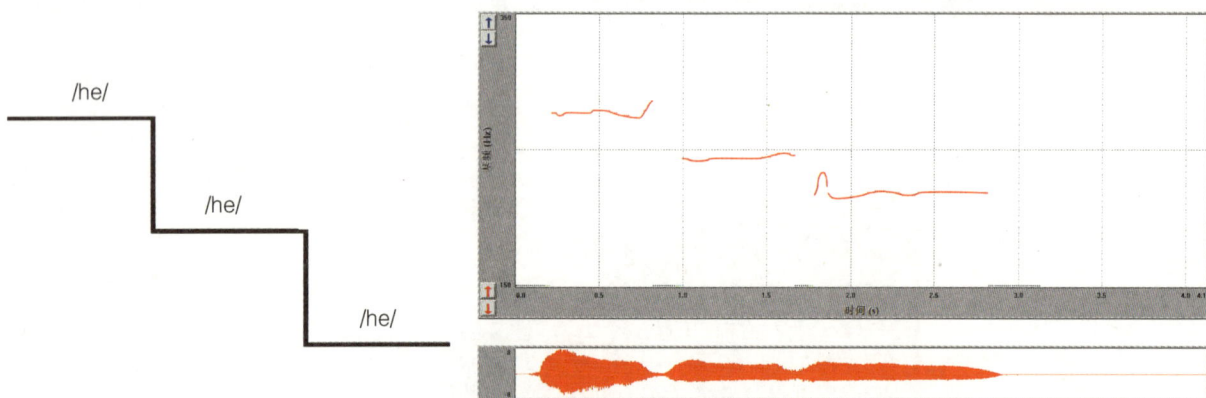

图 9.30　降低音调的训练

(5) 利用图片(如图 9.31),用单、双、三音节词进行降调练习。分别在 do、re、mi 或低、中、高不同的音调上发单、双、三音节词。在患者能够自如地在三个不同音调上发单、双、三音节词时,增加难度,将梯度变为五级,从而更加细化地进行音调下降梯度练习。

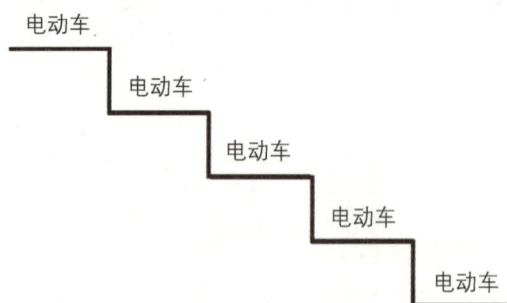

图 9.31　降低音调的训练

(6) 利用图片(如图 9.32),通过每说一个字降低一个音调的方式,将说话的音调由高逐渐降低。注意,两个字之间言语基频的下降幅度不宜过大,应逐渐地降低音调说完整个句子。

3. 建立目标音调

(1) 对于音调过高的患者,使音调降低到最低音调之后,将音调抬高 2—3 个音级,便是患者合适的目标音调。对于音调过低的患者,使音调升高到最高音调之后,将音调降低 2—3 个音级,便是患者合适的目

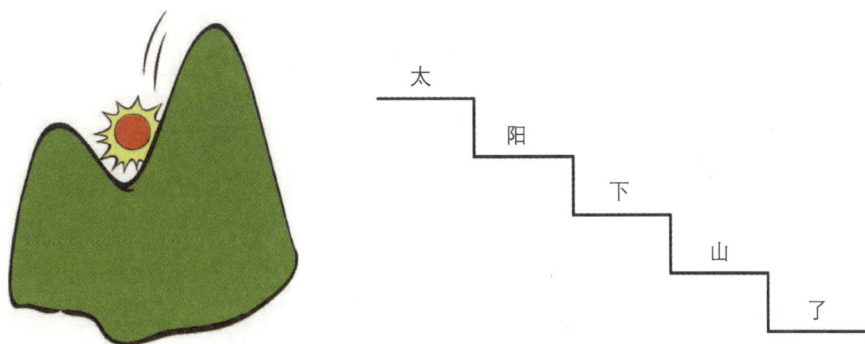

图 9.32　降低音调的训练

标音调。

（2）用目标音调进行无意义音节的发音。要求能够比较自然地运用目标音调，从连续发较短的音直到能发较长的音。如：/ya—ya—ya—ya—ya—ya……/等。

（3）用目标音调进行有意义的词语发音。要求能够比较自然地运用目标音调，发较多较长的音。如："鸭妈妈和鸭妹妹"等。

4. 增加音调变化

（1）利用图片（如图 9.33 所示），以目标音调为基准，进行升降调或降升调训练，理解升降调或降升调的意义。

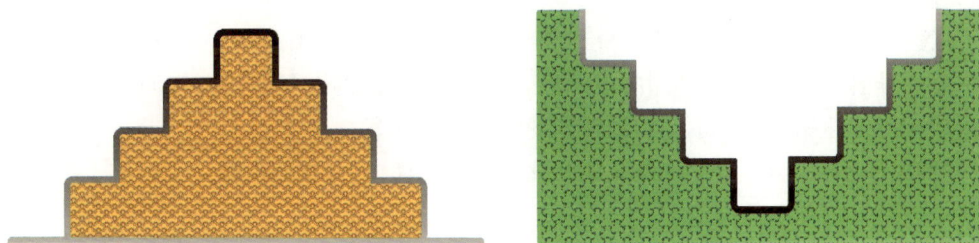

图 9.33　增加音调变化的训练

（2）利用图片（如图 9.34 所示），以目标音调为基准，用/mi/、/bi/进行逐步升调、逐步降调、逐步升降调或降升调训练。在训练的过程中，逐渐增加音节个数。

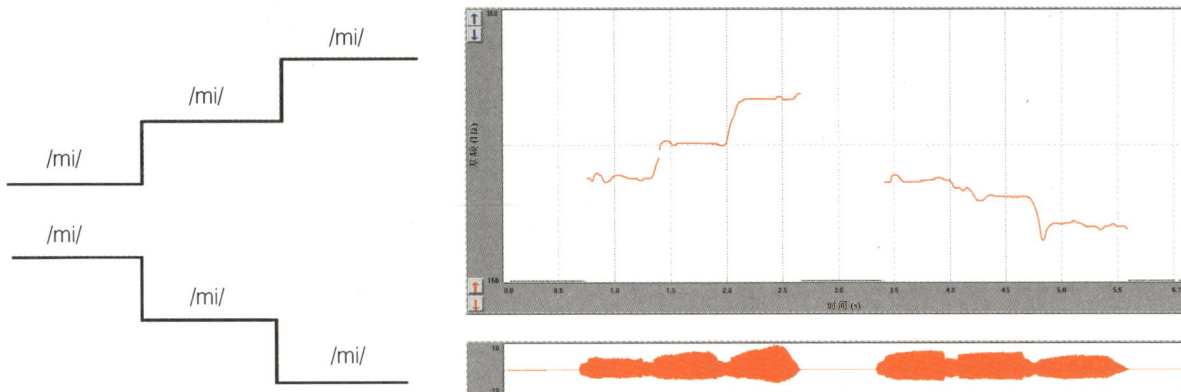

图 9.34　增加音调变化的训练

（3）利用图片（如图 9.35、图 9.36），以目标音调为基准，根据患者能力，用/mo/、/bo/、/la/、/mola/、/bola/ 进行音节个数较多较长的升降调或降升调训练（图片以/mo/为例，可用/bo/、/la/、/mola/、/bola/ 进行替换练习）。

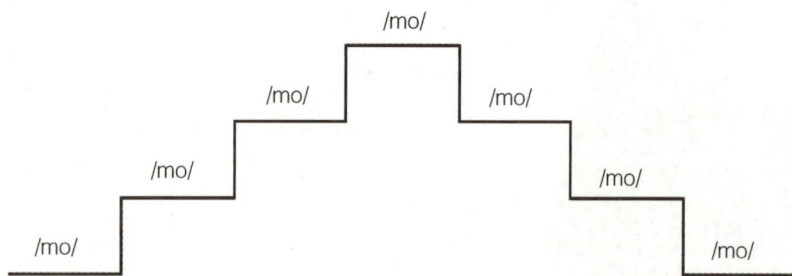

图 9.35　增加音调变化的训练(升降调)

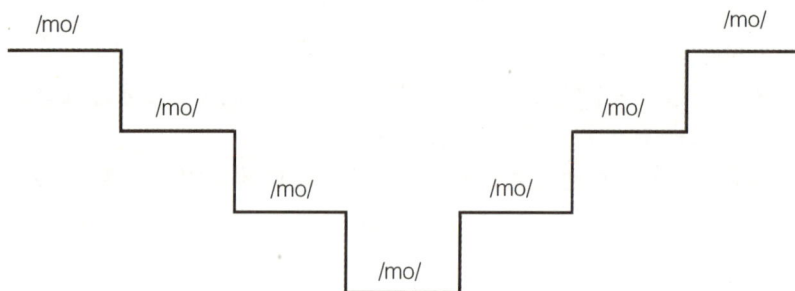

图 9.36　增加音调变化的训练(降升调)

5. 提高音调连续变化能力

音调的连续变化是语言的重要组成部分,它使得一种语言不同于其他语言。汉语是一种声调语言,音调之间变化很大。同样的词语加上不同的声调后,就能表达不同的含义。缺少音调的变换或者音调变换错误,都会造成信息传达错误。以下是加强音调变化能力的训练。

(1)利用图片(如图9.37),进行语调抬高变化的感知和体会,并用韵母辅以上扬的手势进行。

图 9.37　提高音调连续变化能力

(2)利用图片(如图9.38),进行语调降低变化的感知和体会,并用韵母辅以下降的手势进行。

(3)利用图片(如图9.39),进行双重转换语调的训练,一个上升的语调紧跟着一个降调,并且用韵母辅以先上后下的手势进行。

五、 实时视听反馈技术: 音调训练

1. 提高音调

音调矫治的目的,就是通过训练使得个体的习惯音调接近于相同性别和年龄段正常人群的自然音调。采用"启音博士言语矫治仪"(Speech Therapy™,Dr. Speech™,上海泰亿格康复医疗科技股份有限公司授

图 9.38　提高音调连续变化能力

图 9.39　提高音调连续变化能力

权使用)进行音调训练时,也要遵循小步递进、分阶段、分步骤原则。首先,要根据患者的音调水平确定训练的起点和目标;其次,根据患者调控音调的能力来设置音调升降的斜率;再次,决定目标实现的步骤;最后,设置音调训练模式。以图 9.40 升调训练为例,a 图所示的是一种较容易的训练模式,起点较低,斜率较小,小蜜蜂只要沿着珠子之间的轨道向前飞就可完成任务。相比 a 图,b 图的起点和斜率都提高了,且起点和升幅都增加了 20 Hz,难度较大。如果患者不太容易成功,言语治疗师就要从起点和斜率两个角度重新设置训练模式:斜率不变,将起点频率增加(c 图);或起点不变,将斜率增加(d 图)。可让患者分别尝试这两种模式,哪一种模式更容易完成,就先用哪一种模式。总之,训练模式要适合于患者。设置难度的原则以患者通过多次尝试能够完成游戏,但又不是一次就能轻易通过为宜。

a. 适合患者初期的较容易模式

b. 起点和上升斜率都升高的较困难模式

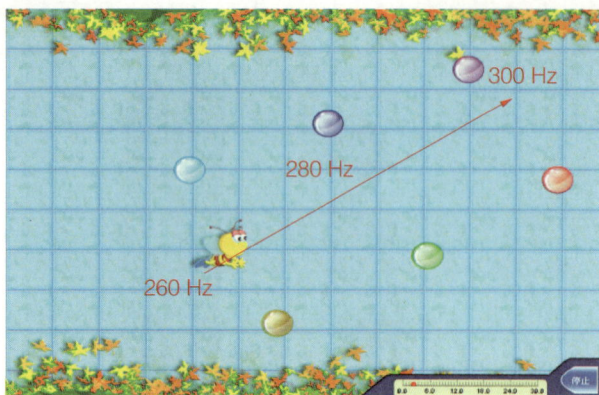

c. 斜率不变,起点增加　　　　　　　　　　　d. 起点不变,斜率增加

图 9.40　小蜜蜂采蜜游戏(升调训练)

(启音博士言语矫治仪,Speech Therapy™,Dr. Speech™,上海泰亿格康复医疗科技股份有限公司授权使用)

2. 降低音调

音调过高的患者,可以用升降调模式来进行降调训练,这可采用"启音博士言语矫治仪"(Speech Therapy™,Dr. Speech™,上海泰亿格康复医疗科技股份有限公司授权使用)来完成。如图 9.41 所示,在"小老鼠划船"游戏中,小老鼠要划着船穿过两边的小岛。小船的划行路线由患者的音调决定:音调上升,小船就向上划,音调下降,小船就向下划,且小岛的排列呈现逐渐向下的趋势。因此,为了通过此路程,患者必须逐渐降低音调。与升调训练一样,患者声音音调的模式由言语治疗师根据需要进行调整。调整的主要参数有音调的起始位置和音调的下降幅度。以一名 4 岁女孩的降调训练为例,她的平均基频为 390 Hz(正常基频应为 355 Hz)。首先,言语治疗师要为其设置训练模式,可以将音调最高点设置为 400 Hz,下降幅度为 20 Hz(a 图)。这种设置比较接近于该患者现有的言语基频,这样,她可以比较顺利地通过此项训练。然后,言语治疗师要根据患者的具体情况设置难度较大的模式(b 图),将音调最高点降为 380 Hz,终点音调定为 340 Hz,下降幅度为 40 Hz,再让患者尝试。如果通过,则设置更高一级的模式,否则,再降低难度。

a. 下降幅度为 20 Hz　　　　　　　　　　　b. 下降幅度为 40 Hz

图 9.41　小老鼠划船游戏(升降调训练)

(启音博士言语矫治仪,Speech Therapy™,Dr. Speech™,上海泰亿格康复医疗科技股份有限公司授权使用)

3. 增加音调变化

一个人的音调应该在一个正常的音调范围内围绕着基频(F_0)进行上下波动,这个音调波动范围体现在统计数据上就是言语基频标准差(F_0SD)。言语基频标准差反映了言语基频的变化能力,过大或过小都是不正常的。当 F_0SD 大于 35 Hz 时,说明基频变化过大,这种言语声听起来感觉不自然。当 F_0SD 小于 20 Hz 时,说明基频变化过小,这种言语声听起来感觉单调无趣。这两种情况都会影响到患者真实感情和思想的表

达,需要及时地进行治疗。音调控制能力训练的目的,是为了让患者异常的言语基频变化控制在正常的范围之内。音调控制能力的游戏对于提高音调的控制能力效果较好。在这些游戏中,言语治疗师可根据患者的需要设置言语基频变化范围。如果患者的言语基频变化范围在预先设置的范围之内,游戏就能获得成功;如果不在该范围内,游戏则会失败。因而可以通过控制基频的变化范围来帮助患者提高音调控制能力。

可以采用"启音博士言语矫治仪"(Speech Therapy™,Dr. Speech™,上海泰亿格康复医疗科技股份有限公司授权使用)进行音调控制训练。以"小茶壶过桥"游戏为例(图9.42),首先要根据患者的现有音调水平设置音调上限和音调下限:如果患者的音调超过上限,就会打翻茶杯;如果超过下限,也会打翻茶杯。茶壶只能在上限和下限之间穿过。患者发声,茶壶就运动;不发声,茶壶就静止。茶壶行走的高度取决于患者声音音调的高低,两者之间成正比。如果患者的音调在设置的范围内,那么茶壶就能顺利过桥(a图),同时给予鲜花奖励(b图)。如果音调低于设置下限,则茶壶将把下限的茶杯打翻(c图);如果音调高于设置上限,则茶壶将把上限的茶杯打翻(d图)。

图9.42　小茶壶过桥游戏(音调控制能力训练)
(启音博士言语矫治仪,Speech Therapy™,Dr. Speech™,上海泰亿格康复医疗科技股份有限公司授权使用)

由此可见,选择适合于患者音调水平的上限和下限尤其重要。训练初期,可以将范围设置得相对较宽,随着患者音调控制水平的提高,可逐渐缩小范围。以一名基频变化幅度较大的患者($F_0SD=45$ Hz)的音调控制能力训练为例,言语治疗师选择了"海底"游戏(图9.43)。

小金鱼代表患者的音调,排列在两排的章鱼、贝壳和鲨鱼代表音调的上限和下限。如果患者的音调处于上、下限范围之内,小鱼就可以从两条线之间游过(a图),并救出它的同伴(b图)。如果患者的音调低于所设定的下限,小金鱼就会被下面一排的猎手抓住(c图);如果高于所设定的上限,小金鱼就会被上面一排的猎手抓住(d图)。在治疗初期,言语治疗师给患者设定了范围较广的上、下限,在正常基频变化范围的基础上,将上限升高50 Hz、下限降低50 Hz。在游戏中,这就表现为章鱼、贝壳和鲨鱼排列组成的两条线之间的距离变宽了(e图)。在此范围内,患者通过该区域的成功率就大大增加了。经过一段时间的训练后,将音调的上、下限在 50 Hz 的基础上分别向正常值靠近 10 Hz(f 图)。以此类推,当患者通过一定范围的音调区域时,言语治疗师应该将音调变化的范围朝着正常水平的方向调整。当患者通过正常音调范围的游戏时,说明患者已经能够很好地控制自己声音音调的变化。

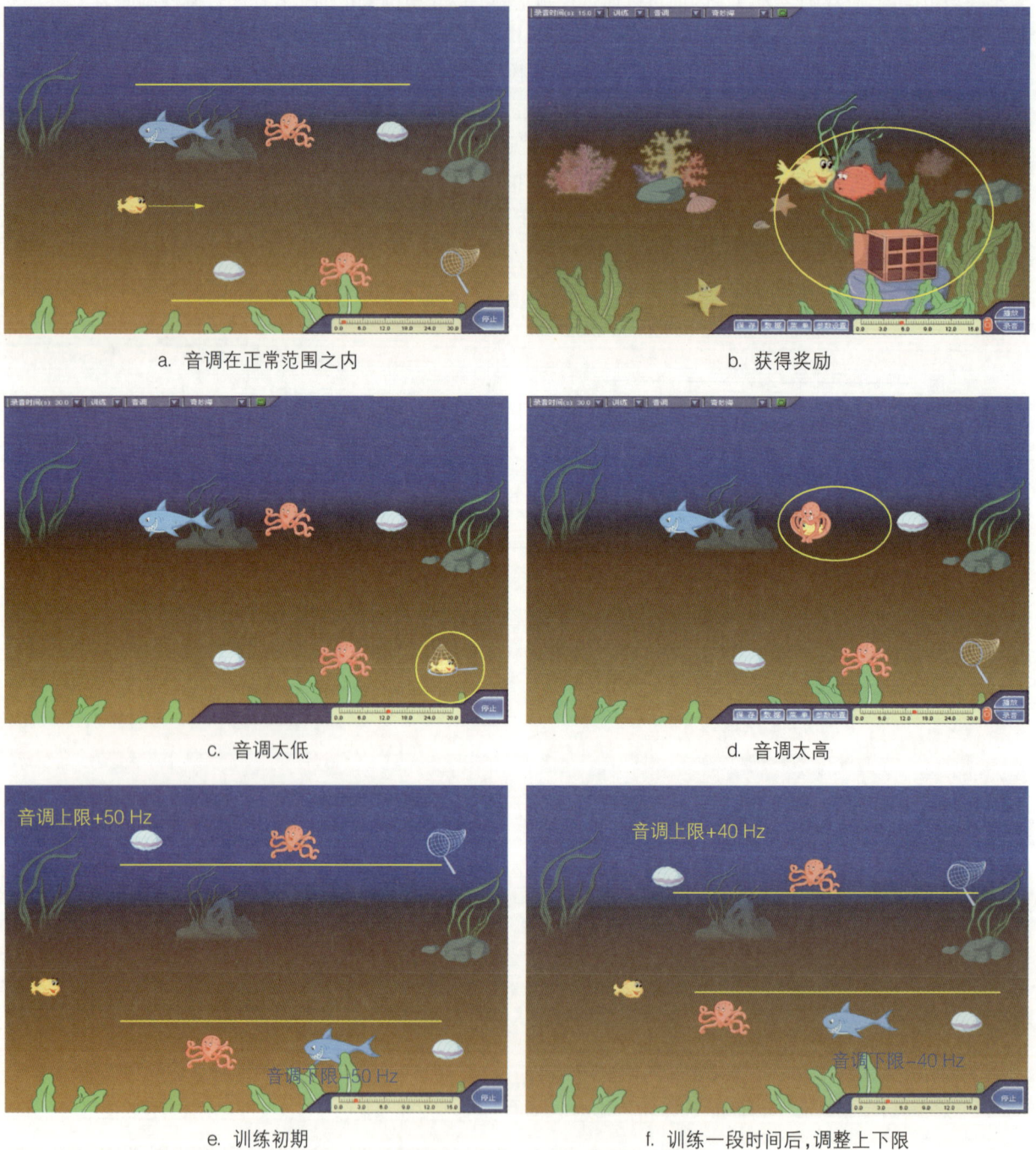

a. 音调在正常范围之内

b. 获得奖励

c. 音调太低

d. 音调太高

e. 训练初期

f. 训练一段时间后,调整上下限

图 9.43　海底游戏(音调控制能力训练)
(启音博士言语矫治仪,Speech Therapy™,Dr. Speech™,上海泰亿格康复医疗科技股份有限公司授权使用)

　　图 9.44 中的两个音调训练模式可以帮助患者进行增加音调变化训练。图 a 所示的游戏,可以提高患者音调的变化能力。朝右飞行的大飞机代表患者的音调,迎面过来的飞机代表患者要避开的音调,患者音调的高低决定着大飞机飞行的高度,而大飞机的高度又受其他飞机高度的影响,飞机之间不发生相撞则游戏成功。所以在整个训练过程中,患者需要不断地调整音调的高低来避开这些飞机。图 b 所示的游戏是为了提高患者音调连续变化的能力。小蜜蜂代表患者的音调,珍珠代表患者应该发出的目标音调。音调的高低决定小蜜蜂飞行的高度。小蜜蜂飞行的路线由珍珠排列而成。被小蜜蜂触碰到的珍珠就会变成心

形,即说明患者可以达到这个音调水平。尽管这两个游戏的方法不一样,但其目的都是让患者通过实时的视觉反馈来调整自己的音调控制能力。

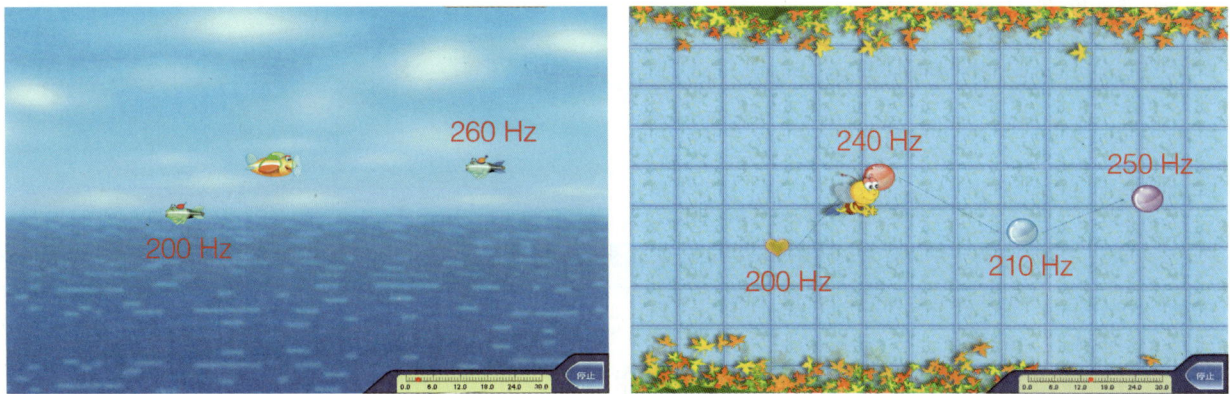

a. 调整音调以避开某个值   b. 调整音调以达到某个值

图 9.44　音调的不同训练模式

(启音博士言语矫治仪,Speech Therapy™,Dr. Speech™,上海泰亿格康复医疗科技股份有限公司授权使用)

【案例】

[患者信息]

笑笑,女,5 周岁,中度智力障碍,存在音调过高的问题,呼吸方式正确,目前能说出 2—3 个字的句子。

[周方案]

训练时间	训练目标	主　要　内　容
周一	平均言语基频达 330 Hz	声带放松训练 ——平调向前,平调旋转;哈欠—叹息法
周二		声带放松训练——降调;哈欠—叹息法
周三		用乐调匹配法,寻找习惯音调;进行降低 1 个音阶训练
周四		复习咀嚼法;用乐调匹配法,降低 2 个音阶并维持该音调发音
周五		词语的降调训练

[康复目标]

以周四为例,日康复目标为:

1. 平均基频达正常值 330 Hz。

2. 降低 2 个音阶。

[康复准备]

启音博士言语测量仪(S1);

启音博士言语矫治仪(S2);

启音博士言语重读干预仪(S6);

AAC 沟通辅具、咀嚼器、手机键盘、图片、阶梯教具。

[康复前评估]

评　估　项　目	训　练　前
基　频	391.59 Hz
降调级别个数	1
能否维持	不能
降调频率差值	29.2 Hz

[康复过程]

一、发声放松训练——打嘟、咀嚼法

1. 平调向前打嘟。

2. 降调快速打嘟。

3. 咀嚼法：咀嚼后发 ɑ/wawa。

目的：通过打嘟法和咀嚼法放松声带和咽缩肌。

二、音调感知

1. 通过阶梯模型，使学生感知音调可高可低。

2. 通过 S2 的《小飞熊》游戏，利用患者的听觉和视觉，帮助患者建立起音调的概念。

3. 通过手指按压法，使患者的音降下来。

三、降低音调训练

1. 让学生跟着琴键降低两个音阶进行训练，并用 S6 让学生模仿并监控。

2. 哼唱乐调。

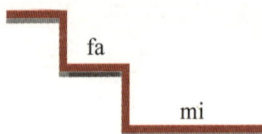

```
        fa
              mi
```

3. 哼唱后发单元音。

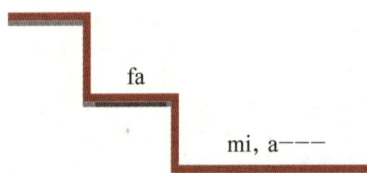

```
        fa
              mi, a－－－
```

4. 哼唱后发单音节/yɑ/，结合 S2 游戏。

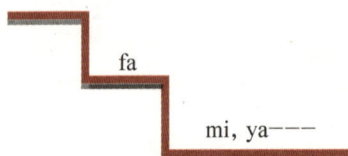

```
        fa
              mi, ya－－－
```

四、维持低音调的发音

1. 哼唱后数数，利用 S6 进行监控。

```
        fa
              mi, 1-2-3-4-5
```

2. 音节练习。

（1）哼唱音节。

（2）唱出单元音/ɑ/、/i/、/u/，利用 S6 进行监控。

```
  a          i          u
    a, a, a,    i, i, i,    u, u, u,
```

(3) 利用图片,结合 S2 游戏,发单音节词,利用 S6 进行监控。

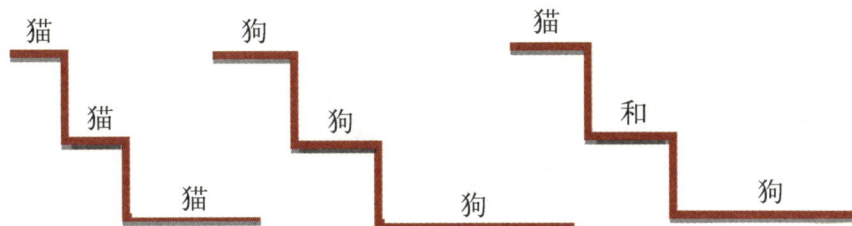

猫　猫　猫
狗　狗　狗
猫　和　狗

[康复后评估]

评 估 项 目	训 练 前	训 练 后
基 频	391.59 Hz	274.12 Hz
降调级别个数	1	2
能否维持	不能	能
降调频率差值	29.2 Hz	62.6 Hz

康复后评估结果显示,患者音调有了明显的下降,初步建立了正常的目标音调,训练过程比较有效,达到康复目标。

第四节　响度异常的矫治

响度异常分为响度过强、响度过弱、响度单一和响度变化过大四种类型,因此,响度异常的矫治也可从这四方面着手,在诊断明确的基础上,有针对性地进行治疗。响度异常的针对性训练法即响度梯度训练法。响度梯度训练法是一个系统方法,根据不同的响度异常类型,又可分为响度感知、降低响度、增加响度等若干个训练步骤。

在进行具体治疗之前,患者首先必须意识到自身存在的响度问题。部分患者因为习惯了以特定的响度水平说话,自己意识不到这是问题,在这种情形下,想要改变响度是非常困难的。针对这样的患者,听觉反馈和自我监控的持续性训练非常重要,它能够有效地改善响度异常的问题。

如果患者的响度过强,在重读治疗的基础上,可以进行降低响度训练。但如果患者响度过强的问题是由性格原因造成的,则需要对患者进行心理辅导。当响度达到正常交谈的水平之后,还有必要进行增加响度变化的训练。如果患者的响度过弱,则可在重读治疗的基础上,采用一些增加响度的方法进行训练。必要时可采用噪声掩蔽的方法来增加其言语响度。当响度增加至正常水平后,同样需要进行增加响度变化的训练。如果患者的响度过于单一,则需要直接进行增加响度变化的训练。如果患者的响度变化过大,则需要进行适当的响度控制训练。

一、实时视听反馈技术：响度感知

响度是一个抽象概念,不容易被人理解,当要求患者大声或小声说话时,患者常常感到难以理解从而不能完成任务,言语治疗师可能也对此束手无策。低年龄或有听力损失的患者对响度的概念更是难以理解。因此在发声诱导仪中,是用某种物体的大小来代替声音的大小。如果声音的响度越大,物体体积就越大;响度越小,物体体积也就变得越小。

可以采用"启音博士言语矫治仪"完成响度感知,例如,用"小熊吹气球"游戏来帮助患者建立响度的概念。如图 9.45,气球代表响度,气球体积的大小与声音响度成正比。未发音时,小熊的气球是瘪的(a 图)。当患者发音时,声音响度越大,气球的体积越大(b 图);声音的响度越小,气球的体积也越小(c 图)。言语治疗师也可以反复播放同一个声音,让患者边听声音边看动画,感受气球大小与声音响度之间的关系。只要患者意识到二者的关系,理解响度概念就会相对容易一些。

a. 未发音之前,小熊的气球呈未充气状

b. 声音响度大,气球的体积就大

c. 声音响度小,气球的体积就小

图9.45　小熊吹气球游戏(气球体积与声音响度成正比)
(启音博士言语矫治仪,Speech Therapy™,Dr. Speech™,上海泰亿格康复医疗科技股份有限公司授权使用)

　　为了让患者更好地理解响度的概念,言语治疗师也可以让患者在多个游戏中反复观察和尝试。例如,可以使用"男孩玩蜘蛛"游戏。在此游戏中,蜘蛛的身体和男孩面部表情以及头发的变化代表了声音响度的变化(图9.46)。声音响度越大,蜘蛛的体积就越大,身体颜色也越深,男孩的面部表情和头发也越夸张(b图);反之,亦然(a图)。还可使用"大象说话"游戏。在此游戏中,用大象耳朵和鼻子的运动幅度代表声音响度的大小(图9.47)。声音响度小时,大象耳朵张开的幅度也小,鼻子也是向下卷曲的(a图);声音响度大时,大象的耳朵和鼻子的动作幅度也大(b图)。还可选择"楼房亮灯"游戏(图9.48),大楼亮灯的情况与声音响度成正比。声音响度小,大楼内亮灯的楼层就少(a图);声音响度越大,大楼内亮灯的楼层就越多(b图)。

a. 声音响度小,蜘蛛体积小、颜色较淡,男孩面部表情较正常

b. 声音响度大,蜘蛛体积大、颜色较深,男孩面部表情夸张

图9.46　男孩玩蜘蛛游戏(卡通动物的体形和男孩面部表情的夸张程度代表声音响度的大小)
(启音博士言语矫治仪,Speech Therapy™,Dr. Speech™,上海泰亿格康复医疗科技股份有限公司授权使用)

　　　　　　言语治疗学

a. 声音响度小，大象耳朵和鼻子的动作幅度小　　　b. 声音响度大，大象耳朵和鼻子的动作幅度大

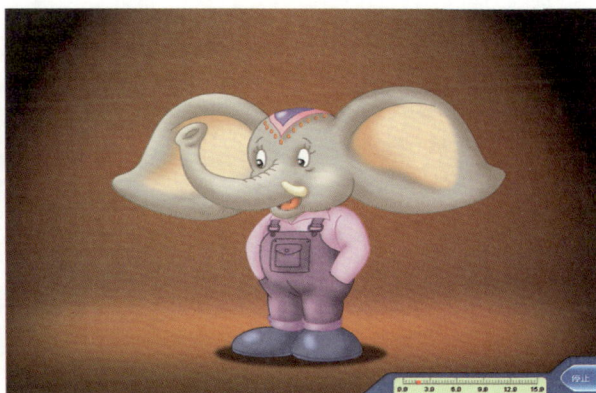

图 9.47　大象说话游戏（大象耳朵和鼻子的运动幅度与声音响度成正比）

（启音博士言语矫治仪，Speech Therapy™，Dr. Speech™，上海泰亿格康复医疗科技股份有限公司授权使用）

a. 声音响度小，亮灯的楼层少　　　b. 声音响度大，亮灯的楼层多

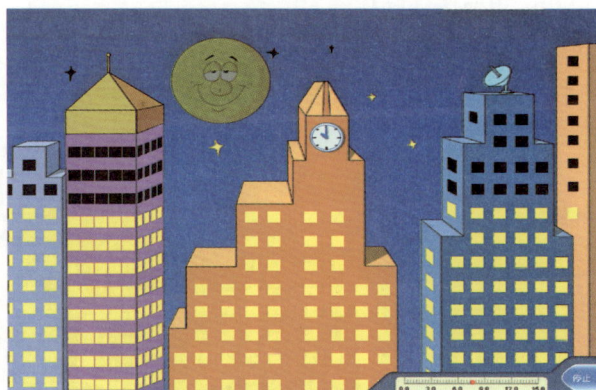

图 9.48　楼房亮灯游戏（大楼亮灯情况与声音响度成正比）

（启音博士言语矫治仪，Speech Therapy™，Dr. Speech™，上海泰亿格康复医疗科技股份有限公司授权使用）

　　为了强化患者对响度的感知，言语治疗师可以录下患者本人和响度正常的声音，通过反复播放录音，让患者通过观看物体大小的变化来认识自身存在的响度异常问题，为下一步的言语矫治打好基础。例如，听障儿童由于听力存在不同程度的损失，无法正确感知声音的响度，从而导致说话时的响度太强或太弱，但他们的发声系统多数是正常的，即不存在器质性或神经性病变。在对此类患者进行响度异常的矫治之前，首先也需要进行响度感知训练。

　　以一名因感音神经性聋而导致言语响度过响的患儿为例，言语治疗师可以录下同龄的、响度正常儿童的声音，与该患儿的声音进行对比，指导患儿利用视觉通道意识到自己响度方面存在的问题。在如图 9.49 所示的"狮子大喊"游戏中，言语治疗师依次播放患儿和响度正常儿童的声音。播放响度正常儿童的声音时，狮子的嘴巴和鬃毛张开的幅度比播放患者声音时的幅度小。通过视觉补偿，患儿就可以理解自己声音的响度问题。在建立了这样的认识之后，患者就会通过自身的视觉感受来调整其声音响度的大小，从而建立起对响度的概念。在接下来的治疗中，患者就可以进行有目的的发音，使自己发音时狮子的嘴巴和鬃毛张开的程度与响度正常儿童发音时相当。当患儿成功地发出较为接近正常响度的声音时，言语治疗师应该及时给予奖励，鼓励患儿更多地发出此响度水平的声音，并最终养成使用此响度水平发音的习惯。

二、用力搬椅法

　　"用力搬椅法"是指让患者坐在椅子上，在用力上拉椅子的同时发音，来增加其言语的响度。它主要适用于响度异常，也适用于软起音。其训练步骤为：

a. 声音响度小,狮子嘴巴和鬃毛张开的幅度小　　　　b. 声音响度大,狮子嘴巴和鬃毛张开的幅度大

图 9.49　狮子大喊游戏(狮子的动作幅度与声音响度成正比)

(启音博士言语矫治仪,Speech Therapy™,Dr. Speech™,上海泰亿格康复医疗科技股份有限公司授权使用)

1. 用力搬椅动作练习

治疗师演示用力搬椅的动作:坐在一把椅子上,双手抓住椅子,向上用力搬椅子,然后突然加大力气,想象把自己"搬"起来(见图 9.50)。

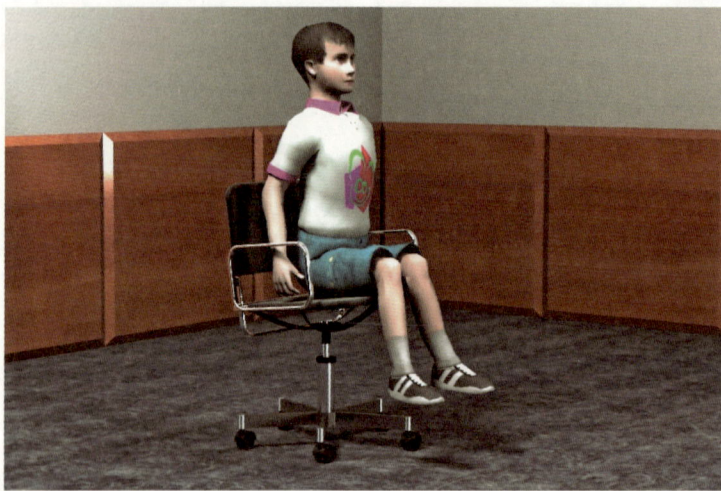

图 9.50　用力搬椅动作练习

2. 在用力搬椅时发单元音

边做动作边发音,注意在搬椅的过程中突然加大力气,同时提高声音响度。

3. 在用力搬椅时发双元音

边做动作边发音,注意在搬椅的过程中突然加大力气,同时提高声音响度。

4. 在用力搬椅时从元音过渡到词语

当患者能很好地完成上面的动作和发音时,让他在向上搬椅的过程中说元音,然后在突然用力的同时提高响度说含有该元音的词语。

5. 在用力搬椅时说词语

去掉过渡元音,直接说词语。注意在突然用力的同时大声说词语,但要避免出现硬起音。可逐渐增加词语难度。

　　　　　　　　　言语治疗学

6. 在逐渐加大力气的同时发音

对于响度过低，但不存在软起音的患者，则让其在搬椅时逐渐加大力气，同时提高响度发音，以逐渐提高患者的言语响度。

7. 自然发音

让患者不再依靠用力搬椅的动作辅助，自然响亮地发音。

三、掩蔽法

"掩蔽法"是指让患者在背景声条件下进行发音，并通过调节背景声的大小，使患者不自觉地提高声门下压及声带闭合能力，从而增加响度。它主要适用于响度异常。其训练步骤为：

1. 选择适当的背景声进行掩蔽

利用图片，向患者解释在有外界噪声干扰的情况下说话，响度会增加。利用不同图片（代表不同类型的声音），给患者听不同类型的声音，包括音乐声、自然声、噪声。

2. 在持续掩蔽时发音

让患者戴上耳机，治疗师随机选择一种声音或根据患者喜好选择一种声音，调节背景声响度，使其在患者原有的响度水平上增加 6 dB 或其倍数。持续给背景声，并让患者发音。

3. 在间断掩蔽时发音

治疗师采用间断给声的方式，使背景声时有时无，同时让患者发音，要求患者不管是否有背景声，其发音响度都保持不变。给声时逐渐增加无背景声的时间，有背景声的时间长短和时间间隔随机，背景声的响度和种类也随机。发音材料选择无意义音。

4. 在无掩蔽时发音

撤去掩蔽声，让患者在无背景声的环境下发音。可去静音室或选择隔音效果较好的耳机创造较稳定的静音环境。给声时逐渐增加无背景声的时间，有背景声的时间长短和时间间隔随机，背景声的响度和种类也随机。发音材料选择单音节词。

四、碰撞法

"碰撞法"是指通过滚球撞物，在球撞物的瞬间突然增加响度发音，来提高患者的响度及其控制能力。它主要适用于响度过低。其训练步骤为：

1. 碰撞动作要领的学习

讲解并示范滚球撞瓶的动作：将小球滚向一个瓶子，并撞倒它。教患者学会该动作（见图 9.51）。

2. 碰撞时发音

让患者滚球撞瓶并发音（在球滚动的过程中持续发/m——/音），球撞到瓶时突然增加响度发目标音。球滚动时注意引导患者做好发音的准备。

3. 想象碰撞并发音

让患者边想象滚球撞瓶的过程边发音（在想象滚球的过程中持续发/m——/音），球撞瓶的瞬间突然增加响度发目标音。

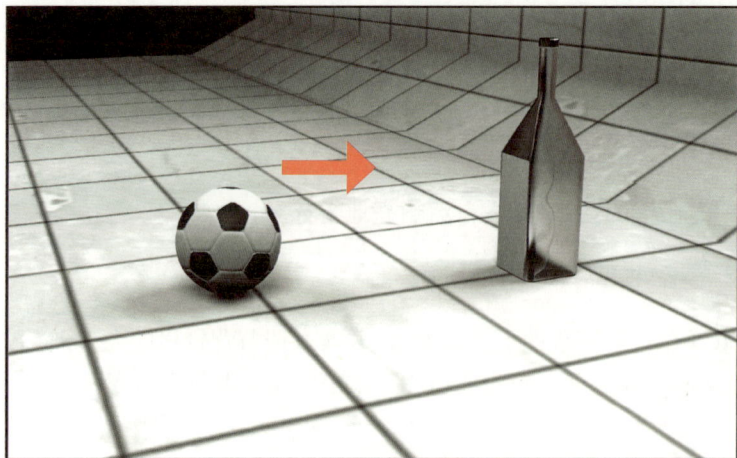

图 9.51　碰撞动作要领的学习

4. 迁移训练

利用其他类似的碰撞动作或场景进行训练。

五、响度梯度训练法

"响度梯度训练法"是指通过阶梯式响度训练提高或降低患者响度,增强患者控制响度的能力,主要适用于响度异常。其训练步骤为:

1. 增加响度

(1) 用通俗的语言讲解或者示范五级不同响度的声音,使患者能够识别五级响度水平,并且明确这五级响度由弱到强的变化关系。

(2) 利用图片(如图 9.52 所示),向患者示范响度的增加过程,即从较小的响度变化到较大的响度,并根据患者的能力,逐渐增加响度。

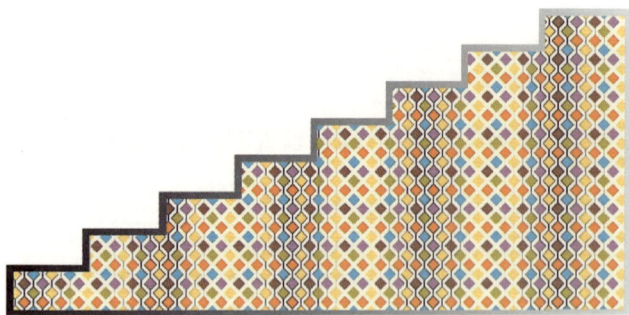

图 9.52　增加响度训练

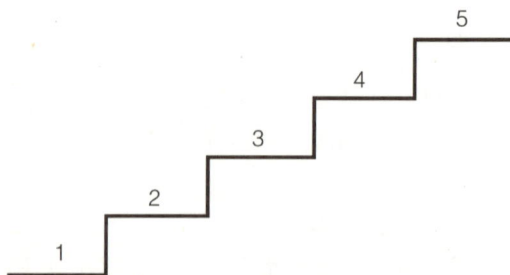

图 9.53　增加响度训练

(3) 利用图片(如图 9.53),选用数字由小到大的递增方法进行增加响度的练习。可根据患者能力,确定选取的数字的量。

(4) 利用图片(如图 9.54),选用不包括塞音的词语或短句进行发音,避免硬起音现象的出现。每发一个多音节词时,逐渐增加响度。可以利用动物数量的增多来练习,响度随着数量的增多而增加。

2. 降低响度

(1) 用通俗的语言讲解或者示范五级不同响度的声音,使患者能够识别五级响度水平,并且分清这五

　　　　　　　　言语治疗学

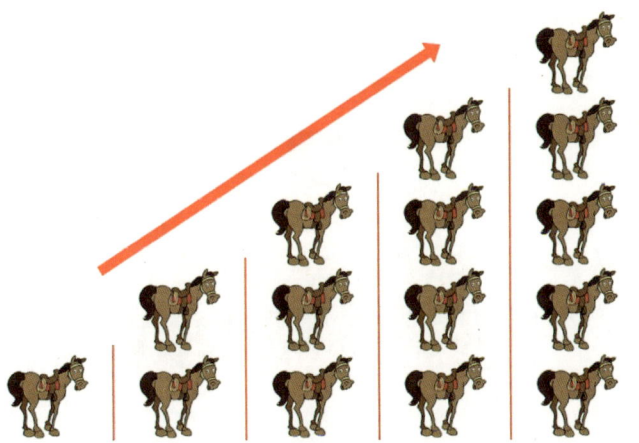

图 9.54　增加响度训练

级响度由强到弱的变化关系。

（2）利用图片（如图 9.55），向患者示范响度的降低（即从较大的响度变化到较小的响度）。可根据患者的能力，逐渐降低响度。

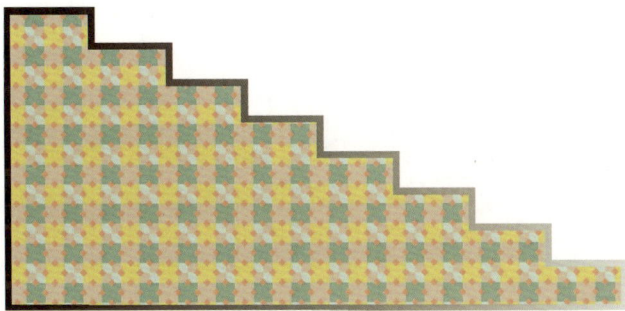

图 9.55　降低响度训练

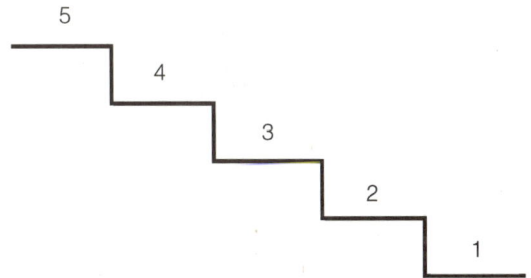

图 9.56　降低响度训练

（3）利用图片（如图 9.56），选用数字由大到小的递减方法进行降低响度的练习。可根据患者能力，确定选取的数字的量。

（4）利用图片（如图 9.57），选用不包括塞音的词语或短句进行发音，避免硬起音现象的出现。每发一个多音节词时，逐渐降低响度。可以利用动物数量的减少来练习，响度随着数量的减少而降低。

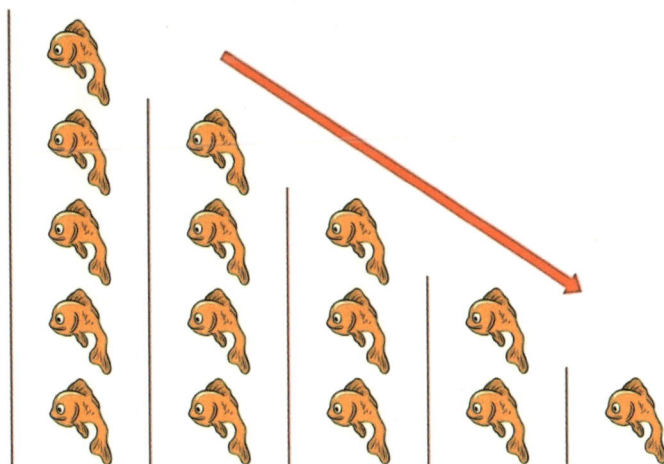

图 9.57　降低响度训练

3. 控制响度的变化

（1）利用图片（如图 9.58），向患者解释响度变化的意义（即能够自如地改变响度）。可根据情境的需要，增加或降低响度。

图 9.58　控制响度的变化

（2）利用图片（如图 9.59），一口气依次发以下音，伴随"开心地大笑"，并逐行增加或降低响度，使呼吸动力稳固持久；同时，有效地利用呼出的气流，使发音轻松自然。

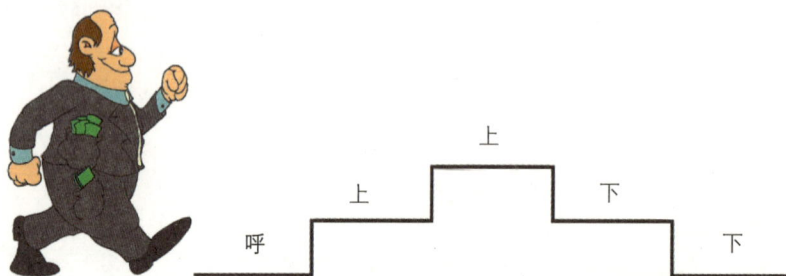

图 9.59　控制响度的变化

六、实时视听反馈技术：响度训练

"响度梯度训练法"是指通过阶梯式响度训练提高或降低患者响度，增强患者控制响度的能力，主要适用于响度异常。其训练步骤为：

1. 增加响度

针对言语响度过弱的患者，在其对响度概念有了一定的认识后，就可以采用"启音博士言语矫治仪"（Speech Therapy™，Dr. Speech™，上海泰亿格康复医疗科技股份有限公司授权使用）对其进行增加响度的训练。可通过各种有趣的实时视听反馈游戏，以患者现有的响度水平为基点，遵循小步递进的原则（以每次增加 3 分贝为宜），经过多阶段和多步骤的训练来逐步提高患者的响度，最终使患者的响度达到正常的水平。在训练过程中，要根据矫治效果调整训练进程和目标。在增加响度的游戏中，应把增加响度训练与视觉向上诱导相结合。

以一名 6 岁、言语响度过弱的患者为例：他平时说话的平均响度为 57 dB，而言语交谈时的正常响度水平应该在 65—80 dB 之间，所以至少应让患者的响度提高到 65 dB。如果训练目标直接设为 65 dB，那么该患者几乎不可能成功地完成任务，而且还会对训练产生反感情绪。为此，言语治疗师应遵循小步递进原则，将训练目标分为三个阶段。第一阶段目标设置为 60 dB，第二阶段为 63 dB，第三阶段为 66 dB。

在训练过程中，为了调动患者训练的积极性，在训练的每一阶段都可选用不同的游戏，同一阶段也可选用不同的游戏，但难度梯度应遵循由易到难的顺序。例如，第一阶段选用了"消防员救宝宝"游戏（图 9.60），本游戏是让消防员爬上梯子去救树上的宝宝。消防员爬梯的高度取决于儿童的响度水平，只有当儿童的声音响度逐步达到预设值 60 dB 时，消防员才可救出儿童。未发声时，消防员是在消防车上

(a图),开始发声了,消防员就开始向上爬。响度越小,爬行高度越低(图b);响度大,爬行高度越高(c图);响度达到设定值60 dB时,救出宝宝,并获得动画奖励(d图)。

a. 等待发音状态

b. 响度小,消防员爬得低

c. 响度大,消防员爬得高

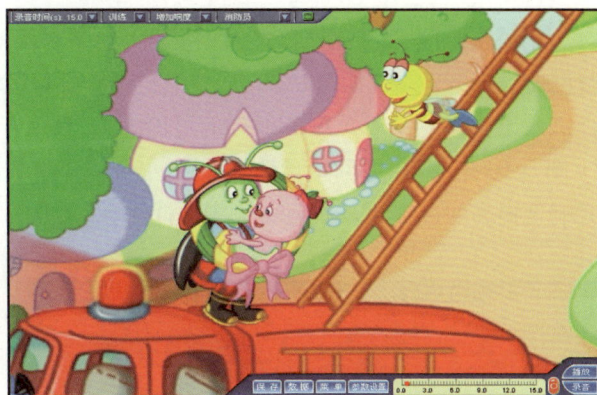

d. 响度达到预定值后,获得动画奖励

图 9.60　消防员救宝宝游戏(增加响度的训练)

(启音博士言语矫治仪,Speech Therapy™,Dr. Speech™,上海泰亿格康复医疗科技股份有限公司授权使用)

在达到第一阶段的训练目标后,可进行第二阶段的训练。这时可选用另一个游戏,例如"空中超人"游戏(图 9.61)。超人飞行的高度与儿童发声的响度成正比(见 a 图中红色箭头)。当声音响度达到预定目标值时,超人就能飞到苹果所在的高度,并举起苹果(b 图)。而在图 9.62 所示的"小猴吃蛋糕"游戏中,声音的响度与吹蜡烛的风力成正比(见 a 图中红色箭头)。当声音的响度达到预设值时,小猴就能吹灭蜡烛,吃到蛋糕(b 图)。

a. 超人飞行高度与发声响度呈正比

b. 响度达到预定值后,超人举起苹果

图 9.61　空中超人游戏(响度达到预定值后,超人就能举起苹果)

(启音博士言语矫治仪,Speech Therapy™,Dr. Speech™,上海泰亿格康复医疗科技股份有限公司授权使用)

a. 响度与风力呈正比

b. 响度达到预定值后,小猴吃到蛋糕

图 9.62　小猴吃蛋糕游戏(响度达到预定值后,小猫就能吃到蛋糕)

(启音博士言语矫治仪,Speech Therapy™,Dr. Speech™,上海泰亿格康复医疗科技股份有限公司授权使用)

　　到第三阶段时,患者已经能够根据游戏结果来调整自己的声音响度了。此时,言语治疗师就可以让患者自己监控训练效果。如图 9.63 所示,言语治疗师可以让患者用"小老虎举杠铃"游戏来监控自己增加响度的训练效果。在发/ɑ ɑ Ａ Ａ ——/的过程中,如果患者响度较弱,小老虎只能将杠铃举到与鼻子齐平的高度(a 图);如响度增大并到达预设值水平,小老虎能将杠铃举过头顶(b 图)。患者通过动画就可以看到自己声音响度提高的过程(见 a 图和 b 图中的黄色箭头),从而增加成就感,提高其训练的积极性并达到目标矫治效果。

a. 响度弱,杠铃与鼻子平齐

b. 响度达到预定值后,杠铃举过头顶

图 9.63　小老虎举杠铃游戏(响度由弱到强的训练与举重游戏相结合)

(启音博士言语矫治仪,Speech Therapy™,Dr. Speech™,上海泰亿格康复医疗科技股份有限公司授权使用)

　　注意:(1) 在训练发声之前,作为准备工作,言语治疗师应让患者做声带放松训练,同时结合呼吸训练,让患者在发声之前吸入尽可能多的空气,以维持足够的声门下压。(2) 在训练的开始阶段,言语治疗师应将游戏的目标响度设置在患者现有的水平,以提高患者的成功率,从而提高患者训练的积极性。正式开始训练时,言语治疗师也可以先将游戏的目标响度值设置为 58 dB 或 59 dB。当患者能够较为轻松地通过这个难度的训练时,言语治疗师可以将目标响度值设置为 60 dB。训练进度的快慢视患者的训练效果而定。

2. 降低响度

　　降低响度的训练也可以采用"启音博士言语矫治仪"(Speech Therapy™,Dr. Speech™,上海泰亿格康复医疗科技股份有限公司授权使用)进行,以动画游戏的形式来进行训练。如图 9.64 所示,在"采珍珠"游戏中,潜水员的运动具有视觉向下诱导的功能。在图 9.65 所示的"神珠"游戏中,国王发出的光具有视觉聚焦诱导的功能(见 a 图和 b 图中的红色箭头)。

　　　　　　　　　　言语治疗学

a.   b.

图 9.64   采珍珠游戏(降低响度训练和视觉向下诱导相结合)

(启音博士言语矫治仪,Speech Therapy™,Dr. Speech™,上海泰亿格康复医疗科技股份有限公司授权使用)

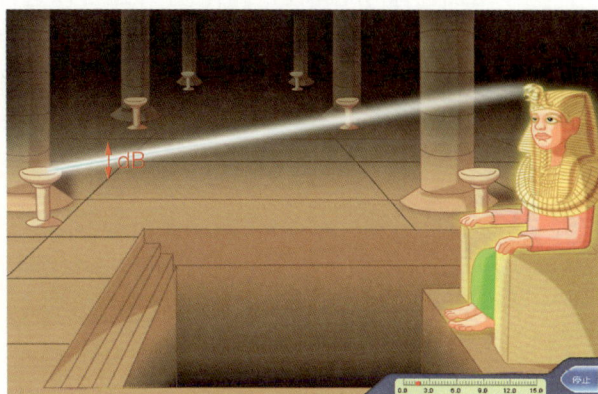

a.   b.

图 9.65   神珠游戏(降低响度训练和视觉聚焦诱导相结合)

(启音博士言语矫治仪,Speech Therapy™,Dr. Speech™,上海泰亿格康复医疗科技股份有限公司授权使用)

    降低响度训练同样遵循小步递进、分阶段、分步骤的原则(以每次降低 3 dB 或 6 dB 为宜)。言语治疗师要根据患者的现有水平决定训练目标。如果响度每次降低 3 dB 超过了患者的能力所及,则可以 1 dB 或 2 dB 的间隔来降低响度。如果患者平时说话时的最低响度是 90 dB SPL,而言语交谈时的正常声压级水平应该在 65—80 dB 之间,则响度需降低 10 dB SPL 才能达到正常值。

    训练时,可使用"摘果子"游戏。如图 9.66 所示,绿藤从高到低的变化趋势代表着响度由强到弱的变化过程(见图中红色箭头)。随着患者声音响度的降低,小猴子逐渐向下滑行(a 图)。响度降得越低,小猴子的位置就越低(b 图),当其声音响度下降到预设的目标值,小猴子就能摘到果子,这是一种游戏奖励(c 图)。

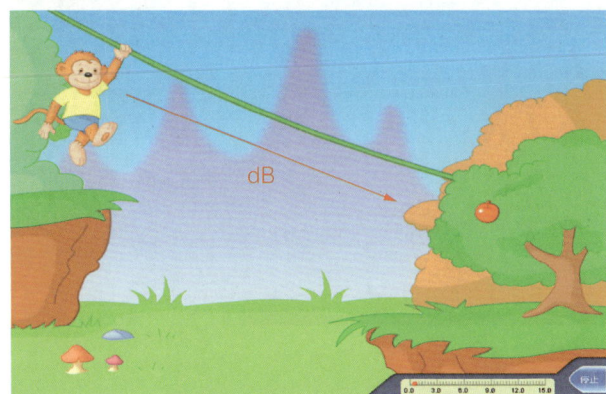

a. 响度大,猴子停留在较高的位置   b. 响度下降,猴子顺着绿藤滑下来

c. 响度降低至预定值时,猴子摘到了果子

图 9.66　摘果子游戏(降低响度训练和视觉向下诱导相结合)

(启音博士言语矫治仪,Speech Therapy™,Dr. Speech™,上海泰亿格康复医疗科技股份有限公司授权使用)

　　为了增加训练的趣味性,言语治疗师还可以选择"降落伞"游戏(图 9.67)。随着患者响度的降低,降落伞会向下运动(a 图)。如果患者能成功地将其响度降低到预设目标水平,降落伞就能落在卡车上(b 图)。如果患者三次均能成功地通过此项游戏,说明降低响度的训练有效。

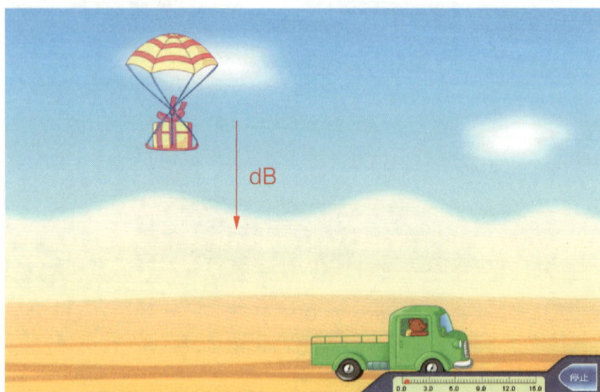

a. 响度下降,降落伞向下运动　　　　　　　　　　　b. 响度降到预设值,降落伞降落在卡车

图 9.67　降落伞游戏(降低响度训练和视觉向下诱导相结合)

(启音博士言语矫治仪,Speech Therapy™,Dr. Speech™,上海泰亿格康复医疗科技股份有限公司授权使用)

　　如果患者经过多次尝试都不能成功地通过目标响度值为 80 分贝的游戏,则说明此时的训练目标超出了患者的"最近发展区"。为了增加患者训练的信心和积极性,言语治疗师应及时调整目标响度值,例如,将目标响度值设置为 84 分贝。这样,患者偶尔也能取得游戏的成功。此外,为了巩固患者在这个水平上的声音响度,言语治疗师还可以选择"宇航员"游戏(图 9.68),从而始终保持训练的趣味性,并为进行更接近正常响度水平的训练作准备。

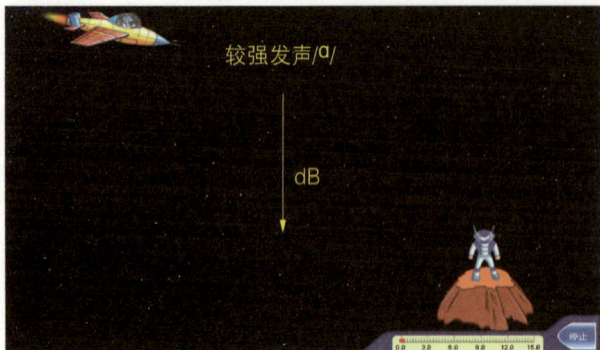
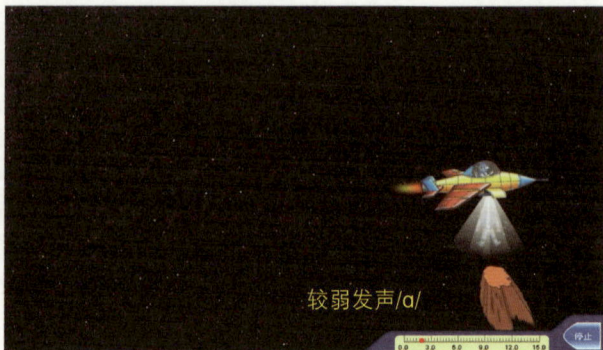

a.　　　　　　　　　　　　　　　　　　　　　　b.

图 9.68　宇航员游戏(降低响度训练和视觉向下诱导相结合)

(启音博士言语矫治仪,Speech Therapy™,Dr. Speech™,上海泰亿格康复医疗科技股份有限公司授权使用)

【案例】

[患者信息]

坤坤,男,7周岁,听力损失为双耳80 dB,现双耳佩戴助听器,助听补偿效果尚可,现处于听觉识别阶段。呼吸方式正常,音调正常,响度偏低,平均强度约为55 dB。

[周方案]

训练时间	训练目标	主　要　内　容
周一	1. 响度达到65 dB。 2. 响度能够稳定控制在正常范围内。 3. 在各种环境中能够自然增减响度进行对话。	通过颈部放松及声带放松训练,放松喉外肌群及喉内肌群。
周二		感知声音的响度变化,采用搬椅法结合S2响度训练提高响度,使得响度达到60 dB。
周三		通过碰撞法,巩固提高响度的能力,利用掩蔽法逐步调节背景声音的大小,自然提高响度,并把响度控制在正常响度范围内。
周四		采用响度梯度训练增加响度的变化能力。
周五		通过S2中的各种游戏,结合用力搬椅法、碰撞法、掩蔽法、响度梯度训练法把响度巩固在正常范围,并实现自然增减。

[康复目标]

以周二为例,日康复目标为:

1. 能够感知声音的响度变化;

2. 能够增加响度至60 dB。

[康复准备]

启音博士言语测量仪;

启音博士言语矫治仪;

椅子、图片。

[康复前评估]

平均言语强度:55 dB。

[康复过程]

一、听觉训练

1. 听觉察知训练。

目的:检测助听设备是否正常工作;了解患者现阶段听觉的情况。

2. 听辨声音的大小。

目的:感知声音的响度大小。

二、准备练习

1. 腹式呼吸训练。

方法:缓慢平稳呼气法、快速用力呼气法。

目的:通过开展呼吸支持训练解决因患者呼吸支持不足导致的响度低下。

2. 声带放松训练。

方法:平调打"嘟"、升调打"嘟"。

目的:通过声带放松训练放松整个发声器官甚至颈部肌群。

三、结合S2进行认知响度的变化

目的:通过简单有趣的动画,以直观视觉反馈感知响度的变化。

内容:结合S2中的认识响度训练——"吹气球"游戏,认知响度变化。

(操作提示:用气球的大小代表发声强度的大小。输入的声音大,气球变大;声音小,气球变小。患者根据气球大小认识响度特征。)

四、增加响度训练

1. 利用"用力搬椅法"结合 S2 进行增加响度训练。

目的：通过让患者坐在椅子上，在用力上拉椅子的同时发音，来增加其言语的响度。

2. 结合 S2 中的增加响度训练——"长颈鹿游戏"，开展训练。

目的：通过让患者逐步提高响度使长颈鹿能吃到水果，进行增加响度的训练。

[康复后评估]

平均言语强度：61 dB。

康复后评估结果显示，患者言语声强度增加到 60 dB，训练过程有效，达到康复目标。

第五节　音质异常的矫治

根据音质障碍的不同原因，可以选择喉部按摩法、咀嚼法、哼鸣法、气泡发音法、半吞咽法、吸入式发音法、吟唱法等进行治疗。

一、喉部按摩法

"喉部按摩法"是治疗师以某些按摩手法对患者喉部肌肉或穴位进行按摩，以放松患者喉部肌群的一种治疗方法，主要用适用于发声时喉部紧张的患者。其训练步骤为：

1. 按摩甲状软骨后缘

治疗师以拇指和食指置于患者甲状软骨的两侧后缘，以拿法和揉法进行纵向按摩。

2. 按摩舌骨大角处

治疗师以拇指和食指环绕患者的舌骨：两指分别向两侧后方滑动，直到触及舌骨大角，在舌骨大角处进行揉按。

3. 点揉人迎穴

治疗师以双手拇指点揉患者颈前部两侧的"人迎穴"。

4. 点揉水突穴

治疗师以双手拇指点揉患者颈前部两侧的"水突穴"。

5. 点揉廉泉穴

治疗师以食指或中指点揉患者颏下的"廉泉穴"。

6. 点揉天突穴

治疗师以拇指点揉患者颈前部的"天突穴"。

7. 推拿颈前三侧线

治疗师以双手拇指指腹分别在患者颈前部第一侧线（喉结旁开一分处直下）、第二侧线（第一、三侧

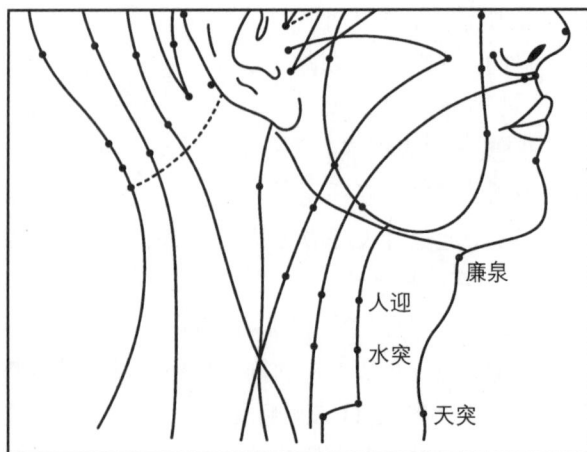

图 9.69　穴位示意图

线中间直下)和第三侧线(喉结旁开一寸半直下)进行纵向推拿。

8. 捏拿胸锁乳突肌
治疗师以双手拇指和食指捏拿患者两侧颈前部的胸锁乳突肌。

二、咀嚼法

"咀嚼法"是指通过做夸张的咀嚼运动,并在做动作的同时柔和发音,来放松发声和构音器官,从而改善发声音质的方法。它主要适用于发声和构音器官过于紧张的患者,是治疗功能性嗓音疾病(长期用声不当所造成的发声功能亢进)"最为轻松自然"的一种方法。其训练步骤为:

1. 咀嚼动作要领的学习
利用图片(如图9.70),向患者解释咀嚼动作的要领,即在咀嚼的同时,下颌、唇、舌和喉腔都应处于相对放松的状态(可用咀嚼器、饼干或果汁软糖诱导患者进行咀嚼)。

图 9.70　咀嚼法

图 9.71　咀嚼法

2. 在咀嚼的同时发单元音
要求患者在咀嚼的同时发单元音/ɑ/、/i/、/u/,让患者用手指指腹轻触在甲状软骨上,体会轻微的振动。

3. 在咀嚼的同时数数
利用图片(如图9.71),要求患者边咀嚼边数数,数字数量可以逐渐增多。让患者发声时保持轻松的状态,注意音调的变化。

4. 在咀嚼的同时朗读词语
利用图片(如图9.72),要求患者边咀嚼边朗读以/w/开头的词语(在放松状态下发声)。

5. 在咀嚼的同时朗读短语
利用图片(如图9.73),要求患者边咀嚼边朗读以/w/开头的短语(在放松状态下发声)。

6. 在咀嚼的同时交谈
利用主题图片(如图9.74),设计提问,要求患者边咀嚼边回答,进行简单交谈。

娃娃

图 9.72　咀嚼法

图 9.73　咀嚼法

图 9.74　咀嚼法

7. 去除咀嚼，自然言语

进行几周大幅度的咀嚼发音训练后，逐渐减小咀嚼的幅度，恢复下颌部的正常运动。可利用主题图片等辅助工具设计提问，要求患者用自然的言语方式回答。

三、哼鸣法

"哼鸣法"是指通过闭嘴哼鸣的方式发音，使声道内的气流在哼鸣时反作用于声带，促进患者声带的闭合，改善其音质。它主要适用于音质障碍，尤其适用于由于声带闭合不全导致的音质障碍。其训练步骤为：

1. 哼鸣动作要领的学习

向患者介绍哼鸣的动作要领，即哼鸣时嘴唇自然闭合，气流从鼻腔出来。利用图片，与患者一起哼鸣。注意哼鸣时声带是振动的，气流从鼻腔出来。可将手放于患者的鼻腔前，看气流是否从鼻腔出来，或让患者将手放于自己的甲状软骨处感觉声带的振动。

2. 哼调

向患者介绍哼调的动作要领，即哼鸣时嘴唇自然闭合，气流从鼻腔出来。利用图片，与患者一起哼调：自然闭合双唇，气流从鼻腔发出，从易到难哼不同的调。注意哼调时声带是振动的。

3. 哼歌

向患者介绍哼歌的动作要领，即哼鸣时嘴唇自然闭合，气流从鼻腔出来。利用图片，与患者一起哼歌：自然闭合双唇，气流从鼻腔发出，哼熟悉歌曲的调子。注意哼歌时声带是振动的。

4. 哼歌后发音

向患者介绍在哼歌后发单元音的动作要领，即哼歌时嘴唇自然闭合，气流从鼻腔出来，发音时再将嘴巴张开。利用图片，与患者一起在哼歌后发单元音：自然闭合双唇，气流从鼻腔发出，然后嘴巴张开，过渡到发/ɑ/、/i/、/u/或以浊音开头的单音节词。注意哼歌时声带是振动的。

四、气泡发音法

"气泡发音法"指通过柔和的气泡式发音，使患者的声带得到放松，使声带振动更为均匀而且富有规律性，同时使声带内收能力增强，从而改善患者嗓音音质。它主要适用于音质障碍，尤其适用于声带闭合不全导致的音质障碍。其训练步骤为：

1. 气泡发音动作要领的学习

向患者介绍发气泡音的动作要领：即嘴巴适度张开,发出的气泡音应是低沉缓慢而连贯的。可以用"呃"音进行诱导。

2. 呼气时发气泡音

向患者介绍呼气时发气泡音的动作要领,即嘴巴适度张开,呼气时发气泡音,发出的气泡音低沉、缓慢而连贯。利用图片,与患者一起练习呼气时发气泡音:张开嘴(适度),打开喉腔,在呼气时,从喉咙中发出一系列低沉的、有共鸣的缓慢的噼啪声,如气泡冒出一样。

3. 吸气时发气泡音

向患者介绍吸气时发气泡音的动作要领,即嘴巴适度张开,用嘴巴吸气时发气泡音,发出的气泡音低沉、缓慢而连贯。利用图片,与患者一起练习吸气时发气泡音:张开嘴(适度),打开喉腔,在吸气时,从喉咙中发出一系列低沉的、有共鸣的缓慢的噼啪声,如气泡冒出一样。

4. 呼气和吸气时交替发气泡音

向患者介绍呼气和吸气时交替发气泡音的动作要领,即嘴巴适度张开,呼气和吸气时交替发气泡音。利用图片,与患者一起练习呼气和吸气时交替发气泡音:张开嘴(适度),打开喉腔,呼气时,从喉咙中发出一系列低沉的、有共鸣的缓慢的噼啪声,如气泡冒出一样;然后在用嘴吸气时从喉咙中发出一系列低沉的、有共鸣的缓慢的噼啪声。呼气和吸气时交替发气泡音。

5. 从呼气时发气泡音过渡到以气泡音发/i/

向患者介绍从呼气时发气泡音过渡到以气泡音发/i/的动作要领,即在呼气发气泡音进行到一半时以气泡音发/i/,发的音应缓慢而连贯。利用图片,与患者一起练习从呼气时发气泡音过渡到以气泡音发/i/:张开嘴(适度),打开喉腔,在呼气发气泡音进行到一半时,以气泡音缓慢发/i/,并尽量延长。

6. 从吸气时发气泡音过渡到以气泡音发/i/

向患者介绍从吸气时发气泡音过渡到以气泡音发/i/的动作要领,即在吸气发气泡音进行到一半时以气泡音发/i/,发的音应缓慢而延长。利用图片,与患者一起练习从吸气时发气泡音过渡到以气泡音发/i/:张开嘴(适度),打开喉腔,在吸气发气泡音进行到一半时,以气泡音缓慢发/i/,并尽量延长。

7. 在气泡音后自然发音

向患者介绍在气泡音后自然发音的动作要领,让患者在发气泡音后以自然声音发音。利用图片,与患者一起练习在气泡音后自然发音:张开嘴(适度),打开喉腔,在吸气或呼气时发气泡音,然后自然发音,如/i/等,并尽量延长。

五、 半吞咽法

"半吞咽法"指在吞咽进行到一半时用较低的音调大声地发"bo——m"音,产生的气流在声道内反作用于声带,以提高声带闭合的能力。它主要适用于嗓音音质异常,尤其是声带闭合不全导致的嗓音音质异常。其训练步骤为:

1. 半吞咽动作要领的学习

与患者练习在半吞咽时发声。向患者介绍半吞咽的动作要领,即在吞咽进行到一半,喉的位置处于最高时进行发音。指导患者用手指指腹触及喉部,体会喉的上下运动。也可将头转向两侧或将下颌放低,用"bo——m"发音。

2. 在半吞咽时发无意义音节

教患者在半吞咽时发"bo——m" ＋ /i/。注意发音方式正确：在喉部上抬时发"bo——m"，之后紧跟着用正常发音方式发/i/。然后，教患者在半吞咽时发"bo——m" ＋ /i/ ＋ "bo——m"，要求发声连贯。注意发音方式正确：在喉部上抬时发"bo——m"，之后紧跟着用正常发音方式发/i/，再开始下一次的半吞咽发"bo——m"。

3. 在半吞咽时发有意义音节

利用图片，教患者在半吞咽时发"bo——m" ＋ 以/y/开头的词语。注意发音方式正确：在喉部上抬时发"bo——m"，之后紧跟着用正常发音方式发以/y/开头的词语。然后，教患者在半吞咽时发"bo——m" ＋ 以/y/开头的词语 ＋ "bo——m"，要求发声连贯。注意发音方式正确：在喉部上抬时发"bo——m"，之后紧跟着用正常发音方式发以/y/开头的词语，再开始下一次的半吞咽发"bo——m"。

4. 在半吞咽时发短语

利用图片，教患者在半吞咽时发"bo——m" ＋ 短语。注意发音方式正确：在喉部上抬时发"bo——m"，之后紧跟着用正常发音方式发短语。然后，教患者在半吞咽时发"bo——m" ＋ 短语 ＋ "bo——m"，要求发声连贯。注意发音方式正确：在喉部上抬时发"bo——m"，之后紧跟着用正常发音方式发短语，再开始下一次的半吞咽发"bo——m"。

5. 在半吞咽时去掉"bo——m"发音

逐渐增加字词的长度，要求患者在半吞咽时去掉"bo——m"的诱导，直接半吞咽发字词。

6. 去掉半吞咽动作，自然发音

逐渐将吞咽动作也去掉，把头和下颌移到自然位置，练习自然发音。

六、吸入式发音法

"吸入式发音法"是指通过在吸气的时候发音来帮助患者重新使用真声带进行发音，主要适用于嗓音音质异常，尤其适用于功能性失音症和室带发声。其训练步骤为：

1. 吸气时发音

治疗师示范利用双肩辅助发音：举起双臂的同时倒吸一口气，并同时用高音调发高元音；放下双臂的同时呼出气体（见图9.75）。

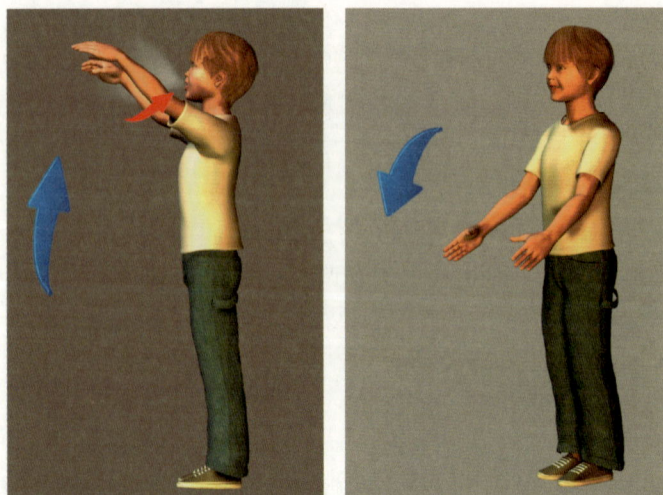

倒吸气的同时发/i/　　　呼气并放下双臂

图 9.75　吸气时发音

2. 从吸气时发音过渡到呼气时发音

利用双肩辅助发音：耸肩的同时倒吸一口气，同时以高音调发高元音，然后，在呼气的同时放松双肩，并仍然以高音调发该音，将吸气时发音转换到呼气时发音（见图9.76）。

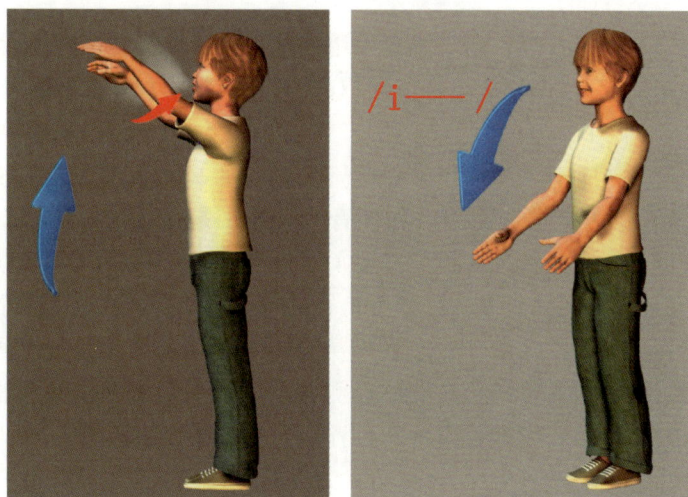

倒吸气的同时发/i/   呼气放下双臂并发/i——/

图 9.76　从吸气时发音过渡到呼气时发音

3. 正常发音

去除吸气时发音的诱导，直接用舒适的方式发音，巩固真声带发音。发音材料选择短语（例如以动物园为主题），治疗师也可根据课程具体安排符合患者的材料。

七、吟　唱　法

"吟唱法"是指用类似唱歌的形式，流畅连贯地说话，使音调响度变化较小，声带振动舒适规律，从而改善音质。它主要适用于嗓音音质异常。其训练步骤为：

1. "吟唱法"动作要领的学习

向患者解释"吟唱法"的动作要领，要求患者体会如何用某一舒适的音调进行流畅连贯且音调、响度变化不大的发音。可利用简单的/ɑ/音做示范。

2. 在吟唱时发无意义音节

教患者在吟唱时发无意义音节/ha/，用单一的音调连贯发音。可以增加无意义音节的个数，连续发音，如：/ha/—/ha/—/ha/，也可以一口气发尽可能多的音，如：/ha/—/ha/—/ha/—/ha/—/ha/—/ha/……

3. 在吟唱时发单音节词

教患者在吟唱时发一个单音节词，如"花"，用单一的音调连贯发音，并适当延长韵母部分的发音时间。然后，患者连续发该单音节词，一口气重复发音，如："花—花—花"，也可以一口气发尽可能多的音，如："花—花—花—花—花—花……"

4. 在吟唱时发双音节词

利用图片，教患者用吟唱法发一个双音节词，如"蛤蟆"，用单一的音调连贯发音，并延长后一个字的韵母部分。患者可一口气重复发音，如"蛤蟆—蛤蟆—蛤蟆"，也可一口气发尽可能多的音，如："蛤蟆—蛤蟆—蛤蟆—蛤蟆—蛤蟆……"

5. 在吟唱时读句子

教患者用吟唱法读句子。让患者保持音调舒适单一,读句子时一口气不停顿,如:"红色的小花好漂亮。"

6. 自然音与吟唱音的交替训练

在患者掌握了吟唱式发音方法以后,要求患者采用自然音和吟唱音交替的说话方式,体会自然音与吟唱音之间的差别,建立舒适的起音方式(从单音节词,双音节词到句子),如:"海豚——"—"海豚"。

八、 实时视听反馈技术: 清浊音感知、清浊音训练

清音和浊音的区别就在于声带振动与否。如浊音/z/,声带是振动的,而清音/s/,声带是不振动的。采用清浊音训练,能够帮助患者直接从计算机屏幕上了解什么是清音,什么是浊音。清浊音训练可以采用"启音博士言语矫治仪"完成。如图9.77中,患者可从鞋的颜色判断是清音还是浊音。红色的鞋说明是浊音,绿色的鞋就说明是清音。又如图9.78中,患者可从物体的移动来判断是清音还是浊音。红色物体从左侧向右侧移动就说明是浊音,绿色物体从右侧向左侧移动就说明是清音。清浊音训练提供了发声方式的信息。通过清浊音的训练,言语矫治师可以帮助患者提高对清浊音的辨别能力。

a. 发浊音时,鞋是红色的   b. 发清音时,鞋是绿色

图9.77　鞋屋游戏(采用视听反馈游戏进行清浊音训练)

(启音博士言语矫治仪,Speech Therapy™,Dr. Speech™,上海泰亿格康复医疗科技股份有限公司授权使用)

a. 发浊音时,红色的物体往右移动   b. 发清音时,绿色的物体往左移动

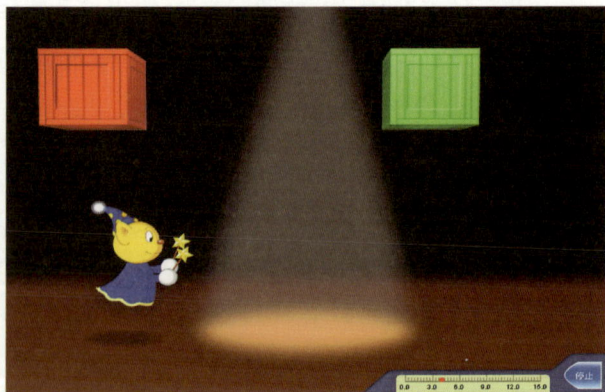

图9.78　魔术游戏(采用视听反馈游戏进行清浊音训练)

(启音博士言语矫治仪,Speech Therapy™,Dr. Speech™,上海泰亿格康复医疗科技股份有限公司授权使用)

【案例】

[患者信息]

明明,女,8周岁,现双耳佩戴助听器,助听补偿效果为适合,智力正常,呼吸与发声不协调,发声时声

带过紧,音调较高,伴有硬起音的现象。

[周方案]

训练时间	训练目标	主要内容
周一		呼吸与发声系统的放松(呼吸放松训练;声带放松训练——平调向前,平调旋转;降调训练)
周二	EGG 接触率由 71.51% 降至 70% 以下	放松咽部肌群(哈欠—叹息法);放松发声和构音器官(咀嚼法)
周三		放松声带和咽缩肌(气息式发音);促进呼吸与发声的协调(唱音法)
周四		促进声带振动的舒适规律,改善音质(吟唱法);降低音调训练(音调梯度训练法)
周五		综合练习(颈部放松训练;声带放松训练;咀嚼法;气息式发音;哈欠—叹息法;吟唱法;重读治疗法)

[康复目标]

以周五为例,日康复目标为:

1. EGG 接触率由 71.51% 降到 70% 以下;

2. 主观听感:音调降低;硬起音的现象得到改善。

[康复准备]

启音博士言语测量仪;

嗓音博士嗓音功能检测仪;

坚果、郊游图片、娃娃图片、贴纸、小蜜蜂。

[康复前评估]

主观评估:音调偏高且存在明显的硬起音现象。

客观测量:

评估项目	训练前
接触率(CQ)	71.51%
振幅微扰	0.99%
基频微扰	0.1%
噪声能量	−19.79

[康复过程]

一、颈部放松训练

目的:通过颈部放松运动,使喉外肌群得到放松,从而促进发声系统功能的提高。

内容:

发声放松训练(声带放松训练);

创设情境——开摩托车去郊游。

方法:打嘟法(结合 S1):平调向前;平调旋转;降调。

目的:放松声带,降低音调。

二、用咀嚼法:吃坚果,发"娃娃"

目的:放松咽部肌群,训练呼吸与发声的协调。

三、哈欠—叹息法结合气息式发音

哈欠—叹息—/h—鸭/—鸭。

哈欠—叹息—/h—羊/—羊。

目的:通过采用气息式的发音帮助患者放松声带和咽缩肌,从而建立正常的起音方式。

四、哈欠—叹息法结合重读治疗

哈欠—叹息—/ya—YA—ya/—鸭。

哈欠—叹息—/hua—HUA—hua/—花。

目的：通过采用气息式的发音帮助患者放松声带和咽缩肌，从而建立正常的起音方式。

五、哈欠—叹息法结合吟唱法

内容：

练习说双音节词"蝴蝶"；

练习说短语"蝴蝶和花"。

目的：促进声带振动的舒适规律，改善音质。

[康复后评估]

主观评估：音调稍有降低，硬起音现象有所改善。

客观测量：

评 估 项 目	训 练 前	训 练 后
接触率(CQ)	71.51%	67.05%
振幅微扰	0.99%	1.48%
基频微扰	0.1%	0.19%
噪声能量	−19.79	−15.46

康复后评估结果显示，患者通过本节课的训练，以上四项指标均向正常值方向变化，原本的硬起音现象得到了明显的改善。

第十章 影响言语产生的发声性疾病

【本章目标】

阅读完本章之后,你将:

1. 了解影响言语基频和强度控制能力的疾病;
2. 掌握临床上常用的频率变量,如:基频、平均言语基频、基频变异量和基频动态范围;
3. 掌握临床上常用的振幅变量,如:强度、平均言语强度、强度变异量和振幅动态范围;
4. 理解基频和强度测量之间的关系以及音域图。

了解声音的基本特性和声音的一些重要指标如频率(frequency)、幅度(amplitude)和噪声,有助于言语语言病理学家和听力学家将这些知识运用到诊断和治疗各种言语障碍、嗓音障碍中。许多与嗓音和言语产生相关的声学常模(norms)已经建立,包括基频、强度、微扰和声门噪声的各项指标。常模适用于各年龄组,包括婴幼儿、学前儿童、学龄儿童、成年和老年。这些客观的正常值就构成了一个科学的基准,患有障碍的个体的嗓音和言语参数可与此基准进行比较,比如:功能性和器质性嗓音紊乱、神经性紊乱以及与听力损害有关的言语障碍等。

这些比较对于临床而言是非常重要的。通过提供那些可能不能被人耳探测或加工的,但是却为患者病情提供重要线索的、有关言语产生过程的各方面的信息,我们能够提高诊断过程的准确性。另外,这些信息为康复提供了起点,也为监控患者病情的进展状况提供了客观指标。客观声学指标不仅增加了言语病理学家的治疗手段,而且也强化了言语病理学家的责任,这一点在康复管理部门是一个重要的问题。越来越多的付款机构,如保险公司和康复管理机构,只为治疗方法有效的患者支付费用,客观指标在提供给这类患者进展情况的信息方面是非常重要的。

然而,谨慎一词仍需牢记。大体说来,尽管常模提供了一个有价值的参照物,但是异常的数据,即使它们超过了典型值,也并不表示有病理情况。因此,言语病理学家和研究者应该用探索性的眼光来评估所获得的信息,并用从其他途径得到的信息来完善它,这一点是非常重要的。

第一节 影响言语基频和强度控制能力的疾病

到目前为止,我们已经从理论上讨论了不同声音的测量方式,包括基频 F_0 和强度在内。在处理一些通常由于嗓音和神经性紊乱引起的、控制声音基频和振幅的能力下降的病症的时候,这些测量值是非常有价值的。

一、嗓音障碍

在医院、诊所、疗养院、学前班、小学和中学都能看到一些有嗓音障碍的患者。任何年龄的人,包括婴儿在内,都可以有嗓音障碍。嗓音障碍可由许多不同的原因引起,包括嗓音滥用、声带良性肿瘤或囊肿等器质性问题、中风或渐进性、恶化性疾病等神经性问题、影响喉部的车祸和枪伤等外伤等,还有许多其他的原因。嗓音障碍引起的问题涉及基频和强度(表 10.1)。

表 10.1　嗓音疾病基频(Hz)参数比效

测　试　材　料	嗓音基频和标准差 /æ/	言语基频和标准差 (姓名、年龄)
声带小结(49 例)	116.6±12.2	112.3±10.6
声带息肉(38 例)	105.4±11.7	101.2±10.7
雷氏水肿(19 例)	100.2±5.7	98.5±6.7
喉蹼(9 例)	201.1±23.7	203.1±27.6
声带沟(7 例)	211.1±13.3	212.1±14.6

　　基频方面,患者与同年龄、性别以及体格的人相比,可能有更低或更高的基频 F_0 范围;可能产生一个受限的基频 F_0 范围(患者的音调单一);可能表现为基频的紊乱,即说话者不自主地、突然地改变基频 F_0(见图 10.1);也可能表现为复音,其发生在两侧声带的振动有轻微不同的时候,会让人同时感受到两个音调。通常情况下,这些基频控制的问题会同时存在。强度问题包括使用一个过高或过低的习惯强度,产生一个有限的强度范围(响度单一),或者突然发生不自主或不适当的振幅的改变。通常,基频和强度以不同的组合方式同时存在。

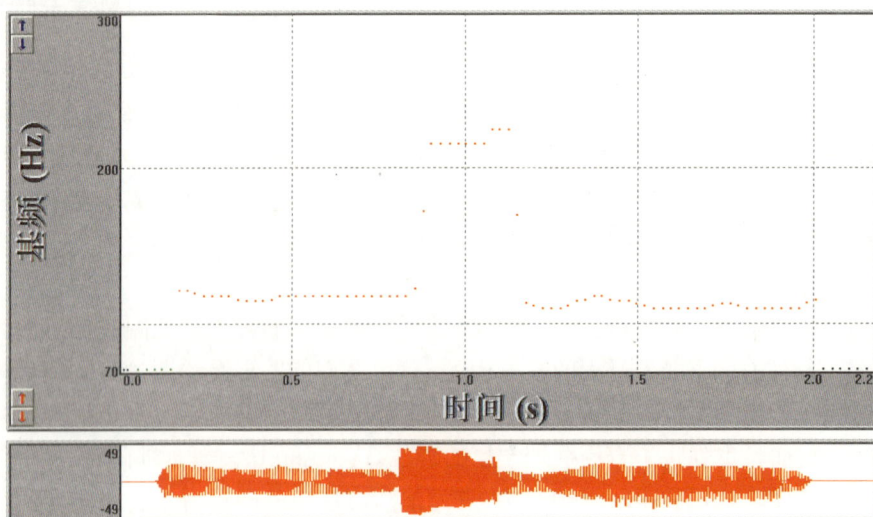

图 10.1　基频中断
(启音博士言语测量仪,Dr. Speech™,上海泰亿格康复医疗科技股份有限公司授权使用)

　　在技术成熟的计算机设备得到广泛使用以前,言语病理学家只能依靠他们对患者嗓音的主观的听感印象来诊断嗓音问题。然而,随着仪器开始使用,对于这种听感信息而言,这些仪器不仅重要,而且很直观地为其补充了更多客观的、数字化的、有关说话者声学特征的信息。这些信息在恰当地诊断问题、检测到那些早期发生但不能被听觉感受到的言语和嗓音变化、正确地选择治疗方案以及评估治疗效果等方面是非常有价值的。治疗方案的选择和效果是可以进行比较和评估的。例如,一些与精神压力有关的嗓音问题,可以通过向患者传授减小喉部张力的方法而得到治疗,然而,直到目前为止,也少有证据能证明此疗法的有效性。为了明确张力减小疗法的有效性,Roy 等(1997)对 25 名患者进行了治疗前、后的录音,并且从听感和声学测量两个方面以基频 F_0 的形式来分析这些嗓音样本。从治疗前到治疗后,在连续言语中测得的患者的基频 F_0 值反映了其喉部张力的下降。这些声学数据提供了客观的指标,证明了此种特殊嗓音疗法的有效性。

　　另外,精确的测量基频 F_0 值可以帮助言语病理学家了解那些难以凭借听觉感知就能分辨的嗓音特征。比如说,有声带小结的人会有一种特殊的声音,听起来感觉音调低、嘶哑且伴有呼气声。在声学仪器得到广泛运用以前,许多言语病理学家就通过让患者用高音调说话来处理此种问题。然而,在通常情况下,听到低音调并不意味着低于正常的 F_0 值。换句话说,经过客观测量,实际上患者的基频 F_0 值是在正常范围之内的,但之所以听起来感觉低是由其他因素造成的,比如说话速度以及嘶哑本身。因为说话者的基频 F_0 值是在正常范围之内的,将治疗的重点放在改变基频 F_0 上是不明智的。因此,这一声学信息提醒言语病理学家们应该根据声带的生理功能来选择一个更合适的治疗方案。这种精确的测量,可以帮助言语病理学家避免采用无效的治疗方案。

基频 F_0 值的其他一些用处就是帮助治疗师作出与治疗相关的决定。例如:黄昭鸣等将 F_0 作为声带恶性肿瘤患者对化疗反应如何的指针。在患有恶性度较高的喉癌的患者每次化疗之前(共三轮),治疗师们都会测量出患者说话状态下的"恰当的"基频 F_0 值和基频变异量,他们发现一种癌症生长速度下降和基频 F_0 值之间的关系。**当癌症生长减缓时,基频 F_0 的变化范围增大,这说明患者的发声稳定性已经得到了提高。**这些基频值在评价因癌症所导致的喉部损伤的程度和化疗效果方面是很有价值的(表 10.2)。

表 10.2　声带恶性肿瘤言语基频(Hz)参数比较

测试材料 (姓名、年龄)	言语基频	言语基频 第 1 次化疗	言语基频 第 2 次化疗	言语基频 第 3 次化疗
声带恶性肿瘤(男 19 例)	112.3 ± 6.4	113.7 ± 16.4	116.3 ± 19.4	121.3 ± 26.5

基频和强度的特征已经被用作一个标准,来判定那些因癌症而切除喉以及使用不同无喉发声方法(不用喉发声)的人的声音是否已经康复。这种发声方式被称为食道发声,此种声音的产生是由于食管某部分的振动而不是因为喉内声带的振动。以这种特殊的发声方式所发出的言语声,其基频 F_0 比强度较正常人的低了许多。

言语病理学家不完全依据基频和强度来对食道发声的有效性进行传统的评估。历史上,言语病理学家认为熟练的食管发声者较不熟练者,其基频 F_0 值更高,强度值也更高。黄昭鸣等对那些已被听感性地判定为熟练的食管发声者的人的言语声进行声学分析,以此来检验这一结论。整组人的平均基频约为 69 Hz。这与成年人的正常值相比要低得多。但是他们发现,将这些人分成四组,每组有不同的基频和强度。比如说,一个小组中成员的基频大于平均基频 F_0 值,其基频变异量高于整体的平均值。另一个小组中成员的基频低于平均基频 F_0 值,基频变异量更低。第三小组的成员的基频 F_0 约为 69 Hz,但这些人有着相对较高的强度水平(约为 70 dB SPL)。了解不同基频和强度类型的食管发声者,可以让言语病理学家更加稳定地选择出与患者特殊的解剖特点和交流需要相符合的重建方案。

二、神经性疾病

嗓音和言语的问题常常是广泛性神经紊乱的一个首发症状。这一结论源于一项对帕金森氏症(Parkinson's disease,PD)嗓音和言语症状的研究。他们发现,有 89% 的此类患者出现了嗓音问题。这些人中几乎有一半的确是以嗓音问题作为神经性疾病的首发症状的。其他对嗓音和言语有影响的神经性障碍有:肌萎缩性脊髓侧索硬化症、多发性硬化(multiple sclerosis,MD)、Huntington 氏舞蹈病(Huntington's chorea)等,此外还有很多其他的疾病。中风(strokes)、脑部肿瘤(brain tumors)和创伤性脑损伤(traumatic brain injury)也会出现嗓音和言语问题。在过去的 10—15 年里,人们已经收集了许多关于神经性病人嗓音声学特征的资料。这些资料可以用于设计、实践并评估各种不同的治疗方案。

黄昭鸣等(2005)对患有各种神经性疾病的患者的嗓音和言语特征进行了大范围的调研。他们以嗓音和言语的听感及声学参数来说明这些问题的特点,比如音调(太高、太低、单调)和响度(太响、太弱、单一)的问题,而且不同的神经障碍对应于不同的发声特征,见表 10.3。

表 10.3　构音障碍中的声学和听觉感知测量

构音障碍的类型	听觉感知特征	声 学 特 征
共济失调 Ataxic	音调单一,响度单一 不恰当的音调和响度的突然变化 重音正常或过大	基频标准差减小,幅度标准差减小,基频和幅度中断,重音音节幅度正常或增加

构音障碍的类型	听觉感知特征	声　学　特　征
肌无力 Flaccid	低音调,音调单一 响度单一	平均基频减小,基频标准差减小,幅度标准差减小
运动功能亢进 Hyperkinetic	不自主的音调变化 不自主的响度变化	基频和幅度中断
运动功能低下 Hypokinetic	音调单一 响度单一,响度下降	基频标准差减小,幅度标准差减小,平均幅度减小
痉　挛 Spastic	低音调,音调单一 重音下降	平均基频减小,基频标准差减小,重音音节幅度减小

黄昭鸣等为这些发声功能的听感值填补了更多的客观信息。比如,在对基频F0和强度的声学分析中已经发现,患有PD的病人倾向于表现出其基频F0较正常的高,基频和强度标准差较正常的低,基频和强度的动态范围下降(表10.4)。

表 10.4　11例帕金森氏症言语的基频(Hz)和强度(db)参数比较(p<0.05)

测试材料 (姓名、年龄)	言语基频和标准差	言语强度和标准差 (75 dB 基准)
帕金森氏症	203.5±8.6	75.3±3.4

另外,有神经系统问题的说话者很少能有效地利用基频F₀来区分陈述句和问句之间的差别。在黄昭鸣等的研究中,正常说话者在同一内容的陈述句和问句间存在约80 Hz基频差异。而存在神经系统问题的人,其最后一个音节的基频差异值平均只有25—30 Hz,这表明言语基频和强度的控制能力下降了(表10.5)。

表 10.5　神经性疾病的言语基频(Hz)参数比较(p<0.05)

测试材料 (陈述句、疑问句)	陈述句与疑问句间最后一个音节的 言语基频差异
帕金森氏症(11 例)	27.3±4.4
肌无力(17 例)	22.2±3.4
痉挛(21 例)	23.5±4.9

这些声学数据与音调和响度范围受限的听感测量是相符合的,这也是帕金森氏症和其他神经系统疾病患者常见的抱怨。此外,声学测量提供了动态范围客观测量的方法以及常模,增加了测量的精度。

对基频F₀和强度Int的声学分析也起到检验由神经系统疾病所引起的早期发声变化的作用,甚至是在这些变化能被听觉感知到以前就能检验到。这一点在患肌萎缩性脊髓侧索硬化症(amyotrophic lateral sclerosis,ALS)的患者中已经得到了印证。在这类疾病中,患者的声音进行性变弱。基频F₀和强度水平随着时间的变化而下降,最终患者变得完全失去嗓音和言语能力。研究已经发现那些说话声音听起来感觉正常、患有ALS的病人,其基频F₀的标准差与正常人相比要小得多,一般在16赫兹,而正常人为20—35赫兹(黄昭鸣,2005)。这一狭小的频率范围可能是咽喉病变的早期表现。了解到病变可能存在于听起来正常的声音后,言语病理学家可以在疾病的早期阶段进行干预以尽可能地维持患者的嗓音言语功能。

通过对肌萎缩性脊髓侧索硬化症进行详细的声学分析后,重要的发现就是每个患者的发声特点都是不尽相同的,而且患者与患者之间有很大的不同。在持续发声和说话过程中的基频F₀、基频标准差以及基频和强度的动态范围显示:ALS患者的基频变化较大,有些基频F₀水平低于正常,有些接近于正常,有些要高于正常。另外,并不是所有的 ALS 患者在持续的言语过程中都表现出基频动态范围的减小(黄昭鸣,2005)。这一点对于制定与患者特定的嗓音和言语缺陷相适合的治疗计划而言是非常重要的。在了解这点的基础上,治疗方案可以尽可能地将重心放在使患者发声功能正常化或者维持发声功能上。这一点也使用于采集诊断数据的设备,也可以被作为治疗过程中的可视反馈和动力。

三、男声女调

男声女调,也称青春期假声、变声后假声等,指某些变声期后的男性青年仍然保留变声期前的高、尖、细的声音,这是男性变声期后出现的一种嗓音音调异常。目前常用的治疗方法有心理疏导、声带放松训练、手指按压法、乐调匹配法、音调梯度训练法等。

表 10.6 是 26 例男声女调病人的治疗前后比较。其中:9 例在言语训练后基频恢复正常,13 例在坚持言语训练 3 个月后基频恢复正常,4 例在手术后恢复正常(表 10.6)。这一结果和 2009 年张毅、魏春生、蒋家琪报道的案例相类似。青春期后持续性假声为青春变声期后较常见的一种言语音调异常。该病不仅能影响一个人语言、情感的表达,同时它还可能对患者的身心造成极大的伤害,在工作、生活以及社会融入度方面都可能产生不利的影响,其治疗十分重要。

表 10.6 26 例男声女调病的基频(Hz)参数比较($p < 0.05$)

	嗓音基频 /æ/	嗓音基频 /bɑo/	嗓音基频 /pɑo/	言语基频 (姓名、年龄)
言语训练前	267.1 ± 41.4	256.9 ± 38.7	252.2 ± 34.6	233.7 ± 34.6
言语训练后	177.2 ± 32.9	167.9 ± 26.2	165.2 ± 31.4	163.3 ± 29.4
3 个月后复查	157.8 ± 28.4	149.4 ± 21.4	151.1 ± 29.2	153.5 ± 21.2

图 10.2 是一个典型病人的声学分析(声波显示)结果,是一个男声女调病人的治疗前后比较,可以看出进步非常明显,尤其是基频从 280 Hz 降到 157 Hz。

第二节 言语基频与强度的 测量及临床含义

当人在说话时,声带张开、闭拢,从而产生振动,随之产生一个具有一个基频和强度的复杂周期性声音。任何复杂的周期性声音,其基频(fundamental frequency,F_0)都作为声音的音调而被感受到(主要反映声带振动的频率),而强度则作为响度被感受到(主要反映声带振动的幅度)。

声带振动产生不同的基频和强度,其数值可以通过声学仪器测量出来。一种广泛应用于医院言语病理与听力科、大学言语听觉医疗中心、康复中心以及特殊学校的仪器是由美国 Tiger DRS 公司生产并销售的"实时言语测量仪(Real Analysis)"。这是一种以计算机为基础,并配有声学硬件和软件的仪器。一个人对着话筒说话,经过声电转换后,声学信号就转变成相应的电信号。硬件和软件将信号数字化,转换成计算机能够加工的模式。"实时言语测量仪"实时地计算出基频 F_0 与强度,并将这些数据显示在计算机显示器上。随后,这些与基频 F_0 和强度相关的统计量(平均值、标准差和动态范围等)就能被确定下来。其他一些仪器也能用于对基频 F_0 和强度的声学测定。

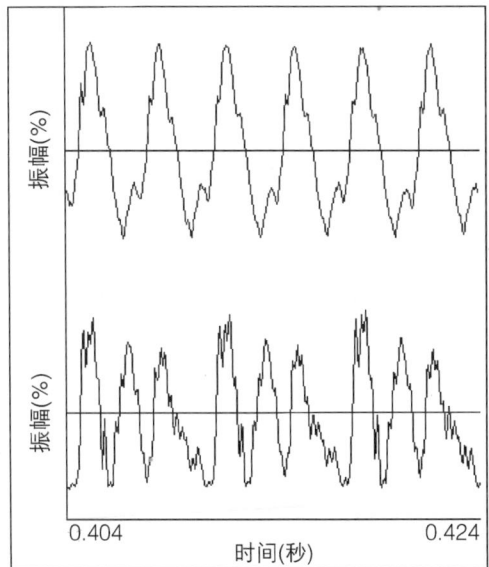

图 10.2 男声女调训练前后的 声波比较(男 31 岁)

(上方:言语训练前;下方:言语训练后)

一、基频变量

基频变量广泛地应用于临床,其中包括基频 F_0、平均言语基频、基频变异量和基频动态范围,以及发声最大频率范围。

(一)平均言语基频

基频 F_0 是采用一种比较特殊的形式来进行测量的,比如:让患者持续发一个元音、大声朗读或者是交谈,根据其所用时间来求平均值。如果基频 F_0 是通过朗读或交谈的形式测得的话,那么这一值就是常说的平均言语基频(mean speaking fundamental frequency,MSFF)。平均言语基频测试的具体步骤如图 10.3 所示。

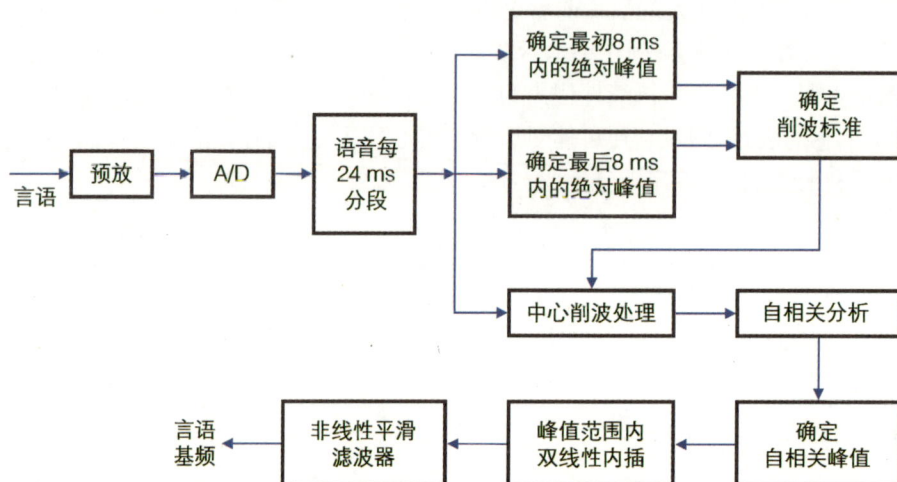

图 10.3　言语平均基频测量框图

言语信号通过预放(pre-amplifier)处理、模数(Analog-Digital)转换后进入电子计算机进行实时分析。言语信号通过 24 ms 汉明窗分段,每段之间有 12 ms 重叠。每段的运算流程:通过前、后 8 ms 的绝对峰值来确定削波标准,进行自相关分析(auto-correlation),获得自相关峰值后在峰值范围内进行双线性内插,求得言语基频初值,最后通过非线性平滑滤波器求得言语基频。平均言语基频为各段言语基频的平均统计值。

黄昭鸣等(2005)已经测出不同年龄组以及不同性别的平均言语基频值。基频 F_0 测试结果如图 10.4—10.6 所示。其中,图 10.4 显示了随时间而变化的基频 F_0,图 10.5 显示了基频 F_0 的直方图,而图 10.6 显示了基频 F_0 的强度统计报告。

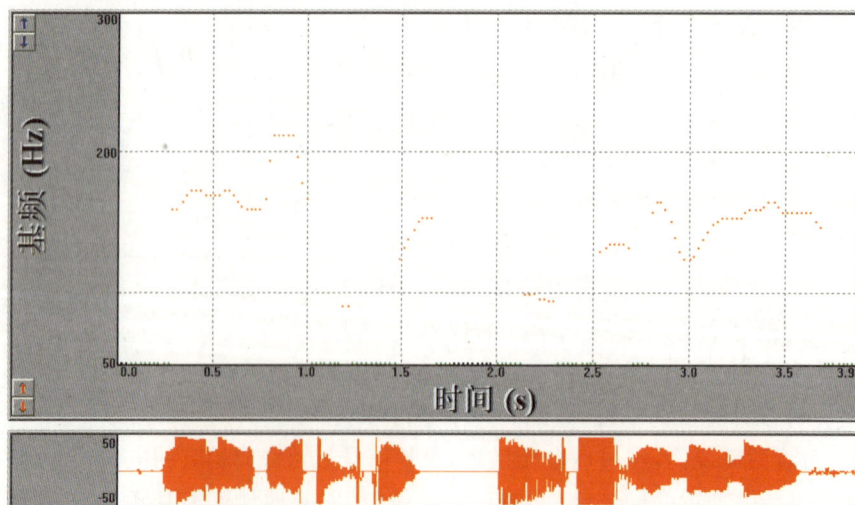

图 10.4　随时间而变化的基频 F_0
(启音博士言语测量仪,Dr. Speech™,上海泰亿格康复医疗科技股份有限公司授权使用)

言语治疗学

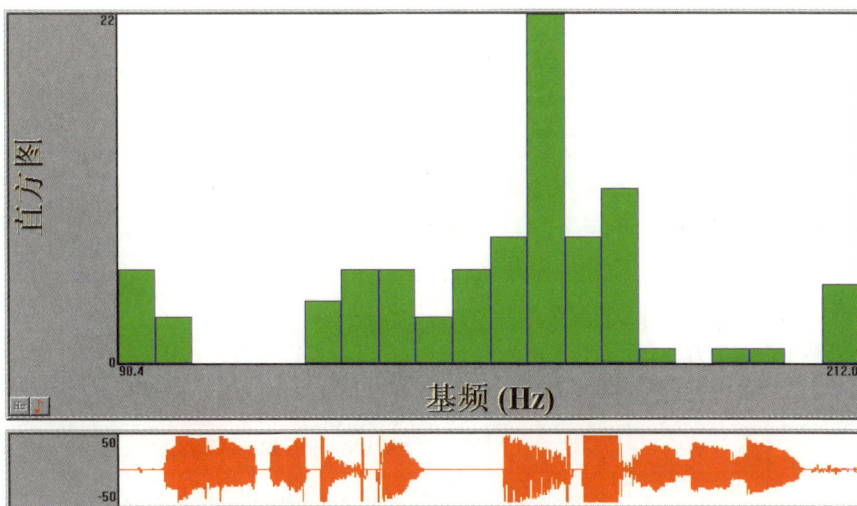

图 10.5　基频 F₀ 的直方图

（启音博士言语测量仪，Dr. Speech™，上海泰亿格康复医疗科技股份有限公司授权使用）

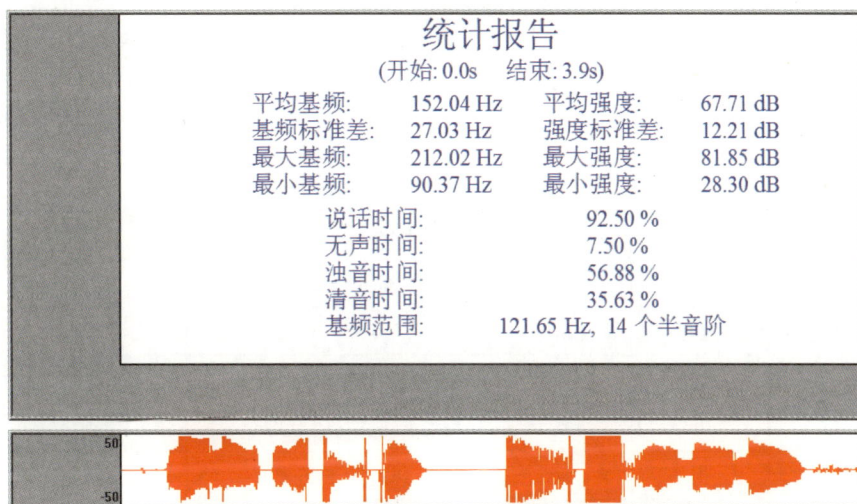

统计报告

(开始: 0.0s　结束: 3.9s)

平均基频:	152.04 Hz	平均强度:	67.71 dB
基频标准差:	27.03 Hz	强度标准差:	12.21 dB
最大基频:	212.02 Hz	最大强度:	81.85 dB
最小基频:	90.37 Hz	最小强度:	28.30 dB

说话时间:	92.50 %
无声时间:	7.50 %
浊音时间:	56.88 %
清音时间:	35.63 %
基频范围:	121.65 Hz, 14 个半音阶

图 10.6　基频 F₀ 和强度统计报告

（启音博士言语测量仪，Dr. Speech™，上海泰亿格康复医疗科技股份有限公司授权使用）

表 10.7 显示了一些与平均言语基频 MMSF 相关的一些数据。这些数据是通过使用美国 Tiger DRS 公司设计的"实时言语测量仪"获得的。黄昭鸣等(2005)发现这个 MMSF 值的系统化模式，即 MMSF 因年龄水平和性别的不同而不同。婴幼儿在生命最初的几年里会有一个非常高的值，大概在 400—600 Hz 左右。在音乐中，这大概在高于中央 C_4 的 G_4 和 D_5 之间。之所以会有如此高的值，是因为婴幼儿的声带非常短而且非常薄，这样声带振动的速度就会非常快。随着孩子逐渐长大，他或她的声带也在长长、长厚，同时伴随着 MMSF 的下降。从 4—7 岁，包括男性和女性在内，有一个平均 F_0 值，大概在 280—380 Hz 左右。

表 10.7　中国人不同年龄阶段的平均言语基频常模($N=1280$)

年　龄		性　别	人　数	均值±标准差	MMSF 参考值	MMSF 乐调参考值
	1 岁	男	30	582.53±160.52	580	D_5
		女	30	594.17±216.67	600	D_5
	2 岁	男	30	545.37±138.84	550	D_5
		女	30	516.70±163.28	520	C_5

年　龄		性　别	人　数	均值±标准差	MMSF 参考值	MMSF 乐调参考值
学前阶段	3 岁	男	30	399.80±21.86	400	G_4
		女	30	379.30±28.13	380	$F_4^\#$
	4 岁	男	30	378.27±26.79	380	$F_4^\#$
		女	30	357.00±30.52	355	F_4
	5 岁	男	30	353.83±24.70	355	F_4
		女	30	332.50±26.95	335	E_4
	6 岁	男	30	327.00±28.28	325	E_4
		女	30	295.73±20.45	295	D_4
小学阶段	7 岁	男	30	296.87±27.13	295	D_4
		女	30	282.20±04.80	280	$C_4^\#$
	8 岁	男	30	294.97±23.40	295	D_4
		女	30	274.53±17.87	275	$C_4^\#$
	9 岁	男	30	257.97±27.53	260	C_4
		女	30	272.20±17.56	270	C_4
	10 岁	男	30	244.90±22.38	245	B_3
		女	30	267.37±16.08	265	C_4
	11 岁	男	30	226.17±28.64	225	A_3
		女	30	265.83±16.56	265	C_4
	12 岁	男	30	208.27±26.29	210	$G_3^\#$
		女	30	258.83±14.22	260	C_4
中学阶段	13 岁	男	30	169.80±25.29	195	G_3
		女	30	244.13±17.02	245	B_3
	14 岁	男	30	182.43±28.01	180	F_3
		女	30	223.17±17.49	235	$A_3^\#$
	15 岁	男	30	171.83±33.77	170	E_3
		女	30	232.87±19.08	220	A_3
	16 岁	男	30	150.23±21.86	150	D_3
		女	30	215.17±17.85	215	A_3
	17 岁	男	30	137.63±21.80	140	$C_3^\#$
		女	30	207.77±16.14	210	$G_3^\#$
成　年	18—40 岁	男	30	124.43±20.99	125	B_2
		女	30	232.07±24.12	230	$A_3^\#$
	41—50 岁	男	30	113.37±12.45	110	A_2
		女	30	201.97±10.94	200	G_3
	51—60 岁	男	30	120.27±14.86	125	B_2
		女	30	190.07±19.97	190	G_3

年　　龄		性　别	人　数	均值±标准差	MMSF 参考值	MMSF 乐调参考值
成　年	61—70 岁	男	30	114.53±11.90	110	A₂
		女	30	189.96±27.38	190	G₃
	71—80 岁	男	30	137.90±12.94	135	C₃
		女	30	175.03±20.51	175	F₃
	81—90 岁	男	30	150.37±23.07	150	D₃
		女	30	176.67±21.33	175	F₃

　　青春期过后,男性的平均言语基频 MMSF 会显著下降,而女性则基本保持不变或有轻微的下降。而这些基频 F_0 的模式与生长因素有关。在青春期,男性喉部明显增大,而且声带变得更长、更厚,而且更有力量,相应地伴随着基频 F_0 的下降。一个女孩的喉部和声带在青春期也会有些增大,但其程度不如男性。到 18 岁,男性平均言语基频在 125 Hz 左右,然而女性的平均言语基频 MMSF 比男性的要高出大约 105 Hz,在 230 Hz 左右。

　　黄昭鸣等(2005)还发现:我国男性儿童随着年龄的增长,平均言语基频 MMSF 呈现显著的下降趋势($F=353.596$,$p<0.001$),其相邻年龄之间变化的显著性程度分别为:3、4 岁之间没有显著性差异($p>0.05$);4、5 岁之间有显著性差异($p<0.05$);5—7 岁的相邻年龄之间有极其显著的差异($p<0.01$);7、8 岁之间没有显著性差异($p>0.05$);8、9 岁之间有极其显著的差异($p<0.01$);9—12 岁的相邻年龄之间没有显著性差异($p>0.05$);12、13 岁之间有极其显著的差异($p<0.01$);13—18 岁及以后的相邻年龄之间没有显著性差异($p>0.05$),具体如图 10.7 所示。

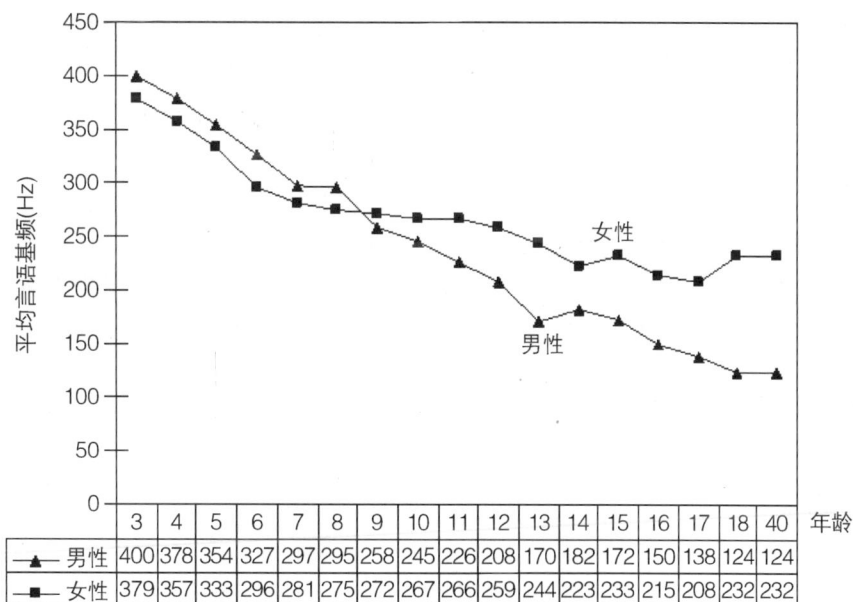

	3	4	5	6	7	8	9	10	11	12	13	14	15	16	17	18	40
男性	400	378	354	327	297	295	258	245	226	208	170	182	172	150	138	124	124
女性	379	357	333	296	281	275	272	267	266	259	244	223	233	215	208	232	232

图 10.7　我国不同年龄阶段儿童的平均言语基频分析图

　　女性儿童的平均言语基频 MMSF 也随着年龄的增长呈显著的下降趋势($F=185.453$,$p<0.001$),其相邻年龄之间言语基频变化的显著性程度分别为:3—4、4—5、5—6 岁之间有极其显著的差异($p<0.01$);6—7、7—8、8—9、9—10、10—11、11—12、12—13 岁之间没有显著性差异($p>0.05$);13—14 岁之间有极其显著的差异($p<0.01$);14—15 岁之间没有显著性差异($p>0.05$);15—16 岁之间有显著性差异($p<0.05$);16—17 岁之间没有显著性差异($p>0.05$);17—18 岁之间有极其显著的差异($p<0.01$)。

由此可知：我国儿童平均言语基频的变化趋势之间存在着差异，但其发展曲线可共同划分为三个阶段：第一阶段为学前期（男性大约在4—7岁；女性大约在3—6岁），他们的平均言语基频均值呈明显的下降趋势；第二阶段为小学期间（大约由6、7岁至13岁前后），其平均言语基频变化趋势较学前阶段要平缓；第三阶段为青春期（大约在13岁前后至18岁），其平均言语基频的变化幅度再次增加，其中尤以男性平均言语基频的陡减和男女之间性别差异的增大为特征，所以可将3—7岁和12—14岁视为儿童平均言语基频变化的两个关键期。

在60—70岁以前，成年男性和女性的平均言语基频依然非常稳定，而男性平均言语基频明显增加是因为发生在喉部的、与年龄有关的退行性改变，其中包括声带变薄。因为更薄且张力更小的声带的振动要比张力更大的声带的振动快，所以，男性声带变薄会使声音的平均言语基频增加。另外一方面，老年妇女由于激素水平的改变而趋向于形成张力更大的声带。因此，老年妇女的平均言语基频会随着年龄的增长而下降。

临床上，这些与年龄和性别有关的平均言语基频值是非常重要的。首先，它们告诉我们不能用同样的方式来判定儿童与成人、成年人与老年人、成年男性与女性的平均言语基频。其次，它们提供了一个用来评估一个人音调水平的客观基准。也就是说，与和他相同年龄和性别的成员相比，他的音调是否正常，或者太高或太低。因此，如果我们要判定一个人的音调是否恰当，为什么我们不能只凭借听他或她说话来估计音调呢？答案就是，那样做太主观了，通过主观的听觉感知法来评估音调是不可靠的。虽然基频 F_0 与音调是相关联的，但我们对音调的感受同样需要强度以及声音等其他特性的共同作用。另外，人类的听觉系统对某些频率的反应要比其他的频率更灵敏，比如，感知低频音调的改变通常较高频音调的要容易得多。F_0 从100 Hz增加至200 Hz时所让人感受到的音调的变化要比从3000 Hz增加至3100 Hz时强得多。因此，我们听起来异常的音调水平可能是由于说话者实际基频 F_0、强度或者其他因素造成的。所以说，对于一个音调紊乱患者，要作出是否或者如何治疗的临床决定，客观基频 F_0 的声学测量是很关键的。将说话者的基频 F_0 水平进行量化，并将他或她的平均言语基频与同年龄和性别组的既定标准相比较，将有助于言语病理学家明确地诊断出异常是由基频 F_0 的问题所引起的还是涉及其他噪音因素。

(二) 基频变异量

人们根据自身说话时不同的情绪、重读类型、不同的音节强调以及不同的语法结构而不断地改变自身的基频 F_0 水平。这些 F_0 的改变构成了言语的整体声调或者韵律。比如，"妈妈回家"这句话可以陈述句的形式表达，也可以问句的形式。在作为陈述句时，句末基频 F_0 的水平下降，但作为问句的时候，基频 F_0 的水平在句末会提高。说一句话时的韵律也受到说话者心情的影响。当一个人对于妈妈将要回家的打算感到非常兴奋时，可能会比一个对于妈妈的计划感到很失望的说话者有更多的且更广泛的基频 F_0 的改变。声学中，这些基频 F_0 的改变与频率的变异性是一致的。一定程度的频率变化对于一个说话者的嗓音而言是必要的，它取决于个体的年龄、性别、社会情况、心情等。这种变异性是一些在特定文化中一种特定语言的使用者能直觉性地识别的东西。过多或者过少的频率变化听起来就不对劲了，且表示有一种功能性的、器质性的或者是神经性的问题。

常用的基频变异量是被作为基频标准差而测得的。标准差是一个统计值，它反映的是平均值的波动范围，因此，基频 F_0 的标准差反映的是基频 F_0 值的变化范围。当这个变异量以赫兹作为度量单位时，它就被称为基频标准差（standard deviation of F_0，F_0 SD）。在正常的交谈中，基频标准差 F_0 SD介于20—35 Hz之间。当说话者兴奋或者激动的时候，基频标准差 F_0 SD有可能增加。有时，基频标准差 F_0 SD可转变成半音（semitone）。当讨论的是以半音为单位而不是赫兹的频率变异量时，它就被称为音调 sigma。正常男、女交谈时其音调 sigma在2—4个半音之间（黄昭鸣，2005）。

另外一个基频 F_0 变异量的度量方式就是基频动态范围，它是指在一个特定的言语样本中，基频 F_0 的最高值与最低值间的不同，即 Max F_0—Min F_0。这个范围可以 Hz 来表示，也可以转化成半音或音阶。表 10.8 显示的是不同年龄组的基频动态范围。

表 10.8　来自不同年龄和性别组的基频动态范围常模

年　龄	男		女	
	人　数	均值±标准差	人　数	均值±标准差
1	30	1309±308	30	1178±282
2	30	1202±248	30	1218±218
3	30	234±38	30	223±37
4	30	220±35	30	218±36
5	30	214±32	30	199±35
6	30	211±30	30	200±30
7	30	158±26	30	203±28
8	30	155±24	30	181±26
9	30	151±22	30	180±26
10	30	152±24	30	182±27
11	30	156±23	30	172±25
12	30	134±20	30	169±24
13	30	121±18	30	152±22
14	30	112±16	30	141±23
15	30	108±15	30	132±20
16	30	97±15	30	123±19
17	30	85±13	30	112±18
18—40	30	64±15	30	95±15
41—50	30	67±14	30	107±16
51—60	30	73±13	30	98±16
61—70	30	60±14	30	89±15
71—80	30	68±17	30	90±15
81—90	30	71±18	30	101±16

在表 10.8 中,发现了一个很有趣的倾向。婴幼儿(1—2 岁)有着最广泛的频率范围。此外,黄昭鸣等(2005)认为,青春期以前的几年,男孩开始模仿成年男性的韵律,也就是倾向于运用较女性更低的音调水平,避免太大的音调的变化。

无论基频 F_0 的变异量是以标准差、半音还是动态范围来表示,它都是一个正常或异常言语的指示器。在临床上,一个存在嗓音或言语异常的患者表现出基频标准差(F_0 SD)或者基频动态范围($Max\ F_0 — Min\ F_0$)减小的情况是非常常见的,这在许多神经性障碍中尤其常见,比如:声带麻痹或是帕金森氏症。

基频标准差 F_0 SD 常被诊断性地用于明确一个人能否很好地控制他的声带振动,即稳定性。当一个人持续发一个元音时,其基频标准差 F_0 SD 非常小,因为其目标就是用一个尽可能稳定的基频 F_0 来发这个元音。在此种类型的发声过程中,基频标准差 F_0 SD 会降低,大概在 3—6 Hz 之间。如果其值明显地高于此范围,则说明说话者在控制声带振动的频率稳定性方面存在困难。

(三) 基频动态范围

发声最大频率范围(maximum phonational frequency range,MPFR)与一个人所能产生的整个频率范围有关,与基频 F_0 的变异量相反的是,它与一个人在连续说话时的基频 F_0 范围有关。MPFR 被定义为从一个人能维持的最低音调到最高音调的频率范围,包括假声发声在内。这是一个非常大的频率范围。MPFR 常以半音或者音阶作为度量单位。对于年轻人而言,3 个音阶的范围是正常的,但是老年人的范围可能会下降。以 Hz 为单位时,成年男性能产生的最低基频在 80 Hz 左右,而最高基频在 700 Hz 左右。整体而言,成年女性能发出的最低基频在 135 Hz 左右,最高基频可达 1000 Hz。当然,受过训练的歌手可以发出比这还高的基频。黄昭鸣(2005)提出了以半音为单位的、人从 8 岁至最后阶段的标准 MPFR 值。24 个半音的最低值见于健康状况不好的老人,而 41 个半音的最大值见于十几岁的男孩。大部分人都介于这些极限值之间,在 30 个半音或者 2 个音阶之内。

MPFR 是一个有用的测量值,因为它不仅反映了一个说话者嗓音的生理限制,而且反映一个人发声机制的物理条件和基本发音能力。事实上,对于能正常说话的成年人而言,年龄和性别都不会明显地影响MPFR,能对这个值产生影响的就是物理条件。身体健康的长者的 MPFR 值会比身体差的年轻人的值更大。因此,言语病理学家可根据说话者的 MPFR 值的减小而怀疑其存在嗓音问题。

二、强度变量

与基频变量相似,一个人能产生的言语强度通常是判断发声器官是处于常态还是病态的重要指针。几个常见的强度指标包括平均强度、强度变异量和强度动态范围。强度变量的常用单位是 dB SPL (0.0002 dyne/cm^2)。需要记住的很重要的一点是一个人所能产生的嗓音强度在很大程度上依赖于嗓音基频 F_0。在讨论音域图的时候,我们会对基频与强度间的关系进行更加详细的讨论。

(一) 平均言语强度

与平均言语基频相似,平均言语强度(mean speaking of intensity)也与诸如朗诵、交谈或持续发一个元音等说话过程中的整体强度水平有关。在感觉上,这与一个人在说话过程中所产生的响度相对应。强度(intensity,Int)随着说话者的情况不同而不同。当一个人在教室里轻声说话时,其平均言语强度会非常低,而当他在球场上欢呼时,则会非常高。正常状态下,交谈的强度范围在 65—80 dB SPL 之间,成年男性和女性的平均言语强度在 70 dB 左右。儿童的平均言语强度与成人大致相似。虽然有资料显示老年人的强度 Int 可能会有所下降,但是强度 Int 与年龄的关系并不像基频与年龄的关系一样密切。图 10.8 显示了随时间而变化的强度 Int。

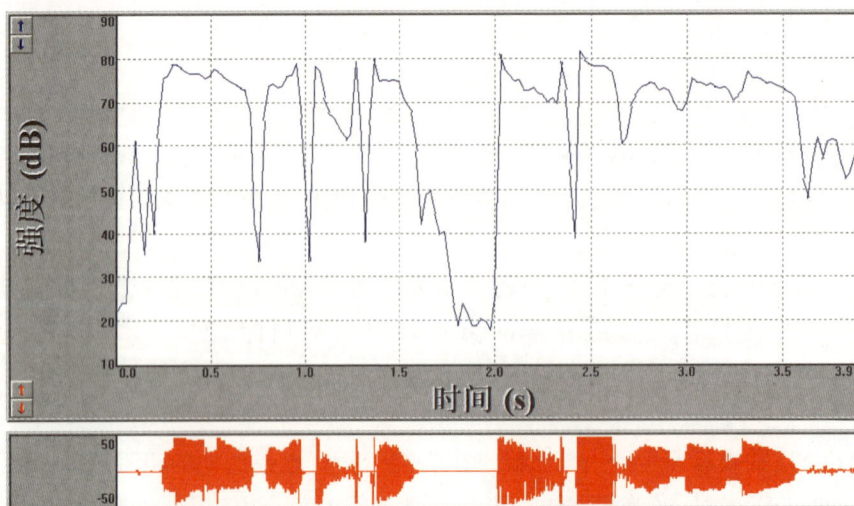

图 10.8　随时间而变化的强度 Int

(启音博士言语测量仪,Dr. Speech™,上海泰亿格康复医疗科技股份有限公司授权使用)

临床上,强度的下降强烈地提示着言语障碍,特别是由神经系统疾病引起的障碍。比如说,帕金森氏症的典型特征就是低发声强度,因为患者不能充分打开或者关闭声带。同样,低发声强度在无喉发声问题中占了很大一部分,所谓无喉发声就是由于喉部患有癌症而将喉部切除后所出现的没有喉参与的发声状态。从这些病案中获得的声学信息对于诊断和干预来说是非常重要的。与平均言语基频相似的是,平均言语强度为治疗前、后的患者的嗓音情况提供了比较的基础。了解一个患者在不同言语状态下所产生的特定强度有助于言语病理学家明确一个特定的治疗方案能否达到预期的效果,或者能否尝试其他不同的治疗方案。

(二) 强度变异量

在任何一种形式的交谈中,强度都会随着说话者的心情、感觉、所传递的信息、音节或单词的强调或者重读方式不同而不同。Titze(1994)指出:

> 响度的变化是言语表达中很重要的一个部分。它起到标点符号的作用,将单词、短语或者段落分割开来。此外,响度的变化可以用来强调某部分或者引起他人注意。在诗词、修辞或者歌曲中,强度的明显变化用于抒发感情、让某人信服某一观点或者仅仅是助兴而已。

与基频 F_0 一样,强度 Int 的变异量也以标准差(standard deviation of Int, Int SD)的形式来表示,以 dB SPL 作为度量单位。表达一个中性的、没有感情色彩的句子时,其标准差在 10 dB SPL 左右。说话者的兴奋性或热情程度越高,其强度变化可能越大。因为强度的变异量对于表示强调、表达感情和喜好而言是很重要的,所以,强度变化能力的下降是非常不妙的。虽然没有太多关于不同年龄组的强度变异性的研究,但是,许多不同的交流障碍,包括由于器质性或是神经性疾病引起的交流障碍,它们都表现出强度变化的下降。总体来说,如同平均言语基频一样,存在平均言语强度下降问题的人同样也有强度变化能力下降的问题。改变强度的能力也就是一种将精力和喜好附加到说话时的嗓音中的能力。无论是何原因造成的此种能力的缺乏,这类人说话的声音听起来感觉很平而且单调。

(三) 强度动态范围

强度动态范围与基频动态范围相似。它是一个说话者所能产生的发声强度的生理范围,这一范围介于从非耳语的最小强度的发声至最大声的喊叫之间。一个正常的成年女性能产生的最小值约为 50 dB,最大可接近 115 dB SPL;正常成年男性的数值稍高。同一基频下,最小强度变化范围约为 30 dB SPL。有限的变化范围有助于人们适当地使用重音和强调,减少言语表达的波动性。虽然超过或低于 60—80 dB 范围的强度并不是用于正常交谈中,但是提高说话声音的能力对于一些需要提高响度水平的特殊场合而言是很重要的。强度动态范围是建立在基频 F_0 存在的基础之上的,有一种倾向就是,处于中间范围的基频 F_0 可有最大的强度,而低很多或高很多的基频 F_0 所对应的强度要小一点。

三、 音域图

音域图(voice range profile, VRP or F_0 SPL profile)是一张个人发声能力图。强度变化范围以 dB SPL 为单位标示在垂直轴上,而基频 F_0 以 Hz 为单位标示在水平轴上,参见图 10.9。

为了绘制音域图,说话者以不同的基频 F_0 水平来发一个元音。在每个基频 F_0 水平,说话者发出他力所能及的最低和最高音量。这样就可以描绘出两根基线,上线表示的是每个所选基频对应的最大强度,而下线则表示每个所选基频的对应的最小强度,这样很好地反映出人类嗓音中正常的基频与强度间的关系。参见图 10.10。

音域图有个性化的形状,这反映了人类发声系统的一些生理性规律。此形状接近于卵圆形,但其两端更窄,中间更宽。这个形状是由于我们的基频范围与强度范围间的关系所造成的。人类在基频范围的中央部分有一个大很多的强度动态范围,然而在非常高或者非常低的基频内,其强度动态范围相当窄。在基

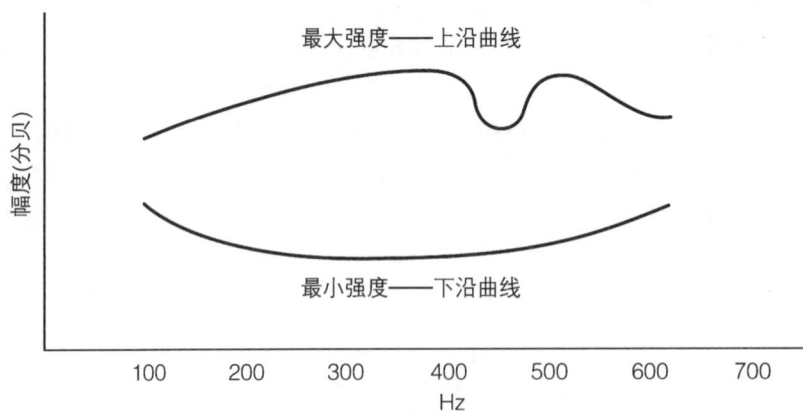

图 10.9　音域图

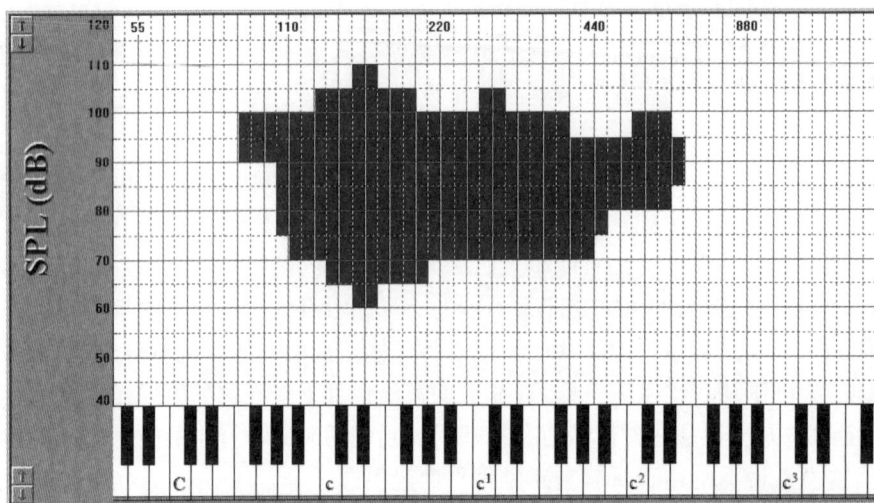

图 10.10　音域图,基频与强度间的关系
（嗓音博士嗓音功能检测仪,Dr. Voice™,上海泰亿格康复医疗科技股份有限公司授权使用）

频范围的中间部分,可以有约 20—30 dB 的变化强度,而在两端的变化强度只有几分贝。

音域图中的另一个特点是,男性在约 390 Hz、女性在约 440 Hz 处的上线上可看到一个凹陷。这个凹陷反映的是最大强度的下降,常见于未经发声训练的人的基频从正常交谈基频范围向较其高出许多的假声基频范围过渡的过程中。受过训练的歌手表现出的是一个程度相当小的凹陷,说明在这些基频范围内的过渡较为平缓。

音域图可以被认为是一张实时的、声带在某一时刻振运动的快照(黄昭鸣,2005)。音域图提供了许多非常有用的信息。第一,有助于明确一个人嗓音的生理范围,这是因为动态的、发声的基频范围与人控制声带的能力有着直接的联系。一个在产生正常基频和强度范围方面存在困难的人会有一张被压缩的音域图,其上、下线较正常的更加靠近。第二,音域图能反映出对某人所实施的嗓音治疗方案或者外科手术干预的效果。治疗后出现的增大的音域图说明患者发声的动态范围已经增加了。

通过观察音域图中哪个部分的基频出现下降也可以获得有用的临床信息。例如,黄昭鸣等提到过这样一个病例,一个有嗓音问题的 11 岁的女孩子,术前她在音域图上的基频范围介于 400—987 Hz 之间。她的音域图向右、向更高的基频移动。表 10.7 显示 11 岁女孩的基频 F_0 应该在 265 Hz 左右。术前,这个孩子不能达到她这个年龄和性别应该有的正常基频水平,她的音调也相应地表现得异常的高。术后,她在音域图上的基频范围介于 196—987 Hz 之间,向更加正常的基频范围移动了,在音域图上表现为向左移动。听觉感知方面,她的音调听起来更加接近一个 11 岁女孩的水平。在这个病例中,音域图提供了强有力的证据,证明外科手术是成功的。

　　　　　　　　　言语治疗学

音域图的另一个作用就是将非同组说话者的发声特征进行比较。例如,与成人相比,儿童显示出一个稍微压缩的音域图,儿童的上线比成人的低,其下线比成人的高。这就以一种图表的方式客观地显示出儿童不能产生与成人一般高或一般低的强度,这很可能是由于儿童与成人的声带结构和生理特征的不同所造成的(McAllister,1994)。音域图也显示出受过专业训练与未受过专业训练的人的嗓音间的差别。Sulter 等(1995)发现,受过与未受过专业训练的男性和女性,其音域图表现出不同的特征。未经过嗓音训练的女性平均基频 F_0 的范围介于 157—1223 Hz 之间,受过嗓音训练的女性,其基频范围介于 128—1320 Hz 之间,表现出更广的基频范围。受过嗓音训练的男性的基频范围介于 74—785 Hz 之间,而未受过嗓音训练的男性的基频范围为 86—688 Hz。将这些值描绘成音域图后,我们就可以知道受过训的歌手不仅比未受过训的人有更广的发音范围,而且他们能发出更小强度的声音,其几乎低于整个基频范围。

第十一章　嗓音疾病的声学和
电声门图测量

【 本章目标 】

阅读完本章之后，你将：

1. 掌握基频微扰和振幅微扰测量在临床上的应用；
2. 掌握微扰分析和嗓音老化之间的联系；
3. 掌握神经性嗓音疾病中基频微扰的测量方法；
4. 学会利用基频微扰测量来评估手术、药物或行为疗法的效果；
5. 熟悉借助电声门图来发现嗓音变化；
6. 掌握临床上常用的微扰测量，如：频率微扰、幅度微扰、声门噪声；
7. 熟悉基频、强度与微扰测量在言语障碍、嗓音障碍的诊断与治疗中的重要作用；
8. 熟悉基频、强度与微扰测量在交流障碍中的应用。

嗓音微扰测量主要包括嗓音声学测量和电声门图测量，它们在临床上有三大用途：其一，由于该方法简便快捷，故可作为学校和医院的常规工具，用于早期喉部疾病的筛选（例如，经常叫喊的儿童、职业用嗓者等）。对于那些对言语治疗师抱怨自己声音嘶哑或粗糙的患者，使用声学分析系统可以筛选出需要接受耳鼻喉专家检查的患者，从而节省了医疗成本。其二，可为嗓音的临床诊断提供有效信息。采用嗓音声学与电声门图测量，可以检测出人耳无法觉察的嗓音及其早期变化（黄昭鸣等，2001）。其三，基频微扰和振幅微扰的测量可用于手术前后嗓音的变化、全程监控嗓音治疗过程中嗓音的变化（包括手术治疗、放射治疗、化学治疗及言语治疗）或者追踪患病过程中嗓音功能的变化。

第一节　嗓音声学测量和嗓音疾病

基频微扰和振幅微扰的测量有助于比较正常和异常的发声。通过分析个体的嗓音，可以获得嗓音参数（例如，基频、强度、基频微扰和振幅微扰等），从而分析个体的发声机理。声学和电声门图测量不仅被广泛地应用于不同治疗方法（包括行为、药物和手术疗法）在各种喉部疾病治疗上的效果的评估，而且还被用于比较不同人群对声带运动控制（vocal motor control）的能力，包括脊髓侧索硬化、帕金森氏症、口吃和嗓音疾病患者等。

嗓音微扰测量不仅用于嗓音的筛选和评估，还可用于嗓音发育的研究以及年龄对嗓音的影响。例如，Orlikoff（1990）发现由年龄造成的声带变化会干扰声带的振动模式，并导致音质的变化，使得声音变得嘶哑或粗糙。在嗓音老化过程中，生理健康是极为重要的因素。与健康不佳的年轻人相比，健康老人的嗓音听起来可能会更年轻。黄昭鸣等（2006）通过比较健康年轻人、健康老人和患高血压老人的基频微扰和噪声能量值，进一步证实了该发现。实验中，三组被试的值都在正常范围内（基频微扰低于 0.05%）。患高血压老人组的基频微扰值接近上限，健康年轻组的基频微扰值接近下限，健康老人组的基频微扰值介于二者之间。由此推断,声带运动控制的功能随年龄增长而降低,健康状况不良时,变化更明显。

基频和微扰测量可用于评估各种交流障碍患者的嗓音功能,包括神经系统疾病(脊髓侧索硬化和帕金森氏症等)、医疗器械造成的伤害(气管内插等)、喉癌、功能性嗓音障碍以及口吃等。

一、脊髓侧索硬化

脊髓侧索硬化(ALS, Amyotrophic lateral sclerosis)是一种累积性的神经系统的疾病。它会破坏控制随意肌的运动神经,从而影响身体的运动功能(包括发音功能)。临床观察发现:患 ALS 女性的基频微扰值高于正常女性,即使是构音清晰的女性也在基频、基频微扰和振幅微扰方面经常表现出异常状态。这种差别表明:在听觉上能感知发音异常之前,发声肌肉已经受损,而借助声学分析,可以早期发现口面部和喉部疾病的征兆。黄昭鸣等(2006)的研究证实了该想法。在比较 ALS 患者(嗓音听起来正常)和正常者的基频微扰和振幅微扰值之后,发现 ALS 患者的基频微扰值较高,这是由于喉肌肉组织的变化造成基频微扰水平的增加。考虑到运动失调患者很难及时清除黏性分泌物,声带上黏液的堆积也可能是基频微扰水平增高的原因之一。总之,较高的基频微扰值揭示了喉功能整体恶化的开始。声学分析可以探测到人耳无法察觉的嗓音变化,这有助于治疗决策的制定,即治疗的起始时间和方法。

二、帕金森氏症

通过测量基频微扰和振幅微扰值,可以评估各种嗓音治疗方法的疗效。以帕金森氏症为例,帕金森氏症(PD, Parkinson's disease)潜在的病理是神经递质(多巴胺)的减少。帕金森氏症患者常常出现嗓音困难,包括声音嘶哑、响度降低、基频范围减少等。声学上,表现为基频增加、基频微扰增加、响度降低、音域范围缩小等(黄昭鸣等,2006)。

胎细胞移植(FCT, fetal cell transplantion)是 PD 的一种新疗法。将合适的胎细胞移植到患者脑部某区域,可补充多巴胺,从而缓解症状。微扰研究表明:虽然胎细胞移植术能从整体上改善患者的运动功能,但它不能有效地改善患者的发声和构音能力。患者(包括轻微 PD 患者)有必要在术前了解该手术的对嗓音症状的真实疗效。

三、气管内插

基频微扰和振幅微扰测量在临床上的一个重要用途就是监督全身麻醉(general anesthesia)。为实施全身麻醉,必须先做气管内插。通过喉,将呼吸管插入气管的过程称为气管内插(endotracheal intubation),将呼吸管取出的过程称为拔管(extubation)。

气管内插往往会对喉功能造成暂时或永久性的损伤。轻微损伤包括在显微镜下观察到的黏膜组织变化。较严重的损伤包括黏膜、结缔组织及肌肉的破坏。有些损伤甚至造成喉软骨脱臼,需要接受矫正手术(corrective surgery)。更严重的损伤会造成患者失声(aphonia),或者不同程度的发声困难(dysphonia)。

Hord 等(1990)记录了成人开喉手术术前(evening preceding surgery)以及在拔管后 24 小时内的嗓音数据变化。分析表明,短时的插管将导致基频微扰和振幅微扰的很大变化,在插管后的 1.5—23.5 小时内,患者的基频微扰和振幅微扰值明显增加。该实验用客观方法证实插管术对发声机制的影响,并导致了更为安全的呼吸管的研制。

四、喉癌

作为基频微扰和振幅微扰测量的另一种应用,黄昭鸣等(2006)记录了晚期喉癌患者的基频微扰值,研究各种非手术疗法的疗效。黄昭鸣等指出:我们应为某些咽喉癌患者制定喉保护政策,即这些患者首先接受放射治疗(radiation therapy),然后接受化学治疗(chemotherapy)。医生应监控患者的反应,如果患者在一段时间内没有得到改善,就必须接受喉切除手术(喉被部分或完全切除)。

黄昭鸣等重点研究了 27 名男性单侧或双侧声带的晚期喉鳞状细胞癌(squamous cell carcinoma)患

者,测得患者在接受化学治疗前的嗓音数据,同时采用嗓音数据进行监控。在化学治疗过程中,患者的基频微扰值显著降低,平均基频微扰值从治疗前的 5.3% 下降到 1.2%。尽管 1.2% 仍然高于正常男性的基频微扰值,但它更接近正常值。对化学治疗和放射治疗不敏感的 6 名患者的基频微扰值没有明显降低。我们认为:喉癌康复和嗓音稳定相互关联,直接反映在微扰参数的减小上。

五、 功能性嗓音障碍

基频微扰的测量,可以为功能性嗓音障碍的行为疗法提供依据(功能性嗓音障碍不是由疾病、老化、外伤所引起的,不属于神经性或器质性障碍)。患者由于用嗓不当或过度用嗓而导致功能性嗓音障碍,一般接受行为矫治。尽管嗓音治疗的方法很多,疗效的客观依据却很少。许多行为疗法(包括喉部按摩法、哈欠—叹息法、重读治疗法、放松训练等)的目的主要是降低或消除喉部肌肉的过度紧张。

对患有嗓音障碍的成年女性而言,喉部按摩法是否有效?黄昭鸣等(2006)对这一问题进行了研究:在听觉感知评估的同时,还测量了治疗前后嗓音的基频、基频微扰、振幅微扰和噪声能量。听觉感知评估(GRBAS 尺度)的结果表明,治疗后嗓音质量有所改善。声学测量的结果验证了上述结论,即治疗后基频和振幅微扰水平显著降低。这个实验很有价值,它为嗓音治疗的效果提供了客观依据。

六、 口吃

除了嗓音障碍的研究之外,基频微扰和振幅微扰的测量还可用于鉴别口吃儿童和正常儿童。这一点很重要,特别是在口吃的初期,很难确定儿童是口吃还是说话不流利。与儿童的听觉感知评估相比较,声学分析更为精确,做出的判断更准确。

随着年龄的增长,儿童对喉的控制更为精确,声带振动更为稳定,基频微扰和振幅微扰数值降低(黄昭鸣等,2006)。我们认为:基频微扰和振幅微扰的测量可用于喉功能的精细检测。这些参数可以检测出目前正常,但有可能患有口吃的儿童。口吃儿童和正常儿童的基频微扰水平接近,但口吃儿童振幅微扰水平明显高于正常儿童。值得注意的是,那些振幅微扰明显偏高的 3—4 岁的儿童大都开始口吃。由此可以推断,在口吃的早期,可能存在着细微的喉功能异常,或者是呼吸、发声和构音三大系统协调作用的异常。因此,基频微扰和振幅微扰的测量可用于鉴别口吃儿童、可能出现口吃的儿童或者说话不流利的正常儿童。

第二节　嗓音声学测量的临床含义

以往,我们对嗓音的评估都采用主观的心理听觉评价,例如将嘶哑程度分为:毛、沙、粗、哑、紧等。在国际上,比较有名的是 GRBAS 主观听觉评价标准:G(综合型)、R(粗糙型)、B(气息型)、A(无力型)、S(紧张型)。现代电子和计算机技术的发展,加速了嗓音客观测量的临床化。现在的嗓音评估多采用客观的分析方法。例如,通过美国 Tiger DRS 公司生产并销售的"喉功能检测仪(Vocal Assessment)",录取平稳的元音进行分析,将声学信号数据化,提供嗓音基频、嗓音强度、基频微扰、振幅微扰、声门噪声能量、比率等参数,并能对嗓音作出嘶哑声、粗糙声和气息声的客观判断。在将这些声学参数有效应用于临床之前,有必要先认识一下它们的基本概念和临床研究。

基频主要是由声带振动的速率决定的。声带振动部分的长度、声带组织的张力以及声带质量的大小是决定基频的三大因素。当声带的振动部分越短,则基频越大,音调增高,例如,喉蹼患者的基频比较高,小孩的基频也高于成人。当声带组织的张力增加时,环甲肌的运动增加,造成了声带组织紧张、基频增加、音调增高,例如,沟状声带的基频比较高。当声带的质量增加时,基频减小,音调降低,例如,声带息肉、声带小结和雷氏水肿的患者基频比较低。

基频微扰和振幅微扰主要反映嗓音信号的瞬时变化情况。大多数的嗓音专家认为这两个参数对声带振动时有意识的变化不敏感,而对声带振动时突然的无意识的变化则有明显反映。然而从临床的观点来看,这种无意识的声带变化主要来自声带的各种损伤或控制声带振动的神经元发生病变等。一般来说,病理噪音较正常噪音有更高的基频微扰值和振幅微扰值。我们还进一步发现,振幅微扰对声带的各种损伤都比较敏感,而基频微扰在反映声带麻痹或喉癌时更加敏感。声门的不完全关闭可能由声带病理性变化或功能性问题所造成。

常用的度量噪声程度的参数有两种:噪声能量和谐噪比。一般认为,在检测噪音疾病时,噪声能量比谐噪比更灵敏,因此噪声能量在区分病理和正常噪音时更有效,直接反映了声带的闭合程度。

为建立病理噪音数据库,我们对 2937 个正常者和 902 个噪音障碍患者进行了电声学数字录音,并储存于计算机硬盘中。图 11.1 是一个用噪声能量值来区分正常者与喉返神经麻痹患者的声学样板。图 11.2 是一个用基频微扰值和噪声能量值来区分正常者和声门癌患者的声学样板。为了进一步地评价声学测量的有效性和可靠性,我们作了统计分析,结果如表 11.1 所示。

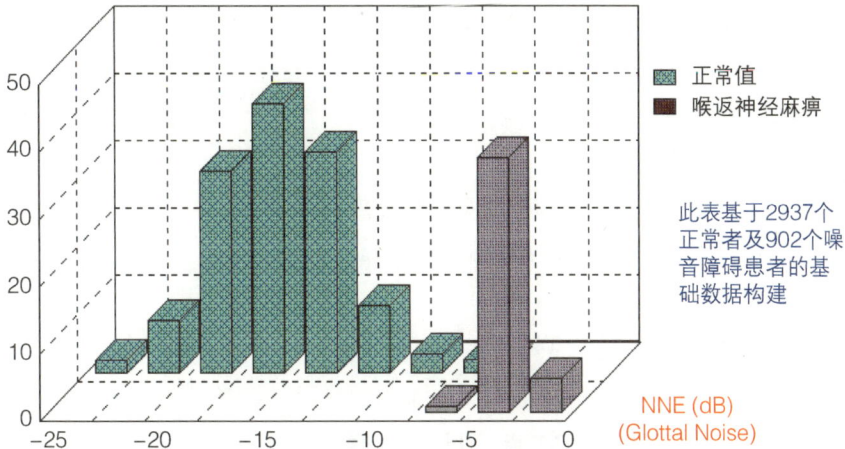

图 11.1 喉返神经麻痹(RLN)的声学样板

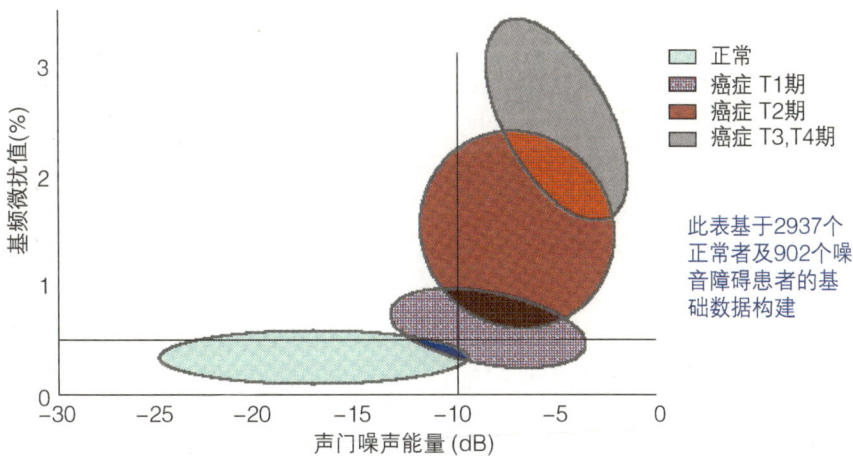

图 11.2 声门癌的声学样板

表 11.1 嗓音病理数据库

	被检测为正常的例数	被检测为病理的例数	总　　数
正常者	2685	252	2937
声门癌 T1	13	49	62
声门癌 T2	1	23	24

	被检测为正常的例数	被检测为病理的例数	总 数
声门癌 T3-4	0	18	18
声带小结	26	52	78
声带息肉	21	55	76
喉返神经麻痹	5	30	35

由于嗓音具有多维性,因此仅用一个声学参数(如基频,基频微扰或噪声能量)是不足以全面反映病理嗓音的,采用数个声学参数的多维分析在描述病理嗓音时将更为准确。通过声学参数的多维分析,可对嗓音的质量进行定量的评价,对此,临床应用的结论是:

1. 基频微扰主要反映粗糙声程度,其次是嘶哑声程度。
2. 振幅微扰主要反映嘶哑声程度。
3. 噪声能量主要反映气息声程度,其次是嘶哑声程度。
4. 嘶哑声是气息声和粗糙声的组合。
5. 语谱图分析可以发现病人的早期声嘶,以及嘶哑程度。
6. 各种参数可用于治疗前后比较、手术疗效的评估。

上海医科大学眼耳鼻喉科医院泰亿格嗓音言语疾病测试中心通过三年多来的大量实践,测试(用美国泰亿格电子有限公司设计的"嗓音博士嗓音功能检测仪")了近八千例病人,获得了丰富的经验。

第三节　电声门图测量和嗓音疾病

交流障碍的患者一般都存在着不同程度的嗓音异常,这包括由良性或恶性肿瘤、神经性疾病(例如,帕金森氏症、脊髓侧索硬化、中风、脑外伤)以及听力障碍等所引起的各种嗓音疾病。这些嗓音疾病不仅表现为嗓音运动控制(vocal motor control)障碍,而且表现为嗓音音质(voice quality)异常。同样,衰老也会对嗓音运动控制和音质造成影响,这一点具有重要的临床意义。

一、嗓音音质和功能客观测量的重要性

近十年来,涌现出大量治疗嗓音疾病的手术疗法。治疗的目的是使音质尽可能地恢复或维持正常的状态。现在,越来越多的临床工作者正在寻找合适的方法和技术对嗓音音质和功能进行客观测量和主观评估。随着嗓音音质和功能测量方法的客观化,例如声学和电声门图测量,嗓音障碍的主观评估越发精确,治疗方法的选择也越正确。疗效的客观测量和主观评估不仅满足医生和患者的需要,也满足支付医疗费用的卫生部门的需要。对保险公司而言,治疗前后的嗓音的客观数据比主观评估更令人信服,除非提供疗效的客观数据(例如,基频微扰值降低、噪音能量减少、谐噪比增加、电声门图的时相参数正常化、最长声时增加、音调和响度范围变宽等),否则仅凭主观报告(例如,音质好转、气息声减少等),保险公司不会付账。

音质的客观测量在临床上也很重要。音质是一个多维实体,它由基频、响度、语速等多种临床因素所决定。只有找到影响嗓音障碍的相关因素,才能进行针对性的治疗。例如,临床表现为低音调、嘶哑的嗓音和若干嗓音障碍有关,包括声带小结、声带肿瘤、声带麻痹等。一种传统的治疗方法是训练患者提高音调,以改善他的声调、音调和语调的清晰度。该疗法的前提是确定他的最适音调,因为每人都有自己的有效音调范围。众所周知,不正确的音调使用(即音调高于或低于最适音调)会使发声系统产生紧张和疲劳,最终导致声音嘶哑。

近来,随着音质客观测量的普及,临床工作者越来越发现噪音客观测量的重要临床意义。例如,临床医生发现有些患者的音调听起来很低(主观评估),但他的基频 F_0 却在正常范围内(客观测量)。如果没有客观测量,这些患者可能会进行增加音调的训练,然而该疗法弊大于利。基频是反映声带振动速度的客观指标。客观测量告诉我们采用提高音调的疗法可能会损害嗓音质量,这从生理学的角度而言是不恰当的。低音调的主观评估可能有误。黄昭鸣等(2006)的研究证实了这一点,该研究报告了一位男性病例,他的嗓音音质很粗糙,被诊断为声带增厚,单侧声带出现小块白斑,但是他的音调听上去很正常,符合个体的年龄和性别。然而,通过仪器分析发现:患者的平均基频为 225 Hz,远高于男性的正常值。由于粗糙声掩盖了他的过高音调,致使临床工作者未发现他在使用假声。治疗后,该患者在胸音区能发出清晰的、音调适当的声音。

二、嗓音老化

黄昭鸣等(2006)通过电声门图波形的观察发现:(1) 与年轻男性相比,老龄男性的声带不能完全闭合。这与老龄男性喉恶化的生理学证据相符。这里的喉恶化主要指声韧带和黏膜的恶化、喉软骨钙化(ossification)、肌肉萎缩(atrophy)引起的声带弓形,反映在电声门图参数上是接触率(CQ)的减少。(2) 老龄女性的声带完全可以闭合,并且女性出现喉恶化的时间较男性晚,程度较轻。这同样与老龄女性喉恶化的生理学证据相符。

电声门图的测量主要反映了嗓音功能随年龄的变化情形,而声门噪音能量(NNE)的测量从声学上又进一步地证实了嗓音音质随年龄变化的结果。黄昭鸣等(2006)比较了三个年龄组的发声:正常的青年组、老年组和患高血压的老年组。老年女性组和患高血压的老年女性组的 NNE 值相似,青年女性组的 NNE 值很低;患高血压的老年男性组 NNE 值最大,老年男性组 NNE 居中,青年男性组的 NNE 值最小。

黄昭鸣等的发现证明了在嗓音疾病的定量评估中,年龄和性别是一个非常重要的因素,正常喉的老化往往会和嗓音病理相混淆。嗓音的评估和治疗要考虑到患者的年龄,年轻人和老年人的嗓音数据不能相互参照。

三、电声门图和嗓音障碍

电声门图可用来进行治疗前后效果的比较(包括行为治疗、手术治疗)。黄昭鸣等(2006)对各种嗓音疾病进行了大量的测量,包括功能性运动功能衰退引起的发声障碍(例如,声带无明显病变的气息声患者等)、功能性运动功能亢进引起的发声障碍(例如,无明显病变的声带过度收缩、声带小结、声带息肉、雷氏水肿患者)。患者在术前和术后接受电声门图测量。作者报告称:功能性发声障碍的患者在接受言语矫治后,Lx 波都能逐步正常。在我们的研究中,48%的声带结节、声带息肉和雷氏水肿患者术后表现出完全正常的 Lx 波;余下 52%的患者术后的 Lx 波不完全正常,但在接受言语矫治后也逐渐正常。

四、电声门图与痉挛性发声困难

临床工作者用电声门图研究 Botox 治疗内收肌痉挛性发声困难(ADSD, adductor spasmodic dysphonia)的疗效。ADSD 是神经性嗓音疾病,表现为声带痉挛(spasm)。由于喉痉挛,患者的声带过度收缩,难以振动。由于中线收缩过大,以至于声门下压 P_s 不能将声带吹开。患者的音色很紧,常发出类似窒息的声音,我们称之为紧张型窒息声(strained-strangled)。近十年来,开始通过 Botox 注射减轻某些 ADSD 患者的喉痉挛。Botox 是肉毒杆菌素(botulinum toxin)的商业名称,它可以从变质的罐头食品中提取。人如果误食的话,轻则致病,重则丧命。该毒素可用于医疗,微量的肉毒杆菌素可以缓解某些肌肉痉挛。如果把肉毒杆菌素注射到肌肉中(对 ADSD 患者而言,是注射到甲杓肌中),能使肌肉暂时性松弛甚至瘫痪。这样在声带振动的过程中,虽然中线收缩不大,声带不能关闭,但却产生了舒适的声音。给患者注射 Botox 后的一两周内,患者的发声有所改善,即气息声和疲软的发声有所改善,但效果不持久。随着时间的推移,患者的气息音逐渐消失,声音变得更为紧张。因此,每隔 3—6 个月患者需重新注射(具体间隔时间由效力持续时间决定)。

电声门图测量可以量化声带接触面积,这对于发声功能亢进或低下所引起的嗓音障碍的测量和治疗十分重要,特别是 ADSD 患者由于喉痉挛,通过频闪喉镜或喉内窥镜直接观察声带很困难,因此采用电声门图进行测量是很重要的。黄昭鸣等(2006)使用电声门图研究注射 Botox 前后 ADSD 患者的喉功能是否改善,研究认为:对注入后期的嗓音特征进行量化是非常重要的,它可以帮助人们确定副作用最小情况下的维持嗓音功能的有效剂量。Fisher(1996)等人指出,仅从 ADSD 患者的听说状况来判断其声带功能是不可靠的,而电声门图能提供更有效的依据。

五、 电声门图与帕金森氏症

电声门图可用于比较用不同方法治疗帕金森氏症(PD,Parkinson's disease)的疗效。帕金森氏症都存在响度问题。黄昭鸣等(2006)比较了两种可提高患者声音响度的方法:一种是呼吸疗法(RT,respiratory treatment),它通过加强呼吸肌的活动来增强声音响度和声门下压;另一种是 Lee Silverman 的声带疗法(LSVT,Lee Silverman vocal treatment),它通过增强声带收缩能力和呼吸能力来增强声音响度。电声门图测量的是患者接受不同治疗后声带内收的程度及其对声音响度的影响。结果表明:接受 LSVT 治疗的患者的电声门图(CQ)测量结果有所提高,而接受 RT 训练的患者只是机械性地提高响度,其电声门图(CQ)测量结果有所下降。我们认为,治疗 PD 时,仅靠训练呼吸能力来增强声音响度是不够的,这还可能会加重病情。

此外,通过电声门图也可研究多巴胺胎细胞移植术(FCT)治疗 PD 的效果。黄昭鸣等(2006)记录了患者术前几天和术后数月内的声学和电声门图参数。尽管患者的肢运动能力有所改善,但患者手术前后的声学和电声门图参数无差异。这和听觉感知测量结果相符。

第四节　电声门图测量的临床含义

在检测声带振动时,无损伤性的测试仪器并不多,但电声门图测试(EGG)正是其中一项。EGG(electroglottography)是测试声门组织的阻抗变化的仪器,能够检测声带接触面积的变化。当声门张开时阻抗高,闭合时阻抗低,阻抗的不断变化引起微弱的电流改变,在体表描记出声门开闭的曲线,因而能够监测声门的开启和关闭,反映声带振动每一周期中声门闭合阶段的特点。由于通过电声门图测试可以获得声带振动的大量信息,如基频、声带的外展程度,以及喉位的高低变化等,因此这项测试正在成为临床和研究的常用手段。本节就将对电声门图作详细的描述,并探讨它在临床和研究中所起的作用。

一、 电声门图的原理

人体组织的导电性能良好,就像是由一只只电阻器构成的,其物理特性符合欧姆定律,即电流与电压成正比,与本身电阻成反比。当电流通过人体组织时,形成的电压与它的电阻成正比,这就是电声门图的使用原理。鉴于电声门图在嗓音重建中的重要性,这里将从细节上进行探讨。

图 11.3 是将正在做电声门图测试的喉部模拟成一只"电阻器",两只电极被放置于甲状软骨的两侧翼

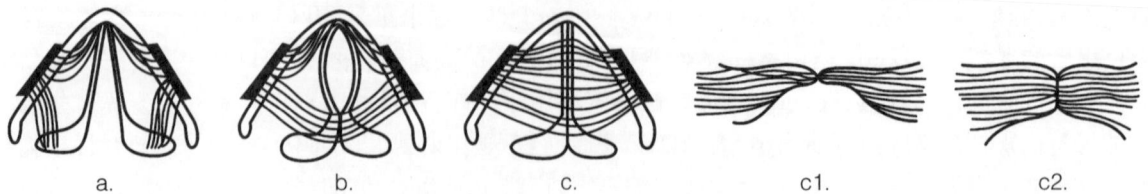

a.　　　　　b.　　　　　c.　　　　　c1.　　　　　c2.

图 11.3　两只电极之间的电流(用实线表示)
a. 声带的吸气位置;b. 振动周期的开放相;c. 振动周期的闭合相
(c1. 和 c2. 是冠状视图,表示在闭合相,声带接触的不同程度)。

板上,线条代表电流。(图 a)是声带外展不发声的位置,由于空气是极佳的绝缘体,因此电流不能直接横向穿过声门区,而只能绕过更长的路径来通过声门。(图 b)是杓状软骨内收时刚开始接触的位置,此时电流的传导性能一般。而声带振动的闭合相是电流传导最佳的阶段,在每个周期的闭合阶段(起码是自然音区),声带接触的程度都是从最小(图 c1)变化到最大(图 c2)。电流通过的路径越长,电阻越大;传导体的截面积越小,电阻也越小。在此基础上我们可以认为,跨声门的阻抗总是随着声带位置的变化(从图 a 到图 c2)而不断下降(但非线性),这已经在实践中得到证明。

实验已经表明,电声门图所感受到的电阻并不是来自声门打开的区域,而是来自声带(黏膜和软骨)接触的表面。

二、 电声门图波形的特点

图 11.4 是一个正常男性在稳定发声时获得的电声门图波,呈现有规律的类正弦曲线。在电声门图波的 25% 处画一横线,可将一个振动周期(t)分为闭合相(closing phase,CP)和开放相(opening phase,OP),其中闭合相又分为渐闭相(closed closing phase,CCP)和渐开相(closed opening phase,COP)。VFCA 代表声带接触面积。从图中可知:渐闭相曲线陡直上升(A—B);渐开相曲线呈弧度状缓慢下降(C—D—E);有完整的开放相(E—F)。

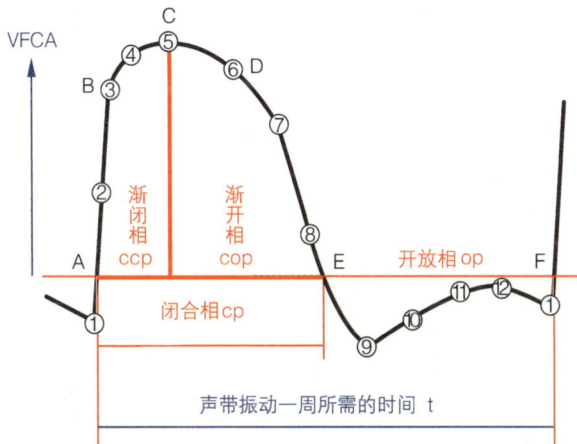

图 11.4　正常的 EGG 波形
(modify based on left)

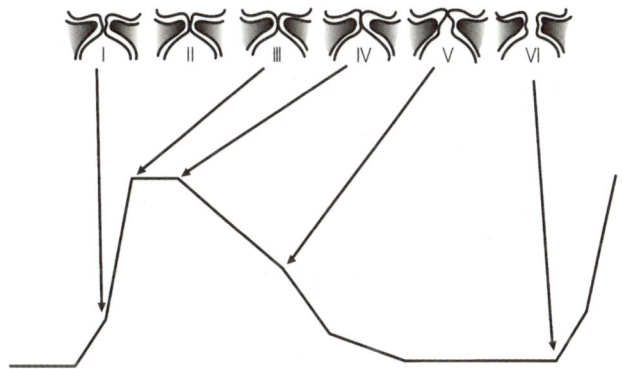

图 11.5　声带接触的不同阶段和
EGG 波形对应点的关系

在该图中,电阻越大,曲线的走向越往下,因此,曲线的向上移动说明声带接触(闭合)程度的增加。有的文献将电声门图波的下降描述为声带接触的过程,对此还没有达成共识。所以,目前当务之急是证实各种论文对电声门图波解释的正确性,并且通过电声门图波来预示声门打开和关闭的趋势。

图 11.5 是声带的冠状视图以及电声门图波,显示了声带的各个接触段(主要是闭合相)在电声门图波形上的对应点。请注意:闭合相是在跨声门阻抗的快速下降中开始的,首先为两侧声带下缘的黏膜层相互接触,黏膜波迅速向水平方向扩展,使声门阻抗急速下降,造成电声门图波的上升时间(Ⅰ—Ⅱ)很短。紧接着,声带的接触面积增加了(Ⅱ—Ⅲ),形成了波峰。然后,接触面积逐渐减少(Ⅲ—Ⅴ),阻抗增加,直到声带完全分开(Ⅵ)。

以上两张图很少反映声带开放相的信息,一般认为电声门图主要反映声带整个闭合相的活动情况。电声门图波的重要性在于它代表了声带的运动。对波形的主要特点以及它们所说明的问题,已经有了大量研究。正如上所述,曲线不是反映声门的大小,而是反映声带的接触面积。在发声时,声带游离缘做的是一种复合运动,接触过程是相当复杂的,难以一言概之。所以就不奇怪,为什么有关电声门图波的解释至今仍是重要的讨论课题。

三、 电声门图的使用

电声门图的测试方法虽然很简单,但在使用中还是有一些讲究的。放置电极时有一定要求,一般

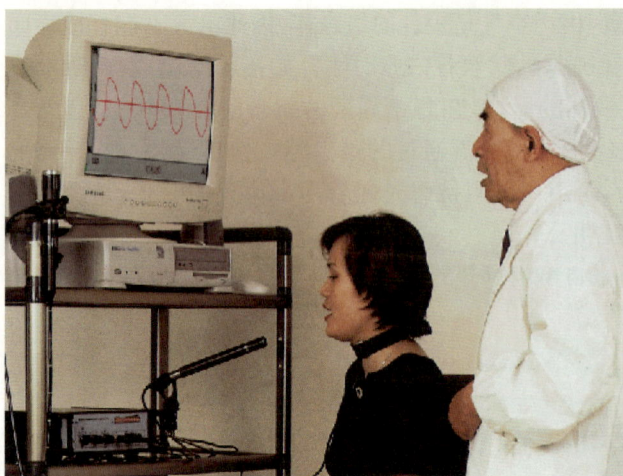

图 11.6　临床测试实例

置于甲状软骨的两侧(靠近声带位置)。在发声过程中可以适当地调节电极位置,当显示的波形最大时,信号最佳,电极位置也最佳。图 11.6 所示的为临床采用电声门图进行测试的实例。此图中,获得的波形应该是振幅最大的,没有外来噪声的干扰,而且基线比较稳定。尽管所有电声门图的电路设计都对非发声信号有过滤作用并对基线的飘动有补偿作用,但它对人为的移动仍然非常敏感。因此,病人在测试时应该较好地配合,以减少头部的晃动。

由于电声门图是通过声门阻抗的变化来进行测试的,所以下面这些因素是必须要考虑和加以控制的。

1. 电极位置和皮肤电极间的阻抗

将电极放置于声带位置时,电声门图的信噪比最佳。皮肤表面和电极之间也存在阻抗,若电极的阻抗保持稳定,影响还不大,因为电声门图的高通滤波特性会滤掉一些小的干扰,但如果电极的阻抗有瞬时的变化,电声门图信号就会部分失真。所以在测试时,电极必须保持清洁,而且必须牢固安放在恰当的位置上。

2. 脂肪组织

脂肪的传导性很差,皮肤下面厚厚的脂肪层会使电声门图信号严重衰减。

3. 喉部的垂直位移和头位的移动

喉部的位置会随着发音方法(尤其是基频)的改变而上下移动,影响电极准确获得声门区域的电声门图波。在比较不同音调的发声时,对波形的解释应该谨慎。头位的移动会改变颈部结构,直接影响测试结果。虽然电声门图具有高通滤波的特性,但一些人为的因素仍不能避免。所以将测试者的头位相对固定(如枕在头靠上)是很重要的。

关于电声门图测试,有以下经过证明的结论:

(1) 在声带的振动周期,电声门图提供的闭合相的信息远远多于开放相的信息,尤其是提供了声带垂直方向上的接触信息。

(2) 电声门图不可能准确揭示声带开放或闭合的瞬间,但能肯定的是:当波峰出现(阻抗最小)时,说明声带的闭合最紧密。

(3) 电声门图的波形异常可能与嗓音疾病有关。

(4) 当电声门图与其他的测试手段相结合时,能对喉部进行定量的描述。

四、 不同音质的电声门图

根据声带振动的不同方式,人的音域可主要分为三种:气泡音区,自然音区和假声区。一般来说,音域是由发声的基本频率决定的,按从低到高的顺序,可将音域依次分为气泡音区、自然音区和假声区,自然音区还可再分为:胸声区、中声区和头声区。以下几张图是一个正常男性的不同音质的电声门图波(都是发持续的元音/æ/)。图 11.7 是正常的自然音区,声门关闭时,渐闭相曲线陡峭上升,渐开相曲线呈弧度状缓慢下降。经研究发现,渐开相这个明显的弧度与声门气流的突然冲出很有关系,因而电声门图波形必须在这点上分界。图中比较平坦的部分是声门的开放期。

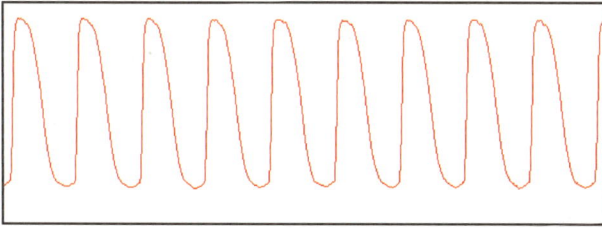

图 11.7　自然音区图

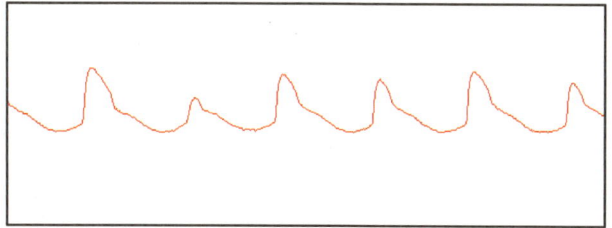

图 11.8　自然音区的气息声

气息声的电声门图如图 11.8 所示,有一个很长的开放相,波形底部的平坦部分相对较长。如果气息声特别严重,甚至有可能使得声带没有相互的接触,但这种情况不是图 11.8 所表现的。气泡音区(发声时,声带振动缺乏规律性)的电声门图波如图 11.9 所示,开放相比闭合相长得多。假声区的电声门图波如图 11.10 所示,波形非常狭小,外形接近正弦曲线。假声的特征是声带被拉薄,甚至没有完全的闭合。因为电声门图测试完全是无损伤性的,所以现在已越来越引起医生们的兴趣,不仅用它来研究喉的正常功能,还更多地将它用在病理诊断和嗓音治疗上。

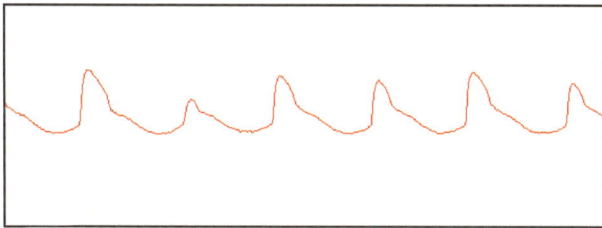

图 11.9　气泡音区波图

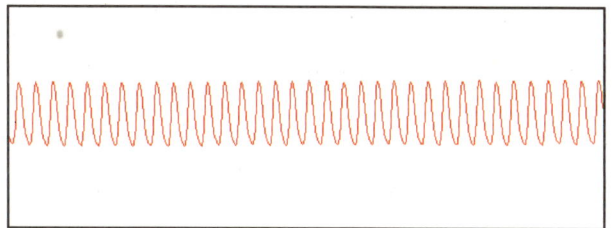

图 11.10　假声区

五、电声门图测试的临床意义

可以通过"读图"来分析电声门图波,进行如下评估:

1. 电声门图波幅的高低不一与微小干扰有关(比如声带分泌物);
2. 渐闭相曲线的快速陡峭上升,说明有良好的声激励和较高的发声效率;
3. 渐闭相的时间应该比渐开相短得多;
4. 闭合时间的长短与无阻尼的谱峰有关。

上海医科大学眼耳鼻喉科医院泰亿格嗓音言语疾病测试中心通过三年多来的大量实践,用电声门图测试了近八千例病人(如图 11.11 所示),获得了以下初步经验。

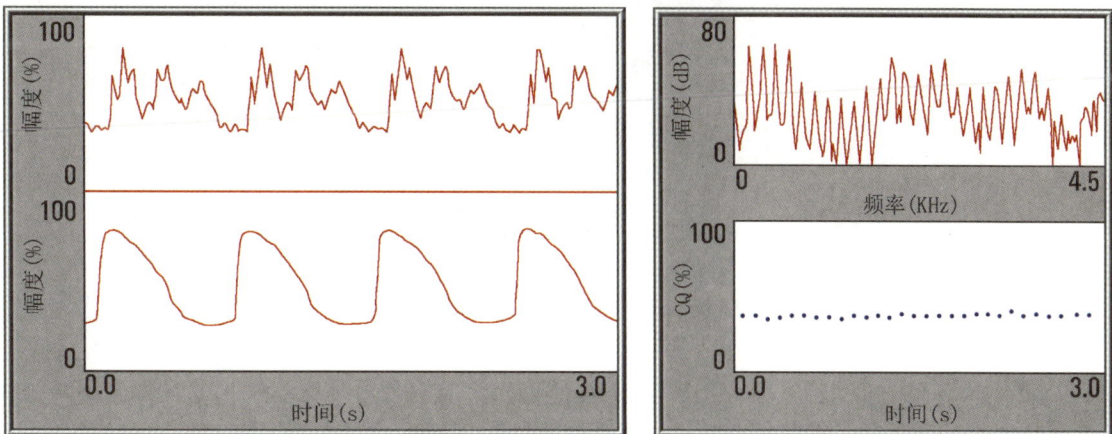

图 11.11　电声门图测试

1. 电声门图主要反映声带闭合相的运动状况,弥补了内窥镜检查的不足。

2. CQ主要是反映声带水平方向上的开闭。无论男女,随着发声频率的提高,声带被拉长,双侧声带接触面积减小,闭合度降低,CQ值下降。

3. CI在一定程度上体现了声带开闭运动在垂直面上的相位差,该参数对声带麻痹非常敏感。

4. 如果声带的关闭和开放有规律,微扰量就低,即CQP和CIP的值较小。

5. 测试声带黏膜波的接触性,反映黏膜波运动是否规则。

6. 测试方便无创,不受上声道干扰,更符合声带振动测量的要求,适合儿童等各种不宜做喉镜检查的病人。

7. 电声门图波形异常的类型与声带病变的位置和大小有关联,通过与正常波形比较之后,能客观地获得病人声带的信息,特别能够捕捉间接喉镜检查时易遗漏的声带下缘或前联合的病变,尤其能够提供声带麻痹的证据。

图11.12是一个喉癌病人的术前声学测试。基频消失,而且噪声过量,说明病情严重。总之,嗓音疾病评估仪能进行基频、强度、基频微扰、振幅微扰、声门噪声、比率、震颤,频谱和语谱图等的声学分析,可用来评估手术疗效和跟踪治疗进程。

嗓音功能检测仪可直接从声学信号中提取声门噪声能量,这个参数很好地解释了声带的闭合情况,图11.12a显示了从声音信号中提取声门噪声的功能。因而当医生听到和看到声门噪声时,能够更准确地判断嗓音质量,这在声学测试领域是个飞跃。在图11.12b中,窗口上方显示了声音的基频和强度随时间的变化情况,窗口下方是频谱显示。图11.12c列出了病人所有的声学参数。将这些参数与已建立的嗓音数据库进行比较后,就获得了音质的定量评估。

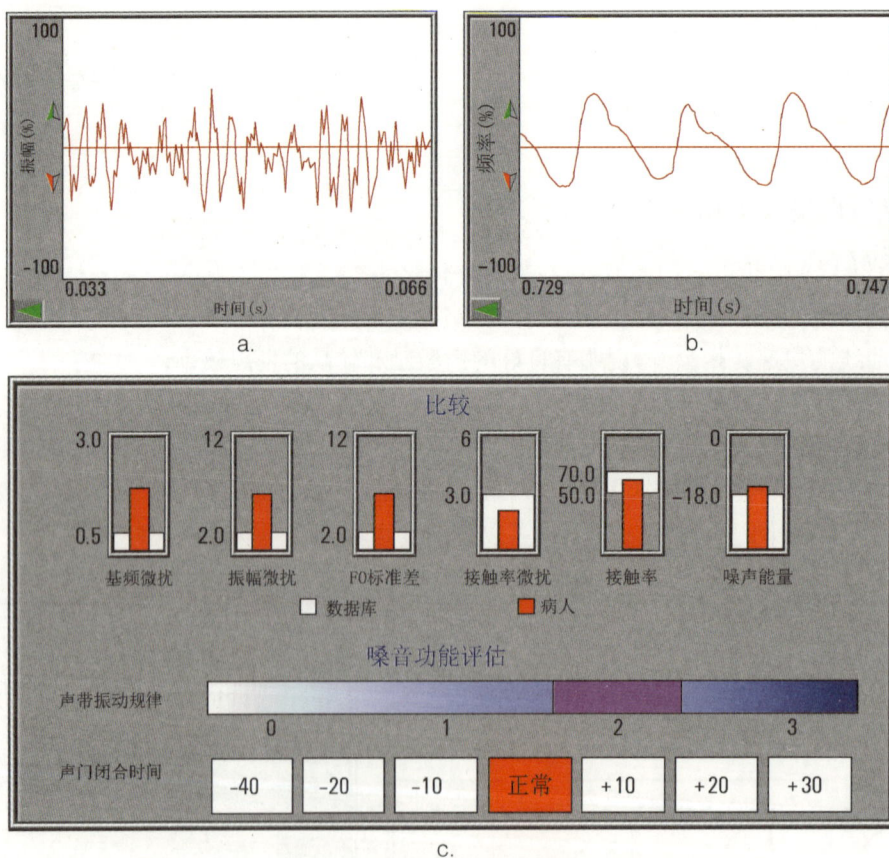

图 11.12 喉癌,男66岁(术前),无基频,高频噪声大
$F_0=211.3$, CQ=63.3, CI=−0.40, CIP=2.17

图11.13,图11.14,图11.15(电声门图波均不正常)所示的为几种临床上常见的电声门图测试情况:第一,电声门图波形可直观地观察声带振动的闭合情况;第二,定量分析数据可客观地描绘声带振动的频率、闭合程度等情况。

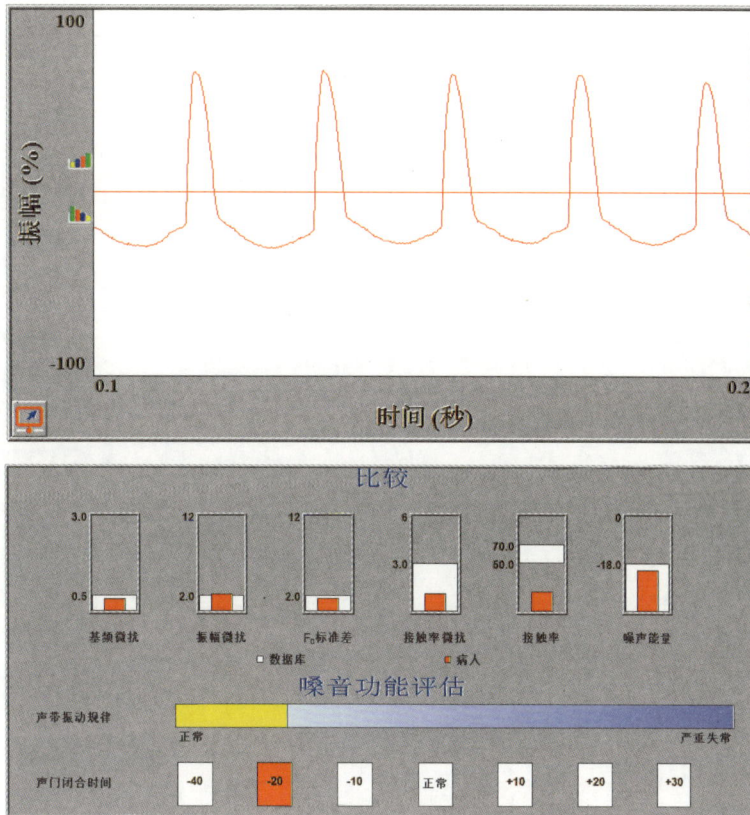

图 11. 13　左声带麻痹,男 21 岁

$F_0 = 142.7, CQ = 21.2, CI = -0.29, CIP = 1.15$

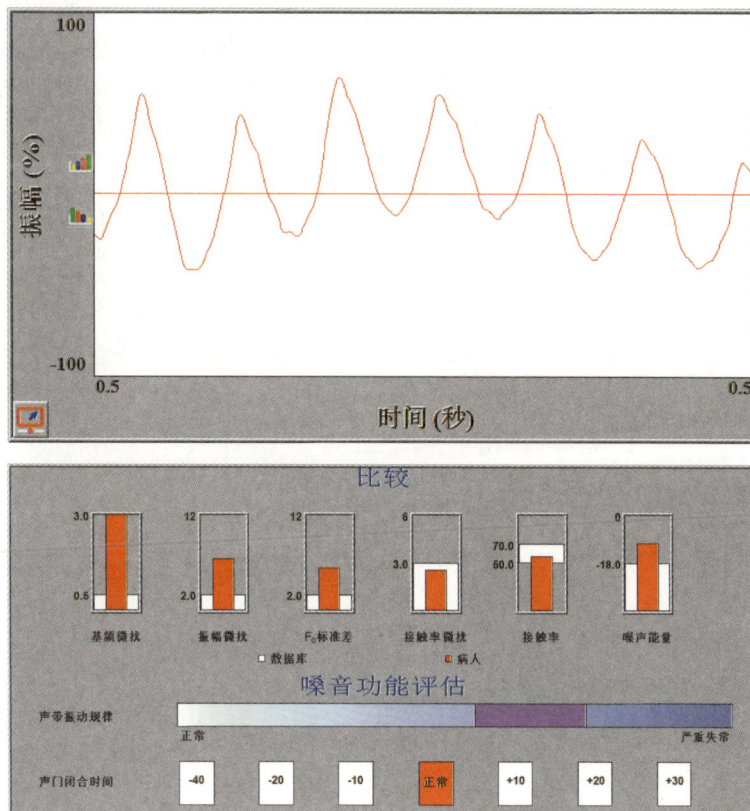

图 11. 14　发食管音,男 21 岁

$F_0 = 89.9, CQ = 57.4, CI = -0.06, CIP = 2.71$

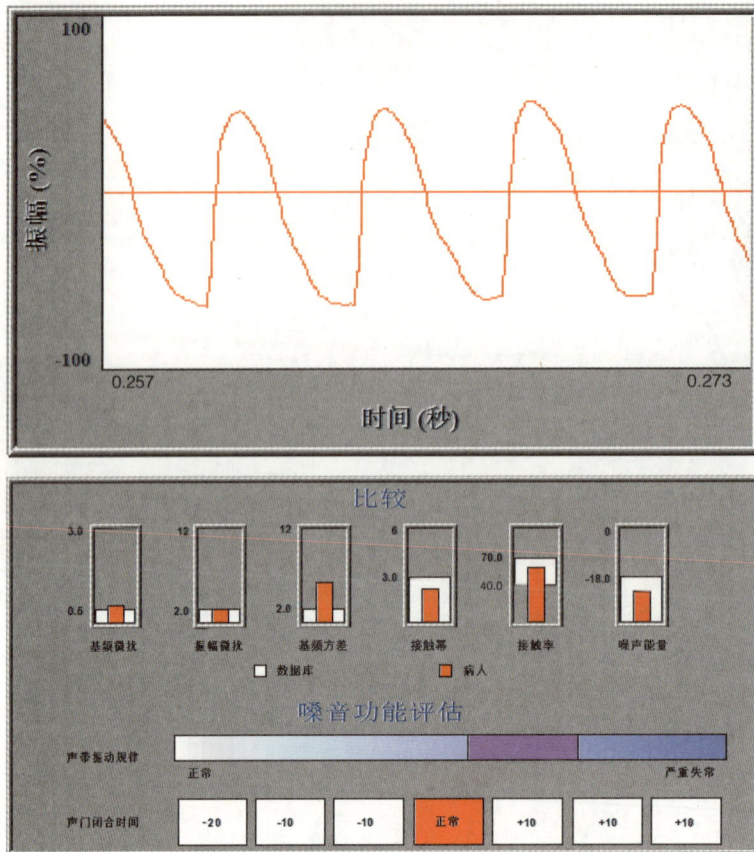

图 11.15　前中段声带小结,女 40 岁
电声门图波不正常,其 EGG 参数(Dr. Speech™)
$F_0 = 268.8, CQ = 60.6, CI = -0.46, CIP = 2.1$

　　电声门图测试在国内的应用还很有限,尚有许多未知的地方。但由于它能完整记录声带振动时每个周期的运动轨迹,察觉声带上细微的变化,因而目前已能较好地为临床诊断服务,能对嗓音疾病作出定量评价,也能在各种发声障碍患者的治疗中发挥作用。虽然它在检测时有易受干扰等缺陷,但它的优点也是其他医疗仪器所不能替代的。相信在不久的将来,电声门图测试必将能在中国的耳鼻喉科领域发挥越来越大的作用。

第十二章　喉部疾病的喉内窥镜测量

在 19 世纪中叶以前,观察声带活动一直是件神秘的事情,直到 1854 年 Manuel Garcia 使用一套复杂的镜子,在太阳光下首次成功地观察到了声带。这就是喉学科的开始。1939 年,Jean Tarneaud 写了第一本有关声带振动的书。而后的 Paul Moore 和 Hans von Leden 是对声带进行摄像的先驱。七十年代早期,日本的 Sato,Isshiki 和 Hirano 发明了纤维喉镜的检查。八十年代早期,Gould,Feder,Brewer,Colton,Sataloff 等人对喉功能和嗓音的基础及其相关课题进行了大力的推广。在过去五年里,耳鼻喉科领域新增了一些测试手段。在 1998 年,Daniel Huang(黄昭鸣)设计的内窥镜计算机图像处理系统,能很方便地进行内窥镜、声学和电声门图的定量检测,帮助喉科医生和嗓音病理医师对喉部疾病作出正确的诊断或监视治疗的全过程,还可以记录病人的个人信息,如姓名、住址、病因、就诊次数、测试结果等。该系统从内窥镜(硬管或软管)、摄像机或录像机中获取图像。在电脑上观察声带振动的动相和静相,研究振动的生理,有助于临床声带粘连、浸润性病变及声带麻痹的诊断,对喉显微手术具有一定的指导作用,能帮助医生及时诊断和治疗各种声带疾患,更好地研究喉的发声功能和呼吸功能。

第一节　喉的检查法

目前,喉部疾病的检查和诊断的方法较多。有些损伤性的方法例如显微喉镜,已不再用于检查,大多用来手术。当需要切除早期或晚期的恶性病变时,这些侵入性手段还是行之有效的。检查喉部功能的方法多种多样,每一种都能加深我们对喉功能、病理嗓音和发声机制的了解。在过去的二十多年中,喉科领域增加了一些新的检查方法,比如:望远喉镜、纤维镜、动态喉镜、电声门图和声学检查法。图 12.1 所示为动态喉镜、电声门图和声学同步观察。

一、间接喉镜

间接喉镜检查是最常用的喉部检查法,是将间接喉镜置于口咽部,通过镜中的影像来观察喉部,这代替了 Manuel Garcia 在 1854 年所使用的太阳光。检查时,受检者必须将舌前伸,提高音调并发"依"音,使会厌上举,可以清楚地观察到整个喉部。这种检查能够看清喉的黏膜色泽,以及声带的更多的情况,但不能获得有关发声状态的一些信息。

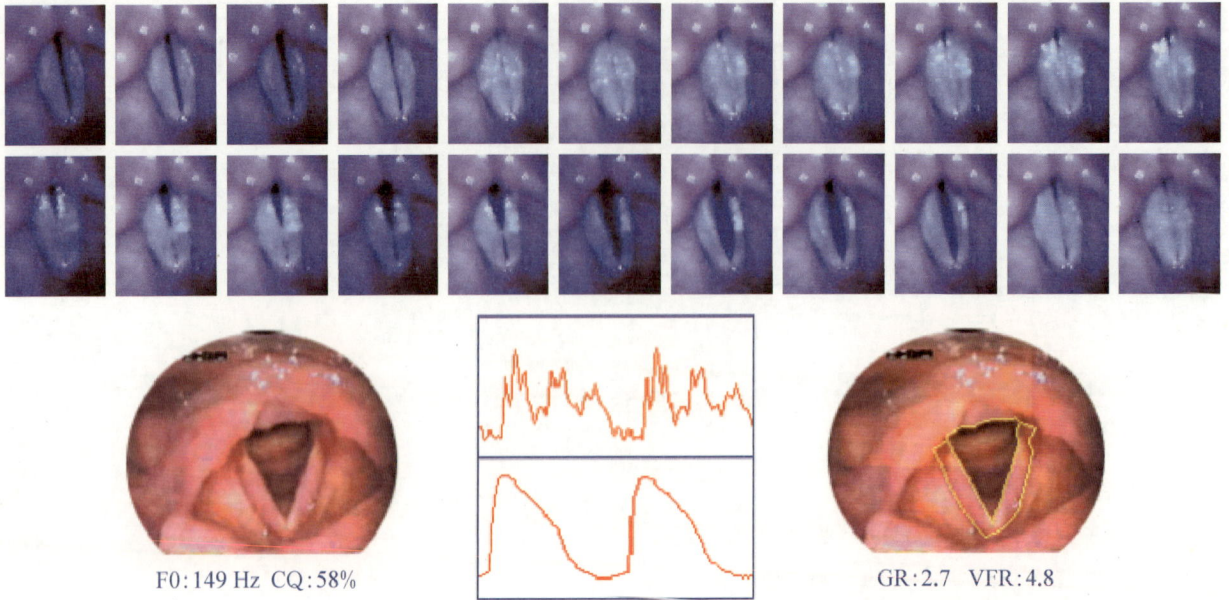

(上方：动态喉镜；左下方和右下方：喉内窥镜；中下方：声学和电声门图信号)

图 12.1　使用内窥镜和电声门图检查发声前和发声时的声带状况(ScopeView™)

(喉内窥镜诊察仪，ScopeView™，上海泰亿格康复医疗科技股份有限公司授权使用)

二、望远喉镜

望远喉镜检查可以对喉部病理作出较为准确的评估，它可以通过调节焦距(从零到无穷大)来获得一个广角的和清晰的图像。许多望远喉镜都有一个固定的焦距，通过一只缩放镜来调节。望远喉镜检查方法与间接喉镜相似，如图 12.2，在受检者呼吸或发"依"的同时，通过一根硬管来观察声带。它的主要优点是能够放大真声带和假声带的图像，可以诊断出十分微小的损伤，如静脉曲张，软结节，轻微水肿等。

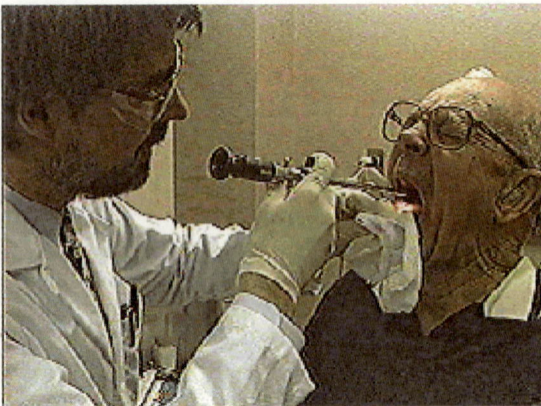

图 12.2　硬管内窥镜

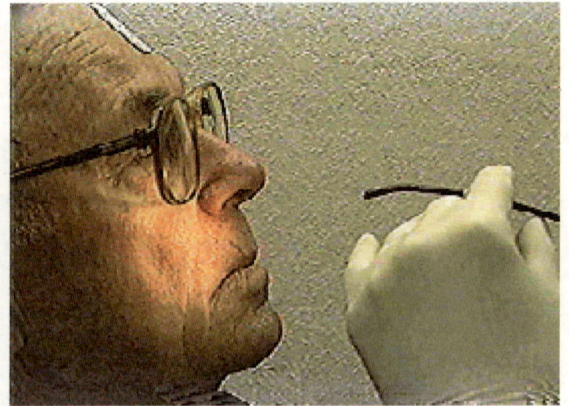

图 12.3　软管内窥镜

三、纤维喉镜

如图 12.3 所示，纤维喉镜利用的是一束软性光学纤维，把光送达喉部的同时，也把图像送达眼睛或是摄影机。这种喉镜的外径为 2.7 毫米到 4.2 毫米。自 1990 年以来图像分辨率有了很大提高，使用纤维镜检查可以不需要麻醉。可根据鼻中隔的大小来选择不同的纤维喉镜，将其引入右鼻孔或左鼻孔，沿鼻底经鼻咽部，进入软腭上方，沿着舌和会厌缓慢伸至咽喉和声门处。纤维喉镜通常是垂直放置，其顶端可以调节，便于观察到整个喉部。在受检者呼吸时，可以把它慢慢移近声带，甚至进入声门区以达到更佳的视觉效果。有了电视纤维镜后，咽喉部的观察更加方便。纤维喉镜的检查适用于间接喉镜检查不合作者，如恶心反射、舌背上拱或会厌上抬差等，这些情况一般多见于小孩。电视纤维镜能够将检查结果全部录下来，它的优点是：当病人在检查时，能够正常地说话或唱歌，甚至能够吹口哨或吹奏管乐器。但纤维喉镜也有两个缺点：

1. 在图像边缘有一个镜面失真。

2. 由于包裹纤维束的结构像蜂窝，因此在使用缩放镜时会降低图像的清晰度。

四、动态喉镜

动态喉镜用于喉科领域已超过一个世纪，最初由 Oertel 于 1878 年在慕尼黑发明。从一个旋转的带孔圆盘里发出周期性的光，医生由此观察声带的振动。1898 年，Muschold 在柏林通过动态喉镜获得了第一张喉部照片。另有许多人为动态喉镜的实际应用作出了突出的贡献，如 Seeman 在 1921 年首次应用动态喉镜观察了单侧喉返神经麻痹的声带运动。

动态喉镜主要利用了视觉的残留现象。根据 Talbot 的理论，一束光到达视网膜后产生的图像会保持 0.2 秒，如果有一系列的时间间隔小于 0.2 秒的图像，就会给人一种连续的动态画面的感觉，因此就可以看到本来不能被人眼识别的声带振动。当动态光的频率与声带振动的频率一致时，声带看上去就好像是静止的；如果动态光的频率与声带振动的频率略有不同，声带振动就会被分解成一段一段，整个振动周期就会像放"慢动作"那样被看到。动态喉镜检查比望远喉镜更精确，其操作步骤如下：

1. 将一只特别的麦克风放到病人颈部（甲状软骨处）。

2. 产生一个基本频率，使动态喉镜的灯打开。

3. 把望远喉镜引入嘴内，或把纤维喉镜引入鼻子，用一只足部踏板来控制光源的开启。

4. 要求病人用不同的音调发"依"音，每次至少持续 2 秒。

动态喉镜已经是喉科学和嗓音医学必不可少的工具，在临床上用以检查声带的早期病变：软节结、血管病理性损伤，早期癌变等，还能检查声带振动的对称性、规律性、周期性、振幅和黏膜波的活动情况，如早期癌变的黏膜波呈现冲浪板的形状。

第二节 喉内窥镜的计算机图像处理系统

由美国泰亿格电子有限公司开发的内窥镜诊察仪，具有实时录像和图像分析功能（ScopeView），是专为耳鼻喉科医师和嗓音病理医师设计的内窥镜图像处理系统。内窥镜诊察仪可以帮助医师存储、分析、处理和打印喉部图像。在计算机系统中，可以通过纤维喉镜，硬性内窥镜，显微镜，电视录像机或摄像机来摄取图像。内窥镜诊察仪最主要的特点是，这套系统不需要任何额外的数字信号处理硬件，能在任何安装有视频捕捉卡和 16 位声卡的个人电脑上使用。

计算机多媒体技术和内窥镜结合的这项新技术，已经在喉部疾病的诊断和治疗中得到应用，使喉科医生和嗓音病理医师能够更好地合作。内窥镜计算机图像处理系统中包括一个光源（或频闪光源）、电声门图、麦克风和临床软件"ScopeView"，一只内窥镜（纤维喉镜或硬管喉镜）连接到一个内窥镜摄像头上，如图 12.4 所示。喉镜图像、电声门图和声学信号也可在电脑屏幕上同时显示。

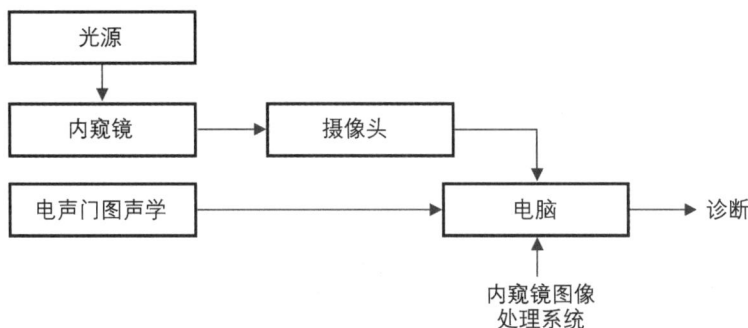

图 12.4 内窥镜计算机图像处理系统的框图

向病人说明检查目的后，应仔细地将电声门图的电极放置于其甲状软骨翼板的两侧（靠近声带的位置）。要求病人尽可能以舒适的音调和响度发持续的元音/i/或/æ/。应在光源（或频闪光源）下录取喉部图像，同时也获取声学和电声门图的信号，并重复进行，直至录到令人满意的结果为止。检查要求图像稳定，至少要有四个连续的声带振动周期，并有相应的电声门波以用于临床定量分析。检测后马上就能获得大量的具有临床价值的客观信息、通过数字式图像分析技术获得的喉部图像信息、通过数字式信号处理技术获得的声学和电声门图信息。

　　内窥镜诊察仪不仅有着方便的用户界面，而且功能非常强大，诸如图像增强、双屏比较、滚动显示、快速打印、客观分析以及在放像的同时显示声音和电声门图信号等；还有图像编辑、多帧显示和报告功能，可使用户删除不需要的东西，打印所需的内容。图像可以方便地输送到录像机、光盘刻录机、大容量驱动器或其他驱动器上，同时能从视频图像上得到以像素为单位的声门面积，相比之下，改变图像亮度和对比度只是极小一部分功能。另外还有缩放和剪切功能，可获得所需的图像。

　　以下将阐述内窥镜诊察仪的功能。总的来说，内窥镜诊察仪并不仅仅局限于耳鼻喉科领域，任何图像都能进行分析处理（如图 12.5 所示），因此，内窥镜诊察仪是一套功能广泛的软件。因为这种技术是全新的，并可应用于其他领域，所以在使用中，人们将会发现这是一种全新的检查和教学方法。那就努力进行新的尝试和探索吧。下面就是计算机内窥镜诊察仪的特点：（1）单帧或多帧图象实时显示；（2）双屏比较；（3）数据存储，快速打印；（4）快速编辑，数字图像存储；（5）提高图像清晰度；（6）定量分析（声带长宽比，声门面积，声门高宽比）。

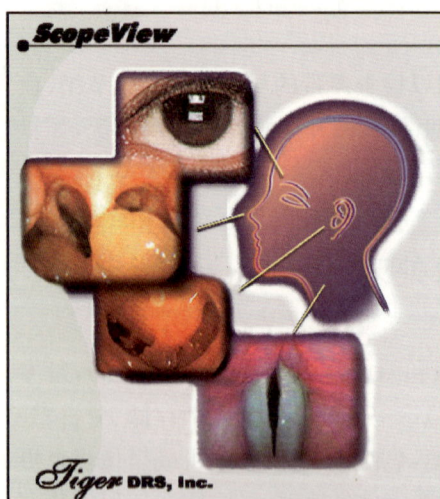

图 12.5　内窥镜诊察仪的应用
领域（ScopeView™）

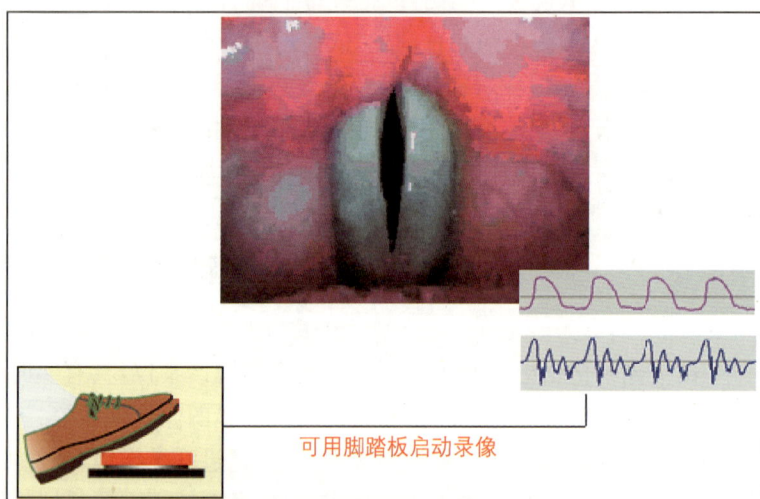

图 12.6　实时视频录像，并同时显示声波及
电声门图（ScopeView™）
（喉内窥镜诊察仪，ScopeView™，上海泰亿格
康复医疗科技股份有限公司授权使用）

一、多帧图象显示

　　从计算机屏幕上能得到一组色彩鲜明的图像。可以在录像的同时，录取声音和电声门图的信号（如图 12.6 所示），同样，也能在多帧模式下播放视频图像，同时显示多幅图像（如图 12.7 所示），这样就可以模拟一个完整的声门开闭周期，研究声门的对称性。为了教学或其他目的，还可以把计算机图像转存到录像机上。

二、双屏比较

　　在同一屏幕上显示两个视频图像，可以对同一病人的手术前后进行比较，也可以对两个不同的病人进行比较（如图12.8所示）。

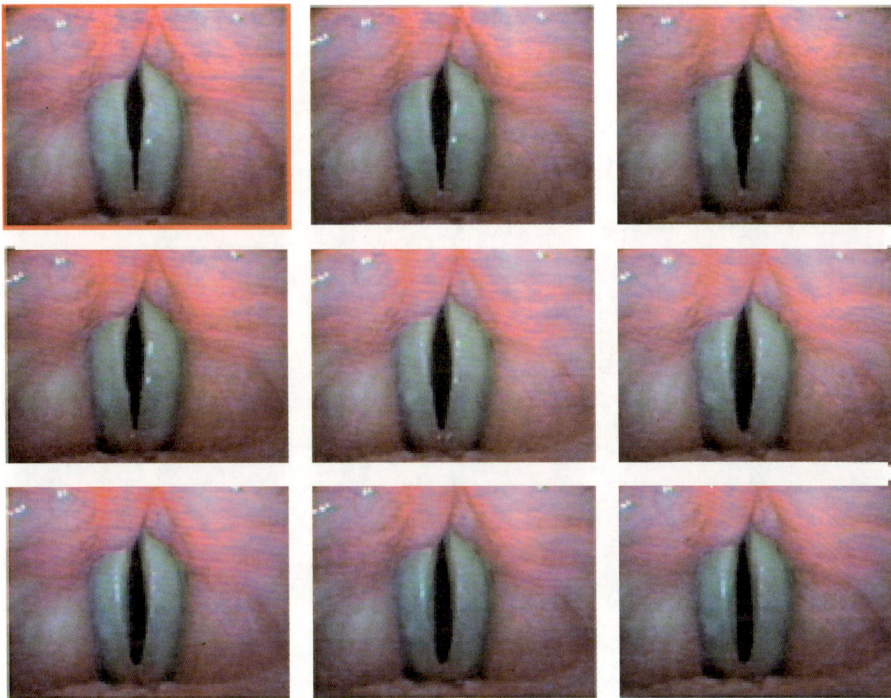

图 12.7　多帧图像播放,能提供帧间图像的连续显示(ScopeView™)
(喉内窥镜诊察仪,ScopeView™,上海泰亿格康复医疗科技股份有限公司授权使用)

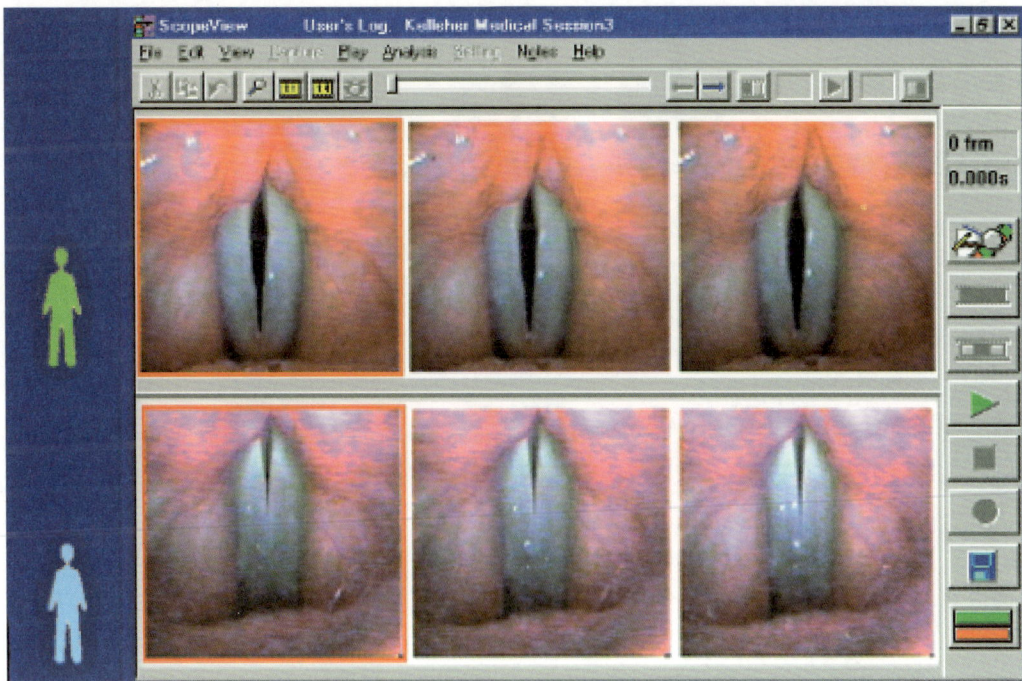

图 12.8　同屏比较功能,主要用于手术前后的比较(ScopeView™)
(喉内窥镜诊察仪,ScopeView™,上海泰亿格康复医疗科技股份有限公司授权使用)

三、 快速编辑，图像存储

录取喉部的图像后，可把它保存为数字式图像，然后可以到视频窗口中进行播放、编辑和观察。编辑功能中最重要的特征是剪切，可以选择需要的图像来观察或保存（如图 12.9 所示）。与录像机相比，这些操作更加方便快捷。

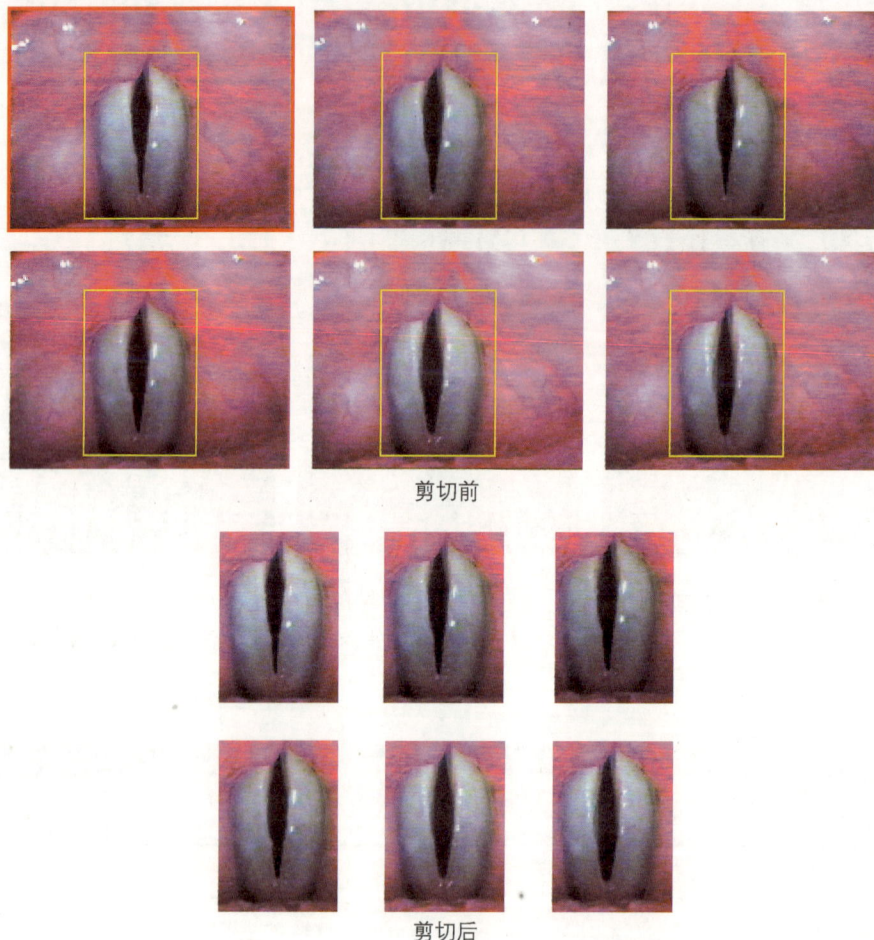

剪切前

剪切后

图 12.9 快速编辑，选择所需的图像进行数字存储（ScopeView™）
（喉内窥镜诊察仪，ScopeView™，上海泰亿格康复医疗科技股份有限公司授权使用）

四、 提高图象清晰度

内窥镜诊察仪具有强大的计算机图像处理功能，例如，改变亮度对比度，缩放效果，图像增强、锐化、平滑，图像补偿，去噪，颜色反转，建立标尺和光影效果等等。这些功能提高了图像的质量，使图像更清晰。

五、 数据存储，快速打印

内窥镜诊察仪提供了强大的用户管理系统（如图 12.10 所示），可以快速保存和查找病人信息。它还可以进行多种的打印选择，打印的质量取决于图像质量、打印机种类、打印机的设定和所用打印纸。如果需要一个快速的报告，就选择低分辨率打印，如果为了说明病情，就选择高分辨率打印。

六、 定量分析

内窥镜诊察仪中有两个客观分析：（1）声带的吸气相分析；（2）声带的振动相分析。在吸气相，可以得到双侧声带的长宽比和声门的高宽比（如图 12.11 所示）；在振动相，声门面积用一种对比明显的颜色填满（如图 12.12 所示），用户只需要通过鼠标选择即可。

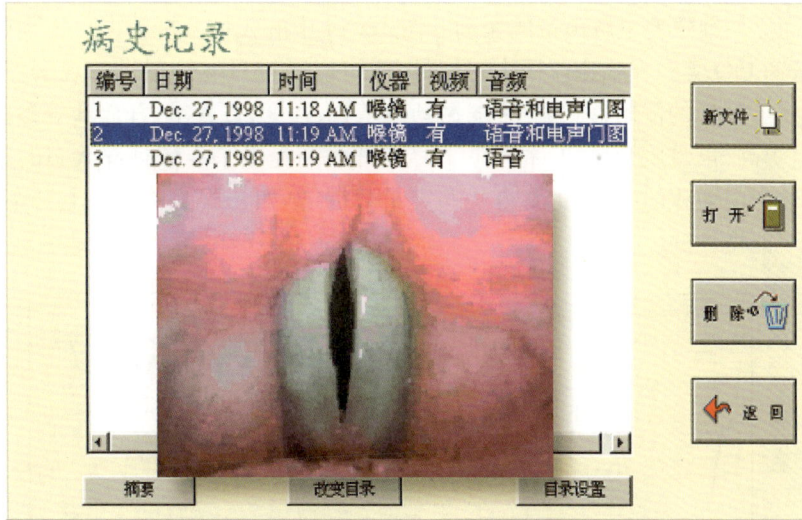

图 12.10　病人档案管理系统(ScopeView™)

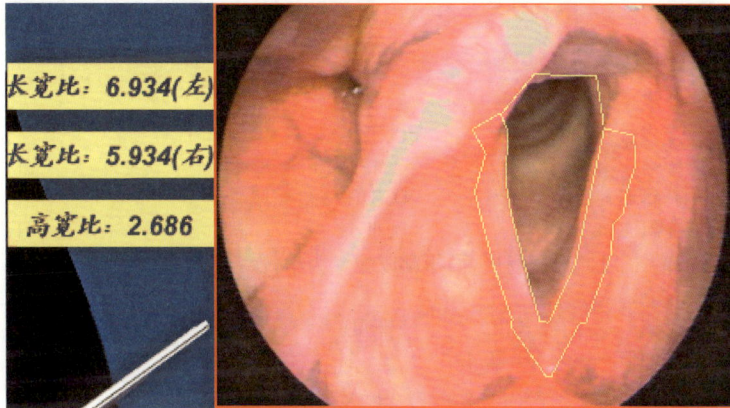

图 12.11　声门面积测量,并提供吸气时声带长度和宽度之比(ScopeView™)

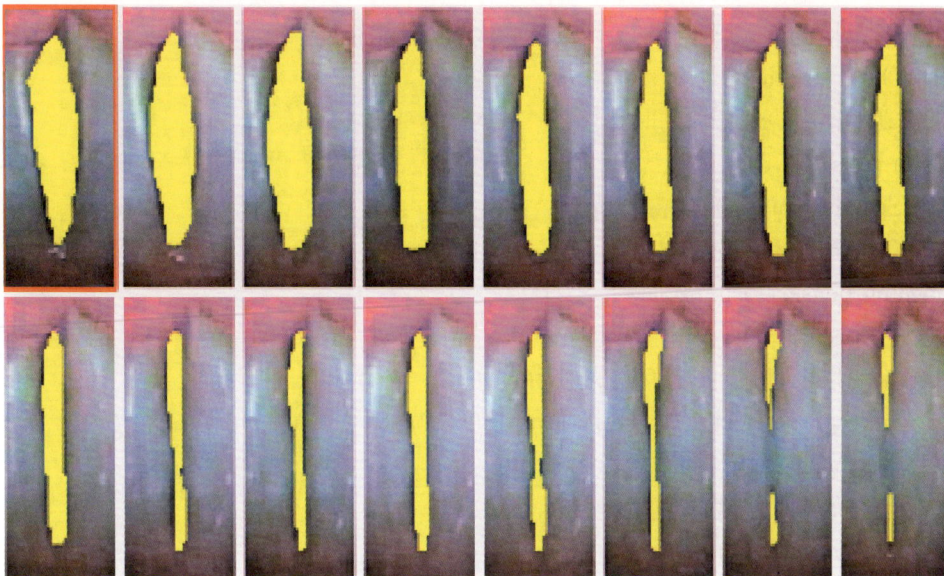

图12.12　声门面积测量,并提供声带振动时声门面积随时间的变化情况(ScopeView™)

对图12.12所示的喉镜图像进行全面分析后,可以获得四个振动周期的声门面积变化情况(如图12.13所示),从而更加细致地了解声带的振动。图12.14中的大量分析数据可用于临床的诊断和手术疗效的评估,如开放商OQ等。在临床应用中,喉科医生可以通过对喉镜图像的观察作出初步判断,而定量的分析又为此提供了客观的依据,因为声带的振动与基频、强度、接触率、开放商等参数均有关。例如声带张力增加,基频就提高,声带质量增加,基频就下降。开放商提供了声带打开状态的定量信息。根据声带振动若干周期内的声门面积的改变,可获得一些定量数据,例如开放商、振幅、上升率与下降率,这些分析数据是录像机不可能做到的。

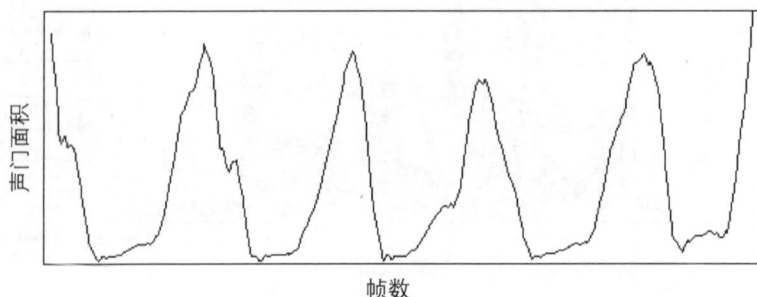

图 12.13　声门面积随时间的变化曲线(ScopeView™)

开放率 =	24%
速度率 =	2.000
速度指数 =	0.333
振幅 =	0.191
上升斜率 =	0.618
下降斜率 =	0.451

注释:长度、宽度、高度、面积都以像素为单位

帧	长度	宽度	面积	长度比
平均值	28.26	5.72	116.870	4.65
最大值	68.00	13.00	482.000	11.25
最小值	1.00	1.00	1.000	1.00

图 12.14　定量分析数据描述(ScopeView™)

定量数据主要包括:

1. 开放商(Open Quotient)

反映声带振动周期中声门开放的时间。

$OQ = open\ phase/t$

2. 速度商(Speed Quotient)

反映声门渐开相与渐闭相的时间比。

$SQ = opening\ phase/closing\ phase$

3. 速度指数(Speed Index)

反映声带振动周期中渐开相与渐闭相的对称度。

$SI = |\ opening\ phase - closing\ phase\ |\ /\ |\ opening\ phase + closing\ phase\ |$

4. 振幅(Amplitude)

反映声带振动时的最大幅度(经过归一化)。

$Amplitude = max\ width/max\ height$

5. 上升斜率(Up rate)

反映渐开相声门面积的变化率,即渐开相斜率。

6. 下降斜率(Down rate)

反映渐闭相声门面积的变化率,即渐闭相斜率。

7. 长度——声带的长度
8. 宽度——声带的宽度
9. 面积——声门区的面积
10. 长宽比——长度与宽度的比值

第三节　喉内窥镜诊察的临床解释

通过内窥镜观察到声带振动的方式后,接下来就要进行判断和解释。振动方式主要与以下几个因素有关:频率和周期,水平和垂直运动,以及其他一些特征。对内窥镜/动态喉镜图像进行评估有它的标准,下面将讲述各种参数的指导意义和它们之间的联系。

一、基频

基频是指每秒钟声带振动的次数,以赫兹为单位。众所周知,声带振动的方式会随着基频的变化而改变,医生必须将可能影响基频的因素充分地加以考虑。以下就是有关基频的一些规律(不适合所有病例):

1. 声带组织的劲度增加,基频提高

当环甲肌的运动增强时,声带组织拉紧,造成基频提高,这是生理学上的例子。因声带或声带沟的创伤造成的基频提高则是病理学上的例子。

2. 声带的振动部分越短,基频越高

在生理上,基频因人而异,通常小孩比成人高,女人比男人高。喉蹼患者因振动部分变短,造成了基频提高,这是病理学上的例子。

3. 声带质量增加,基频减小

声带息肉或雷氏水肿会使基频减小。

二、周期性

周期性是指声带连续循环振动的规律性。如果每次振动的振幅和时间都一致,就称振动有"周期性";如果其中之一或二者都不一致,就称振动"无周期性"。在病人发声时,振动有无周期性可以从动态喉镜上的频率校准器的节拍得到,一个周期是从开始打节拍(表示慢动作)到停止打节拍(表示停止动作)。当打击停止时,声带的周期性振动表现为一幅静态图像。无周期性振动表现为声带振动不规则。可以从三个方面来观察结果:

1. 规则(周期性):打击停止时图像是静止的。
2. 不规则(无周期性):声带的连续振动表现为不规则,在打击停止时没有观察到声带的运动。
3. 不协调:振动方式表现为有时规则,有时不规则。

要使振动器保持周期性的运动,就必须给振动器(如声带)加以持续稳定力(如肺压)。以下情况可能会打破平衡,从而产生无周期性或不规则的运动。

1. 不对称:单侧喉返神经麻痹,单侧息肉或单侧癌肿变都会导致声带明显的不均衡。
2. 同型干预:较小囊肿或较小癌变都会产生声带同型干预。
3. 弛缓:严重的喉返神经麻痹或水肿性病变会产生声带非正常的松弛或易变的组织。
4. 不规则的肌肉痉挛:痉挛性发音困难或其他神经肌肉的疾病会导致病人无法保持喉肌持续性的紧张。
5. 受力不均:神经肌肉的疾病或肺部的疾病会使肺部作用于声带的力不均匀。

三、振幅的水平位移

振幅是指声带在振动时偏移平衡位置的最大位移。振幅的水平位移按四个等级进行评估。

1. 零：不能观察到声带的水平位移。

2. 小：声带的水平位移小于正常范围。

3. 正常：声带的水平位移在正常范围内。

4. 大：声带的水平位移大于正常范围。

两侧声带的振幅应该加以比较，并以"右＞左"，"右＝左"，"右＜左"来描述。"正常范围"表示在"习惯音调和习惯响度"时的振幅范围。绝对振幅瞬时发生在声带的两侧，相对成人来说可能性较大。

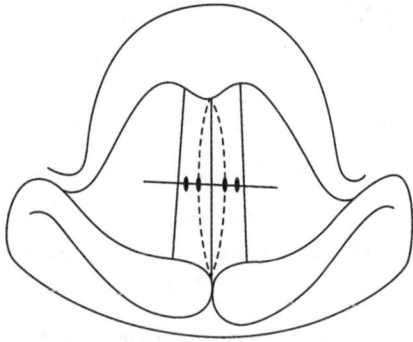

通常，水平位移大约是声带可见部分的三分之一宽度（见图12.15）。目前对振幅的评估还是比较主观的，客观量化尚需要更多的技术支持。有很多因素会影响振幅，以下是生理和病理方面的例子：

1. 振动部分越短，振幅越小

生理原因会引起振动部分长度不同，例如，小孩声带短于成人，女性声带短于男性。病理原因会引起振动部分变短，例如喉蹼。

2. 声带越是紧张，振幅越小

生理原因有高频发声等，尤其是假声。病理原因有癌、乳头状瘤、疤痕、声带沟、硬型小结和硬型息肉等。

3. 声带质量越大，振幅越小

病理原因有癌、乳头状瘤、息肉、水肿等。

正常波：指波动传播至声带的1/3宽度处

图12.15　声带振幅的改变（中线表示不可见运动）

4. 使振幅变小的赘生物

例如癌、乳头状瘤、息肉、声带对侧囊肿。

5. 声门下压越大，振幅越大

例如响亮发声。

6. 声门闭合越紧，振幅越小

例如痉挛性发声障碍和运动亢进性发声。

四、声门的闭合性

声门的闭合性是指当声带闭合到最大程度时的评估结果：

1. 完全：在每个振动周期，声门都完全关闭。

2. 不完全：在每个振动周期，声门从不关闭。

3. 不协调：声带振动时，声门时而完全关闭，时而关闭不全。

当声门完全关闭时，关闭相长度可以描述为"很长"、"长"、"相当长"、"短"或"很短"。当声门的关闭不完全时，则应描述声门最大关闭时的形状（见图12.16）。有许多原因可以导致声门的不完全关闭：

1. 内收损伤：内收损伤可以由周期性的喉部神经麻痹或环杓关节强硬或脱位产生。

2. 边缘不齐：结节、息肉、囊肿、乳头状瘤或癌症都会引起边缘不齐。

3. 声带间障碍：由异物，喉蹼或肉芽肿引起。

4. 边缘僵硬：如果边缘僵硬就不会产生黏膜波和伯努利效应。原因可能是疤痕或声带沟。

5. 环甲关节活动过度：当环甲关节的活动强于内收肌时（如发假声），声门的关闭就会不完全。

五、双侧运动对称性

对称性是指在声带振动时，两侧声带运动的一致程度。声门打开、关闭时的对称性和振动位移量的对称性可以用两种方法来描述（图12.17）。当表现都一致时就称为对称运动，反之称为不对称运动。如果声带运动不对称，就可这样描述："右边幅度大于左边"或"右声带的偏移落后于左声带"。

声带的任何物理变化，例如位置、形状、大小、张力、弹性、声带的黏性，都会引起声带运动的不对称。

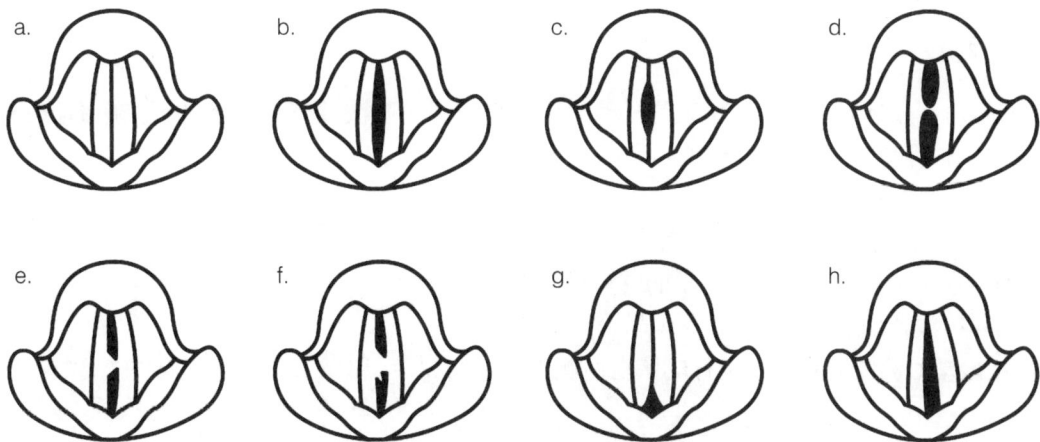

a. 完全关闭　b. 整体的梭形缝　c. 在中间的梭形缝　d. 沙漏状缝
e. 单面椭圆块状缝　f. 不规则缝　g. 背状缝　h. 完全不关闭

图 12.16　声门关闭的典型图

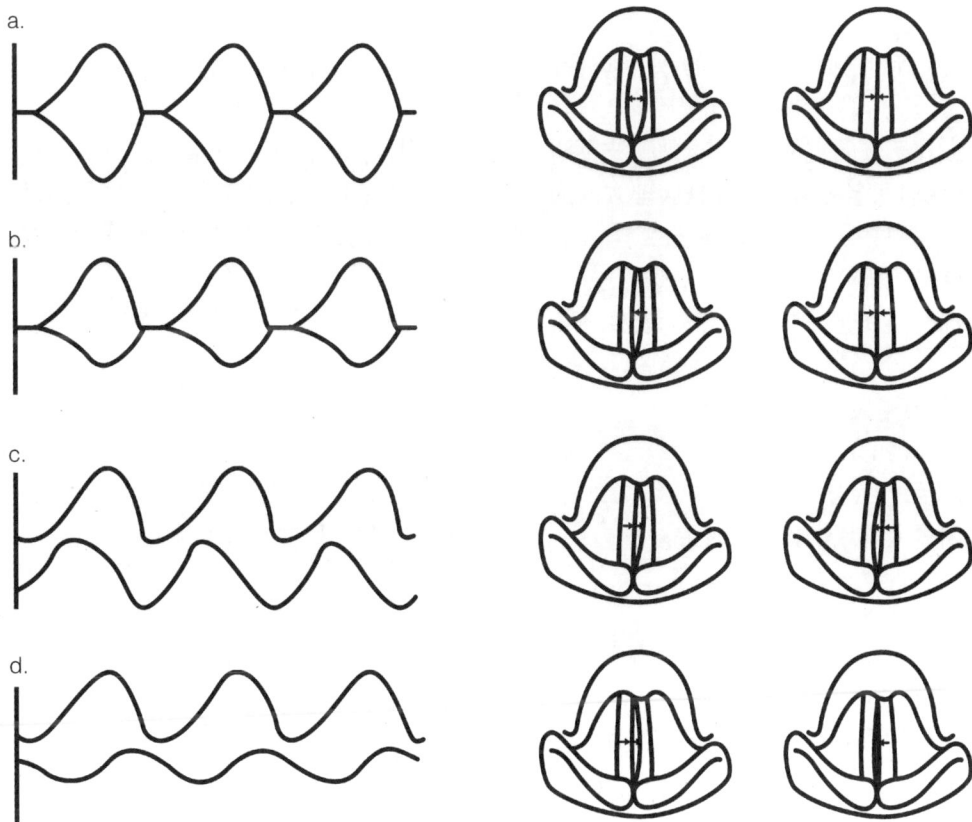

每幅波形的上部代表了左声带的运动,底部则代表了右声带的运动
a. 振幅和相位对称　b. 振幅不对称(右声带小于左声带)
c. 相位不对称,振幅对称　d. 振幅和相位都不对称

图 12.17　声门波形描述了振动的对称和不对称性

喉科医生一旦发现声带运动有不对称性,就应该推测到物理特性有所改变,即使两侧声带看上去非常相似。声带任何单侧的损伤都会引起物理特性的改变。双侧声带运动的不协调可能与神经性或功能性疾病有关。

六、黏膜波

在声带的垂直方向上移行的黏膜波是振动的重要特征。黏膜波并不是固定的,但在振动时很容易被辨别出来。以下按四方面来描述黏膜波:

1. 消失:不存在可见移行波。
2. 小:存在移行波,但小于正常范围。
3. 正常:在正常范围内有清晰可见的移行黏膜波。
4. 大:移行波特别显著。

另外,在振动时黏膜波的相对位移应该在两侧声带之间比较,用"右＞左","右＝左"或"右＜左"来表示观察结果。

正常黏膜波:

1. 在声门开放最大时,可观察声带上下缘的黏膜波的波动。
2. 在声带的上层表面,可观察声带上下缘的移行波。
3. 正常发声时,至少有可见的1/2声带宽度,能观察到黏膜波的传播。

"正常范围"表示说话是用"习惯音调和习惯响度",在声带打开最大时可以清楚地观察到声带下缘,也可以看见黏膜波在声带上下缘的表面横向移动。移行波的移动程度是多种多样的,但它在正常发声时,至少要移行半个声带。这可以作为评估黏膜波的标准。由于有相对厚而柔软的黏膜,儿童的黏膜波较为显著。现在对于黏膜波的评价还是比较主观的,要实现量化分析尚需时日。对于黏膜波特征描述有以下几条原则:

1. 黏膜越紧张,黏膜波越不明显

发假声或在干燥的空气中发声,黏膜波不明显,这是生理方面的例子。伤痕、癌、乳头状瘤、囊肿、纤维化结节、硬型息肉和上皮增生等都是病理方面的例子。当声带麻痹时,由于制约环状软骨运动的发声肌肉活动弛缓,导致黏膜僵硬,使得黏膜波减小。当声带水肿时,黏膜具有异常的韧性,因此黏膜波增大。

2. 黏膜部分僵硬

当黏膜部分僵硬时,黏膜波会在僵硬处停止移动。典型例子有声带沟,局部疤痕,较小囊肿,较小癌或局部上皮增生。

3. 声门下压越大,黏膜波越明显

例如发出很高的声音。

4. 声门关闭得太紧或太松

声门关闭得太紧或太松都会使黏膜波减小,如功能亢进性发声和功能低下性发声。

第四节 喉内窥镜诊察仪的临床应用

内窥镜计算机图像处理系统所提供的喉镜图像、声学和电声门图信号,对临床的意义在于:使喉部疾病的诊断和治疗前后的比较有了更为可靠的依据。该系统在临床中可常用于对各种症状进行评估,并由此得出诊断意见,当喉部疾病被确诊以后,接下来就要制定治疗方案。在研究喉的功能和嗓音特征时,近来多采用最新的数字图像分析技术来进行客观的检测。我们在研究中就采用了三种客观检测法:内窥镜、声学和电声门图测试。从中获得的信息有助于喉科医生和嗓音病理医师对喉部疾病作出正确诊断,并且跟踪治疗的全过程。该系统还能打印出分析结果和彩色图像,以备病人今后留用。

由于喉的功能具有多维性,因此喉科医生和嗓音病理医师也需要有多维的客观检测方法,为诊断喉部疾病或跟踪治疗过程提供大量的、综合的信息。内窥镜计算机图像处理系统所包括的内窥镜、电声门图和声学检测就是典型的多维检测方法。但我们在将此项技术应用于临床之前,必须要搞清楚喉部功能和嗓音质量的评估与客观信息之间存在着何种联系。

内窥镜能用来观察声带复杂的振动过程,通过它甚至还可以作出病因的诊断,并且来判断病变的范围与深度。随着数字式图像分析技术在临床的深入应用,喉镜图像不仅可以贮存和打印,还可以进行分析,使得喉科医生能获得更多、更有价值的信息,有利于正确的诊断。仅靠常规的检查方法是不够的,将内窥镜应用于临床非常有必要。

电声门图主要是测试声带接触时的喉部运动情况,通过电声门图信号还能获得许多有用的参数。例如,接触率(CQ)反映了声带的闭合程度;接触幂(CI)反映了声带振动的对称性;接触率微扰(CQP)和接触幂微扰(CIP)反映了声带振动的规律性。一般来说,CQ主要是反映声带水平方向上的开闭,无论男女,随着发声频率的提高,声带被拉长,双侧声带接触面积减小,闭合度降低,CQ值下降。CI在一定程度上体现了声带开闭运动在垂直面上的相位差,该参数对声带麻痹非常敏感。如果声带的关闭和开放有规律,微扰量就低,即CQP和CIP的值较小,而病理嗓音大都有较高的CQP和CIP值。

声学测试主要是对发声功能和嗓音质量进行评估。病理嗓音常常夹杂着过量的噪声成分,由声门关闭不全或声带的各种损伤引起。而我们早已知道,气息声程度与嗓音信号中的噪声成分密切相关。在功能过强的发声障碍中,基频偏高,并且高频区域存在着噪声成分。因此一般来说,病理嗓音有着较高的噪声能量(NNE)、基频微扰(jitter)和振幅微扰(shimmer)值。经临床实践证明,基频微扰主要反映粗糙声的程度,振幅微扰主要反映嘶哑声程度,噪声能量主要反映气息声程度,而嘶哑声是气息声和粗糙声的组合。

由于喉的功能和嗓音具有多维性,因此仅用一种测试的手段是不足以全面反映病理嗓音的,采用多种测试手段的多维分析在描述病理嗓音方面将更为准确。我们的临床研究表明,内窥镜计算机图像处理系统是一套很有价值的诊断工具。声学和电声门图测试在常规的临床检查中,是对内窥镜检查的实质性补充。

一、需要考虑的事项

1. 比如,如何处理可能的声带麻痹:

(1) 病人提高音调时会有什么情况发生?

(2) 黏膜波是否减小了?

(3) 病人在提高响度时,是否声嘶力竭?

(4) 构状软骨是否脱臼或固定?

(5) 振动是否不对称?

2. 比如,如何处理可能的声带结节:

(1) 损伤处是否柔软?

(2) 关闭相是否显得很长?

(3) 开始发声时,有无功能亢进现象,或者声带组织有无机械性损伤?

(4) 振幅是否有过分的表现?

(5) 是否去除声带肿物?

(6) 在声带振动的表面是否有坚硬物?

因此,医生必须充分考虑病理与外在表现形式的关系,得出正确的诊断和最佳的治疗方案。

二、视觉反馈

内窥镜的记录不但在诊断上有很大的作用,而且还有利于在改变运动方式上的治疗。视觉反馈对于喉部功能亢进和运动障碍病例特别有用。对于生理检查,最重要的是把视频监视器放在医师和病人都能看见的地方。看见喉部后,就可开始治疗。首先,可以把喉的结构显示给病人看。然后,给病人的解释应尽可能简单,并告诉病人如何改正自己的行为,即重新改变通常的做法来达到正确的行为。例如,一个关闭相较长的病人会有机械损伤,对于他,应该先从发一个轻音/h/开始,同时就可让他看到减小的关闭相。对于有反常的声带运动的病人,需要让他们认识到如何控制声门的打开,视觉反馈的图象对于发声时有明显声门裂缝的病人是很有用的。医师在认识到病人已经了解目的后,就可以让他(她)慢慢地从一种行为改变到另一种行为。使用这种方法的医师发现,这种方法可以加快治疗效果,达到预期目的。它激发了病人的积极性,帮助他们增加了对喉的知识。使用这种技术的医师,应该尽可能快地减小反馈的影响,以避免病人过多的依靠视频图象,且应该把重点放在发展对肌肉运动和本体感应的反馈上。

三、 解释数据

对于其他过程来说,解释数据需要更多的技巧,它需要集成化的知识,包括疾病、解剖学、生理学、发声和其他对系统功能的认识的知识。没有可观的实践而得出正确的可靠的数据,这是不可想象的。通常通过20小时的观察训练,对称性、关闭相、声带振动的幅度、黏膜波和关闭模式,这些现象都可以达到90%的一致或者更高。而要接近完全一致的水平则需要更多的训练。要达到这些水平,必须观察许多不同的内窥镜记录,包括不同年纪的正常的男人或女人,以及不同病理条件引起的表面与内部的不同。

四、 时 间

目前医学检查的真实情况取决于检查的时间和记录,如果我们不能进行合理的管理,我们就会对内窥镜评论报告有所疏忽。分配给内窥镜检查的时间必须足够长,以便可以得到精确适当的病人喉部和嗓音的记录。但是考虑到费用和不方便之处,检查的时也不能过长。完成一个治疗过程所需的时间依靠许多因素:病人的解剖学结构、病人听从指导的能力、主要诊断医师的能力、病理学指导方案。对于一个相同元音的大略评估程序,整个记录程序大约需3—10分钟。对于其他需要治疗、试验或观察喉部动力学的项目,这就需要更多的时间。记录结束后,应再把所记录的内容检查一遍并评定等级,然后放入病人病例。约需10分钟来完成这一步骤。

五、 临床应用价值的探讨

为了评价频闪喉镜计算机图像处理系统在诊断喉部疾病时所起的作用,我们对一百例喉病患者进行了定量的频闪喉镜检查和声学、电声门图的同步测试。频闪喉镜计算机图像处理系统提供给喉科医生大量的具有诊断价值的信息,如基频、开放商、接触率、声门噪声、声带振动时的声门面积变化等。我们发现:在百分之十四的病例中,定量分析数据为诊断带来了极大的帮助,改变了喉科医生对十四个病人的诊断意见,使得六个病人避免了手术,另将八个病人从嗓音训练和药物治疗改为手术治疗。吸气时声带的长宽比(RLW)是个很有用的参数,尤其适用于喉返神经麻痹患者。我们的研究进一步表明,频闪喉镜计算机图像处理系统所提供的分析数据在临床诊断上具有重要的意义,声带的非对称性振动往往说明需要手术治疗,而非保守治疗,对黏膜波的观察更为药物治疗或手术治疗提供了依据。声学和电声门图测试在常规的临床检查中,是对内窥镜检查的实质性补充,特别能够捕捉间接喉镜检查时易遗漏的声带下缘或前联合的病变。

1. 方法
(1)仪器

计算机多媒体技术和内窥镜结合的这项新技术,已经在喉部疾病的诊断和治疗中得到应用,使喉科医生和嗓音病理医师能更好地合作。频闪喉镜计算机图像处理系统包括一个频闪光源(Bruel&Kjaer,model 4914)、电声门图(FJ Electronics,modelEG80)、临床软件"Dr. Speech"(Tiger DRS,ScopeView 内窥镜诊察仪),以及一只内窥镜(纤维喉镜:Olympus ENF - P2 或硬管喉镜:Machida LYCS30)(连接到一个内窥镜摄像头(Medical Dynamics 5410)上)。

(2)步骤

一百例病人分别患有功能性或器质性的喉部疾病。病人舒适地坐在检查椅上,喉科医生先对每个病人都作出一个初步的诊断并提出治疗意见(不通过频闪喉镜计算机图像处理系统),留下简要的记录,然后对每个病人都进行频闪喉镜计算机图像处理系统检查,同时也有电声门图和声学测试。向病人说明检查目的后,我们仔细地将电声门图的电极放置于其甲状软骨翼板的两侧(靠近声带的位置),要求病人尽可能以舒适的音调和响度发持续的元音/i/或/æ/。我们在频闪光源下录取喉部图像,同时也获取声学和电声门图的信号,这些都重复进行,直至录到令人满意的结果为止。这要求图像稳定,至少有四个连续的声带振动周期,并有相应的电声门波以用于临床定量分析。检测后立即能获得大量的具有临床价值的客观信息、通过数字式图像分析技术获得的喉部图像信息、通过数字式信号处理技术获得的声学和电声门图信息。

2. 结果

频闪喉镜计算机图像处理系统共检查了100病例,其中声带麻痹8例、声带小节12例、声带囊肿7例、声带息肉9例、喉癌27例、喉外伤7例、喉乳头状瘤4例、声带沟3例,喉炎14例、神经性发声障碍9例。系统不仅获得了每个病人的基频、接触率、开放商、噪声能量等参数,还可以细致观察声带的振幅、黏膜波,以及振动的对称性和闭合相位。最后,这些检测结果使喉科医生改变了对原先14个病例的诊断意见。该系统还有助于鉴别声带的差异。

经过频闪喉镜计算机图像处理系统检查后,每个病人都有一份完整的临床报告。通过研究我们发现:频闪喉镜、声学和电声门图这些客观检测方法,显著地提高了病人的确诊率。例如,有8个病人,最初治疗方案是嗓音训练和药物治疗,检查后改为手术治疗;另有6个病人原先被建议做手术,检查后得以避免。这14个病人最初和最终的诊断结果都记录于表12.1。从表中可以看到,在用这套系统检查之前,有相当数量的声带沟被漏诊,或者被误诊为声带息肉;有的乳头状瘤或囊肿被误诊为声带小节;甚至还有一例早期喉癌被漏诊;当然也有黏膜增厚被误诊为喉癌。共有6个病人避免了无谓的手术。频闪喉镜计算机图像处理系统对黏膜波的观察更加清楚,有利于诊断声带有无病理变化。

表 12.1　用频闪喉镜计算机图像处理系统检查的前后比较

例数	性别	手术	最初诊断	最终诊断	频闪喉镜计算机图像处理系统的检查项目
1	男	是	嘶哑,无病变	声带沟	基频,开放商,噪声,振幅,对称性,黏膜波
2	女	是	嘶哑,无病变	喉癌	基频,开放商,噪声,对称性,闭合,黏膜波
3	女	是	声带息肉	声带沟	基频,开放商,接触率,振幅,对称性,黏膜波
4	女	是	声带小节	乳头状瘤	基频,开放商,接触率,闭合,对称性
5	男	是	声带小节	囊肿	基频,开放商,接触率,振幅,对称性,黏膜波
6	女	是	声带小节	乳头状瘤	基频,开放商,接触率,对称性,闭合,黏膜波
7	男	是	嘶哑,无病变	声带沟	基频,开放商,噪声,振幅,对称性,黏膜波
8	女	是	声带息肉	囊肿	基频,开放商,接触率,振幅,对称性,黏膜波
9	女	否	声带息肉	声带小节	基频,开放商,接触率,振幅,对称性,黏膜波
10	女	否	单侧息肉	声带小节	基频,开放商,接触率,振幅,对称性,黏膜波
11	男	否	复发息肉	外伤性疤痕	基频,开放商,接触率,振幅,对称性,黏膜波
12	女	否	喉癌	炎性疤痕	基频,开放商,噪声,对称性,相位,黏膜波
13	女	否	喉癌	炎性疤痕	基频,开放商,接触率,振幅,对称性,黏膜波
14	男	否	复发癌	黏膜增厚	基频,开放商,接触率,对称性,黏膜波

我们还发现:通过频闪喉镜计算机图像处理系统获得的分析数据,对单侧喉返神经麻痹的诊断特别有效。例如,我们发现100个病人中有8个单侧喉返神经麻痹患者,分析数据见表12.2。在这些病人中,两侧声带的长宽比(RLW)差异很大,开放商(OQ)较大,声门噪声(NNE)亦偏高,基频(F0)低而基频微扰(Jitter)较大。此结果为诊断这类疾病带来了特异性。还可以通过喉镜图像来观察声带的闭合、对称性、周期性、黏膜波、振幅和相位。声带的非对称性振动往往说明需要手术治疗,而非保守治疗;对黏膜波的观察更为药物治疗或手术治疗提供了依据。

表 12.2　单侧喉返神经麻痹患者的数据分析

单　侧 声带麻痹	长宽比 （左）	长宽比 （右）	高宽比	开放商 （%）	基频微扰 （%）	噪声能量 （dB）	基频 （Hz）
病人 1(男,32 岁)	6.64	9.91	12.3	52.1	1.83	−5.2	112
病人 2(男,24 岁)	1.42	3.31	10.6	62.4	0.71	−0.9	105
病人 3(男,55 岁)	3.22	5.44	7.7	57.5	2.63	−9.5	102
病人 4(男,47 岁)	6.01	7.88	8.5	61.9	0.52	−8.3	98
病人 5(男,37 岁)	3.55	5.66	11.2	47.8	1.2	−7.5	107
病人 6(男,21 岁)	6.44	2.11	9.9	77.5	2.7	−6.2	150
病人 7(男,44 岁)	4.82	2.37	6.7	63.9	0.9	−4.3	180
病人 8(男,57 岁)	3.77	1.25	8.9	75.6	1.7	−7.2	159

3. 讨论

频闪喉镜计算机图像处理系统所提供的喉镜图像、声学和电声门图信号,对于临床的意义在于：使喉部疾病的诊断和治疗前后的比较有了更为可靠的依据。该系统在临床中常用于对各种症状进行评估,并帮助医生由此得出诊断意见,当喉部疾病被确诊以后,也有助于制定治疗方案。在研究喉的功能和嗓音特征时,近来多采用最新的数字式图像分析技术来进行客观的检测。我们在这次研究中就采用了三种客观检测法：频闪喉镜、声学和电声门图测试。从中获得的信息有助于喉科医生和嗓音病理医师对喉部疾病作出正确诊断,并且跟踪治疗的全过程。该系统还能打印出分析结果和彩色图像,以备病人今后使用。

由于喉的功能具有多维性,因此喉科医生和嗓音病理医师也需要有多维的客观检测方法,为诊断喉部疾病或跟踪治疗过程提供大量的、综合的信息。频闪喉镜计算机图像处理系统所包括的频闪喉镜、电声门图和声学检测就是典型的多维检测方法。但在将此项技术应用于临床之前,必须要了解喉部功能和嗓音质量的评估与客观信息之间存在着何种联系。下面是这三种客观检测法的临床意义和结论。

频闪喉镜能用来观察声带复杂的振动过程,通过它甚至可以作出病因的诊断,并判断病变的范围与深度。随着数字式图像分析技术在临床的深入应用,喉镜图像不仅可以贮存和打印,还可以进行分析,使喉科医生能够获得更多、更有价值的信息,有利于正确的诊断。从表 12.1 可见,高误诊率证明,仅靠常规的检查方法远远不够,将频闪喉镜应用于临床很有必要。而且,这套系统加强了病人的参与性。

第五节　病人档案管理

至少应该保存一种病人记录：(1)一张清单,有或没有视频打印均可。(2)一张详细的计算机打印报告。本书附录 6 可供参考。这些报告不是相互排斥的,它们的组合比较就给治疗带来很大帮助,也能推动与其他医务工作者的交流。清单性的表格具有费时少这一优点,这对于与熟悉于解释动态喉镜的结果的人交流来说是有用的记录手段。更详细的叙述对于那些需要内窥镜与详细叙述的帮助的人来说是必需的。

第六节　内窥镜检查的一些典型病例

我们描述了一些声带振动的病例。图 12.18 显示的是双侧硬性小结。图 12.19 是双叶血管性息肉。图 12.20 显示的是息肉。图 12.21 显示的是扁平溃疡性肉芽肿。图 12.22 显示的是血管病理。图 12.23 显示的是雷氏水肿 3 期。图 12.24 显示的是慢性喉炎、霉菌。图 12.25 显示的是喉蹼。图 12.26 显示的是声带沟。

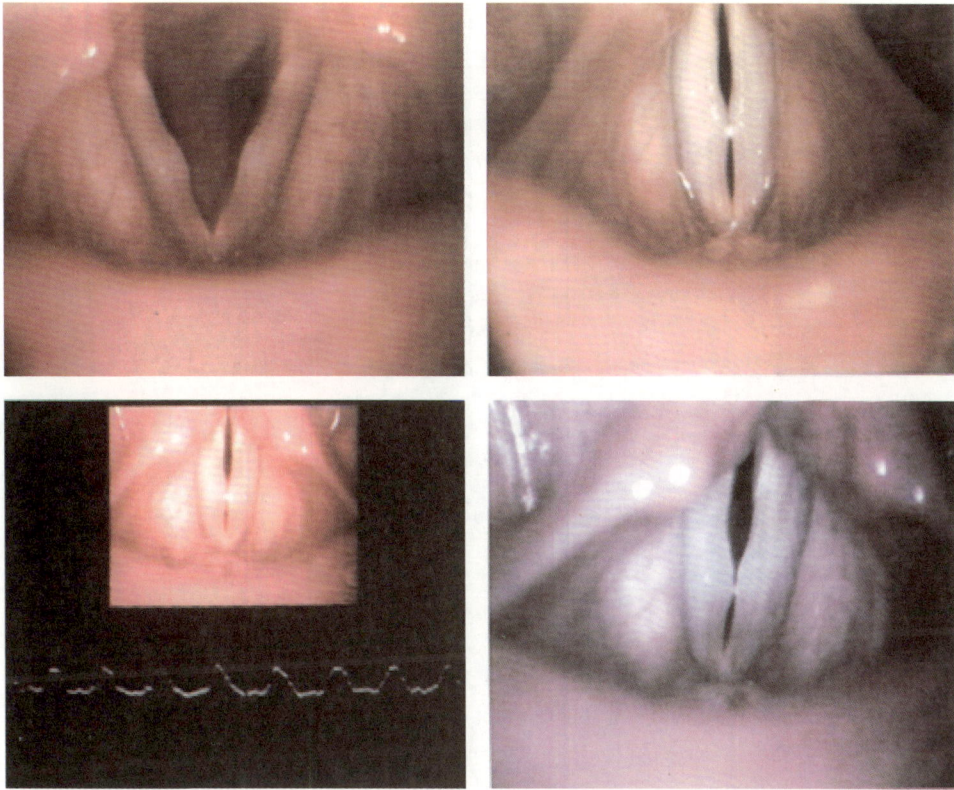

图 12.18　双侧硬性小结(动态喉镜和电声门图)

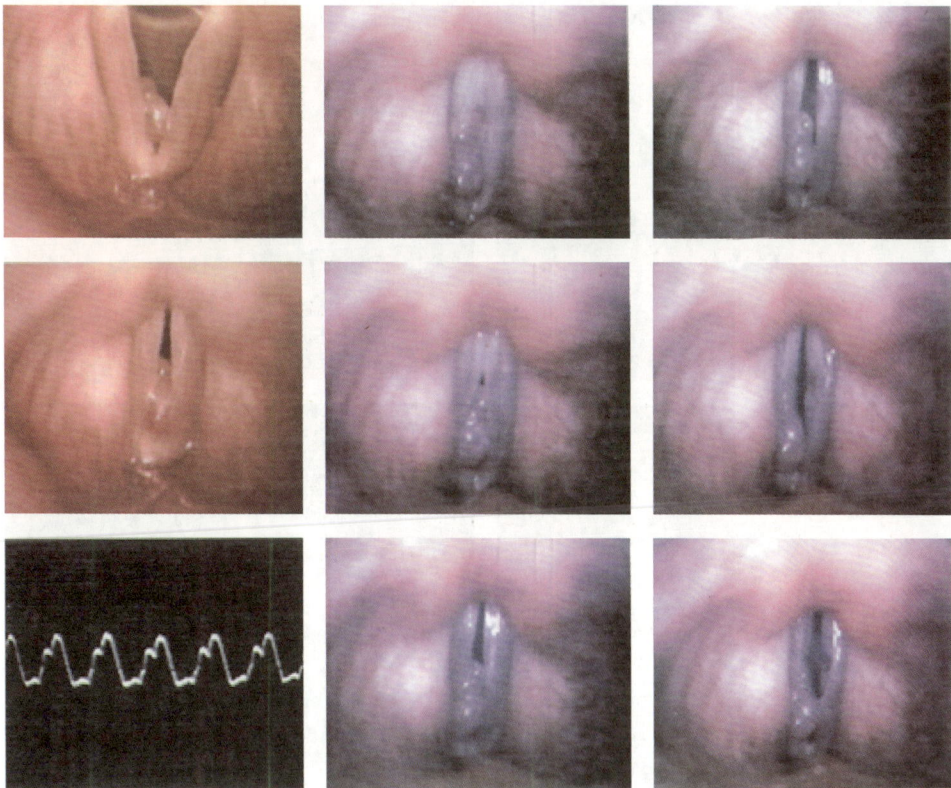

图 12.19　双叶血管性息肉(动态喉镜和电声门图)

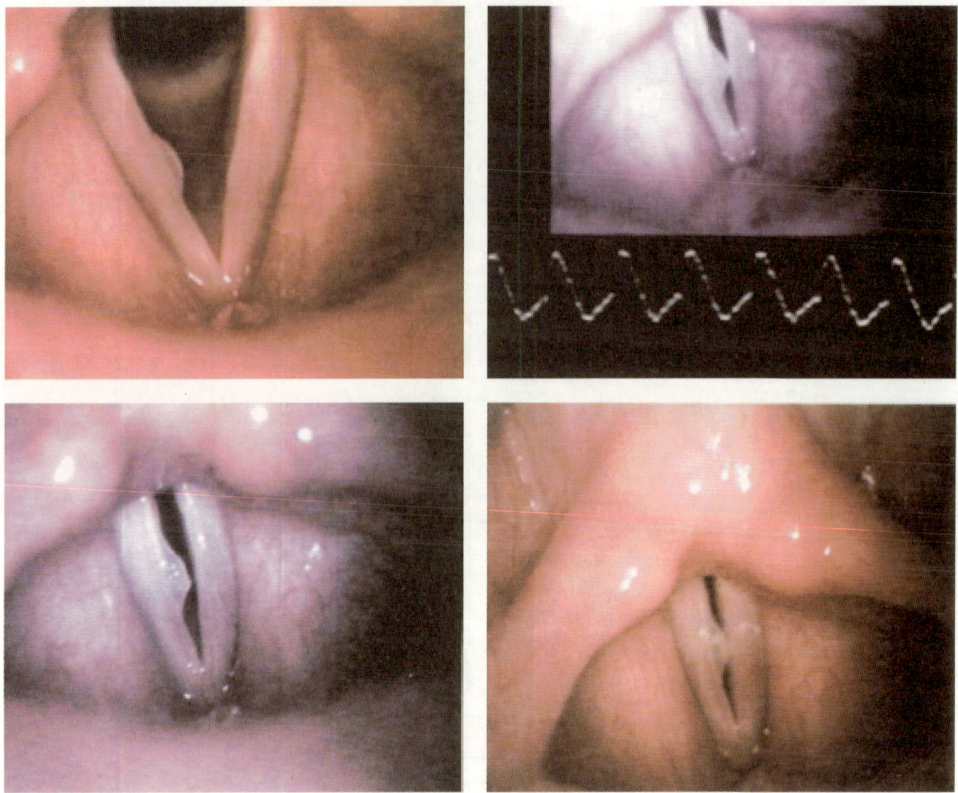

图 12.20　息肉(动态喉镜和电声门图)

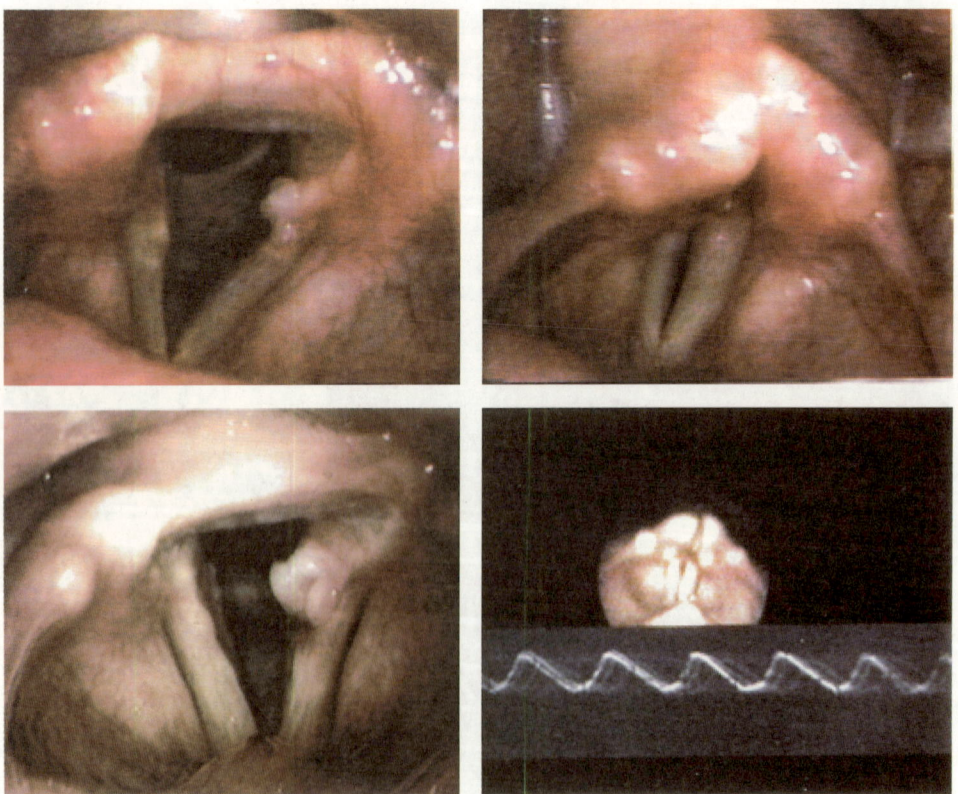

图 12.21　扁平溃疡性肉芽肿(动态喉镜和电声门图)

　　　　　　　　言语治疗学

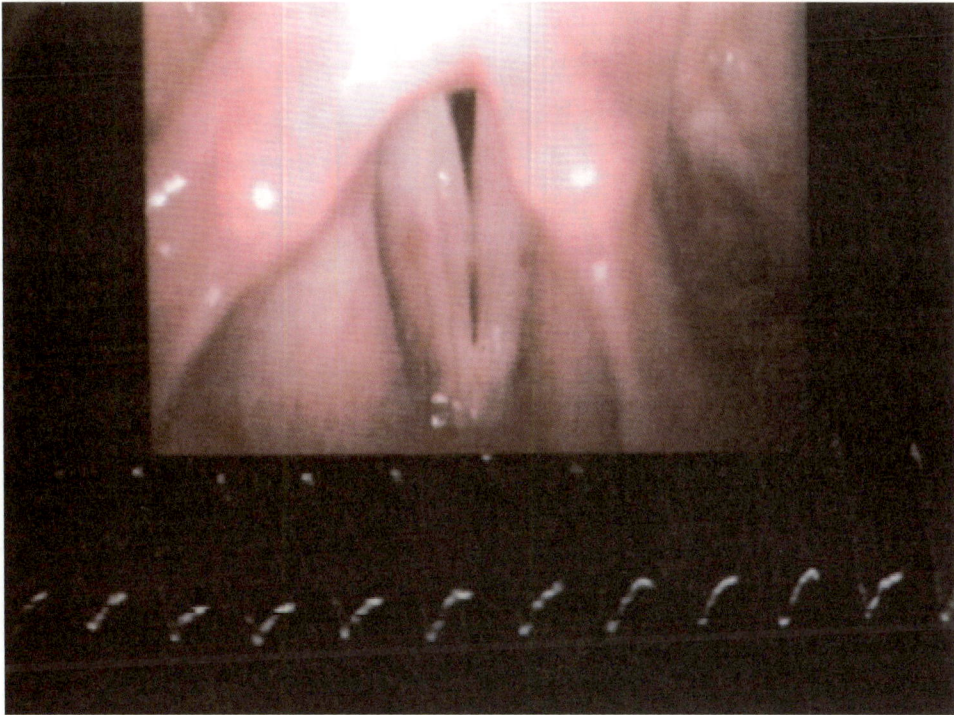

图 12.22　血管病理动态喉镜和电声门图(微静脉曲张,血管瘤)

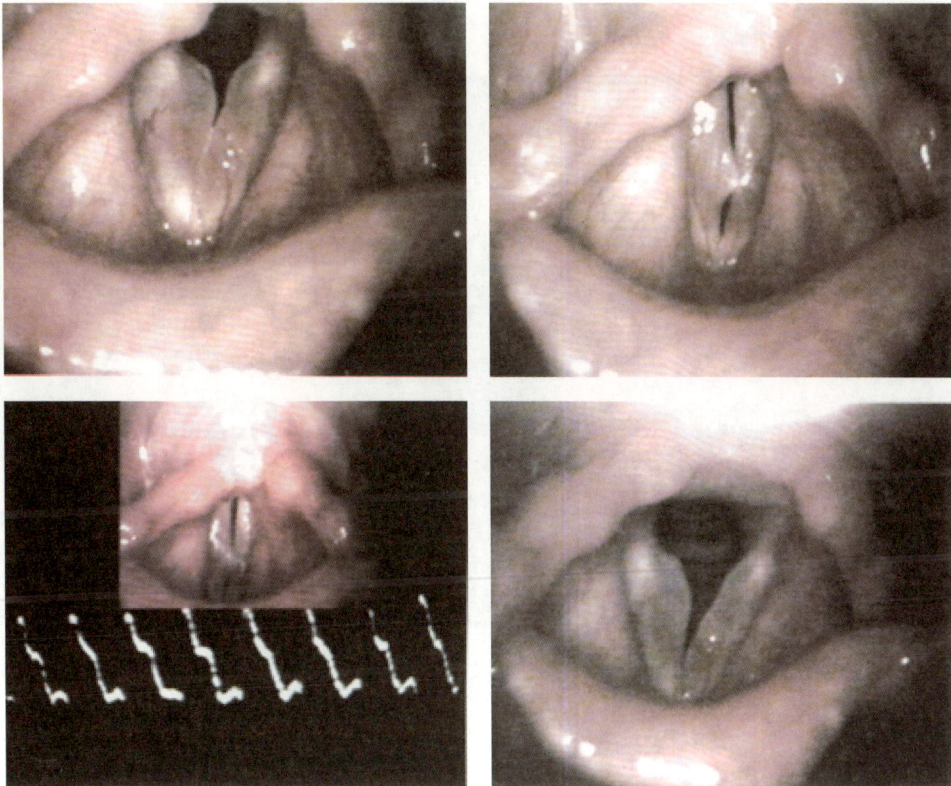

图 12.23　雷氏水肿 3 期(动态喉镜和电声门图)

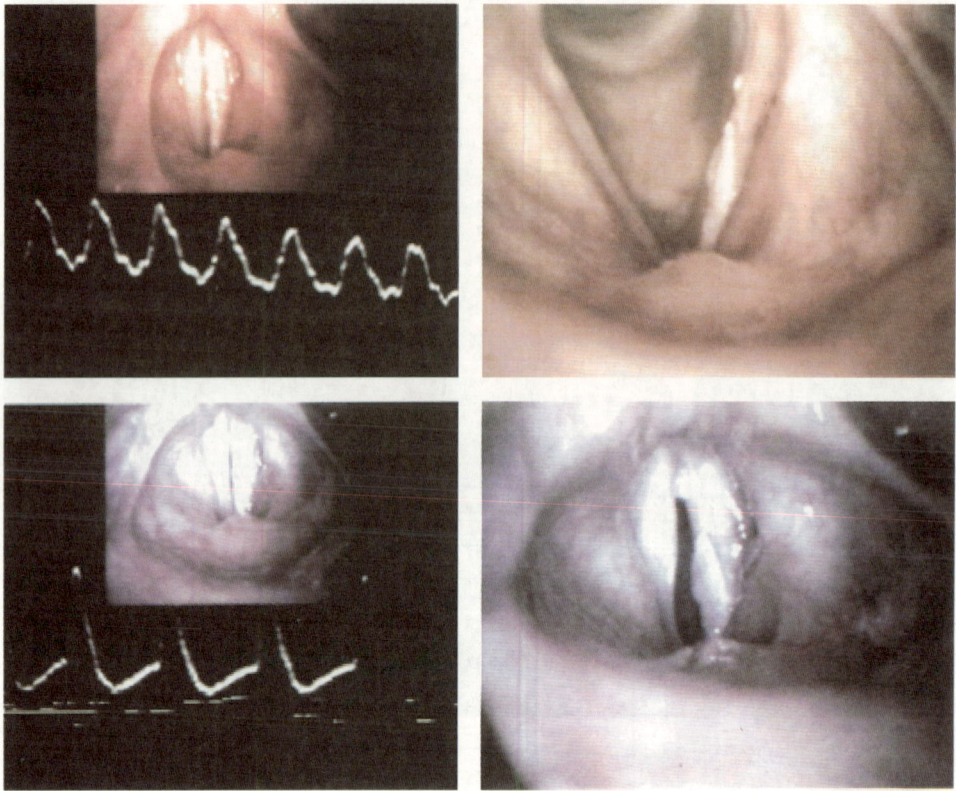

图 12.24　慢性喉炎、霉菌(动态喉镜和电声门图)

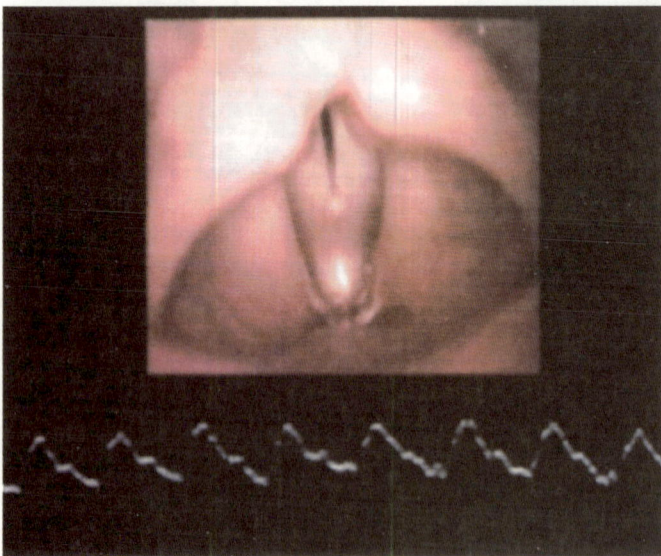

图 12.25　喉蹼(动态喉镜和电声门图)

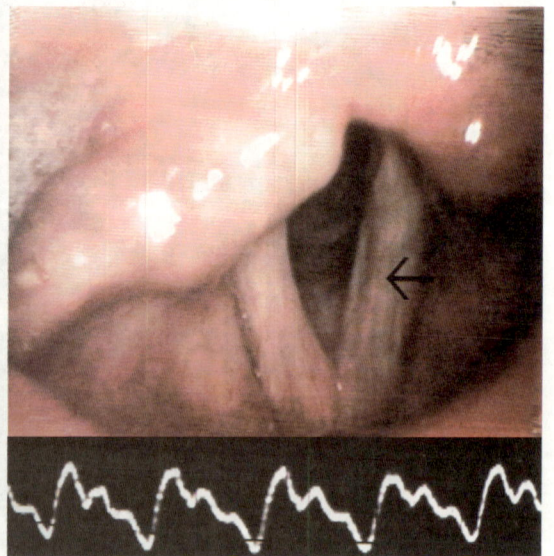

图 12.26　声带沟(动态喉镜和电声门图)

第十三章　共鸣系统与言语

言语的音质在很大程度上取决于咽腔的开放程度、口腔的大小和舌的位置。正常言语要求声道共鸣达到最佳状态，就像拍摄清晰的照片需要良好的聚焦一样。因此，一般采用共鸣聚焦来描述声道共鸣的状态。正确的言语聚焦位于水平线 Z 与垂直线 Y 的交点 X 处（舌面中央），它表明言语产生于口腔的中央，即舌面的上方，如图 13.1 所示。

共鸣障碍是指在言语形成的过程中，由于舌、唇、软腭等共鸣器官的运动异常，导致共鸣腔体积异常，使言语聚焦点出现偏差，从而影响共鸣效果。如果言语产生于 X 点的上方或下方，说明存在垂直聚焦问题；如果言语产生于 X 点的前方或后方，则说明存在水平聚焦问题。

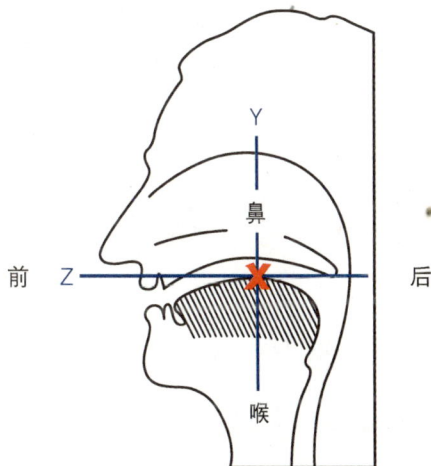

图 13.1　言语聚焦

第一节　共　鸣　原　理

咽腔、口腔和鼻腔构成了声道，它们是重要的共鸣腔。喉部发出的声音通过咽腔，然后进入口腔或鼻腔，上述三个腔体根据自身形状和大小控制声音的共振峰，形成声音的不同声学特性，并输出声波，从而形成不同音色的言语声。

一、共鸣腔

1. 咽腔与共鸣

成年男性声道长度（从声门至口唇部）大约为 17 cm，成年女性声道长度略短。咽腔作为一个肌腱性管道，长约 12 cm，位于颅底部，并向下延伸至第六颈椎或环状软骨下缘平面，与食道相连。咽腔管道上端宽约 4 cm，喉上部宽约 2.5 cm。环绕咽腔的三块咽缩肌对声道的调整起决定性的作用，也可以通过下颌、唇、舌、软腭的运动对咽腔的形状与大小进行调节。

咽腔从下至上被分为喉咽、口咽和鼻咽三部分。喉咽自舌骨向下延伸,鼻咽部从悬雍垂平面向上延伸,剩余的中间部分位于口腔后方,称为口咽部。元音的音色取决于咽腔的共鸣情况。

低频共振峰对声带上方附近横截面积的变化非常敏感,如果该区域较小,则低频共振峰较高,反之则较低。因此,声门上方附近该区域的形状和大小,决定了低频共振峰的频率值,也决定了发出的元音是开元音还是闭元音。一般情况下,个体在成年时咽腔大小不再改变,咽腔共鸣基本不变。

2. 口腔与共鸣

口腔是消化道上端的一个扩大空腔,也是重要的共鸣腔,由上下颌骨、肌肉、血管、神经、黏膜、皮肤及唾液腺等结构组成。口腔前部是嘴唇,唇的正中有能控制嘴唇的活动的唇系带。口腔的两侧壁是颊,在颊黏膜的中央有腮腺导管的开口,由此分泌大部分的唾液。口腔上壁是腭,前部是硬腭,其后部是软腭,在软腭的最后中央是悬雍垂,硬腭和软腭将口腔与鼻腔分隔开。口腔后部与咽部相接,上通鼻腔,下通咽喉,是呼吸及吞咽的必经之路。如图 13.2,A 为硬腭,B 为软腭,C 为咽腔后壁。口腔内有舌和牙齿等。舌的前 2/3 称为舌体,后 1/3 称为舌根。

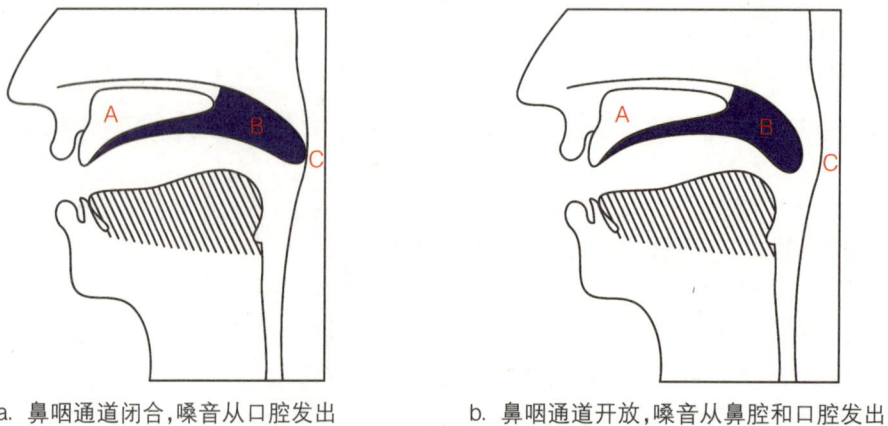

a. 鼻咽通道闭合,嗓音从口腔发出　　　　b. 鼻咽通道开放,嗓音从鼻腔和口腔发出

图 13.2　鼻咽机制示意图

口腔内的共鸣主要依靠口腔腔体形状的改变。构成口腔重要器官之一的下颌骨上附着有大量肌群,控制着口腔开合度,调整着口腔入口处和声道前部大小,对于口腔共鸣起了非常重要的作用。唇部周围有许多肌肉,如口轮匝肌、唇横肌、唇角肌、唇直肌和平行肌等,这些肌肉带动唇部运动,改变唇部形状和唇腔大小,使得声道共鸣腔的第二和第三共振峰频率有所改变。软腭附近的肌肉通过控制悬雍上抬、下降或紧张等来控制鼻音和非鼻音的共鸣。声波从声门处产生,向上经过咽腔后,进入口腔或鼻腔,分别形成口音和鼻音。大部分非鼻音主要通过口腔共鸣产生,如图 13.2a 所示,发非鼻音时,软腭上抬,使腭咽闭合,将口腔与鼻腔分隔开来,喉音(或称喉源音)向上传递至口腔,由口腔发出声音。因此,大部分非鼻音共鸣主要位于咽腔和口腔,即 BC 连线的下方。而口腔中的舌由大量肌束构成,可以向口腔的任意方向移动,并通过改变自身的形状大小和运动方向,改变口腔共鸣及共鸣音质。

3. 鼻腔与共鸣

鼻腔以骨性鼻腔和软骨为基础,表面衬以黏膜和皮肤而构成。鼻腔由鼻中隔分为左、右两腔,每侧鼻腔又可分为前部的鼻前庭和后部的固有鼻腔两个部分,前部的经鼻孔通外界,后部的经鼻后孔通咽腔。鼻前庭是指由鼻翼所围成的扩大的空间,内里衬以皮肤,生有鼻毛,有滞留吸入尘埃的作用。而固有鼻腔是指鼻前庭以后的部分,后方借鼻后孔与咽部相通,形态与骨性鼻腔基本一致,由骨和软骨形成并覆以黏膜。每侧鼻腔均有上、下、内、外四个壁。上壁与颅前窝相邻,由鼻骨、额骨、筛骨筛板和蝶骨构成,筛板的筛孔有嗅神经穿过。下壁即口腔顶,由硬腭构成。内侧壁为鼻中隔,由骨性鼻中隔和鼻中隔软骨共同构成,多见鼻中隔偏向左侧者。外侧壁上有三个突出的鼻甲,由上而下依次为上鼻甲、中鼻甲和下鼻甲,各鼻甲下方的间隙分别叫上鼻道、中鼻道和下鼻道。上鼻甲的后上方的凹窝为蝶筛隐窝。各鼻甲与鼻中隔之间的间隙叫总鼻道。在中、上鼻道和蝶筛隐窝均有鼻旁窦开口,下鼻道还有鼻泪管开口。

鼻腔的能动性和口腔相比,有着明显不足,口鼻之间的通道的大小受软腭的直接影响。汉语中只存在二个鼻声母/m/和/n/,如图 13.2b 所示,此时腭咽部正常开放,软腭放松垂下,使得气流通过鼻腔。共鸣主要位于咽腔和鼻腔,即 BC 连线的上方。另外鼻腔周围开口于鼻腔的骨性含气腔,即 4 对鼻旁窦(上颌窦、额窦、蝶窦和筛窦),同样对发音有共鸣作用。

4. 声道内肌肉的运动

咽腔的横截面积因咽缩肌的收缩而减小,如图 13.3 所示,如果咽下缩肌收缩,喉咽部分的宽度随之减小,这种情况通常出现在发开元音时。发食管音时,咽下缩肌底部也发生收缩运动。

咽上缩肌在言语过程中的运动也较为活跃,根据发音内容的不同,它与软腭一起协同工作,改变腭咽部的形状:发鼻音时腭咽部完全开放,发开元音时腭咽部半开放,发闭元音和辅音时,该通道完全关闭。

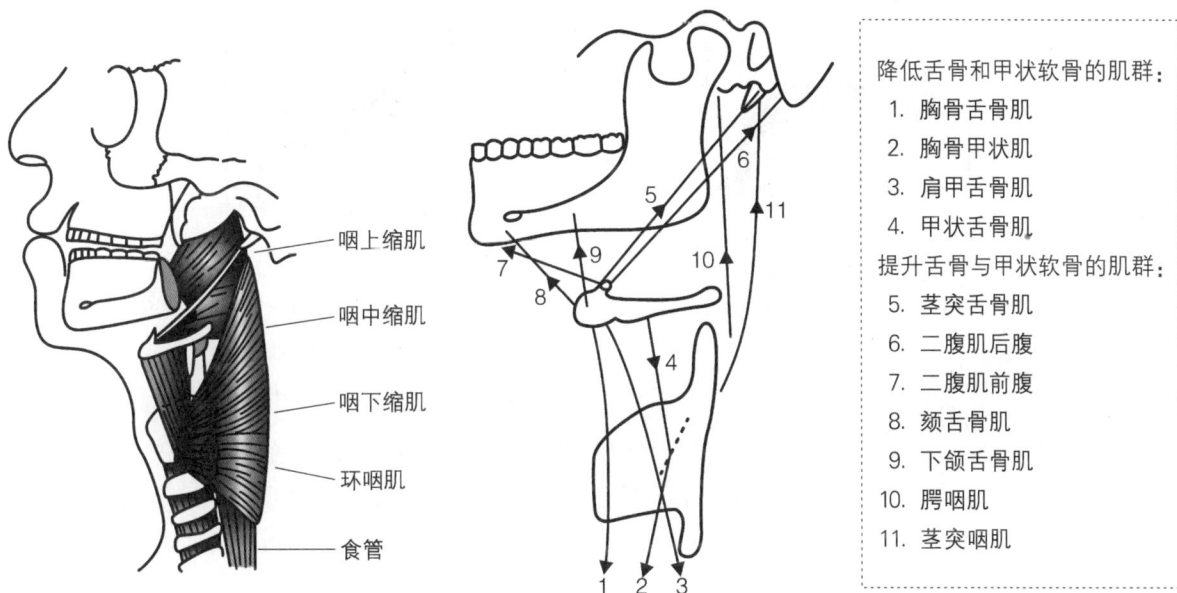

图 13.3　咽缩肌图解

降低舌骨和甲状软骨的肌群:
1. 胸骨舌骨肌
2. 胸骨甲状肌
3. 肩甲舌骨肌
4. 甲状舌骨肌

提升舌骨与甲状软骨的肌群:
5. 茎突舌骨肌
6. 二腹肌后腹
7. 二腹肌前腹
8. 颏舌骨肌
9. 下颌舌骨肌
10. 腭咽肌
11. 茎突咽肌

图 13.4　改变声道长度和大小的肌群

如图 13.4 所示,上述肌群的收缩,会降低或提升舌骨和甲状软骨,从而使声道的长度和形状发生变化。例如,当胸骨舌骨肌(1)收缩时,声道变长,喉腔的位置下降。二腹肌后腹(6)、茎突舌骨肌(5)和下颌舌骨肌(9)的收缩使舌骨向上被拉伸,声道变长。当舌骨受到胸骨舌骨肌(1)、甲状舌骨肌(4)和肩胛舌骨肌(3)的牵拉向下运动,或当喉腔由于受到腭咽肌和茎突咽肌的牵拉向上提起时,声道变短。

二、声道共鸣机理

下颌、唇、舌和软腭等构音器官的运动使声道的大小和形状发生改变,从而使声道共鸣性质发生变化,在声音频谱中的一些频率得到了共振加强,另一些频率则被削弱减幅。这些被加强的频率区域称为共振峰。咽腔的形状和大小决定第一共振峰,口腔的形状和大小决定第二共振峰。在空气容量一定的条件下,共振腔体的体积越大,共振峰的频率值越小。

1. 元音与共振峰

不同元音对应不同的声道形状,也就对应不同的共振峰频率。声道形状取决于以下三个因素的综合作用:舌的前后位置、唇的圆展、下颌的位置。所有的元音都是由声道共鸣而成的,不同的共鸣效果形成了不同的元音。

下颌的打开幅度直接影响咽腔的大小,也会使舌的垂直位置发生改变,因而会改变第一共振峰的值。唇的运动主要是由面神经控制口轮匝肌等肌肉来实现的,唇的圆展会直接影响口腔的大小,进而改变第二共振峰的值。舌是最重要的构音器官,它的运动是多维的,将直接影响咽腔和口腔的大小,从而改变共振峰频率值。

2. 舌位与聚焦

舌的水平和垂直位置直接影响言语的共鸣效应,也称言语聚焦。舌在口腔中的前后位置影响水平聚焦,正常言语时舌位既不能太靠前,也能不太靠后,这时声音听起来浑厚有力。说话时舌部过度向前伸展,即言语聚焦形成于水平线 Z 上 X 点的前方,言语表现为微弱和单薄,这称为**前位聚焦**(如图 13.5 所示);说话时舌位过于靠后,即言语聚焦形成于水平线 Z 上 X 点的后方,言语表现为压抑和单调,这称为**后位聚焦**(如图 13.6 所示)。这两种情况均属于言语的水平共鸣效应异常。

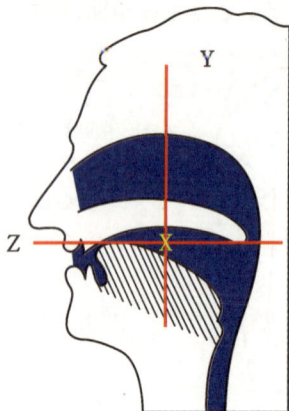

图 13.5　前位聚焦　　　　　　　　图 13.6　后位聚焦

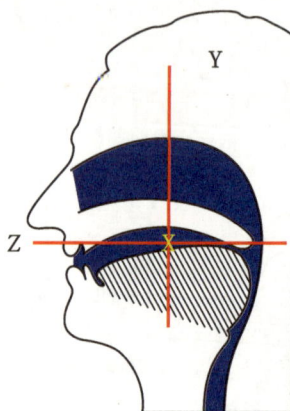

舌位的高低影响垂直聚焦。正常言语时舌位既不能太靠上,也能不太靠下,这时声音听起来自然舒服。说话时舌位过度靠下,即言语聚焦形成于垂直线 Y 上 X 点下方,声音听起来像被牢牢地锁在喉部,这称为**喉位聚焦**。说话时舌位过度靠上,即言语聚焦形成于垂直线 Y 上的 X 点上方,声音听起来很尖、鼻音重,这称为**鼻位聚焦**。

3. 软腭与鼻流量

软腭运动直接调整口鼻腔共鸣。鼻腔共鸣正常时,发非鼻音时软腭上抬,腭咽闭合,将口腔与鼻腔分隔开来,气流主要进入口腔,由口腔发出声音;发鼻音时软腭放松垂下,腭咽正常开放,使得气流通过鼻腔,共鸣主要位于咽腔和鼻腔。不同性别和年龄的正常人群发鼻音和非鼻音时的鼻流量存在正常的参考值范围。

当软腭运动正常时,发鼻音的时候,软腭下降,气流主要从鼻腔经过;发非鼻音时,软腭上抬,气流主要从口腔经过。软腭运动异常时,会出现鼻腔共鸣障碍。说鼻音时,软腭不能准确及时地下降,言语表现为共鸣集中在口腔和喉部,这称为**鼻音功能低下**;说非鼻音的时候,软腭总是处于下降状态,以致大量气流通过鼻腔,言语表现为鼻音较重、共鸣集中在鼻腔和头腔,这称为**鼻音功能亢进**。

第二节　共鸣系统

人类的构音器官能够产生多种声音:一些声音用于口语交流,因此被称为言语声。如何精确地构建并发出言语声,这点很重要,因为言语清晰度完全取决于说话者在呼吸(respiration)、发声(嗓音、phonation)和共鸣(resonance)过程中对相关肌群协调功能的控制程度。

图 13.7 显示共鸣系统中的构音器官（唇、下颌、舌、软腭和咽腔等）与喉相连的结构，该图解显示了呼吸期间处于矢状位的构音器官，即嘴唇闭合，悬雍垂的位置较低，鼻腔与口腔相通。构音是唇部、下颌、舌、软腭、悬雍垂以及咽腔等之间的一个协调过程。构音系统各个器官的运动在时间上必须同步，在位置上必须十分精确，在声道处应产生准确的横截面积，这样我们就能获得所需要的目标音位。

可以认为，在构音过程中，言语声形成于声道，声道可被理解为声带、口唇和鼻之间的共振腔，而喉腔只负责产生喉元音。咽腔、口腔和鼻腔构成了声道，它们都是共鸣的器官，在言语中起着重要的作用。声门气流（喉音）自声带产生后，向上进入声道。经过声道内气体分子的压缩和稀释，声道共鸣特征得到改变并产生、输出声波。声道可以被概念化地看作一个空心管，包括了一些阀门，可以各种方式打开或关闭使气流通过（见图 13.8）。这些阀门由构音器官构成，在不同程度上组合并在不同通道中分开，用特定的方式来压缩和阻塞气流。

在声道中共有四个阀门，第一个是唇阀，由上下唇构成。上下唇能完全接触到彼此，也能轻轻靠拢但不紧闭或者接触牙齿。

第二个阀门是舌阀，由舌构成。舌是一个极其灵活和多用的器官，可以在口腔内外快速地运动，触碰或接近许多其他不同的结构，形成不同的发音部位。例如，舌能与牙齿、牙槽嵴、硬腭、软腭全面接触或者与其靠得很近。舌也可以在口腔外的上下牙齿之间突出，形成另一种让声波传递的输出。舌也能改变自身的形状，影响气流。

第三个阀门是腭咽阀，由软腭及咽部后壁和侧壁构成，这个阀门对言语产生气流进入鼻腔（或口腔）有着十分重要的作用。

第四个阀门是喉阀，由声带构成。这个阀门在起音过程中有着重要作用。声带振动产生浊音，而对于清音，这个阀门必须始终打开使得气流持续进入声道。

有声语言反映了由特定的阀门气流形成的各式各样的复杂的周期性和非周期性声音。在声道中的发音方式和发音部位决定了辅音和元音的基本系统。

通过构语器官的活动，声道的大小和形状发生了改变，声道的共鸣特征（即声道共鸣曲线）发生了变化，因而在声音频谱中的一些频率得到了共振加强，而另一些则被削弱，这些被加强的共振的频率域称为共振峰。了解共振峰频率之间的相互关系对理解韵母（元音）尤其重要。即不同的韵母对应不同的共振峰频率，对应不同的声道形状。

在声道内，构音主要由三个因素决定：舌的收缩位置、舌的收缩程度和嘴唇的收缩。所有的韵母和声母都是根据声道形状和嘴唇的变化而形成的。舌是用途最多的构音器官。通过舌外肌的运动，舌可以到达三个主要位置：前上方（如 /i/），后上方（如 /u/），下方（如 /a/）。另外，舌内肌的运动也可使舌尖抬高或放低，左移或右移。舌是最重要的构音器官，它改变了声道的形状，从而改变了共振峰频率。这对韵母的产生非常关键，因为韵母就是通过共振峰的不同来彼此区分的。舌的运动包括前移后退、抬高放低等各种组合。舌还可以对口腔的气流形成完全的阻碍。辅音的产生，就是由于气流受到阻碍的部位、程度和方式不同。

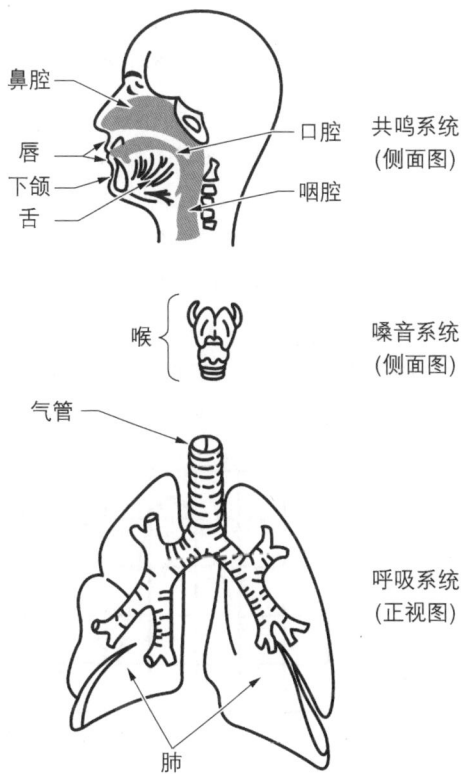

图 13.7　共鸣、发声和呼吸系统

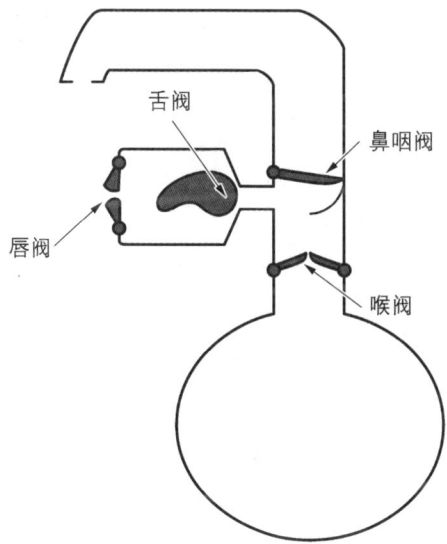

图 13.8　气流运转中声道的阀门概图

唇的运动主要是通过面神经来控制口轮匝肌而实现的,虽然还涉及其他一些唇肌,但影响不大。在构音过程中,上下唇可以完全闭拢(如/p/,/m/等音),也可以不同程度地张开(如/g/,/k/等音)。唇的另一个运动方式是圆唇和非圆唇。圆唇能发/o,ü/,使得声道延长,唇张开度减小,还导致共振峰频率和声音强度的降低;非圆唇能发大部分韵母和零声母,它和圆唇的效果相反,使得声道缩短,唇张开度增大。

从生理运动出发,根据呼出气流的能量转变成声学能量的方式,可以将言语声分成三个部分:

第一部分,韵母被定义为声道畅通(无约束)的言语声。韵母表现为通过声带振动、调制呼出气流的一个准周期过程。声源的声学频谱为准周期性的谐波频谱,即指一种周期性的声音,包括一个基频分量和泛音分量。以/i/为例,声门气流(声门波)的脉冲波形和线性频谱如图 13.9 所示。当声门脉冲通过调整后的声道时,形成如图 13.10 所示的声道形状及其所对应的线性谱,最终产生如图 13.11 所示的声波及其对应的线性谱。

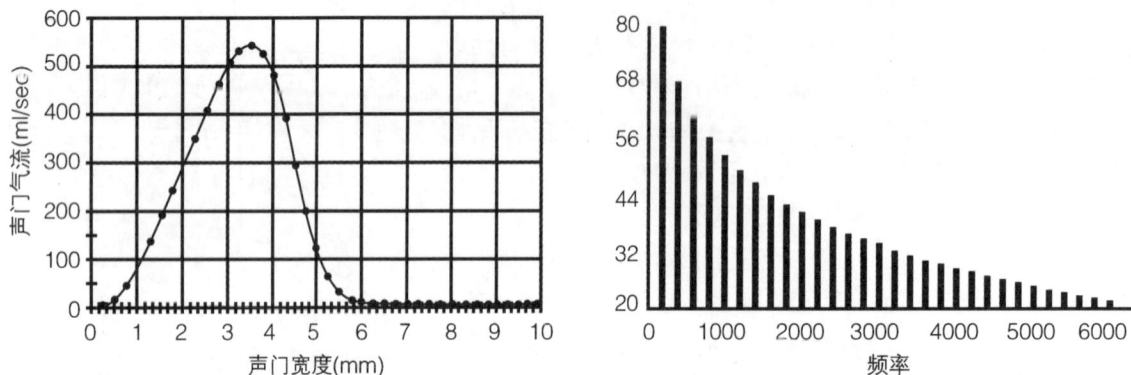

图 13.9　声门脉冲波及其频谱(每倍频程下降 12 dB)

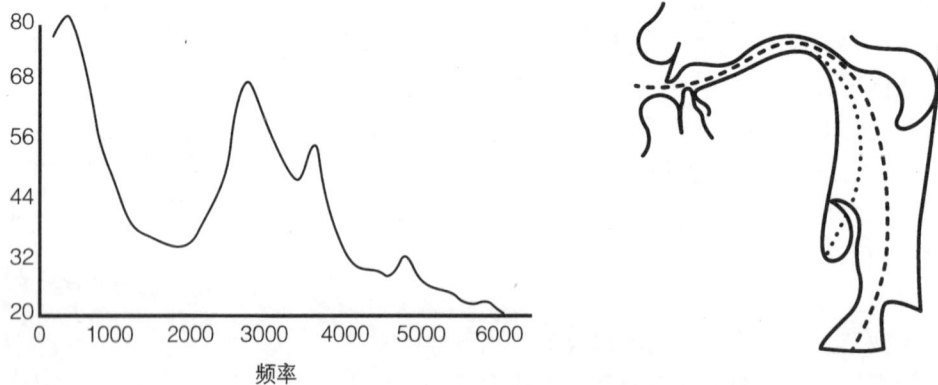

图 13.10　韵母 /i/ 的声道共鸣函数及其形状

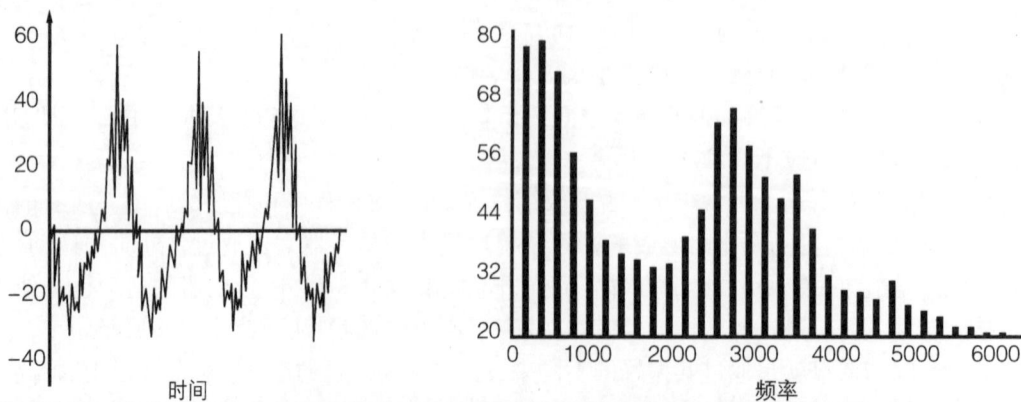

图 13.11　韵母 /i/ 的声波波形及其频谱

第二部分,擦音(fricatives)和边音被解释为在声道某处有约束或障碍的言语声。当呼出的气流通过这一受限处时产生湍流,在声学上导致了不规则的声波。这种声源可以是噪声谱,或可以与周期谱相混合。

第三部分,塞音(stops)被描述成悬雍垂上抬,鼻咽通道关闭,并在口腔某处闭合。鼻音(nasal)被描述成口腔某处闭合,而悬雍垂的位置较低,因此鼻腔通道畅通。塞音可以是送气音(aspiration)也可以是不送气音。不送气的塞音在闭合期间有一停顿期,而送气的塞音在闭合期间存在一种低频能量带。塞音的释放使闭合所建立的空气压力获得缓解,在声学上产生了爆破音,同时也表明准随机噪音的形成。

第十四章 言语共鸣障碍的评估

言语产生在喉部,形成于声道。声道是指由咽腔、口腔、鼻腔,以及它们的附属器官所组成的共鸣腔。当声能脉冲信号通过咽腔、口腔、鼻腔时,会产生不同的共鸣。共鸣系统是言语产生的共鸣腔。它有三种功能:其一,通过舌在口腔内的前后、上下运动改变了声道的形状,从而发出不同的元音;其二,通过软腭悬雍垂向上运动,关闭咽鼻通道形成非鼻音;其三,通过软腭悬雍垂下降,鼻咽部迅速开放形成鼻音。在进行共鸣障碍矫治之前,首先需要进行共鸣功能的评估,关于言语共鸣功能评估的问题有:

1. 共鸣的主观评估;
2. 共鸣的客观测量及其临床应用;
3. 主观评估和客观测量的关系。

这些均是本章要重点讨论的问题。我们需要从整体上讨论我们是如何对共鸣功能进行评估的。也就是说,我们将描述言语共鸣功能的主观评估和客观测量,并提供一个功能评估的框架。然后,我们才能够进一步探索正常和异常言语共鸣功能的评估机制。

第一节 共鸣功能评估概述

在对共鸣障碍进行矫治之前,首先应进行科学的评估,共鸣功能的评估包括口腔共鸣功能的评估和鼻腔共鸣功能的评估,流程如图 14.1 所示。

口腔共鸣功能的评估由主观评估(即听觉感知评估)和客观测量组成。主观评估包括韵母音位、声母音位和会话时的听觉感知评估;客观测量指对汉语核心单韵母/ɑ/、/i/、/u/的共振峰测量,即对这三个核心韵母的第一共振峰 F_1 和第二共振峰 F_2 的频率和幅值的测量(简称 F_1-F_2 测量)。第一共振峰反映咽腔的形状和大小,这与下颌的位置和舌的垂直位置有关,通过测量第一共振峰可以判断患者是否存在喉位聚焦。第二共振峰反映口腔的形状和大小,这与舌的水平位置有关,通过测量第二共振峰可以判断患者是否存在前位或后位聚焦。

鼻腔共鸣功能的评估也包括主观评估和客观测量两部分。主观评估也是通过听觉感知对患者的鼻音功能进行评价。客观测量包括鼻流量检测、口鼻共振峰测量、口鼻能量集中率测量、鼻共鸣增强区测量。结合主观评估和客观测量的结果,可以明确患者否存在鼻音功能异常以及鼻音功能异常的类型,从而为制订相应的治疗方案提供依据。

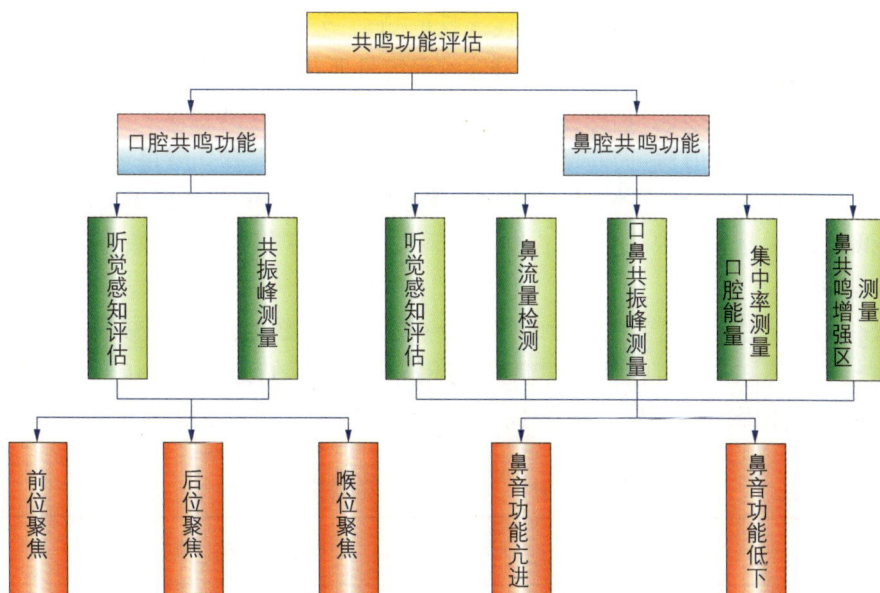

图 14.1　共鸣功能评估的流程图

第二节　口腔共鸣功能的评估

口腔共鸣功能的评估包括主观听觉感知评估与客观测量两部分。听觉感知评估遵循核心韵母——句首声母——句中声母——声韵组合——会话的形式依次递进,使医生对患者可能存在的口腔共鸣障碍获得一个较全面的认识;客观测量以核心韵母的共振峰测量为主。

一、听觉感知评估

汉语普通话中有 6 个单韵母:/α、i、u、e、ü、o/,它们是汉语语音的基本元素,是构成音节的最小单位。从生理的角度,可将这 6 个单韵母从四个维度进行分类,即口腔的开合程度(开、闭、半开、半闭)、舌的水平位置(前、中、后位)、舌的垂直位置(高、中、低位)和唇形(圆、展、自然),如图 14.2a 所示。构音器官的运动和它们的位置,会改变声道的形状和大小,进而改变声道共鸣效果,从而形成不同的元音。在这些运动中,舌的运动对共鸣效果的影响最为复杂,由于其视觉上的隐蔽性,在临床上也被认为是共鸣功能评估和诊断的难点。

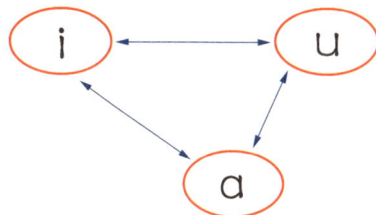

a. 汉语单韵母的分类和位置

b. 核心韵母示意图

图 14.2　韵母示意图

/ɑ、i、u/是三个核心单韵母,它们是最具有代表性的韵母,分别处于口腔中的三个极点位置(前上、中下、后上),发这三个元音时,要求构音肌群协调舒缩的程度最大,因此对这三个音进行听觉感知的评估,就可以大致了解患者的口腔共鸣功能,判断其是否存在口腔聚焦异常及其类型。如图 14.2b 所示,/i/的舌位最高、最靠前,若发这个音的时候,仍能感觉舌位靠后,说明患者可能存在后位聚焦问题;/u/的舌位也是最高的,但其最靠后,若发这个音的时候,仍能感觉舌位靠前、声音单薄,说明患者可能存在前位聚焦问题;而/ɑ/的舌位最低,处于水平轴的中央位置,若发音时感觉舌位过于靠下,声音像埋在喉咙里,则说明患者可能存在喉位聚焦问题。

　　听觉感知评估的方法是:让患者用舒适的方式分别发这三个核心韵母(或模仿发音),然后由言语治疗师对其发音进行听觉感知评估,判断聚焦类型和聚焦等级,填写在表 14.1a 中。其中 0 代表正常,即不存在相应的聚焦问题;1 代表轻度聚焦异常;2 代表中度聚焦异常;3 代表重度聚焦异常。

表 14.1(a)　韵母音位的聚焦评估

	前　位	后　位	鼻　位	喉　位
/ɑ/				
/i/				
/u/				

　　表 14.1b 是一个听觉感知评估的填表示例,该患者发三个核心韵母时,均不存在后位和喉位聚焦问题,但存在前位聚焦问题,其中以/ɑ/和/u/的听觉感知最明显,特别是发/u/的时候,可以明显感觉有发成/e/的现象。必须结合客观测量的结果,才能最终诊断患者的聚焦异常及其类型。

表 14.1(b)　韵母音位的聚焦评估示例

	前　位	后　位	鼻　位	喉　位
/ɑ/	2	0	0	0
/i/	0	0	0	0
/u/	2	0	0	0

　　可以采用表 14.2 进行韵母音位的聚焦评估(口腔共鸣、鼻腔共鸣)。

　　有鼻腔共鸣:发/ɑ/音时,捏鼻与不捏鼻时的发音"有"明显差异;有口腔共鸣:发/m/音时,捏鼻与不捏鼻时的发音"无"明显差异。

表 14.2　韵母音位的聚焦评估示例(口腔共鸣、鼻腔共鸣)

日　期	口腔共鸣	鼻腔共鸣	解　释
例 1	无	无	发/ɑ/、/m/音时,正常
例 2		有	发/ɑ/音时,捏鼻与不捏鼻"有"明显差异
例 3	有		发/m/音时,捏鼻与不捏鼻"无"明显差异

　　可采用表 14.3 进行声母音位的聚焦评估。患者说出下列句子(或模仿发音),然后由言语治疗师进行听觉感知评估,针对句首和句中声母(粗体)分别判断其聚焦类型、聚焦等级(0:正常,1:轻度,2:中度,3:重度)以及错误走向。句首和句中音节的声母分别为b、p、d、t、g、k、h、m、n、l,韵母分别为核心韵母i、ɑ、u。

采用 b、p、d、t 进行前位感知评估,采用 g、k、h、d、t 进行后位感知评估,采用 m、n、d、t 进行鼻喉感知评估,采用 l、d、t 进行喉位感知评估。

表 14.3 声母音位的聚焦评估

句　首　声　母			句　中　声　母		
	聚焦等级	错误走向		聚焦等级	错误走向
判断前位聚焦					
/da/ 大象在跑步。	1	前	/da/ 阿姨请大家吃饭。	1	前
/ta/ 他们在看电视。	1	前	/ta/ 楼房塌了。	1	前
/bi/ 比赛开始了。	2	前	/bi/ 小朋友在比赛跑步。	1	前
/pi/ 皮鞋亮亮的。	2	前	/pi/ 阿姨擦皮鞋。	1	前
判断后位聚焦					
/da/ 大象在跑步。			/da/ 阿姨请大家吃饭。		
/ta/ 他们在看电视。			/ta/ 楼房塌了。		
/gu/ 鼓声震耳欲聋。			/gu/ 狗吃骨头。		
/ku/ 枯黄的叶子落在地上。			/ku/ 妹妹哭着要娃娃。		
/hu/ 湖面上有条船。			/hu/ 我们去西湖划船。		
判断鼻位聚焦					
/da/ 大象在跑步。			/da/ 阿姨请大家吃饭。		
/ta/ 他们在看电视。			/ta/ 楼房塌了。		
/mi/ 蜜蜂采蜜。			/mi/ 小红在喝蜜糖水。		
/na/ 那是球。			/na/ 哥哥拿书去教室。		
判断喉位聚焦					
/da/ 大象在跑步。			/da/ 阿姨请大家吃饭。		
/ta/ 他们在看电视。			/ta/ 楼房塌了。		
/la/ 喇叭吹响了。			/la/ 我要蜡笔。		

二、共振峰测量

共振峰的测量是一项重要的评价口腔共鸣功能的客观测量方法。线性预测分析是测量共振峰的常用方法。通过分别测量/a、i、u/三个核心韵母的共振峰频率 F_1 和 F_2,可以定量分析聚焦问题及其程度,还可以对共鸣障碍的治疗过程进行实时监控。

测试时,让患者用舒适的方式发音,采集的声波文件导入"启音博士言语测量仪"(Real Speech™,Dr. Speech™,上海泰亿格康复医疗科技股份有限公司生产)进行线性预测谱分析,可得到三个元音的共振峰数值(F_1 和 F_2)。共振峰频率的测量如图 14.3 所示,共振峰频率的单位为 Hz(赫兹)。

可采用表 14.4 进行韵母音位的后位聚焦评估(一般通过测量/i/的 F_2 是否减小来判定后位聚焦),采用表 14.5 进行韵母音位的全面聚焦评估。

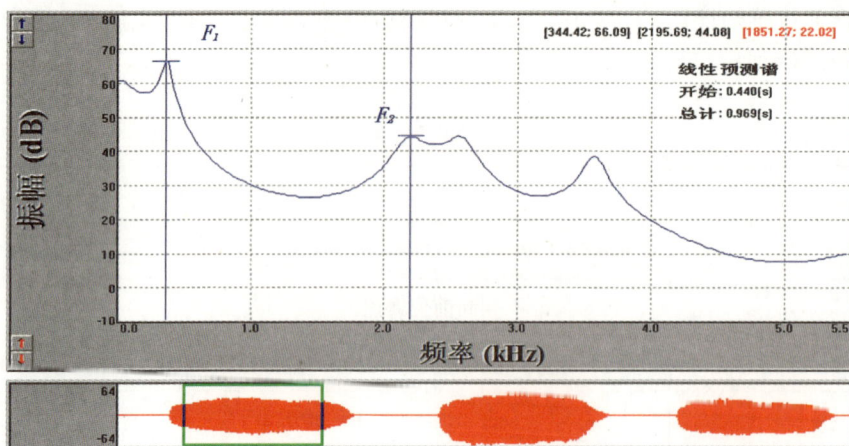

图 14.3　通过线性预测谱对单韵母 /i/ 共振峰的测量($F_1 = 344$,
$F_2 = 2195$ Hz; $A_1 = 66.09$, $A_2 = 44.08$ dB)

（启音博士言语测量仪,Dr. Speech™,上海泰亿格康复医疗科技股份有限公司授权使用）

表 14.4　韵母音位的后位聚焦评估(/i/)

让患者说出/i/(或模仿发音)。

日期	F_2	m−2σ	m−σ	F_2 m(Hz)	m+σ	m+2σ	错误走向
例 1	2900	2807	3097	3387			男 6,后位聚焦
例 2							
例 3							

注意：一般通过测量/i/的 F_2 是否减小来判定后位聚焦。

表 14.5　韵母音位的聚焦评估(全面评估)

	F_1	F_2	A_1	A_2	$A_1 - A_2$	错误走向
/a/						
/i/						
/u/						

第一共振峰 F_1 反映咽腔的大小和共鸣状态受下颌运动情况的影响。当下颌向下运动时,口腔体积增大,咽腔体积减小,则 F_1 增加;当下颌向上运动的时候,口腔体积减小,咽腔体积增大,则 F_1 减少。第二共振峰 F_2 反映口腔的大小和共鸣状态,主要揭示舌的前后运动情况。当舌向前运动时,咽腔体积增大,口腔体积减小, F_2 增加;当舌向后运动时,咽腔体积减小,口腔体积增大, F_2 减少。将测得的 F_1 和 F_2 的值与对应年龄及性别的参考标准值进行比较,就可明确聚焦问题。同时结合共鸣主观评估的结果,可以确定口腔共鸣异常的性质与程度。表 14.6—表 14.8 给出了我国学前年龄段不同性别三个核心韵母共振峰的参考标准。共振峰主要与年龄和性别有关,整体随着年龄的增长,呈逐渐下降的趋势,这与基频有类似的发展趋势。而性别上,男性和女性的共振峰数值也存在差异。

表 14.6　中国人核心韵母 /a/ 的共振峰参考标准(m±σ)(单位：Hz)

年龄(岁)	第一共振峰 F_1					第二共振峰 F_2				
男	m−2σ	m−σ	m	m+σ	m+2σ	m−2σ	m−σ	m	m+σ	m+2σ
3	956	1086	1216	1346	1476	1524	1669	1814	1959	2104
4	988	1082	1176	1270	1364	1505	1633	1761	1889	2017

年龄(岁)	第一共振峰 F_1					第二共振峰 F_2				
男	m−2σ	m−σ	m	m+σ	m+2σ	m−2σ	m−σ	m	m+σ	m+2σ
5	913	1053	1193	1333	1473	1372	1563	1754	1945	2136
6	965	1091	1217	1343	1469	1377	1561	1745	1929	2113
女	第一共振峰 F_1					第二共振峰 F_2				
3	935	1096	1257	1418	1579	1598	1742	1886	2030	2174
4	950	1095	1240	1385	1530	1461	1653	1845	2037	2229
5	967	1095	1223	1351	1479	1562	1694	1826	1958	2090
6	913	1090	1267	1444	1621	1335	1620	1905	2190	2475

表 14.7　中国人核心韵母 /i/ 的共振峰参考标准(m±σ)(单位：Hz)

年龄(岁)	第一共振峰 F_1					第二共振峰 F_2				
男	m−2σ	m−σ	m	m+σ	m+2σ	m−2σ	m−σ	m	m+σ	m+2σ
3	170	292	414	536	658	2796	3052	3308	3564	3820
4	174	260	346	432	518	2767	3035	3303	3571	3839
5	210	253	296	339	382	2723	3033	3343	3653	3963
6	229	255	281	307	333	2807	3097	3387	3677	3967
女	第一共振峰 F_1					第二共振峰 F_2				
3	132	249	366	483	600	2397	2901	3405	3909	4413
4	200	259	318	377	436	3013	3318	3623	3928	4233
5	242	268	294	320	346	2951	3214	3477	3740	4003
6	232	255	278	301	324	2975	3207	3439	3671	3903

表 14.8　中国人核心韵母 /u/ 的共振峰参考标准(m±σ)(单位：Hz)

年龄(岁)	第一共振峰 F_1					第二共振峰 F_2				
男	m−2σ	m−σ	m	m+σ	m+2σ	m−2σ	m−σ	m	m+σ	m+2σ
3	178	325	472	619	766	337	724	1111	1498	1885
4	199	286	373	460	547	378	593	808	1023	1238
5	170	251	332	413	494	224	499	774	1049	1324
6	166	244	322	400	478	418	553	688	823	958
女	第一共振峰 F_1					第二共振峰 F_2				
3	191	312	433	554	675	429	677	925	1173	1421
4	179	277	375	473	571	356	599	842	1085	1328
5	166	255	344	433	522	0	338	834	1330	1826
6	166	275	384	493	602	479	653	827	1001	1175

从对共鸣障碍的诊断来看,共振峰的临床含义是：

(1) 如共振峰值在正常区域内,则基本可确定不存在聚焦问题。

(2) 如/ɑ/的 F_1 值大于参考标准值的上限(m+2σ),即为喉位聚焦。

（3）如/u/的F_2值大于参考标准值的上限（m+2σ），即为前位聚焦。

（4）如/i/的F_2值小于参考标准值的下限（m−2σ），即为后位聚焦。

三、舌位的实时观察

通过核心韵母的F_1-F_2图，可以实时观察舌位，结合主观听觉感知评估，可诊断患者是否存在聚焦问题。图14.4所示的是正常人三个核心韵母的F_1-F_2图，观察可发现/i/的聚焦点集中在前上的位置，/u/的聚焦点集中在后上的位置，而/ɑ/的聚焦点集中在中下的位置。

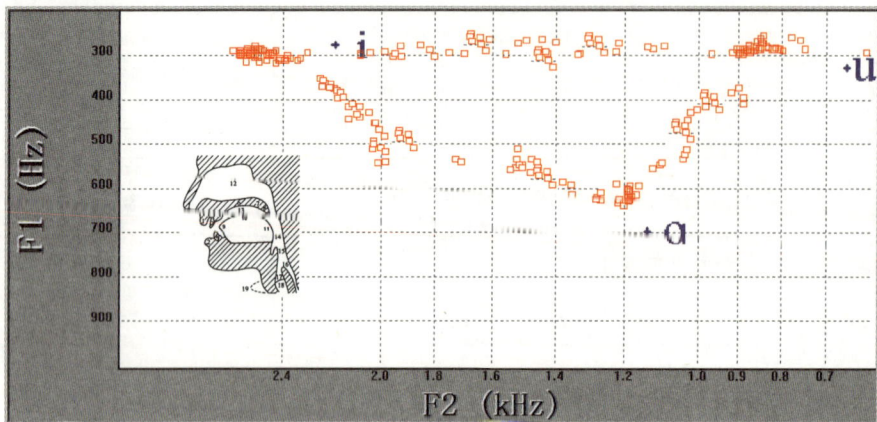

图14.4　通过F_1-F_2图实时观察舌位（*正常聚焦*）

（启音博士言语测量仪，Dr. Speech™，上海泰亿格康复医疗科技股份有限公司授权使用）

如图14.5所示，该患者发音时，/i/和/ɑ/的聚焦点相对正常或偏离不多，而/u/的聚焦点则比图14.4所示位置偏向前方，因此可能存在前位聚焦的问题。

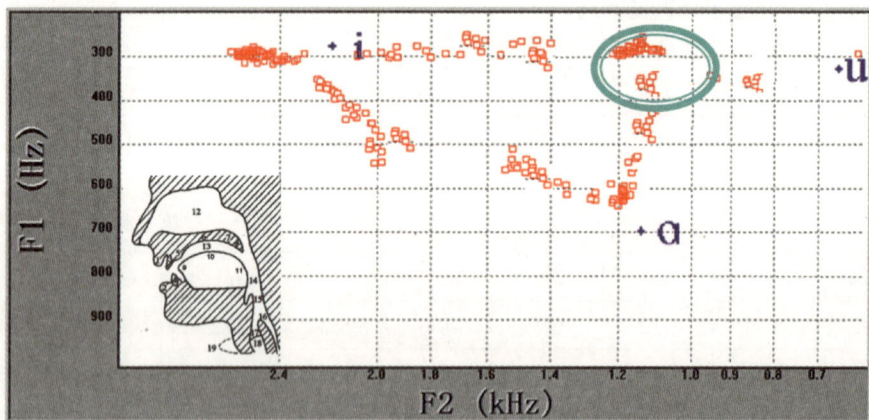

图14.5　通过F_1-F_2图实时观察舌位（*前位聚焦*）

（启音博士言语测量仪，Dr. Speech™，上海泰亿格康复医疗科技股份有限公司授权使用）

第三节　鼻腔共鸣功能的评估

一、听觉感知评估

有两种类型的材料用于鼻腔共鸣聚焦的听觉感知评估：第一种类型用于判断是否存在鼻音功能亢进；第二种类型用于判断是否存在鼻音功能低下。如果通过一般交谈不能确定患者是哪种鼻腔共鸣障碍，那么必须采用这两类材料进行评估。进行听觉感知评估时，可以使用录音笔或计算机录制患者声音。

1. 鼻音功能亢进的评估

大声朗读下面的短文,并做好录音工作。

[儿童篇]

　　一大早,六个月大的宝宝起来了,开始左顾右瞧。这时阿姨走过来,抱起他说:"乖宝宝!"宝宝朝阿姨笑一笑,嘴里咿咿呀呀的,可爱极了。

[成人篇]

　　在大学里,我有一个最要好的校友,我和她的志趣差不多,都爱好跳舞和打球。一大早,我和她一起跑步,读外语。下课之后,我和她一起去打排球,一起在教室自习。大学四载,无忧无虑,快乐无比。

再次朗读短文,但这次在朗读到第二个句子时进行捏鼻朗读,并做好录音工作。

评估结果:这两篇短文都没有鼻辅音,因此在播放录音的过程中,应听不出有任何鼻音的成分。

(1) 如果捏鼻后,患者的声音听起来无明显变化,则说明不存在鼻音功能亢进。

(2) 如果捏鼻后,患者的声音出现明显变化,则说明存在鼻音功能亢进。

2. 鼻音功能低下的评估

大声朗读下面的短文,并做好录音工作。

[儿童篇]

　　尼尼很喜欢将饭含在口中,妈妈骂尼尼,尼尼生气了;明明向尼尼借橡皮泥玩,尼尼拿起橡皮泥就走;妈妈接尼尼晚了,尼尼生气地往前奔,妈妈跟也跟不上。这样的尼尼受人欢迎吗?

[成人篇]

　　清晨,太阳从东边冉冉升起,阳光明媚。奶奶和妈妈领着妹妹前往闹市买奶牛。一路上,妹妹问妈妈:"妈妈,咱们买了奶牛,能天天喝牛奶吗?"妈妈说:"当然能,你每天跟奶奶、妈妈挤牛奶,好吗?"天真的妹妹又问:"我每天喝奶牛的奶,奶牛也是妈妈吗?"奶奶和妈妈全乐了。一家人到了市场,精心选了一头健康的奶牛。妹妹很兴奋,和奶奶、妈妈一同牵着新买的奶牛回农场了。

再次朗读短文,但这次在朗读到第二个句子时进行捏鼻朗读,并做好录音工作。

评估结果:这两篇短文均包含了大量的鼻辅音,因此在捏鼻与不捏鼻时,声音音质应存在显著的不同。

(1) 如果在不捏鼻朗读时听起来鼻音很多,而在捏鼻朗读时,声音音质发生明显变化,说明鼻腔共鸣正常。

(2) 如果捏鼻与不捏鼻两种状态下,声音音质不存在明显的差异,即这两种录音听起来是类似的,说明存在鼻音功能低下。此时,应首先明确是器质性阻塞所致还是功能性问题。

3. 鼻音功能低下的筛查

　　可以采用以下这种简单的方法对鼻音功能低下进行筛查:首先做一次深吸气动作,然后闭上嘴,用手指按住左侧鼻孔,同时让气体缓慢从鼻腔释放,观察气体是否从右侧鼻孔顺利呼出,再松开置于左侧鼻孔的手指,转而压住右侧鼻孔,观察气体是否从左侧鼻孔顺利呼出。试着多做几次,以明确结果。如果鼻腔内存在阻塞物,那么从一侧或双侧鼻孔呼出的气体将减少。这可能是由腺样体增生、过敏性水肿等病变引起的,对于这些问题,应首先介入医疗手段;如果鼻咽部结构完好畅通,但发现缺乏鼻音,可以直接使用本章介绍的训练方法,以建立正常的鼻腔共鸣效应。

二、 鼻流量的测量

"启音博士鼻音测量与训练仪"(NasalView™,上海泰亿格康复医疗科技股份有限公司生产)是判断鼻音共鸣异常的有效的诊断工具。一种常用的测量方法是让患者朗读标准测试材料(分别含有不同比例的鼻辅音成分)。用"鼻流量检测仪"来测量不同年龄、性别的正常人群在朗读上述标准测试材料时的鼻流量,可以获得不同年龄、性别人群鼻流量的参考值范围。通过与参考值范围进行比较,可以较客观地判断患者是否存在鼻腔共鸣异常及其严重程度,还可为患者的疗效评定提供客观依据。鼻流量检测仪具有录音、播放、保存等功能,可以进行客观分析,记录治疗前后鼻流量的变化情况。

鼻流量检测是一种无损伤、简单实用的检测方法。鼻流量是鼻腔声压级(n)和输出声压级[口腔声压级(o)和鼻腔声压级(n)之和]的比值,可用下列公式表示:

$$鼻流量 = n/(n+o) \times 100\%$$

鼻流量实时测量的方法如图 14.6 所示。正式评估前,首先为患者正确佩戴专业的头套和隔板(如图 14.6(a)所示),隔板的作用是分隔鼻腔和口腔两个通道,以便分别对两个通道的信号进行测量。接着让患者朗读一组短句和词(如表 14.9 所示),它们分别含有不同比例的鼻辅音。测量结束后,记录测试材料的平均鼻流量值及其标准差,将测得的值与相应的参考标准进行比较,如果大于正常范围的上限,则说明存在鼻音功能亢进,如果小于正常范围的下限,则说明存在鼻音功能低下。图 14.6(b)是正常人发句子"妈妈你忙吗"的鼻流量测试结果,图的最上方给出了整句话鼻流量的变化曲线,图中间显示的是鼻腔能量幅值大小,下方显示的是口腔能量幅值大小。

表 14.9　鼻音功能评估(鼻流量)

说(或模仿发音)"妈妈你忙吗?"
本句子中含有大量的鼻辅音,如果患者在朗读(或跟读)的过程中出现鼻音过少的现象,一般可诊断为鼻音功能低下。

日　　期	平均鼻流量前测	平均鼻流量后测	达到训练目标(5%—10%)	鼻腔共鸣评估(鼻音功能低下)
例 1	52.6%	58.6%	达 6%	鼻音功能低下的问题得到改善
例 2				
例 3				

说(或模仿发音)"我和爸爸吃西瓜"。
本句子中不含鼻辅音。如果患者在朗读(或跟读)的过程中出现了大量的鼻音,一般可诊断为鼻音功能亢进或鼻音同化。

日　　期	平均鼻流量前测	平均鼻流量后测	达到训练目标(5%—10%)	鼻腔共鸣评估(鼻音功能亢进或鼻音同化)
例 1	76.2%	70.2%	达 7%	鼻音功能亢进的问题得到改善
例 2				
例 3				

注意:参考标准如下:
鼻音功能低下(鼻音发音不充分)是指在朗读(或跟读)时出现鼻音过少的现象,听起来就像患有重感冒或过敏性疾病;
鼻音功能亢进是指在朗读(或跟读)时,会出现大量的鼻音;
鼻音同化(与鼻音相连元音的鼻音化现象)是指在朗读(或跟读)含有鼻音成分的单词时,会出现大量的鼻音。

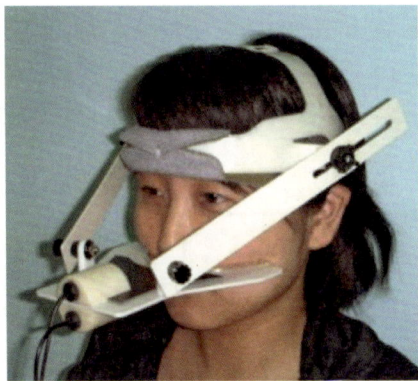
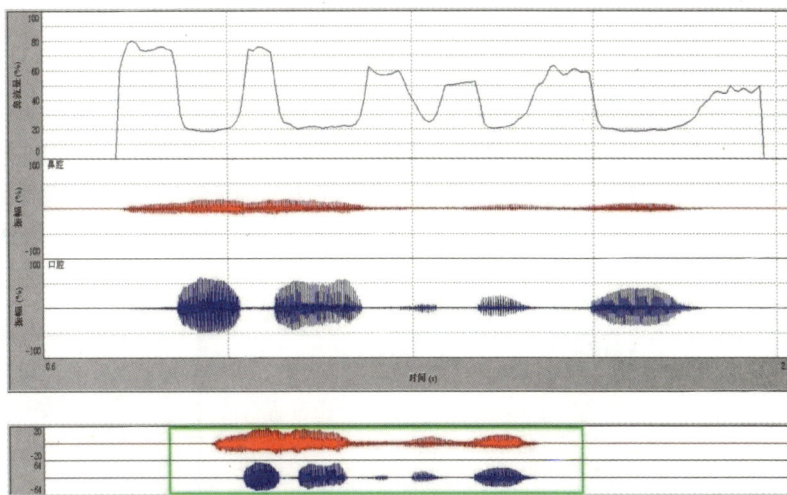

a.   b.

图 14.6　通过口腔声压级和鼻腔声压级进行鼻流量的测量
（1—鼻流量曲线,2—鼻腔波形图,3—口腔波形图）
（启音博士鼻音测量与训练仪,NasalView™,上海泰亿格康复医疗科技股份有限公司授权使用）

三、口鼻共振峰测量

如前所述,嗓音经过声道时,由于声道的形状和大小不同,某些频率成分会进行加强,由这些被加强的频率所组成的包络就称为共振峰。其中,嗓音经过咽腔和鼻腔的共鸣作用形成了鼻腔共振峰;经过咽腔和口腔的共鸣作用形成了口腔共振峰。分别观察口鼻两个通道共振峰的值,可以更加深入地观察鼻腔共鸣功能,更精确地诊断出鼻腔共鸣异常的类型,从而进行有针对性的治疗。实验结果显示,鼻部第一共振峰和口部第二共振峰可以作为鉴别韵母中是否含有鼻音的参数;鼻部第一共振峰及其带宽可以作为鉴别声母是否为鼻音的参数。

口鼻共振峰的实时测量不同于上面所讲过的 F_1 和 F_2 的测量,它将鼻腔和口腔分为两个通道,分别测量口腔和鼻腔的前三个共振峰,即：口腔第一共振峰 OF_1、口腔第二共振峰 OF_2、口腔第三共振峰 OF_3、鼻腔第一共振峰 NF_1、鼻腔第二共振峰 NF_2、鼻腔第三共振峰 NF_3,通过分别观察口腔和鼻腔的共鸣情况,分析声波经过咽腔后的分配情况,来判断是否存在鼻腔共鸣异常。观察口鼻共振峰的最好手段是语谱图和线性预测谱(LPC 谱)。图 14.7 显示的是绿框中的“妈妈”的语谱图。图上方为鼻腔语谱图显示,下方为

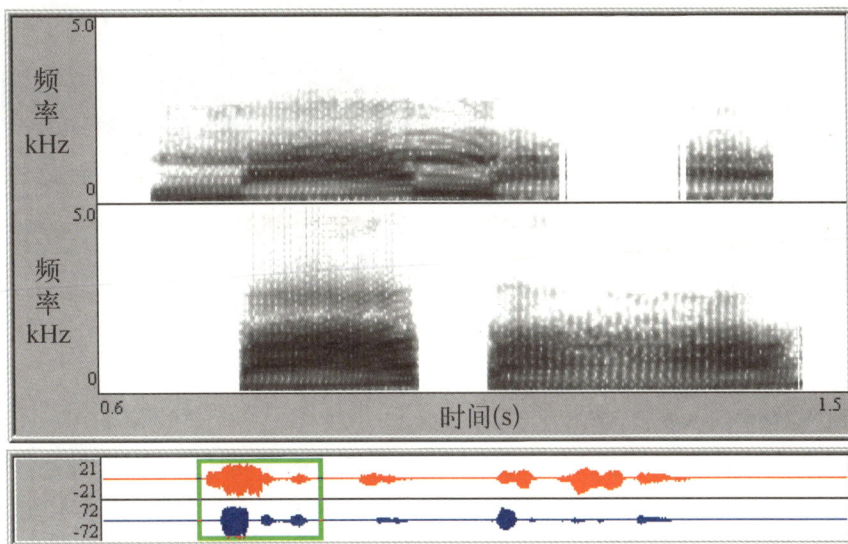

图 14.7　“妈妈”的语谱图(上图为鼻腔波形的语谱图,下图为口腔波形的语谱图)
（启音博士鼻音测量与训练仪,NasalView™,上海泰亿格康复医疗科技股份有限公司授权使用）

口腔语谱图显示。可以看出"妈妈"中的鼻音/m/鼻腔能量很大,且大都集中在低频区域,低频与中高频的能量差异较大,而/m/对应的口腔几乎没有任何能量。元音部分/a/则在口腔有较大的能量存在,同时鼻腔也有部分能量存在。

　　图14.8对应的是"妈妈"中/m/的LPC谱和语谱图。a图中的左侧显示/m/的鼻腔能量较大,低频成分较多,而右侧则说明/m/的口腔能量很小。b图显示的语谱图显示出与LPC谱相同的趋势,这进一步从客观测量上验证了/m/的鼻音占主要成分,说明发鼻音/m/时,软腭几乎完全打开,大部分能量经由鼻腔发射出来。

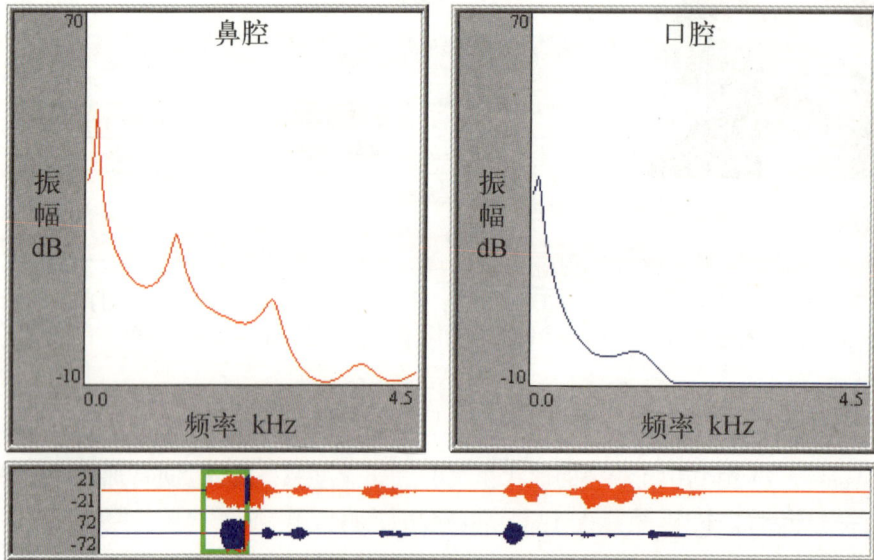

a. 左图为鼻腔波形的LPC谱,右图为口腔波形的LPC谱

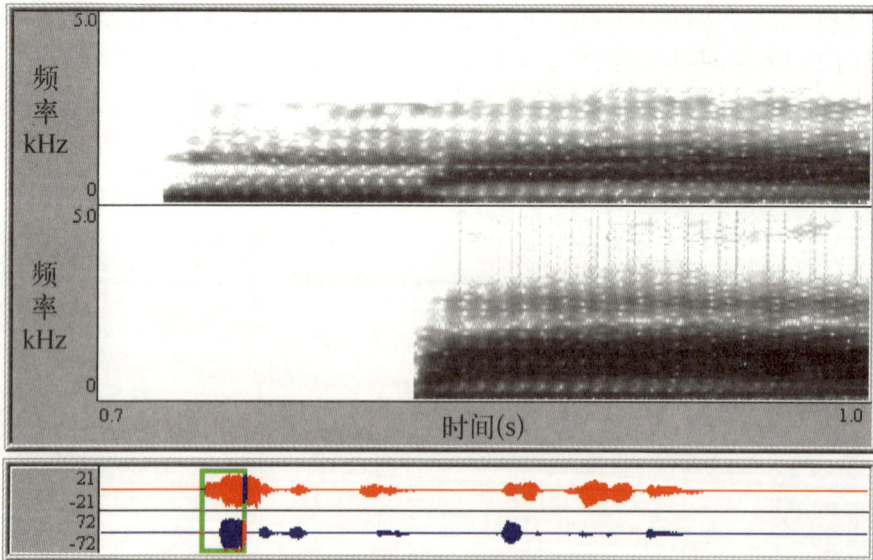

b. 上图为鼻腔波形的语谱图,下图为口腔波形的语谱图

图14.8　"妈妈"中/m/的LPC谱和语谱图
(启音博士鼻音测量与训练仪,NasalView™,上海泰亿格康复医疗科技股份有限公司授权使用)

　　图14.9对应的是"妈妈"中/a/的LPC谱和语谱图。a图中的左侧显示了/a/的鼻腔能量较小,低频集中的现象不再存在,而右侧则说明/a/的口腔能量很大,特别是中低频区域;b图显示的语谱图显示出与LPC谱相同的趋势,这进一步从客观测量上验证了/a/的元音成分占主要地位,但鼻腔同时也存在部分能量,说明发/a/的时候,软腭并没有完全闭合,有部分能量通过鼻腔发射出来,但大部分能量仍然由口腔发出。

　　　　　　　　　　　言语治疗学

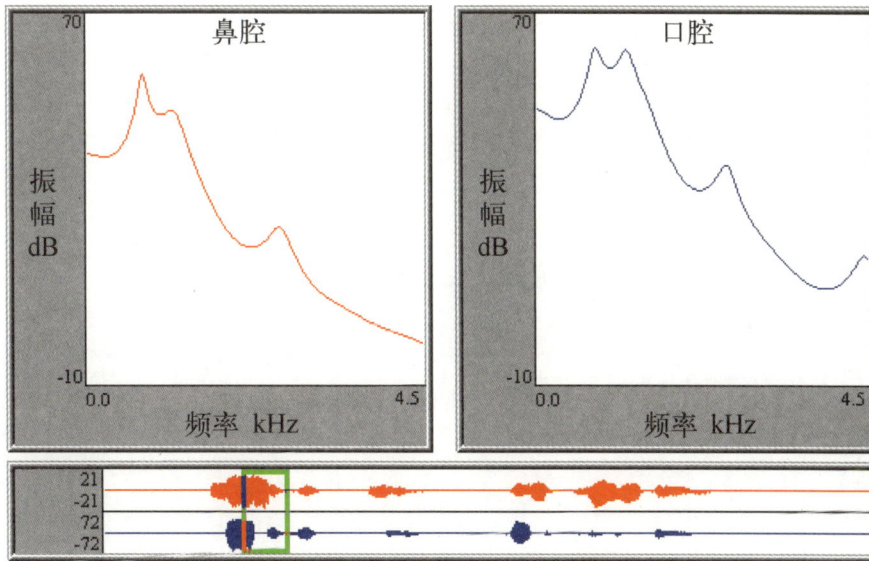

a. 左图为鼻腔波形的 LPC 谱,右图为口腔波形的 LPC 谱

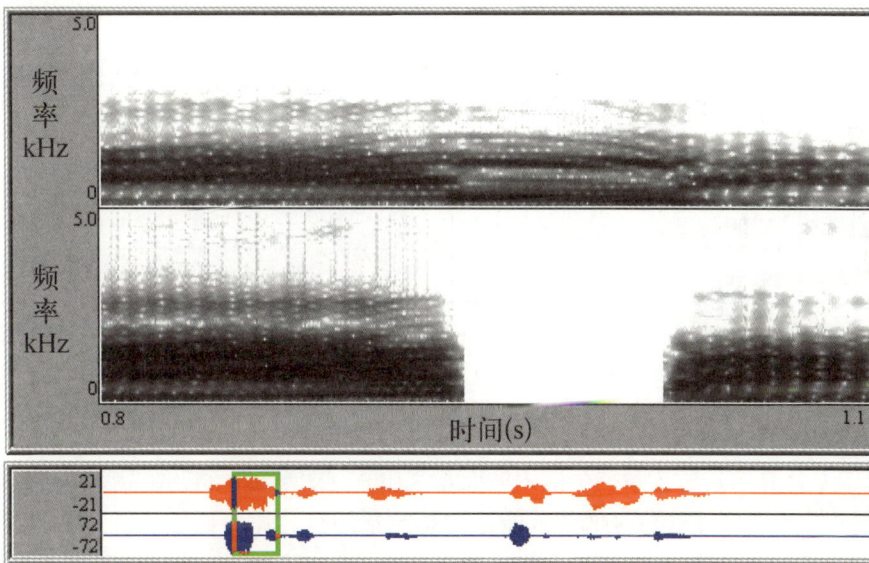

b. 上图为鼻腔波形的语谱图,下图为口腔波形的语谱图

图 14.9 "妈妈"中 /ɑ/ 的 LPC 谱和语谱图

(启音博士鼻音测量与训练仪,NasalView™,上海泰亿格康复医疗科技股份有限公司授权使用)

可以采用表 14.10 进行共鸣音质测量。

表 14.10 共鸣音质测量

患者用舒适的方式发下列的音(或模仿发音)。								
日期			F_1	F_2	A_1	A_2	A_1-A_2	鼻音功能亢进、低下
口腔 共鸣	/mɑ/							
	/mi/							
鼻腔 共鸣	/mɑ/							
	/mi/							

日期			F_1	F_2	A_1	A_2	A_1-A_2	鼻音功能亢进、低下
	口腔共鸣	/ma/						
		/mi/						
	鼻腔共鸣	/ma/						
		/mi/						
	口腔共鸣	/ma/						
		/mi/						
	鼻腔共鸣	/ma/						
		/mi/						
	口腔共鸣	/ma/						
		/mi/						
	鼻腔共鸣	/ma/						
		/mi/						
	口腔共鸣	/ma/						
		/mi/						
	鼻腔共鸣	/ma/						
		/mi/						

四、口鼻能量集中率和鼻共鸣增强区测量

口鼻能量集中率计算的是所选频率范围内的能量集中率,根据临床诊断的需要,通常选择的都是低频区,因此低频能量集中率是指语音信号低频区能量占总能量的百分比。低频能量集中是鼻音的主要声学特征之一,通过测量低频能量集中率,可以分析患者发音时,是否存在低频能量过多或者过少的现象,从而推断其鼻音功能是否正常。图14.10所示的是正常人发/a/、/i/、/u/、/ma/的时候,其口腔和鼻腔的200—500 Hz的能量集中率。无论是鼻腔还是口腔,/a/的能量集中率均低于/i/和/u/,表明/a/的低频能量成分较少;而/ma/中/m/的部分在鼻腔的能量集中率较大,/a/部分的能量集中率偏小。下方的图则显示出口腔部分的/m/的能量集中率几乎为零,元音/a/部分的能量集中率与鼻腔部分相似。这些现象说明/m/的能量主要集中在低频,且由鼻腔发出,口腔几乎没有能量存在;而元音/a/的能量则由口腔和鼻腔同时发出,能量主要集中在中频,低频部分只有少量的能量存在。这与上述口鼻共振峰观察到的现象和结论一致。

鼻共鸣增强区是指鼻腔共振峰和口腔共振峰能量比值大于某一特定值的区域。图14.11所示为正常人发/ma/的鼻共鸣增强区测量结果,上方图为鼻腔的第一共振峰与口腔的第一共振峰的比值,在鼻音/m/的部分,该值非常大,用红色区域表示为鼻共鸣增强区;中间图为鼻腔的第二共振峰与口腔的第二共振峰的比值,同样在鼻音/m/的部分,该值非常大,用红色区域表示为鼻共鸣增强区;下方图为鼻腔的第三共振峰与口腔的第三共振峰的比值,还是在鼻音/m/的部分,该值也非常大,也用红色区域表示为鼻共鸣增强区。这个现象同样说明,鼻音/m/全部都处于鼻共鸣增强区,鼻腔共振峰的能量明显大于口腔共振峰的能量,即发这个音时,鼻腔共鸣显著,声音全都经由鼻腔发出。

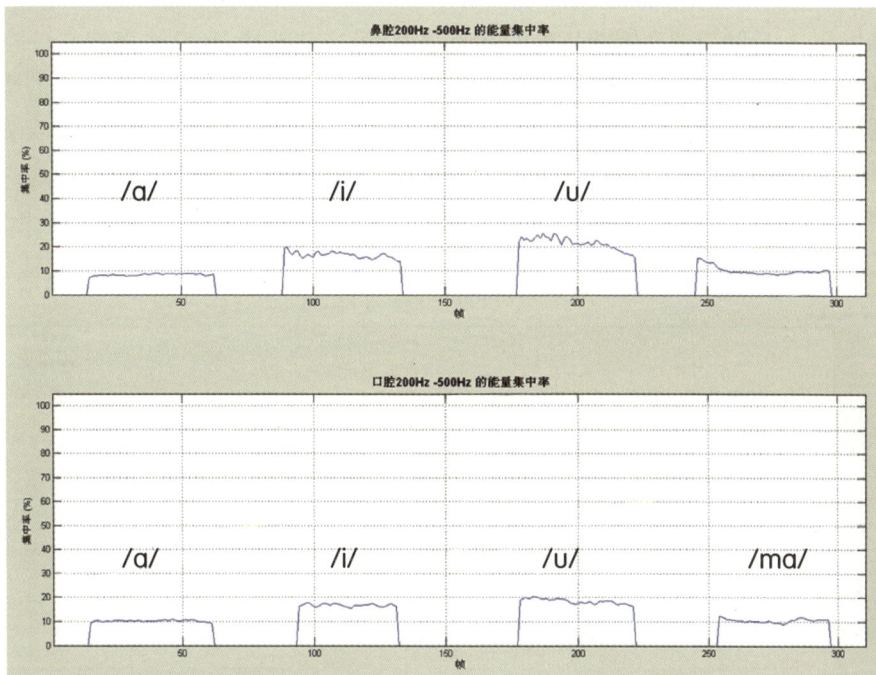

图 14.10　能量集中率分析(/ɑ/、/i/、/u/、/ma/,00—500 Hz)
（启音博士鼻音测量与训练仪，NasalView™，上海泰亿格康复医疗科技股份有限公司授权使用）

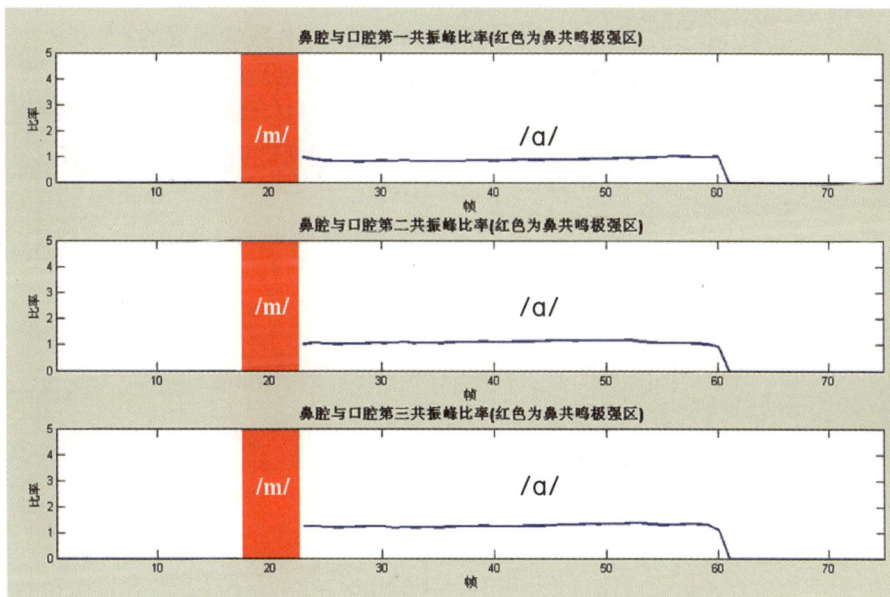

图 14.11　鼻共鸣增强区分析(/ma/)
（启音博士鼻音测量与训练仪，NasalView™，上海泰亿格康复医疗科技股份有限公司授权使用）

五、 共鸣音质能力的评估

共振峰测量能够提供共振峰频率和共振峰幅度。我们需要分别测量/ɑ、i、u/三个核心韵母的共振峰幅度 A_1、A_2 及 A_1-A_2 的值，其中，A_1-A_2 表示咽腔与口腔之间共鸣强度的差值，是监控共鸣音质的敏感参数，可以定量分析口腔共鸣音质情况，也可以对共鸣音质障碍的治疗过程进行实时监控。

测试时，应让患者用舒适的方式发音，采集的声波文件导入"启音博士言语测量仪"（Dr. Speech™，上海泰亿格康复医疗科技股份有限公司生产）进行线性预测谱分析，得到三个元音的共振峰振幅的数值(A_1

和 A_2）。共振峰频率的测量如图 14.3 所示。

第一共振峰振幅 A_1 反映声波在咽腔某处的共鸣强度,第二共振峰 A_2 反映声波在口腔某处的共鸣强度。振幅 A 的数值越大,说明声波在该频率产生的共鸣越强。A_1-A_2 是监控共鸣音质的敏感参数。根据前文提到的,咽腔的大小通常不改变,反映咽腔共鸣的 A_1 值也不会有明显的变化;主要改变的是口腔的形状大小,即 A_2 值。若患者共鸣音质良好,则听感上表现出"字正腔圆"的感觉,A_2 值较大,A_1-A_2 在 6 dB 以内;若患者共鸣音质不良,则听感上表现"说话含糊"的感觉,A_2 值较小,A_1-A_2 大于 6 dB,如图 14.12 所示。

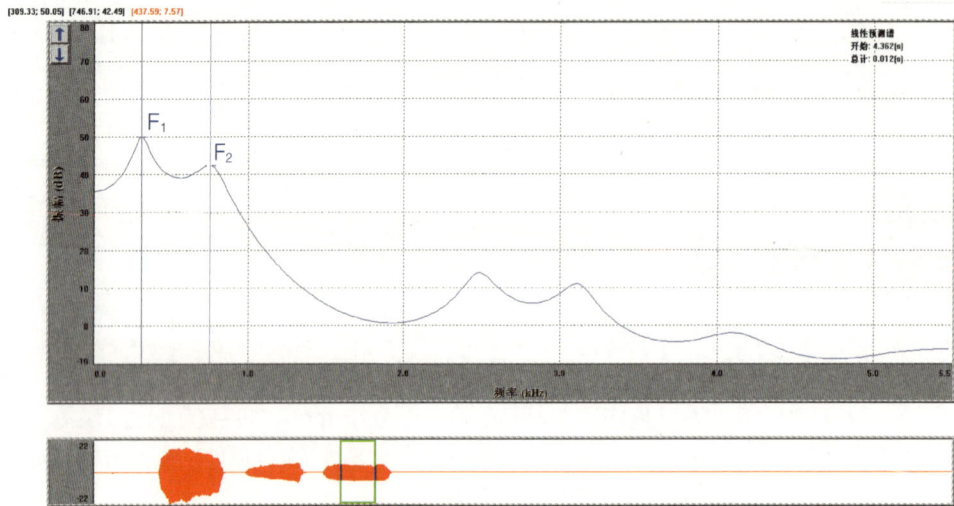

图 14.12 通过线性预测谱对单韵母 /u/ 共振峰幅度的
测量($A_1=50.05$ dB,$A_2=42.49$ dB)
(启音博士言语测量仪,Dr. Speech™,上海泰亿格康复医疗科技股份有限公司授权使用)

第十五章　言语共鸣障碍的矫治

好的音色源于正确的共鸣聚焦。如果患者存在聚焦障碍,如舌位太前、太后(水平)或太高、太低(垂直),说明整个共鸣系统处于比较紧张的状态。这样一方面容易导致说话疲劳,另一方面会形成较差的音质,进而影响言语的清晰度。长期的喉部聚焦还容易引起声带的器质性病变。因此,患者需要及时接受矫治,以形成正确的共鸣聚焦,缓解说话时疲劳不适的症状,达到改善音质的效果。

第一节　共鸣障碍矫治概述

共鸣障碍分为口腔共鸣异常、鼻腔共鸣异常和共鸣音质异常三种类型。

口腔共鸣异常主要有三大类:前位聚焦、后位聚焦和喉位聚焦。导致口腔共鸣异常的原因分为器质性和功能性两类。前者为任何导致舌、下颌等共鸣构音器官运动受限的结构异常或疾病,例如:舌系带过短、颌部畸形等;后者为舌、下颌等共鸣构音器官的功能性运动障碍等,其中以听力障碍导致的舌部功能性运动障碍较为常见。

鼻腔共鸣异常主要有两大类:鼻音功能亢进和鼻音功能低下。导致鼻腔共鸣障碍的原因也可分为器质性和功能性两类。鼻音功能亢进主要是由鼻咽部异常开放所致,可能存在一些器质性病因,如:软腭短小、腭裂或者腭肌张力低下等。软腭肌群(腭帆提肌等)收缩与舒张运动紊乱会导致软腭及悬雍垂上抬、下降运动无法有效切换,主要表现为鼻腔音增加。如果存在上述器质性问题,应该先接受耳鼻喉或口腔科医师的手术治疗。鼻音功能低下的患者无法将/m、n、ng/的嗓音传入鼻腔进行共鸣,而且一些元音甚至辅音的发音也会出现不同程度的扭曲。

多数鼻音功能低下由器质性原因引起。图 15.1 显示在咽壁的后上方以及两侧存在一些增生组织,如腺样体增生或扁桃体肥大。即使软腭 B 可以松弛下垂,但在 B 与 C 之间存在的增生组织阻碍了气流传递至鼻腔,从而导致鼻音功能低下。因此,对于因组织增生所导致鼻音功能低下的患者,应该先接受耳鼻喉或口腔科医师的治疗。功能性鼻音功能低

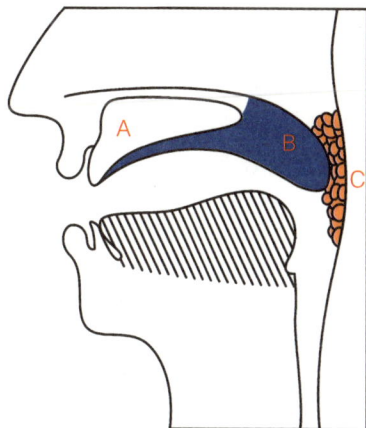

图 15.1　增生性组织导致鼻音功能低

下患者,其软腭肌群可能存在肌张力过高的现象,大多数患者通过言语矫治会得到缓解。

共鸣障碍的矫治包括口腔共鸣异常的矫治、鼻腔共鸣异常的矫治、共鸣音质异常的矫治。对于这三类共鸣异常,都有针对性训练方法,既有常规训练,也有现代康复技术。无论是哪种类型的共鸣障碍,都应当先进行共鸣放松训练,提高口腔和鼻腔共鸣构音器官的灵活性,为进一步进行矫治奠定基础。本节将对几种经典的共鸣异常矫治方法做简单讲述,更多的训练方法可参见《言语矫治手册》和本书第六章中的重读治疗法。图 15.2 以框架图的形式,向我们展示了共鸣障碍矫治的方法。

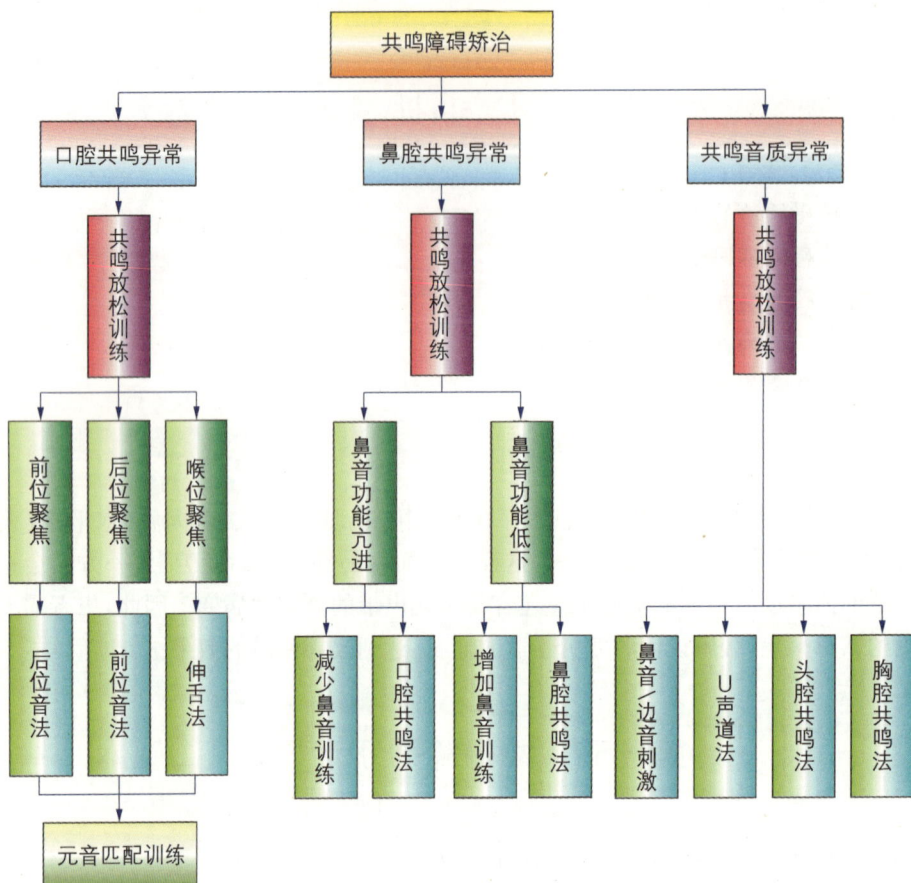

图 15.2　共鸣障碍矫治的方法

第二节　共鸣放松训练

共鸣放松训练通过完成一些夸张的动作或发一些特定的音,使共鸣肌群进行紧张与松弛的交替运动,从而促进共鸣肌群之间的协调与平衡,为形成良好的共鸣奠定基础。其内容主要包括口腔放松训练和鼻腔放松训练两个部分。

一、口腔放松训练

"口腔放松训练"主要通过颌部、唇部、舌部的运动,放松口面部肌群,为建立有效的口腔共鸣奠定基础。其训练步骤为:

1. 颌部放松运动

治疗师向患者介绍颌部放松运动的动作要领,即嘴巴应尽可能张大,尽可能大幅度地进行咀嚼(如图 15.3)。可利用图片,与患者一起练习颌部放松运动。咀嚼时,治疗师可以提示

图 15.3
颌部运动

患者通过想象口中有一大块口香糖,而尽可能大幅度地做咀嚼运动(也可真的使用口香糖、果汁软糖等物进行)。

2. 唇部放松运动

治疗师向患者介绍唇部放松运动的动作要领,即双唇必须闭住,同时应尽可能大幅度地进行咀嚼(如图15.4)。治疗师可以利用图片,与患者一起练习唇部放松运动:闭上双唇,想象口中有一大块口香糖,然后尽可能大幅度地做咀嚼运动(也可真的使用口香糖、果汁软糖等物进行)。

3. 舌部运动

治疗师向患者介绍舌部放松运动的动作要领,即双唇必须闭住,先顺时针后逆时针地用舌尖"洗刷"牙齿外表面。治疗师可以利用图片,与患者一起练习舌部放松运动:闭上双唇,用舌尖"洗刷"牙齿外表面,注意舌尖须从上牙列外表面向下牙列外表面做顺时针旋转运动,约持续30秒,然后沿下牙外表面向上牙外表面做逆时针旋转运动,约持续30秒,如图15.5所示。

图 15.4　口唇运动　　　　图 15.5　舌部运动　　　　图 15.6　软腭哼鸣训练

二、鼻腔放松训练

鼻腔放松训练主要指通过交替发鼻音与非鼻音,使软腭进行松弛与紧张的交替运动,为建立有效的鼻腔共鸣奠定基础。其训练步骤为:

1. 软腭哼鸣训练

动作要领:治疗师可以通过图片提示,与患者一起练习软腭哼鸣/m——/(如图15.6)。

2. 软腭运动训练

治疗师可以通过图片(如图15.7)的提示,与患者一起练习软腭运动。注意在鼻音和塞音交替时应该区分气流分别从鼻腔和口腔呼出时的差异。

/m——b/	/m——p/	/mi——b/	/mi——p/
/mu——b/	/mu——p/	/n——d/	/n——t/
/ni——d/	/ni——t/	/nu——d/	/nu——t/
/(ng)——g/	/(ng)——k/	/(ng)u——g/	/(ng)u——k/
/(ng)o——g/	/(ng)o——k/	/(ng)e——g/	/(ng)e——k/

图 15.7　软腭运动训练

3. 软腭重读训练

软腭重读训练中,治疗师可以让患者采用塞音加闭元音(使软腭上抬)与鼻音(使软腭降低)交替的方式,以重读的形式发音,并尽可能产生最佳的鼻腔共鸣,例如/bi—M—BI—M/、/di—N—DI—N/、/du—N—DU—N/、/gu—(NG)—GU—(NG)/等(重读部分用蓝色表示)。

第三节　口腔共鸣异常的矫治

通过评估可以明确患者的聚焦障碍类型(前位聚焦、后位聚焦、喉位聚焦),治疗师可据此制订适宜的治疗方案。如果患者存在前位聚焦,那么所采用的矫治方法是后位音法;如果效果欠佳,则加入降低一个音阶的方法,然后再结合后位音法进行训练。如果患者存在后位聚焦,那么相应的矫治方法是前位音法。如果矫治效果欠佳,则加入升高一个音阶的方法,再结合前位音法,最终获得疗效。如果患者存在喉位聚焦,那么相应的矫治方法主要是伸舌法。

一、后位音法

后位音法指通过发一些发音部位靠后的音来体会发音时舌位靠后的感觉,帮助患者减少发音时舌位靠前的现象,从而达到治疗前位聚焦的目的。它主要适用于前位聚焦。其训练步骤为:

1. 夸张地发/k/、/g/本音

治疗师提示患者夸张地发/k/、/g/本音,并利用视觉提示等方式,让患者体会发音时舌位靠后的感觉。

2. /k/、/g/开头的单音节词练习

治疗师为患者选择含声母/k、g/＋韵母/u、ou、e/的单音节词进行朗读,如"哭"等,其中,声母/k/、/g/和韵母/u、ou、e/均为口腔后位音,用夸张的方式发这些音,有助于矫正发声的前位聚焦问题。注意让患者延长其元音部分,体会舌位靠后的感觉,从而使聚焦点向舌后位转移。

3. /k/、/g/开头的双音节词练习

治疗师为患者选择以/k/和/g/开头的词语来朗读,如"开关"等。同样地,治疗师提示患者延长其中的元音部分,引导其体会后位聚焦的感觉。

4. 含/k/、/g/开头词语的句子练习

治疗师为患者选择含以/k/和/g/开头的词语的句子练习朗读,如"公公的肚子鼓鼓的"等,使聚焦点向舌后位转移。

二、前位音法

前位音法指通过让患者发一些发音部位靠前的音来体会发音时舌位靠前的感觉,帮助其减少发音时舌位靠后的现象,从而达到治疗后位聚焦的目的。这个训练方法主要适用于后位聚焦,其训练步骤为:

1. 以耳语声用力发/p/、/b/、/t/和/d/开头的词语

治疗师引导患者采用耳语声,用力读词语。选词原则:声母/p/、/b/、/t/、/d/＋韵母/i/。治疗师应注意提示患者延长元音部分的发音时间,并引导其体会舌位靠前的感觉,使患者的共鸣聚焦点向舌前位转移。

2. 自然地发/p/、/b/、/t/和/d/开头的词语

治疗师引导患者以自然的嗓音练习发以/p/、/b/、/t/、/d/开头的单音节词语。其组合形式为:声母

/p/、/b/、/t/、/d/＋韵母/i/。治疗师应注意提示患者延长元音部分的发音时间，并引导其体会舌位靠前的感觉，使共鸣聚焦点向舌前位转移。发/p/和/b/时，要求嘴唇噘起，双颊鼓起，然后突然释放出气体。

3. 自然地发以/m/、/s/开头的词语

治疗师引导患者发以/m/和/s/和开头的词语，如"米"，其组合形式为：/声母 m 或 s ＋ 韵母 i/。治疗师应注意提示患者延长元音部分的发音时间，并引导其体会舌位靠前的感觉，使共鸣聚焦点向舌前位转移。

4. 自然地朗读含前位音的句子

治疗师引导患者练习一些含前位音较多的句子，如"皮皮吹泡泡"。患者可先用较缓慢的语速说句子，最后再用正常的语速说。治疗师应注意引导患者让共鸣聚焦点向舌前位转移。

三、伸舌法

"伸舌法"通过让患者将舌伸出口外用高音调发前位音，扩张口咽腔，引导其体会发音时口咽腔放松的感觉，从而治疗因咽腔和喉部过于紧张而导致的喉位聚焦和后位聚焦。其训练步骤为：

1. 伸舌发音

如图 15.8 所示，让患者伸出舌头发元音/i/(图 a)，如患者不能自己完成，治疗师可用食指抵住患者的下颌，帮其微微张开嘴，伸出舌头。若患者难以伸舌发音，可让患者用双手拉住双耳，挺胸，然后伸舌发音，注意颌部和舌部都要放松(图 b)。注意要保持患者的最佳音质。治疗师可通过让患者用不同的音调发音来找到最佳状态，然后再进行后续的训练。

a.　　　　　　　　　　　　　　b.

图 15.8　伸舌法 /i/示意图

2. 回缩舌体时发音

治疗师要求患者伸舌后慢慢将舌体回缩，同时发/i——/或/mi——/，舌缩回至口腔后，再过渡到发以声母/y/或/m、b、p/开头的单音节词。舌回缩至口腔后，可换气后再发音，注意保持发/i/时的发音状态。

3. 正常地发前位音

治疗师要求患者先用正常嗓音发/i——/或/mi——/，逐渐过渡到发以/y/或/m、b、p/开头的单音节词，注意保持发/i——/或/mi——/时的发音状态。

4. 与慢板节奏结合训练

结合重读治疗法中的慢板节奏进行步骤 3 中词的发音训练，如：/yi—YI—yi/。

四、元音匹配训练

根据低年龄段患者的认知特点和兴趣爱好,治疗师可将共鸣异常矫治融入实时视听反馈的卡通游戏之中。例如,治疗师可以采用"启音博士言语矫治仪"(Speech Therapy™,Dr. Speech™,上海泰亿格康复医疗科技股份有限公司授权使用)中的"白马走钢丝"游戏进行口腔共鸣训练,如图15.9所示。游戏开始之前,言语治疗师设置样本音,让患者不断地进行匹配训练。当患者所发元音与样本的元音匹配时,白马向前行走(a图)。否则,白马静止不动。当患者能多次匹配样本的元音时,白马就能成功地走完钢丝,从滑梯上滑下来(b图)。

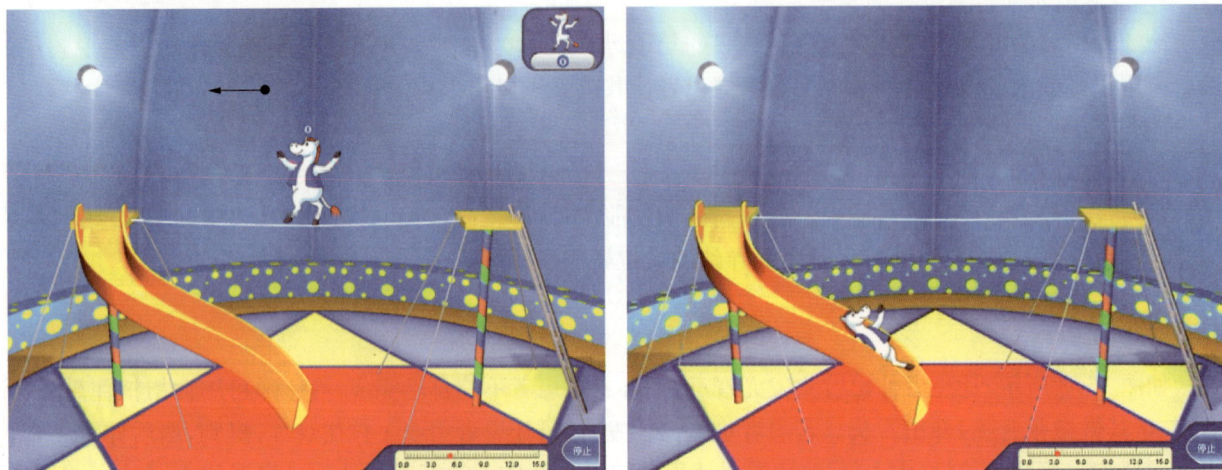

a. 发音的共振峰与样本匹配,白马前进   b. 奖励动画:白马滑下滑梯,完成表演

图 15.9 走钢丝游戏(单元音匹配训练)
(启音博士言语矫治仪,Dr. Speech™,上海泰亿格康复医疗科技股份有限公司授权使用)

言语治疗师在设置匹配样本时,应该注意两点:首先,选择匹配样本时,要选择与患者发音相接近的样本,这样使者更容易模仿。一般匹配样本常选择患者多次发音中最接近正确的一次,若患者的共鸣障碍较轻,则可选择同年龄、同性别组人的正确发音作为样本。其次,在设置匹配条件的时候,应该遵循小步递进原则。在训练初期,可以将匹配程度降低,即只要患者发音与样本发音部分匹配即可,然后不断提高匹配要求,直至完全匹配。例如,在"摘葡萄"游戏中(图15.10),言语治疗师从患者发出的多个/i/音中选择共鸣最好的一个作为匹配样本,匹配程度为高度。患者先听样本发音,然后再匹配发音。患者可能因多

a. 发音匹配,就有一颗葡萄长出来   b. 奖励动画:抬葡萄回家

图 15.10 摘葡萄游戏(单元音匹配训练)
(启音博士言语矫治仪,Dr. Speech™,上海泰亿格康复医疗科技股份有限公司授权使用)

言 语 治 疗 学

次训练后仍无法与样本匹配,而出现厌烦、转移注意的行为。这时,言语治疗师应立即将匹配的程度降为中度,这样患者发音与样本匹配的成功率就会增高。若发音与样本匹配,游戏中就会有一颗葡萄长出来(a图),最后,当患者匹配成功时,系统就会播放奖励动画,小蚂蚁会抬着一筐葡萄回家(b图)。

随着患者共鸣能力的提高,言语治疗师可以逐渐提高训练的难度,让患者在同一个游戏中对照两个、三个或四个韵母样本进行匹配发音训练(图 15.11)。

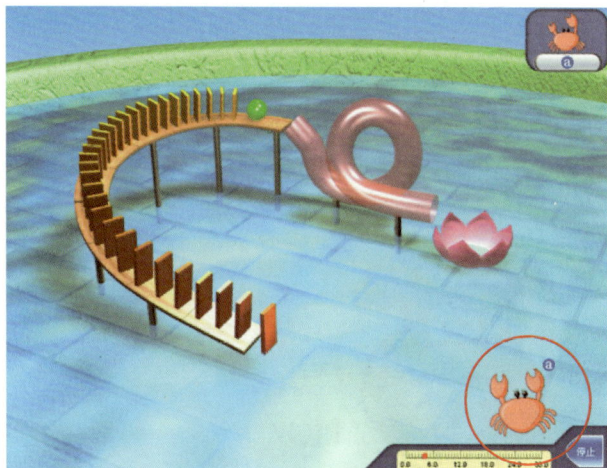

a. 多米诺骨牌游戏:单个发音/a/

b. 游泳游戏:两个发音对照/ai/

c. 做早餐游戏:三个发音练习/a,i,u/

d. 公路游戏:四个发音练习/a,i,u,o/

图 15.11　发音对比(多个元音匹配训练)
(启音博士言语矫治仪,Dr. Speech™,上海泰亿格康复医疗科技股份有限公司授权使用)

第四节　鼻腔共鸣异常的矫治

鼻腔共鸣异常的矫治包括对鼻音功能亢进和鼻音功能低下的矫治。鼻音功能亢进的患者存在大量的鼻腔共鸣音,但没有足够的口腔共鸣,其软腭与悬雍垂的功能可能存在欠缺,导致在说话过程中,软腭与悬雍垂的上抬运动(关闭鼻咽口)受到限制,或上抬与下降两种运动不能进行灵活切换;鼻音功能低下的患者则相反,他们主要不能发/m、n、ng/这些鼻辅音,这在一定程度上也影响了口腔共鸣音的清晰度。鼻腔共鸣异常实时矫治的流程如图 15.2 所示。

如果患者存在鼻音功能亢进的现象,那么可以采用口腔共鸣法和减少鼻音训练的矫治方法。如果患者存在鼻音功能低下的现象,则可以采用鼻腔共鸣法和增加鼻音训练的矫治方法。

一、口腔共鸣法

口腔共鸣法指咽腔打开、放松，同时舌放松，舌尖抵住下切牙发/ha/音；咽腔缩紧，舌收缩成束状，在下颌张开度减小的状态下，发/hu/音；或者发一些包含不同舌位变化的词语和短句。它能帮助患者体会口腔共鸣的感觉，从而建立有效的口腔共鸣，提高口腔共鸣能力。这种矫治方法主要适用于鼻音功能亢进患者。其训练步骤为：

1. "口腔共鸣法"动作要领的学习

治疗师利用图片（如图 15.12 所示），向患者介绍口腔共鸣法的动作要领，即：咽腔打开、放松，同时舌放松，舌尖抵住下门牙，发/ha/音；咽腔缩紧，舌收缩成束状，下颌张开度减小，发/hu/音。

图 15.12 口腔共鸣法动作要领

2. 发/u——/音，变换不同的音调体会口腔共鸣

治疗师指导患者发/u——/音模仿风声，以体会韵母共鸣和音调的变化。

3. 高元音的口腔共鸣训练

治疗师指导患者发高元音/i、u、ü/，以在腭咽闭合较好的情况下感受较强的口腔共鸣。

4. 单音节词的口腔共鸣训练

治疗师可以选择以高元音或送气塞音开头的单音节词，如"鱼、扑"，进行口腔共鸣训练。

5. 双音节词的口腔共鸣训练

治疗师可以选择以高元音或送气塞音开头的双音节词，如"衣物、土坯"进行口腔共鸣训练。

二、减少鼻音的训练

1. 将音调降低一个音阶。如果说话的音调过高，那么可将音调降低到一个更加自然的水平，这样通常能使声道发挥更加有效的共鸣作用。

2. 减少声音的响度。一种柔和的噪音通常听起来鼻音不是很重，也不会使听众听感上不舒适。

3. 有些患者在说话时口腔的活动度不够，这可能是患者的不良习惯造成的。声道的气流通过张开度有限的口腔时遇到较大阻力，只能转向阻力较小的鼻咽腔，其结果是引起鼻音过高或鼻音发射，针对这类问题，可以加强下颌骨和双唇的运动以增加口腔内气流。

4. 正常情形下，在发非鼻音时，无论捏鼻与否，均不应该出现鼻腔共鸣的现象，而应该是口腔共鸣音。可通过发以下的单词音，进行口腔共鸣的训练。

阿姨	姐姐	大爷	知识	西瓜
鸡肉	鲤鱼	花朵	牙齿	嘴巴
跑步	扫地	洒水	浇花	洗衣

（1）大声朗读上述词语，同时延长每个单词中的元音部分。

（2）再次进行捏鼻朗读，同时做好录音工作。如果存在鼻音功能亢进的现象，就会发现患者捏鼻前后两次朗读在听感上有明显的差异。

（3）如果患者在捏鼻前后嗓音无明显变化，说明鼻音化现象有所好转，治疗师可以巩固此项训练。

（4）如果患者在捏鼻时嗓音出现明显变化，或者嘎然而止，说明鼻音太重，治疗师则应继续下一步的训练。

5. 观察软腭的运动。

（1）治疗师指导患者张嘴打个哈欠，用鼻呼气，同时通过镜子观察自己的悬雍垂的形状及运动等。

（2）延长发/a——h—/音，这时患者可以观察到发音时自己的软腭及悬雍垂向上抬起。当发到"h—"时，将看到软腭及悬雍垂下垂，开放口鼻通道。

（3）试着让患者延长发/a——ang/（可采用音乐节奏），通过镜子，患者可以观察到发/a/时，软腭及悬雍垂向上运动，通过口腔产生共鸣；而当患者发/ang/时，软腭及悬雍垂向下运动，通过鼻腔产生共鸣。

（4）张大嘴巴，发五个/a/音。在每次发音之间停顿一至两秒。通过镜子，你可以观察到软腭及悬雍垂在发音时上抬，在停顿时下垂。

6. 手持镜子间接观察软腭的功能。

（1）治疗师指示患者手持镜子，直接放在鼻孔下方，延长发/a——/音。如果患者发的是口腔共鸣音，镜子不会因鼻腔共鸣发音而起雾。

（2）保持镜子的位置不变，延长发/ma——n/音，这时会发现镜面由于鼻腔呼出的气流而起雾。

（3）手持镜子，发下面的口腔音词语。如果不存在鼻音功能亢进，则镜面不起雾。

| 梨花 | 邮票 | 睡觉 |
| 洗菜 | 头发 | 回家 |

（4）手持镜子发下面的鼻音词语，如果不存在鼻音功能低下，应该发现在发音时镜面起雾的现象。

| 明亮 | 妹妹 | 欢唱 |
| 昆仑 | 摸象 | 美眉 |

7. 如果患者在上述步骤中发出的六个口腔音没有使镜面起雾，则不再使用镜子。可录下这些配对词的发音，看是否能听出差别。

| 鼻—泥 | 波—摸 | 糖果—芒果 | 水流—水牛 | 女客—旅客 |
| 表—鸟 | 怒—路 | 棉衣—涟漪 | 年代—连带 | 男制服—蓝制服 |

当患者说出这些匹配词并能够较快地听出录音中口腔音与鼻腔音之间的区别时，治疗师可以试着进行一些增加口腔共鸣的训练。本项训练旨在指导患者如何建立正确的口腔共鸣。形成正确的口腔共鸣时，软腭向上运动，关闭口鼻通道，声音从口腔出来；当患者形成鼻腔共鸣时，软腭下垂，开放口鼻通道，声音从鼻腔出来。

8. 治疗师指导患者对所有的口腔共鸣音进行朗读并录音，然后播放录音，进行分析。在播放过程中，如果仍然听出鼻音功能亢进，请重复前面的六个步骤。如果听感上声音正常，那么可通过朗读、记录以下含非鼻辅音的短文或语句来进行巩固训练。

[儿童篇]

佳佳有一只会说话的布娃娃，大家可爱它了，都要抱"说话娃娃"，结果娃娃不说话了。大家修不好娃娃，佳佳哭了。爸爸走过来，一起修"说话娃娃"，布娃娃又开始说话了。佳佳和娃娃对大家说："谢谢！"

[成人篇]

我下午去教室自习。

爷爷带孩子去医务所治耳朵。

李菊是一个漂亮而又逗趣的女孩。

他带了几条活鱼和几杯可乐去外地野炊。

小虎摔了一跤,出血了,余护士给他包扎了裂口。

如果患者在朗读上述口腔音时,不存在鼻音共鸣,那么可以任意选择一些阅读材料进行朗读练习。需要不断地练习,直到建立平衡的口鼻共鸣。

三、鼻腔共鸣法

鼻腔共鸣是指悬雍垂下降,声波进入鼻腔后所产生的共鸣效果。鼻腔共鸣法指通过发鼻音,帮助患者体会鼻腔共鸣的感觉,从而建立有效的鼻腔共鸣,提高鼻腔共鸣能力。这种方法主要适用于鼻音功能低下。其训练步骤为:

1. 鼻腔共鸣法动作要领的学习

治疗师可利用图片(如图15.13),向患者介绍鼻腔共鸣法的动作要领,让患者拿一手指放在鼻侧感受发音时鼻腔的振动。

2. 鼻韵母与非鼻韵母的对比训练

治疗师指导患者,将手放在鼻翼两侧,来感受发音时非鼻韵母与鼻韵母的不同。发非鼻韵母时鼻腔基本没有振动,而发鼻韵母时,鼻腔有明显的振动。

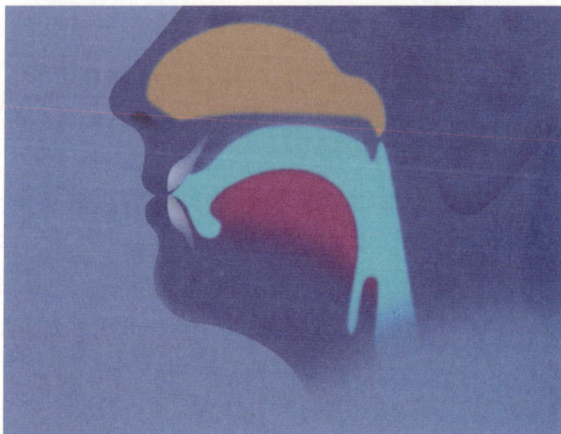

图 15.13 /m/的舌位图

3. 单音节词的鼻腔共鸣训练

治疗师选择含有鼻音的单音节如"猫、马、牛、泥",对患者进行鼻腔共鸣训练。

4. 双音节词或多音节词的鼻腔共鸣训练

治疗师选择含有鼻音的双音节,如"妈妈、奶奶、美女、农民",对患者进行双音节词或多音节词的鼻腔共鸣训练。

5. 短语或句子的鼻腔共鸣训练

治疗师选择包含较多鼻声母或鼻韵母的短语或句子,如"猫咪喵喵叫",对患者进行短语或句子的鼻腔共鸣训练。

四、增加鼻音的训练

1. 用稍高一些的音调练习说话

如果治疗师将音调抬高一个音阶可以改进患者的共鸣效应,则应坚持这种训练。可在录好音之后,仔细地聆听鼻腔的共鸣效应。

2. 增加声音的响度

增加响度要求更大的空气压力以及更多的呼出气流,仅此一项就能够很好地改进鼻音共鸣。

3. 听觉训练有助于增加鼻腔共鸣

鼻音功能低下的患者发音时,/m/听起来像/b/,/n/听起来像/d/,/ng/听起来像/g/。可让一个有着正常鼻腔共鸣的人记录以下的刺激词的发音(这些发音对于鼻音功能低下的患者来说经常容易出错)。

妹—背	买—摆	米—笔	骂—爸	马—塔
猫—包	礼貌—礼炮	埋—白	卖给—败给	没礼—赔礼
铃铛—钉铛	毛衣—薄衣	楼—龙	平房—平凡	笔—饼
公鸡—公斤	理喻—领域	海蓝—海浪	潭水—糖水	朋友—盟友

此项词汇听辨训练有助于分清鼻音与非鼻音。可让患者先从录音中任意说出其中的一对刺激词进行分辨,然后读出这些匹配刺激词或者单个词音,进行录音,仔细辨听。

4. 哼音发音

治疗师指导患者试做这项哼音训练,延长发/ɑ—/音,发音的同时闭上嘴唇。这样,声音就从鼻腔发出,成为一种/ɑ—m——/或哼哼声。

(1) 延长/m/的哼哼发音。将手指放在鼻背两侧,这时能感觉到鼻部的振动。

(2) 延长/n/的发音,如/ɑ—n——/。分开双唇,将舌放置在上排牙齿的后方,尽可能延长发音,同时用手指检查鼻腔的振动情况。这些振动代表嗓音中的鼻音成分。

(3) 接着延长发/ng/音,如说/rang/。尽可能延长发音,同时用手指再次感觉鼻腔的振动情况。

通过这些训练,即使不借助手指,也能感觉到何时有鼻音和何时没有。这样就能够非常自如地发出带有鼻音的词汇音。

5. 鼻音训练

如果患者成功地发出了一些鼻音,接下来治疗师就可以指导患者朗读以下带有很多鼻音的短文,并进行录音。朗读的同时,治疗师可提示患者试着产生更多的鼻音,如有必要,可以将手指放在鼻部两侧,以检查鼻腔振动的情况。

[儿童篇]

毛毛很聪明,但他不愿站起来发言;同学们看动画片《黑猫警长》,同学们欢呼,毛毛不响。美美姐领同学们到公园玩,玲玲请毛毛共同玩"老鹰捉小鸡"的游戏,毛毛像小鸡一样,唱唱跳跳,感到很兴奋。

[成人篇]

安静的晚上,天空中升起一轮弯弯的月亮,暖风拂面,分外凉爽。明明领着妹妹前往电影院看电影。当他们穿过林间,突然听见一阵呻吟声。他们看见老大娘躺在泥路上,连忙赶上前问:"大娘,您怎么了?"大娘痛苦地应道:"脑痛!"明明和妹妹赶紧将大娘送到医院看病。他们没有看成电影,但很高兴,因为他们救了大娘的性命。

如果言语中鼻音成分增加,治疗师可以建议患者采用这种改变后的声音进行朗读和交谈,或读报纸、杂志或者书籍,直到能够将鼻音应用自如。在这一过程中,可以用录音机录音,跟踪言语的变化。

自然的言语声在口鼻共鸣之间有一个合适的平衡点。在言语活动中,我们应能够产生这两种共鸣音。为了使语音更自然清晰,提高可懂度,我们需要控制这些共鸣发音。临床中,鼻音功能亢进现象比鼻音功能低下现象更普遍,但鼻音功能低下同样使听者费解。在多数情形中,这两种言语共鸣障碍通过上述的训练方法都是可以得到矫正的。

第五节　共鸣音质异常的矫治

如果患者存在共鸣音质异常的问题,那么采用的矫治方法有:鼻音/边音刺激、头腔共鸣法、胸腔共鸣法和U声道法。

一、鼻音/边音刺激

鼻音/边音刺激法指通过交替发鼻音和边音,来促进鼻腔和喉腔间共鸣的转换,以帮助患者获得良好的共鸣音质。这种方法主要适用于共鸣音质异常。其训练步骤为:

1. 鼻腔共鸣感知

将患者的手指放在治疗师的鼻翼两侧,治疗师示范发鼻音/m/、/n/,让患者感知治疗师的鼻腔共鸣。可让患者跟着一起发音,感受鼻腔共鸣,并体会发这些音时喉部较为舒适自然的感觉。

2. 喉腔共鸣感知

将患者的手指放在治疗师的喉部,治疗师示范发边音/l/,让患者用手感知治疗师的喉腔共鸣。可让患者跟着治疗师一起发音,感受喉腔共鸣,并体会发这些音时喉部较为舒适自然的感觉。

3. 鼻腔共鸣训练

让患者发以鼻音/m/或/n/开头的单音节词,并在每个词语之间加入一个/a/音,要求其连续发音,如男子汉啊男子汉,男子汉/、/蚂蚁啊蚂蚁,蚂蚁/等。如患者不能感知鼻腔共鸣,可要求他把手放在鼻部体会。发音时注意保持连贯,在逗号处深吸气后再发音。应根据患者的情况确定连续发音的词语难度及个数。

4. 喉腔共鸣训练

让患者发以边音/l/开头的词语。先让其发单音节词,并在每个词语之间加入一个/a/音,要求其连续发音,如:/龙啊龙啊龙,龙/。发音要注意保持连贯,在逗号处深吸气再发音。如患者不能感知喉腔共鸣,可要求他把手放在治疗师喉部体会。在此过程中,治疗师应根据患者的情况确定连续发音的词语难度及个数。

5. 鼻、喉腔共鸣交替训练

将鼻音/m/、/n/与边音/l/结合起来,交替训练:先练习单音节词,后可拓展为双、三音节词,如:/龙啊牛啊龙/、/毛虫啊绿叶啊毛虫/、/练习本啊毛线团啊练习本/。发音要注意保持连贯,在逗号处深吸气再发音。在此过程中,治疗师应根据患者的情况确定连续发音的词语难度及个数。

二、头腔共鸣法

"头腔共鸣法"指让患者以高音调持续发鼻音,使声波在头腔产生共鸣,以此帮助患者体会头腔共鸣的感觉,从而建立有效的头腔共鸣。这种方法主要适用于共鸣音质异常,也适用于喉位聚焦。其训练步骤为:

1. 头腔共鸣的触觉感知

治疗师可以通过要求患者以高音调持续发鼻音/m/、/n/,来诱导头腔共鸣。发音时,患者可以将手放于头顶,体会发音时头腔的震动,感觉声音像是从头部发出来的一样。

2. 元音的头腔共鸣训练

治疗师可以通过要求患者用高音调持续发长音/m + 韵母/或/n+ 韵母/,如:/m——a/、/n——a/,来体会头腔共鸣。这个训练要求在发音时较好地利用头腔共鸣,感觉声音像是从头部发出来的一样,同时注意控制音调的稳定。

3. 单音节词的头腔共鸣训练

要求患者将头腔共鸣运用到单音节词的发音过程中,如:/m——猫/、/n——鸭/。这个训练要求在发音时较好地利用头腔共鸣,感觉声音像是从头部发出来的一样,同时注意控制音调的稳定。

4. 双音节词的头腔共鸣训练

要求患者将头腔共鸣运用到双音节词的发音过程中,如:/m——妈妈/、/n——音乐/。这个训练要求在发音时较好地利用头腔共鸣,感觉声音像是从头部发出来的一样,同时注意控制音调的稳定。

5. 短语的头腔共鸣训练

要求患者将头腔共鸣运用到短语的发音过程中,如:"音乐真美妙"。应省略鼻音诱导,直接运用头腔共鸣发音。这个训练要求在发音时较好地利用头腔共鸣,感觉声音像是从头部发出来的一样,同时注意控制音调的稳定。

三、 胸腔共鸣法

胸腔共鸣法指让患者以低音调持续发音,使声波在胸腔产生共鸣,以此帮助患者体会胸腔共鸣的感觉,从而建立有效的胸腔共鸣。这种方法主要适用于共鸣音质异常,其训练步骤为:

1. 胸腔共鸣的触觉感知

要求患者采用五个音阶降序的方式分别持续发/m/、/i/,如图 15.14 所示。应从高音调到低音调发音,体会随着音调降低,胸腔振动越来越明显的感觉。

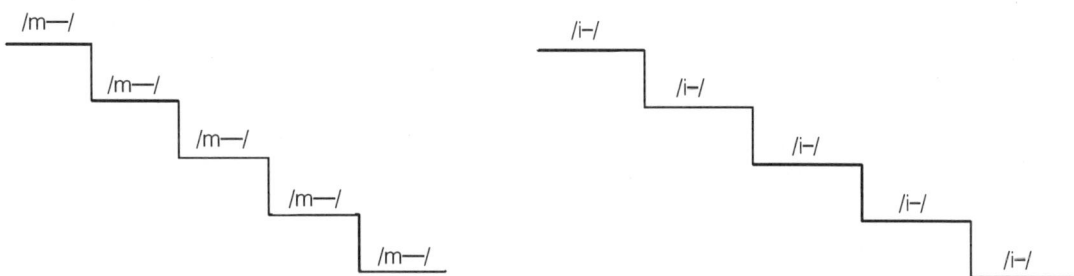

图 15.14　胸腔共鸣法示意图

2. 元音的胸腔共鸣训练

要求患者用低音调持续发元音,如:/a——/、/o——/,体会胸腔共鸣。在此过程中,要求患者在发音时较好地利用胸腔共鸣,感觉声音像是从胸部发出来的一样,同时注意控制音调的稳定。

3. 单音节词的胸腔共鸣训练

要求患者将胸腔共鸣运用到单音节词的发音过程中,如:"马、猫"。在此过程中,要求患者在发音时较好地利用胸腔共鸣,感觉声音像是从胸部发出来的一样,同时注意控制音调的稳定。

4. 双音节词的胸腔共鸣训练

要求患者将胸腔共鸣运用到双音节词的发音过程中,如:"妈妈、美国"。在此过程中,要求患者在发音时较好地利用胸腔共鸣,感觉声音像是从胸部发出来的一样,同时注意控制音调的稳定。

5. 短语的胸腔共鸣训练

要求患者将胸腔共鸣运用到短语的发音过程中,如:"妹妹采蘑菇、医生去医院"。可分别用以/m/开头的词组成的句子、以/i/开头的词组成的句子进行练习。在此过程中,要求患者在发音时较好地利用胸腔共鸣,感觉声音像是从胸部发出来的一样,同时注意控制音调的稳定。

四、U声道法

U声道法指通过发/u/,使整个声道通畅,同时体会在胸音与头音的转换过程中不同共鸣腔振动的变化,从而获得良好的共鸣效果。这种方法主要适用于治疗共鸣音质障碍,其训练步骤为:

1. 胸音发/u/

治疗师向患者介绍胸音发/u/的动作要领,即发音时感觉到整个声道的打开,并能体会到胸腔的轻微振动。然后,可与患者一起练习胸音发/u/:发/u/音时将手放于胸前,能体会到胸腔在轻微振动。

2. 从胸音转换到头音发/u/

治疗师向患者介绍动作要领,即发音时感觉到整个声道的打开,从胸音转换到头音时应自然连贯。然后,与患者一起练习发/u/时从胸音转换到头音:用胸音发/u/,将手放于胸前,仔细体会胸腔轻微振动的感觉,然后将胸音逐渐转换到头音,此时,将手放于头顶,可以感受到头顶正从不振动到轻微振动,以此体会从胸腔振动到头部振动的感觉。

3. 头音发/u/

治疗师向患者介绍头音发/u/的动作要领,即发音时感觉到整个声道的打开,并能体会到头部的轻微振动。然后,可与患者一起练习头音发/u/:发/u/音时将手放于头顶,能体会到头部的轻微振动。

4. 从头音转换到胸音发/u/

向患者介绍动作要领,即发音时感觉到整个声道的打开,从头音转换到胸音时应自然连贯。然后,与患者一起练习发/u/时从头音转换到胸音:用头音发/u/,将手放于头顶,仔细体会头部轻微振动的感觉,然后将头音逐渐转换到胸音,此时,将手放于胸部,可以感受到胸腔正从不振动到轻微振动,以此体会从头部振动到胸腔振动的感觉。

第十六章　构音障碍的评估

　　构音系统由口腔、鼻腔、咽腔及其附属器官所组成，其中最主要的构音器官是下颌、唇、舌、软腭，它们各自的灵活运动以及它们之间的协调运动是产生清晰、有意义言语声的必要条件。只有当各个构音器官的运动在时间上同步、在位置上精确，才能形成准确的构音。

　　构音障碍是指构音器官的运动异常或未理解目标音位的发音特征等原因造成的声韵调异常。 构音障碍是导致言语清晰度下降的主要原因。解决患者的构音障碍，首先应对患者的构音功能进行评估，评估内容包括口部运动功能评估、构音运动功能评估和构音语音能力评估三部分，每部分的评估内容都包括主观评估和客观测量。可对评估结果进行综合分析，在此基础上进行有针对性的矫治，通过建立下颌、唇、舌、软腭的正确运动，最终形成舒适、清晰的言语（语音）。

　　本章主要对构音器官的解剖与生理、汉语普通话构音的语音学基础以及构音功能的评估作逐一介绍。

第一节　构音器官的解剖与生理

　　构音器官包括下颌、唇、舌、软腭等，其中下颌、唇、舌的运动是影响构音的最主要因素。下颌运动直接影响唇和舌的运动以及舌和上腭的相对位置，下颌运动受限或运动过度将严重影响构音的清晰度。唇的圆展、双唇闭合、唇齿接触等运动会直接影响韵母和/b、p、m、f/等声母构音的准确性。舌是最重要的构音器官，舌的前后和高低运动，以及舌与上腭的不同部位形成的阻塞直接影响绝大部分韵母和声母构音的准确性。软腭的运动功能直接决定鼻音和非鼻音构音的准确性。如果下颌、唇、舌和软腭的运动功能异常，则不能形成清晰的构音，可能会出现替代、歪曲、遗漏等现象。因此，在对构音障碍进行评估和矫治之前，简单了解构音器官的解剖与生理非常必要。下面分别对下颌、唇、舌和软腭的解剖生理作简要的介绍。

一、下颌

　　下颌（或称下颌骨）是一块质密、坚硬的 U 型骨，它主要由下颌骨体和两个下颌支所组成，并与两侧的颞骨相关节（颞颌关节），从而与颅骨相连结，参与构音。下颌骨体容纳下列牙齿，并且是舌部肌群的附着点，而两个下颌支则是两组下颌肌群的附着点。

下颌肌肉分为下颌提肌肉及下颌牵肌肉两组。下颌提肌共有四块：**颞肌**，是一块非常宽的扇形肌，起于颞骨，止于下颌前支上。**翼外肌**，位于颞下窝内，起自蝶骨大翼外面下部及翼突外面，纤维向后外，止于下颌颈、颞下颌关节囊和关节盘。两侧肌同时收缩，使下颌头连同关节盘向前移，即张口（这块肌肉也可以使下颌向前突出或使下颌向两侧运动）。**翼内肌**，主要起自翼突窝内，纤维向外后下，止于下颌角内面，作用是上提下颌骨，即闭口。**咬肌**，是一块扁平肌，像一块厚厚的肌板覆盖在下颌支的侧表面，起自颧弓，纤维向后下，止于下颌角及下颌支外面。

下颌牵肌自下颌骨向后，向下止于舌骨。下颌牵肌共有三块：**下颌舌骨肌**，构成了口腔的底部，起于下颌骨两侧，止于中缝和舌骨体；**颏舌骨肌**，位于下颌舌骨肌的上方，自下颌骨的中线内表面向后延伸，止于舌骨的上表面；**二腹肌**，其前腹起于下颌骨的中线内表面，通过舌骨小角处的腱环延续为二腹肌后腹（它附着于颞骨的乳突）。这些肌群之间的协调运动，可将喉向上提起。但是，当舌骨位置固定，或被胸骨舌骨肌向下拉动时，这四组肌群则作为下颌牵肌进行收缩运动。图 16.1 是下颌骨、下颌提肌和下颌牵肌的运动图解。

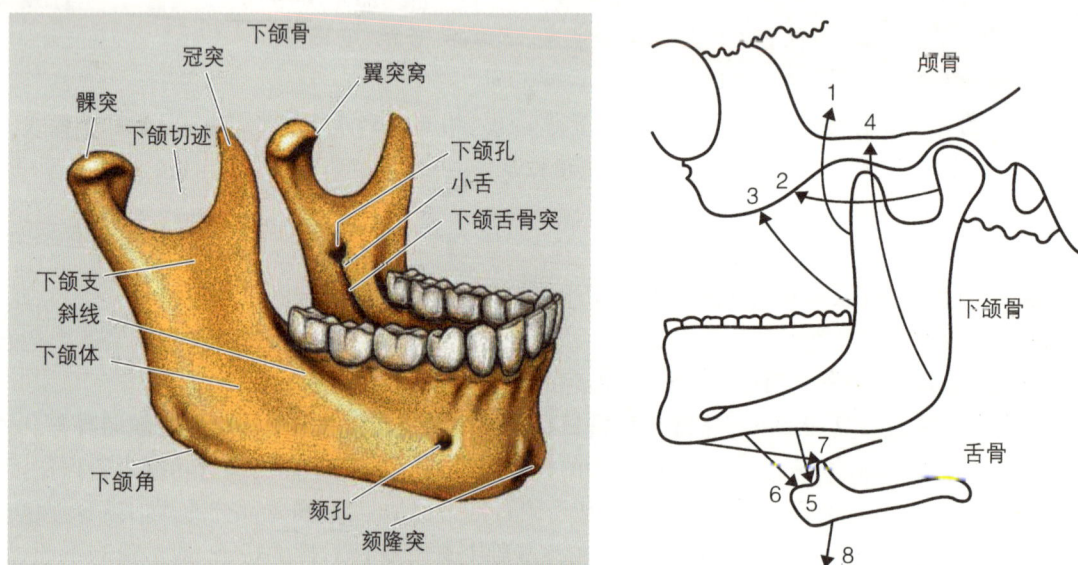

图 16.1　下颌骨、舌骨、颅骨底部以及用于提升和降低下颌骨的重要肌群
（1. 颞肌　2. 翼外肌　3. 翼内肌　4. 咬肌　5. 下颌舌骨肌　6. 颏舌骨肌　7. 二腹肌　8. 胸骨舌骨肌）

尽管在成熟的言语过程中，下颌骨的运动幅度很小（舌部和唇部的运动幅度大，速度快），但下颌的运动可以对口腔入口处和声道前部的大小进行调整，因此下颌在言语产生的过程中担任重要的角色。下颌开合的程度直接影响言语的响度和清晰度。在发低元音时，下颌骨的位置一般较低；发高元音时，下颌骨的位置较高。

构音障碍的矫治必须包括必要的下颌运动治疗。许多患者表现出下颌肌群过度紧张。当说话或吞咽时，这类紧张将导致头痛不适，这种疼痛主要位于咬肌和颞肌所在的部位，缓解这类紧张最好的方法，就是对这些肌肉进行紧张与松弛的交替训练。

二、唇

唇是口腔的入口，唇的生理功能是作为口腔的瓣膜，防止食物和唾液流出，并且参与面部表情的形成和构音。

唇部最重要的一块肌肉是**口轮匝肌**。它是一块环形肌（为一括约肌），环绕在口腔入口的周围。在收缩时，它使分开的唇闭合，并使唇皱缩。拮抗这种运动的有四组肌肉。**唇横肌**，将唇角向两侧拉伸，将唇抵在牙背上；**唇角肌**，将上唇向外上方提，将下唇向外下方牵拉；**唇直肌**，使唇角收缩；**平行肌**，将唇上下缘向两侧拉开。这些肌肉的功能是使唇部产生不同的运动，从而改变唇的形状和大小。这里从构音的角度，主要讨论唇的两种运动：圆唇和非圆唇。当唇为圆形时，声道共鸣腔的第二共振峰和第三共振峰频率同时下降；当唇为非圆形时，第二共振峰与第三共振峰的频率较高，这是鉴别圆唇与非圆唇元音的一个重要的声学线索。很多人唇运动灵活度欠佳，稳定性不足，导致构音清晰度下降，因此，必要的唇运动治疗也是构音障碍矫治中的重要部分。唇肌的运动图解见图16.2。

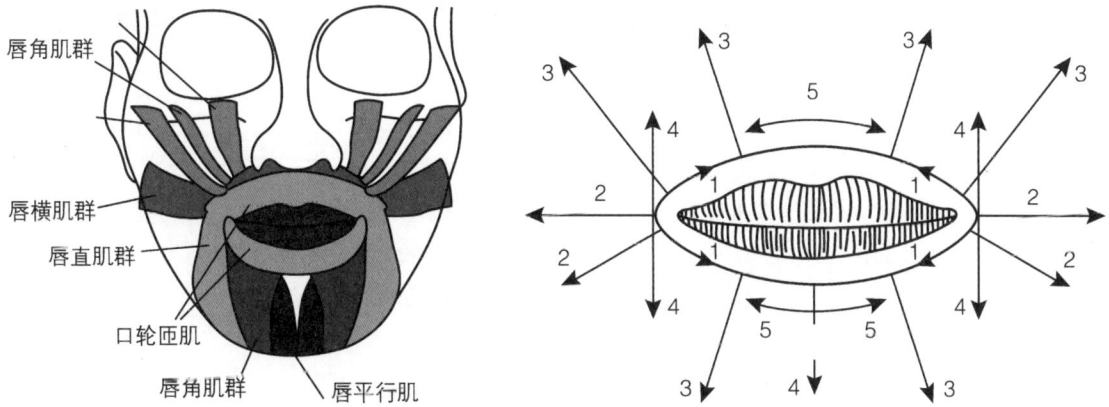

图 16.2 唇肌的运动

（1. 口轮匝肌 2. 唇横肌 3. 唇角肌 4. 唇直肌 5. 平行肌）

三、舌

舌是最重要的构音器官，由大量肌束构成。舌能够向口腔的任意方向移动，并且能够最大可能地改变自身的形状和大小，以较快的速度向四周转动。其主要的生理功能是协助咀嚼和吞咽，味觉器官也位于舌体表面。舌部肌群有着丰富的神经支配网，加上相关的肌肉组织以及将它们紧密交织在一起的肌纤维，使舌的运动复杂而迅速，这对言语的产生具有十分重要的生理意义。舌体前中部覆盖了一层薄薄的黏膜，它与舌部的肌肉组织紧密相连；而舌面的后方即咽面，则覆盖了一层厚厚的且可以自由移动的黏膜。舌尖通过舌系带与口底部相连接，这个连接限制了舌尖运动的灵活性，取而代之的是整个舌体向前运动。

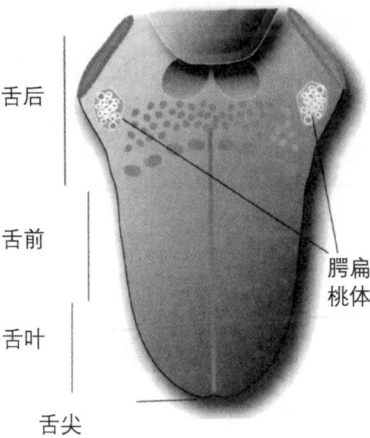

图 16.3 舌

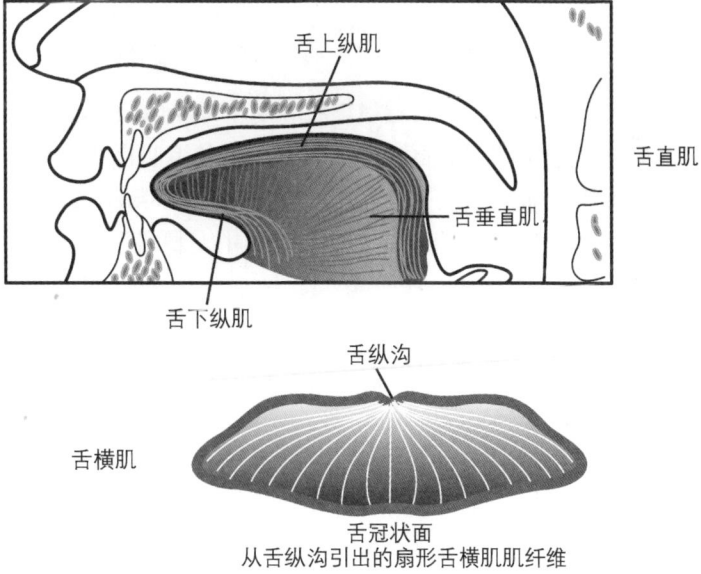

图 16.4 舌内肌群

舌部肌群的正确运动对言语的产生起重要作用。舌部肌群可分为成对的舌内肌群（如图16.4）和舌外肌群（如图16.5）。舌内肌群可以改变舌的形状和大小，舌外肌群则可通过移动舌，改变其与声道或颅骨的相对位置。舌内肌群走行于相互垂直的三个水平面上，在空间内可进行三维运动。舌上纵肌收缩能将舌尖向上抬起,舌下纵肌收缩则将舌尖拉向下方,这两组肌群协同收缩使舌体缩短;舌横肌收缩时使舌体两侧收缩,从而将舌体变长;舌直肌收缩,使舌体变薄。图16.6为舌内肌与舌外肌的运动图解。

与元音构音有关的最为重要的舌部运动,是舌在前后两个位置间的转换运动。颏舌肌的收缩使舌向前运动,茎突舌肌的收缩使舌向后并向上拉向软腭。腭舌肌的收缩,使舌背抬高,形成拱状(如果没有得到其他肌群的支持,软腭也将因腭舌肌的收缩而下降)。因此,这些肌群对维持舌的前后转换运动起着十分重要的作用,反过来又为准确地发出前、后元音奠定了生理基础。

发前元音和腭辅音时,舌面向上抬起抵住硬腭,使声道开端呈一相对狭窄的管道。舌面的抬升运动主要通过舌上纵肌的收缩来实现,并使舌尖向上抬起。此时,舌横肌也有轻微的收缩,导致舌变窄、变长。颏舌肌的后束肌纤维则主要负责向前拉伸舌体。

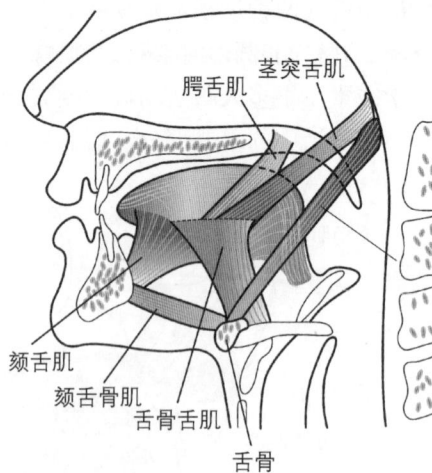

图 16.5　舌外肌群

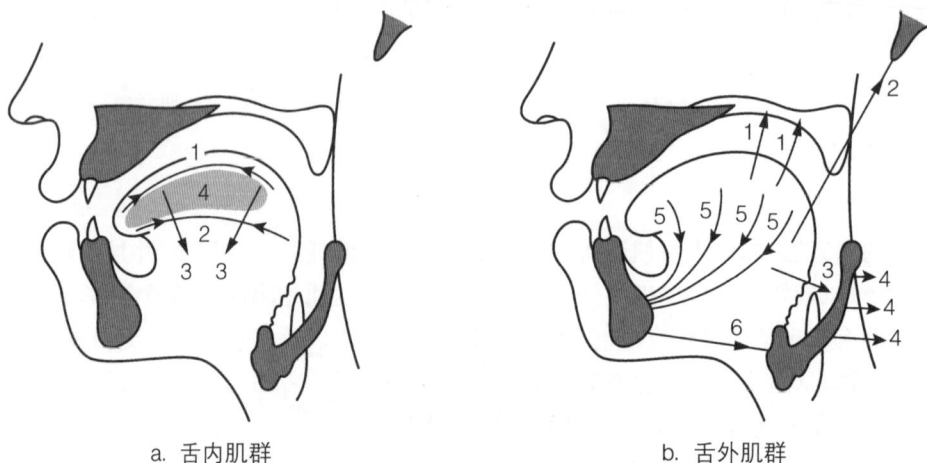

a. 舌内肌群　　　　　　b. 舌外肌群

图 16.6　舌内肌与舌外肌的运动图解

(舌内肌群:1. 舌上纵肌　2. 舌下纵肌　3. 舌直肌　4. 舌横肌)

(舌外肌群:1. 腭舌肌　2. 茎突舌肌　3. 舌骨舌肌　4. 咽中缩肌　5. 颏舌肌　6. 颏舌骨肌)

发开元音时,舌骨舌肌、咽中缩肌和咽下缩肌收缩,向后拉伸舌体,咽腔容积变小。

在构音过程中出现的不同舌部构型都是多组肌群协调进行高级、同步且复杂收缩运动的结果,通常,以其中一到两块肌肉为主要收缩肌,其他的肌肉参与程度较小。这样,舌的形状得以调整,并使舌部的结构和位置趋于稳定。如果这些成对的肌群中左侧部分比右侧部分收缩得更加有力,舌便向右运动,反之亦然。

为了获得良好的构音,舌的运动必须迅速而准确,如果舌运动的灵活度欠佳,稳定性不足,则会导致言语变得含混模糊,因此必要的舌运动治疗是构音障碍矫治中很重要的一部分。

四、软腭

上腭将鼻腔与口腔分隔开,它是由前部的硬腭和后部的软腭组成的。在言语产生过程中,发生在此处较为显著的运动是相对简单的软腭运动。软腭位于咽腔和鼻腔之间,类似于一种瓣膜组织,使鼻咽腔和咽腔之间的声学耦合得到调整。

软腭包括五块肌肉(图16.7、图16.8),它们的作用主要是上抬、下降、缩短和拉紧悬雍垂。在元音产生的过程中,悬雍垂必须上抬,关闭鼻腔的入口,这样元音听起来就不带鼻音。腭帆提肌起于颞骨,沿中线向下,止于软腭。它的功能是使软腭上提。悬雍垂肌,又可称腭垂肌,纵向贯穿于软腭之中,提起悬雍垂,并且缩短悬雍垂的末端。在唱歌以及发鼻韵母时,它的作用比较重要。腭帆张肌起自颅骨的底部,止于软膊,收缩期间其张力增加。它的另一项重要功能是向中耳开放咽鼓管咽口,使中耳内气压与外界大气压相平衡。腭舌肌起自舌体两侧,穿过两侧前腭弓,上达软腭,并在软腭处汇合。尽管腭舌肌早期被视作为舌外肌,但它对于软腭的运动也起到十分重要的作用。腭咽肌起自软腭,自两侧穿过后腭弓,止于咽腔的黏膜组织。这两块肌肉的主要功能是降低和放松悬雍垂。

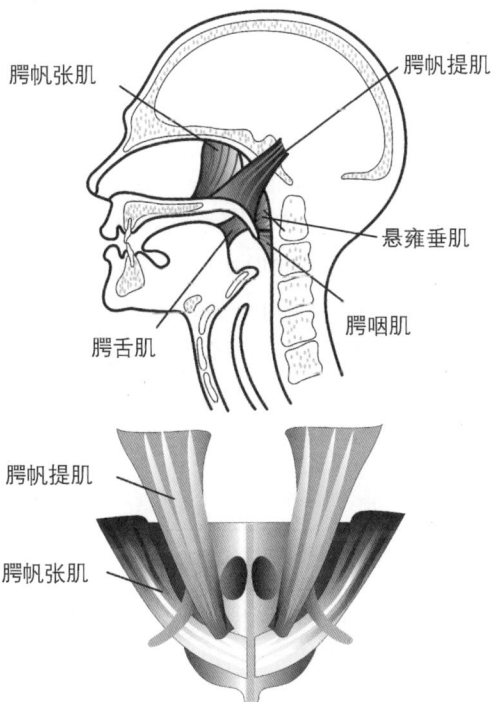

图 16.7　软腭肌群

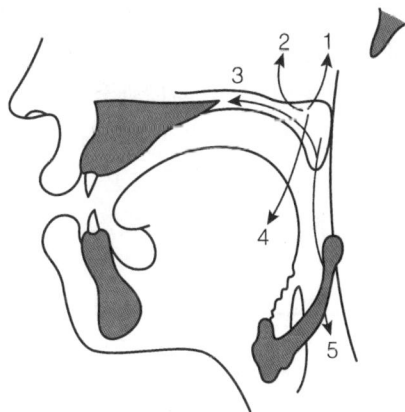

图 16.8　软腭的运动图解
(1. 腭帆提肌　2. 腭帆张肌　3. 悬雍垂肌
4. 腭舌肌　5. 腭咽肌)

　　构音过程中,当舌部和咽壁产生运动时,悬雍垂的位置将发生改变。如果腭咽肌与腭帆提肌同时收缩,咽腔的黏膜、甲状软骨都可能被提起,这些会影响构音的效果。因此,如果不出现代偿性肌张力异常等继发性问题,上述两组肌肉在构音过程中的完全放松是非常重要的。因此在必要的时候进行这些肌群的放松训练具有十分重要的意义,在进行这些训练时,患者必须尽可能地产生最佳的鼻腔共振。

第二节　普通话构音的语音学基础

　　从生理学角度出发,根据呼出气流的能量转变成声学能量方式的不同,可以将言语声分成两类:一是元音,即发音时声道畅通(无约束)的言语声,在声学上表现为通过声带振动调制呼出气流的一个准周期过程,它的声学谱为准周期性的谐波频谱,即具有周期性的声音,包括一个基频分量和多个谐波分量;二是辅音,即发音时声道某处有约束或阻塞的声音。当呼出的气流通过某受限处时产生湍流,声学上导致了不规则的声波。这种声音可能只是噪声,或可能与浊音相混合,而产生擦音或边音。发塞音时悬雍垂上抬,鼻咽通道关闭,并在口腔某处闭合。塞音可以是不送气音,也可以是送气音。不送气的塞音在闭合期间有一个停顿期,而送气的塞音在闭合期间存在一种低频能量带。塞音的释放使闭合所建立的空气压力得到缓解,在声学上产生爆破音,同时也表明准随机噪音的形成。鼻音是指发音时口腔某处闭合、悬雍垂位置较低、鼻腔通道畅通的辅音。

　　在汉语普通话中,不同的音位形成了组成音节必需的声母和韵母。普通话体系中有 23 个声母(其中 2

个零声母)、37个韵母和4个声调。声母、韵母或声调中任意一个发生改变,都会改变音节的意义。例如,"bái"(白)发成"pái"(牌)时,意义相差非常大(这里,/b/和/p/是两个不同的音位)。

一、 普通话韵母

普通话中的37个韵母可按两个维度来分类。第一个维度是根据韵母中第一个韵母发音的口型特点来分,包括四类——开口呼、齐齿呼、合口呼和撮口呼。

发开口呼韵母时,下颌不同程度地打开,包括/a、o、e/本身以及以它们开头的音;发齐齿呼韵母时,舌尖与牙齿平齐,包括/i/以及以/i/开头的韵母;发合口呼韵母时,下颌向上,唇呈圆形,包括/u/以及以/u/开头的韵母;发撮口呼韵母,唇撮起,包括/ü/以及以/ü/开头的韵母。普通话韵母构音见表16.1。

韵母构音分类的第二个维度是内部结构特点,主要考虑了构音器官的不同运动,可以分为单韵母、复韵母、鼻韵母三大类。单韵母由一个元音组成,其构音要求快速形成准确的形状。如发/a/时,要求下颌打开,舌随着下颌快速下降。复韵母则有一个运动过程,根据运动的方向,又可分为前响复韵母、后响复韵母和中响复韵母三类。前响复韵母发音时,舌由下往上运动;后响复韵母发音时,舌由上往下运动;中响复韵母发音时,舌先由上往下,再由下往上。一般而言,由于后响复韵母发音时遵循重力原理,舌自然下降,因而除单韵母外,后响复韵母较容易发出。

表 16.1　普通话韵母构音表

		开口呼	齐齿呼	合口呼	撮口呼
单韵母 (8个)	单韵母	-i a o e er	i	u	ü
复韵母 (13个)	前响韵母	ai ei ao ou			
	后响韵母		ia ie	ua uo	üe
	中响韵母		iao iou(iu)	uai uei(ui)	
鼻韵母 (16个)	前鼻音韵母	an en	in ian	uan uen	ün üan
	后鼻音韵母	ang eng ong	ing iong iang	uang ueng	

鼻韵母根据发音时主要作用部位的不同,可分为前鼻韵母和后鼻韵母两类。前鼻韵母韵尾鼻音/n/发音时,舌尖抵住上齿龈,然后让气流在鼻腔形成共鸣。由于发音时舌尖起主要作用,因此,这一类韵母被称为前鼻韵母。后鼻韵母以/ng/结尾,发音时,舌后部抬起,靠近软腭,气流在鼻腔形成共鸣。由于发音时舌后部起主要作用,所以一般称为后鼻韵母。

二、 普通话声母

普通话中独立的声母共有21个(不包括两个零声母/w/和/y/),主要分类方式有清浊与否、发音部位、发音方式和送气,见表16.2。

表 16.2　普通话声母构音表

发音方式 ＼ 发音部位			唇　音		舌　尖　音			舌面音	舌根音
			双唇音	唇齿音	舌尖前音	舌尖中音	舌尖后音		
鼻音	清音								
	浊音		m			n			(ng)
塞音	清音	不送气	b			d			g
		送气	p			t			k
	浊音								
塞擦音	清音	不送气			z		zh	j	
		送气			c		ch	q	
	浊音								
擦音	清音			f	s		sh	x	h
	浊音						r		
边音	清音								
	浊音					l			

　　所谓清浊与否,是指发音时声带是否振动,发音时声带振动称为浊音,声带不振动称为清音。在汉语21个声母中,只有四个浊辅音:/m、n、l、r/。

　　发音部位指的是气流在声道受到约束或阻塞的地方,要形成约束或阻塞。必须是两个部位形成接触,即包括主动活动部位和被动接触部位。按照主动活动部位的不同,21个声母可以分成双唇音、唇齿音、舌尖前音、舌尖中音、舌尖后音、舌面音和舌根音。如舌尖中音/d、t/等虽然只标出为"舌尖中音",但实际上它是舌尖中部与齿龈共同形成对气流的阻塞,其中上齿龈是被动参与构音的。

　　发音方式主要包括鼻音、塞音、塞擦音、擦音和边音五种。鼻音指的是发音时气流主要从鼻腔流出,形成鼻腔共鸣。塞音指的是发音时两个部位闭合,将气流阻塞在该处,然后再将气流突然释放出来。塞擦音是指发音时两个部位先完全闭合,然后再打开一条缝隙,让气流从中擦过去。擦音是指发音时两个部位形成一条缝隙,让气流从其中擦过去。边音是指发音时气流从舌的两边流出去。同一发音部位,使用不同的阻塞方式形成的声音是不同的。

　　发出的音可根据释放气流时间的长短分为送气音和不送气音,送气与否的分类仅存在于塞音和塞擦音中,释放气流时间长的称为送气音,释放气流时间短的称为不送气音。送气音和不送气音往往成对存在,例如,发/b/时,双唇迅速打开,气流释放时间短,而发/p/时,双唇则较缓慢地打开,气流释放时间较长。

第三节　构音功能的评估

　　构音功能评估包括口部运动功能评估、构音运动功能评估和构音语音能力评估三个部分,每部分又包括主观评估和客观测量。其中口部运动功能评估包括下颌、唇、舌的运动功能的主观评估和口腔轮替运动速率测量,构音运动功能评估包括下颌、唇、舌构音运动功能的主观评估和下颌距、舌距、舌域图测量以及声道形状监测,构音语音能力评估和测量包括音位习得、音位对比和构音清晰度评估和清浊音检测、浊音鉴别和清音鉴别。通过这些评估项目,可以对患者的构音功能进行综合评价,找出构音障碍的原因,确定构音障碍的类型,并根据评估结果,制定科学的康复训练方案。构音功能评估的框架见图16.9。

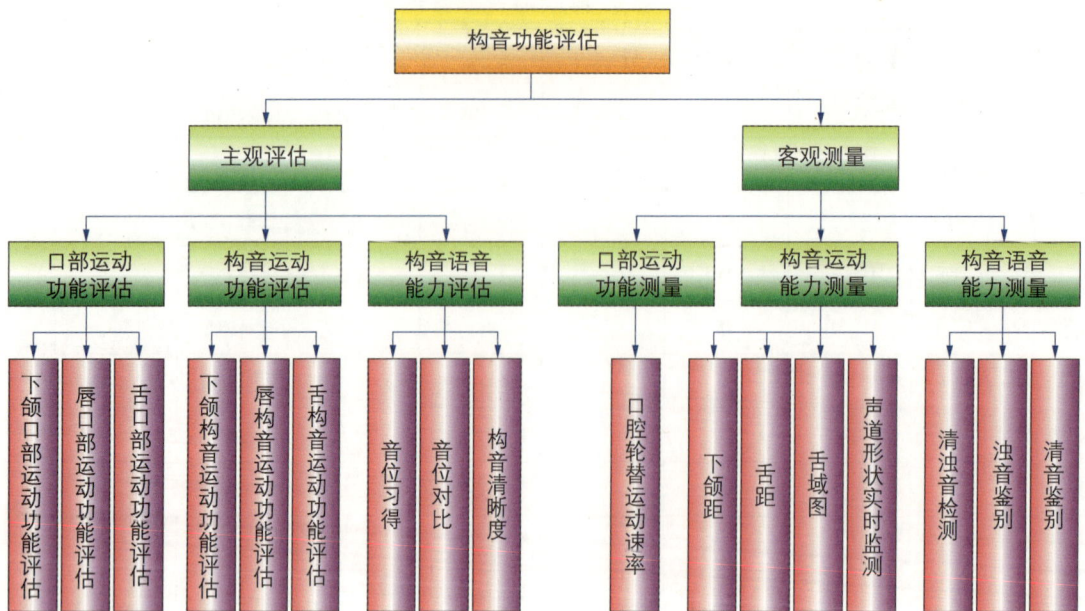

图 16.9　构音功能评估框架图

一、口部运动功能评估

下颌、唇、舌是主要的构音器官,其运动异常会直接影响言语的清晰度和可懂度,因此对下颌、唇和舌的口部运动功能进行评估十分必要。口部运动功能主观评估用来评价下颌、唇、舌**在自然放松状态下、模仿口部运动状态下**的生理运动是否正确,判断运动异常的类型,分析导致运动异常的原因,为治疗提供依据。**口部运动功能评估的分级标准具体参见附录 4。**根据构音器官运动障碍的程度不同,每个评估的子项目都按障碍程度由重到轻的顺序分成 0—4 级。

(一) 口部运动功能主观评估

1. 下颌口部运动功能主观评估

下颌口部运动功能评估主要是检查下颌的感知觉情况和运动能力。

下颌在自然状态下的评估是指在患者不讲话、不进食、不做口部运动时观察下颌的结构、位置和口腔开合度,从而判断下颌在放松状态下的位置和结构、颞颌关节的紧张程度、咬肌的肌张力、下颌的控制能力情况等。下颌在模仿口部运动状态下的评估共有 8 个项目,包括咬肌肌力检查、下颌向下运动、下颌向上运动、下颌向左运动、下颌向右运动、下颌前伸运动、下颌上下连续运动以及下颌左右连续运动等。前 6 项是检测下颌的单一运动能力,后 2 项是检测下颌的连续运动能力。评估时由检测者给出指导语,并做示范动作,由患者模仿。下颌口部运动功能评估内容见图 16.10。通过评估,能评价下颌各种运动模式是否被习得,诊断下颌运动障碍类型,分析下颌运动异常的原因,为制定下颌运动治疗方案提供依据。

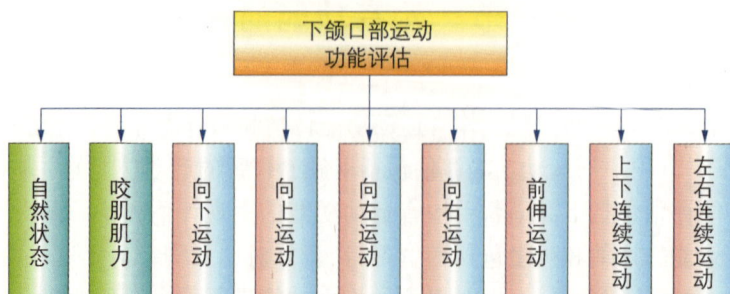

图 16.10　下颌口部运动功能评估框架图

2. 唇口部运动功能主观评估

唇口部运动功能评估用于检查唇的感知觉和肌张力情况以及唇的运动能力。

唇在自然状态下的评估是指在患者不讲话、不进食、不做口部运动时观察唇的结构、位置和形状，从而判断唇在放松状态下唇的位置和结构、唇和面部的肌张力情况，以及唇的控制能力。唇在模仿口部运动状态下的评估共有 6 个项目，包括唇面部肌力检测、展唇运动、圆唇运动、唇闭合运动、圆展交替、唇齿接触运动。评估时由检查者给出指导语，并做示范动作，患者模仿。唇口部运动功能评估的内容见图 16.11。

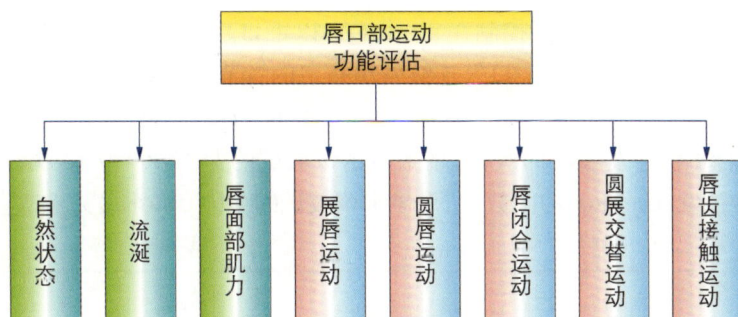

图 16.11　唇口部运动功能评估框架图

通过评估，能评价唇各种运动模式是否被习得，诊断唇运动障碍类型，分析导致唇运动异常的原因，为制定唇运动治疗方案提供依据。

3. 舌口部运动功能主观评估

舌口部运动功能评估用于检查舌的感知觉和肌张力情况，以及舌的运动能力。

舌在自然放松状态下的评估是指在患者不讲话、不进食、不做口部运动时观察舌的结构、位置和形状，从而判断在放松状态下舌的肌张力的情况，舌的控制能力。舌在模仿口部运动状态下的评估共有 15 个项目，包括检测舌肌肌力、舌尖前伸、舌尖下舔颌、舌尖上舔唇、舌尖上舔齿龈、舌尖左舔嘴角、舌尖右舔嘴角、舌尖上舔硬腭、舌尖前后交替、舌尖左右交替、舌尖上下交替、马蹄形上抬、舌两侧缘上抬、舌前部上抬、舌后部上抬等。评估时由检查者给出指导语，并做示范动作，患者模仿。舌口部运动功能评估的内容见图 16.12。

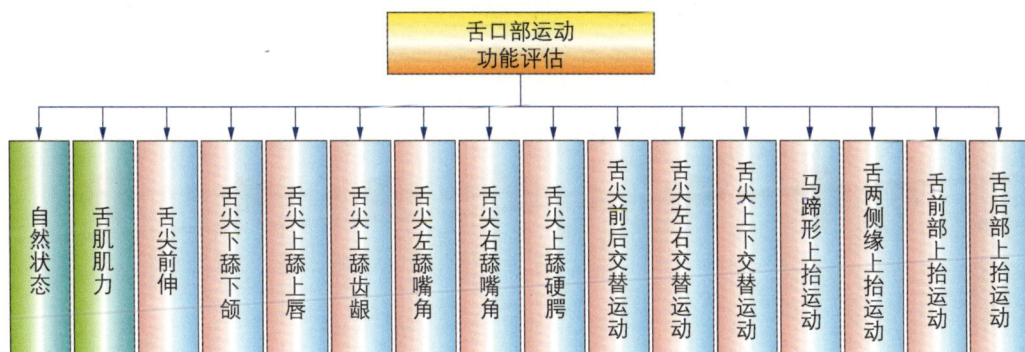

图 16.12　舌口部运动功能评估框架图

通过评估，可判断舌肌张力有无异常以及异常的类型，判断舌运动有无异常以及异常的程度，判断舌运动的运动范围、舌的运动控制能力、舌的运动速度等是否存在异常，分析舌运动障碍的原因，为制定舌运动治疗方案提供依据。

(二) 口部运动功能客观测量

口部运动功能的客观测量主要包括：口腔轮替运动速率的实时监测。口腔轮替运动速率是指每 4 秒钟最多能发出特定音节的总数。口腔轮替运动速率反映了舌的运动状态、口部肌群运动的协调水平,它是衡量言语清晰度的一个重要指标,例如:每4秒钟最多能发出/pa/音节的总数就是口腔轮替运动/pa/的速率,这里记为:DR(pa)。口腔轮替运动速率包括七个指标,即 DR(pa)、DR(ta)、DR(ka)、DR(pataka)、DR(pata)、DR(paka)以及 DR(kata)。发/pa/音时,双唇紧闭,然后口腔张开;发/ta/音时,舌尖抵住齿龈,然后口腔张开;发/ka/音时,舌根隆起与软腭接触,随后口腔张开。其他四项是这三个音节的组合,主要考察发音时唇、舌以及下颌交替运动的灵活性。

在进行这项测试的时候,粗略而言,仅仅需要一只秒表或手表。如想要获得精确的结果,则需要使用"启音博士言语测量仪"。测试环境噪音控制在 40 dB(A)以下,口距话筒的距离为 10 cm 左右。测试时,首先要求被试深吸气,然后尽可能快地一口气连续发出指定的音节,音调与响度适中,各个音节必须完整,然后记录患者每 4 秒钟发/pa/、/ta/、/ka/、/pataka/、/pata/、/paka/及/kata/的数量。图 16.13a 是使用"言语测量仪"测试的 4 秒钟发/pa/的次数,结果显示该被试的 DR(pa)为 18 次;图 16.13b 是使用"言语测量仪"测试的 4 秒钟发/pataka/的次数,结果显示该被试的 DR(pataka)为 6 次。

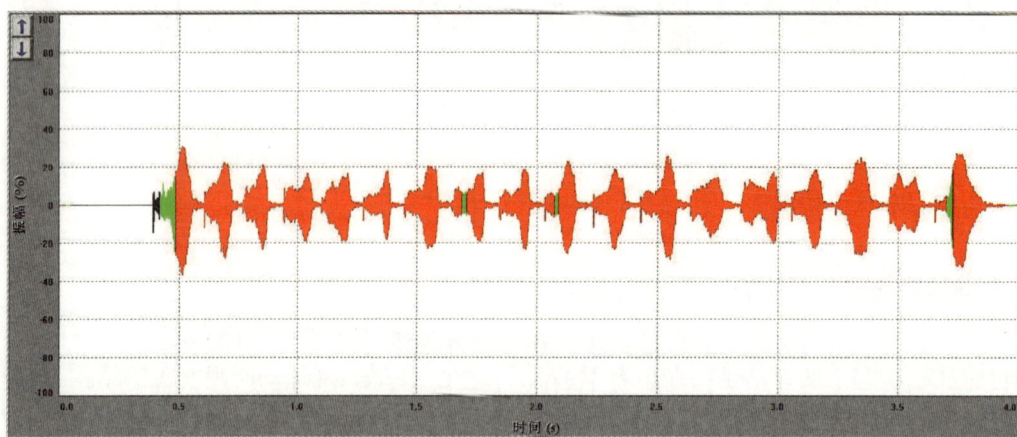

a. /pa/的测试

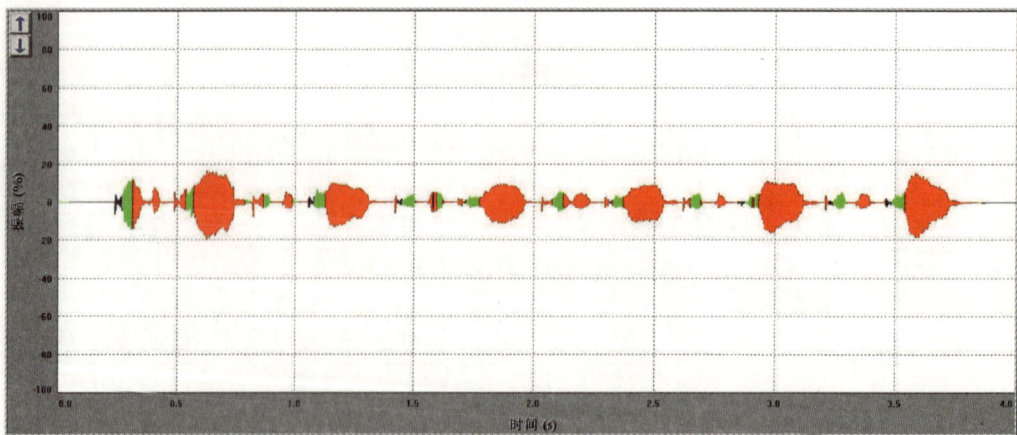

b. /pataka/的测试

图 16.13 口腔轮替速率 /pataka /的测试
(启音博士言语测量仪,Dr. Speech™,上海泰亿格康复医疗科技股份有限公司授权使用)

每一个特定音节均测试两次,取其中较大的值作为此次的测试结果,并将该结果填入表 16.3 所示的结果记录表中。将测试的结果与中国人口腔轮替运动速率参考标准(表 16.4)进行比较后,如果测试结果低于对应性别和年龄段的参考标准,则说明下颌、舌、唇的交替运动灵活度差,反之亦然。

表 16.3　口腔轮替速率结果记录表

日　期	DR(pa)	DR(ta)	DR(ka)	DR(pata)	DR(paka)	DR(kata)	DR(pataka)

表 16.4　口腔轮替运动速率常模(单位: 次 /4 秒)

年龄(岁)	口腔轮替运动速率 DR 的最小要求						
	DR(pa)	DR(ta)	DR(ka)	DR(pataka)	DR(pata)	DR(paka)	DR(kata)
4	12	12	12	2	5	4	5
5	13	13	13	2	5	4	5
6	14	14	14	3	7	6	7
7	15	15	15	3	7	6	7
8	16	16	16	3	10	8	7
9	17	17	17	4	10	8	7
10	18	18	18	4	11	10	10
11	18	18	18	4	11	10	11
12	18	18	18	4			
13	19	19	19	5			
14	19	19	19	5			
15	19	19	19	5			
16	20	20	20	6			
17	20	20	20	6			
18—40	20	20	20	6			

表 16.5 是一个填表示例。假设这是一个 6 岁的男性患儿进行两次口腔轮替速率测试的结果,根据取较大值的分析原则,该患儿 DR(pa)为 8 次,DR(ta)为 7 次,DR(ka)为 5 次,DR(pata)为 4 次,DR(paka)为 4 次,DR(kata)为 3 次,DR(pataka)为 2 次。与参考标准相比较,该患儿各项口腔轮替速率均低于该性别和年龄段 DR 正常值的最小要求,说明该患儿发音时唇、舌以及下颌交替运动的灵活性较差,需结合口部运动主观评估,制定针对性的治疗方案。

表 16.5　口腔轮替速率结果记录表填表示例

日期	DR(pa)	DR(ta)	DR(ka)	DR(pata)	DR(paka)	DR(kata)	DR(pataka)
3.18	8	7	5	4	4	3	2
3.18	6	6	5	3	3	3	2

二、构音运动功能评估

构音运动功能主观评估用来评价下颌、唇、舌在言语状态下的生理运动是否正确,判断运动异常的类型,分析导致运动异常的原因,为治疗提供依据。根据构音器官运动障碍的程度不同,每个评估的子项目都按障碍程度由重到轻的顺序分成0—4级。

构音运动功能评估的分级标准具体参见附录5。根据构音器官运动障碍的程度不同,每个评估的子项目都按障碍程度由重到轻的顺序分成0—4级。

(一) 构音运动功能主观评估

1. 下颌构音运动功能主观评估

下颌构音运动功能主观评估共有6个子项目,包括上位构音运动、下位构音运动、半开位构音运动、上下转换运动、下上转换运动、上下上转换运动,见图16.14。

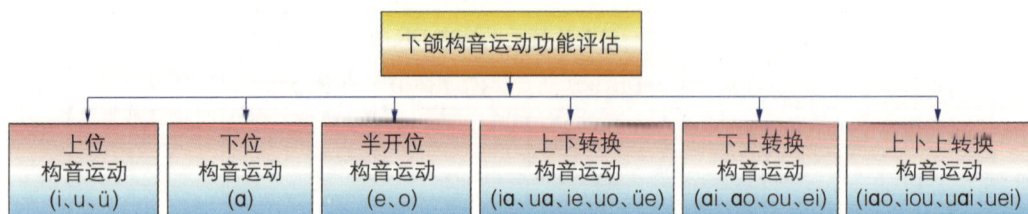

图 16.14 下颌构音运动功能评估框架图

评估目的:检查下颌的各种构音运动模式是否习得、下颌的运动是否达到了特定音位所需要的动作技能水平,从而为制定构音计划提供依据。每一项目中均由同一构音运动模式的单音节词、双音节词和三音节词以及4—5个字组成的句子作为目标词、词语或短句,通过这些词的发音来判断该患者是否掌握了这个构音运动模式,下颌还存在哪些运动问题,下颌的控制能力、运动速度是否正常等运动状况。

评估标准及计分:以一项评估作为例子说明。如以半开位构音运动为例:

指导语:让患者模仿或看图片发出"喝、可乐、哥哥喝可乐"然后观察患者下颌的运动状态。

2. 唇构音运动功能主观评估

唇构音运动功能主观评估共有7个评估项目,包括圆唇构音运动、展唇构音运动、圆展转换构音运动、唇闭合与圆唇构音运动、唇闭合与展唇构音运动、唇闭合与展圆构音运动以及唇齿接触构音运动,见图16.15。

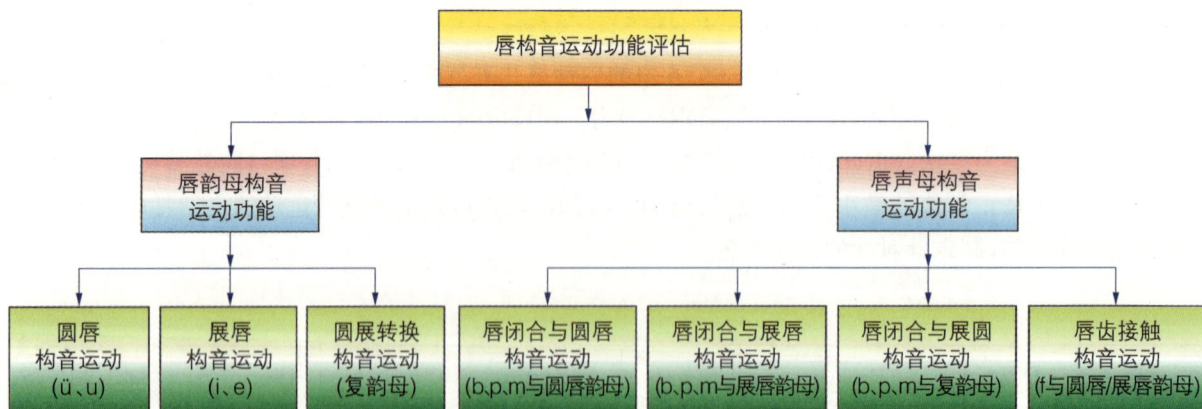

图 16.15 唇构音运动功能评估框架图

评估目的:检查唇运动是否达到了汉语普通话构音语音所需要的动作技能水平,从而为制定构音计划提供依据。每一项目中均由同一构音运动模式的单音节词、双音节词和三音节词以及4—5个字组成的短句作为目标词、词语或短句,通过这些词的发音来判断唇运动是否达到了该构音运动模式所需要的技能水平,还存在哪些运动问题,唇的精细分级控制能力如何、运动速度是否正常等运动状况。

评估时由评估人员给出指导语，并做示范动作，被评者模仿。

3. 舌构音运动功能主观评估

舌构音运动功能主观评估包含舌韵母、舌声母构音运动功能评估两个部分，见图16.16。

舌韵母构音运动功能评估共有6项，包括舌前位构音运动、舌后位构音运动、舌前后转换构音运动、舌尖鼻韵母构音运动、舌根鼻韵母构音运动、鼻韵母转换构音运动。

舌声母构音运动功能评估共有6项，包括马蹄形上抬构音运动、舌根部上抬构音运动、舌尖上抬下降构音运动、舌前部上抬构音运动、舌两侧缘上抬构音运动、舌叶轻微上抬构音运动。

评估目的：通过让患者模仿或自主发每一评估项目中的单音节词、双音节词和三音节词以及短句来判断舌的精细分化运动以及精细分级控制能力，判断舌的运动是否达到了汉语普通话中舌声母构音所需要的基本运动技能和模式。

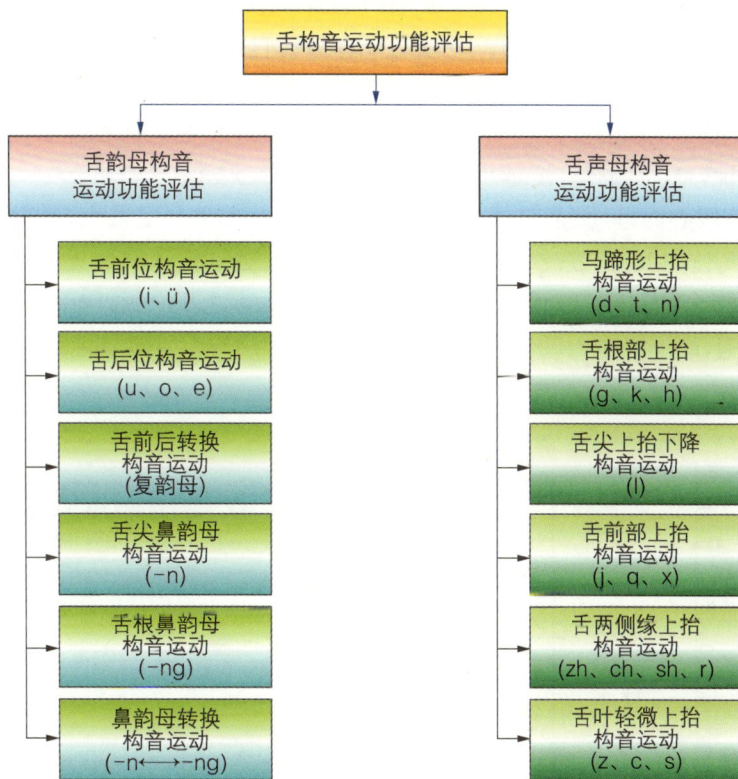

图16.16 舌构音运动功能评估框架图

（二）构音运动功能客观测量

构音运动障碍是指因口部单个构音器官运动功能异常或构音器官之间协调性异常而达不到特定语音所需要的运动技能水平，造成构音不准、语音不清和发音困难等障碍表现。它是智力发育迟缓、脑性瘫痪、自闭症、语言发育迟缓、听力障碍等患者常见的言语问题，主要表现为下颌、唇和舌的构音运动异常。在临床实践工作中，对构音运动能力评估大多数使用的方法是定性的主观评估，缺乏统一的评估标准，而且评价的描述和测定简易、粗略，并不能反映出患者构音中的细微变化。如何定量测量构音运动障碍，给言语治疗师更科学和更精确的评估结果，进而为他们提供更好的治疗方案的指导，是我们研究人员期待解决的问题。

构音运动功能的客观测量，是通过言语声学分析对构音器官的运动能力以及各构音器官相互之间的协调运动能力进行定量测量，从而分析导致运动异常的原因，为制定运动异常的治疗方案提供依据；同时监控治疗效果，为及时调整治疗方案起导向作用。

影响构音运动的主要器官是下颌、唇以及舌的运动。下颌运动对构音而言,非常重要。它直接影响唇和舌的运动以及舌和上腭间的构音位移,下颌运动受限或运动过度会严重影响到构音的准确性。舌是最重要的构音器官,舌前后位之间的运动转换能力直接影响元音的构音。唇的圆展运动直接影响双唇音、唇齿音和后元音等的构音的准确性。如果下颌、舌、唇的运动功能异常,则不能形成清晰的发音,会出现替代、歪曲、遗漏等现象。因此,从生理学和病理学角度出发,选择参数对下颌、唇及舌的运动能力进行定量测量,通过共振峰的变化来测量下颌距、舌距、舌域图以及口腔轮替运动速率、声道形状实时监测等参数,对定量评估和监控构音器官的运动能力具有重要的意义。

将患者的声音输入"启音言语测量仪"后,分别提取患者/ɑ/、i、u/的共振峰频率(F_1 和 F_2),通过计算 $\Delta F_1 = F_1(\alpha) - F_1(i)$ 得到患者的下颌距,通过计算 $\Delta F_2 = F_2(i) - F_2(u)$ 得到患者的舌距。

1. 下颌距测量

下颌距的定量测量反映了产生言语过程中下颌的运动范围,反映了言语中下颌的运动能力。它的测量对构音异常的定量评估起着重要的作用。下颌的开合运动直接影响咽腔的大小。下颌张开度越大,咽腔的体积越小;下颌张开度度越小,咽腔的体积越大。第一共振峰 F_1 是反映咽腔人小和咽腔共鸣状态的一个声学参数,它主要揭示下颌的开合运动情况。F_1 值越大,说明咽腔的体积越小,下颌张开度越大;F_1 值越小,说明咽腔的体积越大,下颌张开度越小。

在汉语普通话中,核心韵母/ɑ/是最低位元音,发此音时下颌张开度最大,咽腔的体积最小,F_1 值最大;核心韵母/i/是最高位闭元音,发此音时下颌张开度最小,咽腔的体积最大,F_1 值最小。而对其余韵母运动以及所有声韵组合的运动,下颌的运动范围都在/ɑ/和/i/之间。所以,用 $F_1(\alpha)$ 和 $F_1(i)$ 二者的差值反映下颌的开合范围,即下颌距 $\Delta F_1 = F_1(\alpha) - F_1(i)$,单位为 Hz。如图 16.17 和图 16.18 所示,$\Delta F_1 = 320$ Hz。

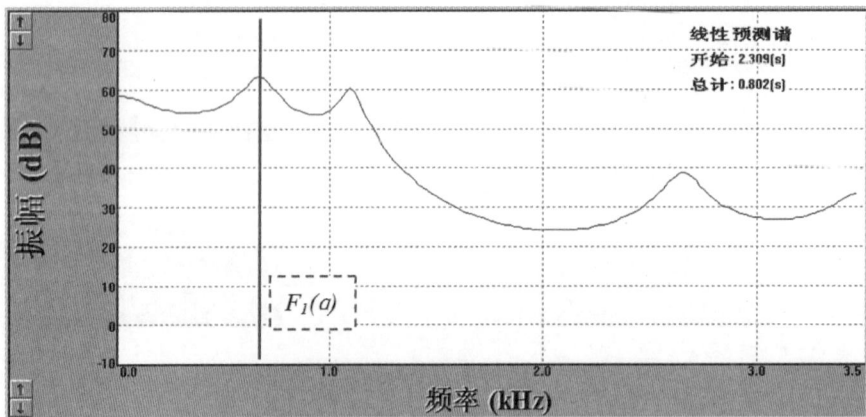

图 16.17　单韵母 /ɑ/的线性预测谱($F_1 = 660$ Hz,$F_2 = 1100$ Hz)
(启音博士言语测量仪,Dr. Speech™,上海泰亿格康复医疗科技股份有限公司授权使用)

根据测量结果来分析下颌开合运动是否正常。如果 ΔF_1 值小于相应年龄段的参考标准,说明下颌运动受限;如果 ΔF_1 值大于相应年龄段的参考标准,说明下颌运动过度;如果 ΔF_1 的标准差偏大,说明下颌运动有急动现象,下颌的自主控制运动能力差。对于一个下颌运动异常的学龄前患者而言,将测得的下颌与同年龄、同性别组的参考标准进行比较,同时结合下颌运动主观评估的结果,可确定下颌运动异常的性质与程度。

临床指出:患者,男,6 岁 8 个月,构音障碍,测量结果显示:该患儿 $F_1(\alpha)$ 为 1044 Hz,低于同龄同性别儿童的正常水平(表 16.6),说明患儿下颌向下运动不充分。下颌距低于同龄同性别儿童的正常水平,说明患儿下颌运动范围小、下颌运动受限,存在下颌下位构音运动障碍。

表 16.6　下颌构音运动功能的客观测量结果

测 试 项 目	测 试 结 果	达 到 训 练 目 标	(偏大、正常、偏小)	临 床 意 义
$F_1(a)$	1044	1217	偏　小	下颌向下运动不充分
$F_1(i)$	301	281	正　常	下颌向上运动正常
下颌距	743	936	偏　小	下颌运动范围偏小 下颌运动受限

2. 舌距测量

舌距的定量测量可以反映言语产生过程中舌的运动范围,反映言语中舌的运动能力。舌是最重要的构音器官,能够向各个方向做运动,在言语中,舌的前后运动能改变声道的形状和共振峰频率,是影响言语清晰度最重要的因素。舌向前运动时,口腔的体积减小;舌向后运动时,口腔的体积增大。第二共振峰 F_2 反映口腔的大小和口腔共鸣状态,主要解释舌前后运动的情况。舌向前运动时,口腔体积减小,F_2 值增加;舌向后运动时,口腔体积增大,F_2 值减小。

在汉语普通话中,核心韵母/i/是最高位闭元音,发此音时舌位最靠前,口腔的体积最小,F_2 值最大;核心韵母/u/是最高位舌后音,发此音时舌位最靠后,口腔的体积最大,F_2 值最小。所以,用 $F_2(i)$ 和 $F_2(u)$ 二者的差值来反映舌运动能力,用公式表示为 $\Delta F_2 = F_2(i) - F_2(u)$,单位为 Hz。如图 16.18 和图 16.19 所示,$\Delta F_2 = 1520$ Hz。

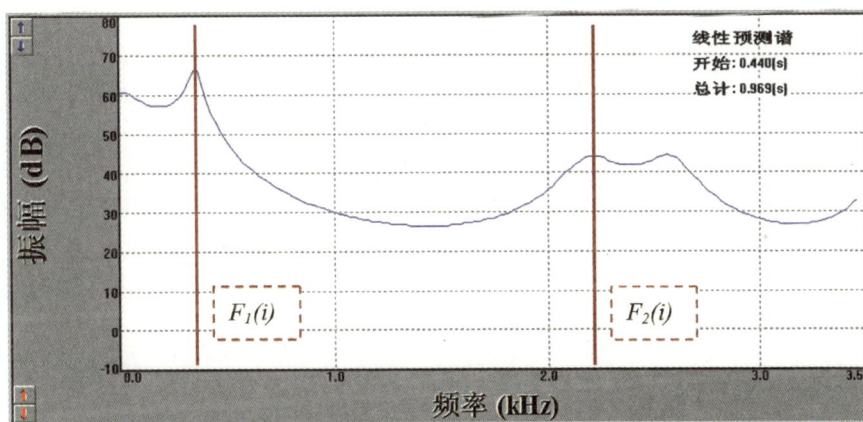

图 16.18　单韵母 /i/的线性预测谱($F_1 = 340$ Hz, $F_2 = 2220$ Hz)
(启音博士言语测量仪,Dr. Speech™,上海泰亿格康复医疗科技股份有限公司授权使用)

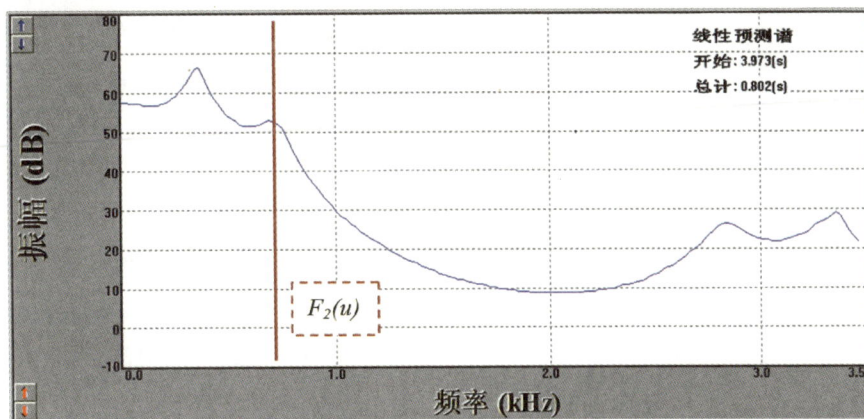

图 16.19　单韵母 /u/的线性预测谱($F_1 = 360$ Hz, $F_2 = 700$ Hz)
(启音博士言语测量仪,Dr. Speech™,上海泰亿格康复医疗科技股份有限公司授权使用)

可根据测量结果来分析舌的前后运动是否正常。如果 ΔF_2 值小于相应年龄段的常模，说明舌运动受限；如果 ΔF_2 值大于相应年龄段的常模，说明舌运动过度；如果 ΔF_2 的标准差偏大，说明舌运动有急动现象，舌的自主控制运动能力差。对于一个舌运动异常的学龄前患者而言，将测得的舌距与同年龄、同性别组的参考标准进行比较，同时结合舌运动主观评估的结果，可确定舌运动异常的性质与程度。

临床指出：患者，男，6岁8个月，构音障碍，测量结果显示：该患儿 $F_2(i)$ 为 2690 Hz，与同年龄同性别儿童正常水平相比偏小（表 16.7），说明患儿舌向前运动受限。舌距为 2088 Hz，比同龄同性别儿童的正常水平偏小，说明患儿舌前后运动范围小，舌前后运动受限，存在舌前位构音运动障碍。

表 16.7　舌构音运动功能的客观测量结果

测试项目	测试结果(Hz)	达到训练目标(Hz)	（偏大、正常、偏小）	临　床　意　义
$F_2(i)$	2690	3387	偏　小	舌向前运动受限
$F_2(u)$	602	688	正　常	舌向后运动正常
舌　距	2088	2699	偏　小	舌前后运动范围小 舌前后运动受限

3. 舌域图

舌域图的测量可以反映构音协调运动能力。可以连续发三个核心韵母，即最前上位的/i/、最下位的舌中音/ɑ/、最后上位的/u/，把三者共振峰所在点构成的面积作为舌域图的测量指标，单位为 Hz^2，如图 16.20 所示。若已知三个核心韵母的坐标（横坐标为 F_2 的值，纵坐标 F_1 的值）分别为 $(x_1、y_1)$、$(x_2、y_2)$ 和 $(x_3、y_3)$，计算舌域图的公式如公式 16.1 所示。

$$S = ABS(mm \times pp - nn \times qq)/2 \qquad （公式 16.1）$$

其中，$mm = x_2 - x_1$，$nn = y_2 - y_1$，$pp = x_3 - x_1$，$qq = y_3 - y_1$

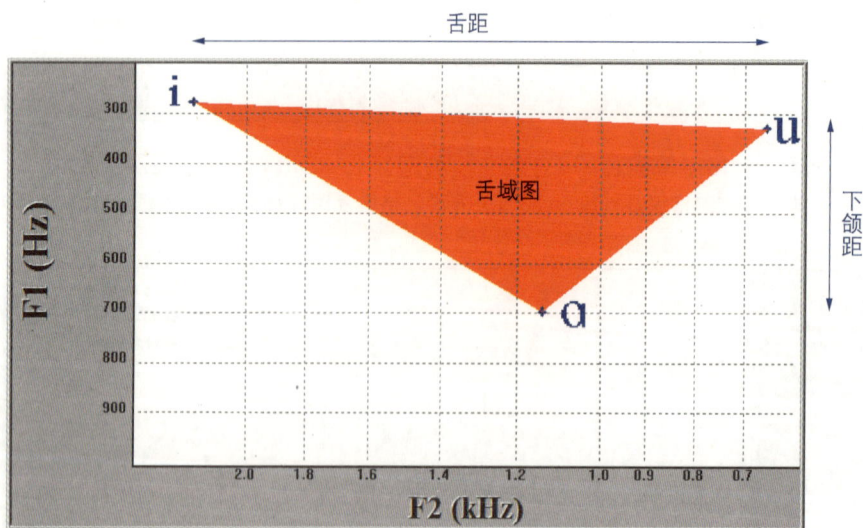

图 16.20　舌域图测试示意图
（启音博士言语测量仪，Dr. Speech™，上海泰亿格康复医疗科技股份有限公司授权使用）

表 16.8 是构音运动功能客观测量的结果记录表，上述下颌距、舌距和舌域图的测量结果都填入此表格中。可将测得的结果与下颌距、舌距和舌域图的参考标准（表 16.9、表 16.10 和表 16.11）相比较，如果测试结果低于对应性别和年龄段的参考标准，则说明下颌、舌、唇的运动灵活度差，反之亦然。

表 16.8　构音运动功能的客观测量结果记录表

日　期	下颌距	舌　距	舌域图	解　释

表 16.9　中国学龄前儿童下颌距常模($m ± \sigma$)（单位：Hz）

年龄（岁）	男					女				
	$m-2\sigma$	$m-\sigma$	m	$m+\sigma$	$m+2\sigma$	$m-2\sigma$	$m-\sigma$	m	$m+\sigma$	$m+2\sigma$
3	437	620	802	984	1167	498	694	891	1088	1284
4	988	1082	1176	1270	1364	949	1095	1240	1386	1531
5	612	755	897	1040	1182	645	793	940	1087	1234
6	689	812	936	1059	1182	622	806	989	1173	1356

表 16.10　中国学龄前儿童舌距常模($m ± \sigma$)（单位：Hz）

年龄（岁）	男					女				
	$m-2\sigma$	$m-\sigma$	m	$m+\sigma$	$m+2\sigma$	$m-2\sigma$	$m-\sigma$	m	$m+\sigma$	$m+2\sigma$
3	1262	1730	2197	2664	3132	1498	1990	2482	2974	3466
4	1872	2183	2494	2806	3117	2041	2411	2781	3152	3522
5	1708	2138	2569	3000	3431	2113	2429	2745	3060	3376
6	1988	2343	2699	3055	3411	2058	2335	2612	2889	3166

表 16.11　中国学龄前儿童舌域图常模($m ± \sigma$)

年龄（岁）	男					女				
	$m-2\sigma$	$m-\sigma$	m	$m+\sigma$	$m+2\sigma$	$m-2\sigma$	$m-\sigma$	m	$m+\sigma$	$m+2\sigma$
3	14	50	85	121	157	26	66	106	146	186
4	61	81	101	121	141	64	94	123	152	181
5	60	86	112	137	163	68	96	123	151	178
6	66	95	123	151	179	52	87	122	156	191

表 16.12 是一个下颌距、舌距和舌域图测量记录表的填表示例，假设这是一名 6 岁的男性患儿，根据单韵母/ɑ/、/i/、/u/的线性预测谱测试结果，得出该患儿的下颌距为 324.5 Hz，舌距为 1526.7 Hz。与表 16.9 和表 16.10 中的参考标准进行比较，发现该患儿的下颌距和舌距均低于该年龄正常值的两个标准差，说明该患儿下颌运动受限和舌运动受限。根据元音舌位图的测试，得出该患儿的舌域图为 65.78 Hz²，与表 16.11 中的参考标准进行比较，该患儿的舌域图低于该年龄正常值的两个标准差，说明该患儿存在口部运动受限。

表 16.12　构音运动功能的客观测量结果记录表填表示例

日　期	下颌距	舌　距	舌域图	解　释
3.18	324.5	1526.7	65.78	下颌运动受限 舌运动受限 口部协调运动受限

4. 声道形状和运动测量

人们发出有意义言语声的过程是十分复杂和精细的,这个过程涉及许多肌肉的协调运动,在肉眼看来,每个运动过程都十分短暂和迅速,不易被观察到,特别是舌的运动过程。为了更好地评价构音器官的运动过程,利用高级工程技术对声道形状进行仿真,是十分必要的。

根据输入的语音(或者参数文件)进行声道形状的仿真,大致包括以下几个步骤:首先输入语音参数文件或者输入 wav 文件,并显示相关波形,然后依次是分析——语音反向滤波——激励指定——合成。用户可以在语音目标共振峰轨迹的任意一个地方进行标记,言语逆滤波可以决定语音模型参数,从而使目标共振峰和模型共振峰的误差达到最小。用户可以指定用来合成的激励类型。最后,完成语音合成。合成选项提供了一个声道平面仿真,这样就可以直观地看到发不同音时,声道的形状有何异同,从而为口部运动障碍的综合诊断提供客观依据。

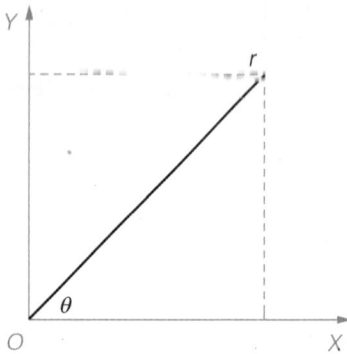

图 16.21　极坐标和直角坐标的换算

声道仿真中计算的一系列参数均以极坐标或直角坐标的形式给出。极坐标系是一个二维坐标系统,极坐标有两个坐标轴,r 是半径坐标,表示与极点的距离。θ 是角坐标,也叫作方位角,表示逆时针方向坐标距离极轴(也称 $0°$ 射线)的角度。极轴就是平面直角坐标系中的 x 轴正方向。极坐标系中的两个坐标 r 和 θ 可由下面的公式转换为直角坐标系下的坐标值,即 $x = r\cos\theta, y = r\sin\theta$,如图 16.21 所示。

在声道形状仿真的过程中,通过共振峰的值可以计算出一系列的参数,用来描述声道中各个构音器官的运动情况,如图 16.22 是构音模型中用来指定声道相对位置的参数变量。

舌体中心点:它用一段具有固定半径和移动圆心的弧(DL－B)来表示。舌体中心(tongc)相对于固定点 F 的极坐标是(sc,thetaj＋thetab)。实际应用中一般采用其直角坐标(tbodyx,tbodyy),以便于显示和优化。舌体中心点的位置可以反映发音时舌的运动情况。

舌尖位置:用直角坐标系中的点 T(tipx,tipy)来表示,弧 B－T 和 T－PF 表示舌体边缘的外廓。由于 B 点位置随着舌体中心 tongc 和下颌角的位置改变而改变,可见,舌体边缘的运动依赖于舌体和下颌的位置。舌尖位置可以用来反映发音时舌的运动情况。

下颌角:在极坐标中,点 JAW(sj,thetaj)用来表示下颌的位置,线段 sj 在发音时通常为一常数,参数 JAW 用来表示角 thetaj。下颌角可以反映发音时下颌的开合度和前后运动情况。

唇开距:图 16.22 中以点 L5 和 L7 来表示嘴唇,嘴唇的坐标用(lipp,lipo)来表示,可以使用 lipo 作为独立变量,表示上下唇打开的距离,唇开距同时也可以反映下颌的开合度。

唇凸距:可以使用 lipp 作为独立变量,表示上下唇凸出的长度,唇凸距可以反映发音时圆唇的情况。

悬雍垂位置:声道前部的轮廓通过牙齿上方的部位用 U 来表示,硬腭曲线为 U－N－M,上颌骨最高点为 M,软腭为 M－V,velum(悬雍垂)位置为 V,咽后壁位置为 W,杓状软骨最高点为 G,在硬腭曲线上,点 N 位于 M－U 上,M－N 的长度是 N－U 长度的两倍。弧 M－V,M－N 的圆心在通过于 M 点的垂直线上。前部曲线、后部曲线中除了 V 点都是固定的,为了指定鼻咽通道的开放区域,一般把 velum 看作语音参数。悬雍垂的状态是通过延着小舌顶端 V－V′运动的点 V 来表示的。可设定软腭开放面积和 v、velum 估计点之间的距离成

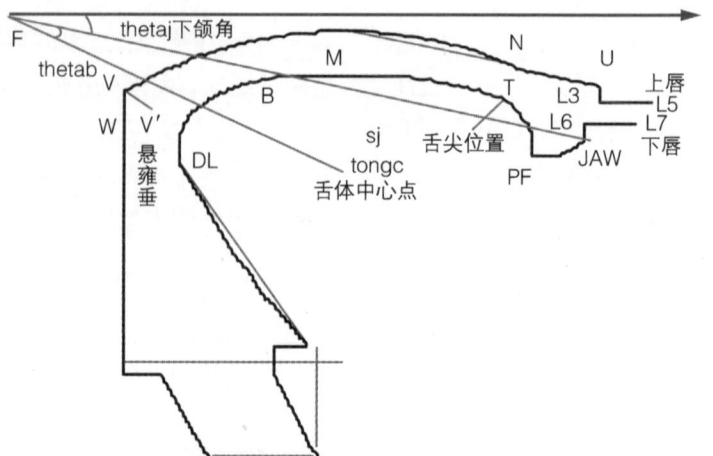

图 16.22　构音参数模型中的参数定义

比例,这个距离通过变量 velum 来指定。悬雍垂的位置可以反映发音时软腭及悬雍垂的运动情况。

通过测量上述参数,可以对发音过程中声道的运动形状进行实时监测,从而评价构音器官运动的情况。这个过程可以分为言语分析、功能诊断和参数优化三个模块。

(1) 言语分析模块

言语分析模块的主要任务是清浊音类型判断和共振峰提取。在进行语音分析之前,首先对语音的清浊类型进行判断,其中 1 代表浊音,0 代表清音,如图 16.23 所示。

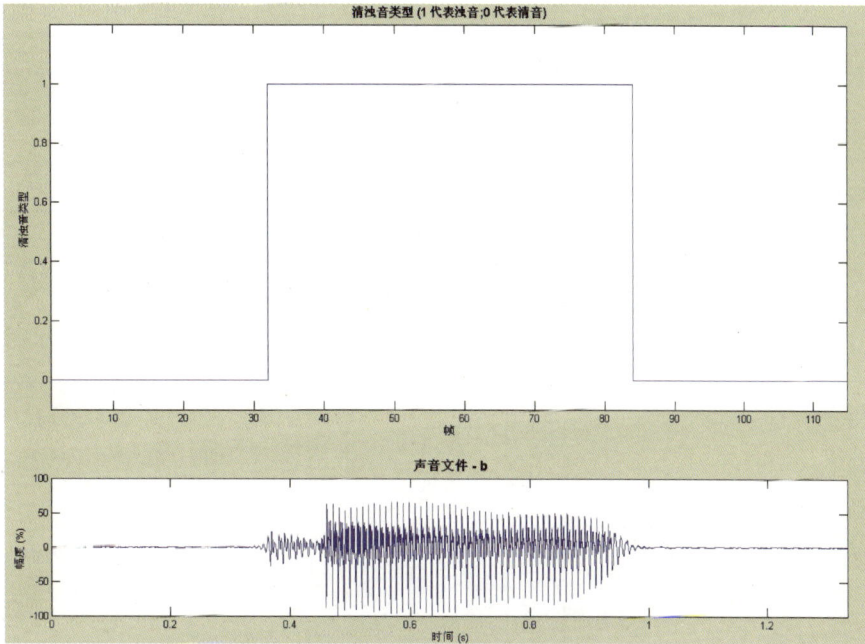

图 16.23 清浊音判别
(启音博士构音测量与训练仪,Dr. Speech™,上海泰亿格康复医疗科技股份有限公司授权使用)

清浊音判别之后,再对浊音信号提取共振峰,如图 16.24 所示,用四种不同的颜色代表前四个共振峰,垂直虚线为使用者自行添加的帧标记。

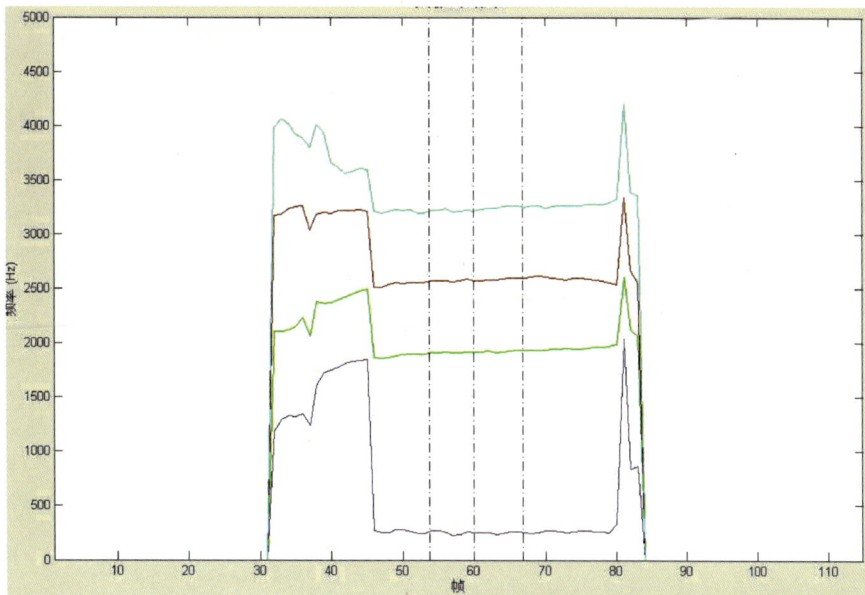

图 16.24 共振峰波形
启音博士构音测量与训练仪,Dr. Speech™,上海泰亿格康复医疗科技股份有限公司授权使用)

（2）功能诊断模块

功能诊断模块如图 16.25 所示，该模块可以显示每帧的声道截面面积图（左上图），声道外形轮廓（上部中间图），言语信号的共振峰和标记帧（左下图）以及声道模型参数（右图），最后能够显示当前帧和常模比较后的误差值（右图下方）。

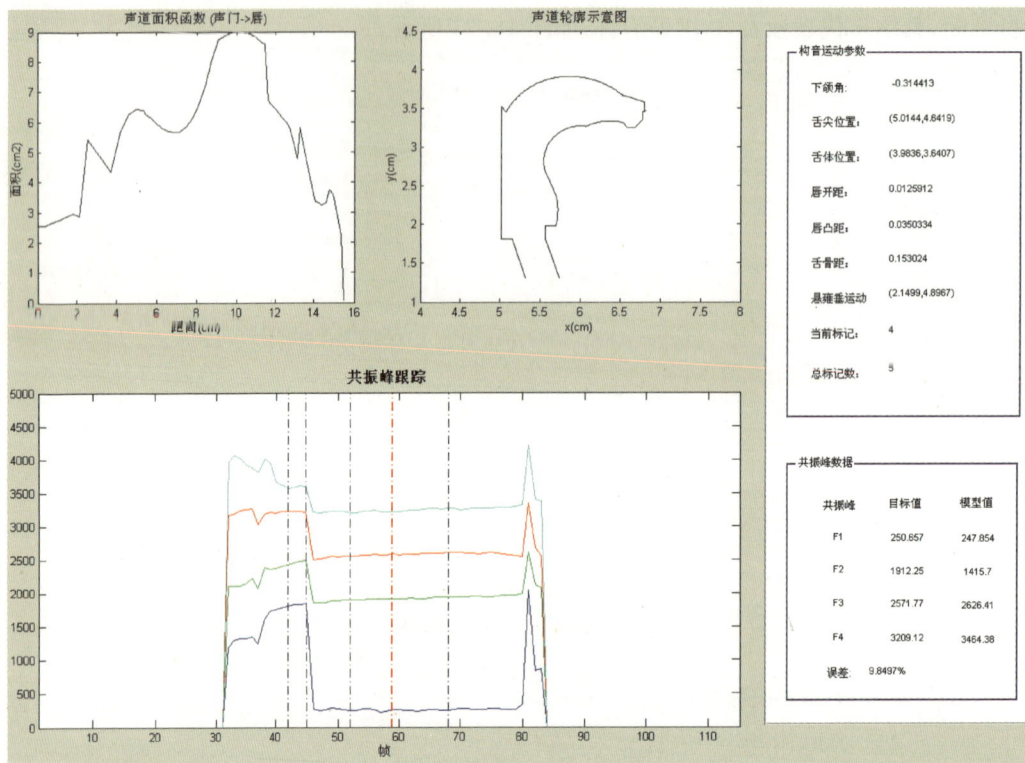

声道面积函数（声门->唇）

声道轮廓示意图

共振峰跟踪

构音运动参数

下颌角	-0.314413
舌尖位置	(5.0144,4.8419)
舌体位置	(3.9836,3.6407)
唇开距	0.0125912
唇凸距	0.0350334
舌骨距	0.153024
悬雍垂运动	(2.1499,4.8967)
当前标记	4
总标记数	5

共振峰数据

共振峰	目标值	模型值
F1	250.657	247.854
F2	1912.25	1415.7
F3	2571.77	2626.41
F4	3209.12	3464.38
误差	9.8497%	

图 16.25　声道运动形状的测量
（启音博士构音测量与训练仪，Dr. Speech™，上海泰亿格康复医疗科技股份有限公司授权使用）

声道截面面积以从声带到唇部的面积函数来表示，显示了从声带到唇部的面积变化，通常被用来指定最小面积的部位和声道中心轴的位置，并不能直接表示发音参数。声道外形轮廓是基于 X 射线图像的轮廓距离平面，可显示轮廓平面内的言语器官的运动，得到言语器官的位置，还可以使构音器官按构音规则进行运动，实现声道剖面的可视化。

声道横截面积和声道轮廓形状可以非常直观地反映发音者的构音运动是否正常，功能诊断模块最显著的特点是获得四类（下颌、唇部、舌部及悬雍垂）构音参数，这些参数的临床意义如下所述：

下颌（下颌角）：第一共振峰 F_1 反映咽腔大小和咽腔共鸣状态，以揭示下颌的开合运动情况。F_1 值越大，说明咽腔的体积越小，下颌的张开度越大。在汉语普通话中，核心韵母/ɑ/为最低位元音，下颌张开角度最大，咽腔体积最小，F_1 值最大；核心韵母/i/为最高位元音，下颌张开角度最小，咽腔体积最大，F_1 值最小。F_1(ɑ)和 F_1(i)之差在构音评估中称为下颌距，用来定量反映下颌的开合运动情况。相关坐标为 Jaw。

舌部：第二共振峰 F_2 反映口腔大小和口腔共鸣状态，主要解释舌前后运动的情况，是影响构音清晰度的重要因素。舌向前运动时，口腔体积减小，F_2 增加；舌向后运动时，口腔体积增大，F_2 减小。核心韵母/i/是最高位闭元音，发此音时舌位最靠前，口腔体积最小，F_2 最大；核心韵母/u/是最高位舌后音，发此音时舌位最靠后，口腔体积最大，F_2 最小。故用 F_2(i)与 F_2(u)之差来反映舌的运动情况，称为舌距。而控制舌部运动最关键的器官是舌骨。舌部的相关坐标为 tbodyx，tbodyy，舌骨的坐标是 hyoid。

唇部：第三共振峰 F_3 反映唇腔大小和唇腔的共鸣状态，用于解释唇的展唇和圆唇能力，分别用唇部突出坐标 lipp 和唇部开阔度坐标 lipo 表示。唇腔越大，F_3 越小；唇腔越小，F_3 越大。普通话构音中，/ü/

是圆唇最充分的音,/i/是展唇最充分的音,F_3(ü)与F_3(i)之差被称为唇距,来反映唇的运动能力。唇部相关坐标为 lipp,lipo。

悬雍垂: 它对控制鼻音的产生有重要的意义。悬雍垂向上运动使鼻咽通道面积减小。鼻音减少程度表现为 velum 横纵坐标增大,当 velum 横纵坐标最大时,鼻咽通道关闭。相关参数为 velum。

(3) 参数优化模块

为了纠正当前模型参数,使得声道轮廓图更精确地反映患者的构音状况,需要将患者的声道形状进行优化,优化参数设置界面如图 16.26 所示。

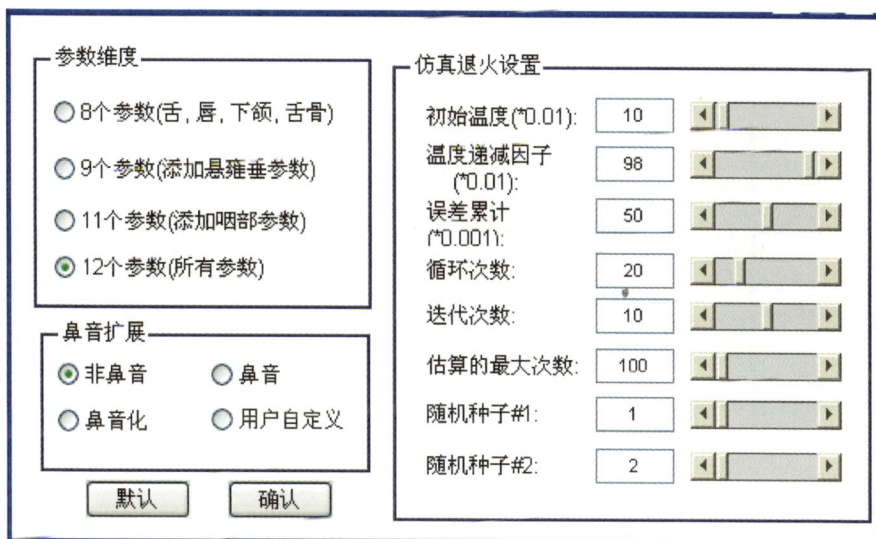

图 16.26　参数优化设置界面

图中所示的设置参数一般设为默认值,在语音合成时,一般使用舌体中心坐标 x、舌体中心坐标 y、舌尖坐标 x、舌尖坐标 y、下颌角、舌骨、唇开距和唇凸距共计 8 个参数合成全部的非鼻音。若需合成鼻音,则需要加入悬雍垂,构成 9 维参数。另外,若在 8 个参数的基础上加上咽部的三个参数,就构成了 11 维参数。如果在此基础上加入悬雍垂,就构成了 12 维参数。这样,咽部参数的加入,能够使语音的合成过程更加清晰准确。

三、构音语音能力主观评估

构音语音能力主观评估主要考察患者音位的构音情况,黄昭鸣、韩知娟博士等在以往研究的基础上研发了一套构音语音能力评估词表(表 16.13),由 50 个单音节词组成,可获得声母、韵母音位的习得情况,声母、韵母音位对比情况和构音清晰度得分,为制定构音障碍的矫治方案提供了科学依据。

表 16.13　汉语构音语音能力评估(黄昭鸣构音词表)

序号	词	目标音	序号	词	目标音	序号	词	目标音	序号	词	目标音
S1	桌	zh	3	猫	m	7	闹	n	11	河	h
	zhuō	√		māo			nào			hé	
S2	象	iang	4	飞	f	8	鹿	l	12	鸡	j
	xiàng			fēi			lù			jī	
1	包	b	5	刀	d	9	高	g	13	七	q
	bāo			dāo			gāo			qī	
2	抛	p	6	套	t	10	铐	k	14	吸	x
	pāo			tào			kào			xī	

序号	词	目标音	序号	词	目标音	序号	词	目标音	序号	词	目标音
15	猪 zhū	zh	24	稻 dào	d	33	狼 láng	ang	42	浇 jiāo	iao
16	出 chū	ch	25	菇 gū	g	34	心 xīn	in	43	乌 wū	u
17	书 shū	sh	26	哭 kū	k	35	星 xīng	ing	44	雨 yǔ	ü
18	肉 ròu	r	27	壳 ké	k	36	船 chuán	uan	45	椅 yǐ	i
19	紫 zǐ	z	28	纸 zhǐ	zh	37	床 chuǎng	uang	46	鼻 bí	i
20	粗 cū	c	29	室 shì	sh	38	拔 bá	a	47	蛙 wā	1
21	四 sì	s	30	字 zì	z	39	鹅 é	e	48	娃 wá	2
22	杯 bēi	b	31	刺 cì	c	40	一 yī	i	49	瓦 wǎ	3
23	泡 pào	p	32	蓝 Lán	an	41	家 jiā	ia	50	袜 wà	4

记录说明：正确"√"；歪曲"⊗"；遗漏"⊖"；替代：实发音的拼音。

(一) 音位习得情况

诱导患者发出目标语音的方式有三种：提问、提示和模仿。50 个词的提问、提示如附录 2 所示。模仿是指让患者模仿评估者的发音。就构音能力而言，只要能模仿，任务便完成了。一般来说，为了保证分析结果的准确性，要求患者每个字发音 3 遍，每个音的发音时间以及音与音之间的间隔时间均约 1 秒。在获得患者的语音后，应对其进行主观分析。主观分析法主要是通过评估者的听觉感知来判断患者构音的正误，记录 3 次发音中较为稳定的听觉感知结果。记录时有四种情况：正确"√"，歪曲"⊗"，遗漏"⊖"，替代（记录实际的发音）。

表 16.14 为正常儿童声母音位习得顺序，可大约可分为五个阶段。将患者的年龄和音位习得结果与正常儿童声母音位习得顺序表相比，可以观察出患者当前本应习得却未习得的音位，表中的纵轴为 21 个声母音位，横轴为该音位的习得年龄，彩色底纹表示所有正常儿童中 90% 能正确发出目标音的年龄。表中的阴影为正常儿童声母音位习得顺序。

表 16.14　正常儿童声母音位习得顺序(年龄：岁；月)

声母 \ 年龄			2;7—2;12	3;1—3;6	3;7—3;12	4;1—5;12	6;1—6;6
	声母音位 习得与否	错误走向					
b							
m							

声母＼年龄			2;7—2;12	3;1—3;6	3;7—3;12	4;1—5;12	6;1—6;6
d							
h							
p							
t							
g							
k							
n							
f							
j							
q							
x							
l							
z							
s							
r							
c							
zh							
ch							＜90%
sh							

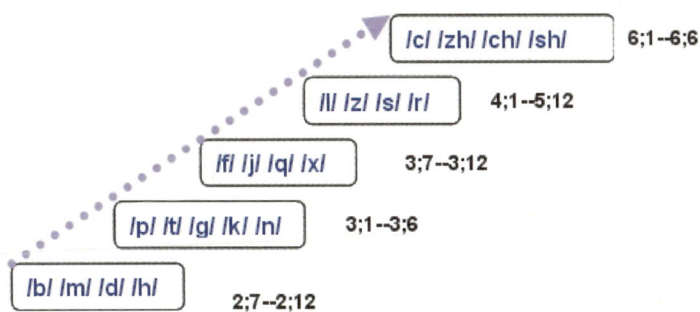

/c/ /zh/ /ch/ /sh/　6;1--6;6

/l/ /z/ /s/ /r/　4;1--5;12

/f/ /j/ /q/ /x/　3;7--3;12

/p/ /t/ /g/ /k/ /n/　3;1--3;6

/b/ /m/ /d/ /h/　2;7--2;12

序号：1—21(阴影：正常儿童声母音位习得顺序　年龄：岁;月)

　　表16.15是构音语音能力评估词表的填表示例,该测试者是一名4岁3个月的男性患儿。对表进行分析可以了解,该患儿已经习得的声母音位有/b、m、d、p、t、g、n、f、x、l、r/,此外还有韵母音位/a、u、e、ia/和四个声调音位。根据附录2中的正常儿童声母音位习得顺序,该名患儿本应习得却未习得的声母音位有/h、k、j、q/,这应是该患儿进行构音语音训练的主要目标。

表 16.15　构音能力评估词表填表(黄昭鸣构音词表)示例

序号	词	目标音	序号	词	目标音	序号	词	目标音	序号	词	目标音	序号	词	目标音
例1	桌 zhuō	zh √	12	鸡 jī	j ⊗	25	菇 gū	g √	38	拔 bá	a √			
例2	象 xiàng	iang ⊖	13	七 qī	q ⊗	26	哭 kū	k h	39	鹅 é	e √			
1	包 bāo	b √	14	吸 xī	x √	27	壳 ké	k	40	一 yī	i r			
2	抛 pāo	p √	15	猪 zhū	zh √	28	纸 zhǐ	zh j	41	家 jiā	ia √			
3	猫 māo	m √	16	出 chū	ch t	29	室 shì	sh ⊗	42	浇 jiāo	iao ia			
4	飞 fēi	f √	17	书 shū	sh g	30	字 zì	z zh	43	乌 wū	u √			
5	刀 dāo	d √	18	肉 ròu	r √	31	刺 cì	c zh	44	雨 yǔ	ü ⊗			
6	套 tào	t √	19	紫 zǐ	z ⊗	32	蓝 Lán	an ang	45	椅 yǐ	i ⊗			
7	闹 nào	n √	20	粗 cū	c k	33	狼 láng	ang √	46	鼻 bí	i √			
8	鹿 lù	l √	21	四 sì	s ⊗	34	心 xīn	in ⊗	47	蛙 wā	1 √			
9	高 gāo	g √	22	杯 bēi	b √	35	星 xīng	ing ⊗	48	娃 wá	2 √			
10	铐 kào	k t	23	泡 pào	p √	36	船 chuán	uan √	49	瓦 wǎ	3 √			
11	河 hé	h ⊗	24	稻 dào	d √	37	床 chuáng	uang uan	50	袜 wà	4 √			

(二) 音位对比情况

根据音位习得的评判结果,可以完成音位对比分析表,进一步考察汉语中 18 项音位对比、36 个最小音位对的习得情况。表 16.16、表 16.17 和表 16.18 分别描述了 23 对声母音位对、10 对韵母音位对和 3 对声调音位对的临床含义。

表 16.16　声母音位对比的临床含义

	对 比 项 目	陪 衬 项 目	最小语音对	临 床 含 义
1	AUS 不送气与送气塞音	双唇音 舌尖中音 舌根音	b/p d/t g/k	发音部位闭合后短时释放气流及较长时间释放气流能力的比较

	对 比 项 目	陪 衬 项 目	最小语音对	临 床 含 义
2	AUA 不送气与送气塞擦音	舌面音 舌尖后音 舌尖前音	j/q zh/ch z/c	发音部位闭合后短时释放气流及较长时间释放气流能力的比较
3	SF 塞音与擦音	舌根音 唇 音	k/h b/f	形成阻塞及窄缝能力的比较
4	AF 塞擦音与擦音	舌面音 舌尖后音 舌尖前音	j/x zh/sh z/s	暂时和持续控制能力的比较
5	SN 塞音与鼻音	双唇音 舌尖中音	b/m d/n	软腭的升降能力的比较
6	FN 擦音与无擦音	舌根音	h/-	喉部形成窄缝的能力
7	ASP 送气塞音的构音部位	双唇音/舌尖中音 双唇音/舌根音 舌尖中音/舌根音	p/t p/k t/k	不同发音部位闭合后较长时间释放气流的能力的比较
8	USP 不送气塞音的构音部位	双唇音/舌尖中音 双唇音/舌根音 舌尖中音/舌根音	b/d b/g d/g	不同发音部位闭合后短时间释放气流的能力的比较
9	RU 舌尖后音与舌尖前音	不送气塞擦音 送气塞擦音 擦 音	zh/z ch/c sh/s	舌尖卷起与平放能力的比较

表 16.17 韵母音位对比的临床含义

	对 比 项 目	陪 衬 项 目	最小语音对	临 床 含 义
10	FBN 前鼻音与后鼻音	开口呼 齐齿呼 合口呼	an/ang in/ing uan/uang	软腭开放,舌尖上抬与舌后部上抬能力的比较
11	FNN 鼻韵母与无鼻韵母	前鼻韵母 后鼻韵母	in/i ing/ i	软腭开放与闭合的比较
12	TDM 三元音、双元音与单元音	三与双 双与单	iao/ia ia/i	舌位两次滑动、一次滑动的控制能力
13	FBV 前与后元音	高元音	i/u	舌向前与向后运动能力的比较
14	HLV 高与低元音	前元音	i/a	下颌开合能力的比较
15	RUV 圆唇与非圆唇	前高元音	i/ü	唇部的圆唇与展唇能力的比较

表 16.18 声调音位对比的临床含义

	对 比 项 目	最小语音对	临 床 含 义
16	一声与二声	uā/uá	声带持续平稳振动与逐渐加速振动能力的比较
17	一声与三声	uā/uǎ	声带持续平稳振动与先减速后加速振动能力的比较
18	一声与四声	uā/uà	声带平稳振动与快速减速振动能力的比较

若同一音位对中的两个音位发音均正确,则认为该音位对已经习得,记为1分;若同一音位对中的两个音位中有一个音位发音错误,则认为该音位对未习得,记为0分。将该结果填入附录2的音位对比表中,并与表16.19中最小音位对比习得表相比较,则可以观察出患者当前本应习得却未习得的音位对,这将是确定目标音矫治方案的重要补充。表中彩色底纹部分表示从50%的正常儿童能正确发出的最小音位对比开始,到90%的正常儿童能正确发出的结束。

表 16.19　最小音位对比习得表(年龄:岁;月,如2;7代表2岁7个月)
(阴影:正常儿童声母音位习得顺序　年龄:岁;月)

音位对	最小音位对习得与否	错误走向	2;7—2;12	3;1—3;6	3;7—3;12	4;1—5;12	6;1—6;6
C6	擦音与无擦音						
V4	前元音与后元音						
V5	高元音与低元音						
V6	圆唇音与非圆唇音						
T1	一声与二声						
T3	一声与四声						
V3	三、双、单元音						
C7	不同构音部位的送气塞音						
C1	送气塞音与不送气塞音*						
C3	塞音与擦音						
C5	塞音与鼻音						
C8	不同构音部位的不送气塞音						
C2	送气塞擦音与不送气塞擦音*						
V1	前鼻韵母与后鼻韵母*						
V2	鼻韵母与无鼻韵母						
C4	塞擦音与擦音*						
T2	一声与三声						
C9	舌尖前音与舌尖后音*						

注意:1. 阴影部分从50%的正常儿童能正确发出的最小音位对比开始,到90%的正常儿童能正确发出的结束;2. 年龄:岁;月(如2;7代表2岁7个月);3. "*"为核心音位对。

表16.20是音位对比表的填表示例,假设还是前述4岁3个月的男性患儿。该患儿构音语音能力评估卡片编号1和2的目标音/b/和/p/均发音正确(见表16.15),因此第一对声母音位对"b/p"的对比结果为1,认为已经习得;构音语音能力评估编号6和24的目标音/d/和/t/均发音正确(见表16.15),因此第二对声母音位对"d/t"的对比结果为1,认为已经习得;构音语音能力评估卡片编号25的目标音/g/发音正确(如表16.15所示例),编号26的目标音/k/发成了/h/(如表16.15),因此第三对声母音位对"g/k"的对比结果为0,认为未习得。依此类推,完成36对核心音位对的对比分析。

表 16.20　音位对比表填表示例

语音对序号	最小音位对比	卡片编号	目标音	实发音	对比结果
1	送 气	2	p	√	1
双唇音	不送气	1	b	√	
2	送 气	6	t	√	1
舌尖中音	不送气	24	d	√	
3	送 气	26	k	h	0
舌根音	不送气	25	g	√	

(三) 构音清晰度得分

将声母、韵母、声调音位对比的得分进行计算,即可得到构音清晰度得分。可将计算结果填入构音清晰度表中,并与正常儿童构音清晰度的参考标准(表 16.21)进行比较,如果发现患者整体构音清晰度低于同龄正常儿童水平,则说明存在构音障碍。表 16.22 是构音清晰度得分转换表,若某个患者的构音清晰度得分相对于其年龄来说,处于构音清晰度得分转换表的粉色区域,说明其需要立即干预;处于黄色区域说明可以考虑跟踪监控一段时间;处于绿色区域说明其符合该年龄的构音发育特征,暂不需要进行构音方面的干预。

表 16.21　构音清晰度参考标准(分数(%)的平均值和标准差　年龄:岁;月)

年　龄	平　均　值	标　准　差
3 岁	81.58	18.23
4 岁	85.88	19.44
5 岁	92.34	9.90
6 岁	88.55	5.84

表 16.22　构音清晰度得分转换表(百分等级)

原始分数(%)	百　分　等　级				原始分数(%)	百　分　等　级			
	3 岁	4 岁	5 岁	6 岁		3 岁	4 岁	5 岁	6 岁
32					58	10	2		
34					60	13	3		
36					62	13	3		
38					64	13	3		
40	2				66	35	15	7	
42	2				68	35	15	7	
44	2				70	35	15	7	
46	3				72	40	22	8	
48	3				74	40	22	8	
50	3				76	40	22	8	2
52	10	2			78	40	22	10	2
54	10	2			80	52	25	22	3
56	10	2			82	52	25	22	3

原始分数(%)	百分等级				原始分数(%)	百分等级			
	3岁	4岁	5岁	6岁		3岁	4岁	5岁	6岁
84	52	25	27	17	94	65	55	45	98
86	58	28	33	18	96	65	55	48	98
88	58	48	40	92	98	65	55	48	98
90	58	48	40	92	100	100	100	100	100
92	65	55	45	92					

表 16.23 是构音清晰度表的填表示例,假设还是前述 4 岁 3 个月的男性患儿。通过上述音位对比表的结果,可以看出该名患儿在 36 对核心音位对中仅有 9 对声母音位对、1 对韵母音位对和 3 对声调音位对通过评估,构音清晰度得分为 30.56%,该得分在患儿的年龄组处于粉色区域,说明该名患儿应立即进行有针对性的构音语音训练。

表 16.23 构音清晰度表填表示例

声母音位对比			韵母音位对比			声调音位对比		
	语音对序号	最小音位对比得分		语音对序号	最小音位对比得分		语音对序号	最小音位对比得分
1	不送气塞音与送气塞音	2/(3 对)	10	前鼻韵母与后鼻韵母	0/(3 对)	16	一声与二声	1/(1 对)
2	送气塞擦音与不送气塞擦音	0/(3 对)	11	鼻韵母与无鼻韵母	0/(2 对)	17	一声与三声	1/(1 对)
3	塞音与擦音	1/(2 对)	12	三元音、双元音与单元音	0/(2 对)	18	一声与四声	1/(1 对)
4	塞擦音与擦音	0/(3 对)	13	前元音与后元音	0/(1 对)			
5	塞音与鼻音	2/(2 对)	14	高元音与低元音	1/(1 对)			
6	擦音与无擦音	0/(1 对)	15	圆唇音与非圆唇音	0/(1 对)			
7	不同构音部位的送气塞音	1/(3 对)						
8	不同构音部位的不送气塞音	3/(3 对)						
9	舌尖前音与舌尖后音	0/(3 对)						
合 计		9/(23 对)	合 计		1/(10 对)	合 计		1/(3 对)
构音清晰度(%): 11/(36 对) = 30.56(%)						相对年龄: 小于 3 岁		

四、 构音语音能力客观测量

构音语音测量是指通过言语声学分析对构音语音的准确度和清晰度进行测量。做出错误走向分析并诊断构音语音的哪一个维度出现异常,能为制定构音障碍的矫治方案提供依据。同时,监控治疗效果,为及时调整矫治方案起了导向作用。

构音语音能力主观评估是通过治疗师的主观听觉感知而得出评估结果,受治疗师的主观因素影响较大,因此,构音语音能力主观评估只能起到筛查的作用,即大体上确定构音语音能力异常与否,并进行初步的错误走向分析。例如,某个患者把"套/tào/"发成"到/dào/",治疗师只能主观判断出是将送气音不送气化。但是这样的评估结果并不能完全满足指导临床治疗的需求。特别是当出现"歪曲"的异常类型时,主观听感无法明确判断异常所在,就需要客观测量技术来辅助诊断。

进行构音语音测量,必须熟悉当前语言系统中基本语音单位的特征。汉语普通话主要由声母、韵母两种音段音位组成,再加上声调(超音段音位),就组成了音节。汉语音节结构有四种:元音(V)、元音—辅音(C—V)、辅音—元音(V—C)、辅音—元音—辅音(C—V—C)。

(一) 汉语语音构音的声学特征

韵母是指汉语普通话音节中声母前面或后面的那部分内容,如"咪/mi/"中的"/i/"、"征/zheng/"中的"/e/"分别是两个不同的韵母音位。韵母音位分为单韵母(单元音)和复韵母(复合元音)两种。

在汉语中,鼻韵母是鼻辅音位于音节结尾,声母一般位于音节的开头。汉语普通话中有21个声母音位,它们都是辅音。发辅音时,声道中的某两个点互相靠近或者接触,形成阻塞,使气流不通畅,这个过程依次包括成阻——持阻——除阻。辅音的分类方式很多,从生理语音学的角度,分类的依据有按清浊分、按发音部位分、按发音方式分、按送气不送气分。

1. 单韵母的声学特征

查共振峰需要使用宽带语谱图,见图 16.27。

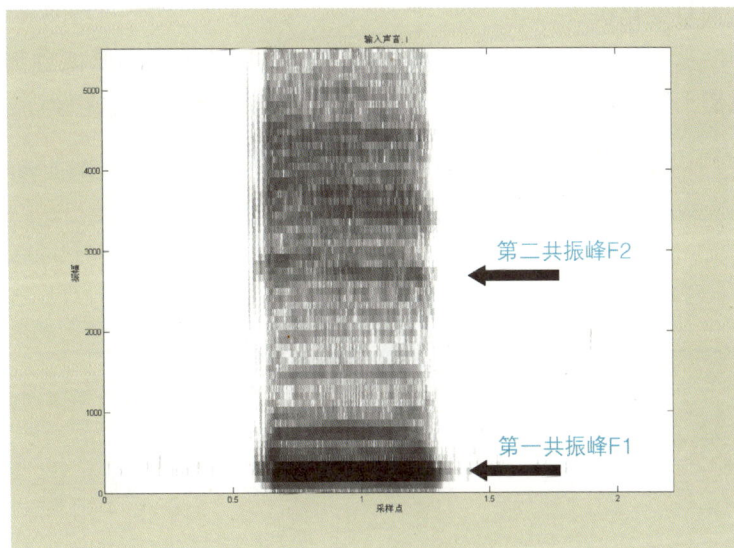

图 16.27 单韵母 /a/ 的宽带语谱图
(启音博士构音测量与训练仪,Dr. Speech™,上海泰亿格康复医疗科技股份有限公司授权使用)

2. 复韵母的声学特征

当构音器官摆在一个固定的位置,声道开放,同时声带振动,就发出了一个单元音,当一个运动平滑地过渡到另一个运动时,就形成了复合元音。简而言之,单韵母是一个点,复韵母是两点形成的一条线。构音器官从一个位置运动到另外一个位置,对应着单韵母分类图上的一个点到另外一个点的连线,这个生理过程就形成了复韵母。这个运动可能是垂直的,可能是水平的,还可能是斜向的复合运动。

提高复韵母发音清晰度的关键在于:
(1) 起点和终点的准确性;
(2) 直线运动的平滑性。

从时域声波图上看，复韵母声音信号还是一系列正弦信号的叠加，横轴为时间轴，纵轴为振幅。从频域语谱图上，可以观察到复韵母的重要声学特征——元音共振峰转移。这是一个共振峰转移到另外一个共振峰的过程。从共振峰的起点、终点以及转移方向，就可以判断出该共振峰图样属于哪一类复韵母。

观察图 16.28 可以发现，第一共振峰 F1 起始于 800 Hz—900 Hz 左右，转移方向为变小；第二共振峰 F2 起始于 1200 Hz—1300 Hz 左右，转移方向为变大。可以得出这样的结论：(1) 这是一个双元音；(2) 第一个韵母是 /ɑ/；(3) 相对于前一个韵母而言，后一个韵母的舌位靠上、靠前。因此可以判断出这个复韵母是 /ai/。

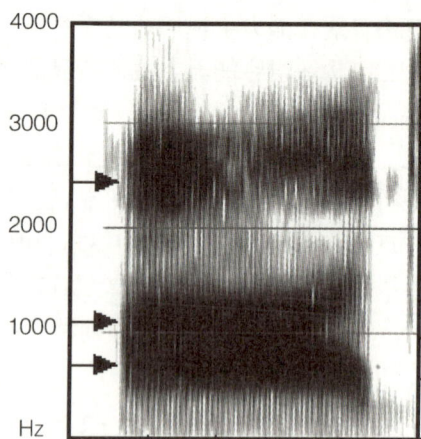

图 16.28　复韵母的宽带语谱图

3. 鼻音、边音的声学特征

汉语的声母音位中有三个鼻音，分别是 /m/、/n/、/ng/。鼻音成阻时，发音部位两点闭紧，封锁口腔出气的通路。持阻时，声带振动，气流进入口腔。但口腔已被封锁，这时软腭、悬雍垂下降，鼻腔通路开放，气流从鼻腔释放，最后除阻，鼻音可以任意延长。/m/ 是双唇鼻音，发音时上下唇是形成阻碍的两个点。/n/ 是舌尖鼻音，舌尖和上齿龈是形成阻碍的两个点。/ng/ 是舌根鼻音，舌根与软腭是形成阻碍的两个点。

/l/ 是舌尖边音，发音时，舌尖与上腭形成阻碍，但是舌的两边留出空隙，让气流通过，同时声带振动。该音比发元音时更轻，而且变化快。

观察图 16.29 可知，从时域声波图上看，鼻音和边音 /l/ 也由若干个正弦波叠加而成，但是相对于元音，振幅略小。从频域图上观察，它们也都与元音类似，主要声学特征也是共振峰，语谱图上可以观察到浊

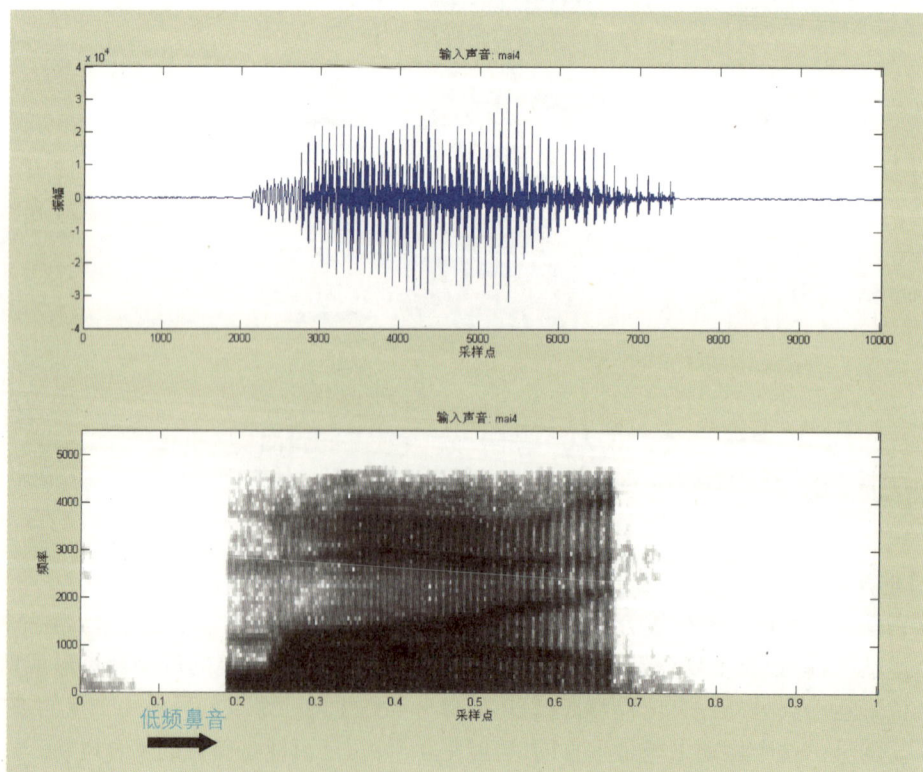

图 16.29　鼻音音节 /mài/ 的声波图和宽带语谱图
（启音博士构音测量与训练仪，Dr. Speech™，上海泰亿格康复医疗科技股份有限公司授权使用）

音横杠,只不过颜色略浅(强度小),没有元音那么清晰可见,特别是高频部分。鼻音的低频共振(语谱图上的第一共振峰)称作"低频鼻音"(nasal murmur)。

4. 塞音的声学特征

汉语的声母音位中有 6 个塞音,分别是/b/、/p/、/d/、/t/、/g/、/k/。塞音成阻时发音部位的两点闭紧;持阻时保持着这种阻碍,同时呼出气流,但气流暂时停蓄在阻碍部分之后;除阻时突然将阻碍开放,气流透出,因爆发、破裂而成声,也称为"爆发音"或"破裂音"。/b/、/p/是双唇塞音,上唇和下唇形成阻塞;/d/、/t/是舌尖塞音,舌尖和齿龈形成阻塞;/g/、/k/是舌根塞音,舌根和软腭形成阻塞。发不送气塞音时,阻碍刚刚结束不久,声带就开始振动,发出后面的元音。发送气塞音时,则需要有一段较长的送气过程,然后才能发出后面的元音。

可以将产生塞音的声源看成是瞬音。观察图 16.30 可知,从时域声波图上观察塞音比较困难,因为其时程一般只有 10 ms 左右,在声波图上表现为元音前面很短的一小段非周期性波形。塞音在语谱图上显示为一条细窄的垂直尖线条,即尖峰或冲直条。清塞音前面的间隙没有任何的声音,而浊塞音前面的间隙的最下面会出现淡淡的类似于浊音横杠的宽横杠(Voiced Bar),这是由于浊塞音的时程极短。汉语中的塞音都属于清塞音,其语谱图中都没有宽横杠。

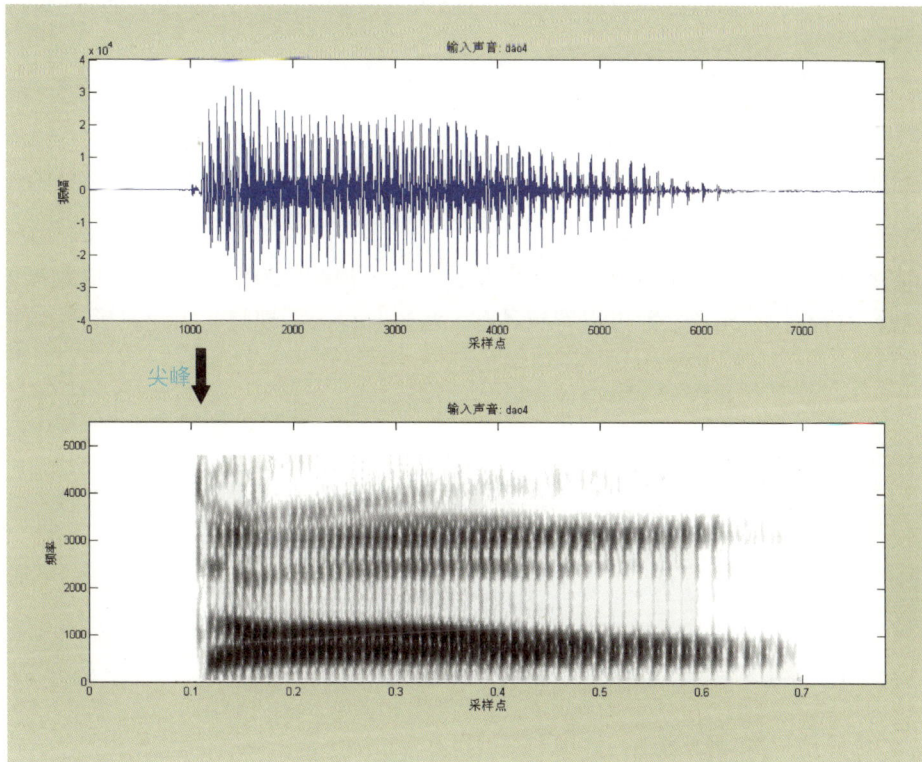

图 16.30　塞音音节 /dào/ 的声波图和宽带语谱图
(启音博士构音测量与训练仪,Dr. Speech™,上海泰亿格康复医疗科技股份有限公司授权使用)

观察图 16.31 可知,用于区别送气和不送气塞音的最好参数是嗓音起始时间(VOT),VOT 指塞音释放到后面的元音开始(声带振动开始)之间的时间间隔。不送气塞音的 VOT 约等于零,送气塞音的 VOT 大于等于 70 ms。

5. 擦音的声学特征

汉语的声母音位中有 6 个擦音,分别是/f/、/s/、/sh/、/x/、/h/、/r/。擦音成阻时,发音部位的两点接近,但不完全闭塞,中间留有一条窄缝。持阻时气流由发音部位的两点间挤过,发出摩擦的声音。除阻时,摩擦的声音就结束了。/f/是唇齿擦音,下唇和上齿形成窄缝;/s/是舌尖擦音,舌尖和齿龈形成窄缝;/sh/和/r/是卷舌擦音,发音时,舌尖向后卷,与上腭形成窄缝;/x/是舌面擦音,舌面与上腭形成窄缝。/h/是舌

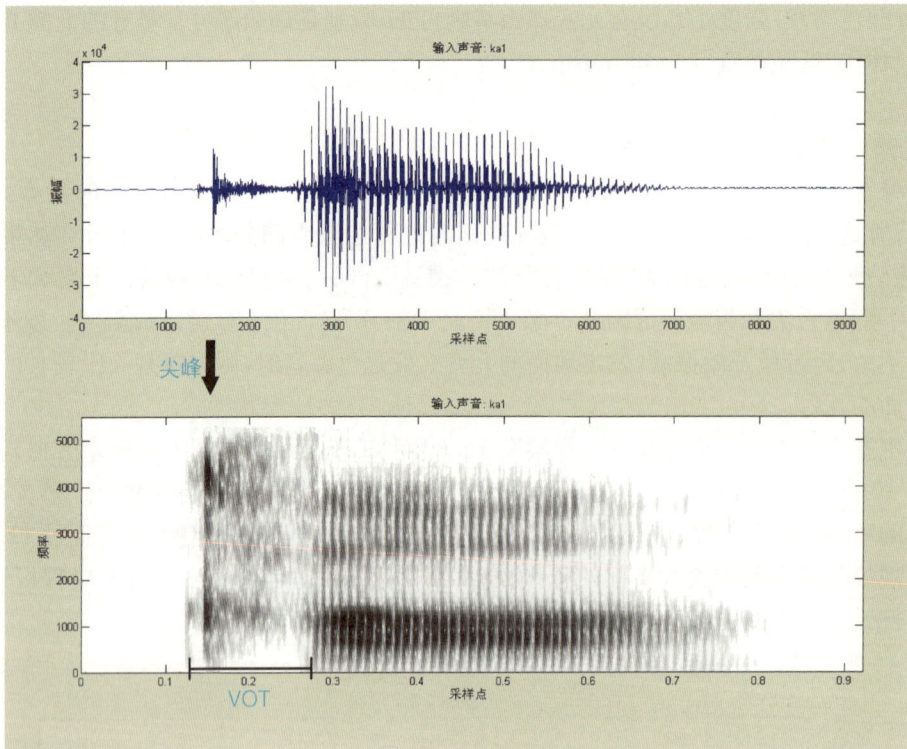

图 16.31　塞音音节 /kā/ 的声波图和宽带语谱图
（启音博士构音测量与训练仪，Dr. Speech™，上海泰亿格康复医疗科技股份有限公司授权使用）

根擦音，舌根与软腭形成窄缝。

　　观察图 16.32 可知，可以将产生擦音的声源看作是紊音，即摩擦成音，它形成可以延续的噪声段。从时域声波图上观察擦音时，在元音之前可以看到具有一定短时程的不规则非周期波形，振幅很小。

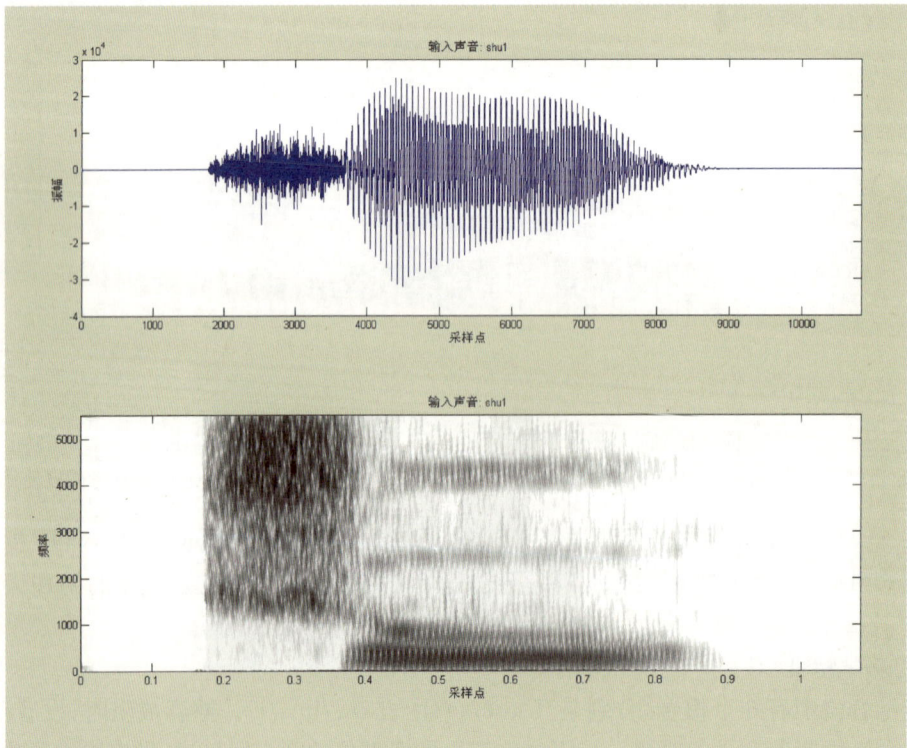

图 16.32　擦音音节 /shū/ 的声波图和宽带语谱图
（启音博士构音测量与训练仪，Dr. Speech™，上海泰亿格康复医疗科技股份有限公司授权使用）

　　　　　　　　　　言语治疗学

擦音频谱具有高频和随机的特性。擦音表现在语谱图上是杂乱的竖线纹样。由于发不同擦音时,窄缝位置的结构和大小不同,频谱上频率相对集中区域的位置会有所差别。

6. 塞擦音的声学特征

汉语声母音位中有 6 个塞擦音,分别是/z/、/c/、/zh/、/ch/、/j/、/q/。塞擦音是"塞音"和"擦音"两种方法的结合,但又不是简单的塞音加擦音。塞擦音在成阻到持阻的前段,和塞音相同。到持阻的后段,把阻碍的部分放松一些,使气流透出,变成"擦音"的摩擦。持阻后段实为擦音的持阻,直到除阻,发音完结。

塞擦音结合了塞音和擦音的声学特性。从时域波形图上观察,只能看到擦音样的不规则波形,塞音样式的波形则混杂在里面。

擦音噪音时间(FND)是用于区分塞擦音和擦音的最好参数,定义为从宽带语谱图上观察的从擦音噪音的开始到紧接着元音浊音的出现之间的时间间隔。塞擦音的 FND 小于擦音的 FND。另外,FND 还可以用来区分送气塞擦音与不送气塞擦音,不送气塞擦音的 FND 小于送气塞擦音的 FND。

(二) 构音语音功能的测量方法

汉语构音语音声学特征如表 16.24 所示,基于语音分割技术,可以实现对单音节词进行分析、分割和标注,实现对构音语音能力进行客观测量,弥补主观评估的不足。构音语音测量包括语音分析、语音分割与标注、手动修改三个流程。

表 16.24 汉语构音语音声学特征

	时 长	能 量	频 率
元 音	长	大	中低频
鼻 音	较 长	较 大	低 频
边 音	较 长	较 大	低 频
擦 音	较 短	较 小	中高频
塞 音	短	小	中高频
塞擦音	较 短	较 小	中高频

进行构音语音测量时,首先将录制好的高质量声音文件输入到"启音博士构音测量与训练仪",系统将显示该单音节词的时域声波图,如图 16.33。然后将语音信号进行预处理,再运用端点检测技术将语音信号的有声段和无声段(包括背景噪声)区分开来,接着将有声段进行声韵母分离。

元音对应声道开放的程度和声道的形状大小,辅音则是声道形成阻塞的方式。汉语中的语音可以分为元音、鼻音、边音、塞音、塞擦音、擦音几种。从塞擦音的声学特征中最易观察到擦音的特征,鼻音、边音发音时声道相对开放,从听感知角度判断都比较响亮,因此将塞擦音和擦音在声学上归为一类,将鼻音和边音在声学上归为一类。根据这种归类,可对汉语中的构音语音进行三层分类(图 16.34)。

首先,是清浊之分,分为三类:清音(声带不振动发出的构音语音)、浊音(声带振动发出的构音语音)、静音(无声)。其次,在浊音内部,还可分为响音和非响音两类;在清音内部还可分为清擦音和清塞音两类。最后,浊音中的响音还可分为元音和鼻音。因此,汉语中的所有构音语音都可依据其声学特征归入下列六类语音中的一类,即最终标注的语音段有 6 种类型,分别是:元音(Vow)、鼻音(N)、浊擦音(VF)、清塞音(US)、清擦音(UF)、静音(S)。

为了达到构音语音测量的目的,必须对录制的构音语音进行时域分割,这样才能对每一个单个音位进行分别检测。若想实现上述分类结果,构音语音测量系统必须具备以下基本功能。

构音语音测量的关键要素共有五点:语音信号的预处理,语音信号的端点检测,清浊音检测,浊音声母与韵母的分离,清音声母和浊音声母具体类型的判别。

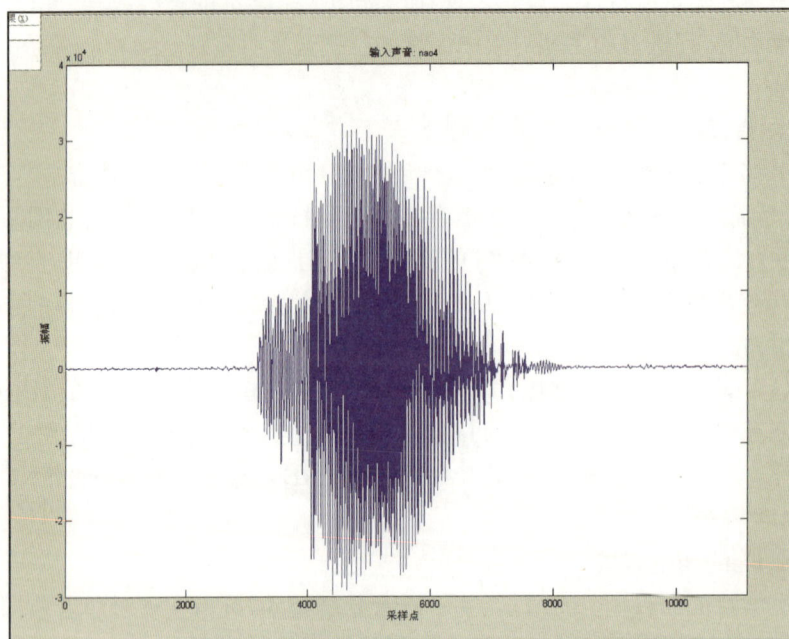

图 16.33 显示波形图(输入声音为闹 /nào /)
(启音博士构音测量与训练仪,Dr. Speech™,
上海泰亿格康复医疗科技股份有限公司授权使用)

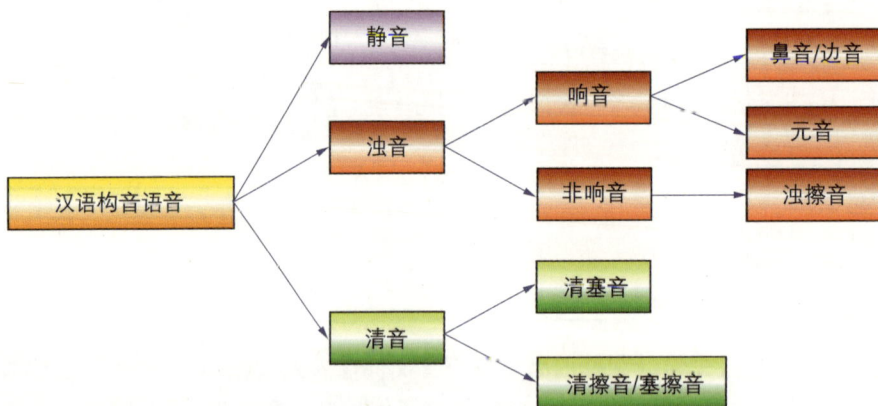

图 16.34 汉语构音语音的划分

1. 语音信号的端点检测

端点检测的目的是从包含语音的一段信号中确定出语音的起点和终点,有效的端点检测不仅能使处理时间减小到最少,而且能够排除无声段的噪音干扰,从而使处理质量得到保证。启音博士构音测量与训练仪使用基于短时能量和短时过零率的双门限端点检测法进行端点检测。双门限法的基本思想是对信号的强度设置两个门限,用较高的门限确定语音的开始,再取一个较低的门限确定真正的起止点,但这还不能作为语音的精确起止点。语音起始段往往存在着能量很弱的清辅音(比如/f/和/s/等),仅仅依靠能量很难把它们和无声区分开。这里用一个度量信号频率的参数来精确判断二者的分割点,从而得到真正的起止点。

2. 清浊音检测

汉语中的单音节词一般由声母和韵母组成,其中声母可能是清音也可能是浊音,而韵母肯定是浊音。如果声母是清音的话,通过对语音信号进行清浊音检测就能将清音声母与韵母进行分离;反之,则需要其他的算法将浊音声母与韵母进行分离。这里,采用语音信号的短时自相关函数来进行语音信号的清浊音判别,通过检测自相关函数是否有峰值就可以判断是清音还是浊音。由于浊音信号具有准周期性,因此其短时自相关函数也是同周期的周期函数,并且会在基音周期的整数倍位置存在较大的峰值;而清音的短时自相关函数没有明显的峰值出现,表明清音信号中缺乏周期性,一般找出第一最大峰值的位置就可以估计出基音周期。

3. 浊音声母与韵母的分离

若没有检测出清音,则说明浊音段包括浊音声母和韵母。可以利用短期频谱变化来将浊音声母与韵母分割开来。首先检测浊音部分的基音周期,然后按基音周期进行分帧,计算出各帧的频谱,根据相邻几帧的频谱距离找到浊音声母与韵母的分界点,完成浊音声母与韵母的分离。

4. 声母类型的判别

在将声母从语言信号中提取出来后,需要对声母的类型进行判定。判定方法还是基于帧的,对于清音声母来说需要按固定帧长 50 个采样点进行分帧,对于浊音来说要按基音周期进行分帧。分帧完毕后,若声母是清音则选择相关的声学参数来计算各帧清塞音和清擦音的得分(可能性),若声母是浊音则选择其他的声学参数计算各帧鼻音和浊擦音的得分。

计算完各帧对应各类声母的得分后,还需要计算整个声母段对应各类声母的平均得分。最后得分最高的类型就是声母的类型。

(三) 构音语音测量的主要参数

构音语音客观测量是指对输入的单音节词声音进行一系列语音检测,包括清浊音检测、共振峰描迹、响音检测、元音检测、鼻音检测、清音检测等步骤,如图 16.35 所示。检测后得到六个检测参数。

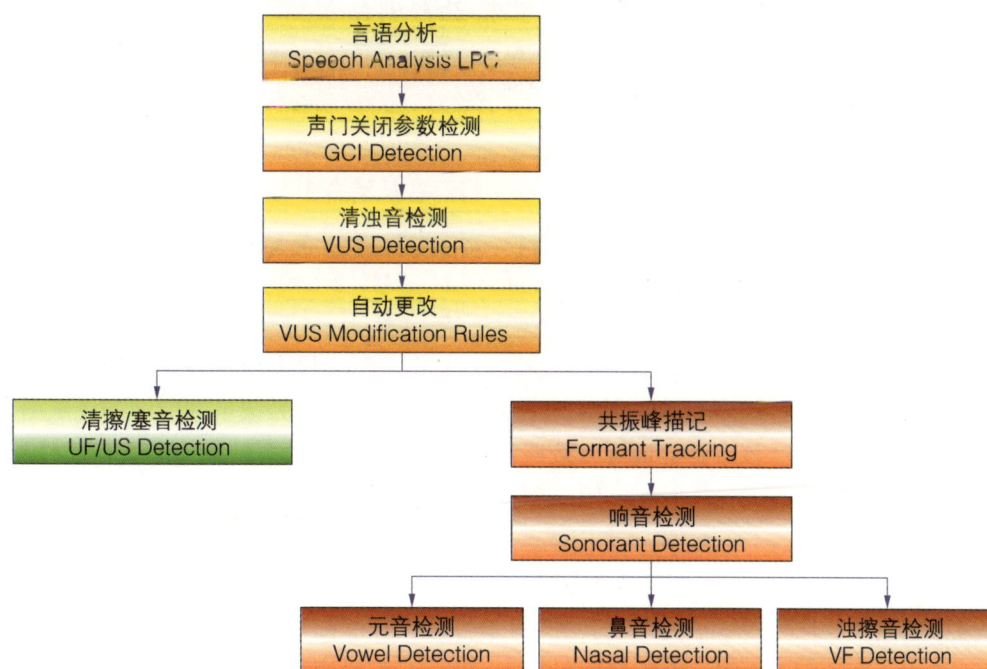

言语分析
Speech Analysis LPC

声门关闭参数检测
GCI Detection

清浊音检测
VUS Detection

自动更改
VUS Modification Rules

清擦/塞音检测
UF/US Detection

共振峰描记
Formant Tracking

响音检测
Sonorant Detection

元音检测
Vowel Detection

鼻音检测
Nasal Detection

浊擦音检测
VF Detection

图 16.35　构音语音分析流程图

任何输入的声音信号都需进行 LPC 分析,这样做的目的是为了判别当前语音段是浊音还是清音。方法为计算每一帧的能量,当能量大于某一个值时(经验确定),该帧被确定为浊音(V),否则该帧被确定为清音(U)。能量函数(Volume Function)用来计算语音信号每一帧的强度(声学能量),这是进行参数检测的第一步(公式16.2)。

$$V(i) = \frac{1}{N_i} \sqrt{\left| \sum_{m=A}^{B} \frac{\sqrt{\sum_{n=s}^{t} r^2(n)}}{a_0 + a_1 z^{-1} + a_2 z^{-2} + \ldots + a_N z^{-N}} \right|^2}$$ (公式16.2)

其中,i 为当前帧数;N_i 是当前帧的采样点数;A 是带通滤波器低频截止频率的参数;B 是带通滤波器高频截止频率。s 为当前帧的起始采样点值;t 为当前帧的起始采样点值;a_0,a_1,a_2,$\cdots$,a_N 为当前采样点的LPC系数。在计算能量函数后,再对其进行中值滤波,以达到平滑的作用。能量函数在本系统的语音分割过程中广泛适用,一般靠计算两个频段的能量函数的比值,来确定某个语音段的能量集中情况。

1. 清浊音检测

单节词每个语音段,2代表浊音,1代表清音,0代表静音、无声。清浊类型可以反映发音过程中声带的振动情况。在进行清浊音检测(VUS Detection)时,应计算每一帧的能量函数。应根据构音语音信号的声学特征,设定临界值 $T = 3 \times 10^7 \times nor = 15.67 \times 10^7$,对声音信号的每一帧进行初步的清浊检测(公式16.3):

$$VU\_Score(i) = \begin{cases} 2 & V(i) \geqslant T \\ 0 & V(i) < T \end{cases}$$ (公式16.3)

但是,这样的检测结果并没有区分静音与清音,而是将所有的静音都归为了清音。为了进一步区分静音与清音,应设定语音信号的前100 ms(20帧左右)为背景噪声(静音),首先计算这20帧信号的平均能量值和标准差(公式16.4、16.5):

$$BNP_{mean} = \frac{1}{20} \sum_{n=1}^{20} p(n)$$ (公式16.4)

$$BNP_{std} = \sqrt{\frac{1}{20} \sum_{n=1}^{20} (p(n) - BNP_{mean})^2}$$ (公式16.5)

设定 $T_{U/s} = BNP_{mean} + (k)BNP_{std}$,$k = 2 \times nor$,将静音从清音中分离出来(公式16.6):

$$VUS\_Score(i) = \begin{cases} 1 & 20\lg(V(i)) \geqslant T_{U/s} \\ 0 & 20\lg(V(i)) < T_{U/s} \end{cases}$$ (公式16.6)

对声音信号的每一帧进行VUS检测(0代表静音,1代表清音,2代表浊音)后的结果是进行后面的每个语音段的参数计算的基础。如图16.36,输入声音为拷(/kào/),上面为该单音节词的波形图,下面为该单音节词的清浊音分析结果。该单音节词可以按照清浊类型分为四段,第一段为静音,第二段为清音,第三段为浊音,第四段为静音。

2. 共振峰幅度比(鼻音检测:鉴别鼻音/m,n/与非鼻音)

每个浊音类型的语音段中,第二共振峰的幅度与第一共振峰的幅度的比值被称为共振峰幅度比。鼻音的生理特征决定了在声学上其第一共振峰能量较大,第二共振峰能量很小,因此,共振峰幅度比可以用来鉴别浊音中的鼻音与非鼻音。汉语中的韵母都是浊音,声母中只有四个浊音,分别是/m、n、l、r/,按发音方式来分,/m、n/是鼻音,/l、r/是非鼻音。

为了进行鼻音检测,首先要对语音信号进行共振峰描迹,求得LPC谱的前四个峰值的频率值和幅度值,即 F_1、F_2、F_3、F_4、A_1、A_2、A_3、A_4,然后设定 $T_{Nl} = 0.05$,$T_{Nh} = 0.2$,这样就可以计算每一帧的鼻音得分(公式16.7、16.8):

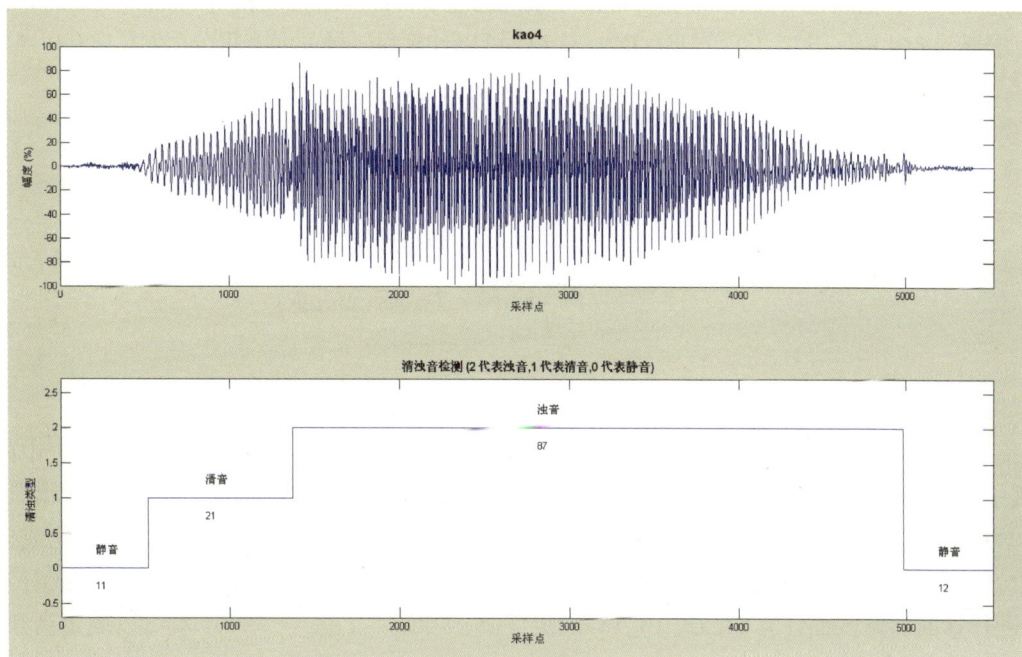

图 16.36　构音语音测量(清浊音检测)

(启音博士构音测量与训练仪,Dr. Speech™,上海泰亿格康复医疗科技股份有限公司授权使用)

$$NR(i) = \frac{A_2(i)}{A_1(i)} \qquad (公式\ 16.7)$$

$$N\_Score(i) = \begin{cases} 0 & NR(i) \geqslant T_{Nh} \\ 1 & NR(i) < T_{Nl} \\ \dfrac{T_{Nh} - NR(i)}{T_{Nh} - T_{Nl}} & T_{Nl} \leqslant NR(i) < T_{Nh} \end{cases} \qquad (公式\ 16.8)$$

3. 响音比值(响音检测:鉴别元音和浊擦音/r/)

响音包括元音、鼻音和边音,三者的相同点是都具有周期性频谱、响度大,不同点是鼻音和边音的低频与高频能量差较元音的大。响音比值指每个语音段低频能量与高频能量的比值,可以用来**鉴别浊音中的擦音和元音**,当患者将响音和非响音发音混淆时(如将元音和浊擦音混淆),响音比值可以较为敏感地表现出异常。

根据这种原理,可以将声音信号依次通过 98 Hz—898 Hz 和 3691 Hz—5500 Hz 的带通滤波器,然后求得两能量函数的比值,即响音比值。设定 $T_{so} = 10$,可以计算每一帧构音语音信号的响音得分,即响音的可能性(公式 16.9、16.10):

$$SOR(i) = \frac{LFV(i)}{HFV(i)} \qquad (公式\ 16.9)$$

$$SO\_Score(i) = \begin{cases} 1 & SOR(i) \geqslant T_{so} \\ 0 & SOR(i) < T_{so} \end{cases} \qquad (公式\ 16.10)$$

4. 元音比值(元音检测:鉴别元音和边音/l/)

进行响音检测后,要对被检测为响音的语音段进行进一步检测,元音是属于响音的,但是也有其特有的声学特征,那就是频率主要集中在中低频。应将响音信号依次通过 20—996 Hz 和 1016—5500 Hz 的带通滤波器,然后求得两能量函数的比值,即元音比值。元音比值可以用来判断语音中有多少是属于元音成分。

可根据这种原理,进行元音检测,即将响音信号依次通过 20 Hz—996 Hz 和 1016 Hz—5500 Hz 的带通滤波器,然后求得元音比值。设定 $T_{vwl} = 8$, $T_{vwh} = 18$,可以计算每一帧的元音得分(公式 16.11、16.12):

$$VowR(i) = \frac{LFV(i)}{HFV(i)} \qquad (公式\ 16.11)$$

$$Vow\_Score(i) = \begin{cases} 0 & VowR(i) \geqslant T_{vwh} \\ 1 & VowR(i) < T_{vwl} \\ \dfrac{T_{vwh} - VowR(i)}{T_{vwh} - T_{vwl}} & T_{vwl} \leqslant VowR(i) < T_{vwh} \end{cases} \qquad (公式\ 16.12)$$

5. 频率集中区(浊擦音检测:鉴别浊擦音/r/)

能量集中的频段,简称频区。它可以用来鉴别浊音中的浊擦音,以及清音中的擦音。汉语中的擦音共有六个,其中一个是浊擦音(/r/),五个是清擦音(/f、s、sh、x、h/)。擦音的频率集中于高频,频谱具有高频、随机等声学特征,这是区别擦音与非擦音的特征参数,若患者将擦音发音错误,如擦音塞音化或擦音边音化,所发出音的频率集中区会发生明显的降低,因此测试频区,可以判断擦音发音的准确性,或对发音擦音化的现象进行诊断。频区的计算如公式 16.13,设定 $T_{MFl} = 2400$, $T_{MFh} = 3200$,就可以确定高频得分:

$$HF\_Score(i) = \begin{cases} 1 & MF(i) \geqslant T_{MFh} \\ 0 & MF(i) < T_{MFl} \\ \dfrac{MF(i) - T_{MFl}}{T_{MFh} - T_{MFll}} & T_{MFl} \leqslant MF(i) < T_{MFh} \end{cases} \qquad (公式\ 16.13)$$

确定了高频得分,就可以确定浊/清擦音得分(公式 16.14):

$$F\_Score(i) = \begin{cases} 1 & VUS = 2\&SO\_Score = 0 \\ HF\_Score & VUS = 2\&SO\_Score = 1 \\ 0 & VUS = 2\&dur < 15\ ms \end{cases} \qquad (公式\ 16.14)$$

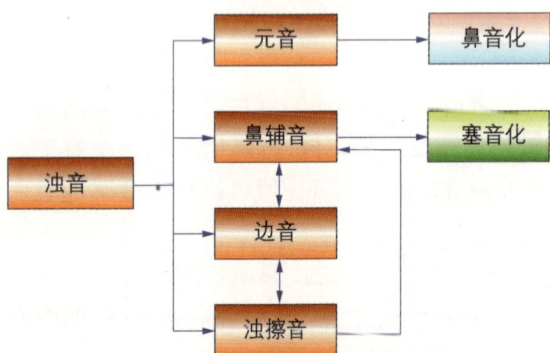

图 16.37　与浊音检测参数有关的
常见错误走向示意图

如图 16.37 所示,与浊音检测中的共振峰幅度比、响音比值、元音比值和频率集中区有关的构音异常错误走向包括:

(1) 元音鼻音化;

(2) 鼻辅音塞音化;

(3) 鼻辅音与边音的替代;

(4) 鼻辅音与浊擦音的替代;

(5) 边音与浊擦音的替代。

一些高位元音容易出现鼻音化的现象,此时,参数共振峰幅度比和元音比值会出现异常;鼻辅音与边音容易出现双向替代,特别是/n/和/l/之间,此时,参数共振峰幅度比会出现异常;鼻辅音容易被相同发音部位的塞音所替代,此时清浊音检测结果会出现异常;浊擦音/r/较容易出现/r/→/n/的错误走向,此时,参数共振峰幅度比、响音比值和频率集中区会出现异常;浊擦音和边音之间容易出现双向替代,此时,参数共振峰幅度比、响音比值和频率集中区会出现异常。

6. 高频能量和能量坡度(清音检测:鉴别清音中的塞音)

清音语音段频谱拟合线的斜率,能反映某个清音语音段能量瞬时爆破的情况,可以用来鉴别清音中的塞音。塞音又称瞬音,在语谱图上表现为极短时程的充值条。在极短时间内,能量发生陡峭的变化,即瞬时下降,因此频谱坡度较大,而汉语中的擦音和塞擦音则不存在上述能量瞬时下降的现象,因此对塞音进行频谱坡度的测量,即可判断塞音发音的准确性,也可对发音塞音化的现象进行诊断。

在汉语体系中,如果某个语音段在清浊音检测时被判定为清音,那么它不是清塞音,就是清擦音。这两种清音类型的频率也都集中在高频,并且具有随机的特征。为了进一步区分这两种语音段,还要进行频率集中区的计算,方法同浊擦音检测时相同,只是此处 $T_{MFl} = 2400$,$T_{MFh} = 3800$。

考虑到塞音的时程较短,而擦音的时程较长,其能量函数拟合线的斜率可能不同,因此在计算完高频能量后,还要计算能量对数的坡度得分 M_Score,从而求得清塞音和清擦音得分(公式 16.15、16.16):

$$UF\_Score(i) = M\_Score(i) \qquad \text{(公式 16.15)}$$

$$US\_Score(i) = K_sM\_Score(i) \qquad \text{(公式 16.16)}$$

如图 16.38 所示,与清音检测中的频率集中区和频谱坡度有关的构音异常错误走向包括:
(1) 鼻辅音与塞音的替代;
(2) 清擦音与塞音之间的替代;
(3) 塞擦音与塞音的替代等。

一些塞音容易被相同发音部位的鼻音所替代,此时清浊音检测结果出现异常;塞音与擦音容易出现双向替代,此时,参数频率集中区和频谱坡度比会出现异常;塞擦音容易被相同发音部位的塞音所替代,此时,参数频率集中区和频谱坡度会出现异常。

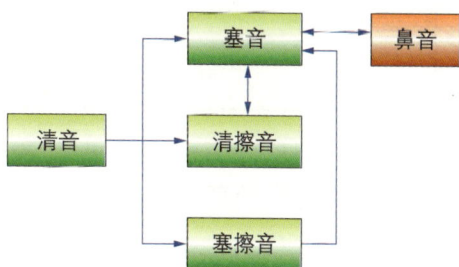

图 16.38　与清音检测参数有关的常见错误走向示意图

观察表 16.25 可知,通过上面 6 个检测步骤,可依次计算出针对六种语音段的 7 个特征参数:

表 16.25　检测后可以获得的参数

编　号	名　　　称	参　　数	值	功　　　能
①	清浊音值	$VUS(i)$	0:静音 1:清音 2:浊音	鉴别清浊音
②	响音比值	$SOR(i)$	0—1	鉴别浊音中的响音和浊擦音
③	元音比值	$VowR(i)$	0—1	鉴别响音中的元音
④	鼻音比值	$NR(i)$	0—1	鉴别响音中的鼻音
⑤	高频能量 能量坡度	$MF(i)$、$Slop(i)$	—	鉴别清音中的清塞音和清擦音
⑥	时　　长	$dur(i)$	ms	鉴别清音中的清塞音和清擦音 鉴别清塞音中的送气和不送气 鉴别清塞擦音中的送气和不送气

患儿,男,2002 年 5 月出生,初次评估时年龄为 5 岁 11 个月。患儿在 2 岁时检查出双侧极重度听力损失,于 4 岁时进行左侧人工耳蜗植入。

对其进行构音功能的详细评估。以/t/音位的训练过程为例,采用单一被试法 A—B 实验设计对患儿进行监控和数据处理。基线期每天测试一次,内容包括主观评估结果:/t/的单音节词发音的正确率。根据构音语音测量初步实践的结果,送气清塞音与清擦音在频率集中区、坡度和时长方面都存在显著性差异,因此用这三个参数作为监控指标。因此对/t/中的套/tào/进行声学分析,并且记录每次的频率集中区、坡度和时长的值,基线期共记录 6 次,处理期共记录 9 次(表 16.26)。

然后依据康复训练方案对患儿进行干预,每天一次,每次 1 小时,在每次训练前对患儿进行与/t/有关的塞音音位的主观评估,记录其中/t/的单音节词发音的正确率以及每次的频率集中区、坡度和时长的值。

表 16.26a 基线期 A 评估结果

次 数	/t/相关音节正确率	/t/错误类型	/t/频区	/t/坡度	/t/时长
1	33.3%	/h/	3215.7	0.77	129.7
2	40%	/h/	3044.1	0.63	154.2
3	33.3%	/h/	3202.6	0.10	149.8
4	33.3%	/h/	3595.7	1.12	126.3
5	46.7%	/h/	3403.0	0.64	154.4
6	40%	/h/	3387.2	0.37	118.6

表 16.26b 处理期 B 评估结果

次 数	/t/相关音节正确率	/t/频区	/t/坡度	/t/时长
1	53.3%	3048.8	0.06	117.7
2	66.7%	3070.6	0.09	104.3
3	93.3%	2959.8	0.06	106.2
4	66.7%	2646.5	0.05	107.9
5	86.7%	3072.6	0.08	100.3
6	93.3%	2854.7	0.06	105.3
7	86.7%	2764.9	0.06	99.6
8	93.3%	2755.3	0.09	99.5
9	93.3%	2860.4	0.06	100.8

由于舌尖塞音的形成较容易,因此很快就可以从主观听感上发现构音语音清晰度的明显提高,但数据上并无明显差异。随着后面训练的继续进行,可以观察出训练效果的长期有效性,训练后,/t/相关音节的正确率明显提高。

训练前,/t/的错误走向为擦音替代/h/,统计结果表明:/t/的频率集中区在 A 期和 B 期有极显著差异,训练后,/t/的频率集中区逐渐降低。/t/的坡度在 A 期和 B 期有极显著差异,训练后,/t/的坡度逐渐减小。/t/的时长在 A 期和 B 期有极显著差异,训练后,/t/的时长变小。

这三个参数的变化趋势说明,训练后,患儿发出的/t/慢慢从擦音的声学特征转向塞音的声学特征,结合主观听感,可知训练后/t/的构音清晰度逐渐提高,证明了康复训练方案的有效性,更证明了构音语音测量系统在构音语音能力评估及训练效果监控中的重要作用。

(四) 语音分割与标注

系统会根据上述检测结果对当前语音进行分割,构音语音分割的关键是确定两个相邻语音段的边界。首先比较相邻帧频谱的相似性,将相似性较高的帧进行合并,并标记边界符号,确定边界。然后,保留清浊音检测结果中浊音部分的边界点,得到最终的分割结果。如图 16.39,输入声音为拷(/kào/),上图为该单音节词的波形图,下图为该单音节词的语音分割结果,中间图所示的为该语音段的第一选择标签,上方的数字为该语音段的时长,单位为采样点。

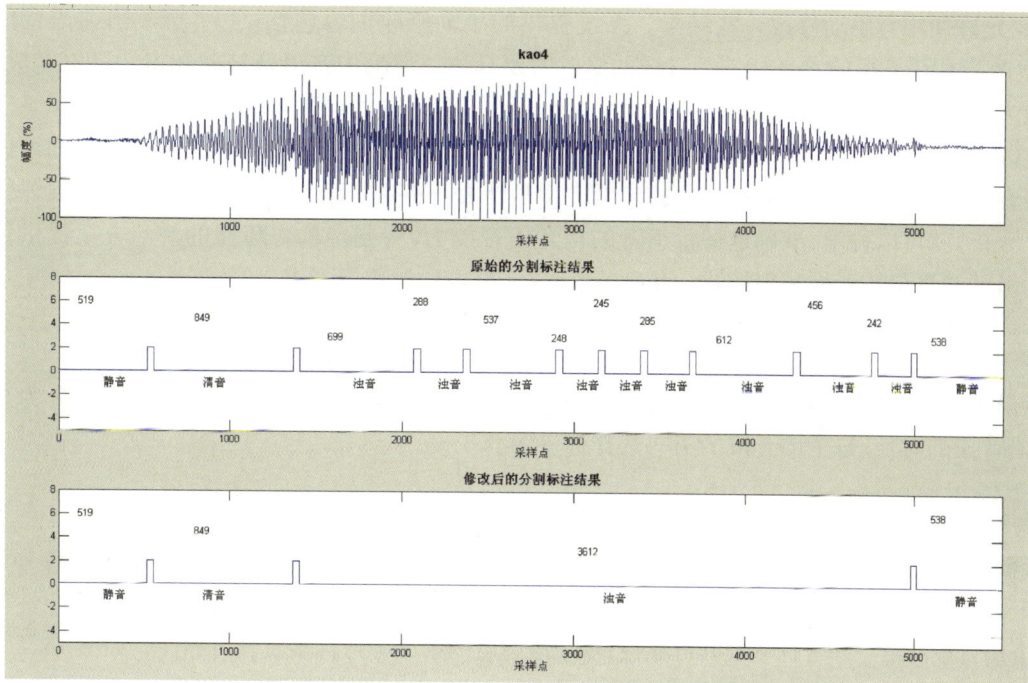

图 16.39 构音语音测量(语音分割)
(启音博士构音测量与训练仪,Dr. Speech™,上海泰亿格康复医疗科技股份有限公司授权使用)

分割结束后,应对每个分割出来的语音段进行标注,这是为每个语音段分配参考标签的过程。首先,应检查清浊音的检测结果。如果当前语音段属于浊音(V),那么它的标签可能是元音(Vow)、鼻音(N)或者浊擦音(VF);如果当前语音段属于清音(U),那么它的标签可能是清擦音(UF)或清塞音(US);如果当前语音段属于静音(S),那么它的标签只能是静音(S)。如图 16.39,输入声音为拷(/kào/),对话框显示的是语音类型标注的结果。如图 16.40 所示,左侧一列为当前语音段对应的语音类型的第一标签,中间一列数字为当前语音段开始的点。

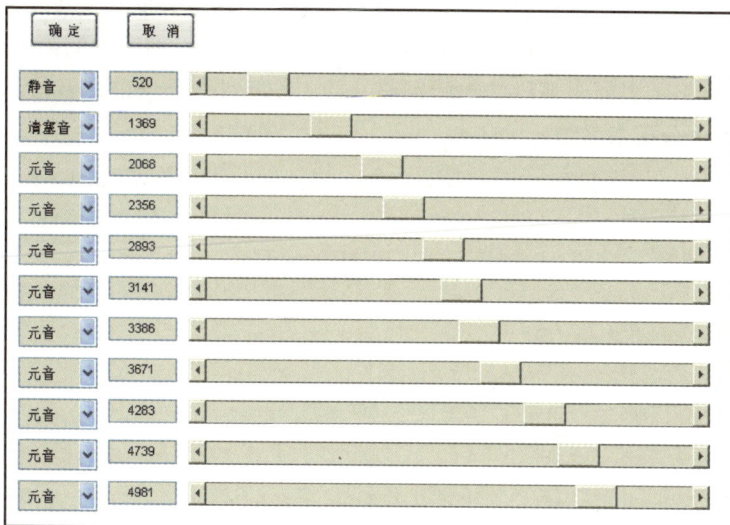

图 16.40 构音语音测量(语音类型标注)
(启音博士构音测量与训练仪,Dr. Speech™,上海泰亿格康复医疗科技股份有限公司授权使用)

（五）手动修正

所有客观测量都会出现误差，造成误差的原因主要是人类言语声的多变性、测量环境条件的不同等。构音语音测量的最终目的是提取语音段的特征参数，因此在机器自动分析、分割和标注后，若不能改善测量环境，应允许使用者手动修改一些结果。系统提供的手动修改内容包括：（1）更改当前语音段的边界点；（2）更改当前语音段的参考标签。这样的修改需要具备一定的构音语音基础知识才可以完成，因为它建立在较为可信的主观听感的基础上。

通过以上几个步骤，就可以得出构音语音测量的最终结果，即一个人发出的某个单音节词可以被分割成几个语音段，每段的时长是多少，每段的参考类型是什么。将这个结果与构音语音能力主观评估的结果进行综合分析，就可以科学、准确地评价患者的构音语音能力，为制定构音障碍的矫治方案提供依据。构音语音测量的结果包括三种呈现形式：直观显示、统计报告和参数值列表。

1. 直观显示

应以最直接的图形给出某个言语声音的分割、参考标签，其显示内容包括：该言语声被分为几个语音段；每个语音段的时长；每个语音段的第一选择标签等。

2. 统计报告

应以数字的形式给出系统对某个单音节词进行分割、标注的结果，其显示内容包括：该词被分为几个语音段；每个语音段的时长(ms)；每个浊音段的三个可能性得分的平均值；每个清音段的两个可能性得分的平均值；每个语音段的第一参考标签及其可靠性；每个语音段的第二参考标签及其可靠性。如图 16.41 所示。

统计报告

分段	类型	时长	第一标签	可靠性1	第二标签	可靠性2
1	0	47.0748	静音	0	无	0
2	1	77.0068	清塞音	0.8772	合并	0.1228
3	2	327.619	元音	1	合并	0
4	0	48.7982	静音	0	合并	0

图 16.41 构音语音测量（统计报告）
（启音博士构音测量与训练仪，Dr. Speech™，上海泰亿格康复医疗科技股份有限公司授权使用）

3. 参数列表

应记录语音分析、分割和标注过程中产生的一系列参数，方便治疗师进行高级分析和数据保存，以便日后进行数据对比，也为监控治疗效果提供了依据。如图 16.42 所示，列表中的第一列为当前语音段的能量值，边界中的两列数值表示当前语音段的起始和终止点，第四列表示当前语音段的清浊音类型，第五列以后为当前语音段的各个分析参数值。

详细数据	噪声等级	0.932144								
能量	边界		清浊类型	F1	F2	F3	F4	A1	A2	A3
45.39688	1	64	0	0	0	0	0	0	0	0
48.56258	65	114	0	0	0	0	0	0	0	0
51.12613	115	164	0	0	0	0	0	0	0	0
54.91468	165	214	0	0	0	0	0	0	0	0
52.45824	215	264	0	0	0	0	0	0	0	0
52.4693	265	314	0	0	0	0	0	0	0	0
50.04247	315	364	0	0	0	0	0	0	0	0
58.57814	365	414	0	0	0	0	0	0	0	0
58.39993	415	450	0	0	0	0	0	0	0	0
58.6207	451	484	0	0	0	0	0	0	0	0
64.92833	485	519	0	0	0	0	0	0	0	0

图 16.42 构音语音测量（参数列表）
（启音博士构音测量与训练仪，Dr. Speech™，上海泰亿格康复医疗科技股份有限公司授权使用）

第十七章　构音障碍的矫治

【本章目标】

阅读完本章之后，你将：

1. 熟悉构音障碍的矫治框架；
2. 了解构音障碍的临床表现；
3. 掌握口部运动治疗；
4. 掌握构音运动治疗；
5. 掌握构音语音治疗。

　　构音障碍的评估与矫治是言语治疗学的重要组成部分。构音障碍是大部分患者均要面临的问题，也是伴随患者康复始终的环节，构音障碍的矫治同样遵循ATM的操作模式，即在科学评估的基础上，对患者构音障碍进行定性和定量的诊断，并制定科学合理的针对性治疗方案。在治疗过程中，还需要对治疗效果进行跟踪监控，从而随时调整康复进程，以达到最佳的康复疗效。

第一节　构音障碍矫治概述

一、构音障碍的临床表现

　　构音障碍的临床表现即为构音不清，也称作声韵调或其组合的清晰度下降，它直接导致言语可懂度降低。构音障碍的临床表现可从韵母音位构音异常、声母音位构音异常和声调异常三个方面进行描述。

1. 韵母音位构音异常

（1）韵母鼻音化

韵母鼻音化表现为在发元音时存在明显的鼻音化现象（如发/i/、/u/时有鼻音），多由构音器官运动异常所引起。在客观测量中，元音鼻音化主要体现在发/i/、/u/时的鼻流量明显增加，低频共振峰变得明显。

（2）韵母中位化

韵母中位化表现为发任何元音时，下颌、唇、舌的运动不明显，特别是舌的运动范围明显受限，如发/i/时舌位靠后，而发/u/时舌位靠前。它多由构音器官运动受限所引起。在客观测量中，元音中位化主要体现在发相应的元音时，第二共振峰 F_2 的值超出正常范围，如发/i/时第二共振峰 F_2 的值变小，发/u/时第二共振峰 F_2 的值变大，最终导致舌距变小。

（3）韵母遗漏

韵母遗漏表现为在发某些复韵母的音时，将其中的某个音位丢失，主要体现为非主要能量音位的丢失，如 /iao/→/ia/。它多由构音器官运动不协调或运动不能保持较长时间所引起。在客观测量中，元音遗漏主要体现在相应复韵母发音时，共振峰转接现象不明显或无转接。

（4）韵母替代

韵母替代表现为患者用另外一个韵母音位替代目标韵母音位（如/e/→/a/），多由构音器官运动异常或听觉识别发生混淆所引起。在客观测量中，元音替代主要体现在目标音位的共振峰或鼻流量超出正常范围，如/e/→/a/时，第一共振峰 F_1 的值变大，第二共振峰 F_2 的值也变大。

2. 声母音位构音异常

（1）声母遗漏

声母遗漏主要表现为患者发声韵组合时，省略声母部分的发音，直接发出后面的韵母，如/gu/→/u/、/zhu/→/u/。它多由目标声母对应的发音部位运动异常所引起。在客观测量中，声母遗漏主要体现为发声韵组合时，无法测得目标声母的声学特征参数值，在波形图和语谱图上也无法观察到声母的特征表现。

（2）声母歪曲

声母歪曲主要表现为患者发声韵组合时，将声母部分的发音扭曲，主观听感上并不是只有韵母部分的发音，但又无法找到一个音位可以用来描述患者发出的目标声母，如/zh/发音扭曲。它多由目标声母对应的构音运动不成熟所引起。在客观测量中，声母歪曲主要体现为发声韵组合时，目标声母的声学特征参数值超出正常范围。由于声母歪曲的偏向有很多种，如擦音塞音化的歪曲、塞音鼻音化的歪曲等，因此出现的异常声学特征参数也不尽相同。

（3）声母替代

声母替代是声母音位构音异常最主要的错误走向之一，又包括部位替代和方式替代。常见的部位替代有：双唇替代唇齿，如/fei/→/bei/；舌尖替代舌面、舌后部，如/qi/→/ti/、/ga/→/da/。常见的方式替代有塞音替代擦音、擦音替代塞擦音、不送气音替代送气音等，如/fa/→/ba/、/ji/→/xi/、/pao/→/bao/。声母替代多由目标声母对应的构音运动不成熟导致与另一运动发生混淆所引起。在客观测量中，声母替代主要体现为发声韵组合时，目标声母的声学特征参数值超出正常范围，而位于另一声母声学特征参数值的正常范围。如/fei/→/bei/时，声母部分的频谱坡度将明显增大，这表示擦音塞音化的错误走向。表 17.1 是常见的声母构音异常错误走向。

表 17.1　常见声母构音异常错误走向

	目　标　音	替　代　音	错误走向描述
第一阶段	/b/	→/m/	替代：塞音鼻音化
		→/d/	塞音向后替代
	/m/	→/b/	替代：鼻音塞音化
		→/p/	替代：鼻音塞音化
	/d/	→/b/	塞音向前替代
		→/g/	塞音向后替代
	/h/	→⊖	替代：擦音遗漏
		→/k/	替代：擦音塞音化
第二阶段	/p/	→/b/	替代：送气塞音不送气化
		→/t/	塞音向后替代
	/t/	→/p/	塞音向前替代
		→/d/	替代：送气塞音不送气化
	/g/	→⊖	塞音遗漏
		→/d/	塞音向前替代

	目　标　音	替　代　音	错误走向描述
第二阶段	/k/	→/h/	替代：塞音擦音化
		→/t/	塞音向前替代
	/n/	→/d/	替代：鼻音塞音化
		→/l/	替代：鼻音边音化
第三阶段	/f/	→/b/	替代：擦音塞音化
		→⊗	擦音歪曲
	/j/	→⊖	塞擦音遗漏
		→⊗	塞擦音歪曲
	/q/	→⊗	塞擦音歪曲
		→/x/	替代：塞擦音擦音化
	/x/	→⊖	擦音遗漏
		→⊗	擦音歪曲
第四阶段	/l/	→/n/	替代：边音鼻音化
		→⊖	边音遗漏
	/z/	→⊗	塞擦音歪曲
		→⊖	塞擦音遗漏
	/s/	→⊗	擦音歪曲
		→/z/	替代：擦音塞擦音化
	/r/	→⊗	擦音歪曲
		→/n/	替代：擦音鼻音化
第五阶段	/c/	→⊗	塞擦音歪曲
		→/t/	替代：塞擦音塞音化
	/zh/	→⊗	塞擦音歪曲
		→⊖	塞擦音遗漏
	/ch/	→/t/	替代：塞擦音塞音化
		→/k/	替代：塞擦音塞音化
	/sh/	→⊗	擦音歪曲
		→⊖	擦音遗漏

3. 声调构音异常

声调音位构音异常主要表现为一声调、二声调、三声调和四声调之间的发音混淆，如表 17.2 所示。

表 17.2　常见声调构音异常错误走向

目　标　音	替　代　音	错误走向描述
一　声	→二声	升调化
	→四声	降调化

目 标 音	替 代 音	错误走向描述
二 声	→一声	平调化
	→四声	降调化
三 声	→一声	平调化
	→四声	降调化
四 声	→一声	平调化
	→三声	升降调化

二、构音障碍的矫治框架

构音障碍的矫治框架如图 17.1 所示。构音障碍的矫治主要是提高声母和韵母及声韵调组合的构音清晰度，主要通过构音语音训练完成。但是下颌、唇、舌的运动异常是导致构音不清的主要原因，构音运动异常必然会造成声母和韵母音位的构音异常，所以在进行构音障碍的矫治时，除了对某个音进行构音语音训练以外，还要包括口部运动治疗和构音运动治疗。在矫治的过程中，必须以构音语音训练为主线，根据患者的实际需要加入必要的口部运动治疗和构音运动治疗，最终使患者掌握目标音位。

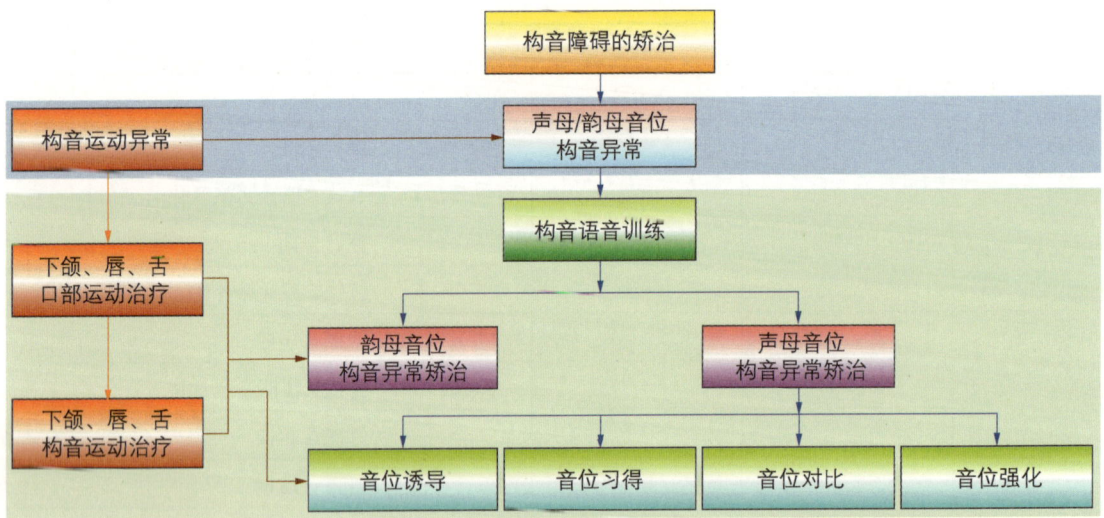

图 17.1 构音障碍的矫治框架图

第二节 口部运动治疗

口部运动治疗是遵循运动技能发育原理，利用触觉和本体感觉刺激技术，促进口部结构(下颌、唇、舌)感知觉的正常化，抑制其异常的运动模式，从而建立正常的口部运动模式。口部运动治疗的目的就是建立"令人满意的"和"满意的"口部运动模式。

口部运动治疗的方法可以广泛应用于构音障碍、进食障碍、运动障碍等多个领域，本章仅对构音障碍矫治中相关的口部运动治疗方法做简单介绍，目的是为准确和清晰的构音奠定生理基础，形成它们所必需的口部运动技能。更多的口部运动治疗技术可参见《口部运动治疗学》(华东师范大学出版社出版)一书。

口部运动治疗技术从形式上又可分为被动治疗和自主运动治疗两种。前者强调通过不同的手法、用具给予患者相对被动的治疗；后者强调诱导患者主动进行口部运动，以促进正确的口部运动模式的形成。

一、下颌口部运动治疗

构音障碍患者可能出现一种或几种以下所述的下颌异常运动模式：**下颌运动受限、下颌运动过度、下颌分级控制障碍**和**下颌转换运动障碍**。

根据口部运动的发育规律，对下颌运动障碍的治疗可分为三个层次：首先增强下颌感知觉；然后采用被动治疗技术提高咬肌的力量，在肌力提高的前提下，利用被动治疗技术阻断下颌的各异常运动模式；然后通过自主运动治疗的形式，促使下颌运动正常化，为构音过程中正确的下颌运动奠定生理基础。下颌口部运动障碍治疗流程见图 17.2。

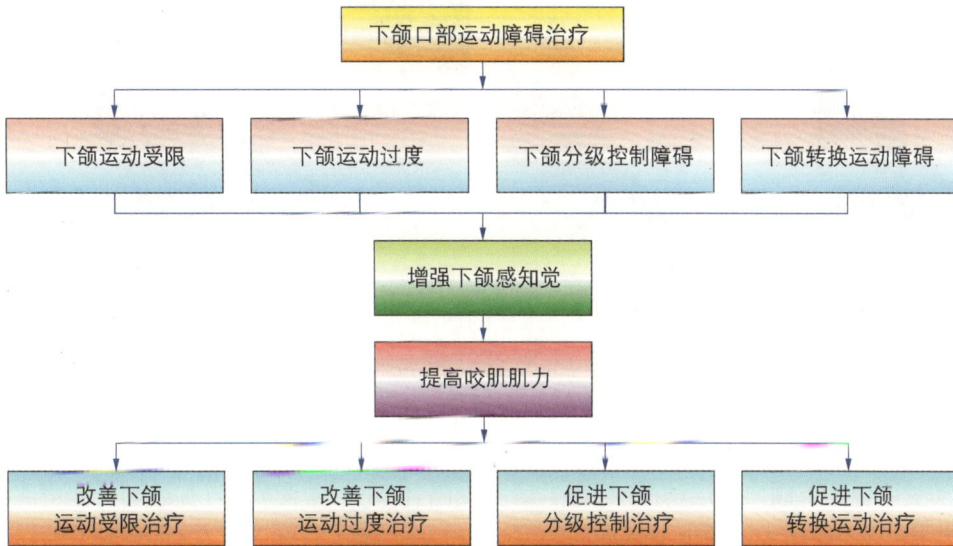

图 17.2　下颌口部运动障碍治疗框架图

1. 增强下颌感知觉的治疗

增强下颌感知觉治疗的技术包括指尖控制法和手掌控制法，它们都是自主运动治疗的技术，用来提高感知觉能力，增加患者对于下颌的自主控制能力，如图 17.3 所示。

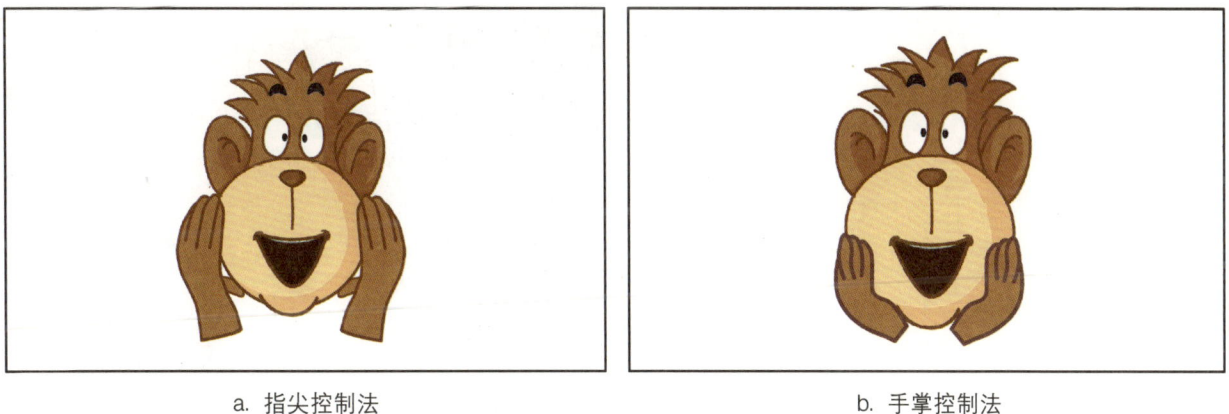

a. 指尖控制法　　　　　　　　　　　　　　b. 手掌控制法

图 17.3　增强下颌感知觉的治疗技术
（启音博士构音测量与训练仪，Dr. Speech™，上海泰亿格康复医疗科技股份有限公司授权使用）

2. 提高咬肌肌力的治疗

提高咬肌肌力是进行下颌构音运动障碍矫治的基础，任何一种下颌构音运动障碍都需要首先使用这种治疗方法，它可用来提高咬肌的力量，加大下颌的运动范围。对肌张力过高的患者，可先降低肌张力，再提高肌力;对肌张力过低的患者,可先提高肌张力,再提高肌力。提高咬肌肌力的治疗包括 4 种方法:深压咬肌法、敲打咬肌法、拉伸咬肌法和振动咬肌法,它们都是被动治疗技术,如图 17.4 所示。

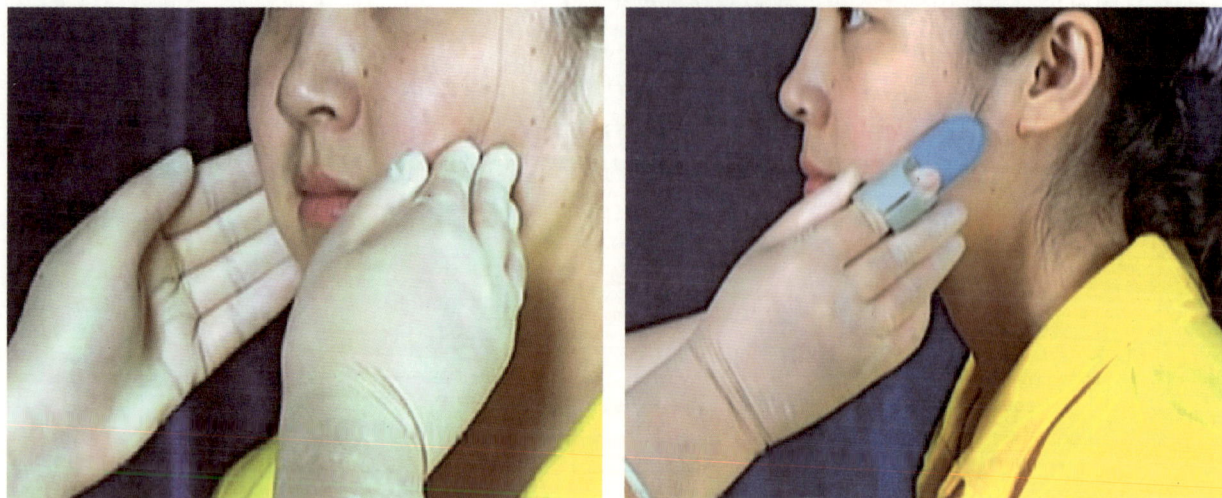

a. 拉伸咬肌法   b. 振动咬肌法

图 17.4 提高咬肌肌力治疗法

(启音博士构音测量与训练仪,Dr. Speech™,上海泰亿格康复医疗科技股份有限公司授权使用)

3. 下颌运动受限的针对性治疗

下颌运动受限包括下颌向下运动受限、向上运动受限、向左运动受限、向右运动受限等类型。根据下颌运动发育规律,首先要增大下颌上下运动的幅度,然后在此基础上再进行左右运动的治疗,最后进行前后运动的治疗。需要说明的是,在构音障碍的矫治中,更多的是进行下颌上下运动受限的治疗,当下颌同时存在运动受限和侧向偏移问题时,首先要解决的是下颌运动受限问题,即先通过治疗技术打开下颌,再解决侧偏问题。针对下颌上下运动受限的治疗方法有:咀嚼法、高位抵抗法和高低位交替抵抗法。其中,两种抵抗的方法是被动治疗技术,咀嚼法是两种治疗形式的混合,如图 17.5 所示。

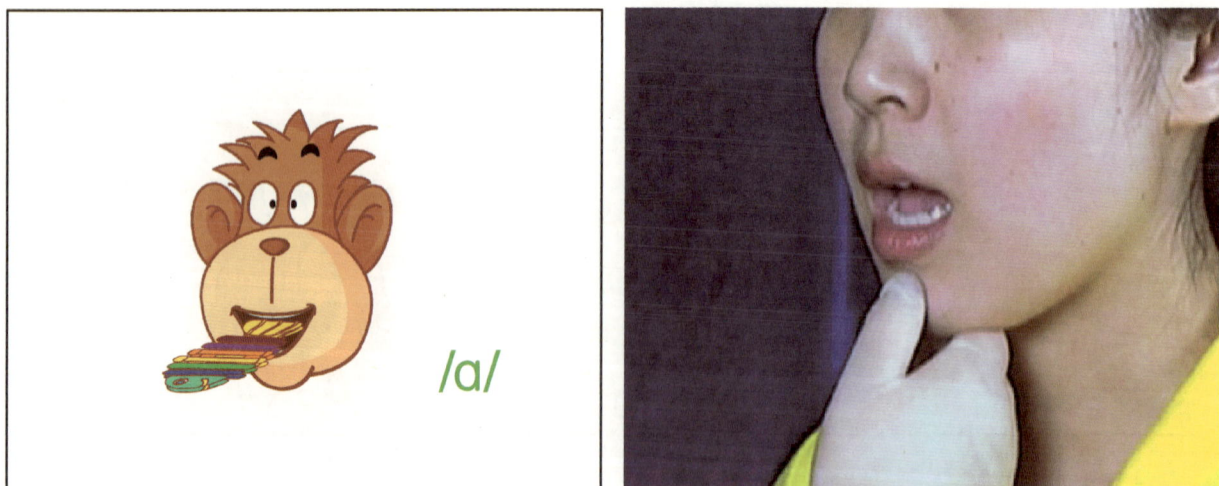

a. 咀嚼法   b. 高低位交替抵抗法

图 17.5 下颌运动受限的口部运动治疗

(启音博士构音测量与训练仪,Dr. Speech™,上海泰亿格康复医疗科技股份有限公司授权使用)

4. 下颌运动过度的针对性治疗

下颌运动过度包括下颌向下运动过度、侧向运动过度、前伸运动过度和后缩过度等四类。在构音障碍的矫治中,更多的是进行下颌上下运动过度的治疗,这种治疗方法主要为被动治疗技术,如低位抵抗法、侧向控制法和前位控制法,如图 17.6 所示。

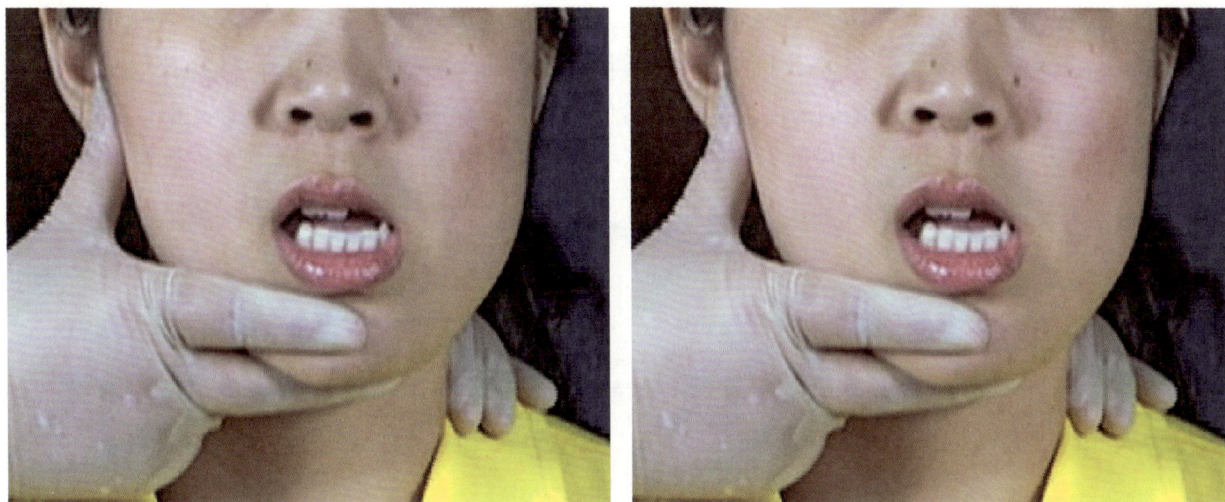

a. 前位控制法   b. 侧向控制法

图 17.6   下颌运动过度的口部运动治疗

(启音博上构音测量与训练仪,Dr. Speech™,上海泰亿格康复医疗科技股份有限公司授权使用)

5. 下颌分级控制障碍的针对性治疗

下颌分级控制治疗法主要针对的是下颌控制不稳的患者,其目的是促进下颌精细分级控制,使下颌在不同位置能保持稳定。只有在下颌处于控制自如的情况下,唇和舌的精细分级运动才能够分化。针对下颌分级控制障碍的通常都是一些自主运动的治疗方法,主要包括低位控制法、大半开位控制法、小半开位控制法和高位控制法,如图 17.7 所示。

a. 低位控制法   b. 小半开位控制法

图 17.7   下颌分级控制治疗法

(启音博士构音测量与训练仪,Dr. Speech™,上海泰亿格康复医疗科技股份有限公司授权使用)

6. 下颌转换运动障碍的针对性治疗

下颌转换运动治疗是在下颌运动受限、下颌运动过度以及下颌分级控制障碍得到基本解决的前提下,针对下颌在不同位置之间的转换能力而设计的。常用的方法是将 5 中提到的四种下颌分级控制法综合起来,通过不同位置的转换运动而完成。

二、唇口部运动治疗

构音障碍患者可能出现一种或几种以下所述的唇异常运动模式：**圆唇运动障碍**、**展唇运动障碍**、**双唇闭合障碍**、**唇齿接触运动障碍**、**圆展交替运动障碍**。

唇运动障碍的治疗技术主要包括增加唇感知觉、提高唇肌肌力和促进唇的各种运动的针对性治疗技术。唇运动障碍的治疗目的是促进唇感知觉正常化，促进唇肌力正常化，刺激唇的各种运动，增强唇运动的自主控制能力，为唇声母和唇韵母的构音奠定好生理基础。唇口部运动障碍的治疗流程见图 17.8。

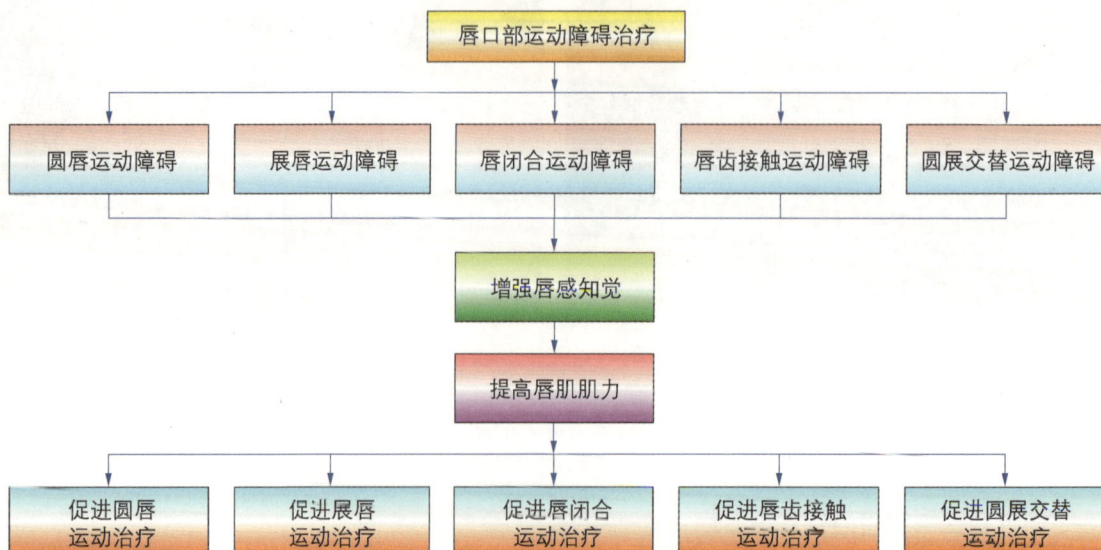

图 17.8　唇口部运动障碍治疗框架图

1. 增强唇感知觉的治疗

增强唇感知觉的被动治疗技术有协助指压法、自助指压法、振动法和吸吮法，如图 17.9 所示。

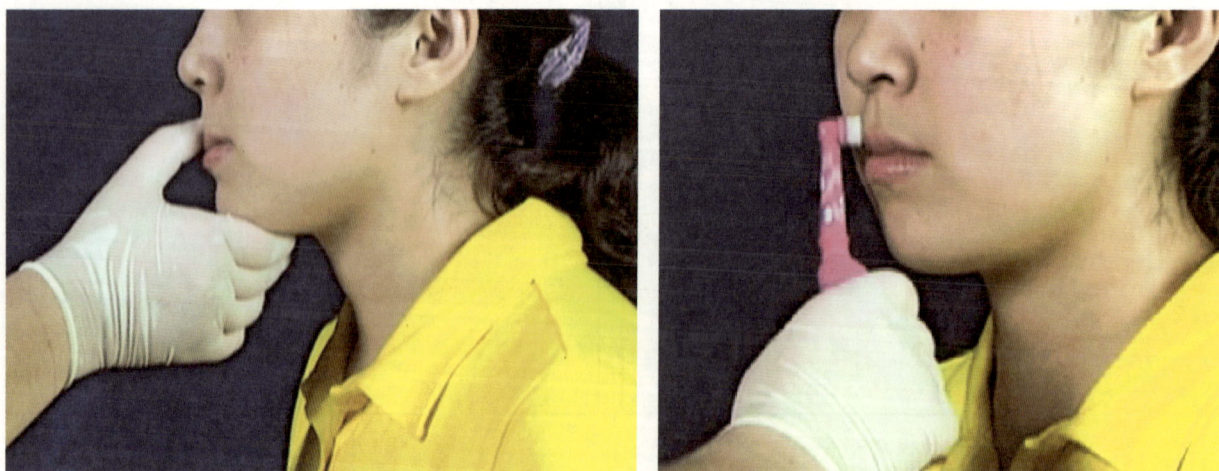

a. 协助指压法　　　　　　　　　　　　b. 振动法

图 17.9　增强唇感知觉治疗技术
（启音博士构音测量与训练仪，Dr. Speech™，上海泰亿格康复医疗科技股份有限公司授权使用）

2. 提高唇肌肌力的治疗

唇的所有运动都必须依靠一定的唇肌力量才能完成，因此，提高唇肌肌力是唇运动治疗中最基本和最重要的方法。提高唇肌肌力的治疗分为肌张力过高治疗法和肌张力过低治疗法。唇肌张力过高治疗法的关键是降低唇肌张力、提高唇的运动能力,主要包括按摩面部法、减少上唇回缩、减少下唇回缩和减少唇的侧向回缩。唇肌张力过低的治疗法主要包括抵抗法、对捏法、脸部拉伸法、唇部拉伸法、增强唇肌肌力,这些方法都是以被动治疗的形式体现的,如图 17.10 所示。

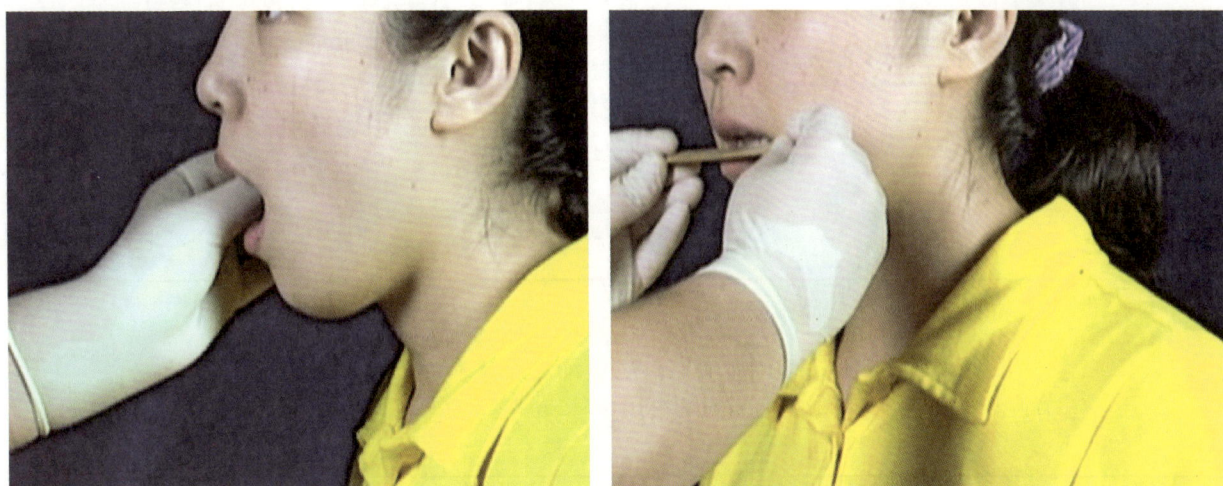

a. 唇肌张力过高的治疗-减少唇侧向回缩　　　　b. 唇肌张力过低的治疗-抵抗法

图 17.10　提高唇肌肌力治疗法
(启音博士构音测量与训练仪,Dr. Speech™,上海泰亿格康复医疗科技股份有限公司授权使用)

3. 圆唇运动障碍的针对性治疗

圆唇运动治疗技术十分丰富,其中既有被动治疗技术,也有自主运动治疗方法,主要包括吸管进食法、感觉酸的表情、夹住吹哨管、吹卷龙、吹泡泡、吹棉球、拉大纽扣法、唇操器圆唇法、面条练习法、唇运动训练器法等,如图 17.11 所示。

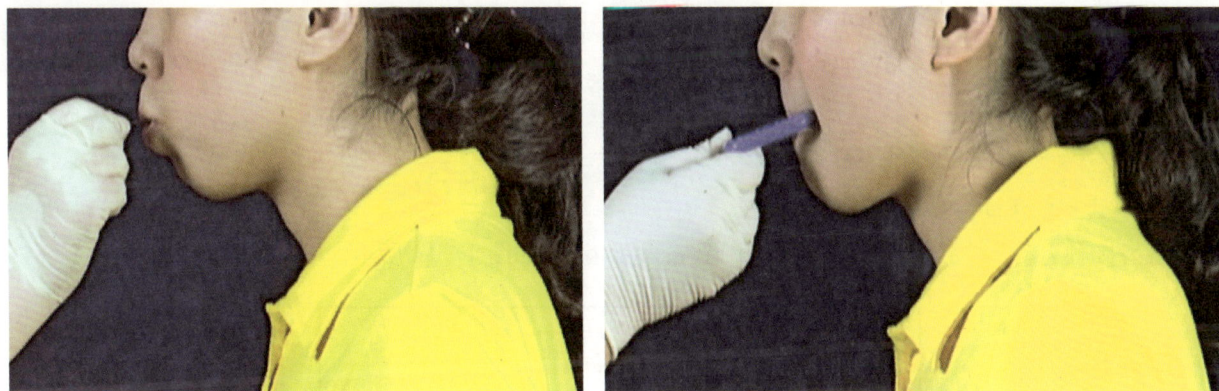

a. 拉纽扣法　　　　　　　　　　　　　b. 唇操器法

图 17.11　圆唇运动治疗技术
(启音博士构音测量与训练仪,Dr. Speech™,上海泰亿格康复医疗科技股份有限公司授权使用)

4. 展唇运动障碍的针对性治疗

唇运动障碍的被动治疗大都相对较为简单、易操作,因此可以通过自主运动的形式体现,主要包括杯子进食法、模仿大笑、咧开嘴角、发/i/,如图 17.12 所示。

5. 唇闭合运动障碍的针对性治疗

唇闭合运动治疗技术包括勺子进食法、唇部按摩、发哑舌音、出声吻、夹住压舌板,如图 17.13 所示。

a. 杯子进食法

b. 模仿大笑

图 17.12 展唇运动治疗技术

(启音博士构音测量与训练仪,Dr. Speech™,上海泰亿格康复医疗科技股份有限公司授权使用)

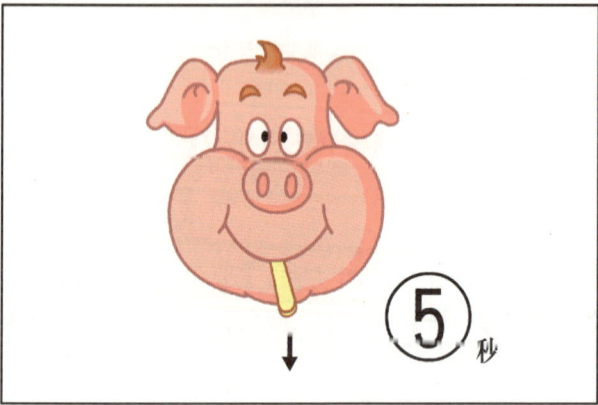

a. 勺子进食法

b. 出声吻

图 17.13 唇闭合运动治疗技术

(启音博士构音测量与训练仪,Dr. Speech™,上海泰亿格康复医疗科技股份有限公司授权使用)

6. 唇齿接触运动障碍的针对性治疗

唇齿接触运动治疗技术包括夹饼干、舔果酱、发唇齿音,如图 17.14 所示。

发唇齿音

图 17.14 唇齿接触运动治疗技术

(启音博士构音测量与训练仪,Dr. Speech™,上海泰亿格康复医疗科技股份有限公司授权使用)

言 语 治 疗 学

7. 圆展交替运动障碍的针对性治疗

圆展交替治疗技术包括亲吻—微笑、亲吻—皱眉、微笑—噘嘴、/i/—/u/交替发音，如图 17.15 所示。

a. 亲吻—微笑　　b. 亲吻—皱眉

图 17.15　圆展交替治疗技术

（启音博士构音测量与训练仪，Dr. Speech™，上海泰亿格康复医疗科技股份有限公司授权使用）

三、舌口部运动治疗

构音障碍患者可能出现一种或几种以下所述的舌异常运动模式：舌向前运动障碍、舌向后运动障碍、舌前后转换运动障碍、马蹄形上抬运动障碍、舌根（后部）上抬运动障碍、舌侧缘上抬运动障碍、舌尖上抬与下降运动障碍、舌叶上抬运动障碍。

舌运动障碍的治疗是指通过触觉刺激技术提高舌的感知觉，进而利用本体感觉刺激技术提高舌肌力量和促进舌后侧缘的稳定，然后在此基础上抑制舌的异常运动模式，它采用被动治疗和自主运动的方法，最终使舌运动灵活、稳定、有力，从而建立舌在构音中的正常运动模式。舌口部运动障碍治疗流程见图 17.16。

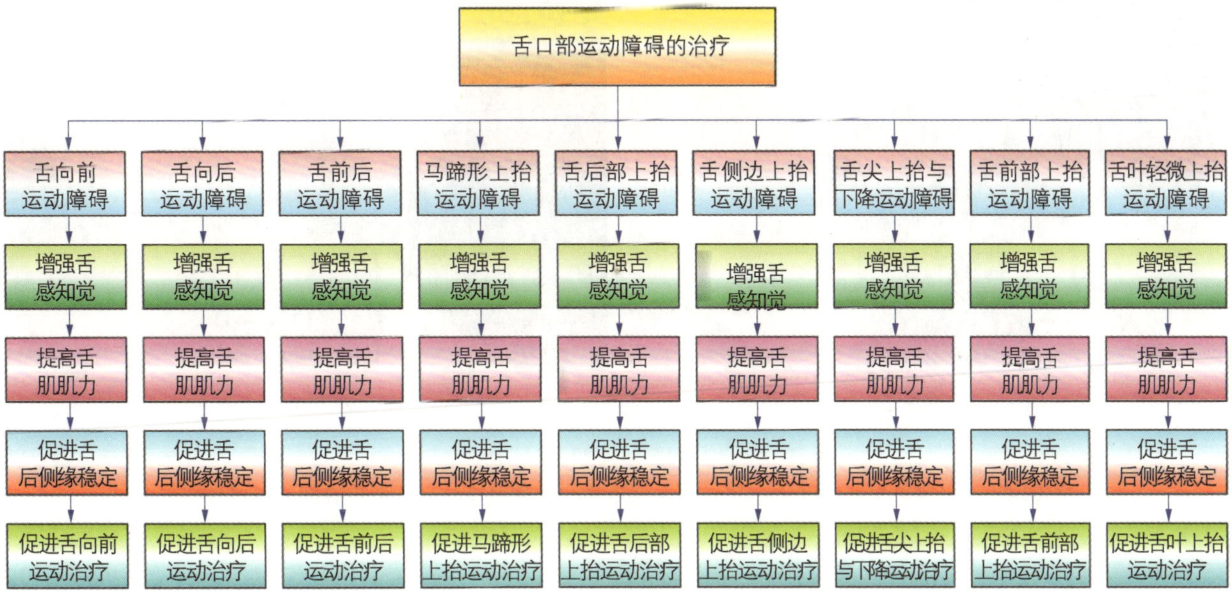

图 17.16　舌口部运动障碍治疗框架图

1. 增强舌感知觉的治疗

增强舌感知觉的治疗技术比较有趣，让患者可以在游戏中就完成治疗的目标，因此大都以自主运动的治疗形式呈现，如向上刷舌尖法、横向刷舌尖法、前后刷舌尖法、后前刷舌尖法、后前刷舌侧缘法、一二三拍打法，如图 17.17 所示。

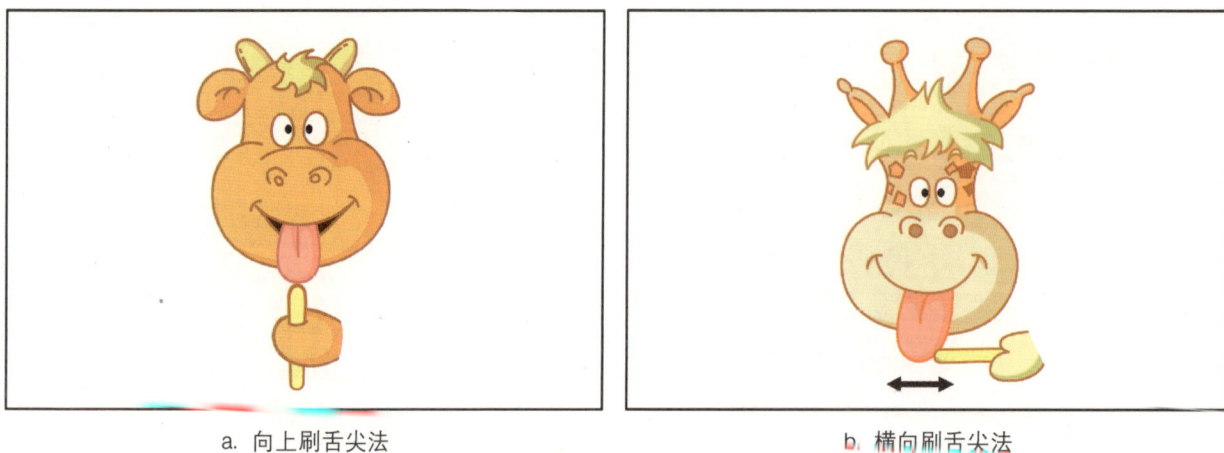

a. 向上刷舌尖法　　　　　　　　　　　　b. 横向刷舌尖法

图 17.17　增强舌感知觉治疗技术
（启音博士构音测量与训练仪，Dr. Speech™，上海泰亿格康复医疗科技股份有限公司授权使用）

2. 提高舌肌肌力的治疗

提高舌肌肌力是舌运动治疗中最基本和最重要的方法，因为舌运动都依靠舌肌的力量来完成。提高舌肌肌力的被动治疗技术包括推舌法、挤舌法、挤推齿脊法、挤推联用法、侧推舌尖法、下压舌尖法、上推舌体法、侧推舌体法、下压舌体法、左右两半上抬法，如图 17.18 所示。

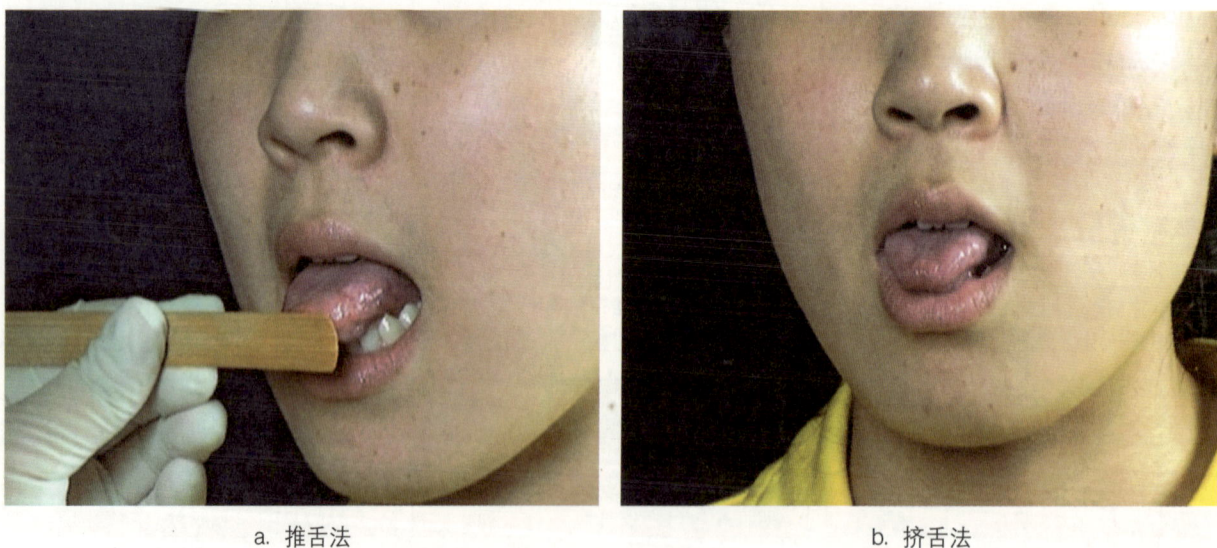

a. 推舌法　　　　　　　　　　　　　　b. 挤舌法

图 17.18　提高舌肌肌力治疗法
（启音博士构音测量与训练仪，Dr. Speech™，上海泰亿格康复医疗科技股份有限公司授权使用）

3. 促进舌后侧缘稳定的治疗

促进舌后侧缘稳定是发出清晰语音的前提，被动治疗的方法有刷舌后侧缘法和舌后侧缘上推法。如图 17.19 所示，首先教患者轻轻地用臼齿咬住舌后侧缘，然后被咬住的部分向上用力推上臼齿，这时舌两边上抬，舌中间凹陷，形成"蝴蝶位"。患者从蝴蝶位开始练习发音，向上顶得越高，嘴张得越大，就越能促进舌后侧缘的稳定。

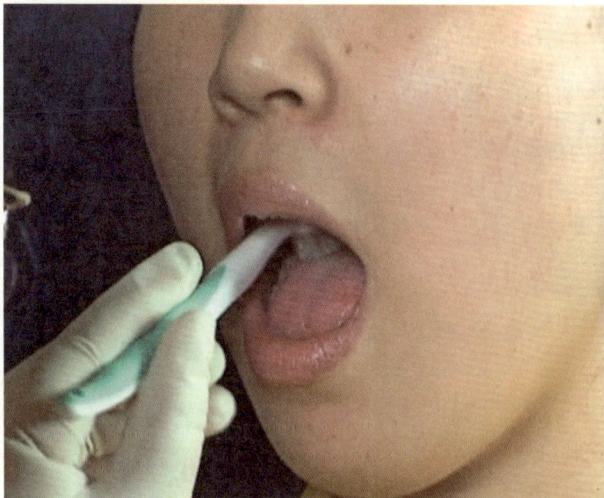

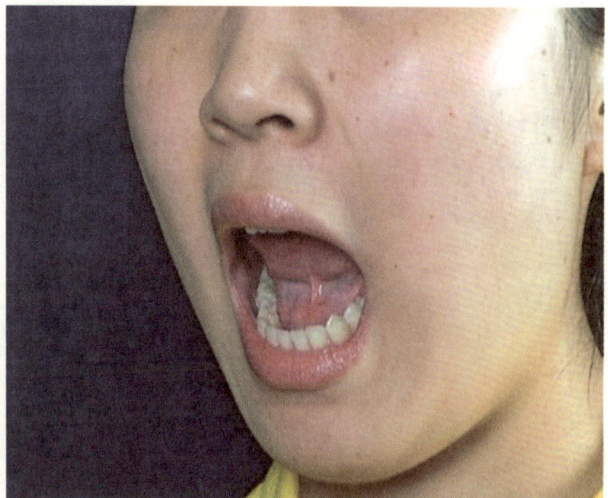

a. 刷舌后侧缘法　　　　　　　　　　　　b. 舌后侧缘上推法

图 17.19　促进舌后侧缘稳定治疗法

（启音博士构音测量与训练仪，Dr. Speech™，上海泰亿格康复医疗科技股份有限公司授权使用）

4. 舌向前运动障碍的针对性治疗

舌向前运动治疗技术主要包括自主运动治疗法中的舌前伸运动、舌尖向下伸展、舌尖向上伸展、舌尖舔嘴角、舌尖洗牙面、舌尖顶脸颊、舌尖上卷，如图 17.20 所示。

a. 舌尖向下伸展　　　　　　　　　　　　b. 舌尖向上伸展

图 17.20　舌向前运动治疗技术

（启音博士构音测量与训练仪，Dr. Speech™，上海泰亿格康复医疗科技股份有限公司授权使用）

5. 舌向后运动障碍的针对性治疗

舌向后运动，肉眼不容易看到，无法单纯地通过观看自主运动的诱导动画完成，因此，需要使用一些被动治疗的手法，如咀嚼器刺激法、深压舌后部法、发/u/音、发/ou/音，如图 17.21 所示。

6. 舌前后转换运动障碍的针对性治疗

舌前后转换运动治疗技术主要用来建立舌前后连续运动的模式，为汉语中的复韵母发音奠定生理基础，其治疗方法包括舌前伸后缩交替运动以及/i/、/u/交替训练等。

7. 马蹄形上抬运动障碍的针对性治疗

马蹄形上抬模式是舌运动发育成熟的重要体现，马蹄形上抬运动治疗技术主要用来促进患者形成舌

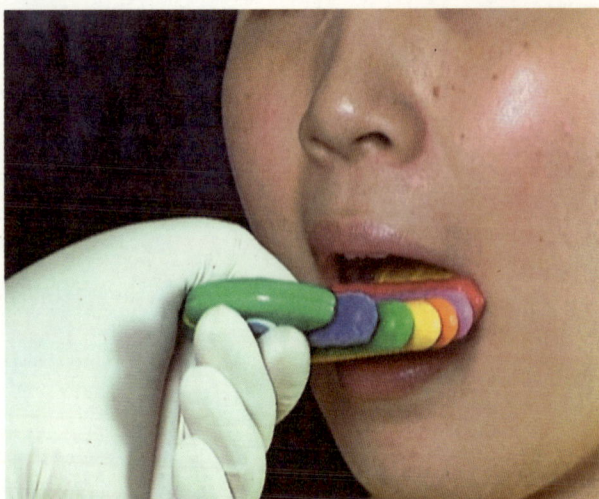

a. 咀嚼器刺激法 　　　　　　b. 深压舌后部法

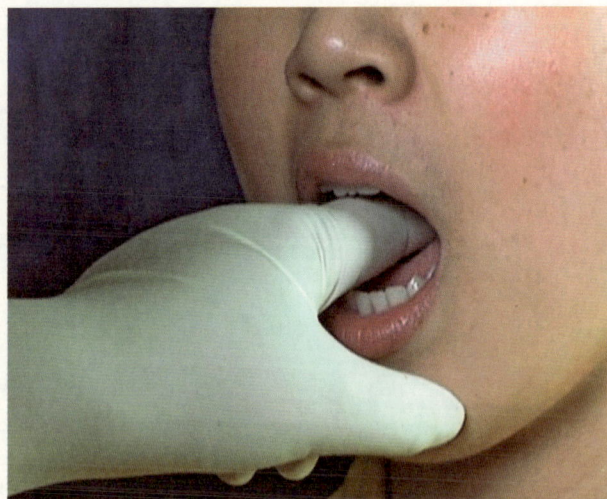

图 17.21　舌向后运动治疗技术

（启音博士构音测量与训练仪，Dr. Speech™，上海泰亿格康复医疗科技股份有限公司授权使用）

尖和舌两侧缘上抬而中间下降呈"碗状"的运动模式，该模式是舌尖中音/d/、/t/、/n/构音所必需的口部运动技能。共有七种被动治疗方法：舌与上齿龈吸吮、舌尖发音、压舌板刺激法、吸管刺激法、按摩刷刺激法、勺底压舌法、敲击舌中部法，如图 17.22 所示。

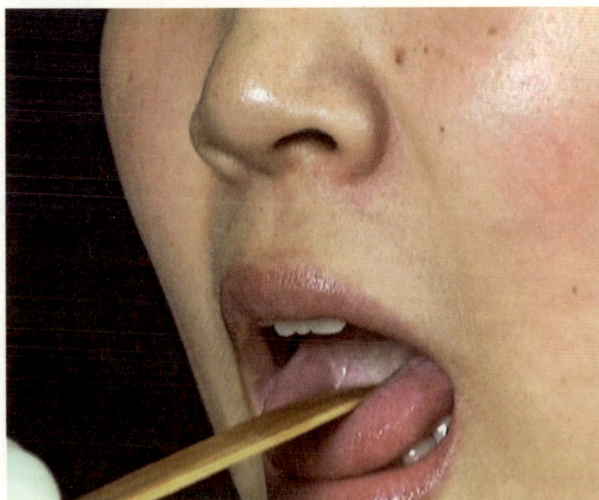

a. 压舌板刺激法 　　　　　　b. 吸管刺激法

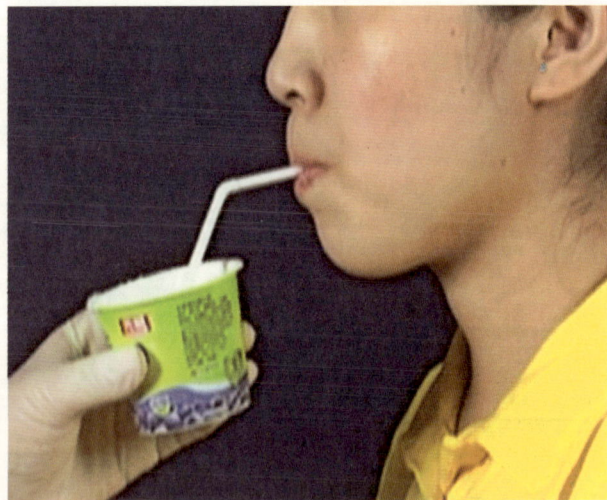

图 17.22　马蹄形上抬运动治疗技术

（启音博士构音测量与训练仪，Dr. Speech™，上海泰亿格康复医疗科技股份有限公司授权使用）

8. 舌后部上抬运动障碍的针对性治疗

舌后部上抬模式是构音中重要的运动模式，该模式是舌根音/g/、/k/以及音位组合所需要的构音运动模式。舌后部上抬运动治疗技术是通过刺激舌收缩反射区来促进患者舌向后隆起呈球状的舌后缩反应。共有三种被动治疗的方法：敲击舌中线刺激法、舌后位运动训练器、发/k/音，如图 17.23 所示。

9. 舌侧缘上抬运动障碍的针对性治疗

舌侧缘上抬模式标志着舌两侧缘从舌体中分化出来，能够独立上抬，可以与上齿接触。它是舌声母构音所必需的运动模式（/l/、/r/除外）。如果舌两侧不能上抬，构音时气流会从舌两侧溢出，导致舌侧位构音

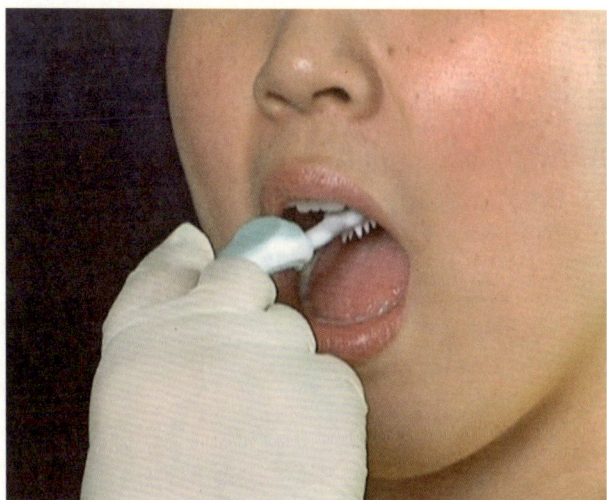

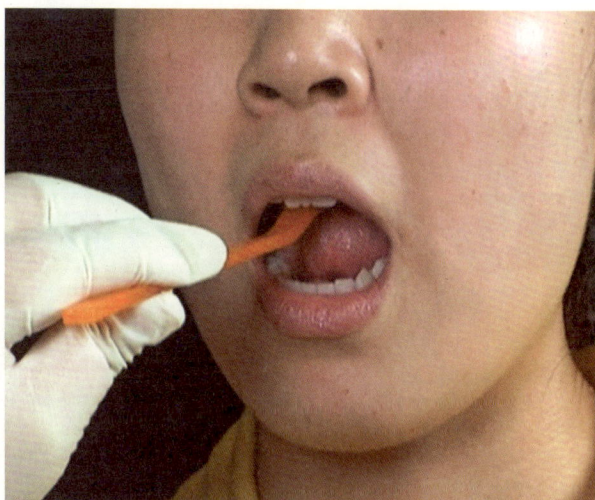

a. 敲击古中线刺激法　　　　　　　　　　b. 舌后位运动训练器

图 17.23　舌后部上抬运动治疗技术

（启音博士构音测量与训练仪，Dr. Speech™，上海泰亿格康复医疗科技股份有限公司授权使用）

不清。舌侧缘上抬运动治疗技术用来促进患者舌两侧上抬的运动模式。共有七种被动治疗的方法：舌侧边刺激法、向中线压舌法、向下压舌侧缘、刺激上腭法、刺激马蹄形反应区、食物转送法、臼齿咀嚼法，如图17.24 所示。

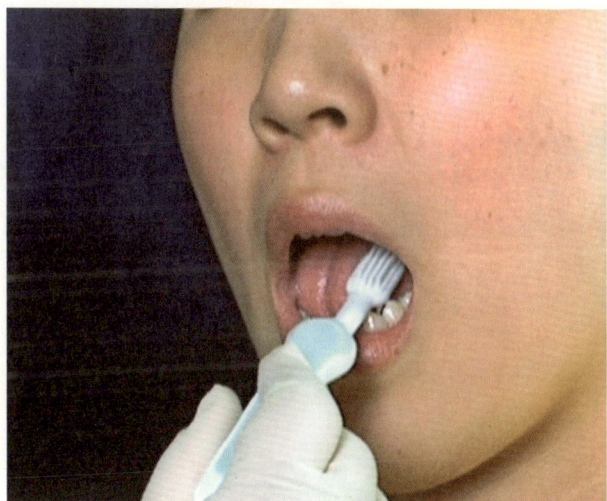

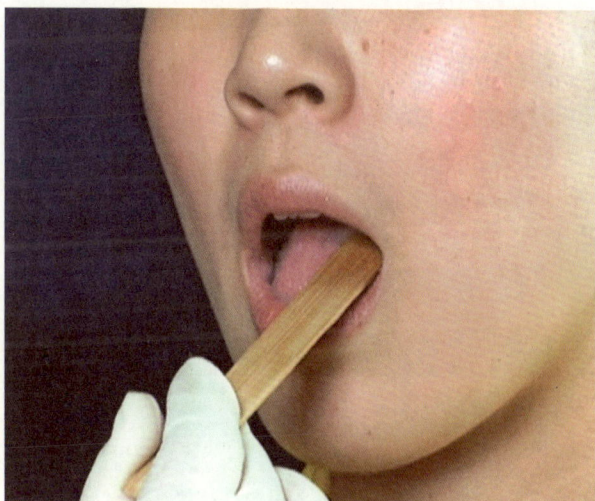

a. 舌侧边刺激法　　　　　　　　　　b. 向下压舌侧缘法

图 17.24　舌侧缘上抬运动治疗技术

（启音博士构音测量与训练仪，Dr. Speech™，上海泰亿格康复医疗科技股份有限公司授权使用）

10. 舌尖上抬与下降运动障碍的针对性治疗

舌尖上抬模式是指舌尖能从舌体和舌侧缘分离出来单独上抬。该模式是/l/及其音位组合所必需的口部运动模式。舌尖上抬与下降运动治疗技术主要用来促进患者舌尖单独上抬的模式。共有三种被动治疗的方法：舌尖舔物法、舌前位运动训练法、舌尖上下运动法，如图 17.25 所示。

11. 舌前部上抬运动障碍的针对性治疗

舌前部上抬运动模式是/j、q、x/及其音位组合所必需的口部运动模式，该治疗技术包括舌前位运动训练法和舌前部拱起法，如图 17.26 所示。

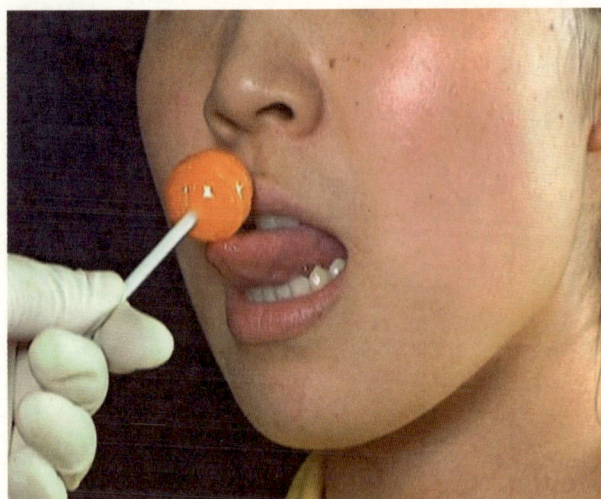

a. 舌尖舔物法

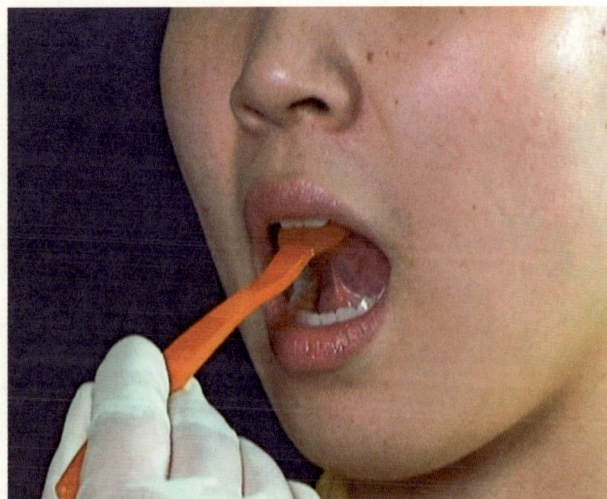

b. 舌前位运动训练法

图 17.25　舌尖上抬运动治疗技术
（启音博士构音测量与训练仪，Dr. Speech™，上海泰亿格康复医疗科技股份有限公司授权使用）

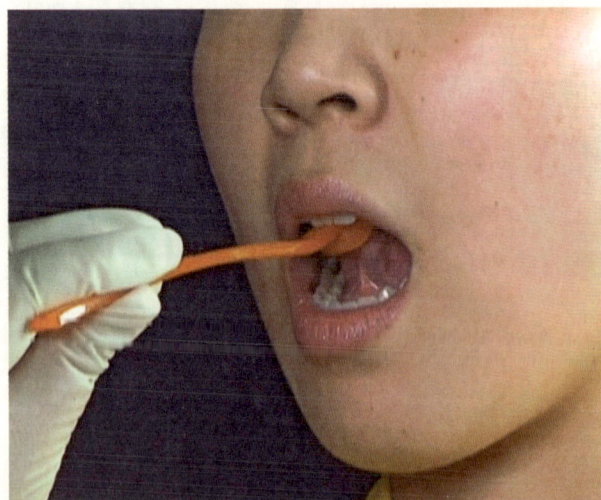

a. 舌前位运动训练法

b. 舌前部拱起

图 17.26　舌前部上抬运动治疗技术
（启音博士构音测量与训练仪，Dr. Speech™，上海泰亿格康复医疗科技股份有限公司授权使用）

12. 舌叶轻微上抬运动障碍的针对性治疗

舌叶上抬运动模式是/z、c、s/及其音位组合所必需的口部运动模式，舌叶轻微上抬治疗技术主要是使患者舌两侧缘和舌叶同时与上腭接触，舌尖独立，舌叶不与上腭接触，但发/z、c、s/音时舌中线离开上腭形成缝隙的治疗技术。

第三节　构音运动治疗

口部运动治疗帮助患者建立"令人满意的"和"满意的"口部运动模式，构音运动治疗是指在口部运动治疗的基础上，促使已经建立的口部运动准确地应用于构音，进一步强化下颌、唇、舌的各种构音运动模式，促进口部运动与构音运动的统一，为准确的构音奠定良好基础。构音运动治疗的材料丰富，配以重读训练,可进一步提高口部运动功能,使患者顺利过渡到清晰的发音。

构音运动治疗主要包括下颌构音运动治疗、唇构音运动治疗和舌构音运动治疗三部分,三者又都包括单一运动模式构音运动治疗和转换运动模式构音运动治疗。

单一运动模式指下颌、唇或舌处于某一构音位置,如下颌上位、圆唇、舌前位等,单一运动模式的构音运动治疗主要强调"**点**"治疗,旨在提高下颌、唇或舌在构音过程中所对应位置的准确性。一个单韵母即可看做是一个点,如图 17.27 中的红色和橙色圆圈。每一个单韵母对应的点都有一特殊的构音器官位置,如单韵母/a/对应着下颌低位、自然唇形和舌中下位,即下颌、唇和舌的三种单一运动模式。

汉语中的复韵母均由两个或三个单韵母组成,从构音运动的角度看,则是某两个或三个点之间连续、协调运动的结果,如复韵母/ai/即为单韵母/a/和单韵母/i/两点之间的连线。因此针对复韵母的构音运动治疗也称转换运动模式的构音运动治疗,又称音节内转换,主要强调

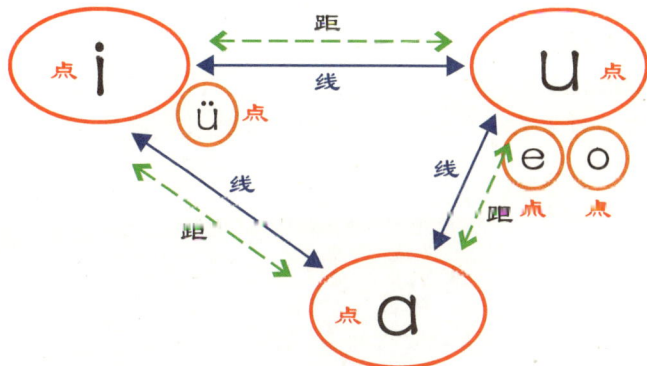

图 17.27　构音运动治疗中的"点"、"距"、"线"

"**线**"的治疗,旨在保证两种构音运动模式之间平滑、连续的过渡,从而提高复韵母的构音清晰度,如图 17.27 中的绿色虚线。

相邻两个单韵母的距离即为"距",又可称为音节间转换,如"阿姨(/a/—/i/)"。针对两个单一运动模式构音运动的转换治疗则强调"**距**"的治疗,旨在提高下颌、唇或舌在构音过程中在两种对应位置间进行灵活切换的能力,如图 17.27 中的蓝色实线。

一、下颌构音运动治疗

1. 下颌构音运动的声学特征

下颌的构音运动主要体现为下颌韵母的构音运动,主要包括:下颌上位运动、下颌下位运动、下颌半开位运动和下颌转换运动模式。下颌上位运动主要指发/i/、/u/等上位音时,下颌需保持在高位水平,并能维持一定时间,完成单韵母的发音;下颌下位运动主要指发/a/时,下颌需保持在低位水平,并能维持一定时间,完成单韵母的发音;下颌半开位运动指发/o/、/e/等半开位音时,下颌需保持在半开位的水平,并能维持一定时间,完成单韵母的发音,这对很多构音运动障碍患者来说是较难完成的一个构音运动;下颌转换运动指下颌从一个位置顺利过渡到另外一个位置,通常又分为音节内的转换和音节间的转换两种,音节内的转换指在发/ia/、/ei/等复韵母或含有这些复韵母的单音节词时,下颌需要从一个位置顺利过渡到另外一个位置,并完成发音,这不仅要求起点和终点的位置要准确,还要求转换的时间和幅度要恰到好处;音节间的转换指在发"踢打(/i/—/a/)"、"妈咪(/a/—/i/)"等双音节词时,下颌的位置从前一个音节的某一个位置顺利过渡到下一个音节的另外一个位置。下颌构音运动的四种模式均可以通过定量测量的手段直观地表现出来。

(1)下颌单一运动的声学表现(点)

下颌单一运动中的下颌上位运动、下颌下位运动和下颌半开位运动主要体现在对应单韵母的第一共振峰 F_1 的频率值的不同,如第四章中所述,第一共振峰 F_1 主要受到发音时咽腔形状和大小的影响,下颌的上下运动幅度则是改变咽腔形状和大小的主要因素,$F_1(a) > F_1(e) > F_1(i)$,F_1 会随着下颌张开的幅度而变化,下颌的张开度越大,F_1 值就越大,张开度越小,F_1 就越小,说明下颌张开度与 F_1 之间存在正相关关系。因此,临床上可以通过观察发单韵母/i/、/u/时的第一共振峰 F_1 来判断下颌上位运动是否准确;通过观察发单韵母/a/时的第一共振峰 F_1 来判断下颌下位运动是否准确;通过观察发单韵母/o/、/e/时的第一共振峰 F_1 来判断下颌半开位运动是否准确。如前所述,下颌单一运动的客观测量主要是通过共振峰观察单个"点"的位置是否正确。单韵母共振峰的测量和分析方法已在第四章中进行了详细的介绍,此处不再重复。

下颌转换运动可以通过语谱图上复韵母或双音节词中两个单韵母的共振峰来体现,下颌转换运动又分为音节内转换和音节间转换两种。

(2) 音节内下颌转换运动的声学表现(线)

如图 17.28 所示,复韵母/ai/的第一共振峰(蓝色曲线)表现为起始频率值约为 800 Hz,到了 0.4 秒左右,呈现出轻微下降的趋势,最终降到约 500 Hz 以下。这是由于发/ai/的时候,下颌先处于低位,发出/a/,然后过渡到高位,发出/i/,二者平滑转换,发出/ai/。下颌处于低位时,咽腔相对狭窄,第一共振峰 F_1 偏大,而下颌处于高位时,咽腔相对开放,第一共振峰 F_1 偏小,因此图 17.28 所示的蓝色曲线对应的第一共振峰 F_1 频率值呈现出由高向低的过渡趋势。如前所述,音节内转换,主要是通过观察共振峰的转接判断下颌转换运动中"线"的起点、终点以及轨迹是否正确。

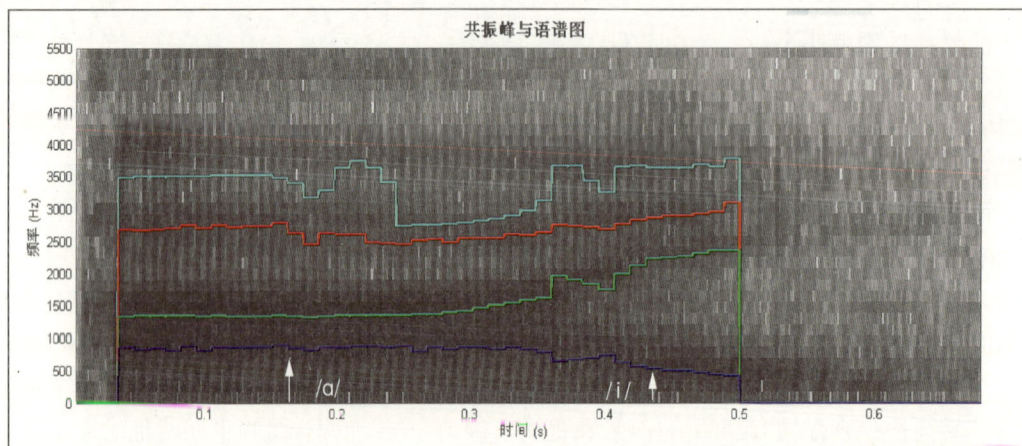

图 17.28 复韵母 /ai/ 的共振峰与语谱图
(启音博士言语测量仪,Dr. Speech™,上海泰亿格康复医疗科技股份有限公司授权使用)

(3) 音节间下颌转换运动的声学表现(距)

图 17.29 为双音节词"阿姨(/a/—/i/)"的共振峰和语谱图,该词语的第一共振峰(蓝色曲线)也表现为起始频率值约为 800 Hz,到了 0.3 秒左右,呈现出明显的下降趋势,最终维持在约 250 Hz。这是由于发"阿姨(/a/—/i/)"的时候,下颌先处于低位,发出/a/,然后过渡到高位,发出/i/,二者平滑转换,发出"阿姨(/a/—/i/)"。下颌处于低位时,咽腔相对狭窄,第一共振峰 F_1 偏大,而下颌处于高位时,咽腔相对开放,第一共振峰 F_1 偏小,因此图 17.29 所示的蓝色曲线对应的第一共振峰 F_1 频率值呈现出由高向低的过渡趋势。如前所述,音节间转换,主要是通过观察共振峰的转接判断下颌转换运动中"距"的起点、终点以及轨迹是否正确。

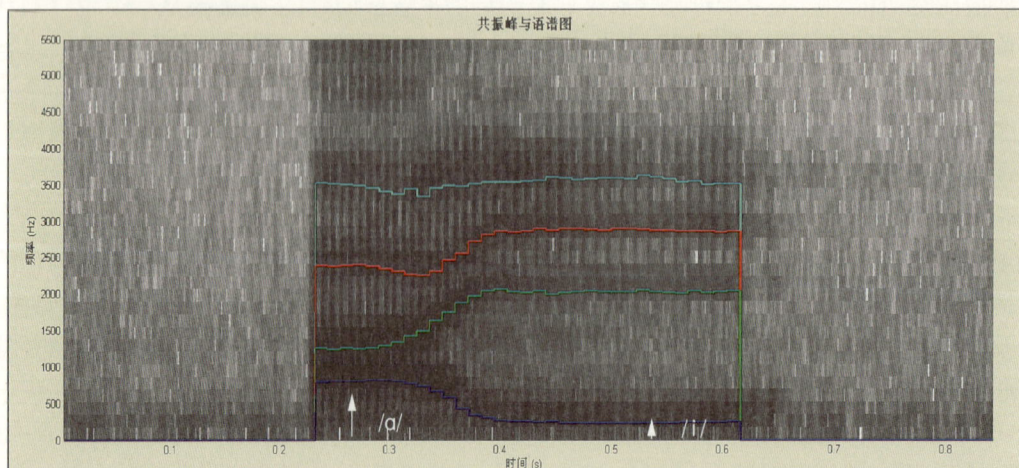

图 17.29 双音节词"阿姨(/a /— /i /)"的共振峰与语谱图
(启音博士言语测量仪,Dr. Speech™,上海泰亿格康复医疗科技股份有限公司授权使用)

言语治疗学

音节内转换和音节间转换运动在声学上的相同点表现为:第一共振峰 F_1 频率值均表现为由高到低的下降趋势;但发"阿姨(/ɑ/—/i/)"时下颌音节间的下—上运动转换在声学上的表现更加明显。二者的不同点表现为:音节间下颌转换运动第一共振峰 F_1 频率下降幅度更大、速度更快。下颌转换运动在声学上主要表现为共振峰转接,其中主要的观察指标为:转换前和转换后平稳段共振峰的值和转换速率。复韵母/ai/和双音节词"阿姨"转换前和转换后平稳段共振峰值均为 $F_1(\text{ɑ})$ 和 $F_1(\text{i})$,转换速率为 r_1,将这些值与相应的参考标准相对比,即可判断下颌转换运动是否完成,完成得是否到位。转换速率的计算公式如公式 17.1 所示:

$$r_1 = \delta F_1 / \delta t \qquad \text{(公式 17.1)}$$

其中 r_1 为转换速率,δF_1 为/ɑ/平稳段第一共振峰和/i/平稳段第一共振峰的频率之差,δt 为复韵母或双音节词完成转换的时间。

2. 下颌构音运动治疗的设计

重读治疗是一种非常重要且有效的方法,构音重读治疗作为其中的一个分支,对构音运动治疗的意义尤为重大,它能极大地提高构音运动的灵活性和协调性。构音重读治疗主要通过重读慢板节奏二和行板节奏一,来进行配合设计好的词语,在朗朗的节奏和韵律下,能达到建立某种构音运动的目的。

下颌构音运动训练主要通过设计下颌上位运动、下颌下位运动、下颌半开位运动和下颌转换运动的单音节词、双音节词和三音节词,并为这些词语设计慢板节奏二和行板节奏一的重读训练来实现,通过反复练习,可以达到建立相应构音运动的目的。图 17.30 为下颌构音运动治疗的流程图。

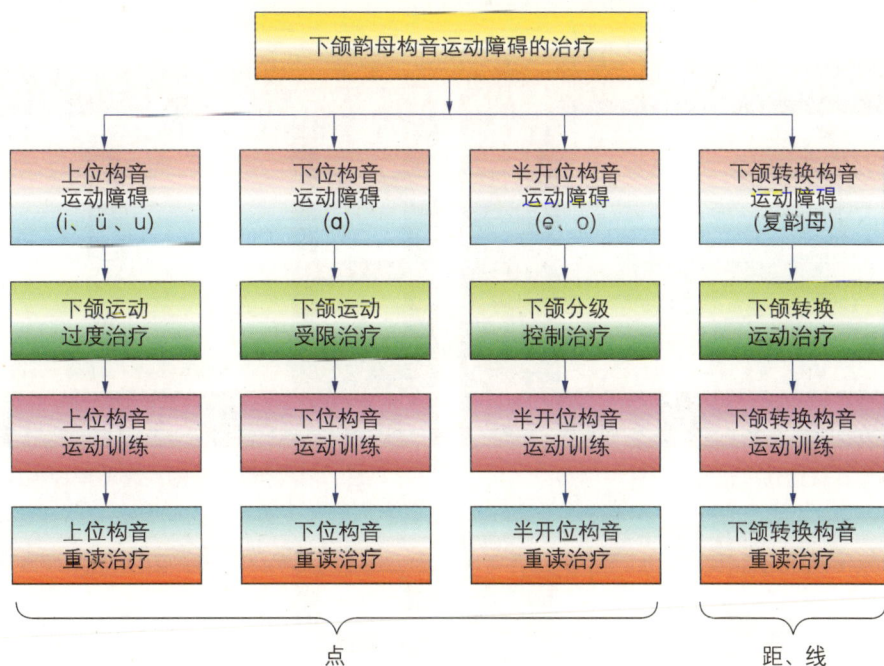

图 17.30　下颌韵母构音运动治疗流程图及治疗目的

在下颌构音运动治疗中,应遵循先易后难、先简单后复杂的治疗顺序,先训练下颌下位运动、上位运动,然后是半开位运动,最后再进行下颌上下转化运动训练,同时遵循单音节词——双音节词——三音节词的训练顺序,下颌上位运动、下颌下位运动和下颌半开位运动的单音节词训练要求下颌保持在某一特定位置,保持较短的时间,随着音节数的增加,要求下颌不同位置的打开次数增加,使训练难度提高,如图 17.31a、图 17.31b、图 17.31c 所示。下颌转换运动训练中的单音节词训练主要针对复韵母的音节内转换运动,双音节词训练则主要针对词语的音节间转换运动,如图 17.31d 所示。

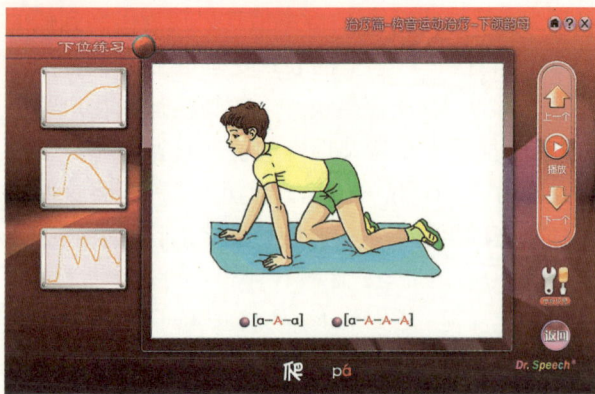

a1. 下颌下位运动单音节词训练(/pɑ/)

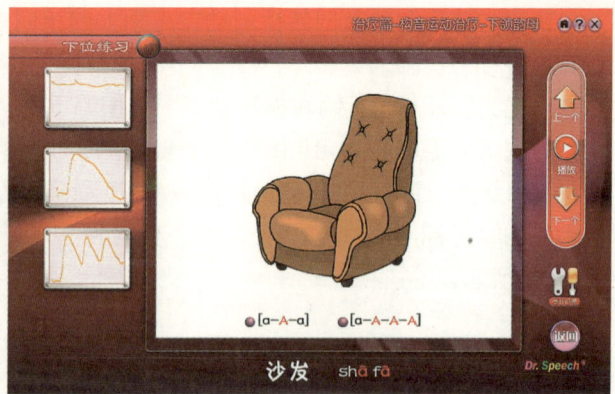

a2. 下颌下位运动双音节词训练(/shɑ—fɑ/)

b1. 下颌上位运动单音节词训练(/ti/)

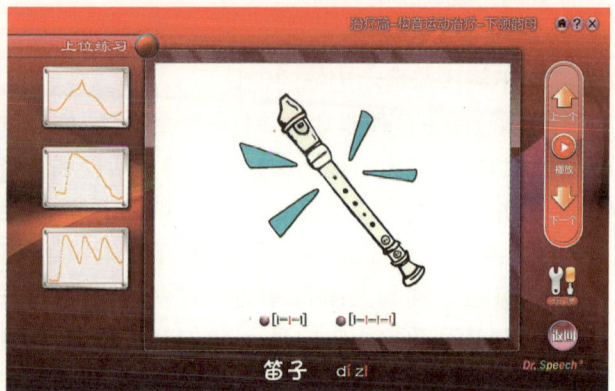

b2. 下颌上位运动双音节词训练(/(di)—zi/)

c1. 下颌半开位运动单音节词训练(/he/)

c2. 下颌半开位运动双音节词训练(/mo—te/)

d1. 下颌转换运动单音节词训练(/huɑ/)

d2. 下颌转换运动双音节词训练(/li—fɑ/)

图 17.31　下颌构音运动治疗

(启音博士构音测量与训练仪,Dr. Speech™,上海泰亿格康复医疗科技股份有限公司授权使用)

二、唇构音运动治疗

1. 唇构音运动的声学特征

唇构音运动主要体现为唇韵母的构音运动和唇声母的构音运动两部分。唇韵母的构音运动主要包括：圆唇运动、展唇运动和圆展唇转换运动。唇声母的构音运动主要包括唇闭合构音运动和唇齿接触构音运动。圆唇运动主要指发/o/、/u/等圆唇音时，唇要保持圆形，并维持一定时间，完成单韵母的发音；展唇运动主要指发/i/、/e/等展唇音时，唇需保持展开，并能维持一定时间，完成单韵母的发音；圆展转换运动指唇从圆唇顺利过渡到展唇，或从展唇顺利过渡到圆唇，通常又分为音节内转换和音节间转换两种，音节内的转换指在发/iu/、/uei/等复韵母或含有这些复韵母的单音节词时，唇需要从一种形状顺利过渡到另外一种形状，并完成发音，这不仅要求起点和终点的位置要准确，还要求转换的时间和幅度要恰到好处；音节间的转换指在发"雨衣(/ü/—/i/)"、"乌鸦(/u/—/i/)"等双音节词时，唇从前一个音节的某 种形状顺利过渡到下 个音节的另外一种形状。唇闭合构音运动指发/b/、/p/、/m/这些双唇闭合声母与各种唇形韵母相结合的词语，主要表现为唇闭合与圆唇构音运动(/bu/、/pu/)、唇闭合与展唇构音运动(/mi/、/pi/)、唇闭合与展圆构音运动(/miu/、/biao/)。唇齿接触构音运动指发唇齿接触声母/f/与各种唇形的韵母相结合的词语，主要表现为唇齿接触与圆/展构音运动(/fu/、/fei/)等。唇韵母构音运动的三种模式均可以通过定量测量的手段直观地表现出来。

(1) 唇单一运动的声学表现（点）

唇单一运动中的圆唇运动、展唇运动主要体现在对应单韵母的第三共振峰 F_3 频率值的不同。圆唇的时候，口腔前部的体积变大，F_3 就会变小；展唇的时候，口腔前部的体积减小，F_3 就会变大。

唇转换运动中可以通过分析语谱图来观察复韵母或双音节词中两个单韵母的共振峰转接，唇转换运动又分为音节内转换和音节间转换两种，其中以音节间换转最为明显。

(2) 音节间唇转换运动的声学表现（距）

图 17.32 为双音节词"御医(/ü/—/i/)"的共振峰和语谱图，该词语的第三共振峰(红色曲线)同时表现为由低向高的过渡趋势，第三共振峰 F_3 的起始频率值约为 2000 Hz，到了 0.35 秒左右，呈现出明显的上升趋势，最终维持在约 3000 Hz 左右。这是由于发"御医(/ü/—/i/)"的时候，首先是圆唇，发出/ü/，然后过渡到展唇，发出/i/，二者平滑转换，发出"御医(/ü/—/i/)"。如前所述，音节间转换主要通过共振峰的转接来观察唇转换运动中"距"的起点、终点以及轨迹是否正确。

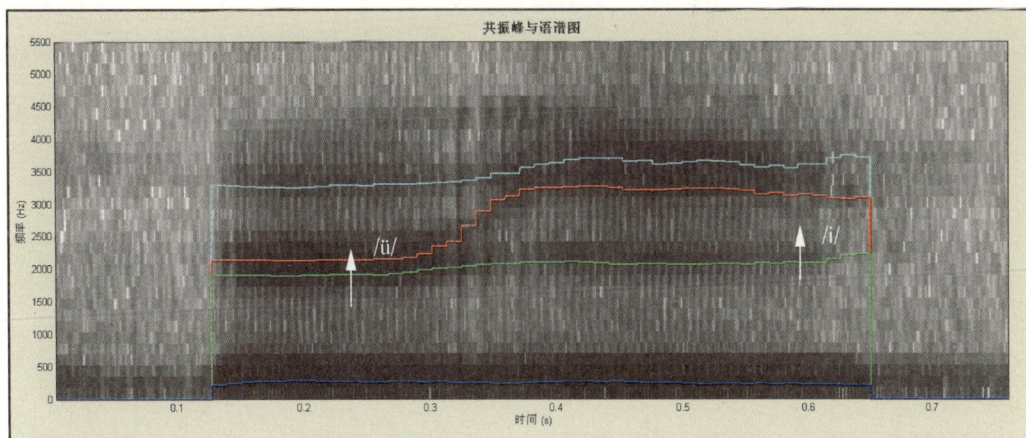

图 17.32　双音节词"御医(/ü/— /i /)"的共振峰与语谱图

(启音博士构音测量与训练仪，Dr. Speech™，上海泰亿格康复医疗科技股份有限公司授权使用)

音节间转换运动在声学上的表现为：第三共振峰 F_3 频率值均表现为由低到高的上升趋势，唇转换运动在声学上主要表现为共振峰转接，其中主要的观察指标为：转换前和转换后平稳段共振峰的值和转换速率。双音节词"御医"转换前和转换后的平稳段共振峰值均为 F_3(ü)和 F_3(i)，以及 r_3，将这些值与相应

的参考标准相对比,即可判断唇转换运动是否完成,完成得是否到位。转换速率的计算公式如公式 17.2 所示:

$$r_3 = \delta F_3 / \delta t \qquad (公式\ 17.2)$$

其中,r_3 为第三共振峰的转换速率,δF_3 为/ü/平稳段第三共振峰和/i/平稳段第三共振峰的频率之差,δt 为双音节词完成转换的时间。

2. 唇构音运动治疗的设计

唇构音运动训练主要通过设计圆唇运动、展唇运动、唇转换运动、唇闭合运动和唇齿接触运动的单音节词、双音节词和三音节词,并为这些词语设计慢板节奏二和行板节奏一的重读训练形式来实现,通过反复练习,可以达到建立相应的构音运动的目的,图 17.33 和图 17.34 分别为唇韵母、唇声母构音运动治疗的流程图。

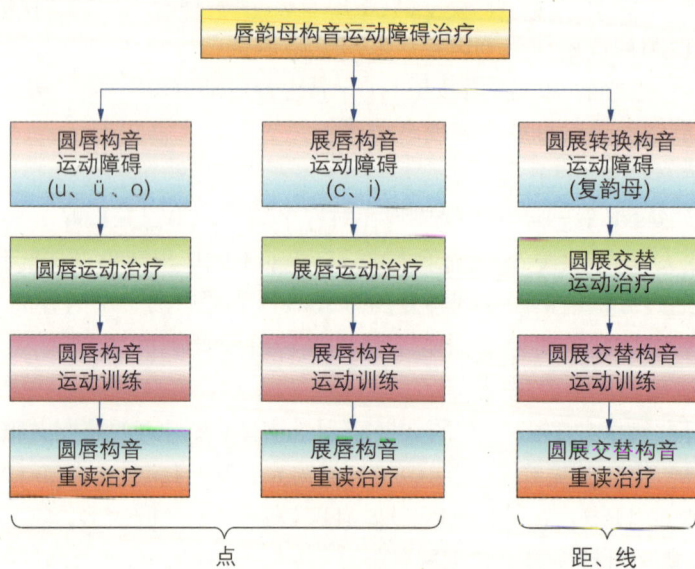

图 17.33 唇韵母构音运动障碍治疗流程图及治疗目的

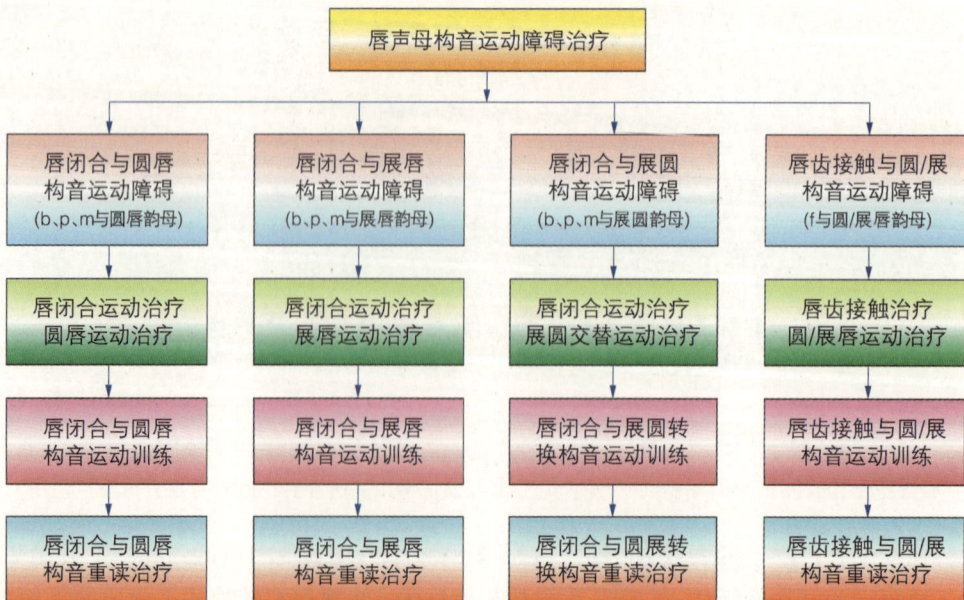

图 17.34 唇声母构音运动障碍治疗流程图及治疗目的

　　　　　　　　言语治疗学

在唇构音运动治疗中,也遵循先易后难、先简单后复杂的治疗顺序,先训练圆唇运动、展唇运动、圆展交替运动,然后是唇闭合运动和唇齿接触运动,最后再进行唇闭合运动、唇齿接触运动与各种唇形韵母相结合的运动训练,同时遵循单音节词——双音节词——三音节词的训练顺序。圆唇运动和展唇运动的单音节词训练要求唇保持某一特定形状较短的时间,随着音节数的增加,要求唇位于不同位置的次数增加,使训练难度提高,如图 17.35a、图 17.35b 所示。唇圆展交替运动训练中的单音节词训练主要针对复韵母的音节内转换运动,双音节词训练则主要针对词语的音节间转换运动,如图 17.35c 所示。唇闭合运动和唇齿接触运动训练如图 17.35d 所示。

a1. 圆唇运动单音节词训练(/wu/)

a2. 圆唇运动双音节词训练(/wu—wɑ/)

b1. 展唇运动单音节词训练(/ye/)

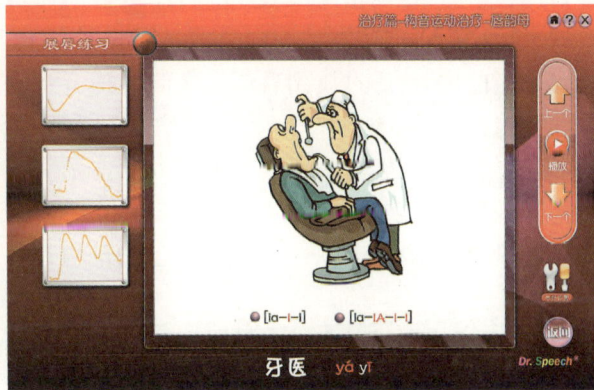

b2. 展唇运动双音节词训练(/yɑ—yi/)

c1. 唇圆展交替运动单音节词训练(/wei/)

c2. 唇圆展交替运动双音节词训练(/yu—yi/)

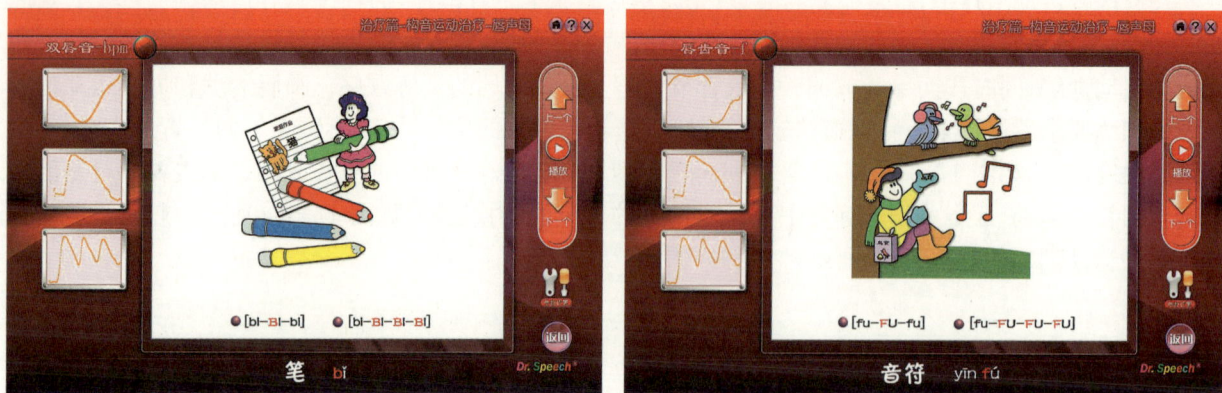

d1. 唇闭合运动单音节词训练(/bi/)

d2. 唇齿接触运动双音节词训练(/yin—fu/)

图 17.35　唇构音运动治疗

(启音博士构音测量与训练仪,Dr. Speech™,上海泰亿格康复医疗科技股份有限公司授权使用)

三、舌构音运动治疗

1. 舌构音运动的声学特征

舌的构音运动包括舌韵母的构音运动和舌声母的构音运动两部分。舌韵母的构音运动包括鼻韵母和非鼻舌韵母构音运动。非鼻舌韵母构音运动主要包括:舌前位构音运动、舌后位构音运动和舌前后转换构音运动。舌前位构音运动指发/i/、/ü/等音时,舌向前运动,保持在前位一定时间,完成韵母的发音;舌后位构音运动指发/u/、/e/等音时,舌向后运动,保持在后位一定时间,完成韵母发音;舌前后转换构音运动指舌的位置从前向后或从后向前的顺利过渡,如发/iu/、/ui/或"衣物"等双音节词时,舌的位置先为前位,然后过渡到后位。鼻韵母构音运动主要包括:舌尖鼻韵母构音运动(/an/、/in/)、舌根鼻韵母构音运动(/ang/、/ing/)、鼻韵母转换构音运动(/an/—/ang/、/in/—/ing/)。舌声母的构音运动,主要包括:马蹄形上抬构音运动(/d/、/t/、/n/)、舌根部上抬构音运动(/g/、/k/、/h/)、舌尖上抬下降构音运动(/l/)、舌前部上抬构音运动(/j/、/q/、/x/)、舌两侧缘上抬构音运动(/zh/、/ch/、/sh/)、舌叶轻微上抬构音运动(/z/、/c/、/s/)。舌韵母构音运动的三种模式均可以通过定量测量的手段直观地表现出来。

(1)舌单一运动的声学表现(点)

舌单一运动模式中的前位构音运动、后位构音运动主要体现在单韵母的第二共振峰 F_2 频率值的不同,如前所述,第二共振峰 F_2 主要受到发音时口腔形状和大小的影响。舌的前后位置会直接改变口腔的形状和大小,F_2 随着口腔的形状和大小而变化,舌位靠前时,口腔的体积较小,F_2 较大,随着舌位向后移动,口腔的体积逐渐增大,F_2 就会逐渐减小,$F_2(i) > F_2(e) > F_2(a) > F_2(u)$。因此,临床上可以通过观察发单韵母/ü/、/i/时的第二共振峰 F_2 来判断舌前位运动是否准确;通过观察发单韵母/e/、/u/时的第二共振峰 F_2 来判断舌后位运动是否准确。如前所述,舌单一运动的客观测量主要是指通过共振峰观察单个"点"的位置是否正确。就舌转换运动,可以通过分析语谱图来观察复韵母或双音节词中两个单韵母共振峰的转接。舌转换运动又分为音节内转换和音节间转换两种。

(2)音节内舌转换运动的声学表现(线)

如图 17.36 所示,复韵母/ie/的第二共振峰(绿色曲线),其起始频率值约为 2500 Hz,到了 0.36 秒左右,呈现出轻微的下降趋势,最终降到了约 2000 Hz。这是由于发/ie/的时候,舌位首先靠前,发出/i/,然后舌位向后移动,发出/e/,二者平滑转换,发出/ie/。舌位靠前时,口腔体积相对较小,第二共振峰 F_2 偏大,而舌位靠后时,口腔的体积相对增大,第二共振峰 F_2 随之减小。因此图 17.36 所示的绿色曲线对应的第二共振峰 F_2 频率值呈现出由高向低的过渡趋势。如前所述,判断音节内转换,主要是通过观察共振峰的转接判断舌转换运动中"线"的起点、终点以及轨迹是否正确。

言语治疗学

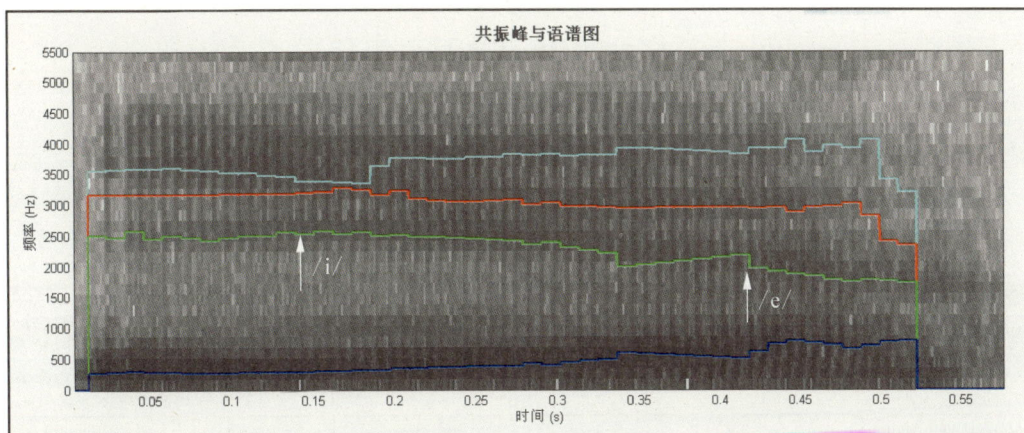

图 17.36　复韵母 /ie/ 的共振峰与语谱图
（启音博士构音测量与训练仪，Dr. Speech™，上海泰亿格康复医疗科技股份有限公司授权使用）

（3）音节间舌转换运动的声学表现（距）

图 17.37 为双音节词"恶意（/e/—/i/）"的共振峰和语谱图，该词语的第二共振峰（绿色曲线）表现为由低向高的过渡趋势，第二共振峰 F_2 的起始频率值约为 1500 Hz，到了 0.3 秒左右，呈现出明显的上升趋势，最终维持在约 2000 Hz，这是由于发"恶意（/e/—/i/）"的时候，首先舌位靠后，发出 /e/，然后过渡到舌位靠前，发出 /i/，二者平滑转换，发出"恶意（/e/—/i/）"。如前所述，判断音节内转换，主要是通过观察共振峰的转接判断舌转换运动中"距"的起点、终点以及轨迹是否正确。

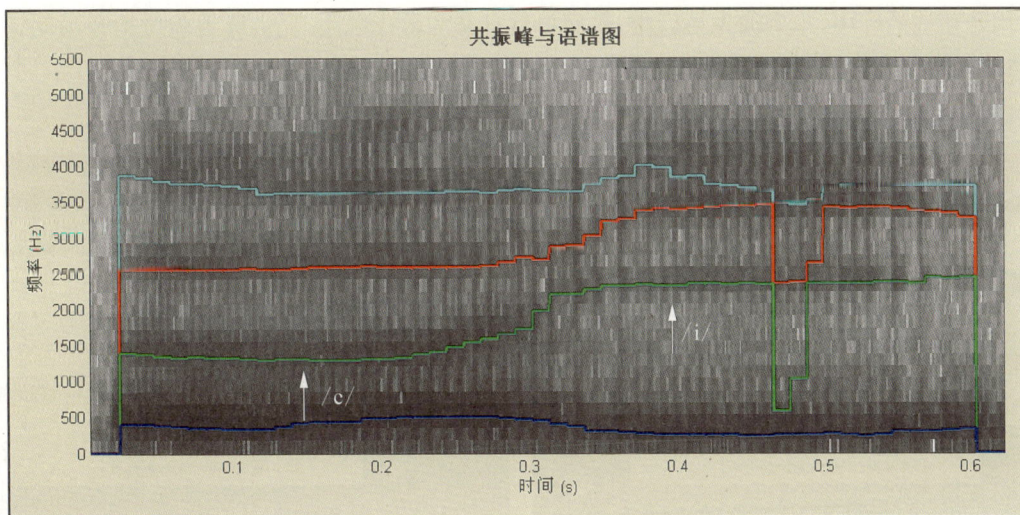

图 17.37　双音节词"恶意（/e/—/i/）"的共振峰与语谱图
（启音博士构音测量与训练仪，Dr. Speech™，上海泰亿格康复医疗科技股份有限公司授权使用）

舌转换运动在声学上主要表现为共振峰转接，其中主要的观察指标为转换速率 r_2，其计算公式如公式 17.3 所示：

$$r_2 = \delta F_2 / \delta t \qquad （公式 17.3）$$

其中 δt 为复韵母或双音节词完成转换的时间。

2. 舌构音运动治疗的设计

舌构音运动训练主要通过设计舌前位构音运动、舌后位构音运动、舌前后转换构音运动、各种舌声母构音运动模式的单音节词、双音节词和三音节词，并为这些词语设计慢板节奏二和行板节奏一的重读训练形式来实现，通过反复练习，可以达到建立相应的构音运动的目的。舌韵母构音运动障碍治疗流程图如图 17.38 所示。

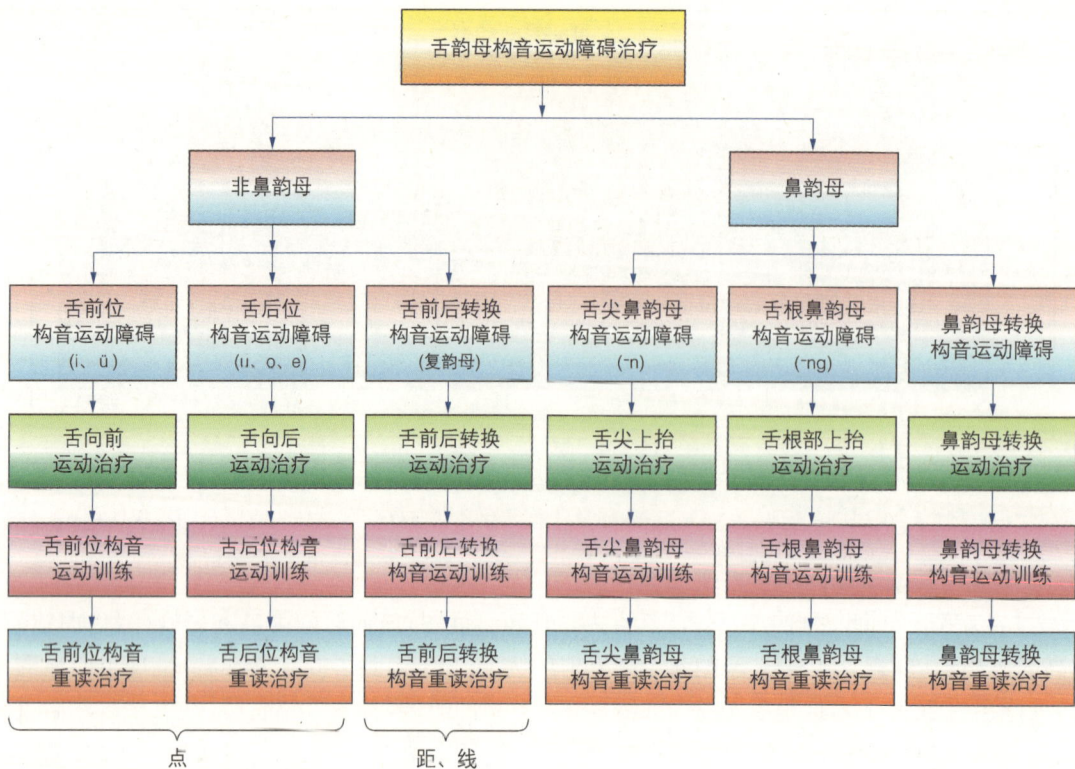

图 17.38　舌韵母构音运动障碍治疗流程图及治疗目的

　　在舌构音运动治疗中,也遵循先易后难、先简单后复杂的治疗顺序,先训练舌前位构音运动、舌后位构音运动,然后是舌前后转换运动、鼻韵母的构音运动和各种舌声母构音运动,同时遵循单音节词——双音节词　—三音节词的训练顺序使训练难度不断提高,如图 17.39 和图 17.40 所示。

a1. 舌前位运动单音节词训练(/yu/)

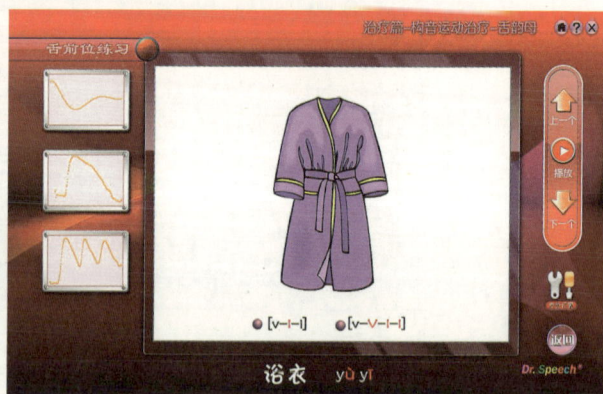

a2. 舌前位运动双音节词训练(/yu-yi/)

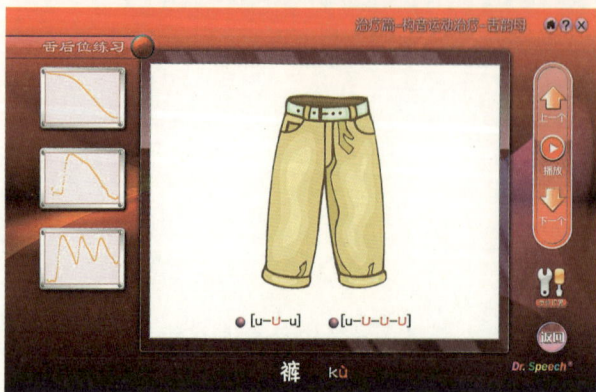

b1. 舌后位运动单音节词训练(/ku/)

b2. 舌后位运动双音节词训练(/gu-ke/)

言 语 治 疗 学

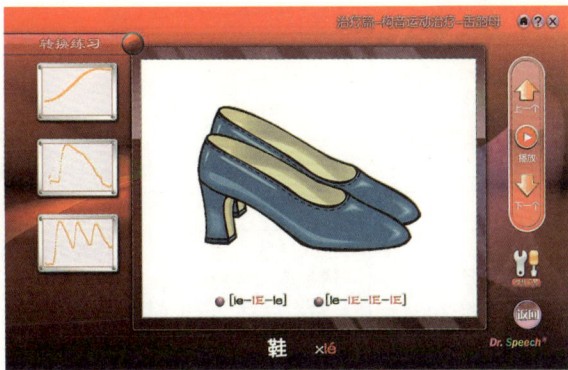

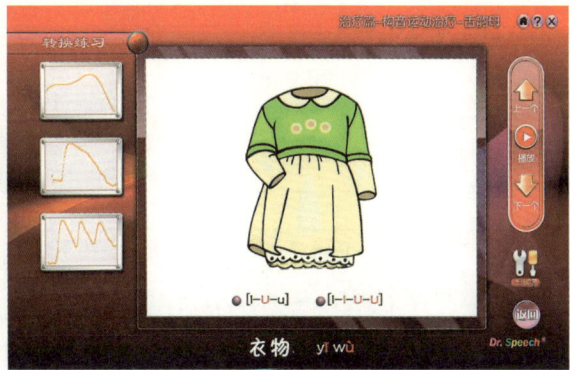

c1. 舌前后转换运动单音节词训练(/xie/)   c2. 舌前后转换运动双音节词训练(/yi-wu/)

图 17.39 舌韵母(非鼻韵母)构音运动治疗

(启音博士构音测量与训练仪,Dr. Speech™,上海泰亿格康复医疗科技股份有限公司授权使用)

a1. 前鼻韵母构音运动单音节词训练(/men/)   a2. 前鼻韵母构音运动双音节词训练(/sen-lin/)

b1. 后鼻韵母构音运动单音节词训练(/xiong/)   b2. 后鼻韵母构音运动双音节词训练(/qing-ting/)

c1. 前后鼻韵母转换运动双音节词训练(/feng-shan/)   c2. 前后鼻韵母转换运动三音节词训练(/lan-qing-ting/)

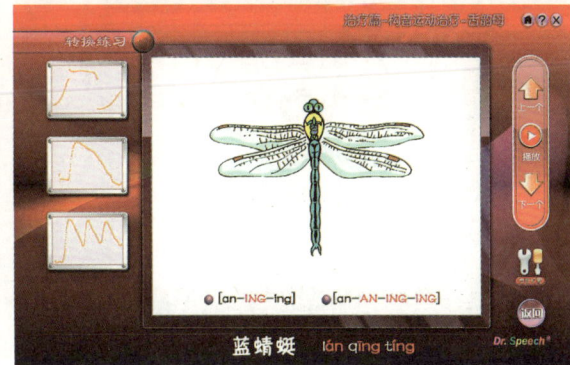

图 17.40 舌韵母(鼻韵母)构音运动治疗

(启音博士构音测量与训练仪,Dr. Speech™,上海泰亿格康复医疗科技股份有限公司授权使用)

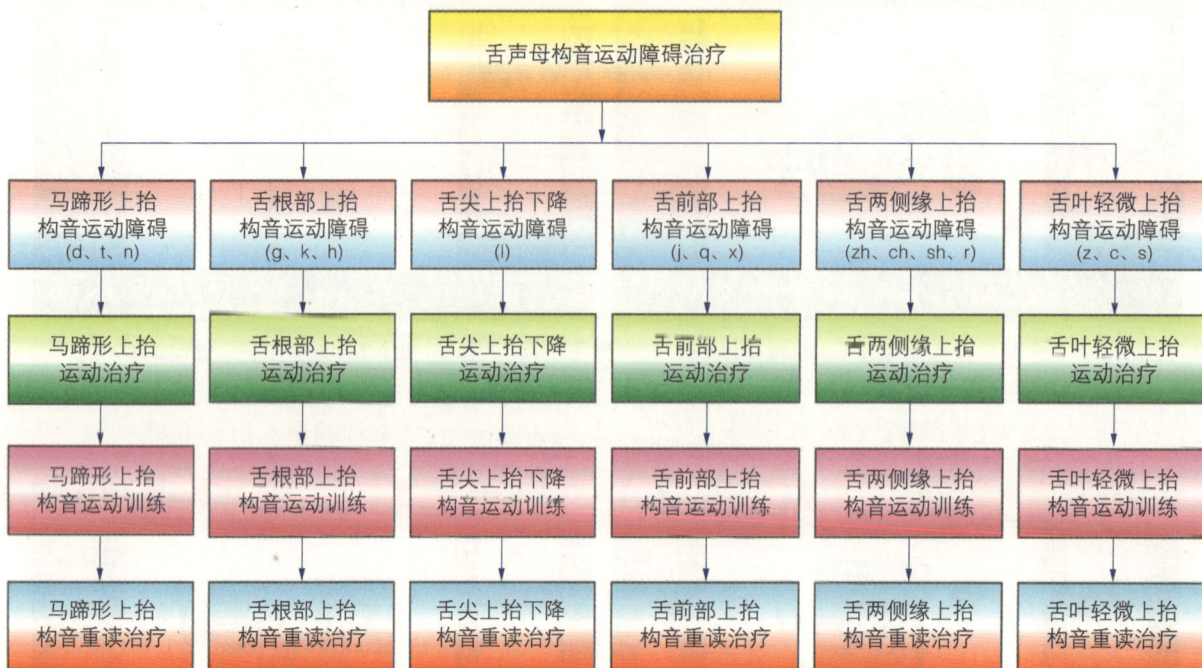

图 17.41　舌声母构音运动训练治疗流程图及治疗目的

a. 马蹄形上抬构音运动双音节词训练(/diao-yu/)

b. 舌后部上抬构音运动双音节词训练(/gu/)

c. 舌尖上抬和下降构音运动双音节词训练(/li-wu/)

d. 舌面上抬构音运动双音节词训练(/ji-dan/)

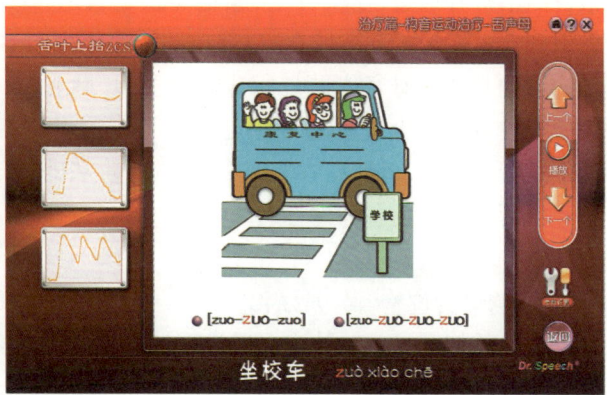

e. 舌两侧上抬构音运动双音节词训练(/zhu-tang/)　　　f. 舌叶上抬构音运动双音节词训练(/zuo-xiao-che/)

图 17.42　舌声母构音运动治疗

(启音博士构音测量与训练仪,Dr. Speech™,上海泰亿格康复医疗科技股份有限公司授权使用)

第四节　构音语音训练

构音障碍的临床表现分为韵母音位构音异常和声母音位构音异常,所以构音语音训练的目的就是让患者掌握韵母音位和声母音位的正确构音,其训练框架图 17.43 所示。

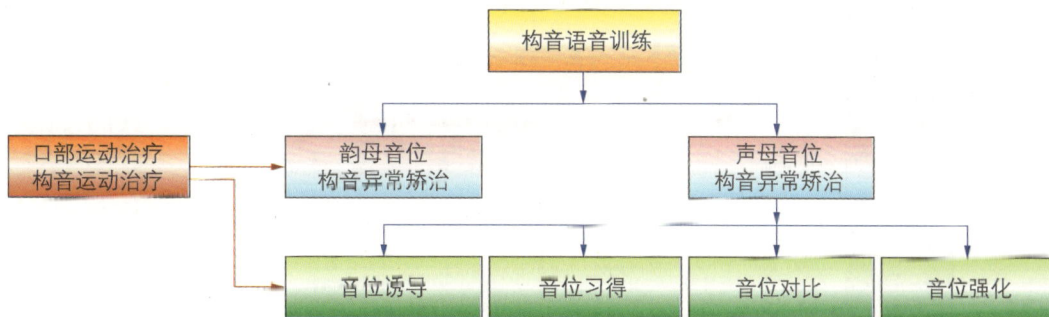

图 17.43　构音语音训练的框架图

韵母音位的发音较为简单,因为除了鼻韵母外,其余的韵母皆为单纯的元音,发音时声道不会受到阻碍,仅涉及下颌、唇、舌不同位置的摆放及转换,因此仅仅通过前面介绍的口部运动治疗和构音运动治疗,基本能够解决韵母音位的构音问题。声母音位的发音则较为复杂,需要两个不同部位形成不同程度的阻塞或约束,即患者首先必须明确是哪两个部位形成阻塞或约束,其次必须能理解、掌控这两个部位如何通过特定的运动形成特定程度的阻塞或约束。因此,仅通过口部运动治疗和构音运动治疗不能完全解决声母音位的构音异常,必须对患者进行系统有序的引导和训练。故声母音位构音异常的矫治,应包括音位诱导、音位习得、音位对比和音位强化四个主要环节,在训练过程中,根据患者的实际需要,加入相应的口部运动治疗和构音运动治疗。

一、韵母音位构音异常的矫治

1. 韵母音位构音异常的矫治顺序

如图 17.44 所示,韵母音位构音异常的矫治遵循单元音(/a/→/u/→/i/、/ü/→/e/、/o/)——复元音后响韵母——前响韵母——中响韵母——前鼻韵母——后鼻韵母的原则。

韵母音位构音异常矫治的流程包括发音认识、口部运动治疗和构音运动治疗三部分。其中,发音认识指言语治疗师通过视觉、听觉、触觉等感觉通道，让患者认识目标韵母的发音过程，意识到自己发音的问题所在；口部运动治疗指通过本章所述口部运动治疗方法对患者构音异常的韵母音位进行所涉及的下颌、唇和舌的运动的必要的口部运动治疗，为清晰发音奠定生理基础；构音运动治疗指通过本章所述的构音重读治疗法对韵母音位进行构音运动治疗，在正确的口部运动基础上，通过构音运动治疗进一步巩固发音中所需建立的各种构音运动模式。

单韵母

后响复韵母

前响复韵母

中响复韵母

前鼻韵母

后鼻韵母

图 17.44
韵母构音音位
异常矫治的顺序

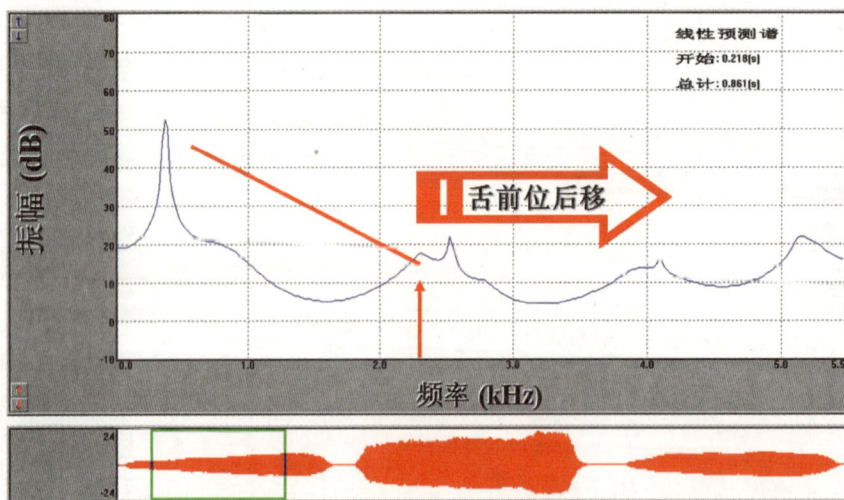

2. 韵母音位构音异常矫治的举例

韵母的构音异常矫治主要以口部运动治疗为主，相关治疗方法已经在前面的章节进行了具体的讲述，此处，以/i/的构音异常矫治为例，进一步说明韵母音位构音异常的矫治流程。

图 17.45 所示为一名 8 岁的男性患者发三个核心韵母/ɑ/、/i/、/u/时的线性预测谱分析结果，图的上方区域显示的是绿框内/i/的线性预测谱，该患儿/i/的第一共振峰 F_1 的值处于正常范围内，而第二共振峰 F_2 的值与附录 1 中的参考范围相比偏小，说明该患儿发/i/时出现了舌位后移，导致主观听感上/i/出现了构音异常。结合主观评估和客观测量结果对该患儿/i/音位的发音进行诊断分析的结果为：发/i/时舌位靠后；发/i/时有鼻音；软腭运动不协调；舌后缩、舌的控制能力差；发音时下颌紧闭。根据前述韵母音位构音异常的矫治流程，为该患儿制定了音位/i/的矫治方案。

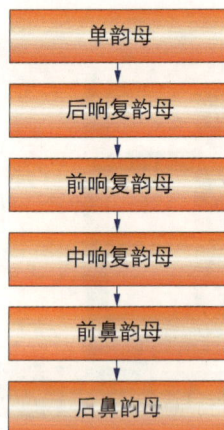

图 17.45　一名患者构音异常的/i/的线性预测谱

（1）发音认识

言语治疗师通过视觉、听觉和触觉等多种方法，让患者体会发/i/时，下颌处于高位，但并不紧闭，唇型为展唇，舌前伸，舌位为高位，声带振动气流从口腔出来。

（2）口部运动治疗

针对该患儿的发音异常现象，/i/的口部运动治疗主要包括软腭运动治疗和促进舌体前伸的治疗两部分。其中软腭运动治疗又包括软腭被动刺激和软腭自主运动；促进舌体前伸的治疗方法又包括舌前伸运动治疗法、舌尖向下伸展和舌尖向上伸展。

（3）构音运动治疗

可通过含有/i/的单音节词和双音节词的构音重读治疗，进一步巩固涉及韵母音位/i/的构音运动。如图 17.46 所示，构音运动治疗的材料可以选择单音节词衣、椅、鼻、笔、臂等以及双音节词丽丽、弟弟、一米、秘密等。

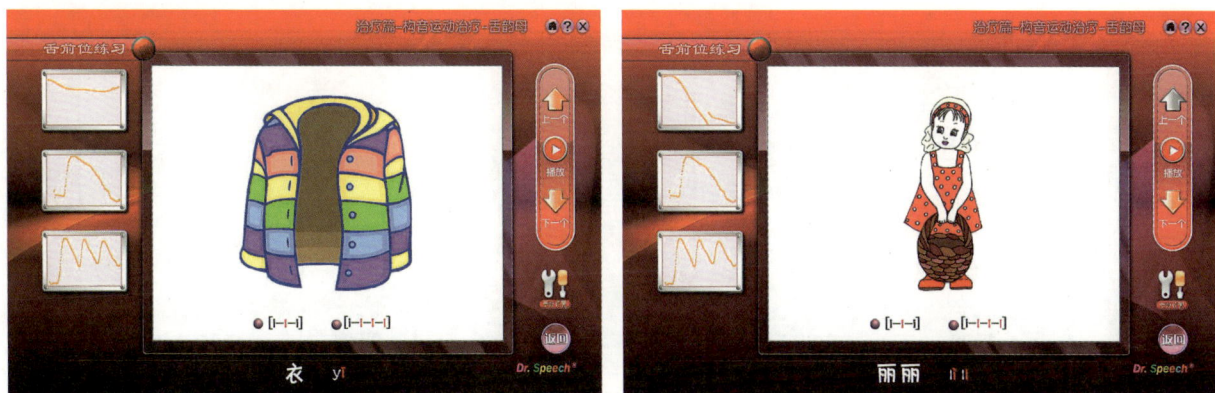

a. 单音节词   b. 双音节词

图 17.46 /i/的构音运动治疗

（启音博士构音测量与训练仪，Dr. Speech™，上海泰亿格康复医疗科技股份有限公司授权使用）

通过上述韵母构音音位异常的矫治，该患儿/i/音位的发音从主观听感上逐渐趋于正常，客观测量结果显示，该患儿/i/的第二共振峰 F_2 的值逐渐增大，最终处于正常范围内，发/i/时舌位靠后、发/i/时有鼻音的现象得到了明显改善。

二、声母音位构音异常的矫治

黄昭鸣、韩知娟的研究指出汉语中 21 个声母音位的习得遵循五个阶段的发育规律：第一阶段：/b、m、d、h/；第二阶段：/p、t、g、k、n/；第三阶段：/f、j、q、x/；第四阶段：/l、z、s、r/；第五阶段/c、zh、ch、sh/。在进行构音语音训练的时候，必须严格遵守声母音位习得规律进行训练，只有遵循从易到难的顺序，逐步加大治疗的难度和深度，构音障碍的康复效率才能得到快速提高，否则就会止步不前。

1. 声母音位诱导训练

音位诱导训练是声母构音语音训练中最为重要的一个阶段，它的主要目的是帮助患者诱导出本被遗漏、替代或者歪曲的目标声母音位，是个从无到有的过程。可从以下三个步骤进行训练。

（1）增强对目标音位的感知

诱导患者发出目标音位，首先需要增强患者对目标音位的感知能力，这主要依靠听觉感知，因此可以通过启聪博士听觉康复训练仪（Dr. Hearing™，上海泰亿格康复医疗科技股份有限公司）中的听觉分辨和听觉识别模块，让患者感受该音位的各个声学特征，这个阶段不需要患者模仿发音或者实际发音十分准确，因此不需要特别多的材料，但是选择的材料一定要是患者在日常生活中可以轻易见到的，如认识/b/音位，选择"杯子"比选择"比赛"要具体，更容易在生活中找到实物进行视觉、触觉等感知觉的综合认识。每一个音位至少应选取一个词语来进行感知训练，这个词语既可以是单音节词，也可以是双音节或三音节词，图 17.47 所示的是声母音位/m/的感知训练材料。

（2）认识目标音位的发音部位和方法

当患者对目标音位形成一定程度的感知后，需要让患者认识该声母音位的生理特征，即听到的这样一个声音，是构音器官怎样运动而产生的，它的发音部位在哪里，采用了何种发音方式。要让患者对目标音位有一个全方位的认识。在正常状态下，由于语速很快，并且大部分的构音运动在口腔内部发生，声母的发音部位和发音方式难以简单地通过眼睛观察到，所以可以使用视频的形式（简称发音教育）动态呈现目标音位发音的整个过程。患者可以准确观察到发音过程中，下颌、唇、舌等重要构音器官的运动，包括气流呼出的路径及气流的多少和持续时间。图 17.48 是声母发音教育举例。

a. 卡通图片

b. 实物图片

图 17.47　/m/音位感知材料举例

(启音博士构音测量与训练仪,Dr. Speech™,上海泰亿格康复医疗科技股份有限公司授权使用)

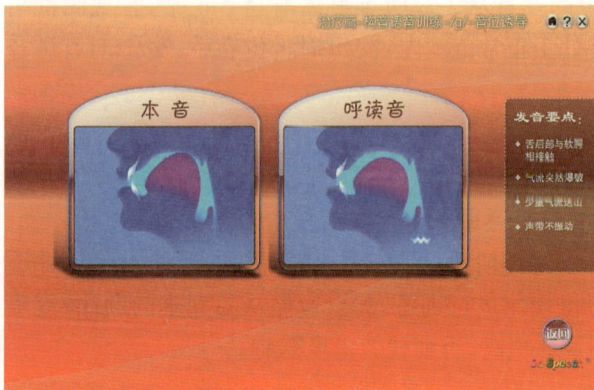

a. /g/的发音教育

b. /f/的发音教育

图 17.40　声母发音教育举例

(启音博士构音测量与训练仪,Dr. Speech™,上海泰亿格康复医疗科技股份有限公司授权使用)

(3) 诱导目标声母音位

一些患者认识到目标音位的正确发音部位和方式后,经过多次自主模仿,就能发出正确的目标音位。但是大部分患者仍然需要进一步的指导和训练,才能发出目标音位的呼读音或者一至两个含有该目标音位的单音节。诱导目标音位是在帮助患者认识到问题所在的基础上,帮助患者找到正确的发音部位并建立正确的发音方式,同时掌握目标声母的送气特征,如图 17.49 所示。

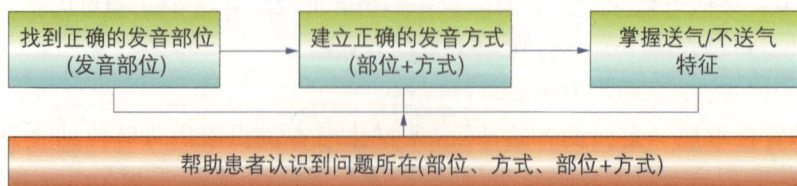

图 17.49　目标声母音位的诱导方法

第一,找到正确的发音部位

任何一个声母虽然都是发音部位和发音方式的结合体,但发音部位更为基础,发音方式依附于发音部位。一旦发音部位错误,目标音位的发音必然发生错误,所以必须使患者首先找到形成阻塞的两个部位。一般可以采用目标音位发音的动态视频,结合视觉、触觉、演示等手段找到正确的发音部位。

第二,建立目标音位的正确发音方式

仅仅找到阻塞的两个部位并不能诱导出目标音位,必须让患者理解并掌握这两个部位如何通过特定的运动产生塞音、擦音和塞擦音。这是音位诱导中最复杂的一步。对目标音位正确运动的理解受患者自身的认知水平影响很大,认知水平较高的患者理解速度较快,而认知水平较低的患者理解起来则很困难。要特别指出的是,很多患者虽然能理解,但是由于下颌、唇、舌运动异常或协调运动障碍,无法掌控发音部位的运动,这时就需要根据患者的特定情况,选择相应的口部运动治疗和构音运动治疗,提高其运动的灵活性和协调性,为最终诱导出目标音位奠定生理基础。

第三,掌握送气或不送气特征

塞音、塞擦音有送气和不送气之分,如果患者存在送气与不送气相混淆的情况,则应进行送气或不送气特征的治疗。

(4)常见构音异常声母音位的诱导方法举例

① 声母遗漏的诱导方法

若患者将声母发音遗漏,那么对该目标声母的诱导要从头开始,首先帮助患者找到正确的发音部位,然后建立正确的发音方式。以/h/发音遗漏为例,应首先引导患者观察发音教育视频,发/h/时,后舌面微微上抬,与软腭形成一条小缝,气流持续呼出。因为/h/发音部位的可视性不高,所以要特别引导患者观察/h/的发音部位及/h/的擦音特征。然后,可用压舌板找到患者的舌后部,也可以给患者一杯水,让患者含住一口水,头上仰进行漱口等,通过这些方法帮助患者找到正确的发音部位。可诱导患者打哈欠,自然发出/h/的气流声,也可将压舌板置于并抵住舌后面的上方,纸条放于患者口前让其将气流持续呼出,从而诱导发音,帮助患者建立正确的发音方式。

② 声母歪曲的诱导方法

若患者将声母发音歪曲,那么对该目标声母的诱导也要从头开始,首先帮助患者找到正确的发音部位,然后建立正确的发音方式。以/n/发音歪曲为例,应首先引导患者观察发音教育视频,观察舌尖—齿龈的发音部位,用压舌板轻轻拍打患者的舌尖,并在患者的齿龈抹上蜂蜜,嘱咐患者用舌尖来回舔蜂蜜,帮助患者找到正确的发音部位。若此类患者舌的整体功能较弱,舌尖肌力较小,或者发音时虽然舌尖接触齿龈,舌尖却并未用力,治疗时,首先可以采用压舌板增强舌尖的感知觉,其次进行增强舌尖肌力的训练,可采用推舌尖法、下压舌尖法,体会舌尖向上用力的感觉,如要求患者舌尖向上用力抵住齿龈,持续数秒。应指导患者控制气流从鼻腔呼出,使镜面起雾。如果患者没有办法控制气流从鼻腔呼出,则需指导患者学会如何用鼻子吸气和呼气。当患者能够自如控制、将气流从鼻腔呼出后,可指导患者将舌尖抵住齿龈,下颌处于闭合位使得气流不至于从口腔溢出,声带振动,延长发/n——/。可引导患者将手指轻轻按压在鼻翼一侧,感受鼻翼的振动,当患者能够模仿发出/n——/,可让其通过延长发/n——/过渡至/n——ne/,从而诱导出/n/的呼读音。

③ 声母替代的诱导方法

在诱导患者的目标音位时,应根据患者的错误走向,选择从哪个步骤开始进行音位诱导的训练。如患者将/g/发为/d/,发音部位错误(/g/舌根音,/d/舌尖中音)时,需要从找到正确的发音部位开始;若患者将/b/发为/m/,发音部位正确,但目标音位的发音方式错误(/b/发音时,双唇突然释放,气流从口腔释放;/m/发音时,双唇闭合,气流只能从鼻腔逸出)时,应从建立目标音位/b/的发音开始;如患者将/p/发为/b/,发音部位正确,目标音位的运动正确,但是未掌握送气特征时,应从掌握送气特征开始进行训练。一般能够正确诱导出目标音位的呼读音或者一至两个含有该目标音位的单音节就意味着音位诱导训练的完成。针对21个不同的声母音位,甚至是同一声母音位的不同错误走向,都有不同的诱导方法。

图 17.50 所示为声母/b/出现/b/→/m/时的音位诱导训练方法,当出现该错误走向时,患者对/b/音的发音部位掌握正确,而发音方式错误,将塞音的发音方式变为鼻音的发音方式。因此在进行目标声母音位/b/的音位诱导时,主要通过软腭运动训练和口鼻呼吸训练诱导患者主动控制气流从口腔呼出,而非鼻腔。

图 17.51 所示为声母/p/出现/p/→/b/时的音位诱导训练方法,当出现该错误走向时,患者对/p/音

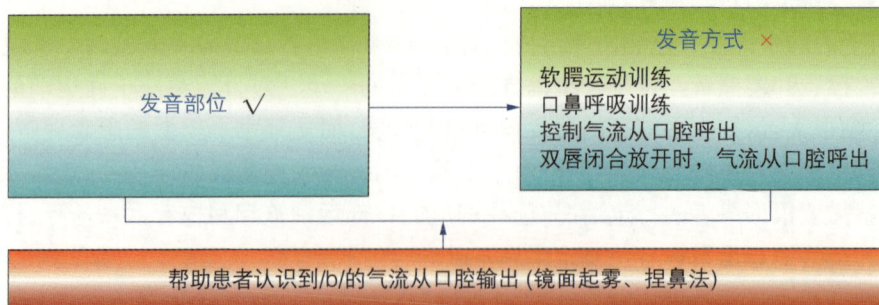

图 17.50 音位 /b/(/b/ → /m/)的诱导方法

的发音部位和方式掌握正确，而送气特征错误，将不送气塞音变为送气塞音。在进行目标声母音位/p/的音位诱导时，首先要巩固双唇闭合的训练，然后重点通过呼吸训练，让患者体会较大的气流吹动不同距离的纸条的感觉，从而诱导送气塞音的发音。

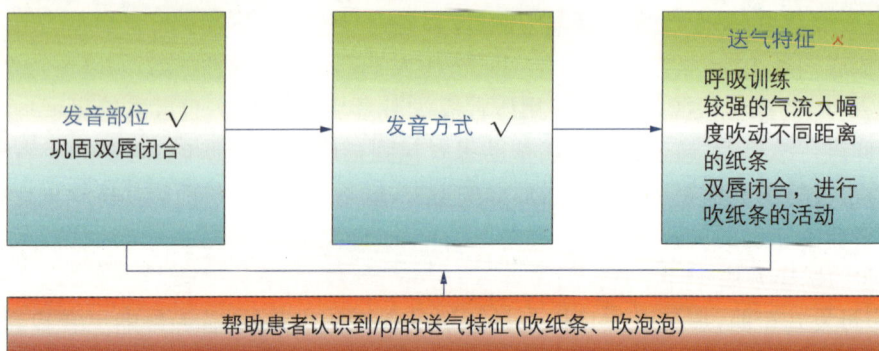

图 17.51 音位 /p/(/p/ → /b/)的诱导方法

图 17.52 所示为声母/d/出现/d/→/g/时的音位诱导训练方法，当出现该错误走向时，患者对/d/音的发音部位掌握错误，发音方式正确。此类患者通常舌中后部较紧张，而舌尖无力，因此，在进行目标声母音位/d/的音位诱导时，主要通过口部运动治疗的方法，缓解较紧张的舌中后部，并增强舌尖的肌力，找到正确的发音部位。

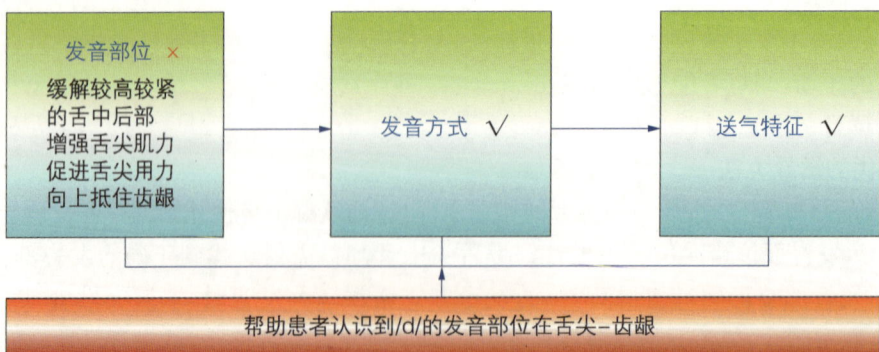

图 17.52 音位 /d/(/d/ → /g/)的诱导方法

2. 声母音位习得训练

音位习得训练是在音位诱导训练的基础上，通过大量的练习材料巩固发音，将诱导出的音位进行类化，使患者不仅仅能发出目标音位的呼读音或者一至两个含有该目标音位的单音节，而且能够发出更多有意义的声韵组合，这些声韵组合包括/目标音位＋单韵母/(如爸/bà/)，/目标音位＋复韵母/(如白/bái/)和/目标音位＋鼻韵母/(如冰/bīng/)。除了能够发出所有的单音节外，治疗师需要变换目标音位所在的位置,可以是双音节(前)、双音节(后)、三音节(前)、三音节(中)和三音节(后),如瓢虫(piáo chóng)、照片(zhào piàn)、平底鞋(píng dǐ xié)、吹泡泡(chuī pào pào)、扑克牌(pū kè pái)(如图 17.53、表 17.3),使目标音位位于任意位置时,患者都能够正确地发出。另外,为了提高构音语音训练的趣味性,声母音位习得训练也可以采用游戏的形式,如附录 7 中的游戏所示。

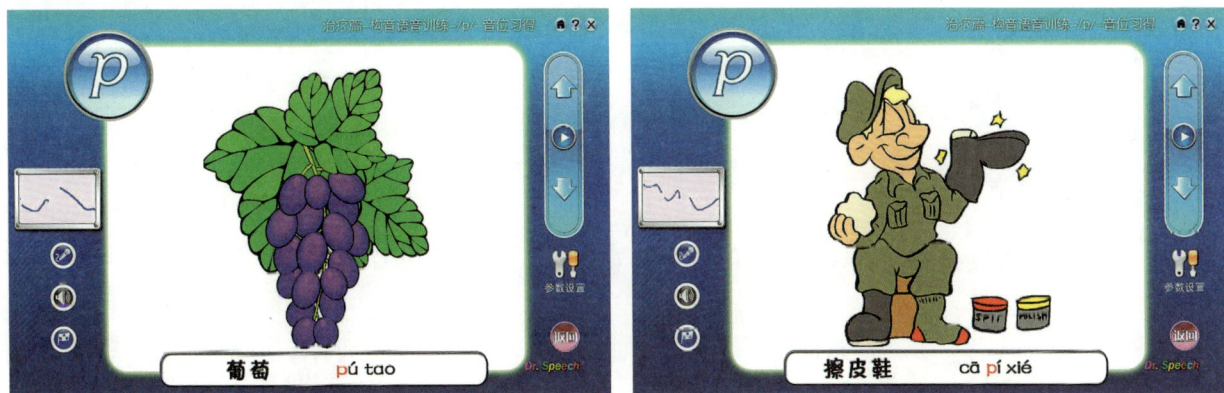

图 17.53 /p/音位习得材料举例

(启音博士构音测量与训练仪,Dr. Speech™,上海泰亿格康复医疗科技股份有限公司授权使用)

表 17.3 /p/音位习得材料举例

单音节	双音节(前)	双音节(后)	三音节(前)	三音节(中)	二音节(后)
爬	耙子	山坡	怕游泳	小爬虫	弹琵琶
坡	婆婆	手帕	爬山虎	山坡上	老巫婆
皮	皮肤	雨披	泼水节	擦皮鞋	香蕉皮
扑	皮鞋	床铺	皮沙发	扔皮球	小女仆
牌	葡萄	球拍	葡萄干	橡皮擦	扑克牌
抛	排球	气泡	蒲公英	吃葡萄	开大炮
撇	泡沫	玉佩	拍皮球	打排球	电灯泡
票	配饰	车票	跑步机	吹泡泡	红旗飘

3. 声母音位对比训练

声母音位对比训练是将容易混淆的一对声母提取出来进行的专门的强化训练,用来进一步巩固新习得的声母音位。这提高了声母音位训练的难度。很多患者在评估时出现的错误走向会伴随构音语音训练始终,在训练进行过程中,即使患者掌握了目标声母音位的发音方法,也经常会与相似的声母音位相混淆,这时就要进行音位对比训练。

音位对比训练又称 PCT(Pair Contrast Therapy)法,它是专门针对精细语音的发音训练方法。患者最容易出现构音语音异常的是声母音位,声母音位对无论是发音还是听觉辨识,其难度都高于韵母音位对和声调对,韵母音位的构音异常通过有效的口部运动治疗基本上可以得到改善,而声母音位构音异常是造成患者构音清晰度下降的主要影响因素。PCT 法以"音位对比"为训练手段,用语音的最小单位为训练介质,提高了患者言语康复的精度,为其打下扎实的语音基础,因此可以说是一种高级的基础训练。患者经过康复训练,虽然各项能力都有显著提升,但其言语清晰度还较差,导致其入学后暴露出语文学习、外语学习等方面的困难。这些问题如果从一开始就被言语治疗师和家长所认识并加以重视,从而提高前期康复训练的精度,对患者的长期发展具有重大意义。

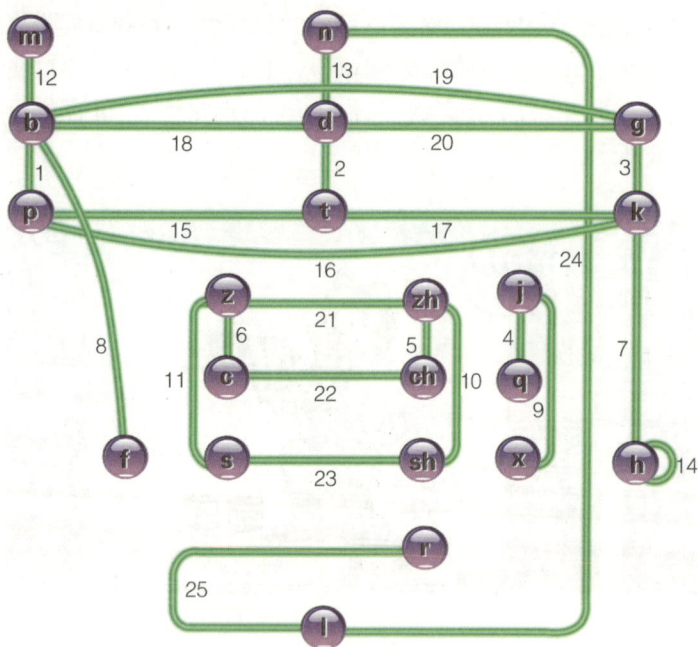

图 17.54　声母音位对比链

（1）声母音位对比训练的生理意义

如图 17.54，声母音位对比共包括 25 对，其中 l/r 和 n/l 两对由于其发音难度较高，在构音语音评估中未包含，但仍然是构音语音训练的重点。每组音位对由两个声母音位组成，这两个声母音位之间只具有单维度差异，如第 3 组声母语音对/g/和/k/，它们从发音方式上来说，都是塞音，从发音部位来说，都是舌根音，唯一不同的是/g/是不送气塞音，/k/是送气塞音。23 对核心声母音位对比的生理意义如表 17.4 所示。

任何一个声母音位对中的两个声母音位都具有单一维度的差异，图 17.55 所示为 21 个声母发音部位和发音方式的动态效果图。横向为不同的发音部位，分别有唇、舌尖、舌面和舌根；纵向为不同的发音方式，分别有鼻音、塞音、塞擦音、擦音和边音等。通过观察图 17.55 中任一横向相邻或纵向相邻的音位，即可明确对应声母音位对的区别性特征。如音位对 b/p 中的两个音位/b/和/p/为纵向相邻音位，它们的发音部位相同，均为双唇，唯一的区别是在塞音释放的时候，/b/不送气，/p/送气；如音位对 n/l 中的两个音位/n/和/l/也为纵向相邻音位，它们的发音部位相同，均为舌尖中音，发音时声带均发生振动，唯一的区别是/n/的气流由鼻腔释放，而/l/则通过舌尖上抬与下降运动，通过口腔释放气流。

	唇音		舌尖音			舌面音	舌根音
	双唇音	唇齿音	舌尖前音	舌尖中音	舌尖后音		
鼻音（浊）	/m/			/n/			
不送气塞音	/b/			/d/			/g/
送气塞音	/p/			/t/			/k/
不送气塞擦音			/z/		/zh/	/j/	
送气塞擦音			/c/		/ch/	/q/	
塞擦音	/f/		/s/		/sh/	/x/	/h/
浊擦音				/r/			
边音（浊）				/l/			

图 17.55　21 个声母的位置及其发音方式的对比

如音位对 b/m 中的两个声母音位/b/和/m/,它们是图 17.54 中所示的纵向相邻音位,它们的发音部位相同,均为双唇音,发音方式则不同,/b/是不送气塞音,发音时声带不振动,/m/是鼻音,发音时声带振动,且气流由鼻腔释放。临床上,/b/→/m/是音位/b/常见的构音异常错误走向之一,如图 17.56 所示,绿色圆圈内所述为送气特征,蓝色圆圈内所述为/b/和/m/的发音方式特征,橙色圆圈内所述为/b/和/m/的发音部位特征,紫色圆圈内所述为/b/和/m/的清浊音特征。/b/和/m/的发音部位相同,而发音方式特征不同。23 对核心声母音位对的特征对比如表 17.4 所示。

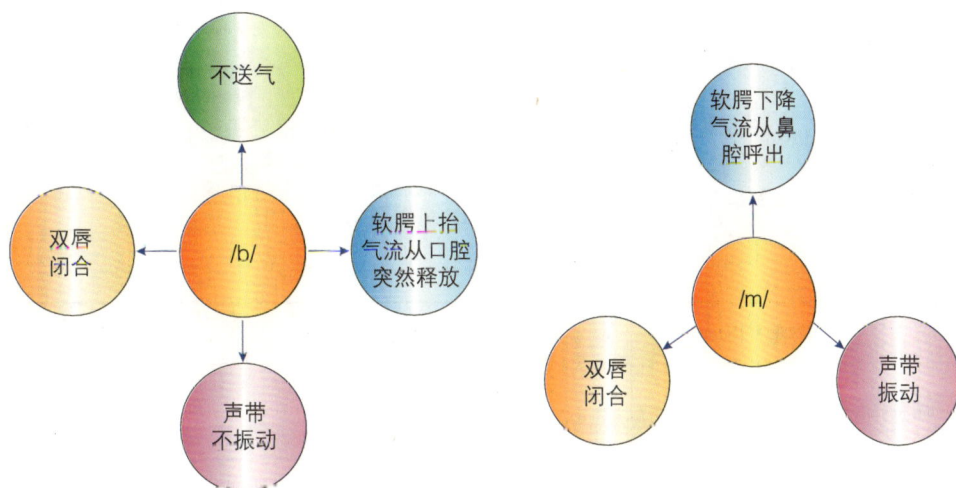

图 17.56　音位对 b /m 的生理特征对比

表 17.4　23 对核心声母音位对的区别生理特征

序　号	音位对	区别生理特征	序　号	音位对	区别生理特征
1	b/p	塞音:送气 VS 不送气	12	b/m	塞音 VS 鼻音
2	d/t		13	d/n	
3	g/k		14	h/-	擦音 VS 无擦音
4	j/q	塞擦音:送气 VS 不送气	15	p/t	不同部位送气塞音
5	zh/ch		16	p/k	
6	z/c		17	t/k	
7	k/h	擦音 VS 塞音	18	b/d	不同部位不送气塞音
8	b/f		19	b/g	
			20	d/g	
9	j/x	塞擦音 VS 擦音	21	zh/z	舌尖前音 VS 舌尖后音
10	zh/sh		22	ch/c	
11	z/s		23	sh/s	

如音位对 d/g 的两个音位/d/和/g/为横向相邻音位,它们的发音方式相同,均为不送气塞音,唯一的区别是/d/的阻塞部位是舌尖与齿龈,而/g/的阻塞部位则是舌后部与软腭。临床上,/d/→/g/是音位/d/常见的构音异常错误走向之一,图 17.57 为/d/和/g/的相同生理特征和不同的生理特征。

(2) 声母音位对比的声学特征

声母音位对比的习得也具有一定的规律,在进行音位对比训练时,也必须遵循音位对比习得规律。每对声母音位对都对应着一个或多个主要的声学参数,如表 17.5 所示,这些声学参数是一个音位对中两个声母音位之间的区别特征。

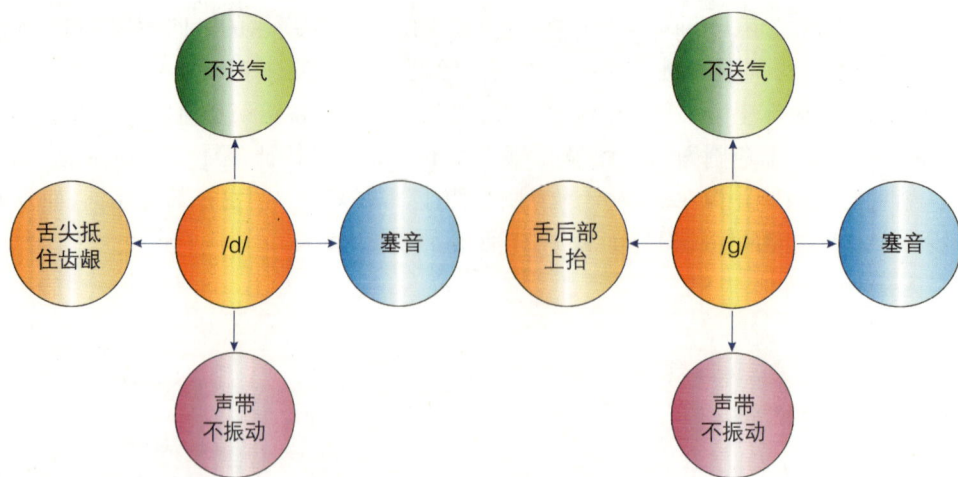

图 17.57　音位对 d/g 的生理特征对比

表 17.5　声母音位对习得规律

语音对序号	最晚习得时间	声母音位对	主要的声学区别参数
14	2;7—2;12	擦音与无擦音	频率集中区
15、16、17	3;1—3;6	不同构音部位的送气塞音	音　征
1、2、3	3;7—3;12	送气塞音与不送气塞音	浊音起始时间 VOT
7、8	3;7—3;12	塞音与擦音	频谱坡度
12、13	3;7—3;12	塞音与鼻音	时长、频区、语谱图
18、19、20	3;7—3;12	不同构音部位的不送气塞音	音　征
4、5、6	6;1—6;6	送气塞擦音与不送气塞擦音	浊音起始时间 VOT
9、10、11	6;1—6;6	塞擦音与擦音	时长、频区
21、22、23	6;1—6;6	卷舌与非卷舌音	音　征

　　可以通过观察同一声母音位对中两个声母音位的波形图和语谱图来分析两个音位的声学特征及其区别，以音位对"h/k"为例，音位对"h/k"是第 7 对声母音位对，如表 17.5 所示，该音位对中的两个音位可以依靠频谱坡度来加以区分。图 17.58 所示为单音节词"河(hé)"的波形图，表现为一小段不规则波形后紧

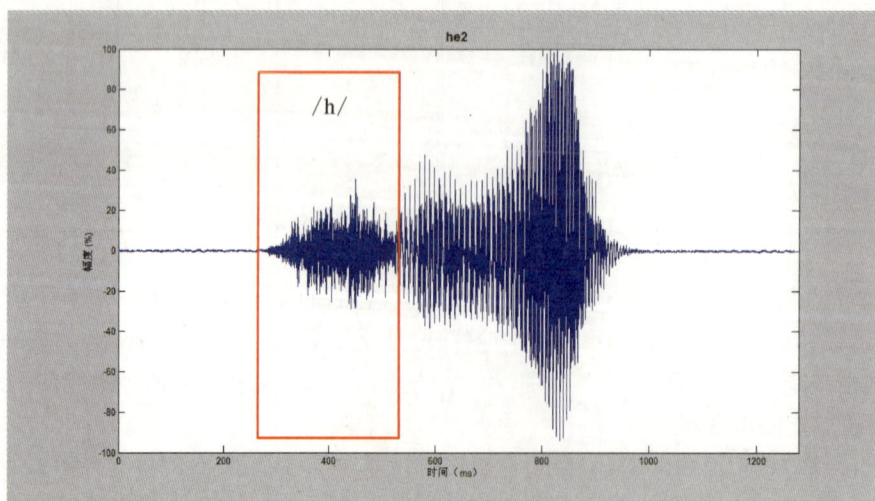

图 17.58　单音节词"河(hé)"的波形图
(启音博士构音测量与训练仪，Dr. Speech™，上海泰亿格康复医疗科技股份有限公司授权使用)

接着一大段规则的周期性波形,前面一段不规则的波形为声母/h/的波形,后面一段规则的周期性波形为韵母/e/的波形。与韵母的周期性波形相比,声母/h/波形的能量较小,持续时间较短。单音节词"壳(ké)"的声波图也表现为一小段不规则波形后紧接着一大段规则的周期性波形,如图17.59所示,声母/k/的整段清音波形与/h/相比,能量稍大。

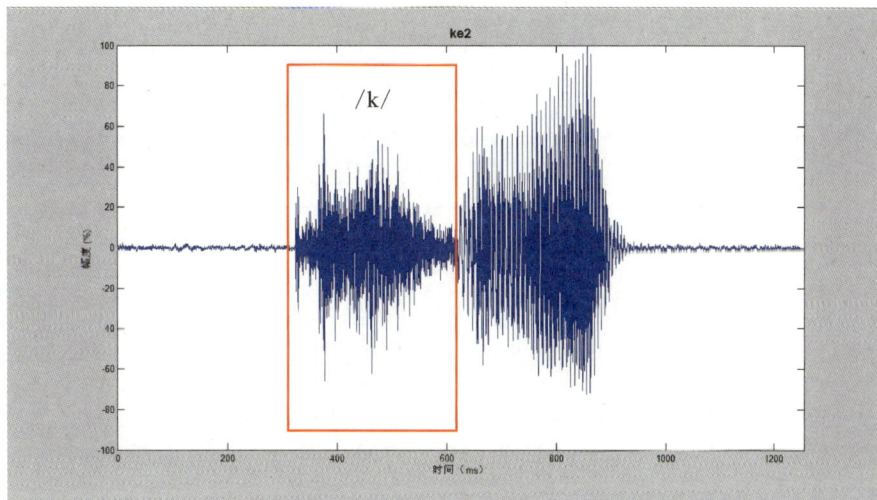

图 17.59 单音节词"壳(ké)"的波形图
(启音博士构音测量与训练仪,Dr.Speech™,上海泰亿格康复医疗科技股份有限公司授权使用)

单音节词"河(hé)"的语谱图如图17.60所示,后面周期性的语谱图为韵母/e/,前面声母/h/表现为杂乱的噪声样,没有明显的谐波出现,并在高频部分有相对的频率集中区,这是擦音能量释放过程的声学表现。单音节词"壳(ké)"的语谱图如图17.61所示,与声母/h/的语谱不同,声母/k/的语谱在最开始有一个明显的冲直条,这是塞音能量爆发的典型声学标志,冲直条后面与擦音的语谱相似,表现为杂乱的噪声样,这是声母/k/送气段的声学表现。

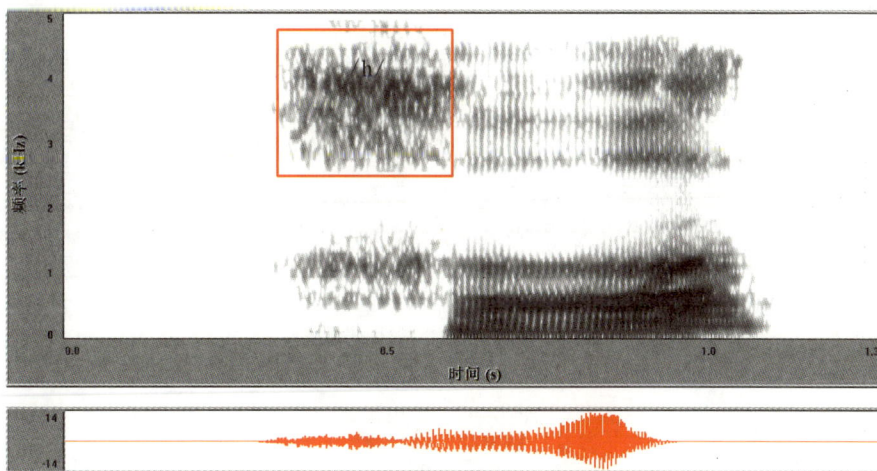

图 17.60 单音节词"河(hé)"的语谱图
(启音博士构音测量与训练仪,Dr.Speech™,上海泰亿格康复医疗科技股份有限公司授权使用)

(3)音位对比的训练材料

根据最小音位对的定义,用于音位对比训练的材料应该是单音节词,一组训练材料包括两个单音节词,分别以音位对中的两个声母开头,两个单音节词的韵母和声调完全相同,如表17.6。训练时,可将这两个单音节词分别用图片呈现,如图17.62所示,治疗师播放录音,让患者模仿发音,注意强调两个声母之间的微小差异,可以先发目标音所在的音节三次,然后发对比音节三次,然后逐渐减小重复发音的次数,难

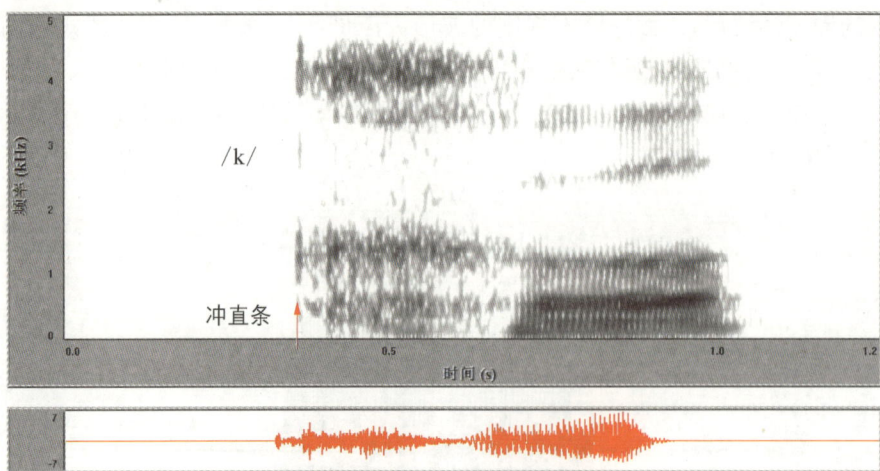

图 17.61　单音节词"壳(ké)"的语谱图
（启音博士构音测量与训练仪，Dr. Speech™，上海泰亿格康复医疗科技股份有限公司授权使用）

度逐渐增大，让音位对的差异在这样的训练环境中被最大限度地放大，以便患者进行区分，减少错误率，最终掌握目标音的正确构音。该部分可以结合听觉识别训练和本书的语音切换训练进行。

表 17.6　声母音位对比材料举例

d/t		z/zh		h/-	
点	舔	足	烛	河	鹅
倒	套	足	竹	荷	鹅
刀	掏	揍	皱	鹤	饿
大	踏	奏	皱	虎	五
肚	兔	紫	纸	虎	舞
赌	土	走	帚	花	挖
读	涂	走	肘	花	蛙
堵	土	紫	指	画	袜
岛	讨	籽	指	呼	屋
刀	涛	籽	纸	呼	乌
打	塔	早	找	会	喂
搭	踏	澡	找	环	玩

图 17.62　声母音位对比材料举例
（启音博士构音测量与训练仪，Dr. Speech™，上海泰亿格康复医疗科技股份有限公司授权使用）

言语治疗学

4. 声韵组合强化训练

一般来说,音位对比训练过后,患者就可以基本掌握目标声母音位的发音,并可以准确地发出其单音节、双音节和三音节词语。但是,这种发音还存在很明显的训练痕迹,而人们学习说话的最终目的是在生活中能够运用该音位进行交流,所以必须进行声韵组合强化训练,通过模拟各种日常情景,加强患者对于该音位的灵活运用。音位强化的常用形式有两种:棋盘游戏和生活言语。声韵组合强化训练也是和语文课程相结合的最好切入点。

就生活言语,可以根据日常生活,设计若干个常见主题,如:食品、公共场所、活动、动物、物品、身体部位、交通工具、乐器等,如表 17.7 所示。每个主题中都包含生活中常用的句式,如:_____ 有/没有 _____,在横线中可以添加任何含有/b/的主语和宾语,如*爸爸/小宝宝* 有/没有 *白纸/报纸/书包/铅笔/别针/背心*。在日常的情境中强化目标音位,可以帮助患者将所习得的目标音位更快地迁移到日常生活用语中。

表 17.7　/b/的音位强化材料举例

主　题	练　习　句　型
食　品	爸爸/小宝宝　吃/喜欢/讨厌　冰棒/面包/冰淇凌/白萝卜/胡萝卜
公共场所	爸爸/小宝宝　在/不在　宾馆/城堡/办公室
活　动	爸爸/小宝宝　在/不在　比赛/步行/跑步/蹦蹦跳/变魔术
动　物	动物园里有/没有　豹/壁虎/斑马/蝙蝠/北极熊
物　品	爸爸/小宝宝　有/没有　白纸/报纸/书包/铅笔/别针/背心
身体部位	爸爸/小宝宝　有/没有　红鼻子/大嘴巴/粗手臂/

可以结合现代技术,采用语音沟通板,完成上述的训练。患者可以根据自己的喜好,选择目标词语,组成多种生活情景下的不同表达,充分调动学习积极性,提高康复效率,如图 17.63 所示。

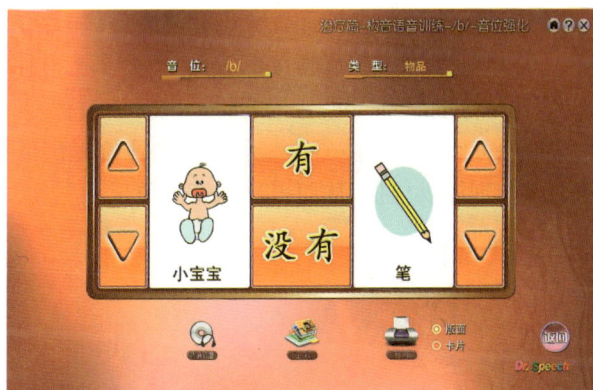

图 17.63　/b/的音位强化沟通板举例
(启音博士构音测量与训练仪,Dr. Speech™,上海泰亿格康复医疗科技股份有限公司授权使用)

第十八章 语音障碍的评估与矫治

构音障碍矫治的最终目的是使患者能够舒适、清晰、流利地发出 37 个韵母音位、23 个声母音位(包括 2 个零声母)、4 个声调,以及由以上音位组合而成的音节。但是在实际语言中,我们的言语声音是个连续变化的音流,需要音节与音节间的结合来实现它们表达语义的功能。因此,必须从语音的结合中去把握其特性。

第一节 语音功能的评估

一、语音的内涵

连续语音包括语音清晰度和语音韵律两个维度,因此,语音功能评估又分为语音清晰度评估和语音韵律评估两部分。语音清晰度的评估指标主要为句清晰度和连续语音清晰度,语音韵律评估指标为语句的平均基频 F_0、基频标准差 F_0 Std、基频范围 F_0 Range。语音障碍的矫治过程是将评估(A)、训练(T)与监控(M)三者有机结合在一起,上述指标可以为语音障碍类型和程度的评价提供依据,我们也可以通过对这些指标的动态监控,为下一步的训练计划提供依据,从而提高训练的效果。

二、语音功能评估的内容及指标

(一)语音清晰度评估

1. 评估内容

语音清晰度评估是指利用特定的材料,对患者所发出的连续语音的清晰度进行评价。刘巧云、黄昭鸣等综合国内外连续语音评估方面的研究成果,根据汉语语音的特点,研发了一套汉语连续语音能力评估材料,为了避免练习效应,设计了七篇具有等价性的短文,分别为"唱歌篇"、"生日篇"、"家庭篇"、"社区篇"、"玩具篇"、"节日篇"、"水果篇"(蓝色字体为目标词)。

表 18.1 连续语音清晰度评估词表(刘巧云语音词表)

唱 歌 篇
森林里举行比赛,看谁唱歌最棒,选手都是动物。袋鼠当主持人,马伯伯做评委。第一个是青蛙,它浑身绿绿的,一张口就呱呱,既难听又刺耳。然后是麻雀,叽叽喳喳真独特。最后是大公鸡,"喔——喔——",非常响亮的声音,把它们打动了。
生 日 篇
翠翠生日在冬天,那天很晴朗。她穿上新衣服,系上刚买的丝带,换好皮鞋。翠翠收到了礼物,董伯伯送来闹钟,堂妹带来戒指。妈妈准备了蛋糕,姐姐点好蜡烛,大家唱起生日歌,还没唱完,小伙伴早伸手了,开心地抢蛋糕,嘴上沾满了奶油。

连续语音清晰度评估词表的设计原则和思想包括以下三点：

（1）涵盖汉语中的 21 个声母

声母清晰度对连续语音清晰度具有较大的影响，因此上述两篇短文涵盖了汉语中所有的 21 个声母，目标音共计 45 个，每个声母的出现次数如图 18.1 所示。

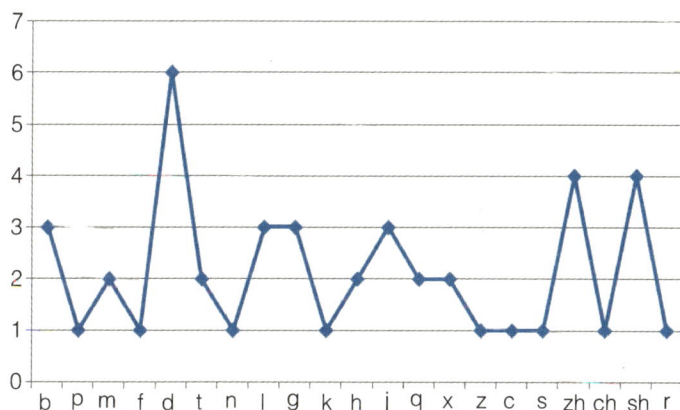

图 18.1　评估词表中 21 个声母出现的次数

（2）每个声母的出现率以语音均衡为原则

如表 18.2 所示，第二列为日常生活中汉语 21 个声母应该出现的比率，按照这个比率，计算出在 45 个目标词中，21 个目标声母应当出现的次数，如第三列所示。第四列是两篇小短文中 21 个声母实际出现的个数，可见，连续语音清晰度评估词表中 21 个声母的出现率与日常生活中的出现率是基本一致的。

表 18.2　21 个声母出现率

音　位	日常生活中出现率%	应出现个数	实际出现个数
d	13.71	6.17	6
sh	8.75	3.94	4
zh	8.20	3.69	4
j	7.97	3.59	3
l	6.50	2.92	3
g	6.28	2.83	3
b	5.88	2.65	3
x	5.55	2.50	2
h	5.05	2.27	2
m	4.27	1.92	2
t	4.03	1.81	2
q	3.55	1.60	2
z	3.44	1.55	1
ch	3.14	1.41	1
n	2.89	1.30	1
f	2.80	1.26	1

音　位	日常生活中出现率％	应出现个数	实际出现个数
r	2.22	1.00	1
k	2.09	0.94	1
c	1.31	0.59	1
s	1.23	0.56	1
p	1.12	0.50	1

（3）句长保持一致

七篇小短文中的测试语句均以短句为主，每篇文章的平均句长在5—7个字左右。

2. 评估指标

连续语音能力评估的指标有三个：字清晰度、句清晰度和连续语音清晰度。字清晰度用于考察患者单字目标音的清晰度，评估时要求患者跟读单个字。句清晰度考察患者在说句子时目标音的清晰度，评估时要求患者跟读句子。连续语音清晰度则同时考察患者在跟读单字和句子时发音的清晰度，可借助前两个数据的计算获得。三者的计算公式分别为：

$$字清晰度＝（单字目标音正确个数／目标音总个数）×100\%$$
$$句清晰度＝（句中目标音正确个数／目标音总个数）×100\%$$
$$连续语音清晰度＝（句清晰度／字清晰度）×100\%$$

连续语音清晰度评估内容及评估指标的提出填补了国内该领域的空白，为语音障碍的评估提供了一套有价值的参考指标。

3. 评估流程

（1）纸质版评估流程

应将七篇小短文制成七张《连续语音能力评估表》。现以"唱歌篇"为例，如表18.3和表18.4所示，表中需要记录"正确"、"错误"的目标音均用红色字体显示。

表18.3　连续语音清晰度评估记录表（唱歌篇）

	森	林	里	举	行	比	赛	，	看	谁	唱	歌	最	棒	，	选	手	都
	s	l		j	x					sh	ch		z	b		x	sh	
字																		
句																		
	是	动	物	。	袋	鼠	当	主	持	人	，	马	伯	伯	做	评	委	。
		d			d		d	zh	ch	r		m	b			p		
字																		
句																		
	第	一	个	是	青	蛙	，	它	浑	身	绿	绿	的	，	一	张	口	就
	d		g		q			t	h	sh	l					zh	k	j
字																		
句																		

呱 g	呱	，	既	难 n	听 t	又	刺 c	耳	。	然	后 h	是	麻 m	雀 q	，	叽 j	叽
字																	
句																	

喳 zh	喳 zh	真	独 d	特	。	最 z	后	是	大 d	公 g	鸡 j	，	"	喔	—	喔	—
字																	
句																	

"	，	非 f	常	响 x	亮 l	的	声 sh	音	，	把 b	它	们	打 d	动	了	。
字																
句																

表 18.4　连续语音清晰度评估评分表(唱歌篇)

		总个数	单字目标音正确个数	句中目标音正确个数	单字清晰度%	句清晰度%	连续语音清晰度%
统计	b	3					
	p	1					
	m	2					
	f	1					
	d	6					
	t	2					
	n	1					
	l	3					
	g	3					
	k	1					
	h	2					
	j	3					
	q	2					
	x	2					
	z	1					
	c	1					
	s	1					
	r	1					
	zh	4					
	ch	1					
	sh	4					
总计	单字目标音正确总个数						
	句中目标音正确总个数						
	单字清晰度%						
	句清晰度%						
	连续语音清晰度%						

准备工作:《连续语音能力评估表》、录音设备、记录笔等。

评估步骤:

① 录音和判分:打开录音设备,治疗师以自然的方式读出测试材料中的句子和词,然后让患者复述,并记录其语音资料,同时在《连续语音能力评估表》中对患者复述的语音进行判分。目标音发音正确记为"1",发音错误记为"0"。

在录音时,既要录制单个目标音的声音,又要记录每个句子的声音,这样才能得到完整、全面的分析结果。同时,判分也包括单个目标音的判分和句中目标音的判分两部分。一般来说,为了保证分析结果的准确性,要求患者每个音或每句话发音3遍,音与音或句与句之间的时间间隔为1—2秒。

② 分析结果:在第一步完成之后,则对判分结果进行统计。然后,依据上述三个评估指标,可计算得到三个指标:字清晰度、句清晰度和连续语音清晰度。对计算结果进行分析,可以为矫治方案的制定提供科学的依据。

由于七篇短文难度一致,每次评估可选择任意一篇小短文,评估结束后计算出最后得分。

采用纸质版评估表进行评估时,评估者需要准备评估表格、录音设备等评估工具,并且评估环境需要达到一定要求,如评估者的音量及普通话标准程度等。这些因素给评估结果的精确性带来了影响。

(2) 计算机评估流程

为了解决传统评估方式存在的不足,黄昭鸣、刘巧云等在2009年研发了"启音博士语音评估与训练仪"(Dr. Speech™,上海泰亿格康复医疗科技股份有限公司授权使用)。该系统借助现代化信息技术,以计算机为载体,评估和训练均在特定的场景中进行,为实现评估过程的标准化提供了有效工具。系统中"评估"部分小短文的内容与《儿童连续语音能力评估表》中的内容完全一致。该部分将场景、文字与声音相结合,实现了录音、判分、自动算分等各项功能。评估时,系统呈现与短文相配套的卡通图片,实时显示每幅卡通图片对应的文字,并由系统播放文字、句子或段落的声音。评估结束后,系统自动生成评估结果,避免了人工计算的麻烦,提高了评估结果的准确性。整个评估过程的操作简单易行,便于临床工作者评估患者的连续语音能力以及监控训练效果。

下面以《唱歌篇》这一短文为例,介绍"启音博士语音评估与训练仪"在语音评估中的应用。在系统评估主界面中选择《唱歌篇》进入该短文的评估界面(如图18.2所示)。在该界面中,左侧呈现了这篇短文的第一个故事场景,右侧则对应着文字。其中红色字体的是目标音,可通过鼠标点击使之发音;每句话前的小喇叭可播放句子的声音。利用计算机进行发音不仅可以使音量控制在适当范围内,而且保证了发音的标准性,使评估结果更为准确。该界面同时包含了录音、播放、保存以及判分等功能。判分功能如图18.3所示。

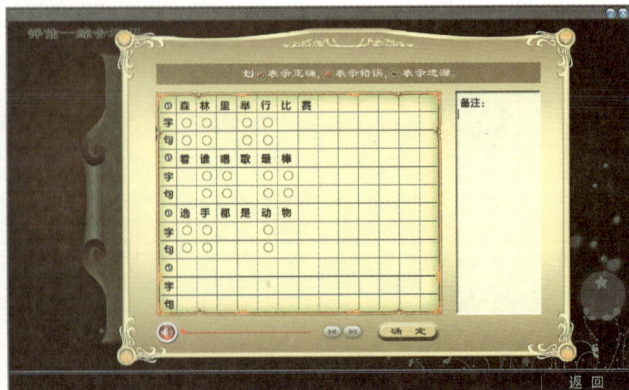

图 18.2 《唱歌篇》首界面　　　　　图 18.3 判分界面

(启音博士语音评估与训练仪,Dr. Speech™,上海泰亿格康复医疗科技股份有限公司授权使用)

判分界面中,评估者根据患者的发音情况,通过点击目标音下面的圆圈进行判分,共有正确、错误、遗漏三种记录形式。评估者还可根据实际需要,在右侧备注栏中记录备注信息。

评估结束后,在评估主界面《唱歌篇》后对应的"成绩板"中可以立即看到评估结果,系统自动计算出该短文的字清晰度、句清晰度和连续语音清晰度。通过点击"成绩板"界面中的"显示评估表",可以打开该短文的详细判分表格。在"启音博士语音评估与训练仪"中,短文的评估方式及流程均与之相同。

(二) 语音韵律评估

语音韵律评估是指对上述语音清晰度评估材料进行客观测量,对患者发出的连续语音进行韵律特征的测量,可以采用"启音博士言语测量仪"(Real Speech™,Dr. Speech™,上海泰亿格康复医疗科技股份有限公司授权使用)完成,操作步骤与本书第三章所述的言语基频测量相同,但评估材料为连续语音清晰度评估短文中的测试语句,测量的参数主要包括测试语句的平均基频 F_0、基频标准差 F_0 Std、基频范围 F_0 Range。图 18.4a 所示为语音清晰度测试短文"唱歌篇"中第一个测试语句"森林里举行比赛"的波形图,图 18.4b 所示为该测试语句的分析报告,该测试语句的平均基频为 269.59 Hz,基频标准差为 49.63 Hz,基频范围为 290.4 Hz。

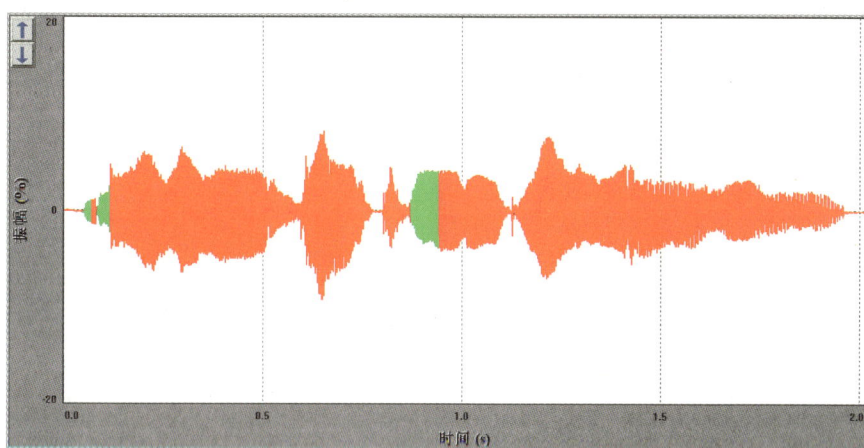

a. 波形图

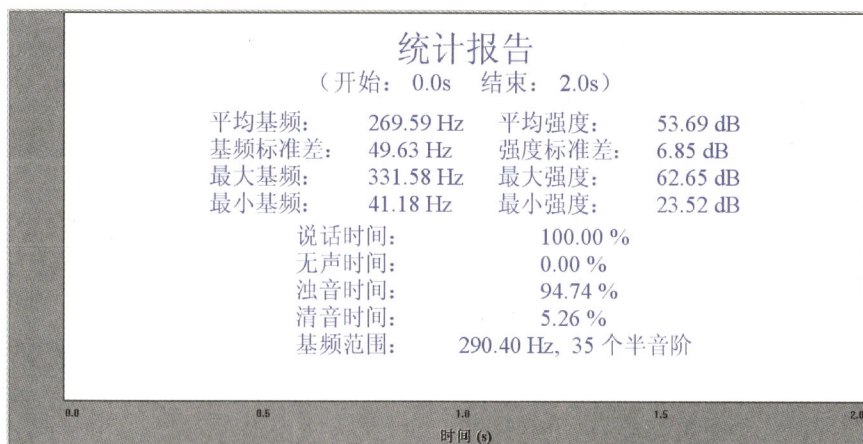

b. 分析统计报告

图 18.4　语音韵律评估(森林里举行比赛)
(启音博士言语测量仪,Dr. Speech™,上海泰亿格康复医疗科技股份有限公司授权使用)

第二节　语音障碍的矫治

一、语音障碍的临床表现

语音障碍是指单个音节能够清楚发出,但在句子中需要协同构音时则发生困难,临床上通常表现为说话断续或不清晰。语音障碍严重影响了患者的言语可懂度。语言发育迟缓、智力障碍、听力障碍、脑性瘫痪、自闭症和失语症患者均可能存在语音障碍。语音障碍的矫治包括"CRDS"训练和重读治疗法两部分,前者重点强调通过语音巩固、语音重复、语音切换和语音轮替训练提高患者连续语音清晰度,后者通过重读治疗法,提高患者连续语音的韵律。

二、语音障碍的"CRDS"训练策略

语音障碍矫治的目的是提高患者连续清晰发音的能力,为其语言发展打下坚实基础。在目前的言语障碍的矫治中,我们发现患者常常单音节词能够清楚发出,在需要连续协调发音的句子中却出现异常。为解决此问题,刘巧云、黄昭鸣等首次提出语音障碍的"CRDS"训练策略:通过语音巩固(Consolidation)、语音重复(Repetition)、语音切换(Switch)和语音轮替(Diadochokinesia)四项内容来实现对语音协调性的训练。该策略可以通过"启音博士语音评估与训练仪"体现。

(一) 语音巩固(C)

语音巩固与第五章中的构音语音训练有密切联系,可以巩固后者的训练效果,同时又为连续语音的训练奠定基础。语音巩固以声母习得的五阶段理论为主体框架,包含以 21 个声母为词首或词尾的大量词语。

在训练内容的安排上,语音巩固围绕着 21 个声母进行设计,每个声母包含了大量的词语,这些词语以该声母为词首或词尾。以声母 b 为例,词语"贝壳"、"被子"中的 b 在词首,"水杯"、"铅笔"中的 b 在词尾。在"语音评估与训练仪"的"语音巩固"中,每个声母包含 8 个词语,其中 4 个词语的目标声母在词首,另外 4 个词语的目标声母在词尾。此部分共有 168 个词语,每个词语配有 8 张图片,其中实物图和卡通图各 4 张。

有了计算机作为媒介,训练形式就显得丰富多彩。训练时可以选择单词语或多词语,多词语训练界面如图 18.5 所示,它包含多个含有目标音的词语,如目标音位/b/的训练词语有左上的"书包"、右上的"铅笔"、左下的"宝宝"和右下的"贝壳",多词语的形式增加了语音巩固训练的探索性与趣味性。单词语训练界面专门用于强化训练特定目标词语,如图 18.6 所示,界面上只显示了目标音位/b/的一个训练词语"水杯"。训练界面上还可显示声调图,帮助患者更好地控制声调,系统还可通过设置不同训练形式吸引患者的注意力。

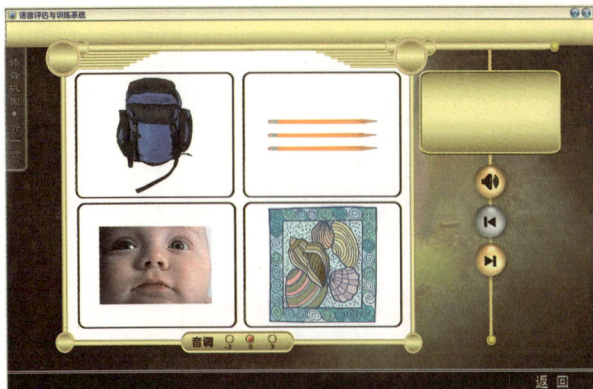

图 18.5　语音巩固中的单词语训练　　　图 18.6　语音巩固中的多词语训练
(启音博士语音评估与训练仪,Dr. Speech™,上海泰亿格康复医疗科技股份有限公司授权使用)

语音巩固还可以通过"找声母"游戏来进行(如图 18.7),让患者寻找目标声母,提高学习兴趣,从而进行词语的训练。例如,在声母 b 的游戏界面,系统提示:找一找,/b/在哪里?如果找错了,系统会让患者继续寻找;若找对了,则在目标声母 b 下出现一个奖励图片,如"硬币",同时系统朗读该词语。

(二) 语音重复(R)

语音重复训练同样以声母习得五个阶段理论为框架,这部分训练体现了词语到句子的过渡,既包含了重复同一声母构成的大量词语,又涵盖了精心设计的句子。

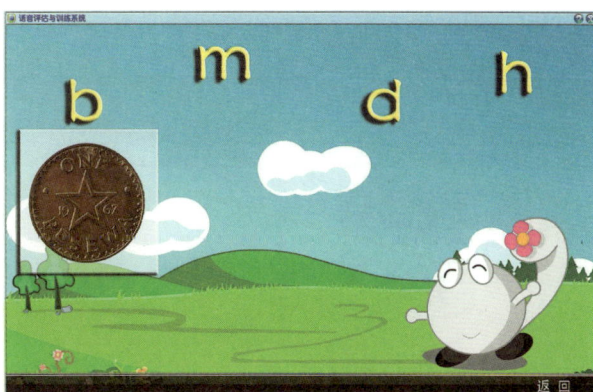

图 18.7　语音巩固游戏界面
(启音博士语音评估与训练仪,Dr. Speech™,上海泰亿格康复医疗科技股份有限公司授权使用)

1. 词语训练

语音重复的词语训练部分和构音语音训练相联系,内容的安排同样围绕 21 个声母进行,每个词语所有音节的声母均为同一目标声母。以声母 b 为例,词语"爸爸"、"宝宝"、"背包"均重复声母 b。在"启音博士语音评估与训练仪"中,语音重复部分的每个目标声母包含 4 个词语,此部分共有 84 个词语,词语的训练形式同语音巩固,此处不再赘述。如图 18.8 所示,就目标音位/b/的语音重复训练,在多词语训练界面上呈现了四张图片,即左上的"书包"、右上的"宝宝"、左下的"爸爸"和右下的"妈妈",图 18.9 为单词语训练界面,只呈现一张"宝宝"的训练图片。

图 18.8　语音重复的多词语训练

图 18.9　语音重复的单词语训练

(启音博士语音评估与训练仪,Dr. Speech™,上海泰亿格康复医疗科技股份有限公司授权使用)

2. 句子训练

句子部分旨在训练患者连续、清晰地说出每句话中多次出现的同一个目标声母的能力,此目标声母占句子总字数的 60% 以上。仍以声母 b 为例:句子"爸爸没抱宝宝"中的目标字为"爸"、"爸"、"抱"、"宝"、"宝",目标字个数占这句话总字数的比例达到 83.3%;"妈妈抱宝宝"中的目标字为"抱"、"宝"、"宝",占这句话总字数的比例为 60%。在"启音博士语音评估与训练仪"中,每个声母设计了两个陈述句(每个陈述句各配有对应的问题),共有 42 个句子。句子的训练在特定场景中进行,系统通过问答形式诱导患者主动说出含有多个目标音的句子。此外,系统通过图片、文字、声调图等多种变换的方式训练患者的连续语音重复能力,如图 18.10 所示,句子的重复训练以问答的形式完成,图中标"?"的为设计好的问题,标"…"的为相应的回答,治疗师可以诱导患者聆听提问,并进行回答。图中还记录了目标训练句子"爸爸没抱宝宝"的音调图,以便患者进行实时自我监控。与词语部分不同的是,句子训练部分还具有录音、判分等功能,治疗师可以根据患者每个声母的发音情况进行判分,如图 18.11。系统自动算出患者每个声母的字清晰度、句清晰度以及连续语音清晰度,由此可以非常方便地实现语音重复训练疗效的实时监控。

图 18.10　语音重复句子训练

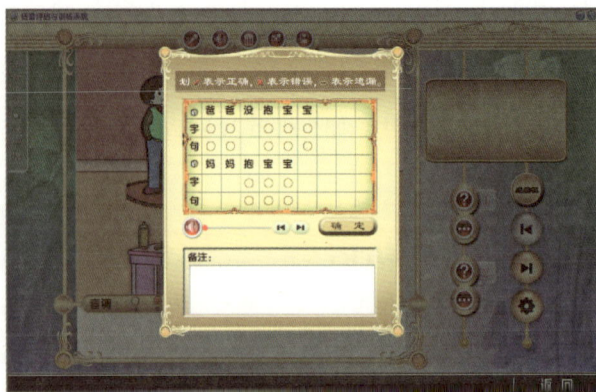

图 18.11　语音重复句子判分

(启音博士语音评估与训练仪,Dr. Speech™,上海泰亿格康复医疗科技股份有限公司授权使用)

为了增加训练的趣味性,语音重复部分设计了"找星星"的游戏(如图 18.12),让患者在游戏过程中再次学习前面的句子,巩固学习效果。当患者找到室内物品后面藏有的小星星时,系统会将小星星放大,然后星星中出现含有目标声母的图片或词卡,最后组成一句话。例如:进行声母 b 中"爸爸没抱宝宝"这句话的游戏时,第一个被找到的小星星中出现"爸爸"这张图片,第二个出现"抱"这个目标字,第三个小星星出现"宝宝"的图片,当这句话中所有的目标字均出现后,系统朗读:爸爸没抱宝宝。

图 18.12　语音重复游戏界面

(启音博士语音评估与训练仪,Dr. Speech™,上海泰亿格康复医疗科技股份有限公司授权使用)

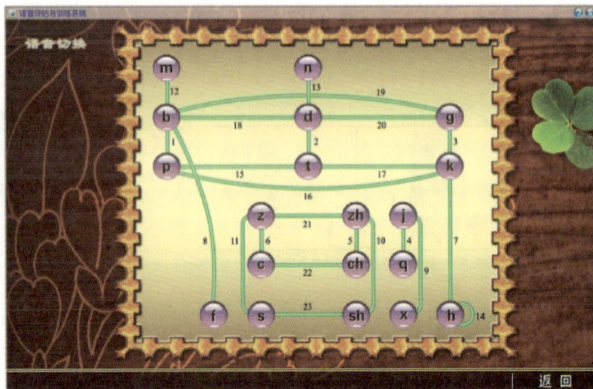

图 18.13　语音切换主界面

(启音博士语音评估与训练仪,Dr. Speech™,上海泰亿格康复医疗科技股份有限公司授权使用)

(三) 语音切换(S)

语音切换以 23 对声母最小音位对为主体框架(如图 18.13),这部分的训练包括词语和句子两部分。词语部分的每个词语都包含了 1 对音位对,与构音语音训练中的音位对比训练密切配合,而句子部分则每句话中的目标声母音位对至少出现一次,专门训练患者的连续语音切换能力。

1. 词语训练

以声母音位对 b/p 为例,词语"鞭炮"(b/p)、"跑步"(p/b)等均符合设计要求。在"启音博士语音评估与训练系统"中,对语音切换词语部分的每个音位对设计了 8 个词语,共有 184 个词语。这些词语的训练不仅是对构音的强化,而且为句中的语音切换做了准备。语音切换训练形式与上述两个模块是相同的,也是通过多种形式吸引患者注意。音位切换的词语训练也包括多词语训练和单词语训练两种形式,图

18.14 所示为多词语训练界面,音位对 b/d 的训练词语有左上的"豆包"、右上的"地板"、左下的"扁豆"和右下的"壁灯"。图 18.15 所示为语音切换的单词语训练界面,它可通过点击多词语训练界面中的任意一个图片切换而来,该图中只显示了目标词语"地板"的图片以及相应的声调图。

图 18.14　语音切换的多词语训练

图 18.15　语音切换的单词语训练

(启音博士语音评估与训练仪,Dr. Speech™,上海泰亿格康复医疗科技股份有限公司授权使用)

2. 句子训练

语音切换句子训练部分的每个句子中均多次出现同一目标声母音位对,以声母音位对 b/p 为例:句子"炮兵在跑步"中含有目标声母音位对的词语为"炮兵"、"跑步","教练有皮鞭、跑表和皮包"中含有目标声母音位对的词语为"皮鞭"、"跑表"和"皮包"。在"启音博士语音评估与训练仪"中,为每个音位对编制了 4 个陈述句(每个陈述句配有对应的问题),因此,语音切换的句子部分共有 92 个句子。与语音重复的句子训练一样,语音切换的句子训练也是在特定场景中进行的,如图 18.16 所示,音位 d/g 的训练句子为"蛋糕在大鼓上",图中显示了问题和相应的答案,并呈现出该句子的音调图。语音切换的句子训练部分同样具备录音、判分等功能(如图 18.17),治疗师可以方便地得到患者的每个声母音位对的字清晰度、句清晰度、连续语音清晰度以及切换清晰度,从而进行语音切换训练的疗效监控。

切换清晰度是将音位对正确数除以音位对总数,它由系统自动计算得出。

图 18.16　语音切换句子训练

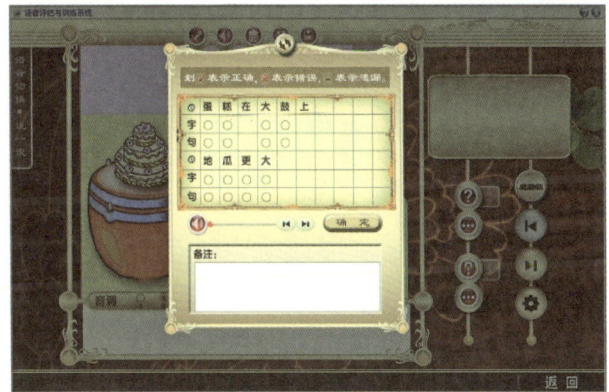

图 18.17　语音切换句子判分

(启音博士语音评估与训练仪,Dr. Speech™,上海泰亿格康复医疗科技股份有限公司授权使用)

语音切换部分设计了"小猪接水果"的游戏(如图 18.18),通过游戏进一步加强句子部分的学习效果。当小猪接住太阳公公扔下的水果时,界面会跳出含有目标音的图片或词卡,最后组成一句话。例如:进行声母音位对 b/p 中"炮兵在跑步"这句话的游戏时,首先跳出"炮兵"的图片,然后出现"跑步"的图片,最后,系统朗读:炮兵在跑步。

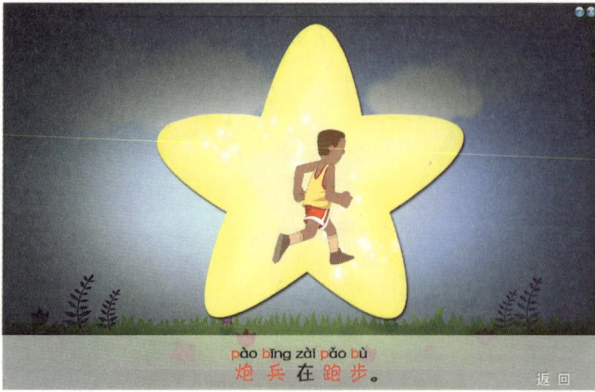

图 18.18　语音切换游戏
（启音博士语音评估与训练仪，Dr. Speech™，上海泰亿格康复医疗科技股份有限公司授权使用）

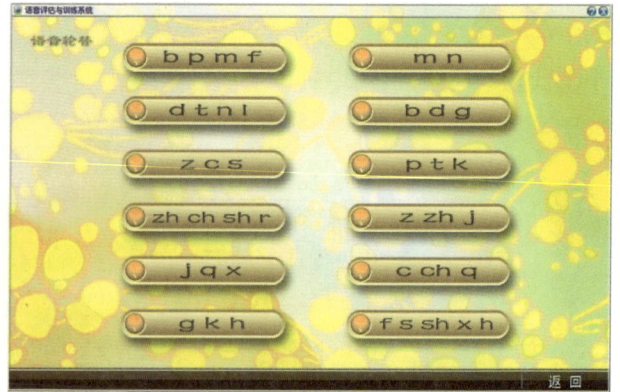

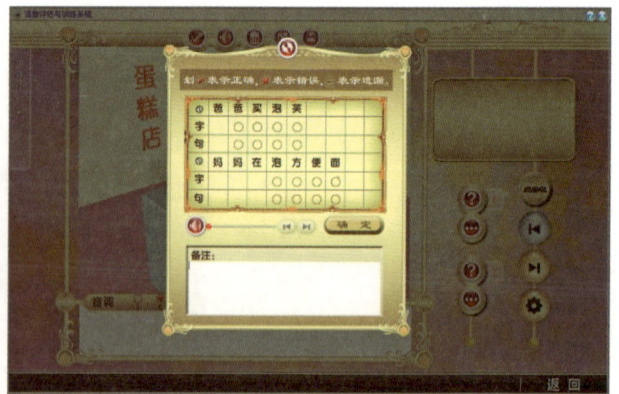

图 18.19　语音轮替主界面
（启音博士语音评估与训练仪，Dr. Speech™，上海泰亿格康复医疗科技股份有限公司授权使用）

（四）语音轮替（D）

语音轮替模块包含大量句子，旨在提升患者在同一发音部位、不同发音方式声母（如唇声母 b/p/m/f）或同一发音方式、不同发音部位声母（如鼻音 m/n）间轮替发音的能力。以唇声母组合 b/p/m/f 为例，"爸爸买泡芙"中"爸买泡芙"的声母按 b/m/p/f 的顺序进行轮替，"妈妈在泡方便面"中"泡方便面"的声母按 p/f/b/m 的顺序实现了轮替。语音轮替共有 12 个声母组合，在"启音博士语音评估与训练仪"中，每个组合设计 2 个句子，共 24 个句子（见图 18.19）。

语音轮替的句子训练在三维动态场景中进行，通过动画、文字、声调图、问答等多种方式训练患者的连续语音轮替能力。如图 18.20 所示，音位/b，m，p，f/之间的轮替训练句子为"爸爸买泡芙"，与语音重复、语音切换中的句子训练相同，也以问答的形式完成，并显示目标句子的音调图。语音轮替的句子训练也具备录音、判分等功能（如图 18.21），可得到患者每个声母组合的字清晰度、句清晰度、连续语音清晰度以及轮替清晰度，从而进行语音轮替的疗效监控。

轮替清晰度是将轮替正确数除以轮替总数，它由系统自动计算得出。

图 18.20　语音轮替句子训练

图 18.21　语音轮替判分
（启音博士语音评估与训练仪，Dr. Speech™，上海泰亿格康复医疗科技股份有限公司授权使用）

语音轮替部分还设计了"打苍蝇"的游戏，此游戏形式新颖，操作简单，会使患者的主动学习能力得到加强，并可在轻松的氛围中提升其语音轮替能力。如图 18.22 所示，当苍蝇拍打中苍蝇后，界面会跳出含有目标音的词卡，最后组成一句话。例如，进行声母音位组合 b/p/m/f 中"爸爸买泡芙"这句话的游戏时，打中苍蝇后，首先跳出"爸"这个字的词卡，接着打苍蝇，依次出现"爸"、"买"、"泡"、"芙"这几个字的词卡，最后，当这句话完整后，系统朗读：爸爸买泡芙。

由上述"CRDS"训练策略所包含的训练内容可见：

（1）语音巩固模块（C）与构音紧密联结，仅针对词语进行训练；

（2）语音重复（R）、语音切换（S）包括词语和句子两个部分，为实现从词语到句子的过渡服务；

（3）语音轮替（D）则仅包括句子训练。

语音巩固、语音重复、语音切换、语音轮替这四大模块的训练内容是逐层铺垫、层层递进的，最终目的是训练患者连续、清晰地说出整个句子。

常见的语音训练方式主要有由词到句、听说复述、一问一答等。这些传统的言语语言训练方式可以达到语音训练的最终目的，但是其形式的局限性

图 18.22　语音轮替游戏
（启音博士语音评估与训练仪，Dr. Speech™，上海泰亿格康复医疗科技股份有限公司授权使用）

限制了训练的顺利进行及训练的有效性。如何让单调的词语和句子的训练变得更加活泼有趣，如何使得训练效果达到最佳，一直是临床工作者关注的问题，也是本章内容中穿插了大量现代技术手段的原因。

三、语音障碍的重读治疗法

（一）重读治疗法概述

重读治疗法是一种整体性综合言语治疗方法，特别适用于语音障碍的矫治，它将节奏训练与连续语音的发音训练有机结合，旨在通过建立正确的重读方式提高患者连续语音的韵律。重读治疗法主要包括慢板节奏训练、行板节奏训练和快板节奏训练三个部分。

1. 慢板节奏训练

良好的呼吸支持是发出清晰、流畅连续语音的先决条件，慢板节奏训练的目的是促进相关呼吸肌群与发声肌群功能之间的协调，促进由平静呼吸到言语呼吸的过渡。慢板节奏训练类似于"散步"，强调通过缓慢的吸气紧接着缓慢的呼气来进行，且吸气与呼气之间没有停顿。

慢板节奏训练主要通过以低音调、气息声的方式发高元音来完成。低音调的时候，由于声带的紧张度低，声带获得了最大程度的放松，气流使得声带边缘下的上皮层和固有层浅层之间得到很好的运动。气息式发声则提供了较好的伯努利效应，可以使声带边缘周围的黏膜不受损伤，发高元音时，作用在声带上的压力相对较小。

慢板节奏训练采用慢拍，为四分之三拍华尔兹节奏，每个小节有 3 拍。一次完整的慢板节奏训练应持续 6 秒钟，其中三秒钟为吸气，三秒钟为发音。成人的节奏为每分钟 58 拍左右，儿童可稍快（62 拍），老年人可稍慢（54 拍）。慢板节奏训练又分为慢板节奏一、慢板节奏二和慢板节奏三三个部分。

（1）慢板节奏一训练

图 18.23 是慢板节奏一的节拍，它通过缓慢的节奏训练，让患者掌握良好的发音方式。训练时，每个元音都伴随着音乐节奏，开始时，以高强度发音，中间以较低强度发音，结束时也以低强度发音，形成"吸气，强—弱—弱"的节拍方式，如"吸气，I—i—i"，这样的节奏训练类似于流行的有氧健身运动。

（2）慢板节奏二训练

慢板节奏二是慢板节奏训练中最重要的训练方法，这种训练的节拍为"吸气，弱—强—弱"，如"吸气，i—I—i"，即第一个和第三个元音非重读，第二个元音重读，要求患者开始时以低强度发音，中间以高强度发音，结束时回到低强度的发音。训练期间，每个元音的发音都伴随着音乐节奏，开始时以低强度发音，中间以高强度发音，结束时回到低强度，如图 18.24 所示。

言语治疗师可以采用生理腹式呼吸训练中的同步训练和交替训练法进行慢板节奏二的重读训练。治疗师和患者并肩站立，双手互握，用同一节奏进行呼吸运动，治疗师的躯体跟随患者的躯体运动，吸气时向

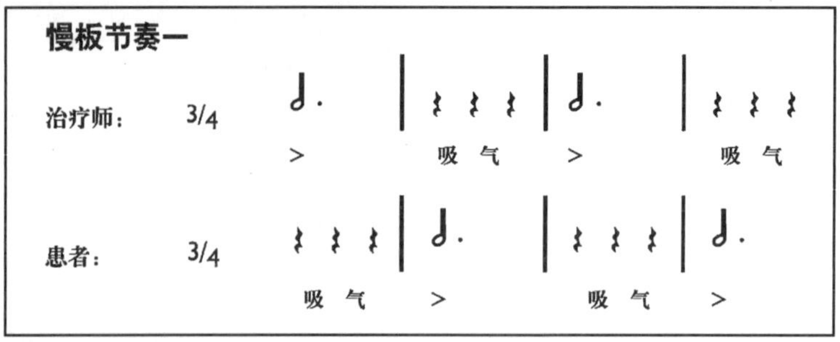

图 18.23　慢板节奏一训练

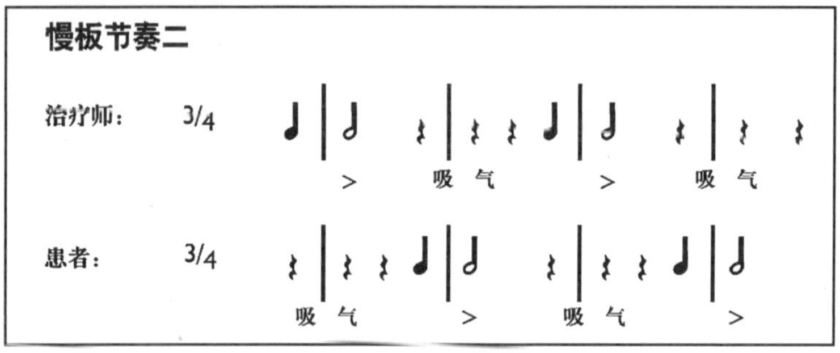

图 18.24　慢板节奏二训练

前运动,发音时向后运动。治疗师和患者将自己的手背触及对方的腹部。通过触及对方腹部时手施加的力,治疗师和患者可以互相控制身体的运动。

当患者发音令人满意,身体的运动与发音过程协调一致时,治疗师和患者可以交替地进行练习。治疗师指导患者时,首先做出正确呼吸和发音的示范,然后让患者重复进行这项训练。当他们的身体同步向前或向后移动时,他们的呼吸是对立的。为了让患者更进一步地意识到气流量对发音的重要性,治疗师可以建议患者将手放在嘴前感觉气流。与平静呼吸时胸部不能运动相比,发重音时胸部必须向前运动,这点很关键。但是这种向前运动必须处于一种被动状态,这种运动应是由腹肌收缩导致的肺内空气的压缩所引起的。在训练中可以观察到,发重音时胸骨上抬。

(3) 慢板节奏三训练

当患者可以连续发一个元音超过 2 秒,便可以进行慢板节奏三的训练,这时可将重音分两部分发出,但必须连贯。如图 18.25 所示,慢板节奏三的训练节拍为"吸气,弱—强—强",如"吸气,i—l—l"。开始时,患者和治疗师共同练习,当患者能够独立正确地完成训练后,治疗师可以录下一段声音并制成磁带或光盘(长度为三到十分钟),帮助患者在家进行自助训练。但关键的是,治疗师应该提醒患者在家进行训练之前首先要检查自己的练习方式是否正确,这样能够使患者在家训练时避免可能的错误。患者应该严格遵循治疗师的指导在家中进行训练,完成家庭作业。

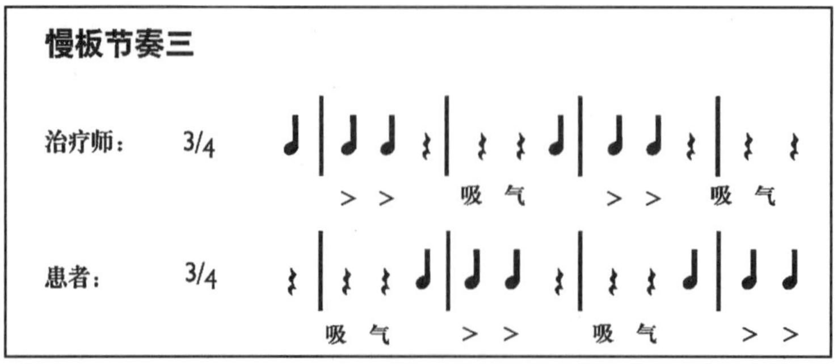

图 18.25　慢板节奏三训练

言语治疗学

（4）慢板节奏训练中的躯体和手臂运动

慢板节奏训练的呼吸节奏非常缓慢,并且伴有肢体运动,即在平静呼吸状态下躯体在吸气时稍向前运动,呼气时稍向后运动。这种运动可以借助于手臂的运动来增加其感受性,手臂向前上伸至水平位,然后在发重音时向后下方摆动,此时重音应感觉是从身体重心处发出,且手臂运动必须同躯体运动和发音协调一致。可以将慢板节奏二的训练类比为抛物运动,即石头被抛出时,手臂起先向后运动,然后手臂加速向前做抛物运动,至石头被抛出时获得最大的运动速度。手臂的向后运动对应于平静而缓慢的吸气,开始抛物时手臂的紧张度较低,之后紧张度增加至石头被抛出,石头抛出以后,手臂的紧张度再次下降。这好比在发重音时,发音强度由低至高,后又回到低重音位。患者必须感到声音发出时伴随最大的呼气运动,就好像石头抛出时伴随最大的运动速度。强调发音和抛石头之间的类比关系很有必要,在未达到最大的运动速度时石头不会被抛出。类似的关系同样存在于发音(呼气)与躯体运动之间,在这些训练中手臂和躯体的运动使得肺部呼出的气流得到加强,从而激发了重音的产生。同时平静吸气和无停顿的手臂轻微摇摆运动促进了身体放松。

（5）构音重读治疗中的慢板节奏训练

构音重读治疗主要是由韵母训练和声母训练两个部分组成的。开始训练阶段应以发高元音/u/和/i/为主,最终过渡到声母与韵母的结合,遵循这种系统化训练的模式能取得良好的成效。一般而言,韵母重读训练法以慢板节奏二为主。

① 单韵母的重读训练

汉语中有 6 个单韵母,下颌、唇、舌的位置决定了每个单韵母的生理和声学特征。在构音治疗中,比较容易出现问题的单韵母发音是由于舌的前后运动、上下运动和唇的圆展运动异常造成的,因此在构音重读治疗中,主要针对上述三种运动而设计训练,如表 18.5、表 18.6 和表 18.7 所示。

表 18.5 舌前、后运动训练

前—后	后—前	前—后	后—前
i—U—u	u—I—i	ü—U—u	u—Ü—u
i—O—o	o—I—i	ü—O—o	o—Ü—u
i—E—e	e—I—i	ü—E—e	e—Ü—u
i—U—u	u—I—i	i—Ü—e	e—Ü—i
i—Ü—u	u—Ü—i		
i—Ü—o	o—Ü—i		

表 18.6 圆唇训练

展—圆	圆—展	展—圆	圆—展
i—Ü—i	ü—I—ü	e—O—e	o—E—o

表 18.7 舌上、下运动训练

上—下	下—上	上—下	下—上
i—A—a	a—I—i	ü—A—a	a—Ü—ü
u—A—a	a—U—u	e—A—a	a—E—e
o—A—a	a—O—o	i—A—u	u—A—i
ü—A—u	u—A—ü	i—A—e	e—A—i
i—A—o	o—A—i	ü—A—e	e—A—ü
ü—A—o	o—A—ü		

标小写字母的表示非重读韵母,标大写字母的则表示重读韵母。如表 18.5 中的第一列和第三列分别为舌向前运动和向后运动的过渡,第二列和第四列为舌向后运动和向前运动的过渡,分别通过发出不同舌位的元音来完成。如"i—U—u"表示通过慢板节奏二来训练舌从前向后运动的能力,第一个小写字母"i"提示治疗师诱导患者首先吸气,从弱拍开始,发出"i",然后在第二个强拍时发出"U",在最后一个弱拍时也发出"u",因此,大写字母表示在强拍发音,小写字母表示在弱拍发音。通过这样交替发出/i/和/u/可以有效地训练舌从前向后运动的能力。表 18.6 和表 18.7 所示为圆展唇训练和舌上下运动训练的重读设计形式。

在韵母重读训练期间所出现的关于韵母发音质量的变化,可以通过采用事先挑选好的词汇和语句进行声学分析,包括基频、强度、频谱、共振峰和语谱图。但要在韵母训练前后同等的条件下进行测试和分析。韵母重读训练后,功率谱的高频部分将更显突出,在 1000 至 5000 赫兹内的能量变得更多,这说明发音质量转变成一种清晰、强烈和洪亮的音色。韵母重读训练后,构音音位更加精确。

② 复韵母的重读训练

在单韵母发音清晰的基础上,还要通过重读训练的形式,提高患者复韵母发音的能力。汉语中的复韵母一共有 13 个,如表 18.8 所示,按照开口不同,可将复韵母分为开口呼、齐齿呼、合口呼和撮口呼四类,可以将每个复韵母作为重读训练的材料,以慢板节奏二的训练形式诱导患者发出。如表中的第一个复韵母/ai/,可以设计为[ai—AI—ai],与单韵母训练的方法相同,小写字母表示弱拍,大写字母表示强拍。治疗师需要诱导患者通过三个不同强弱的拍子发出复韵母/ai/,首先是弱拍的/ai/,然后是强拍的/AI/,最后以弱拍的/ai/结束。训练时,每个拍子之间停顿一秒。

表 18.8　复韵母综合课程

开口呼	[ai] 哀	[ei]	[ao] 熬	[ou] 欧
齐齿呼	[ia] 呀	[ie] 耶	[iao] 腰	[iou] 忧
合口呼	[ua] 蛙	[uo] 窝	[uai] 歪	[uei] 威
撮口呼	[üe] 约			

③ 鼻韵母的重读训练

鼻韵母是汉语构音治疗中的难点,也是治疗的重点,汉语中的鼻韵母个数较多,其发音质量的高低将在很大程度上影响患者整体的构音清晰度。如表 18.9 所示,16 个鼻韵母也可以按照不同开口分为四种类型,可以将每个鼻韵母作为重读训练的材料,以慢板节奏二的训练形式诱导患者发出。如表中的第一个复韵母/an/,可以设计为[an—AN—an],与单韵母训练的方法相同,小写字母表示弱拍,大写字母表示强拍。治疗师需要诱导患者通过三个不同强弱的拍子发出复韵母/an/,首先是弱拍的/an/,然后是强拍的/AN/,最后以弱拍的/an/结束。训练时,每个拍子之间停顿一秒。

表 18.9　鼻韵母综合课程

开口呼	[an] 安	[en] 恩	[ang] 昂	[eng] 亨的韵母	
齐齿呼	[ian] 烟	[in] 因	[iang] 央	[ing] 英	
合口呼	[uan] 弯	[uen] 温	[uang] 汪	[ueng] 翁	[ong] 轰的韵母
撮口呼	[üan] 冤	[ün] 晕	[iong] 雍		

2. 行板节奏训练

行板节奏训练的目的是增加呼吸肌群、发声肌群和构音肌群运动的灵活性,促进呼吸、发声和构音之间的协调性,从而建立正确的言语呼吸方式。该训练中的行板节奏类似于"走路"。

进行行板节奏的训练时,要求正常起音、声音响亮。行板节奏训练采用的是进行曲节奏,每小节四拍,对于成年人最自然的节律是每分钟七十拍左右,最初用于基本训练。当患者掌握了技巧后,节律可以适当增加。对儿童的训练,节奏可以稍快(七十六拍),而针对老年人的训练节奏应相对慢一些(六十四拍)。行板节奏训练分为四个部分。

(1) 行板节奏一训练

行板节奏一的每次训练从弱起小节开始,第一小节的八分休止符为吸气时间,要求呼吸主动、迅速,吸入的空气充足,紧接着是一个八分音符弱拍和三个四分音符强拍的发音,如图 18.26 所示。治疗师和患者以这种方式轮流进行发音,患者总是比治疗师相差一小节,即治疗师在患者停顿时发音,而患者在治疗师停顿时发音。行板节奏一训练是行板节奏训练中最重要的训练方法,它强调呼吸主动、迅速,要求患者在最后一个重音发完之后,腹肌迅速放松,而腹壁在放松期间部分向外运动开始同步的吸气。在行板节奏训练时,由腹腔运动产生重音,从而导致胸腔上部的被动抬升,这种抬升运动在发重元音时能观察到,并且患者自己可以通过分别放在腹部及胸部的手来控制。平静吸气时,放在腹部的手应感到腹部随着呼吸移动,放在胸部的手则感觉不到明显的运动,但在发重音时放在胸部的手应该感到胸部有稍许向前的运动,而发弱音时胸部则不需要运动。

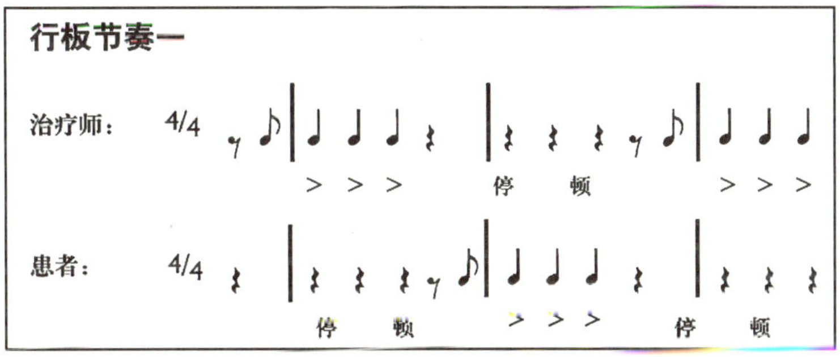

图 18.26　行板节奏一训练

(2) 行板节奏二、行板节奏三、行板节奏四训练

在进行行板节奏一训练后,言语治疗师可以根据患者的情况,对节奏做一些变换,如果将行板节奏一中的三个四分之一强拍中的一个分成两个八分之一强拍,就能获得四个强拍,就能产生行板节奏二(图18.27)、行板节奏三(图 18.28)和行板节奏四(图 18.29)的训练。

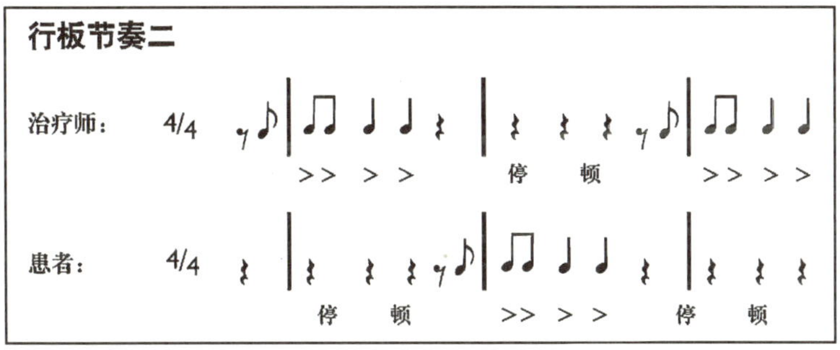

图 18.27　行板节奏二训练(行板一中的第一个 1/4 强拍被分成两个 1/8 强拍)

无论节奏如何变换,都应确保:呼吸主动、迅速,吸入的空气要充足;弱拍为非重音拍;三个重音拍等长等强;最后一重音发完之后腹肌迅速放松,而腹壁在放松期间部分向外运动,开始吸气。

(3) 行板节奏训练中的躯体和手臂运动

行板节奏训练中的身体运动包括两项同步运动:躯体运动和前臂运动。我们设法让整个躯体围绕矢

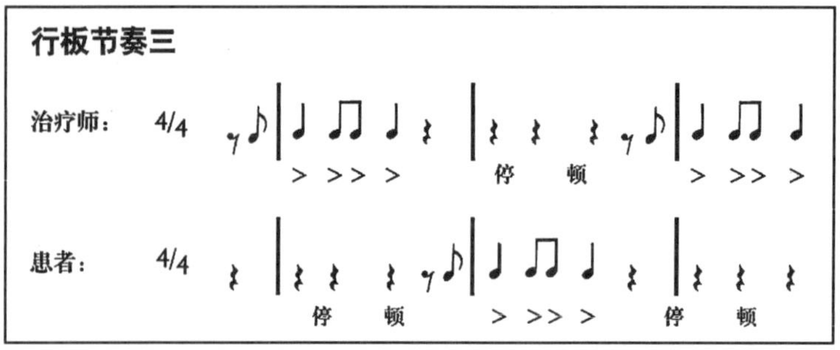

图 18.28　行板节奏三训练(行板一中的第二个 1/4 强拍被分成两个 1/8 强拍)

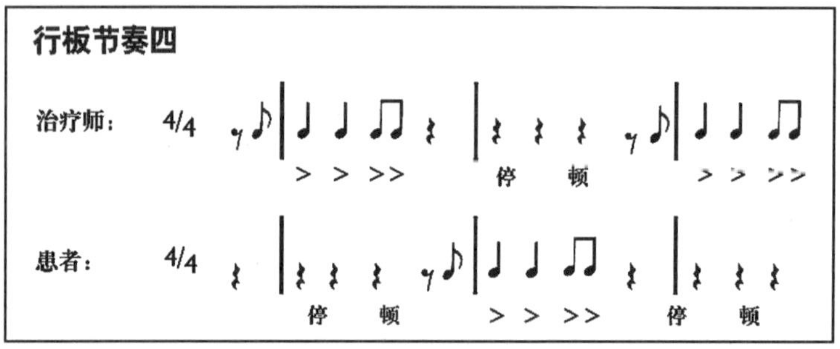

图 18.29　行板节奏四训练(行板一中的第三个 1/4 强拍被分成两个 1/8 强拍)

状轴旋转,如行走时观察到的那样。训练躯体运动时,身体采取直立位,双脚左右分开约三十公分,身体旋转过程中可或多或少地伴随发音。这项训练表现出明显的个性差异,有些患者显得较为刻板,而另一些患者则较灵活。行板节奏训练时,发重音可以借助前臂的向前平伸运动,从这个姿势开始发重音,前臂往下甩,完成一个躯体的动作。与慢板节奏训练(整个手臂运动参与发音)相比较,行板节奏训练中只有前臂运动参与发重音,因此躯体和手臂运动应该联合起来,即手臂的运动伴随着躯干围绕垂直轴的旋转。

(4) 构音重读治疗中的行板节奏训练

构音重读治疗主要是由韵母训练和声母训练两个部分组成的。韵母重读训练法以慢板节奏二和行板节奏一为主,而声母重读训练法以行板节奏一为主。

① 单韵母的重读训练(行板节奏一)

除了可以通过慢板节奏二的形式完成相互的切换发音训练外,还可以通过行板节奏一的形式,进一步巩固舌的前后运动能力、唇的圆展能力以及舌的上下运动能力,如表 18.10、表 18.11 和表 18.12 所示。训练中标小写字母的表示非重读韵母,标大写字母的则表示重读韵母。如表 18.10 中的第一列和第三列分别为舌向前运动和向后运动的过渡,第二列和第四列为舌向后运动和向前运动的过渡,分别通过发出不同舌位的元音来完成。如"i—I—U—u"表示通过行板节奏一来训练舌从前向后运动的能力,第一个小写字母"i"提示治疗师诱导患者首先吸气,从弱拍开始,发出"i",然后在第二个强拍时发出"I",在第三个强拍时发出"U",在最后一个强拍时也发"U"。因此,大写字母表示在强拍发音,小写字母表示在弱拍发音。通过这样交替发出/i/和/u/可以有效地训练舌从前向后运动的能力。表 18.11 和表 18.12 所示为圆展唇训练和舌上下运动训练的重读设计形式。

表 18.10　舌前、后运动训练

前—后	后—前	前—后	后—前
i—I—U—U	u—U—I—I	ü—Ü—U—U	u—U—Ü—Ü
i—I—O—O	o—O—I—I	ü—Ü—O—O	o—O—Ü—Ü
i—I—E—E	e—E—I—I	ü—Ü—E—E	e—E—Ü—Ü
i—I—Ü—U	u—U—Ü—I	i—I—Ü—E	e—E—Ü—I
i—I—Ü—O	o—O—Ü—I		

表 18.11　圆展唇训练

展—圆	圆—展	展—圆	圆—展
i—I—Ü—I	ü—Ü—I—Ü	e—E—O—E	o—O—E—O

表 18.12　舌上、下运动训练

上—下	下—上	上—下	下—上
i—I—A—A	a—A—I—I	o—O—A—A	a—A—O—O
ü—Ü—A—A	a—A—Ü—Ü	ü—Ü—A—U	u—U—A—Ü
u—U—A—A	a—A—U—U	i—I—A—O	o—O—A—I
e—E—A—A	a—A—E—E	ü—Ü—A—O	o—O—A—Ü
i—I—A—U	u—U—A—I		
i—I—A—E	e—E—A—I		
ü—Ü—A—E	e—E—A—Ü		

② 复韵母的重读训练

表 18.8 中，可以将每个复韵母作为重读训练的材料，以行板节奏一的训练形式诱导患者发出。如表中的第一个复韵母/ai/，可以设计为[ai—AI—AI—AI]，与单韵母训练的方法相同，小写字母表示弱拍，大写字母表示强拍。治疗师需要诱导患者通过四个不同强弱的拍子发出复韵母/ai/，首先是弱拍的 /ai/，然后是三个强拍的/AI/，训练时，每个拍子之间停顿一秒。

③ 鼻韵母的重读训练

表 18.9 中，可以将每个鼻韵母作为重读训练的材料，以行板节奏一的训练形式诱导患者发出。如表中的第一个复韵母/an/，可以设计为[an—AN—AN—AN]，与单韵母训练的方法相同，小写字母表示弱拍，大写字母表示强拍。治疗师需要诱导患者通过三个不同强弱的拍子发出复韵母/an/，首先是弱拍的/an/，然后是三个强拍的/AN/，训练时，每个拍子之间停顿一秒。

④ 声母重读训练

和韵母训练一样，在构音矫治过程中采用一种系统的声母训练模式十分必要。在汉语中，声母训练总是和韵母训练相结合，如表 18.13 所示。一般的构音重读治疗都是从声母开始的。

表 18.13　声母 /b、p、m /的行板节奏一训练

声母/b/＋单韵母	声母/p/＋复韵母(开口呼)	声母/m/＋鼻韵母(开口呼)
ba—BA—BA—BA(ba 巴)	pai—PAI—PAI—PAI(pai 拍)	man—MAN—MAN—MAN(man 蛮)
bo—BO—BO—BO(bo 玻)	pei—PEI—PEI—PEI(pei 胚)	men—MEN—MEN—MEN(men 闷)
bi—BI—BI—BI(bi 逼)	pao—PAO—PAO—PAO(pao 抛)	mang—MANG—MANG—MANG(mang 忙)
bu—BU—BU—BU(bu 不)	pou—POU—POU—POU(pou 剖)	meng—MENG—MENG—MENG(meng 盟)
ba—BO—BI—BU	pai—PEI—PAO—POU	man—MEN—MANG—MENG

在言语治疗中，韵母和声母都需进行变换。训练开始阶段，构音治疗只进行韵母的变换练习，以后才逐渐混入声母训练。训练后，声母的发音变得更强有力，而且更加清晰。这是因为此项训练增加了呼气力量和构音音位的精确程度。言语重读治疗后的一般情况是声母的发音更有力度，更加清楚，甚至表现为一个长句的最后一个声母的发音都很清晰。这与韵母训练的效果相同，即增加了言语的清晰度。

3. 快板节奏训练

快板节奏训练比行板节奏训练的速度稍快，类似于"跑步"，它的训练目的是提高呼吸、发声和构音系

统的灵活性以及三者之间良好的协调性。进行快板节奏训练时,必须做足够的深吸气,以维持较长的发音。

快板节奏训练对成年人而言大约为每分钟八十八拍。对儿童的训练,节奏可以稍快(九十四拍),而对老年人的训练节奏应相对慢一些(八十二拍)。快板节奏训练分为两个部分,其中快板节奏一训练最为重要。

(1)快板节奏一训练

如图 18.30 所示,快板节奏一训练是在行板节奏一训练的基础上,将其中第一和第二拍分成四个 1/8 强拍,因此整个训练中,在一阵短而深的主动吸气后,紧接着是一个八分之一弱拍、四个八分之一强拍和一个四分之一强拍。快板节奏训练起来较为困难,因为呼气运动很小且互相连接。因此如前所述,观察胸腔上部的被动抬升是很重要的。所有的重音拍必须都能听见,且感觉像一个整体,每一个独立的节拍之间不能有停顿,训练必须从弱拍开始,以后连着发重拍。

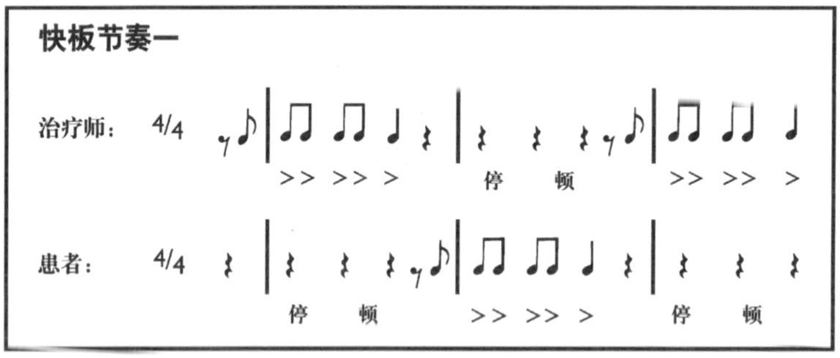

图 18.30　快板节奏一训练

如果患者不能较好地进行快板节奏训练,治疗师应放慢训练节奏。如果患者仍不能适应,则应该重复行板节奏,甚至慢板节奏的训练,直至患者有能力进行快板节奏训练。

(2)快板节奏二训练

快板节奏二训练将重音的个数增加至十三个,如图 18.31 所示,要求患者可以长时间发一连串的重音拍,这对提高连续语音的韵律较为有效。这项训练最为困难,通常是针对演员和歌唱家进行训练的,他们能够长时间发一连串的重音拍。通过快节奏重音训练,患者或演员将能够提高呼吸、发声和构音的灵活性以及三者之间良好的协调性。

图 18.31　快板节奏二训练

在快板节奏训练中,只见腹壁运动,而胸腔运动不明显,这是因为发重音时一个紧接着一个。因此在快板节奏的两项训练中,我们可以见到腹壁的连续内移动作。进行快板节奏训练时,必须做足够的深吸气,以维持较长的发音。

(3)快板节奏训练中的躯体和手臂运动

快板节奏训练中,躯体的自然运动应包括轻快、灵活、迅速地上下跳跃,膝部稍微弯曲。慢板节奏训练强调整个手臂的运动,行板节奏训练则强调前臂运动。在快板节奏训练中,只有手和手指的运动参与,节奏越快,肢体运动的幅度越小,当节奏加快时,我们会本能地抑制身体的运动。

(二)语音重读治疗中的能量法

在一个汉语音节中,声学能量主要集中在韵母上,因此解决发音的能量问题是首要的任务。能量法的训练目的是寻找能量集中的位置,强调从声、韵母到音节、词语和句子的过渡,加强发出连续语音的诱导。能量法使用时一般不超过四个音节。

能量法采用重读训练的形式,配合不同长度的言语声进行。一般先使用慢板节奏二的训练节拍,发出一个单音节词,如"狗",可以采用"[ou—OU—ou],吸气,狗"的形式发出,言语治疗师首先诱导患者发出单音节词"狗"的韵母部分/ou/,注意以"弱　强—弱"的节拍方式发出,训练要点要符合慢板节奏二的训练要求,然后要求患者吸气,再自然地发出"狗"。

单音节词的重读发音通过后,言语治疗师可将节拍加快,同时,言语声音的长度也随之增加,可选用行板节奏一的训练节拍,让患者发出双音节词或短语,如"狗和猫",可以采用"[ou—OU—E—AO],吸气,狗和猫"的形式发出。言语治疗师首先诱导患者发出"狗和猫"的韵母部分/ou/、/e/、/ao/,并以"弱—强—强—强"的节拍方式发出,注意训练要点要符合行板节奏一的训练要求,然后要求患者吸气,再自然地发出"狗和猫"。类似地,言语治疗师还可以将单音节词过渡到更长的言语声,如:

狗在跑(gou zai pao):

　　[ou—OU—AI—AO],吸气,狗在跑。

乌龟在跑(wu gui zai pao):

　　[u—U—UEI—AO],吸气,乌龟在跑。(常用)

　　[u—UEI—AI—AO],吸气,乌龟在跑。

(三)语音重读治疗中的支架法

支架法通过寻找音节、词语和句子的发音支架,并辅以重读训练的节拍特点而完成,它的主要应用范围是字、词语和句子的过渡,一般超过四个音节。

言语治疗师在进行支架法重读训练时,首先选择一定长度的句子,然后选出这个句子中的支架音位,如句子"一只绿色的乌龟"的支架音位为"yi zhi lü se de wu gui",接着对这四个支架音位逐个进行重读训练,并逐渐将其组合起来,使其越来越接近最终的完整句。

如图18.32所示,言语治疗师首先对第一个支架音位/i/进行慢板节奏二的重读训练,诱导患者以一种轻松的方式发出该音位。然后对第二个支架音位/ü/也进行慢板节奏二的重读训练,并同时诱导患者自然发出双音节词"绿色",如图18.33所示。接下来,言语治疗师指导患者进行双音节词"乌龟"的行板节奏训练,要求患者以行板节奏一的重读训练方法发出第三个和第四个支架音位/u/和/uei/,如图18.34所示。

图18.32　/i/的慢板重读训练

图18.33　/ü/的慢板重读训练

至此,已经完成了四个支架音位的重读训练,然后开始进行支架音位组合的重读训练,首先训练"一只乌龟",采用行板节奏一的训练方式,诱导患者发出第一个、第三个和第四个支架音位/i/、/u/和/uei/,如图

18.35 所示。如此重复,可继续进行"绿色的乌龟"的行板节奏一训练,最终,把各个支架音位组合成完整的句子"一只绿色的乌龟",即通过逐步逼近的方式,将各个支架音位进行组合,并诱导患者连续发出,从而最终提高连续语音的韵律。

图 18.34　/u /和 /uei /的行板重读训练　　　　图 18.35　/i /、/u /和 /uei /的行板重读训练

(四) 现代技术在语音障碍重读治疗法中的应用

重读训练的核心是不同的节拍训练,将这些节拍训练用在不同的言语声上,就可以获得不同的训练效果。"启音博士言语重读干预仪"(Dr. Speech™,上海泰亿格康复医疗科技股份有限公司授权使用)是进行语音重读治疗的专业训练设备,它运用数字信号处理技术对实时录入的言语声音或自带课程中的有声语言进行波形、基频、强度的显示及分析,帮助患者顺利完成从言语(口语)到语言能力(有声语言)的过渡,提高其言语语言综合能力。言语重读干预仪可以对患者发出的言语声音进行实时分析,通过测量言语信号的韵律能力,即平均基频、平均强度、基频标准差、基频范围、语调、语速等指标,确定治疗起点和治疗内容。

言语重读干预仪中的重读治疗法课程包含了不同韵母和声韵组合的慢板、行板训练材料,言语治疗师可以根据患者的实际情况,选择要训练的材料,让者进行匹配训练,并对患者发出的声音进行声学分析,图 18.36 所示为圆展交替运动下的两个韵母/ü/和/i/的慢板节奏训练,采用[ü—I—ü]的形式发出。图 18.37 所示为行板节奏训练一,采用[bɑ—BO—BI—BU]的形式发出,上面的窗口为标准化的录音材料,言语治疗师可先让患者聆听并观察波形的变化,然后对患者的发音模仿进行实时录音,患者可直观地观察到自己的发音与目标发音的区别,便于进行自我调整。言语重读干预仪还可以对患者发出的声音进行基频、强度的实时测量,为言语治疗师纠正患者的发音提供有效的参考指标。

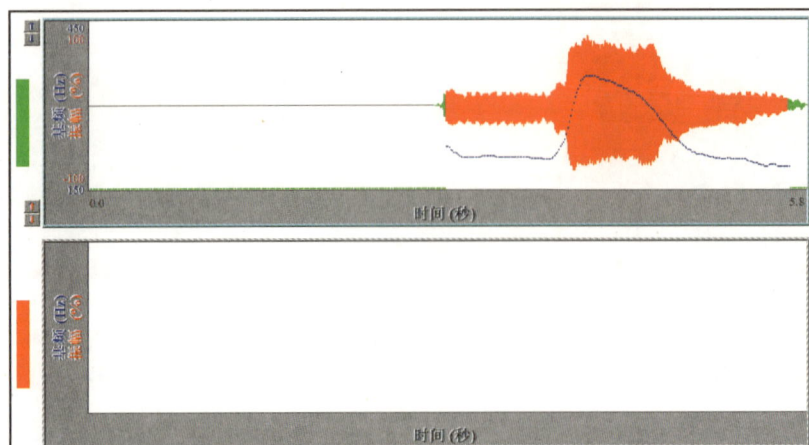

图 18.36　韵母 /ü /和 /i /的慢板节奏训练[ü—I—ü]
(启音博士言语重读干预仪,Dr. Speech™,上海泰亿格康复医疗科技股份有限公司授权使用)

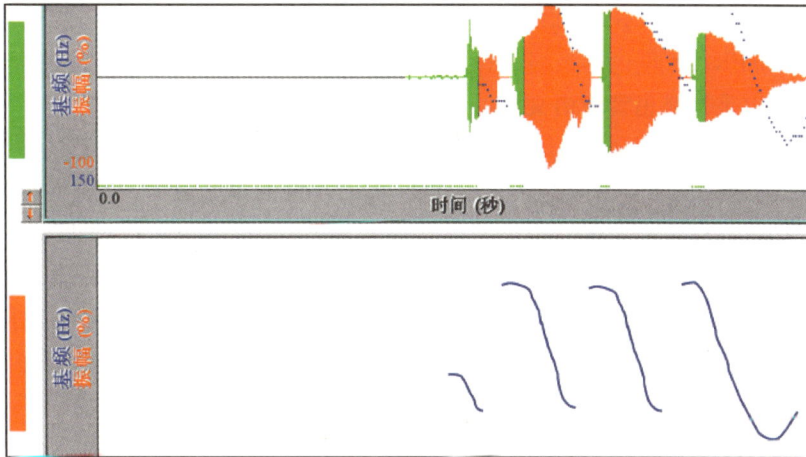

图 18.37　行板节奏训练—［bɑ—BO—BI—BU］
（启音博士言语重读干预仪，Dr. Speech™，上海泰亿格康复医疗科技股份有限公司授权使用）

除了慢板、行板和快板节奏的基本训练外，言语重读干预仪还为患者提供了言语技能训练课程，由易到难依次为词汇、词语、句子（基础）和句子（提高），治疗师可以选择适合患者的课程，通过独特的双屏显示模式，可以对其进行然言语的匹配训练，并同时对上述测量指标进行监控，使治疗效果一目了然。图18.38 所示为词语"八月"的训练波形，图 18.39 所示为句子"我在北京工作一年多了"的训练波形。

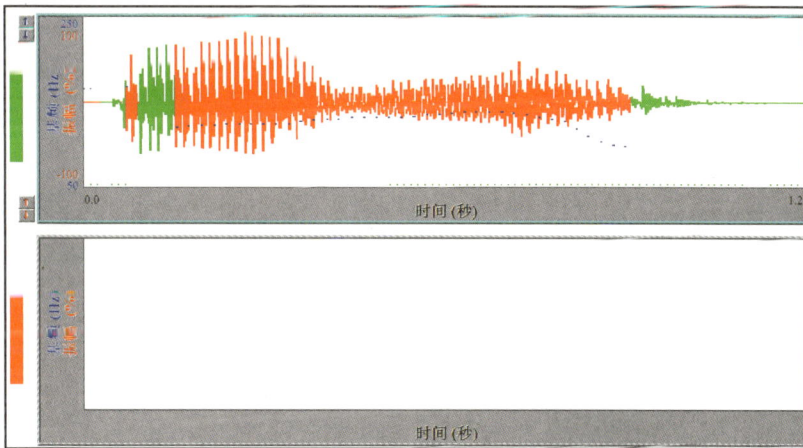

图 18.38　词语的重读训练（"八月"）
（启音博士言语重读干预仪，Dr. Speech™，上海泰亿格康复医疗科技股份有限公司授权使用）

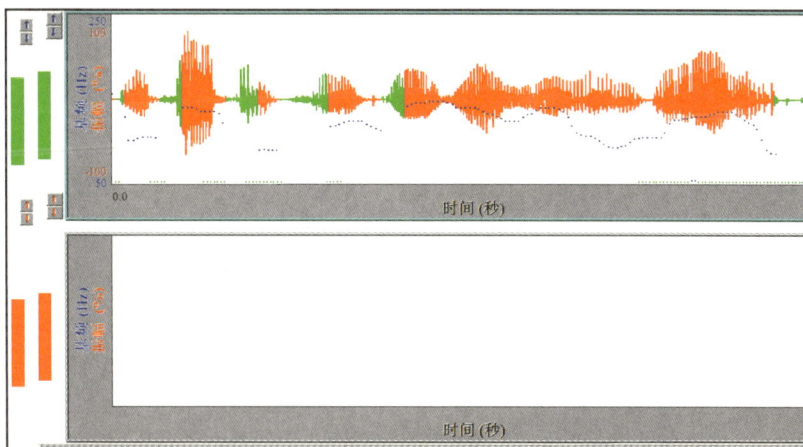

图 18.39　句子的重读训练（"我在北京工作一年多了"）
（启音博士言语重读干预仪，Dr. Speech™，上海泰亿格康复医疗科技股份有限公司授权使用）

语音障碍的矫治需要通过"CRDS"训练策略与重读训练相结合才能获得最佳的治疗效果。语音障碍的矫治也是言语治疗"RPRAP"理论的最终目标,即促进患者建立清晰、连贯、正常的言语过程,它是言语矫治效果的最终体现,也是提高患者言语交流能力的最终表现。

　　本书详细讲述了在言语治疗"RPRAP"理论的指导下,如何对有言语障碍的患者进行科学的评估,评价其言语产生过程中的呼吸功能、发声功能、共鸣功能、构音功能和语音能力,特别注重五大功能板块之间的内涵与关系,并根据目前存在的主要障碍类型及其临床表现,给出了一套针对性的言语治疗方法,并与现代技术手段紧密结合。这一套评估、治疗、监控的方法为言语障碍患者的康复提供了科学基础和实用方法,也为言语听觉科学专业学生、言语康复领域专业人员的专业学习与深造提供了实用材料。

第十九章　影响言语产生的相关疾病

阅读完本章之后，你将：

1. 熟悉言语产生过程中出现的问题与源滤波理论的关系；
2. 理解如何测量元音的时长和共振峰，并描述构音异常；
3. 了解对于构音障碍来说，辅音的语谱分析的重要性；
4. 能区分听力障碍人群的言语音段音位和超音段音位问题；
5. 理解对于听障人群的视觉反馈来说，频谱图、腭部测量仪和舌部测量仪的重要性；
6. 熟悉语音障碍人群的语谱分析；
7. 熟悉如何使用声学分析来使气管切开术和腭裂人群描述言语。

　　正确的构音是言语可懂的基础。言语可懂度是一个多元的概念，包括了构音精确度的等级、说话的速度及话语长度等因素、对所用词语的熟悉度和可预测性，以及听众对说话者说话模式的熟悉度等。较差的言语可懂度导致了沟通不畅。言语可懂度不佳是一项社会性的、专业性的、教育性的损害，因此提高言语可懂度是临床矫治中重要的目标之一。

　　言语可懂度的测量是通过两种技术：其一是缩放程序，听众通过这个来评估个人的整体言语清晰度；其二是再认任务，听众要能够重复说者所说的内容。这些得分用于临床评估病人如何有效地沟通及监控病人在一段时间内言语可懂度的变化。但是，人们很少提供有关声学和语音学的信息来改变言语可懂度的得分。例如，有两个人在言语可懂度测试中的得分或等级一致，但这是由于完全不同的构音错误导致的。这样这种类型的等级只是从整体上来评价被试的言语可懂度，而不可能从这些得分中知道它们的构音问题所在，所以很难知道治疗该从哪里开始。

　　准确知道人如何构音后，训练时就可以结合个人的言语产生模型，确保治疗尽可能地有效。在临床上，不同声音的构音运动和构音语音知识是十分有用的。反映构音功能的声学信息可以用于诊断病人如何构音，也可以在训练中帮助病人将正确和错误的发音方式形象化，也可以作为治疗过程中的一个监控发音功能的手段。这不仅对临床和对病人有效，也是确保训练有效性的重要进展文件。

　　Source filter 理论为言语产生的概念化问题指了一条路。问题既可能发生在声音产生的源头上，也可发生在滤波过程中，或者两个都出现问题。问题也可能影响输出阶段。声源包括了任何影响声带振动，导致音质问题的声音，例如嘶哑声和气息声。举例来说，喉部肌肉僵硬经常出现在帕金森氏症病人身上，这就是一个源头的问题，即声带的振动受影响了。声源问题也出现在口腔，发生在塞音、擦音、塞擦音上，所以声源问题会影响构音和言语可懂性。滤波及模拟声波的问题发生于声门处或者口腔里，导致构音及言语清晰度问题。输出功能可以通过元音和辅音时长测量、元音共振峰和频谱图测量等反映出来。

　　另一种通过共振峰的测量来研究神经系统障碍患者的构音功能的方法，是通过测量 F2 的过渡段来实现的。F2 能体现舌位的前后，和构音部位相关。共振峰中的过渡段就是按照 F2 的斜率来测得的。过渡段的时长测量以毫秒（ms）为单位，幅度测量以赫兹（Hz）为单位，所以斜率的单位就是赫兹每毫秒（Hz/ms）。如果斜率较为平坦则表示构音运动的时间较长，并且舌的运动较慢，运动幅度也小。

第一节 构音障碍

构音障碍指的是和言语相关的组织肌力低下、瘫痪或运动不协调等一系列神经障碍。中风、头部伤害,以及帕金森氏症(PD)和肌萎缩性脊髓侧索硬化症(ALS)等进行性的神经疾病都会导致构音障碍。关于构音障碍的声学特征的研究已经非常丰富,这对于我们研究基础的构音功能有很大的帮助。元音和辅音的时长、共振峰频率、音素的频谱分析等客观测量手段是我们主观判断个体言语清晰度的有利补充,也可以表现出个体是如何进行缺陷补偿的。在临床上,两个发声听起来差不多并且言语清晰度分值也相仿的患者可能在构音运动、补偿技巧上却大相径庭,这些信息只靠主观评分是无法辨别的,而客观的测量手段却可以清晰展现。显然,每个个体的治疗方案都应该更关注这些特定的基础问题。

一、元音时长测量

通过比较普通说话者和构音障碍患者的元音、辅音时长的差异可以发现患者构音运动的时长问题。研究发现,构音障碍患者的元音、辅音时长比普通人更长,并且各类构音障碍患者之间个体差异很大。Caruso 和 Burton 在 1987 年选取了一批言语清晰度为 80%—85% 的 ALS 患者作为被试进行研究,发现他们的元音时长显著大于普通人,说明其舌的运动可能缓慢或无力。这个舌运动速度的改变可以作为 ALS 的早期症状,是在患者的言语出现歪曲之前就能被发现的一个表现。因此,这些声学测量能揭示构音功能中的时长异常现象,有利于更早发现疾病。

Seddoh 等人在 1996 年发现在其他有神经问题的病人中,元音和辅音的时长增加也是总体言语速率下降的体现。LeDorze 等人在 1994 年研究得出,一般人每秒钟能说约 4.7 个音节,但是构音障碍患者每秒只能说 3.1 个音节。图 19.1 是一个构音障碍患者说"You wish to know all about my grandfather."这个句子时的语谱图。与正常人说这个句子的语谱图相比较,构音障碍患者的每个音都比正常人的长。

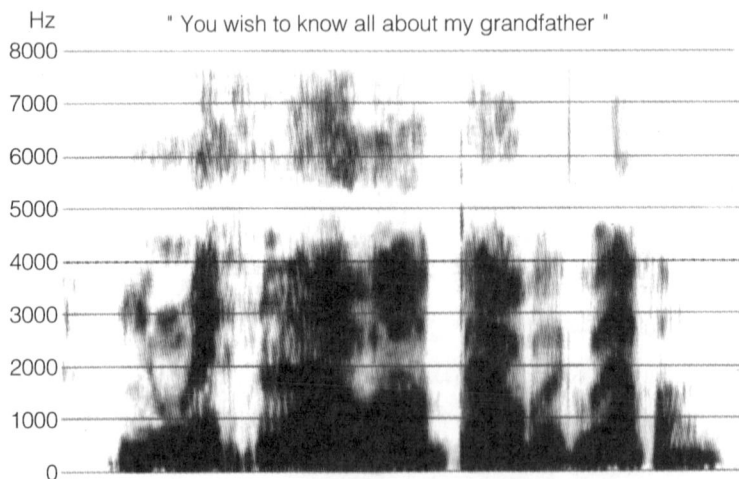

图 19.1 构音障碍患者的语谱图

二、共振峰频率测量

其他的声学测量方法还有共振峰及其过渡段的测量。患者发每一个元音的时候,我们都能得到 F_1 和 F_2 两个共振峰,如图 19.2。图形中显示的元音空间大小能提示患者说话时舌的运动。

一些构音障碍患者的元音共振峰图上,元音空间较小,即共振峰值低,一些非中位元音如 /i/、/ɑ/和 /u/ 在图上的范式更像是中位元音。这个元音空间变小的压缩现象说明了构音障碍患者的 F_1 和 F_2 间的频率范围小。从构音层面上来讲,元音空间变小说明患者说话时舌位没有运动到适合的位置,但是在说这

些非中位元音时,虽然舌位摆放在类似于发中位
元音的位置,但是和发真正的中位元音还是有区
别的。如果 F_1 的值和标准值有偏差,则意味着说
话时舌的位置过高或过低;如果 F_2 的值和标准
值有偏差,则意味着说话时舌的位置过前或过后。

这种元音的歪曲会对言语清晰度产生很大的
影响。Ziegler 和 von Cramon 在 1983 年通过测
量共振峰的方法对由于闭合性脑损伤而导致构音
障碍的患者进行了跟踪研究。许多患者一开始是
完全不会说话的,在接下来的八周,有部分患者的
共振峰范式向中央移动,尤其是 F_2。在伤后的八

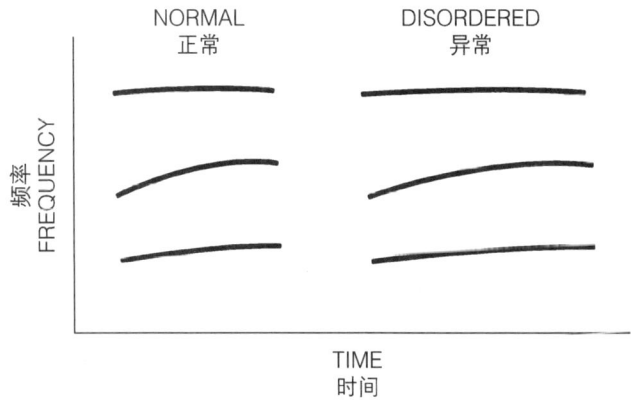

图 19.2　共振峰轨迹

周到六个月,患者的元音空间越来越大。在六个月后,元音空间已经变得相当大了。这些声学数据也展现
了构音功能的逐渐恢复,尤其是患者舌的运动越来越灵活,发不同的元音时舌的位置也能摆放得更准确。
共振峰的测量是言语产生研究领域可载入史册的进步。

在另一个类似的研究中,研究者比较了 ALS 患者和正常人说话时的元音空间。当研究者改变言语速
率后,两组被试的元音空间也产生了差异。当正常说话者降低言语速率时,元音空间也随之增加,这说明
他们在说目标元音时舌的运动更为精细,清晰度听上去也更好。但是当 ALS 患者降低言语速率时,元音
空间却没有改变,舌的运动也没有因为速率的降低而更为精细,清晰度也没有改善。这个重要的结果会颠
覆我们的传统概念,因为现在很多治疗师都会指导 ALS 患者通过降低言语速率来改善言语清晰度。所以
观察元音空间的变化可以很好地指导临床实践,来帮助治疗师选择合适的康复策略,正如通过这个方法我
们可以了解到降低言语速率究竟是普适性的还是仅仅对个别患者有效。

斜率能帮助我们判断患者舌的运动是偏离还是接近正常水平,也能监控患者在疾病发生的过程中舌
位的变化,即疾病对言语的进行性影响。患者共振峰过渡段的改变也能帮助我们尽早发现疾病,而不是当
患者的言语清晰度已经降低到能被人耳感知出来的时候再去诊断疾病,这一早期诊断的作用和测量元音
空间是类似的。我们发现没有神经系统疾病的女性的斜率是 3.76 到 5.4 赫兹每毫秒,这个斜率是非常大
的,说明在发音的时候舌的位置迅速调整,导致 F_2 的频率在短时间内发生很大的变化。实际上,3.0 赫兹
每毫秒是正常说话者和 ALS 患者之间的分界点,而 2.5 赫兹每毫秒是构音障碍患者中言语清晰度高的那
些人和言语清晰度较低的那些人的分界点。

我们通过这个实例来解释共振峰斜率为什么能说明构音情况。研究发现 ALS 女性患者的斜率比普
通女性要低,并且随着病情的加重,斜率逐渐降低。在患病的头两年,我们对一名 ALS 女性患者的共振峰
斜率进行了测量,该患者的平均共振峰斜率是 3.17 赫兹每毫秒,两年过去了,这个斜率值降低了 40%,变
为 1.32 赫兹每毫秒。这个现象表示患者的舌部运动变得缓慢而无力,且运动范围减小。在这期间,她的
言语清晰度在听感上也明显降低,言语清晰度测试的成绩在两年时间里降低了 50%。

我们研究了三组被试的 F_1/F_2 数值,其中一组是正常人,第二组是言语清晰度成绩高于 70% 的 ALS
患者,第三组是言语清晰度成绩低于 70% 的 ALS 患者。共振峰轨迹显示,两组 ALS 患者的过渡段时间
长,且斜率小,许多测试中的 F_1 和 F_2 集中在 500 和 1500 赫兹,表现出元音央化的现象。但是在一些轨迹
图中,尤其是 F_1 的部分,ALS 患者的构音运动会比正常人更多,这是和下颌的开合度、咽腔的大小紧密相
关的。这些 F_1 的异常现象说明患者在发音的时候下颌打开度比正常人更大。ALS 患者的舌部运动所受
的影响比下颌更大,所以患者会通过加大下颌的运动来补偿舌部运动的不足。

在临床上,我们可以通过分析共振峰的轨迹来检验治疗的有效性。Dromey 等人在 1995 年对一名患
有帕金森氏症的男性病人进行了发音响度的治疗,并且通过他的构音运动来记录其治疗过程中响度的提
高。研究发现,经过训练后,病患元音的 F_2 过渡段频率变化增加,尤其是高位前位元音的改善特别显著。
Dromey 等人在研究中特别强调,尽管这次训练的目的原本并不是针对构音的,但是他们的响度训练策略
能改善患者的构音运动。

三、辅音测量

对言语构音障碍患者而言,除了元音的歪曲外,辅音的歪曲也是其构音的另一个显著特征,并且同样导致了言语清晰度的下降。许多构音障碍患者在发擦音和塞擦音的时候觉得特别困难,因为这些音对舌的运动的精准度要求更高。患者很难找到擦音构音时的发音部位,比如在汉语中,他们常分不清/sh/和/s/,这可能是由于患者缺乏对舌的运动的精准控制,所以在发/s/音时无法保持一个狭窄的缝隙,不能将舌稳定在一个靠前的位置。我们发现,在汉语中,构音障碍患者所发的/s/的频率峰值要低于正常人,表明这些患者可能存在着舌后缩或口部气流减少等现象。反过来说,那些发/sh/时构音不清的患者则不能将舌保持在一个靠后的位置,那么他们所发的/ch/的频率峰值会更高,反倒类似于发/s/的情形。

对于患有各种神经问题的患者,擦音中浊音部分的时长能用来解释患者所产生的特定的发音问题。患有布罗卡失语症的人和不存在神经问题的正常人,擦音中浊音部分的时长相仿,说明失语症患者对于擦音时长的控制能力没有受到影响。但是,对于擦音浊音部分的研究结果表明,有些失语症患者说/s/音时频率低于正常,且噪音能量影响的频率范围更大。在生理学方面,失语症患者发/s/时舌位靠后,发音器官的间隙不够紧密。

对于构音障碍患者而言,他们在发塞音时也存在问题。Huang 和 Minifie 在 1994 年使用齿槽塞音 /t/作为语料对布罗卡失语症患者的发音进行了研究。如果构音控制能力欠佳而造成塞音发音后声带关闭不完全的话,那发塞音时就会产生一股持续释放的压力,所发的塞音就会类似于擦音。Huang 和 Minifie 观察到在这种情况下,塞音除阻后并没有出现突然的爆破,而是浊音部分慢慢增加。这说明布罗卡失语症患者在发塞音时无法将声道完全关闭。

有些多发性硬化(MS)的患者发塞音时也存在声门关闭不全的情况。Huang 和 Minifie 在 1995 年的研究中发现,MS 患者在发清塞音/p/和/k/的时候,声带会同时发出持续的浊音,而在发浊塞音/d/时,在发音结束时出现了鼻共振峰,塞音被鼻化。这个鼻化现象在英语和汉语中都存在。

在对帕金森氏症患者的言语速率的研究中,我们不难看出,找出真正降低言语清晰度的构音运动问题至关重要。在大多数的构音障碍患者中,他们的言语速率降低,但是帕金森氏症患者的言语速率却往往听起来比正常人快,也就是我们常说的加速言语。言语速率过快会影响清晰度,所以在临床上治疗师常常会引导帕金森氏症患者降低言语速率。

Ziegler 等人在 1988 年研究了帕金森氏症患者的言语速率,发现虽然他们言语速率过快,但是其平均速率是接近正常范围的,反而是其他构音的因素影响了清晰度。比如,他们在发清塞音时会出现类似于塞音浊音的成分,说明他们发塞音时声门不能完全关闭。此外,他们从下颌开位元音转化到下颌高位辅音的时间也较短,说明在他们在还没有完全将元音发到位时,发音器官就已经在为后面的辅音做准备了。但是在单发的时候,元音的发音是到位的。所以,帕金森氏症患者的发音时间没有异常,但是发音器官在某些音程中构音不到位,这就是我们所说的未达到构音目标(articulatory undershoot)。

有研究者表示,对于言语速率过快(如未达到构音目标的情况),主观判断是不够的,还必须基于言语的实际速率和声学分析的研究。他们指出,即使是对于正常人而言,当提高言语速率的时候,发音器官所做的运动也没有速率低的时候那么精准。因此,如果构音障碍患者说话听起来未达到构音目标,那么可能是构音器官的运动不到位导致他们说话时即使速率接近正常范围,但是听起来仍然类似于言语速率过快的效果。所以,在临床上,治疗师可以引导帕金森氏症患者在说话时注意构音器官的运动是否到位,训练构音器官的运动会比单纯让患者降低速率更为有效。这也启发我们去探寻究竟在言语矫治的过程中,哪些是能帮助患者提高言语清晰度的构音基础,从而开展有效的训练。

第二节　听 力 障 碍

另一类能从构音学、空气动力学及声学输出等相关知识中获得帮助的障碍人群是听力障碍患者。由于正常的构音运动很大程度上要依靠所听到的语言的声音,因此听障患者通常在构音上都有很大的困难。从临床医生的经验和研究可以知道,听障患者在言语产生过程中所出现的各种问题,最终导致了言语清晰度的下降,下降的范围从轻度到极重度不等。这种言语的歪曲被认为是常见的听障患者的言语表现,而且他们的这种言语声很容易就能被辨识出来。这些患者可能在发音时存在困难,同时他们也不能很好地控制超音段方面的内容。一些患者发音不连贯,只能做到一个字一个字地说(黄昭鸣,2005)。例如,就下一个即将准备发音的韵母,听障儿童移动构音器官到该位置的起始时间,要比正常听力的儿童来得迟。(黄昭鸣,2005)这些构音的协调性问题或许可以说明听障患者交流时为何清晰度不佳的问题。

一、音段问题

听障患者说话中出现频率最高的错误就是元音,尤其是发中元音。根据 F_1/F_2 共振峰图显示,听障患者在发元音时,舌部水平方向和垂直方向上的运动都明显受到限制。甚至在发音清晰或者较清晰的听障患者中,情况也是如此。辅音的问题同样非常普遍,比如在发声和发音方式上的缺失和替代(汉语中的送气音)。发音部位错误也时常出现,尤其对许多听力损失的人来说,这个问题是最难解决的,因为他们无法精确地找到正确发音时舌部的位置,同时,他们构音器官的运动幅度也比较小。

对音位进行声学分析,对于判定听障患者发音位置的歪曲程度很有帮助。正常人发塞音时,会依据构音位置的不同而产生不同的频谱。一项对中国极重度听障患者所进行的塞音频谱分析表明,在发舌尖中音和舌根音时,极重度听障患者的发音部位,较正常人而言,更加靠近声带。这一点,汉语与英语非常类似。这一实验结果可被临床采纳,因为它是基于生理的,通过治疗,可以使患者的发音部位更精确。如果一个孩子因为发音部位过于靠后而导致声母发音歪曲,那么治疗方案的主要目标就是帮助孩子在发音时,将构音器官运动整体往前移动。另外,治疗方案的效果监控可以从主观听感上获得,也可以依靠在治疗过程中对同样的声学参数进行分析。

二、超音段问题

超音段的问题是另一个听障患者的言语特点,具体包括:音调和响度过高、过低或者变化单一。例如,我们曾对3～6岁极重度听障儿童的词语模仿能力进行测试,测试内容包括模仿的持续时间和音调走势。这些听障儿童的任务是用一种半稳下降的陈述句的音调走势来模仿词语。当声门下压随着词语结束而减少时,音调通常也会随之下降,因此,一个降调走势很容易就能产生。然而,大部分聋孩子都不能平稳地产生降调,一些孩子会产生平调,另一些则会出现变化过大的音调。在音调变化过大的情况下,频率变化也变得不受控制。音调一开始可能上升,然后下降,接着比较平稳,之后又会上升,整个过程都在一个音节中。另一个超音段问题是听障患者在说话时没有汉语的四个声调,好比在英语中,由于音调变化单一,从而无法判别说话者说的是陈述句还是疑问句。这些异常的音调走势,严重影响了一个说话者的言语清晰度。

许多为听障患者提供的训练项目都会把如何提高言语清晰度作为项目中很重要的一个组成部分。在这些训练项目中,一个很重要的问题是,每个部分要强调康复到什么程度才能在说话时获得最佳清晰度。例如,一些项目注重音段方面的问题,而另一些则侧重于超音段方面的问题。声学参数分析被试图用来判断到底音段问题和超音段问题哪个对清晰度的影响更多一点。1985 年,Maassen&Povel 做了一个比较有趣的实验,他们取了聋孩子的声音样本,并把这些声音与正常的元音、辅音进行人工合成。然后他们将原始声音跟合成声音都播放给测试者听,要求测试者对声音的清晰度进行评估。被纠正的音段(音素)清晰度得分显著提升了 50%,其中很大一部分原因是因为元音得到了纠正。接着,主试用同样的方法改变了超音段方面的声音样本。虽然清晰度得分同样有所提高,但这次只提升了 10%。因此,作者支持元音的构音训练的强调。他们建议,孩子的发音在音段方面得以改善之后,可以适当加入超音段方面的康复训练,从而在说话时能拥有清晰的语音和自然的音调。

我们又采用另一种声学检测方法进行实验,结果同样认为:强调孩子在音段方面的言语产生训练,对提高其言语清晰度更加有效。我们将 VOT、音征、/i/和/ɑ/的 F_1 之差,/i/和/u/的 F_2 之差,以及元音/ai/

的 F_2 变化，作为音段方面的测试参数；将陈述句与疑问句的基频变化，不同元音的基频、时长，重读和非重读音节的元音强度以及整句句子的时长，作为超音段的测试参数。听障患者的言语清晰度由正常人进行打分。结果发现音段方面的控制是影响言语清晰度最重要的因素，而超音段方面则是次要因素。

三、 仪器在听力障碍患者康复训练中的使用

言语康复训练常常强调利用残余听力和读唇结合，来弥补个人的听力损失。尽管这种方法在训练双唇音、舌尖前音和唇齿音等发音部位比较靠前的音时很有效，患者的进步显而易见，但是对于发音部位处于口腔中间和靠后的音而言，这种方法的效果就不明显。仅仅依靠残余听力和读唇相结合的方法的另一个问题在于，孩子无法对自己的口腔运动情况作出及时的反馈。这会使孩子很难将构音运动与舌的以及其他构音器官的触觉反馈联系在一起，而构音器官的触觉反馈对学习言语的产生起着很重要的影响。

黄昭鸣（2005）用语谱图对一个 3 岁、主要靠手势和数字与人交流的小男孩也进行类似的训练。当小男孩想用口语交流时，他说的话常常是断断续续的元音或者是一个一个独立的音节。孩子只有在三种情况下才会主动开口说话：为了获得关注，标签对象以及处在游戏和拼图的过程中。但是，当他获得了语谱图的反馈之后，他说话时更多地会去观察自己声音的变化。换句话说，他开始渐渐对发不同的声音产生兴趣，并且愿意去探索，就好像玩游戏一样。事实上，听力正常的婴幼儿在学习将特殊的声音与其相应的反馈联系在一起时，也会用这种声音游戏。因为治疗采用的声学视觉反馈，鼓励了自我刺激声带行为，它使得治疗活动变得自发、带有游戏感并能由孩子自己主导。仪器给孩子提供机会，让他去探索声学输出与声带的触觉反馈之间的关系，也因此提供了更多探索言语声内部的机会。

四、 腭部测量仪和舌部测量仪

尽管语谱图能提供个人声学的视觉反馈信息，但它不能直接与发音功能相关。最近开发的两个设备——腭的测量和舌的测量设备提供了与构音器官运动相关的信息。对听障患者而言，这个信息是非常有价值的。腭部测量系统由一个安装在薄亚力克板上的电极组成，电极根据患者量身定制，覆盖在患者硬腭和上颌牙齿上，连接到手腕的皮肤表面。这个电极能产生一个微小、无害、人体感受不到的体电荷。当患者说话时舌头碰到腭上覆盖的电极，就有电流产生。腭的接触画面可以传送到视频显示器上，提供舌与腭之间联系模式的视觉反馈。

Fletcher 等人（1991）用这个方法训练了几个 10—16 岁，具有极重度听力损失且言语发音不清晰的女孩。他教她们许多塞音和擦音的发音部位和发音方式。通过腭部测量仪在显示器上显示的情形，女孩们能清楚地看到她们的舌头在碰触牙槽嵴和腭，并同时适当调整它们的位置，使发音更准确。这个舌头位置的实时视觉反馈，能有效地帮助女孩的舌头更加精确地找到发音的位置，她们的言语清晰度自然相应提升了。

腭部测量仪适用于辅音训练时提供舌与腭部接触情况的视觉提示。然而对元音来说，舌头并没有与其他任何构音器官有接触。舌部测量仪是另一种新的技术，它可以显示在口腔内任何地方的舌的位置和形状，因此它适用于元音训练。当使用腭部测量仪时，根据患者量身定制了一个假腭，覆盖在硬腭和上颌牙齿处。有四副光电传感器装在假腭上。硬件和软件设备都在患者嘴外，用于计算传感器和舌头之间的距离，每隔 10 毫秒测一次。这些测得的距离值既存储在电脑硬盘上，也显示在视频监视器。

Fletcher 等人（1991）用这个仪器训练了几个 4—16 岁，具有极重度听力损失，元音发音过于集中的女孩子。舌部测量仪提供了实时的视觉反馈，及时显示女孩子发音时舌头在口腔垂直方向上的位置变化。利用这个技术，一些女孩子学会了发较清晰的元音，并扩大了使用空间。通过在训练时仔细观察舌的位置和形状变化，她们在发不同的元音时，明显感觉到舌头不再集中于一点。

第三节 语 音 障 碍

当很小的孩子开始学习发自己母语的音位时，他们往往不具备复杂的感知和成人发音时所需要具

备的恰当的运动控制。小孩子进行语音处理,会用简单的与发音有关的手势,来代替成人模式。比如,/k/音需要高度的神经系统控制来使发音器官进行发音,小孩子就会用听起来相似的/t/来替代。他们通常会用发音比较靠前的音,比如/t/,来替代发音靠后的音,比如/k/。这个叫做音的"前置"。因此,例如在发"candy"中的/k/的时候,孩子们往往会把其前置,发成/tændi/。另一种普遍的语音处理方法是省略词语中最后的辅音,即"词末辅音缺失"。这种情况下,"cat"就可能发成/kæ/,"seat"就可能变成/si/。

孩子会使用大量的语音处理手段,正常发育的孩子比较典型,其他类型的孩子则比较少。使用语音处理手段,往往会对孩子的言语清晰度有不同程度的影响。伴随孩子进一步的生长发育,当他们感知和发声的神经控制更加完善之后,这些典型的语音处理手段就会逐渐减少直至最终消除。然而一些孩子,却仍会继续使用这种语音处理手段,超过正常消退年龄大约三年左右,他们需要为了获得更清晰的言语而做一些矫正。在这种情况下,找到孩子对语音系统的掌握程度就显得十分重要。

换句话说,如果一个孩子把/k/音前置发成/t/音,有没有可能是因为他还不能感知到/k/是区别于/t/的不同的音素,所以在发音的时候也没有办法将二者区分开来? 或者可能孩子已经明确区分出了/k/和/t/,只是用了一种不同的方法来区分/k/音和/t/音,而且这种方法使听的人无法分辨出来? 如果是这样的话,那么孩子是拥有不同语音的语音产生知识的。另一个例子是孩子看似省略了最后的辅音,但实际上也有可能是成年人不能察觉这种辅音产生的方式。当然,另一方面,另一些孩子可能是真的完全省略了辅音。

声学测量非常有助于回答这类问题,并能揭示言语障碍的基本模式。声学分析对于鉴别发音的部位和方式特别有参考价值,可以让人得知儿童究竟是否已有关于产生目标语音的知识。这个信息非常重要,因为对一个拥有语音分辨能力的孩子和一个没有语音分辨能力的孩子,所采用的治疗策略是截然不同的。同时,这一信息也可以帮助我们预测孩子多快能够掌握一个音。

例如,Forrest等(1990)测试了四个语音障碍的孩子,他们都有/k/的语音前置现象,用/t/音代替所有单词中的/k/音。从频谱分析来看,4人中有3人发的/k/音和/t/音,在频谱上无差别;另一个孩子(KR)的/t/音和/k/音频谱,则存在显著性差异。由此可知,只有一个孩子能区分/t/音和/k/音在发音上的不同。然而,这种区分与构音正常的儿童对语音的区分是不同的,听众最终是无法靠听区分出这两个音的。也就是说,尽管在声学分析上存在明显差异,但KR发的/k/音,实际上听上去非常像/t/音。有意思的是,这四个孩子在治疗过程中,所训练的语音不包括/k/,但KR在治疗后却能正确发/k/了。这个孩子已经能够区分舌根音和舌尖中音,所以在声学测量时会表现出不同,因此他无需治疗就能够掌握/k/的发音,但其他不能区分这两个音的孩子就做不到这一点。

对于这种存在无法感知的声学差异现象的孩子,能够让他掌握更多发声系统方面的知识要比仅仅是对他的声音进行语言转录来得更有效。而且,孩子有了相关知识后,在治疗时,反应会比那些没有掌握相关知识的孩子来得更快。其他语音对比,比如清浊音,也有过类似的研究。Tyler等人(1993)以VOT为参数,对4个有发音障碍的男孩子进行了研究。结果发现,其中3人的清浊音的VOT没有明显差异,只有1个孩子的发音是有明显差异的,虽然无法从听感知上发现。那个发音有明显差异的男孩,掌握清浊音的时间明显比另外三个孩子来得短。

这一信息直接决定了治疗从哪个阶段入手。对那些在声学上发音没有差异的孩子来说,需要靠构音器官的运动来加深他们对那些发音的差别认识(比如清浊音,舌根音和舌尖中音的差别)。而对那些已经能感知发音区别的孩子来说,更多的应关注他实际的发音情况,可以采用提示语音位置的信号,或是最小音位对比等方法进行训练。

在治疗策略方面,语谱或者其他语音视觉的提示都非常有效。它们能帮助孩子从视觉角度感知那些靠听觉很难分辨的声音。语谱图能提供模板,孩子可以把自己的发音与模板进行比对,他们会非常积极地关注自己声音的变化。

第四节　气管切开术

由于医疗技术的进步，现在生病的孩子能得到更好的治疗。有些孩子常有呼吸感染问题，需要"通风"，这就需要进行气管切开术。长时手术（超过六个月）与言语产生机制的解剖生理上的改变有关。例如，声道无法承受正常的发展改变。有的孩子在出生后第一年，做了气管插管，就是通过在孩子颈部开一个孔，将气管插入。声道因此保留着不太成熟的形态。这反过来又限制了舌的运动，因为舌体处于一个后缩的位置。这会产生两个问题：一个是孩子的舌的构音运动受限，另一个是声道的共鸣特点也改变了。

一些早期干预学者相信长时的气管切除不会对言语发展产生负面影响。但是基于 F_1、F_2 的声学分析信息显示做过气管切除术的孩子与没有做过的孩子在构音功能上有显著差异。Kame 和 Watson 发现，做过手术的孩子发 /ɑ/ 时，使用较低的元音位置并且声道没有充分打开，且 /i/ 的 F_1 和 F_2 显著低于正常儿童（可能是由于口腔没有充分打开、舌没有前伸到位）。让作者感到好奇的是这些差异存在了多久及它们对整个言语模式的影响。问题是，由于气管切开术，旧的构音运动模式被歪曲成新的言语获得模式。声学测量可推断构音模式，表明气管切开术在正常言语发展的质量和数量上都有局限。

临床表明，在气管插管的这段时间里，干预是十分重要的。如果可能，可以给孩子配备儿科演讲器，这样孩子能将空气运输至喉部用来发声。如果这样不可行，那临床医生应帮助这个孩子发展更宽的构音运动范围，或者让其戴着电子喉。当然，当这个孩子拔管后，密集的言语治疗是术后恢复过程中重要的一部分。

第五节　腭　　裂

腭裂患者是另一类普遍存在构音问题的人群。通常，腭裂患者有着关系到共鸣和构音错误的腭咽问题。口腔压力性辅音，例如塞音、擦音、塞擦音等对唇腭裂患者来说都是极大的挑战，因为只有完整的硬腭和软腭才能有效地保证气流不通过鼻腔呼出。

腭裂患者通常出现代偿性构音，特别是发喉塞音和咽擦音时。这些不适应发音通常很难消除或减少，相对于使用传统治疗过程中的听觉刺激方式，视觉反馈反而比较有效。例如，Michi 等人比较了运用了电腭动描记器的视觉反馈功能和单纯用听觉训练来治疗的孩子，这些孩子在 2 岁前接受腭裂修复，并且没有接受任何言语训练。腭动描记器提供了发擦音时，舌与腭的接触摩擦的视觉反馈。接受视觉反馈的孩子非常迅速地得到了改善，几乎 100% 达到正确水平。

作者指出，尽管这个系统有很多缺点，包括成本较高以及需要定制假腭，但还是利大于弊。优点在于可以给予孩子构音运动以视觉反馈，同时收集治疗过程中的客观数据，即使是小朋友也能理解这种反馈和速度，从而有效地提高他们的构音能力。

附 录

附录1：言语嗓音功能评估表

姓名 _____ 出生日期 _____ 性别：□ 男 □ 女
身份证号码 _____ 家庭住址 _____ 电话 _____
检查者 _____ 初诊日期 _____ 编号 _____
听力状况：□ 正常 □ 异常　　听力设备：□ 人工耳蜗　□ 助听器　补偿效果 _____
进食状况：_____
言语状况：_____
口部触觉感知状况：_____

呼吸功能评估记录表

主观评估——呼吸状态

为每一个评估项目选择合适的答案,在相应的空格中打"√"

	评　估　项　目	是	否
1	能听到呼吸音吗？		
2	呼吸规则吗？		
3	是胸式呼吸吗？		
4	能够随意调整自身的呼吸方式吗？		
5	呼吸不充分,影响到发音吗？		
6	呼吸充分,可以进行任何句长的发音吗？		
7	大部分气流呼出后还能进行任何发音吗？		
8	说话时气息音过重吗？		

客观测量——s/z比测量

深吸气后,分别尽可能长地发/s/和/z/(英文),共测两次,取其中的较大值。

日期	第1次测 s_1	第2次测 s_2	s	第1次测 z_1	第2次测 z_2	z	s/z	s/z≤ 0.75	1.2<s/z <1.4	s/z≥ 1.4	提　示
例1	8.5	9	9			4	2.25			是	不协调
例2	12	11.5	12			9	1.33		是		嗓音疾病
例3	9	8.9	9			13	0.69	是			构音障碍

注意(/s/或/z/的最长声时正确与否参见"最长声时"参考标准)：
1. 如果s/z比接近1,但分别发/s/音和发/z/音时的最长声时明显缩短,说明呼吸支持不足(呼气力量减弱,即：肺活量减少)。
2. 如果s/z比显著大于1,但发/s/音正常,说明呼吸系统与发声系统不协调,起音方式不协调,以及整个言语过程的不协调。
3. 如果s/z比大于1.2,但小于1.4,说明有功能性嗓音疾病或可能的器质性嗓音疾病。
4. 如果s/z比大于1.4,说明声带结构的病变影响了正常发声,存在器质性嗓音疾病。
5. 如果s/z比小于0.75,说明可能有构音障碍或语音障碍。

客观测量——最长声时测量

深吸气后,尽可能长地发/ɑ/音,共测两次,取其中的较大值即为最长声时(MPT)。

日 期	第1次测 MPT₁	第2次测 MPT₂	MPT	MPT 最小要求	MPT 训练目标	相对 年龄	是腹式 呼吸吗?
例1	3.2	3.4	3.4	8	10	4	是
例2	3.2	3.4	3.4	8	10	4	不是
例3	9.2	7.8	9.2	8	10	4	是

注意:如果最长声时没有达到参考标准,则可能存在以下几种异常:
1. 呼吸方式异常(如:胸式呼吸)。
2. 呼吸支持不足(呼吸功能减弱,例如:肺活量下降)。
3. 嗓音功能异常(如:声门闭合控制能力减弱)。进一步看 s/z 比、CQ 和声门关闭程度。
4. 呼吸和发声运动不协调(如:吸气时发音)。进一步看 MCA。
5. 起音方式异常(如:硬起音或软起音)。进一步看硬起音(Jitter,CQ)或软起音(NNE,CQ)。

客观测量——最大数数能力测量

深吸气后,持续说"1"或"5"的最长时间。共测两次,取其中的较大值,即为最大数数能力(MCA)

日 期	第1次测 MCA₁	第2次测 MCA₂	MCA	MCA 最小要求	MCA 训练目标	吸气和呼气 协调吗?
例1	2.2	3.4	3.4	5	8	不协调
例2	4.2	5.8	5.8	5	8	协 调

注意:如果最大数数能力明显低于参考标准,说明呼吸和发声的不协调。

最长声时、最大数数能力:最小要求和训练目标(单位:秒)

年龄 (岁)	最长声时的最小要求 [m−2σ]		最长声时的训练目标 [m−σ,m+σ]		最大数数能力的 最小要求		最大数数能力的 训练目标	
	男	女	男	女	男	女	男	女
4	2	2	2.8—5.0	2.5—4.9	2	2	4	2
5	4	4	4.7—5.9	4.6—5.6	3	3	5	3
6	6	6	6.9—7.9	6.4—7.4	3	3	6	3
7	8	8	8.5—10.1	8.3—9.5	5	5	7	5
8	8	8	8.9—11.9	8.7—10.7	5	5	8	5
9	9	9	9.8—12.6	9.9—11.7	6	6	9	6
10	9	9	10.5—13.9	9.9—12.9	7	7	10	7
11	10	10	10.7—12.3	10.9—13.5	7	7	11	7
12	10	10	11.8—13.8	10.9—13.5	7	7	12	7
13	11	11	12.9—16.1	12.2—15.4	8	8	13	8
14	12	12	13.7—19.7	13.4—17.2	8	8	14	8
15	12	12	14.8—20.8	13.3—19.5	8	8	15	8
16	20	15	22.0—25.6	15.7—17.9	12	10	16	12
17	21	15	23.4—27.8	15.6—17.8	13	10	17	13
18—40	22	15	23.6	15.7	14	10	18	12

言语治疗学

发声功能评估记录表

选择合适的等级：偏低(↓)、正常(—)或偏高(↑)。

日　期	音　调	响　度	起　音	速　率	解　释
例1	偏高	偏高	正常	正常	
例2	偏高	偏高	硬	快	
例3	偏低	偏低	软	慢	

1. 音调：有五个不同响度等级(低、偏低、正常、偏高、高)；
2. 响度：有五个不同响度等级(耳语声、轻声、交谈声、大声、喊叫声)；
3. 起音：发"1"、"5"或鸭、娃娃、爷爷(软起音、正常、硬起音)；
4. 速率：数数(慢、正常、快)。

客观测量——言语基频和言语强度

标准测试：交谈时，询问"姓名及年龄"等。
备选测试：阅读(或跟读)："妈妈爱宝宝，宝宝爱妈妈"。

日期	平均言语基频 F_0	$m-2\sigma$	$m-\sigma$	$F_0(Hz)$	$m+\sigma$	$m+2\sigma$	言语基频标准差 F_0SD	F_0SD状况(偏小、正常、偏大)	言语基频范围训练目标	实际年龄	相对年龄
例1	292↑	205	232	260	288	315	30	正常	150	9	8
例2	292↑	205	232	260	288	315	40	偏大	150	9	8
例3	225↓	205	232	260	288	315	15	偏小	150	9	11

1. 言语基频标准差 F_0SD：代表基频变化状况，包括：F_0SD <20 Hz 偏小，正常，F_0SD >35 Hz 偏大。
2. 言语基频范围训练目标 F_0(Max—Min)：代表基频有效范围。

平均言语基频和言语基频范围训练目标(单位：赫兹)

年龄(岁)	平均言语基频训练目标 m		平均言语基频变化状况 $[m-\sigma, m+\sigma]$		言语基频范围训练目标 F_0(Max—Min)	
	男	女	男	女	男	女
3	400/g^1	380/$^{\#}f^1$	378—422	352—408	240	223
4	380/$^{\#}f^1$	355/f^1	353—407	324—386	200	200
5	355/f^1	335/e^1	330—380	328—382	200	200
6	325/e^1	295/d^1	297—353	275—315	200	200
7	295/d^1	282/$^{\#}c^1$	268—322	259—305	150	175
8	295/d^1	275/$^{\#}c^1$	272—318	257—293	150	175
9	260/c^1	270/c^1	232—288	252—288	150	175
10	245/b	265/c^1	223—267	249—281	150	175
11	225/a	265/c^1	196—254	248—282	150	175
12	210/$^{\#}$g	260/c^1	184—236	246—274	150	175
13	195/g	245/b	170—220	228—262	100	150
14	180/f	235/$^{\#}$a	152—208	218—253	100	150

年龄 （岁）	平均言语基频训练目标 m		平均言语基频变化状况 [m−σ，m+σ]		言语基频范围训练目标 F₀（Max—Min）	
	男	女	男	女	男	女
15	170/e	220/a	136—204	201—239	100	150
16	150/d	215/a	128—172	197—233	100	125
17	140/#c	210/#g	118—162	194—226	100	125
18—40	125/B	230/#a	104—146	206—254	100	125

中国人平均言语基频的参考标准（m±σ）（单位：赫兹）

年龄 （岁）	男					女				
	m−2σ	m−σ	m	m+σ	M+2σ	m−2σ	m−σ	m	m+σ	m+2σ
1	259	420	580	741	901	107	283	600	817	1033
2	272	411	550	689	828	193	357	520	683	847
3	356	378	400	422	444	324	352	380	408	436
4	326	353	380	407	434	294	324	355	386	416
5	306	330	355	380	404	301	328	335	382	409
6	268	297	325	353	382	254	275	295	315	336
7	241	268	295	322	349	236	259	282	305	328
8	248	272	295	318	342	239	257	275	293	311
9	205	232	260	288	315	235	252	270	288	305
10	200	223	245	267	290	233	249	265	281	297
11	168	196	225	254	282	232	248	265	282	298
12	157	184	210	236	263	232	246	260	274	288
13	144	170	195	220	246	211	228	245	262	279
14	124	152	180	208	236	200	218	235	253	270
15	102	136	170	204	238	182	201	220	239	258
16	106	128	150	172	194	179	197	215	233	251
17	96	118	140	162	184	178	194	210	226	242
18—40	83	104	125	146	167	182	206	230	254	278
41—50	85	98	110	122	135	178	189	200	211	222
51—60	95	110	125	140	155	150	170	190	210	230
61—70	86	98	110	122	134	135	163	190	217	245
71—80	109	122	135	148	161	134	154	175	196	216
81—90	104	127	150	173	196	132	154	175	196	218

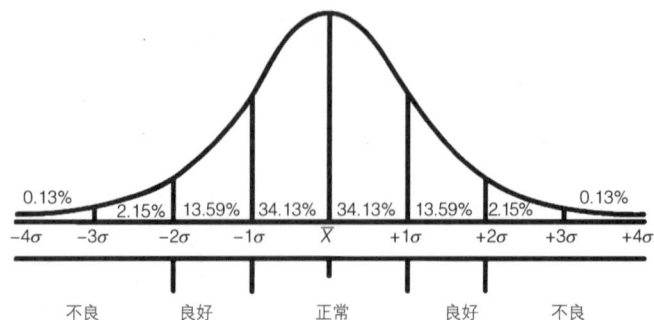

主观评估——嗓音音质

听觉感知评估 GRBAS 描述

用正常的发音方式,尽可能"响"地发/æ/音(类似英文发音)。

日 期	嘶哑声 G	粗糙声 R	气息声 B	虚弱程度 A	紧张程度 S

注意:GRBAS 尺度:(0) 正常,(1) 轻度,(2) 中度,(3) 重度
　　　G 代表嗓音嘶哑的程度(嗓音异常)。
　　　R 表示声带振动的不规则程度,它对应于基频和振幅的不规则变化情况。
　　　B 表示声门漏气的程度,它与声门处气体的湍流程度有关。
　　　A 表示嗓音的疲弱程度,它与低强度的声门振动或缺少高频谐波分量有关。
　　　S 代表发音功能亢进的现象,它包括基频异常的增高、高频区噪音能量的增加或含有丰富的高频谐波成分。

客观测量——嗓音音质(嗓音声学测量)

用舒适的发音方式,尽可能响地发/æ/音(类似英文发音)。

日期	基频 (Hz)	基频标准差(Hz)	基频微扰 (%)	幅度微扰 (%)	声门噪声 (dB)	能量比率 (%)	嘶哑声	粗糙声	气息声
例 1	163.30	1.99	0.23	1.26	−14.05	48%	0	0	0
例 2	163.26	7.13	0.48	3.02	−10.58	44%	1	2	1
例 3	154.31	4.07	0.25	2.16	−6.43	47%	2	1	3

正常参考标准:基频微扰:<0.5%;幅度微扰:<3%;基频标准差:<3 Hz;声门噪声:<−10 dB

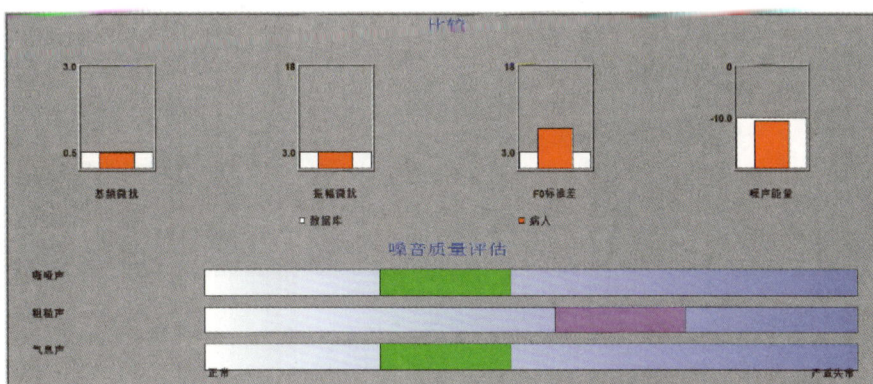

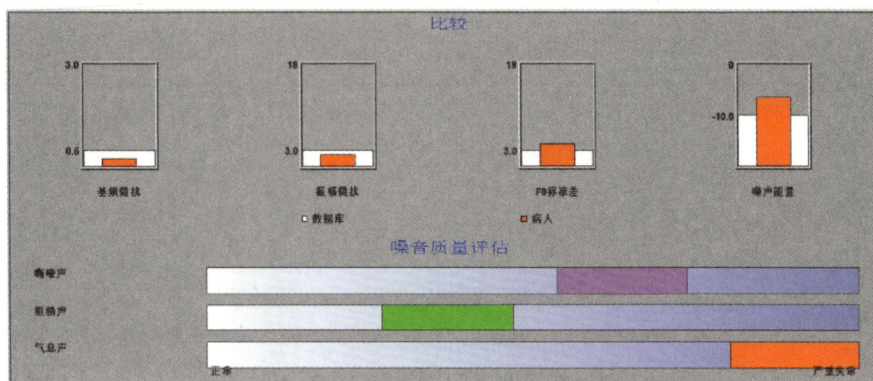

附录 1: 言语嗓音功能评估表　　　　　　407

用舒适的发音方式,尽可能"响"地发/æ/音(英文)。

日期	基频 (Hz)	基频标准差 (Hz)	CQ接触率 (%)	接触率微扰 (%)	CI接触幂 (%)	接触幂微扰 (%)	声门关闭 程度	声带振动 规律性
例1	221.13	2.10	57.12	0.46	−0.59	2.37	0	0
例2	143.51	1.56	21.21	1.15	−0.29	11.85	−20	0
例3	125.49	3.88	41.89	28.38	−0.27	136.63	0	3

正常参考标准:接触率CQ:50%—70%;接触率微扰CQP:<3%;基频标准差:<2 Hz

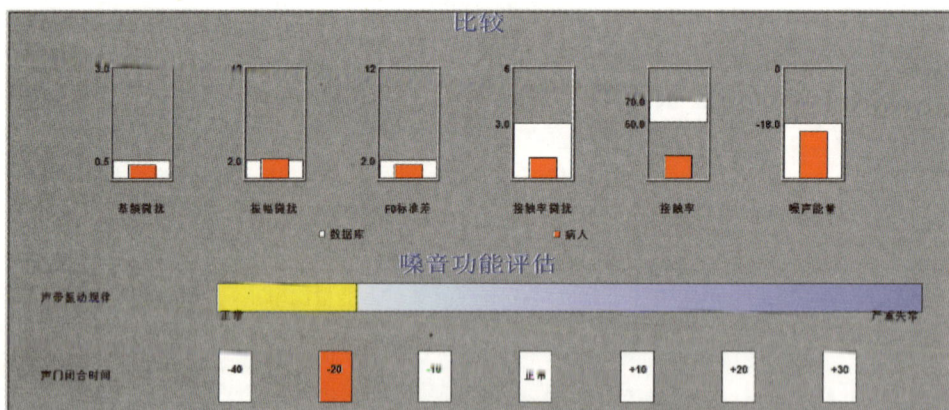

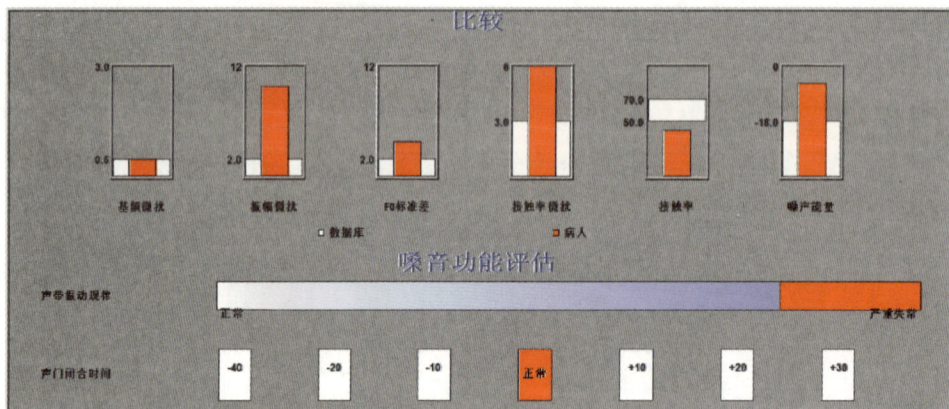

共鸣功能评估记录表

听觉感知评估一般描述

日期	口腔共鸣	鼻腔共鸣	解释
例1	无	无	发/ɑ/、/m/音时,正常
例2		有	发/ɑ/音时,捏鼻与不捏鼻"有"明显差异
例3	有		发/m/音时,捏鼻与不捏鼻"无"明显差异

注意:1. 有鼻腔共鸣:发/ɑ/音时,捏鼻与不捏鼻时的发音"有"明显差异。
　　　2. 有口腔共鸣:发/m/音时,捏鼻与不捏鼻时的发音"无"明显差异。

让患者说出/i/（或模仿发音）。

日期	F_2	m−2σ	m−σ	F_2 m(Hz)	m+σ	m+2σ	错误走向
例1	2900	2807	3097	3387			男6,后位聚焦
例2							
例3							

注意：一般通过测量/i/的F_2是否减小来判定后位聚焦。

中国人核心韵母/i/的共振峰参考标准（m±σ）（单位：Hz）

年龄(岁)	第一共振峰 F_1					第二共振峰 F_2				
男	m−2σ	m−σ	m	m+σ	m+2σ	m−2σ	m−σ	m	m+σ	m+2σ
3	170	292	414	536	658	2796	3052	3308	3564	3820
4	174	260	346	432	518	2767	3035	3303	3571	3839
5	210	253	296	339	382	2723	3033	3343	3653	3963
6	229	255	281	307	333	2807	3097	3387	3677	3967
女	第一共振峰 F_1					第二共振峰 F_2				
3	132	249	366	483	600	2397	2901	3405	3909	4413
4	200	259	318	377	436	3013	3318	3623	3928	4233
5	242	268	294	320	346	2951	3214	3477	3740	4003
6	232	255	278	301	324	2975	3207	3439	3671	3903

主观评估——声母音位的聚焦评估

让患者说出下列句子（或模仿发音），然后由言语治疗师进行听觉感知评估，对句首和句中声母（粗体）分别判断其聚焦类型、聚焦等级（0：正常，1：轻度，2：中度，3：重度）以及错误走向。句首和句中音节的声母分别为b、p、d、t、g、k、h、m、n、l，韵母分别为核心韵母i、a、u。

句 首 声 母	聚焦等级	错误走向	句 中 声 母	聚焦等级	错误走向
判断前位聚焦					
/da/ 大象在跑步。	1	前	/da/ 阿姨请大家吃饭。	1	前
/ta/ 他们在看电视。	1	前	/ta/ 楼房塌了。	1	前
/bi/ 比赛开始了。	2	前	/bi/ 小朋友在比赛跑步。	1	前
/pi/ 皮鞋亮亮的。	2	前	/pi/ 阿姨擦皮鞋。	1	前
判断后位聚焦					
/da/ 大象在跑步。			/da/ 阿姨请大家吃饭。		
/ta/ 他们在看电视。			/ta/ 楼房塌了。		
/gu/ 鼓声震耳欲聋。			/gu/ 狗吃骨头。		
/ku/ 枯黄的叶子落在地上。			/ku/ 妹妹哭着要娃娃。		
/hu/ 湖面上有条船。			/hu/ 我们去西湖划船。		

续　表

句　首　声　母			句　中　声　母		
	聚焦等级	错误走向		聚焦等级	错误走向
判断鼻位聚焦					
/da/ 大象在跑步。			/da/ 阿姨请大家吃饭。		
/ta/ 他们在看电视。			/ta/ 楼房塌了。		
/mi/ 蜜蜂采蜜。			/mi/ 小红在喝蜜糖水。		
/na/ 那是球。			/na/ 哥哥拿书去教室。		
判断喉位聚焦					
/da/ 大象在跑步。			/da/ 阿姨请大家吃饭。		
/ta/ 他们在看电视。			/ta/ 楼房塌了。		
/la/ 喇叭吹响了。			/la/ 我要蜡笔。		

注意：前位感知评估：b、p、　d,t
　　　后位感知评估：g、k、h、　d,t
　　　鼻喉感知评估：m、n、　d,t
　　　喉位感知评估：l、　d,t

客观测量——韵母音位的聚焦评估(全面评估)

	F_1	F_2	A_1	A_2	A_1-A_2	错误走向
/a/						
/i/						
/u/						

中国人核心韵母 /a/ 的共振峰参考标准(m±σ)(单位：Hz)

年龄(岁)	第一共振峰 F_1					第二共振峰 F_2				
男	m−2σ	m−σ	m	m+σ	m+2σ	m−2σ	m−σ	m	m+σ	m+2σ
3	956	1086	1216	1346	1476	1524	1669	1814	1959	2104
4	988	1082	1176	1270	1364	1505	1633	1761	1889	2017
5	913	1053	1193	1333	1473	1372	1563	1754	1945	2136
6	965	1091	1217	1343	1469	1377	1561	1745	1929	2113
女	第一共振峰 F_1					第二共振峰 F_2				
3	935	1096	1257	1418	1579	1598	1742	1886	2030	2174
4	950	1095	1240	1385	1530	1461	1653	1845	2037	2229
5	967	1095	1223	1351	1479	1562	1694	1826	1958	2090
6	913	1090	1267	1444	1621	1335	1620	1905	2190	2475

中国人核心韵母 /u/ 的共振峰参考标准(m±σ)(单位：Hz)

年龄(岁)	第一共振峰 F_1					第二共振峰 F_2				
男	m−2σ	m−σ	m	m+σ	m+2σ	m−2σ	m−σ	m	m+σ	m+2σ
3	178	325	472	619	766	337	724	1111	1498	1885
4	199	286	373	460	547	378	593	808	1023	1238
5	170	251	332	413	494	224	499	774	1049	1324
6	166	244	322	400	478	418	553	688	823	958
女	第一共振峰 F_1					第二共振峰 F_2				
3	191	312	433	554	675	429	677	925	1173	1421
4	179	277	375	473	571	356	599	842	1085	1328
5	166	255	344	433	522	0	338	834	1330	1826
6	166	275	384	493	602	479	653	827	1001	1175

客观测量——鼻音功能评估(鼻流量)

说(或模仿发音)"妈妈你忙吗？"

本句子中含有大量的鼻辅音,如果患者在朗读(或跟读)的过程中出现鼻音过少的现象,一般可诊断为鼻音功能低下。

日　期	平均鼻流量前测	平均鼻流量后测	达到训练目标(5%—10%)	鼻腔共鸣评估(鼻音功能低下)
例1	52.6%	58.6%	达6%	鼻音功能低下的问题得到改善
例2				
例3				

说(或模仿发音)"我和爸爸吃西瓜"。

本句子中不含鼻辅音。如果患者在朗读(或跟读)的过程中出现了大量的鼻音,一般可诊断为鼻音功能亢进或鼻音同化。

日　期	平均鼻流量前测	平均鼻流量后测	达到训练目标(5%—10%)	鼻腔共鸣评估(鼻音功能亢进或鼻音同化)
例1	76.2%	70.2%	达7%	鼻音功能亢进的问题得到改善
例2				
例3				

注意：参考标准如下：

1. 鼻音功能低下(鼻音发音不充分)是指在朗读(或跟读)时出现鼻音过少的现象,听起来就像患有重感冒或过敏性疾病;

2. 鼻音功能亢进是指在朗读(或跟读)时,出现大量的鼻音;

3. 鼻音同化(与鼻音相连元音的鼻音化现象)是指在朗读(或跟读)含有鼻音成分的单词时,会出现大量的鼻音。

附录 2：构音功能评估表

姓名 _____ 出生日期 _____ 性别：□ 男 □ 女
身份证号码 _____ 家庭住址 _____ 电话 _____
检查者 _____ 初诊日期 _____ 编号 _____
听力状况：□ 正常 □ 异常 听力设备：□ 人工耳蜗 □ 助听器 补偿效果_____
进食状况：_____
言语状况：_____
口部触觉感知状况：_____

口部运动功能评估记录表

下颌运动功能		唇运动功能		舌 运 动 功 能			
项　　目	得分	项　　目	得分	项　　目	得分	项　　目	得分
自然状态	/4	自然状态	/4	自然状态	/4	舌尖左右交替	/4
咬肌肌力	/4	流涎	/4	舌肌力检查	/4	舌尖前后交替	/4
向下运动	/4	唇面部肌群肌力	/4	舌尖前伸	/4	舌尖上下交替	/4
向上运动	/4	展唇运动	/4	舌尖下舔颌	/4	马蹄形上抬模式	/4
向左运动	/4	圆唇运动	/4	舌尖上舔唇	/4	舌两侧缘上抬模式	/4
向右运动	/4	唇闭合运动	/4	舌尖上舔齿龈	/4	舌前部上抬模式	/4
前伸运动	/4	圆展交替运动	/4	舌尖左舔嘴角	/4	舌后部上抬模式	/4
上下连续运动	/4	唇齿接触运动	/4	舌尖右舔嘴角	/4		
左右连续运动	/4			舌尖上舔硬腭	/4		
下颌总分		唇总分		舌总分			
口部运动功能总分							

注意：有五个不同等级(0、1、2、3、4)。

构音运动功能评估记录表

客观测量——构音运动功能评估(AccentTx)

模仿慢板II发音。

日　期	下颌运动 慢板II，/i—A—i/，前测△F。			下颌运动 慢板II，/i—A—i/，后测△F。		
	轻	正常	响	轻	正常	响

模仿行板Ⅰ发音。

日 期	下颌运动 行板Ⅰ,/i—A—I—A/,前测△F₀			下颌运动 行板Ⅰ,/i—A—I—A/,后测△F₀		
	轻	正常	响	轻	正常	响

模仿慢板Ⅱ发音。

日 期	舌运动 慢板Ⅱ,/i—U—i/,前测△F₀			舌运动 慢板Ⅱ,/i—U—i/,后测△F₀		
	轻	正常	响	轻	正常	响

模仿行板Ⅰ发音。

日 期	舌运动 行板Ⅰ,/i—U—I—U/,前测△F₀			舌运动 行板Ⅰ,/i—U—I—U/,后测△F₀		
	轻	正常	响	轻	正常	响

说明:
1. △F₀是指基频有效范围(手动选取);
2. △F₀明显变化是指前、后测差异男性至少为 5 Hz、女性至少为 10 Hz、儿童至少为 15 Hz。

口腔轮替运动速率测量

测试时,首先要求患者深吸气,然后一口气连续发指定音节。持续 4 秒钟,音调与响度适中,各个音节必须完整。要求患者尽可能快地发音,可将其发音过程录制下来,以便在回放时仔细确定患者每 4 秒钟发的音节数量。每一特定音节测两次,记录其较大值作为口腔轮替运动速率 DR。

日期	DR(pa)	DR(ta)	DR(ka)	DR(pata)	DR(paka)	DR(kata)	DR(pataka)

口腔轮替运动速率常模(单位:次/4秒)

年龄 (岁)	口腔轮替运动速率 DR 的最小要求						
	DR(pa)	DR(ta)	DR(ka)	DR(pataka)	DR(pata)	DR(paka)	DR(kata)
4	12	12	12	2	5	4	5
5	13	13	13	2	5	4	5

年龄 （岁）	口腔轮替运动速率 DR 的最小要求						
	DR(pa)	DR(ta)	DR(ka)	DR(pataka)	DR(pata)	DR(paka)	DR(kata)
6	14	14	14	3	7	6	7
7	15	15	15	3	7	6	7
8	16	16	16	3	10	8	7
9	17	17	17	4	10	8	7
10	18	18	18	4	11	10	10
11	18	18	18	4	11	10	11
12	18	18	18	4			
13	19	19	19	5			
14	19	19	19	5			
15	19	19	19	5			
16	20	20	20	6			
17	20	20	20	6			
18—40	20	20	20	6			

构音语音能力评估记录表

记录说明：正确"√"；歪曲"⊗"；遗漏"⊖"。

序号	词	目标音	序号	词	目标音	序号	词	目标音	序号	词	目标音
S1	桌	zh	8	鹿	l	17	书	sh	26	哭	k
	zhuō	√		lù			shū			kū	
S2	象	iang	9	高	g	18	肉	r	27	壳	k
	xiàng			gāo			ròu			ké	
1	包	b	10	铐	k	19	紫	z	28	纸	zh
	bāo			kào			zǐ			zhǐ	
2	抛	p	11	河	h	20	粗	c	29	室	sh
	pāo			hé			cū			shì	
3	猫	m	12	鸡	j	21	四	s	30	字	z
	māo			jī			sì			zì	
4	飞	f	13	七	q	22	杯	b	31	刺	c
	fēi			qī			bēi			cì	
5	刀	d	14	吸	x	23	泡	p	32	蓝	an
	dāo			xī			pào			Lán	
6	套	t	15	猪	zh	24	稻	d	33	狼	ang
	tào			zhū			dào			láng	
7	闹	n	16	出	ch	25	菇	g	34	心	in
	nào			chū			gū			xīn	

序号	词	目标音	序号	词	目标音	序号	词	目标音	序号	词	目标音
35	星 xīng	ing	39	鹅 é	e	43	乌 wū	u	47	蛙 wā	1
36	船 chuán	uan	40	一 yī	i	44	雨 yǔ	ü	48	娃 wá	2
37	床 chuáng	uang	41	家 jiā	ia	45	椅 yǐ	i	49	瓦 wǎ	3
38	拔 bá	a	42	浇 jiāo	iao	46	鼻 bí	i	50	袜 wà	4

声母音位习得能力评估表

(序号：1-21)

(阴影：正常儿童声母音位习得顺序　年龄：岁；月)

声母 ＼ 年龄	声母音位习得与否	错误走向	2;7—2;12	3;1—3;6	3;7—3;12	4;1—5;12	6;1—6;6
b							
m							
d							
h							
p							
t							
g							
k							
n							
f							
j							
q							
x							
l							
z							
s							
r							
c							
zh							
ch						< 90%	
sh							

音位对比能力评估记录表

记录说明：通过最小语音对的比较，给出对比结果。例如，语音对序号 1 中，/b/和/p/若同时正确，则记为 1 分，若有一个错误则记为 0 分。注意：符号"﹡"代表常见问题。

一、声母音位对比（9 项）

C1. 送气塞音与不送气塞音（替代）（Aspirating，or not）

语音对序号	最小音位对比	卡片编号	目标音	实发音	对比结果	错误走向
1 双唇音	送气 不送气	2 1	p b			• 送气化：送气音替代不送气音 • 替代送气：不送气音替代送气音
2 舌尖中音	送气 不送气	6 24	t d			
3 舌根音	送气 不送气	26 25	k g			

C2. 送气塞擦音与不送气塞擦音（替代）（Aspirating，or not）

语音对序号	最小音位对比	卡片编号	目标音	实发音	对比结果	错误走向
4 舌面音	送气 不送气	13 12	q j			• 送气化：送气音替代不送气音 • 替代送气：不送气音替代送气音
5 舌尖后音	送气 不送气	16 15	ch zh			
6 舌尖前音	送气 不送气	31 30	c z			

C3. 塞音与擦音（替代）（Stopping or not）

语音对序号	最小音位对比	卡片编号	目标音	实发音	对比结果	错误走向
7 舌根音	塞音 擦音	27 11	k h			• 塞音化﹡：塞音替代擦音 • 替代塞音：擦音替代塞音
8 唇音	塞音 擦音	22 4	b f			

C4. 塞擦音与擦音（替代）（Affricate or not）

语音对序号	最小音位对比	卡片编号	目标音	实发音	对比结果	错误走向
9 舌面音	塞擦音 擦音	12 14	j x			• 塞擦音化：塞擦音替代擦音 • 替代塞擦音：擦音替代塞擦音
10 舌尖后音	塞擦音 擦音	15 17	zh sh			
11 舌尖前音	塞擦音 擦音	30 21	z s			

言语治疗学

C5. 塞音与鼻音（替代）（Nasalization or not）

语音对序号	最小音位对比	卡片编号	目标音	实发音	对比结果	错误走向
12 双唇音	塞音 鼻音	1 3	b m			• 鼻音化：鼻音替代塞音 • 替代鼻音：塞音替代鼻音
13 舌尖中音	塞音 鼻音	24 7	d n			

C6. 擦音与无擦音（遗漏）（/h/ Deletion）

语音对序号	最小音位对比	卡片编号	目标音	实发音	对比结果	错误走向
14 舌根音	擦音 无擦音	11 39	h 无擦音			• 声母/h/遗漏

C7. 不同构音部位的送气塞音（替代）（Fronting or Backward）

语音对序号	最小音位对比	卡片编号	目标音	实发音	对比结果	错误走向
15 送气塞音	双唇音 舌尖中音	23 6	p t			• 前进化：舌尖中音前进化，舌根音前进化 • 退后化：舌尖中音退后化，双唇音退后化
16 送气塞音	双唇音 舌根音	23 10	p k			
17 送气塞音	舌尖中音 舌根音	6 10	t k			

C8. 不同构音部位的不送气塞音（替代）（Fronting or Backward）

语音对序号	最小音位对比	卡片编号	目标音	实发音	对比结果	错误走向
18 不送气塞音	双唇音 舌尖中音	1 5	b d			• 前进化：舌尖中音前进化，舌根音前进化 • 退后化：舌尖中音退后化，双唇音退后化
19 不送气塞音	双唇音 舌根音	1 9	b g			
20 不送气塞音	舌尖中音 舌根音	5 9	d g			

C9. 舌尖前音与舌尖后音（替代）（Retroflex or not）

语音对序号	最小音位对比	卡片编号	目标音	实发音	对比结果	错误走向
21 不送气塞擦音	舌尖后音 舌尖前音	28 19	zh z			• 卷舌化：舌尖后音替代舌尖前音 • 替代卷舌：舌尖前音替代舌尖后音
22 送气塞擦音	舌尖后音 舌尖前音	16 20	ch c			
23 擦音	舌尖后音 舌尖前音	29 21	sh s			

二、韵母音位对比（6项）

V1. 前鼻韵母与后鼻韵母（替代）（Fronting or Backward）

语音对序号	最小音位对比	卡片编号	目标音	实发音	对比结果	错误走向
24 开口呼	前鼻韵母 后鼻韵母	32 33	an ang			● 鼻韵母前进化*： 　后鼻韵母前进化 ● 鼻韵母退后化： 　前鼻韵母退后化 ● 监控：鼻流量
25 齐齿呼	前鼻韵母 后鼻韵母	34 35	in ing			
26 合口呼	前鼻韵母 后鼻韵母	36 37	uan uang			

V2. 鼻韵母与无鼻韵母（遗漏）（Nasal Deletion）

语音对序号	最小音位对比	卡片编号	目标音	实发音	对比结果	错误走向
27 齐齿呼	前鼻韵母 无鼻韵母	34 40	in i			● 鼻韵母遗漏* ● 监控：鼻流量
28 齐齿呼	后鼻韵母 无鼻韵母	35 40	ing i			

V3. 三元音、双元音与单元音（遗漏）（Vowel Deletion）

语音对序号	最小音位对比	卡片编号	目标音	实发音	对比结果	错误走向
29 双元音	三元音 双元音	42 41	iao ia			● 韵母遗漏* ● 监控：F_1，F_2
30 单元音	双元音 单元音	41 40	ia i			

V4. 前元音与后元音（替代）（Fronting or Backward）

语音对序号	最小音位对比	卡片编号	目标音	实发音	对比结果	错误走向
31 高元音	前元音 后元音	40 43	i u			● 单元音前进化*： 　后元音前进化 ● 单元音退后化： 　前元音退后化 ● 监控：F_1，F_2

V5. 高元音与低元音（替代）（Upward or Downward）

语音对序号	最小音位对比	卡片编号	目标音	实发音	对比结果	错误走向
32 低元音	高元音 低元音	46 38	i a			● 单元音升高化*： 　低元音升高化 ● 单元音下降化： 　高元音下降化 ● 监控：F_1，F_2

V6. 圆唇音与非圆唇音（替代）(Retroflex or not)

语音对序号	最小音位对比	卡片编号	目标音	实发音	对比结果	错误走向
33 前高元音	圆唇音 非圆唇音	44 45	yu yi			• 圆唇化：圆唇音替代非圆唇音 • 替代圆唇*：非圆唇音替代圆唇音 • 监控：F_1, F_2

三、声调音位对比（3项）

T1. 一声与二声（替代）(The second tone or not)

语音对序号	最小音位对比	卡片编号	目标音	实发音	对比结果	错误走向
34 一、二声	一声 二声	47 48	1 2			• 二声化：二声替代一声 • 替代二声*：一声替代二声

T2. 一声与三声（替代）(The third tone or not)

语音对序号	最小音位对比	卡片编号	目标音	实发音	对比结果	错误走向
35 一、三声	一声 三声	47 49	1 3			• 三声化：三声替代一声 • 替代三声*：一声替代三声

T3. 一声与四声（替代）(The fourth tone or not)

语音对序号	最小音位对比	卡片编号	目标音	实发音	对比结果	错误走向
36 一、四声	一声 四声	47 50	1 4			• 四声化：四声替代一声 • 替代四声*：一声替代四声

音位对比能力评估表

（阴影：正常儿童声母音位习得顺序　年龄：岁；月）

音位对 \ 年龄	最小音位对 习得与否	错误走向	2;7—2;12	3;1—3;6	3;7—3;12	4;1—5;12	6;1—6;6
C6	擦音与无擦音						
V4	前元音与后元音						
V5	高元音与低元音						
V6	圆唇音与非圆唇音						
T1	一声与二声						
T3	一声与四声						
V3	三、双、单元音						

音位对 \ 年龄	最小音位对 习得与否	错误走向	2;7—2;12	3;1—3;6	3;7—3;12	4;1—5;12	6;1—6;6
C7　不同构音部位的送气塞音			▨	▨	▨		
C1　送气塞音与不送气塞音*			▨	▨	▨		
C3　塞音与擦音			▨	▨	▨		
C5　塞音与鼻音			▨	▨	▨		
C8　不同构音部位的不送气塞音			▨	▨	▨		
C2　送气塞擦音与不送气塞擦音*			▩	▩	▩	▩	▩
V1　前鼻韵母与后鼻韵母*			▩	▩	▩	▩	▩
V2　鼻韵母与无鼻韵母			▩	▩	▩	▩	▩
C4　塞擦音与擦音*					▩	▩	▩
T2　一声与三声					▩	▩	▩
C9　舌尖前音与舌尖后音*						▦	▦

注意：

1. 阴影部分从50%的正常儿童能正确发出的最小音位对比开始，到90%的正常儿童能正确发出的结束。
2. 年龄：岁；月（如2;7代表2岁7月）。
3. "＊"为核心音位对比。

构音清晰度评估

构音清晰度表

	声母音位对比	最小音位对比得分		韵母音位对比	最小音位对比得分		声调音位对比	最小音位对比得分
1	不送气塞音与送气塞音	＿＿/(3对)	10	前鼻韵母与后鼻韵母	＿＿/(3对)	16	一声与二声	＿＿/(1对)
2	送气塞擦音与不送气塞擦音	＿＿/(3对)	11	鼻韵母与无鼻韵母	＿＿/(2对)	17	一声与三声	＿＿/(1对)
3	塞音与擦音	＿＿/(2对)	12	三元音、双元音与单元音	＿＿/(2对)	18	一声与四声	＿＿/(1对)
4	塞擦音与擦音	＿＿/(3对)	13	前元音与后元音	＿＿/(1对)			
5	塞音与鼻音	＿＿/(2对)	14	高元音与低元音	＿＿/(1对)			
6	擦音与无擦音	＿＿/(1对)	15	圆唇音与非圆唇音	＿＿/(1对)			
7	不同构音部位的送气塞音	＿＿/(3对)						

声母音位对比		韵母音位对比		声调音位对比	
语音对序号	最小音位对比得分	语音对序号	最小音位对比得分	语音对序号	最小音位对比得分
8	不同构音部位的不送气塞音	___/(3 对)			
9	舌尖前音与舌尖后音	___/(3 对)			
合　计	___/(23 对)	合　计	___/(10 对)	合　计	___/(3 对)
构音清晰度(%)：　___/(36 对) ＝　(%)				相对年龄：　___	

附表 2－1：构音语音能力评估记录表
使用指南

构音能力主观评估词表主要用于评估儿童清晰发音的能力,可评价 21 个声母及 36 个最小语音对的构音情况。测验材料包含 50 个单音节词,每一个词都有配套的图片。

要求儿童每个音发三遍。整个音节的发音时间及音节之间的间隔都约为 1 秒。为诱导出自发语音,主试可以提问、提示或模仿的形式,要求儿童说出该图片所表达的词。

构音语音能力评估指导语
(黄昭鸣词表)

编　号	词	拼　音	提　问	提　示
例 1	桌	zhuō	这是什么?	老师指向桌子问:"这是什么?"
例 2	象	xiàng	这是什么?	什么动物的鼻子是长长的?
1	包	bāo	这是什么?	小朋友背什么上学?
2	抛	pāo	他做什么?	他把球怎么样?
3	猫	māo	这是什么?	什么"喵喵"叫?
4	飞	fēi	它做什么?	蝴蝶做什么?
5	刀	dāo	这是什么?	拿什么切东西?
6	套	tào	这是什么?	天冷了,手上戴什么?
7	闹	nào	这是什么钟?	什么钟叫你起床?
8	鹿	lù	这是什么?	什么动物的脖子长长的?
9	高	gāo	哥哥的个子比妹妹怎么样?	妹妹个子矮,哥哥比妹妹_____。
10	铐	kào	这是什么?	他的手被警察怎么了?
11	河	hé	这是什么?	这是一条小_____。
12	鸡	jī	这是什么?	什么动物会喔喔叫?
13	七	qī	这是几?	图上有几个苹果?
14	吸	xī	这是什么?	小朋友用什么喝牛奶?
15	猪	zhū	这是什么?	什么动物的耳朵很大?
16	出	chū	她在做什么?	她不是进去,是_____去。

编　号	词	拼　音	提　　问	提　　示
17	书	shū	这是什么？	小朋友看什么？
18	肉	ròu	这是什么？	老虎爱吃什么？
19	紫	zǐ	这是什么颜色？	球是什么颜色的？
20	粗	cū	这根黄瓜怎么样？	那根黄瓜细，这根怎么样？
21	四	sì	这是几？	图上有几个苹果？
22	杯	bēi	这是什么？	用什么喝水？
23	泡	pào	这是什么？	小朋友吹什么？
24	倒	dào	做什么？	怎样让开水进杯子？
25	菇	gū	这是什么？	这是蘑＿＿＿＿＿＿。
26	哭	kū	小朋友怎么了？	找不到妈妈，他会怎么样？
27	壳	ké	这是什么？	这是贝＿＿＿＿＿＿。
28	纸	zhǐ	这是什么？	老师在哪里写字？
29	室	shì	这是什么？	老师在哪里上课？
30	字	zì	他在做什么？	老师拿笔做什么？
31	刺	cì	花上有什么？	＿＿＿＿＿＿扎在手上会流血。
32	蓝	lán	这是什么颜色？	天空是什么颜色的？
33	狼	láng	这是什么？	什么动物长得像狗？
34	心	xīn	这是什么？	指着自己的心问："这里有什么？"
35	星	xīng	这是什么？	夜晚天上什么会一闪一闪的？
36	船	chuán	这是什么？	可以乘什么过海？
37	床	chuáng	这是什么？	你晚上睡在什么上面？
38	拔	bá	做什么？	怎样让萝卜出来？
39	鹅	é	这是什么？	这不是鸭，这是＿＿＿＿？
40	一	yī	这是几？	图上有几只苹果？
41	家	jiā	这是哪里？	你放学后回哪里？
42	浇	jiāo	做什么？	阿姨拿水壶做什么？
43	乌	wū	这是什么云？	快下雨了，天上飘什么云？
44	雨	yǔ	天上在下什么？	小朋友身上穿的是什么衣服？
45	椅	yǐ	这是什么？	老师指向旁边的椅子问："这是什么？"
46	鼻	bí	这是什么？	老师指自己的鼻子问："这是什么？"
47	蛙	wā	这是什么？	它是青＿＿＿＿＿＿。
48	娃	wá	这是什么？	你喜欢抱什么？
49	瓦	wǎ	这是什么？	屋顶上有什么？
50	袜	wà	这是什么？	指着小朋友的袜子问："这是什么？"

附表 2－2：构音语音能力评估声母音位矩阵图

（18 项语音对：声母音位对 9 项，韵母音位对 6 项，声调音位对 3 项）

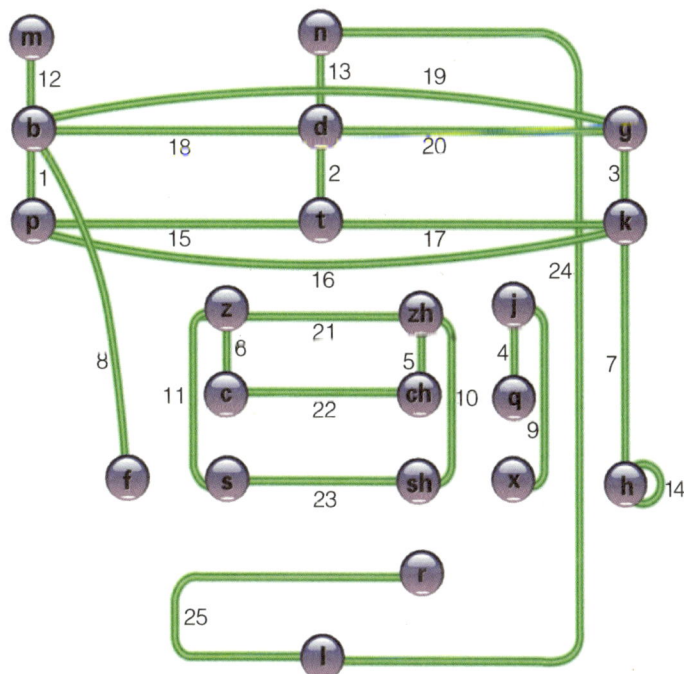

声母：语音对 9 项，最小音位对 25 个

附表 2－3：构音清晰度评估参考标准

构音清晰度参考标准(分数(％))的平均值和标准差　年龄：岁;月）

年　　龄	平　均　值	标　准　差
3 岁	81.58	18.23
4 岁	85.88	19.44
5 岁	92.34	9.90
6 岁	88.55	5.84

构音清晰度得分转换表(百分等级)

原始分数(％)	百　分　等　级				原始分数(％)	百　分　等　级			
	3 岁	4 岁	5 岁	6 岁		3 岁	4 岁	5 岁	6 岁
32					50	3			
34					52	10	2		
36					54	10	2		
38					56	10	2		
40	2				58	10	2		
42	2				60	13	3		
44	2				62	13	3		
46	3				64	13	3		
48	3				66	35	15	7	

原始分数（%）	百 分 等 级				原始分数（%）	百 分 等 级			
	3 岁	4 岁	5 岁	6 岁		3 岁	4 岁	5 岁	6 岁
68	35	15	7		86	58	28	33	18
70	35	15	7		88	58	48	40	92
72	40	22	8		90	58	48	40	92
74	40	22	8		92	65	55	45	92
76	40	22	8	2	94	65	55	45	98
78	40	22	10	2	96	65	55	48	98
80	52	25	22	3	98	65	55	48	98
82	52	25	22	3	100	100	100	100	100
84	52	25	27	17					

附录3：语音能力评估表

姓名 _____ 出生日期 _____ 性别：□ 男 □ 女
身份证号码 _____ 家庭住址 _____ 电话 _____
检查者 _____ 初诊日期 _____ 编号 _____
听力状况：□ 正常 □ 异常 听力设备：□ 人工耳蜗 □ 助听器 补偿效果_____
进食状况：_____
言语状况：_____
口部触觉感知状况：_____

语音能力评估

在构音的基础上，将单个音节按照特定的次序或组合连接起来，可形成有意义的句子，在句中连续而清晰地发音的能力就是语音能力，它为语言的发展打下坚实的基础。它体现了说话者连续、协调、清晰地进行发音的能力，反映了言语呼吸系统、发声系统、构音系统的整体协调性，是衔接言语和语言的重要纽带。

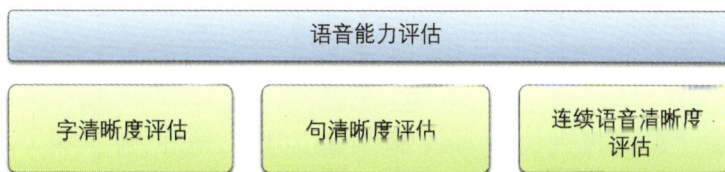

```
┌─────────────────────────────────────────┐
│              语音能力评估                 │
└─────────────────────────────────────────┘
┌──────────────┐ ┌──────────────┐ ┌──────────────┐
│  字清晰度评估 │ │  句清晰度评估 │ │ 连续语音清晰度│
│              │ │              │ │      评估     │
└──────────────┘ └──────────────┘ └──────────────┘
```

语音能力评估短文

语音能力评估中，根据普通话21个声母在日常生活中出现的频率，设计了符合儿童兴趣、情节完整、综合性强且具有等价性的短文，通过字清晰度、句清晰度和连续语音清晰度三个指标，考察患者连续语音的能力。

治疗师以自然的方式读出测试材料中的词和句子，然后让患者复述，并记录其语音资料，对患者复述的语音进行判分。目标音发音正确记为"1"，发音错误记为"0"。需计算出字清晰度、句清晰度和连续语音清晰度。

春　　天　　篇
美丽的春天来了，天气晴朗，柳絮纷飞。姐姐和妹妹手拿着背包，高兴地走在去教室的路上。道路边都是漂亮的高楼、嫩绿的草地、红色的榕树花，真好看！小鸟在树上叽叽喳喳地唱歌，真动听！

刷　　牙　　篇
一天，小牛在家里吃了一根甘蔗、喝了一罐蜂蜜，牙突然很疼，于是妈妈陪他去看医生。原来，他吃的甜东西太多，又不刷牙，所以长了两颗蛀牙。医生费了好大力气，才把小牛的蛀牙都拔下来。从此，小牛每天坚持刷牙，再也不感觉疼了。

美	丽	的	春	天	来	了	，	天	气	晴	朗	，	柳	絮	纷	飞
			ch	t						q			l	x		f
字																
句																

。	姐	姐	和	妹	妹	手	拿	着	背	包	，	高	兴	地	走	在
	j			m	m	sh			b	b		g		d	z	
字																
句																

去	教	室	的	路	上	。	道	路	边	都	是	漂	亮	的	高	楼
q	j	sh					d		b	d	sh	p			g	l
字																
句																

、	嫩	绿	的	草	地	、	红	色	的	榕	树	花	，	真	好	看
	l	d	c	d		h	s		r	sh				zh	h	k
字																
句																

！	小	鸟	在	树	上	叽	叽	喳	喳	地	唱	歌	，	真	动	听
	x	n				j		zh	zh			g		zh	d	t
字																
句																

《刷牙篇》

一	天	，	小	牛	在	家	里	吃	了	一	根	甘	蔗	、	喝	了	
			x	n		j	l	ch				g	zh		h		
字																	
句																	

一	罐	蜂	蜜	，	牙	突	然	很	疼	，	于	是	妈	妈	陪	他
	g	f	m			t	r	h				sh			p	
字																
句																

去	看	医	生	。	原	来	，	他	吃	的	甜	东	西	太	多	，
q			sh							d		d	x	t	d	
字																
句																

又	不	刷	牙	，	所	以	长	了	两	颗	蛀	牙	。	医	生	费
	b	sh			s		zh		l	k	zh					
字																
句																

了	好	大	力	气	，	把	小	牛	的	蛀	牙	都	拔	下	来	。
		d	l	q		b			d	zh		d	b			
字																
句																

从	此	，	小	牛	每	天	坚	持	刷	牙	，	再	也	不	感	觉
c					m		j		sh			z			g	j
字																
句																

疼	了	。														
字																
句																

3.1 字清晰度评估

字清晰度评估表

字清晰度评估用于考察患者目标音的清晰度,评估时要求患者跟读单个字。

字清晰度＝(单字目标音正确个数/目标音总个数)×100％

		总个数	单字正确个数	单字清晰度％
统　计	b	3		
	p	1		
	m	2		
	f	1		
	d	6		
	t	2		
	n	1		
	l	3		
	g	3		
	k	1		
	h	2		
	j	3		
	q	2		
	x	2		
	z	1		
	c	1		
	s	1		
	r	1		
	zh	4		
	ch	1		
	sh	4		
总　计	单字正确总个数			
	单字清晰度％			

3.2 句清晰度评估

句清晰度评估表

句清晰度评估考察患者在说句子时目标音的清晰度,评估时要求患者跟读句子。

句清晰度=(句中目标音正确个数/目标音总个数)×100%

		总个数	句中正确个数	句清晰度%
统　计	b	3		
	p	1		
	m	2		
	f	1		
	d	6		
	t	2		
	n	1		
	l	3		
	g	3		
	k	1		
	h	2		
	j	3		
	q	2		
	x	2		
	z	1		
	c	1		
	s	1		
	r	1		
	zh	4		
	ch	1		
	sh	4		
总　计	句中单字正确总个数			
	句清晰度%			

3.3 连续语音清晰度评估

连续语音清晰度评估表

连续语音清晰度评估则同时考察患者在跟读单字和句子时发音的清晰度。

连续语音清晰度＝(句清晰度/字清晰度)×100％

		总个数	单字清晰度％	句清晰度％	连续语音清晰度％
统　计	b	3			
	p	1			
	m	2			
	f	1			
	d	6			
	t	2			
	n	1			
	l	3			
	g	3			
	k	1			
	h	2			
	j	3			
	q	2			
	x	2			
	z	1			
	c	1			
	s	1			
	r	1			
	zh	4			
	ch	1			
	sh	4			
总　计	单字清晰度％				
	句清晰度％				
	连续语音清晰度％				

附录4：口部运动功能评估分级标准

下颌口部运动功能评估分级标准

评估项目	指导语	0级（0分）	1级（1分）	2级（2分）	3级（3分）	4级（4分）
下颌在自然状态下的形状及位置	在自然放松状态下，静观1分钟。记录下颌的位置及运动。	全开位或上下牙紧密接触，不会动。	处于全开位或上下牙紧密接触，偶能瞬间向上或向下运动。	下颌处于半开位，但下颌在水平位上左右歪斜，或后缩。	下颌处于水平正中，有接触，有楔形缝隙，但能保持3秒。	下颌处于水平正姿势位，水平正中，上下牙无接触，有楔形缝隙，能保持3秒。
咬肌肌力	治疗师示范："咬紧牙关，让咬肌凸起来，坚持到我数3下。"	没反应。	有意识做，但无法做到，用眼睛、头或肩代替。	仅能咬住单侧，或咬时无力。	能紧紧咬住，但不能保持3秒。	能紧紧咬住，并保持3秒。
下颌向下运动	治疗师示范："嘴巴尽可能张大，坚持到我数3下。"	没反应。	有意识做，但无法做到，用眼睛、头或肩代替。	下颌不能完全打开，伴有左或右歪斜。	能充分打开下颌，但不能保持3秒。	下颌轻松充分地打开，并能保持3秒。
下颌向上运动	治疗师示范："闭紧下颌，坚持到我数3下。"	没反应。	有意识做，但无法做到，用眼睛、头或肩代替。	下颌不能完全闭合，有急咬合，或伴有左或右歪斜。	下颌能充分紧闭，但不能保持3秒。	下颌轻松充分地紧闭，并能保持3秒。
下颌向左运动	治疗师示范："下颌向左运动，坚持到我数3下。"	没反应。	有意识做，但无法做到，用眼睛、头或肩代替。	下颌能向左侧运动，但运动幅度小或无力。	下颌能充分向左运动，但不能保持3秒。	下颌轻松充分地向左运动，并能保持3秒。
下颌向右运动	治疗师示范："下颌向右运动，坚持到我数3下。"	没反应。	有意识做，但无法做到，用眼睛、头或肩代替。	下颌能向右侧运动，但运动幅度小或无力。	下颌能充分向右运动，但不能保持3秒。	下颌轻松充分地向右运动，并能保持3秒。
下颌前伸运动	治疗师示范："下颌向前运动，坚持到我数3下。"	没反应。	有意识做，但无法做到，用眼睛、头或肩代替。	下颌能向前运动，但运动幅度小或无力。	下颌能充分向前运动，但不能保持3秒。	下颌轻松充分地向前运动，并能保持3秒。
下颌上下连续运动	治疗师示范："连续打开和闭合下颌，重复3次。"	没反应。	有意识做，但无法做到，用眼睛、头或肩代替。	只能做向上或向下运动，能连续做3次。	能连续上下运动3次，但运动不充分，或缺乏力度。	下颌轻松充分地连续打开闭合3次。
下颌左右连续运动	治疗师示范："下颌连续向左右运动，重复3次。"	没反应。	有意识做，但无法做到，用眼睛、头或肩代替。	只能连续向一侧运动，或不能连续做3次运动，或用唇运动代替。	能连续左右运动3次，但运动不充分，或缺乏力度。	下颌轻松充分地连续左右运动3次。

唇口部运动功能评估评分分级标准

评估项目	指导语	0级(0分)	1级(1分)	2级(2分)	3级(3分)	4级(4分)
唇在自然状态时的形态结构及位置	在自然放松状态下,静观1分钟。	双唇严重不对称,位置几乎不变化。	上唇回缩或下唇回缩严重,上唇或下唇有抖动,但患者不知复位。	上唇或下唇有轻微抖动,但患者偶尔会试图复位;或者双唇不对称。	上唇或下唇轻微回缩,或轻微不对称,不易观察。	唇自然地处于水平正中位,左右对称,微微闭合。
流涎		无法控制。	身体前倾或分散注意力时流涎,有控制意识,但不能控制。	嘴角流涎,略能控制。	嘴角偶有潮湿,喝水或咀嚼时轻微流涎。	没有流涎。
唇面部肌力	让我摸摸你的脸,你给我做个"鬼脸",好吗?	拒绝做。	脸颊肌肉摸上去又紧又硬,做鬼脸时困难;或脸摸上去很松软,无弹性。	脸颊肌肉较松软或较硬,做鬼脸时较容易。	脸颊肌肉摸上去有弹性,但上唇或下唇有轻微回缩。	脸颊摸上去有弹性,肌力正常。
展唇运动	跟我做笑的动作,把牙齿都露出来,坚持到我数3下。	没反应。	努力向外展但不能做到,用眼睛、头或肩代替或辅助。	双唇外展时需努力,嘴角不能上提;或外展幅度小,或外展时僵硬无力。	双唇能咧开笑,但不能持续3秒。	双唇轻松,充分地外展并上提,咧嘴微笑,并保持3秒。
圆唇运动	跟我做圆唇的动作,坚持到我数3下。	没反应。	努力圆唇却不能做到,用眼睛、头或肩代替或辅助。	双唇圆唇时需努力;圆唇幅度小;或圆唇时僵硬无力。	双唇能充分紧紧地圆起来,但不能保持3秒。	双唇轻松,紧紧地圆起来,并保持3秒。
唇闭合运动	用双唇把压舌板夹住,坚持到我数3下。	没反应。	能做闭合动作,努力夹但夹不住压舌板,用牙齿咬。	双唇紧闭时需努力,夹住1秒就掉下来。	双唇紧夹住压舌板,不能保持3秒。	双唇紧紧夹住压舌板,并保持3秒。
圆展交替运动	跟我做笑的动作,再做圆唇动作,连续做3次。	没反应。	努力做圆或展动作,但无法完成,用眼睛、头或肩辅助。	只能做一项;双唇连续做圆展交替运动,但运动幅度小、速度慢或运动无力,或不能按序做3次。	双唇可以连续做圆展交替运动,但不能连续做3次。	双唇轻松,充分地做圆展交替运动,连续做3次。
唇齿接触运动	跟我做上齿接触下唇的动作,坚持到我数3下。	没反应。	努力做接触动作,但无法完成,用眼睛、下颌、头或肩代替。	上齿不能咬住下唇内侧,但能咬住下唇。	上齿可以接触下唇内侧,但不能保持3秒。	上齿能轻松,自如地接触到下唇内侧,并保持3秒。

语言治疗学

舌口部运动功能评估分级标准

评估项目	指导语	0级（0分）	1级（1分）	2级（2分）	3级（3分）	4级（4分）
舌的形状和位置	微张嘴，静观1分钟，张嘴困难时，用压舌板辅助。	舌瘫软无力伸出口外或瘫软无力充满整个口腔；或舌体拳缩成球状后缩到咽部。	舌体偏离明显，或舌一直在抖动，舌洼中轻隆起，舌两侧松软。	舌伴有不随意运动或舌尖回缩，舌叶隆起，但舌中后部还未拳缩。	舌成碗状，偶尔伴有随意运动或微小的偏离。	舌能保持静止不动，呈碗状。
舌尖前伸	治疗师示范："将舌尖前伸，坚持到我数3下。"	无反应。	舌尖努力伸但未成功，用唇、头、眼、下巴或肩膀运动来代替或辅助。	舌能独立伸出，但舌尖回缩，能将舌体变成束状，但看起来有点松软或呈球状。	舌尖能充分向前伸，但不能保持3秒，出现轻微抖动或微小偏离。	舌尖能独立充分向前伸，并保持3秒。
舌尖下舔下颌	治疗师示范："舌尖向下舔下颌，坚持到我数3下。"	无反应。	舌尖能向下舔但未成功，用头、眼、下巴或肩膀运动来代替。	舌体能向下舔到唇下缘，但舌尖回缩成束状，能将舌体变成W型，但能点松软或呈球状。	舌尖和侧能下舔到下颌中部，但不能保持3秒，出现抖动或偏离。	舌尖和两侧能充分舔到下颌中部，并保持3秒。
舌尖上舔上唇	治疗师示范："舌尖向上舔上唇，坚持到我数3下。"	无反应。	舌尖试图伸出口外，但未成功，用头、眼、下巴或肩膀运动来代替。	舌体能向上舔到唇边缘，但舌尖回缩成束状，能将舌体变成束状，但看起来有点松软或呈球状。	舌尖能充分向上舔到唇中部，呈束状，但不能保持3秒。	舌尖能独立充分向上舔到唇中部，呈束状，并保持3秒。
舌尖上舔齿龈	治疗师示范："舌尖上舔齿龈，坚持到我数3下。"	无反应。	舌尖试图向上舔，但未成功，用头、眼、下巴或肩膀运动来代替。	用舌叶代替舌尖向上舔到齿龈，或舌尖卷在牙齿下，舌尖无力或抖动。	舌尖能轻松上舔齿龈，但不能保持3秒。	舌尖能轻松上舔齿龈，并保持3秒。
舌尖左舔嘴角	治疗师示范："舌尖用力向左舔嘴角，并保持3秒。"	无反应。	舌尖试图去舔，但未成功，用头、眼、下巴或肩膀运动来代替。	舌尖回缩或无力，用舌叶代替舌尖向左舔嘴角，能将舌体变成束状，有点抖动，松软。	舌尖能充分向左舔到唇角，但不能保持3秒。	舌尖能充分向左舔到左唇角，并保持3秒。
舌尖右舔嘴角	治疗师示范："舌尖用力向右舔嘴角，并保持3秒。"	无反应。	舌尖试图去舔，但未成功，用头、眼、下巴或肩膀运动来代替。	舌尖回缩或无力，用舌叶代替舌尖向右舔嘴角，能将舌体变成束状，有点抖动，松软。	舌尖能充分向右舔到唇角，但不能保持3秒。	舌尖能充分向右舔到右唇角，并保持3秒。

评 估 项 目	指 导 语	0级(0分)	1级(1分)	二级(2分)	3级(3分)	4级(4分)
舌尖上舔硬腭	治疗师示范:"舌尖从上齿龈正中位向后沿硬腭扫到软腭交界处。"	无反应。	舌尖试图去舔,但未成功,用头、眼、下巴或肩膀运动来代替。	舌尖回缩或无力,用舌叶代替,或舌尖从后向前做运动。	舌尖可以做该动作,但运动慢,力量稍差,有轻微抖动。	舌尖能轻松自如地从上齿龈扫到软硬腭交界处。
舌尖左右交替运动	治疗师示范:"舌尖左右交替运动,来回3次。"	无反应。	舌尖试图做,但根本不会做侧向运动,用头、眼、肩膀运动来代替。	舌尖回缩或无力,用舌叶代替,左右交替运动,运动不规则,无节律。	舌尖能完成这种交替模式,但不能持续3次,运动慢,力量稍差,有轻微抖动。	舌尖能轻松自如地左右交替运动3次。
舌尖前后交替运动	治疗师示范:"舌尖前后交替运动,来回3次。"	无反应。	舌太僵硬了不能伸出口外或将舌瘫在口内,或不能将其缩进口内,或用头、眼、肩膀运动来代替。	舌尖回缩或无力,用舌叶代替,运动交替做交替运动不规则,无节律。	舌尖能完成这种交替模式,但不能持续3次,运动慢,力量稍差,有轻微抖动。	舌尖能自如地伸出口外又缩进口内,来回交替运动3次。
舌尖上下交替运动	治疗师示范:"舌尖上下交替运动,来回3次。"	无反应。	舌尖试图做,但根本不会做,用头、眼、下巴或肩膀运动来代替。	舌尖回缩或无力,用舌叶代替,舌尖做上下交替运动不规则,无节律。	舌尖能完成这种交替模式,但不能持续3次,运动慢,力量稍差,有轻微抖动。	舌尖能自如地舔到上下齿眼中位,并交替运动3次。
马蹄形上抬模式	治疗师示范,用压舌板沿中线刺激舌前1/3,观察患者的反应。	无反应。	舌有主动意识,舌瘫软,压下后没反应。	舌尖与舌叶未分离,多次刺激仅舌尖上抬或舌两侧缘上抬,马蹄形模式未形成。	多次给予刺激才出现舌碗形反射,马蹄形模式才形成。	只要给予刺激立即出现舌碗形反射,马蹄形模式形成。
舌两侧缘上抬模式	治疗师示范:"嘴张开,舌两侧缘上抬,紧贴在上牙齿上。"	无反应。	舌努力做了,但舌不能做到与上牙接触。	努力做了,但只能用舌尖与上齿接触,两侧缘不能与上齿接触,或靠借助外力能短暂接触。	舌两侧缘可以与上齿接触,但保持时间短暂,只有1秒。	嘴张开,舌两侧紧贴与上齿紧密接触,并保持3秒。
舌前部上抬模式	治疗师示范:"舌前部向上抬起,与硬腭接触。"	无反应。	舌前部努力上抬,但不能做到,用头、眼、下巴或肩膀运动来代替。	舌前部不能完全自主上抬,必须借信助外力辅助。	舌前部可以上抬,但持续时间只有1秒。	舌前部能轻松上抬,并能持续3秒。
舌后部上抬模式	治疗师示范:"舌后部向上抬起,与软腭接触。"	无反应。	舌后部努力上抬,但不能做到,用头、眼、下巴或肩膀运动来代替。	舌后部不能完全自主上抬,必须借信助外力辅助。	舌后部可以上抬,但持续时间只有1秒。	舌后部能轻松上抬,并能持续3秒。
舌肌肌力检测	治疗师示范:"将舌尖伸出向里顶,我用压舌板用力向外顶,你用力向外顶。"	拒绝做。	舌瘫软无力或瘫痪,需要伸进口内进行检测,有意识做抵抗运动,但不能做到,用头、眼、下巴或肩膀运动来代替。	舌能伸出口外,舌尖与舌叶未分离;用舌向外顶压舌板,亡肌力弱,很容易将舌顶进口内,持续时间短暂,不到1秒。	舌尖伸出口外,舌能努力向外用力顶,并能随着外力大小的变化而改变,但未到3秒。	舌能根据外力随意调整肌力抵抗,持续时间3秒。

附录 5：构音运动功能评估分级标准

下颌言语状态评估分级表

分级	能 力	说 明
0 级	下颌完全不动,不会发音。	同下颌口部运动 0 级说明。
1 级	下颌处于闭合位或大幅打开不运动,发音时下颌不运动,需颈、头和肩协助。	下颌在构音过程中张开幅度过大或过小,下颌控制能力和稳定性差。下颌与头、肩、颈或眼睛的运动没有完全分离。
2 级	下颌处于半开中位,发音时下颌向左或右歪斜,语速缓慢,构音不清。	在构音过程中,下颌能保持在半开位,但下颌的转换速度缓慢,精细控制能力还不完善。
3 级	下颌处于半开中位,运动速度可,幅度减少,1—2 个字构音不清。	在构音过程中,下颌力量和控制能力未发育成熟。
4 级	下颌运动充分到位,构音清晰准确,语速适中。	在构音过程中,下颌有充分的力量和控制能力。

唇言语状态评估分级表

分级	能 力	说 明
0 级	完全不运动,不会发音。	同唇的口部运动 0 级说明。
1 级	发音时双唇不运动或运动幅度很小,只能发一个音,需眼、头和肩协助。	在构音过程中,唇运动未与身体其他部分分离或存在结构性问题。
2 级	唇幅度不充分,语速缓慢,大多构音不清。	在构音过程中,唇运动的幅度、力度和速度均未达到对应的运动模式。
3 级	唇运动幅度尚可,但保持不稳定,有 1—2 个字构音不清。	在构音过程中,唇已具备了肌力量但不足,或缺乏做动作的经验,但唇能控制不稳定的状态。
4 级	唇运动充分到位,构音清晰准确,语速适中。	唇运动达到了该运动模式的要求,面部和唇部有充分的肌力和较好的控制能力。

舌言语状态评估分级表

分级	能 力	说 明
0 级	舌完全不运动,不会发音。	原因同舌口部运动的原因分析。
1 级	舌能够运动,但舌的各种运动模式还未习得,舌的运动还未完善,说话含混不清,舌运动还需辅助。	舌以粗大运动为主,还未与下颌、唇、头等器官分离出来,舌还未进行精细分化。
2 级	舌能发出一些音,但构音不清,响度偏低、语速缓慢。	舌的精细运动能从大运动中分离一部分,但还未完全分离,舌肌无力或肌张力高使舌存在运动障碍。
3 级	舌运动达到各种构音运动模式,但是不稳定,需要进行强化和精细分级。	说明舌的精细分级和控制还未习得。
4 级	舌运动均达到了各种构音运动模式的要求,运动范围充分,构音准确。	舌的肌力和控制能力较好,舌的精细分级运动和控制能力良好。

附录 6：喉内窥镜评估表

1. 内窥镜/动态喉镜评估表

姓名 _____ 出生日期 _____ 性别：□ 男　□ 女
身份证号码 _____ 家庭住址 _____ 电话 _____
检查者 _____ 初诊日期 _____ 编号 _____

注解 _____ 嗓音质量 _____ 基频 _____ 声压值 _____

声带边缘：		光滑整齐				粗糙不规则
	右	1	2	3	4	5
	左	1	2	3	4	5

声门关闭：	完全	前端裂隙	不规则	弓形	后端裂隙	沙漏状	不完全

闭合相位：	开放相为主 （耳语）		正常		关闭相为主 （过度内收）
	1	2	3	4	5

声带垂直方位比较：	相等	右边低	左边低	不一定
	1	2	3	4

振幅：		正常	轻微减小	中度减小	严重减小	消失
	右	1	2	3	4	5
	左	1	2	3	4	5

黏膜波：		正常	轻微减小	中度减小	严重减小	消失
	右	1	2	3	4	5
	左	1	2	3	4	5

声带振动：		始终出现	有时部分消失	始终部分消失	有时完全消失	总是完全消失
	右	1	2	3	4	5
	左	1	2	3	4	5

对称性：	对称	有时不对称	部分不对称	始终不对称
	1	2	3	4

周期性（规律性）：	规则	有时不规则	大部分不规则	始终不规则
	1	2	3	4

喉室：	对称性运动：	1. 右＞左	2. 左＞右	3. 相等
	运动：	正常	清楚的	缺乏的
		1	2	3

功能亢进型：	1. 不存在	2. 有时存在	3. 始终存在

内窥镜/动态喉镜计算机评估意见：

2. 内窥镜/动态喉镜评估方案

姓名 _____ 出生日期 _____ 性别：□ 男　□ 女
身份证号码 _____ 家庭住址 _____ 电话 _____
检查者 _____ 初诊日期 _____ 编号 _____

检查使用	1. 标准喉镜　　　　　2. 硬性纤维镜 3. 软性纤维镜　　　　4. 不变光源 5. 动态光源
最常用的发声响度	1. 安静对话　　　　　2. 高声对话
发声时采用	1. 持续不变的元音　　2. 连续说话
检查时病人的基频约 _____ Hz 左右。	1. 同意　　　　　　　2. 不同意
通过动态喉镜做进一步的声带检查后，对检查结果是否信任	1. 是　　　　　　　　2. 不是
喉部暴露时间是否足够长	1. 是　　　　　　　　2. 不是
喉部是否暴露清楚	1. 完全暴露　　　　　2. 部分暴露(如选 2,再做以下选择)
看录像带	1. 是　　　　　　　　2. 不是
如满意,这主要是因为	1. 焦距　　　　　2. 亮度　　　　　3. 焦距和亮度
除了声带,观察不明显的有	1. 形状　　　　　　　2. 大小　　　　　3. 黏膜颜色 4. 黏膜形状　　　　　5. 以上所有的
观察清楚的有	1. 形状　　　　　　　2. 大小 3. 黏膜颜色　　　　　4. 黏膜形状
喉的形状特别显著,这是由于	1. 杓状软骨交叉▽　　　　　2. 杓状软骨向后突出 3. 声门下杓状软骨间组织增生　4. 人的特异性皱褶 5. 极其弯曲的会厌　　　　　6. 平直的会厌 7. 不对称的会厌
喉部不正常在于	1. 大小　　　　　　　2. 黏膜颜色 3. 黏膜形状被描述为： 4. 解释：
声带上的黏液看上去	1. 适量　　　　　　　2. 较少
照明光	1. 不够　　　　　　　2. 足够
在声门中的黏液是	1. 很少　　　　　　　2. 很多
声带的外观	1. 不显著(如选择,再做下题选择) 2. 显著(如选择,再做以下选择 3—9) 3. 声带的长度 4. 声带的侧面厚度 5. 声带的垂直厚度 6. 呼吸、发声时声带的位置和动作 7. 声带的黏膜颜色 8. 声带的血管分布 9. 声带的总体形状 10. 黏膜分布 11. 所有以上异常(如长度,厚度,位置,黏膜颜色,声带形状,vascularity 等) 12. 请依次指出

不规则的黏膜位置看上去位于	1. 前联合处 2. 声带的前三分之一处 3. 前三分之一与中三分之一的衔接处 4. 声带的中三分之一处 5. 声带的后三分之一处 6. 后联合处 7. 声带的上表面 8. 声带边缘 9. 声带下缘
表面不齐的侧面大小	1. 小于声带宽度的 25% 2. 约是声带宽度的 25% 3. 在声带宽度的 25%和 50%之间 4. 约是声带宽度的 50% 5. 约是声带宽度的 100%或更多 6. 小于声带宽度的 25% 7. 约是声带宽度的 25% 8. 在声带宽度的 25%和 50%之间 9. 约是声带宽度的 50% 10. 约是声带宽度的 100%或更多
声带黏膜不规则性表现为	1. 透明 2. 不透明 3. 白色 4. 红色 5. 蓝灰色 6. 黄褐色 7. 其他颜色＿＿＿ 8. 坚硬、有组织的 9. 柔软、无组织的 10. 表面光滑 11. 表面粗糙 12. 不带蒂 13. 带蒂 14. 尖锐 15. 圆形 16. 正方形 17. 椭圆形 其他＿＿＿
动态喉镜检查	1. 能显示 2. 不能显示
声带运动的对称性	1. 始终是 2. 大部分是 3. 不总是 4. 观察不到(如选了 1 或 2,请再选择下面振幅部分)
观察到不对称是因为	1. 声带前端偏移 2. 声带高于其他 3. 声带垂直运动先于其他 4. 声带侧面运动不同于其他
声带侧面运动的振幅,看上去(振幅)	1. 不显著 2. 大 3. 小 4. 缺少 5. 基本一致 6. 不一致 7. 其他意见:
声带活动周期性看上去(周期性)	1. 规则 2. 不规则 3. 基本一致 4. 不一致
声带外表面的黏膜波(自然音域)看上去(黏膜波)	1. 正常 2. 大 3. 小 4. 缺少 5. 基本一致 6. 不一致
不正常的黏膜主要在声带的	1. 前三分之一 2. 前三分之一与中三分之一的衔接处 3. 中三分之一 4. 整个声带

声门关闭是否完全 （声门关闭）	1. 始终完全 3. 始终不完全 5. 不规则缝 7. 声门纵形缝 9. 前端裂隙 11. 意见：	2. 有时不完全 4. 后端裂隙 6. 梭形缝 8. 沙漏状 10. 其他_____
通过检查，发现	1. 声带振动不明显	2. 声带振动明显
不对称的原因主要在于 （不对称）	1. 声带位置的不正常 3. 声带质量的改变 5. 声带弹力和黏性的改变 6. 嗓音训练不够或训练失败 7. 其他原因	2. 声带形状的不正常 4. 声带硬度的改变
振幅不正常的原因主要在于 （振幅不正常）	1. 声门部分振动削弱 3. 声带的质量改变 5. 未知因素	2. 声带的张力改变 4. 发声时，声门下压的减少
声带活动周期性差的原因主要在于 （周期性差）	1. 位置 3. 质量 5. 两条声带的弹性和黏性 6. 神经肌肉控制的一致性 7. 声门下压的一致性 8. 未知因素	2. 形状 4. 张力
黏膜波改变的原因主要在于 （黏膜波异常）	1. 黏膜变硬 3. 原因不明	2. 下层黏膜异常
声门关闭不全原因主要在于 （声门关闭不全）	1. 内收削弱 3. 占位性瘤 5. 未知因素	2. 声门边缘弯曲或缺损 4. 黏膜的弹性和黏性不均匀
可把影响喉部的原因归结为（以下是最有可能影响的因素）_____ 另外诸如 _____ 也是可能原因	潜在的影响因素 1. 发育异常 3. 声带沟 5. 非恶性肿瘤 7. 角化症和白斑病 9. 息肉和小结（由于滥用嗓音） 10. 接触性溃疡或插管损伤 11. 囊肿，喉囊肿，淀粉样变或类脂蛋白质沉淀 12. 声带增厚 14. 静脉曲张，充血，炎症（喉炎） 15. 外伤 17. 狭窄 19. 麻痹 21. 喉上神经麻痹 23. 动末梢紊乱肌肉病 25. 月经期和绝经期的生殖腺 26. 其他内分泌系统和新陈代谢 27. 甲状腺 29. 功能性 sicca 或其他综合征 30. 不良发声习惯或不良癖好 31. 嗓音滥用 33. 嗓音误用（功能亢进型发声障碍，肌肉紧张型发声障碍） 34. 痉挛性发声障碍 36. 暂缓评论	2. 喉蹼 4. 弓形声带 6. 乳头状瘤 8. 息肉（不是滥用嗓音引起） 13. 恶性肿瘤 16. 脱白 18. 瘢痕 20. 喉返神经麻痹 22. 中枢神经麻痹 24. 激素 28. 副甲状腺 32. 发声疲劳 35. 室带性发声障碍 37. 无相关因素

附录7：构音训练游戏　声母音位习得

　　"构音训练"是一套充满情趣的声韵组合练习，它是用于矫治 21 个声母及其声韵母音位组合的构音治疗工具，每节专门矫治一个声母及其声韵组合。

　　该训练主要是强化目标声母准确的构音音位和正确的发音方式，并将可能与该声母组合的单韵母、复韵母、鼻韵母结合起来进行声韵组合运动训练，逐步实现声母向韵母的过渡，进一步提高下颌、唇、舌、软腭等构音器官的灵活性、协调性及稳定性，更好地发出自然、舒适、清晰的语音。训练采用视听结合与动静结合的"写一写、画一画"游戏方式，融知识性、趣味性于一体，激发小朋友的学习兴趣，提高治疗效果。对听力障碍患者来说，还能进一步促进听觉言语反射链的形成。

　　本章中的"小朋友"是游戏者的代称，可以是大人，也可以是小孩。

　　可根据训练目标，对小朋友进行构音训练并仔细填写"构音评估表"，最后，将每次训练的结果记录在"构音训练记录表"中，以便动态地观察治疗效果。有关的训练内容，请参考"构音训练建议表"。

　　举例：以/p/开头的构音训练。

以 /p/开头的构音评估表

日　期	单音节词或多音节词	爬	爬山	苹	苹果	苹果树	摘苹果	咬苹果
	主观评估	√	×	√	×	√	×	√
	错误走向		b		t		无	

注意：关于"构音评估表"的填写内容，正确的答案可用"√"表示，不正确的答案可用"×"表示。

1. 布袋：(编号01)

圣诞老人背着大布袋,高高兴兴地去参加晚会了。

把以声母/b/开头的单音节词(如:布)＿＿＿＿＿＿＿＿＿＿＿＿＿和多音节词(如:布袋)

＿＿＿＿＿＿＿＿＿＿＿＿＿＿写在布袋上,并说＿＿＿＿遍。

构音训练建议表

编号	训练目标	游 戏 名 称	训 练 内 容	
			单音节词或多音节词	参考单音节词或多音节词
01	布袋	/b/,第一声母音位习得	布,布袋,大布袋	
02	笔	/b/,第一声母音位习得	笔,铅笔,拿铅笔	
03	溜冰	/b/,第二声母音位习得	冰,溜冰,溜冰鞋	
04	汉堡	/b/,第二声母音位习得	堡,汉堡,吃汉堡	可参考"声韵母组合训练"游戏板的内容
05	黑板	/b/,第二声母音位习得	板,黑板,写黑板	
06	神笔	/b/,第二声母音位习得	笔,神笔,大神笔	
07	背书包	/b/,第一、三声母音位习得	包,书包,背书包	

2. 爬山：（编号01）

爬山可以锻炼小朋友的身体，还可以看到美丽的风景。

把以声母/p/开头的单音节词（如：爬）_____ 和多音节词（如：爬山）

_____写在小山上，并说_____遍。

构音训练建议表

编号	训练目标	游 戏 名 称	训 练 内 容	
			单音节词或多音节词	参考单音节词或多音节词
01	爬山	/p/，第一声母音位习得	爬，爬山，爬山坡	可参考"声韵母组合训练"游戏板的内容
02	摘苹果	/p/，第二声母音位习得	苹，苹果，苹果树	
03	咬苹果	/p/，第二声母音位习得	苹，苹果，咬苹果	
04	泡泡	/p/，第一、二声母音位习得	泡，泡泡，气泡	
05	指路牌	/p/，第三声母音位习得	牌，路牌，指路牌	
06	魔斗篷	/p/，第三声母音位习得	篷，斗篷，魔斗篷	
07	放鞭炮	/p/，第三声母音位习得	炮，鞭炮，放鞭炮	

言语治疗学

3. 房子：（编号 01）

我们一家人冬游,去看了冰块做的房子,好漂亮呀!
把以声母/f/开头的单音节词（如：房）_____ 和多音节词（如：房子）
_____写在房子上,并说_____遍。

构音训练建议表

编号	训练目标	游 戏 名 称	训 练 内 容	
			单音节词或多音节词	参考单音节词或多音节词
01	房子	/f/,第一声母音位习得	房,房子,小房子	
02	饭盒	/f/,第一声母音位习得	饭,饭盒,我的饭盒	
03	风筝	/f/,第一声母音位习得	风,风筝,放风筝	
04	音符	/f/,第二声母音位习得	符,符号,音符	可参考"声韵母组合训练"游戏板的内容
05	蜜蜂	/f/,第二声母音位习得	蜂,蜜蜂,小蜜蜂	
06	蜜蜂采蜜	/f/,第二声母音位习得	蜂,蜜蜂,蜜蜂采蜜	
07	蝙蝠	/f/,第二声母音位习得	蝠,蝙蝠,蝙蝠飞	
08	年夜饭	/f/,第三声母音位习得	饭,晚饭,年夜饭	

4. 脚印：(编号 01)

冬天到了，小熊要冬眠了！

把以声母/j/开头的单音节词（如：脚）＿＿＿＿＿＿＿＿＿＿＿＿＿＿＿＿和多音节词（如：脚印）

＿＿＿＿＿＿＿＿＿＿＿写在脚印上，并说＿＿＿＿遍。

构音训练建议表

编号	训练目标	游 戏 名 称	训 练 内 容	
			单音节词或多音节词	参考单音节词或多音节词
01	脚印	/j/，第一声母音位习得	脚，脚印，睡觉	
02	鸡蛋	/j/，第一声母音位习得	鸡，鸡蛋，养鸡场	
03	小鸡	/j/，第二声母音位习得	鸡，小鸡，小鸡吃米	可参考"声韵母组合训练"游戏板的内容
04	射箭	/j/，第二声母音位习得	箭，弓箭，射箭	
05	回家	/j/，第二声母音位习得	家，回家	
06	火鸡	/j/，第二声母音位习得	鸡，火鸡	
07	围巾	/j/，第二声母音位习得	巾，围巾，戴围巾	

5. 彩球：(编号 01)

圣诞树上挂了许多彩球，一闪一闪的，真漂亮！

把以声母/c/开头的单音节词（如：彩）＿＿＿＿＿＿＿＿＿＿＿＿＿＿和多音节词（如：彩球）

＿＿＿＿＿＿＿＿＿＿＿＿＿写在彩球上，并说＿＿遍。

构音训练建议表

编号	训练目标	游 戏 名 称	训 练 内 容	
			单音节词或多音节词	参考单音节词或多音节词
01	彩球	/c/,第一声母音位习得	彩,彩色,彩球	
02	彩虹	/c/,第一声母音位习得	彩,彩色,彩虹	
03	草莓	/c/,第一声母音位习得	草,草莓	可参考"声韵母组合训练"游戏板的内容
04	除草	/c/,第二声母音位习得	草,小草,割草机	
05	晚餐	/c/,第二声母音位习得	餐,晚餐,吃晚餐	
06	舞彩球	/c/,第二声母音位习得	彩,彩球,舞彩球	
07	稻草人	/c/,第二声母音位习得	草,稻草,稻草人	

参　考　文　献

1. 杜晓新,黄昭鸣,宋永宁,等.聋儿康复教育中的 HSL 理论及其操作模式[J].中国听力语言康复科学杂志,2006(01).

2. 杜晓新,孙喜斌,黄昭鸣.《人工耳蜗术后汉语言康复教育机理和方法研究》课题介绍[J].中国听力语言康复科学杂志,2005(06).

3. 杜晓新.单一被试实验与元分析技术[J].心理科学,2003(06).

4. 杜晓新,黄昭鸣.多媒体视听技术在听障儿童认知主题中的应用[J].中国听力语言康复科学杂志,2003(01).

5. 桂诗春.新编心理语言学[M].上海:上海外语教育出版社,2000.

6. 黄鹤年.现代耳鼻咽喉头颈外科学[M].上海:复旦大学出版社,2003.

7. 黄昭鸣,陆洋,周红省,等.生成课程在 1+X+Y 聋儿康复教育模式中的实践研究[J].中国听力语言康复科学杂志,2006(02).

8. 黄昭鸣,万萍,蔡红霞.言语音调障碍的测量及矫治对策[J].中国听力语言康复科学杂志,2005(06).

9. 黄昭鸣,杜晓新,万萍,等.国人儿童口腔轮替运动速率参考标准的制订[J].听力学及言语疾病杂志,2005(04).

10. 黄昭鸣,万萍,杜晓新.论胸式呼吸在聋儿言语康复中的危害性[J].中国听力语言康复科学杂志,2005(04).

11. 黄昭鸣,杜晓新,蔡红霞.平均言语基频常模的制订及其相关研究[J].中国听力语言康复科学杂志,2005(02).

12. 黄昭鸣,籍静媛.实时反馈技术在言语矫治中的应用[J].中国听力语言康复科学杂志,2005(01).

13. 黄昭鸣."聋人文化"观之辨析[J].中国特殊教育,2004(10).

14. 黄昭鸣,万萍,王衍龙.言语呼吸疾病的定量评估及矫治对策[J].中国听力语言康复科学杂志,2004(05).

15. 黄昭鸣,万萍.s/z 比值在聋儿言语呼吸中的临床价值[J].中国听力语言康复科学杂志,2004(04).

16. 黄昭鸣,杜晓新,季佩玉.聋儿康复中的"医教结合"模式之探讨[J].中国听力语言康复科学杂志,2004(02).

17. 黄昭鸣,黄鹤年,陈玉琰.嗓音言语的生理解剖机理[M].Washington:Tiger DRS,Seattle,2003.

18. 黄昭鸣,黄鹤年,万萍,等.嗓音言语实用治疗手册[M].Washington:Tiger DRS,Seattle,2003.

19. 黄昭鸣,黄鹤年,万萍,等.嗓音言语的重读治疗法[M].Washington:Tiger DRS,Seattle,2002.

20. 黄昭鸣,黄鹤年,等.喉内窥镜计算机图象处理系统的临床应用价值[J].临床耳鼻咽喉科杂志,2001(08).

21. 黄昭鸣,韩秀华,陈玉琰.计算机导航聋幼儿言语矫治的研究[J].中国特殊教育,2001(04).

22. 黄昭鸣,张燕,黄鹤年.一种儿童嗓音言语矫治的计算机技术[J].听力学及言语疾病杂志,1999(04).

23. 黄昭鸣.语音共振峰跟踪的新方法研究[J].上海工业大学学报,1997(06).

24. 黄昭鸣.人体鼻部肿瘤诊断依据的研究[J].生物力学杂志,1989(01).

25. 黄昭鸣.人体喉头部肿瘤诊断依据的研究[J].生物力学杂志,1988(03).

26. 籍静媛,黄昭鸣.聋儿康复和聋教育应该适应多媒体技术的发展[J].中国听力语言康复科学杂志,

2004(06).

27. 金野,万勤,周红省,黄昭鸣.听障患者舌面音构音障碍的元音及矫治对策[J].中国听力语言康复科学杂志,2008(02).

28. 季佩玉,黄昭鸣主编.聋校语文教学法[M].上海:华东师范大学出版社,2005.

29. 李胜利主编.言语治疗学[M].北京:华夏出版社,2004.

30. 李胜利.构音障碍的评价与治疗[J].现代康复,2001(23).

31. 吕自愿,李峰,徐丽娜.双唇音构音障碍的临床特点和语音训练[J].中国康复理论与实践,2014(08).

32. 金星明.听力障碍儿童的语音和语言干预[J].中国临床康复,2003(03).

33. 李欢.构音障碍评估研究述评[J].中国特殊教育,2010(06).

34. 卢红云.韵母构音运动声学特征分析及治疗策略的制定[D].上海:华东师范大学,2011.

35. 卢红云,黄昭鸣,白银婷,张磊.听力正常成年男性单元音构音运动的声学参数研究[J].临床耳鼻咽喉头颈外科杂志,2011(09).

36. 卢红云,黄昭鸣,张蕾,张磊,朱群怡.下颌元音构音运动定量测量的实验研究[J].中国特殊教育,2011(04).

37. 梅次开,季佩玉,金育萍,等.简论《聋校新概念语文教学法》的几个基本理念[J].中国听力语言康复科学杂志,2005(05).

38. 毛世帧主编.对外汉语教学语音测试研究[M].中国社会科学出版社,2002.

39. 孟晓.口腔轮替运动速率标准的修订及其应用研究[D].上海:华东师范大学,2006.

40. 翟燕,宋晓萍,翟佳,李丽.口部肌肉治疗在功能性构音障碍儿童语言训练中的应用[J].中国康复,2014(03).

41. 万萍,黄昭鸣,杜晓新,等.口腔轮替运动速率在提高聋儿口部运动能力中的指导意义[J].听力学及言语疾病杂志,2006(01).

42. 王衍龙,黄昭鸣,万萍.最长声时测量在聋儿言语呼吸中的指导意义[J].中国听力语言康复科学杂志,2004(03).

43. 杨式麟主编.嗓音医学基础与临床[M].沈阳:辽宁科学技术出版社,2001.

44. 严舒.3—5岁学前儿童语音能力评估标准化及应用研究[D].上海:华东师范大学出版社,2012.

45. 曾宪孔,黄昭鸣主编.眼耳鼻喉口腔科诊疗基本技能图解[M].北京:人民军医出版社,2005.

46. 周红省,易海燕,黄昭鸣,等.1+X+Y聋儿康复教育模式的实践研究[J].中国听力语言康复科学杂志,2006(01).

47. 周红省,徐少妹,黄昭鸣,等.同步式聋儿家长培训模式的构建与实践[J].中国听力语言康复科学杂志,2006(01).

48. 周红省,刘巧云,陆洋.故事教学法在聋儿语言教育中的运用[J].中国听力语言康复科学杂志,2005(03).

49. 张磊.听障儿童声母构音异常的分析及治疗策略[D].上海:华东师范大学出版社,2008.

50. 张芳,刘巧云,范佳露,万丽丽,黄昭鸣,孙喜斌.3—5岁健听儿童连续语音切换清晰度的研究[J].听力学及言语疾病杂志.2010(05).

51. 高晓慧、万勤、惠芬芬、吴静等.不同语言任务下4—7听障儿童的言语流畅性特征不同语言任务下4—7听障儿童的言语流畅性特征[J].中国特殊教育,2015(10).

52. 杨影、赵航、孙喜斌、卢晓月.电声双模式助听下听障儿童对声母、韵母、声调、扬扬格词识别研究[J].中国特殊教育,2013(05).

53. 赵航、刘巧云、严舒、黄雷、黄昭鸣、杜晓新、孙喜斌.韵母对送气塞音"音位对识别"的影响及教育干预启示[J].中国特殊教育,2013(02).

54. 白银婷、唐文婷.3—5岁听障儿童鼻音障碍特征及康复训练研究[J].中国特殊教育,2012(09).

55. 张磊、黄昭鸣、胡靓、朱群怡、易玲.学前听障儿童声调发音的声学研究[J].中国特殊教育,2012(02).

56. 刘晓明.听障大学生阅读理解监控的眼动研究[J].中国特殊教育,2012(01).

57. 卢红云、黄昭鸣、张蕾等.下颌元音构音运动定量测量的实验研究[J].中国特殊教育,2011(04).

58. KIM Ha-kyung、赵风云、刘晓明、黄昭鸣.正常青年人不同语料测试基频的研究[J].听力学及言语疾病学杂志,2015(06).

59. 杨影、孙喜斌、王丽燕.先天性重度及以上程度听力损失婴幼儿语言能力康复效果观察[J].听力学及言语疾病学杂志,2015(04).

60. KIM Ha-kyung、汪梅梅、张艳丽、赵风云、黄昭鸣.正常成人朗读和自发言语的语速研究[J].听力学及言语疾病学杂志,2015(03).

61. 张青、刘晓明、黄昭鸣、万勤.正常成人发音调、响度周期性连续起伏变化/i/音的声学分析[J].听力学及言语疾病学杂志,2014(06).

62. 张磊、黄昭鸣、朱文倩.小龄人工耳蜗植入儿童非鼻音韵母发音研究[J].听力学及言语疾病学杂志,2014(01).

63. 万勤、努尔、邵国珺.学龄唐氏综合征患儿与正常儿童口腔共鸣声学特征比较[J].听力学及言语疾病学杂志,2013(05).

64. 万勤、胡金秀、黄昭鸣、孙鞞郡、卢红云.3~6岁听障儿童与健听儿童嗓音声学特征比较[J].听力学及言语疾病学杂志,2013(04).

65. 陈佼佼、万勤、张青、邵国珺、黄昭鸣.学龄听障儿童与健听儿童口腔共鸣特点的比较研究[J].听力学及言语疾病学杂志,2013(04).

66. 张梦超、刘巧云、卢海丹、黄昭鸣、杜晓新、孙喜斌.正常成人低迪滤波汉语清塞音的识别研究[J].听力学及言语疾病学杂志,2013(02).

67. 张磊、朱群怡、黄昭鸣、张蕾.学龄前聋儿声母发音难度研究[J].听力学及言语疾病学杂志,2012(02).

68. 万勤、陈守华、黄昭鸣.呼吸方式对3—6岁健听个听障儿童最长声时与最大数数能力的影响[J].听力学及言语疾病学杂志,2011(06).

69. 卢海丹、顾婷婷、万勤、黄昭鸣.不同测试语料下3—6健听与听障儿童音调比较研究[J].听力学及言语疾病学杂志,2011(03).

70. 崔丽丽、黄昭鸣.人工耳蜗植入儿童声调的识别及发声能力个案研究[J].听力学及言语疾病学杂志,2011(03).

71. 刘巧云、赵航、陈丽、黄昭鸣、张梦超.3—5岁健听儿童音位对比识别习得过程研究[J].听力学及言语疾病学杂志,2011(02).

72. 陈东帆、高祥、王照亮、汪红、陈维涛.构音语音测量系统及其实验研究[J].计算机工程与科学,2012(01).

73. 刘建菊、孙喜斌.人工耳蜗植入儿童术后声调识别能力跟踪评估[J].中国康复理论与实践,2012(04).

74. 李永勤、林海英、刘巧云.听障儿童听觉语言康复效果影响因素分析[J].中国听力语言康复科学杂志,2015(06).

75. 刘巧云、范顺娟、段弘艳、黄海燕、黄昭鸣.儿童语言习得的基础理论及其对语言康复的启示[J].中国听力语言康复科学杂志,2015(05).

76. 赵风云、张艳丽、汪梅梅、黄昭鸣、KIM Ha-kyung.普通成人命名说话的言语不流畅性研究[J].中国听力语言康复科学杂志,2015(05).

77. 张云舒、林青、李爽、刘巧云、黄昭鸣.唐氏综合症儿童韵母语言清晰度特征研究[J].中国听力语言康复科学杂志,2015(05).

78. KIM Ha-kyung、庾晓萌、刘晓明、曹艳静、郑钦.单纯型语言障碍儿童特征研究[J].中国听力语言康复科学杂志,2015(04).

79. 梁峻波、张艳丽、万勤、惠芬芬、杜燕玲.7~10岁完全性腭裂儿童术后嗓音特点研究[J].中国听力语言康复科学杂志,2015(04).

80. 梁峻波、张艳丽、惠芬芬、万勤.普通成人最大时长a音的声学特征研究[J].中国听力语言康复科学杂志,2015(04).

81. 郑钦、KIM Ha-kyung.腭裂修补术后言语障碍矫治的个案研究[J].中国听力语言康复科学杂志,2015(02).

82. 彭云晖、刘巧云、张磊.普通话轻声声学性质对听障儿童轻声训练的启示[J].中国听力语言康复科学杂志,2015(02).

83. 张磊、朱群怡、黄昭鸣.普通话鼻辅音与元音组合音节结构协同发音的声学研究[J].中国听力语言康复科学杂志,2015(01).

84. 杨影、孙喜斌、王康等.对侧使用助听器对人工耳蜗植入儿童句子识别能力的影响[J].中国听力语言康复科学杂志,2015(01).

85. 严舒、尹岚、徐少妹、刘巧云.智障儿童语音切换能力干预的个案研究[J].中国听力语言康复科学杂志,2014(03).

86. 秦宁臻、刘巧云、黄昭鸣.听障儿童舌后部上抬构音运动障碍个案研究[J].中国听力语言康复科学杂志,2014(02).

87. 张青、易玲、万勤.听障儿童下颌构音运动异常矫治个案研究[J].中国听力语言康复科学杂志,2013(06).

88. 金星、黄昭鸣、杜晓新.听障儿童与健听儿童韵律词重音声学特征的比较研究[J].中国听力语言康复科学杂志,2013(05).

89. 张梓琴、刘巧云、张梦超、卢海丹.人工耳蜗植入儿童言语韵律干预策略研究[J].中国听力语言康复科学杂志,2013(05).

90. 张磊、朱群怡、周谢玲、朱文倩、黄昭鸣.普通话前后鼻韵母区分参数的实验研究[J].中国听力语言康复科学杂志,2013(04).

91. 易玲、张磊、黄昭鸣.听障儿童单字调发音障碍干预的个案研究[J].中国听力语言康复科学杂志,2013(03).

92. 卢红云、万勤、KIM Ha-kyung、朱红、刘巧云.失语症的康复训练方法[J].中国听力语言康复科学杂志,2013(03).

93. KIM Ha-kyung、HWANG yong-jin(韩国)、刘巧云、周谢玲.失语症定义和失语症评估[J].中国听力语言康复科学杂志,2013(01).

94. 卢红云、万勤、黄昭鸣、金野、刘巧云.嗓音音质障碍的矫治[J].中国听力语言康复科学杂志,2012(06).

95. 金野、李立勤.听障儿童语言韵律障碍音乐干预的个案研究[J].中国听力语言康复科学杂志,2012(06).

96. 万勤、黄昭鸣、卢红云、刘巧云.口腔共鸣障碍的矫治[J].中国听力语言康复科学杂志,2012(05).

97. 刘建菊、陈滨、孙喜斌.人工耳蜗植入儿童术后韵母识别能力跟踪评估[J].中国听力语言康复科学杂志,2012(04).

98. 刘巧云、万勤、卢海丹、黄昭鸣.言语音调异常的矫治[J].中国听力语言康复科学杂志,2012(04).

99. 李宁、周林灿、司博宇.健听儿童与听障儿童韵母a及其鼻韵母声学参数的比较研究[J].中国听力语言康复科学杂志,2012(03).

100. 万勤、黄昭鸣、卢红云、刘巧云.言语响度异常的矫治[J].中国听力语言康复科学杂志,2012(03).

101. 孙鞴郡、万勤、朱珈民、黄昭鸣.健听成人言语呼吸声学参数的特征研究[J].中国听力语言康复科学杂志,2012(02).

102. 陈丽、刘巧云、杜晓新、黄昭鸣.听障儿童声母音位对比识别康复训练内容的编制研究[J].中国听力语言康复科学杂志,2012(01).

103. 万勤、黄昭鸣.言语呼吸方式异常的矫治[J].中国听力语言康复科学杂志,2012(01).

104. 范佳露、刘巧云、张芳、黄昭鸣.智障儿童和健全儿童连续语音重复能力的比较研究[J].中国听力语言康复科学杂志,2011(06).

105. 陈佼佼、刘巧云、赵航、黄昭鸣、孙喜斌.时域压缩言语识别阈值及影响因素研究[J].中国听力语言康复科学杂志,2011(05).

106. 刘巧云、黄昭鸣、张梦超、张蕾. 语音能力评估的原理及方法[J]. 中国听力语言康复科学杂志,2011(05).

107. 司博宇、朱群怡、周林灿、丁迎春、李宁、黄昭鸣. 汉语普通话语调的声学参数对比研究[J]. 中国听力语言康复科学杂志,2011(04).

108. 黄昭鸣、张蕾、张磊、卢红云、朱群怡. 特殊需要儿童构音语言障碍的评估与治疗[J]. 中国听力语言康复科学杂志,2011(04).

109. 张蕾、孙喜斌、黄昭鸣. 助听器音频补偿效果与构音清晰度的相关研究[J]. 中国听力语言康复科学杂志,2011(03).

110. 杜晓新、王蕾、卢红云. 共鸣障碍评估的原理及方法[J]. 中国听力语言康复科学杂志,2011(03).

111. 金星、杜晓新、刘巧云、黄昭鸣. 普通话韵律词重音的听感知及声学参数研究[J]. 中国听力语言康复科学杂志,2011(02).

112. 黄昭鸣、胡金秀、万勤、杜晓新、周红省. 发声障碍评估的原理及方法[J]. 中国听力语言康复科学杂志,2011(02).

113. 崔丽丽、黄昭鸣、杜晓新. 植入人工耳蜗与配戴助听器儿童背景噪声下的声调识别[J]. 中国听力语言康复科学杂志,2011(02).

114. 张蕾、张磊、朱群怡、刘巧云、黄昭鸣. 听障儿童声母音位对听说对比特征研究[J]. 中国听力语言康复科学杂志,2011(02).

115. 黄昭鸣、孙鞞郡、刘巧云、张蕾、杜晓新. 言语呼吸障碍评估的原理与方法[J]. 中国听力语言康复科学杂志,2011(02).

116. 刘建菊、孙喜斌. 人工耳蜗植入儿童康复效果评估指标韵母识别能力的标准化研究[J]. 中国医药科学,2012(05).

117. Bloom L, Lahey M. *Language and Language Disorder*[M]. New York：Wiley, 1978.

118. Daniel R. Boone, Stephen C. McFarlane, Shelley L. Von Berg, etc. *The Voice and Voice Therapy*[M]. New York：Stephen D. Dragin Publishers, 2009.

119. Erika G. Gisel PhD, OTR, Toni Applegate-Ferrante BA, Jane Benson MD, James F. Bosma MD. Oral-motor skills following sensorimotor therapy in two groups of moderately dysphagic children with cerebral palsy：Aspiration vs nonaspiration[J]. Dysphagia, 1996, 11(01)：59—71.

120. Hirano M, Kurita S, Sakaguchi S. Ageing of the Vibratory Tissue of Human Vocal Folds[J]. ActaOto-Laryngologica, 1989, 107(5—6)：428—433.

121. Hirano M, Yoshida T, Tanaka S, et al. Sulcus vocalis：functional aspects[J]. Annals of Otology Rhinology & Laryngology, 1990, 99(9 Pt 1)：679－683.

122. Hirano M. Psycho — acoustic evaluation of voice：GRBAS scale for evaluating the hoarse voice. Clinical examination of voice [M]. Wien, New York：Springer — Verlag,1981.

123. Hirano M. Function of the laryngeal muscles in singing[J]. Journal of the Acoustical Society of America, 1975, 58：S95－S95.

124. Hirose H, Gay T. The Activity of the Intrinsic Laryngeal Muscles in Voicing Control[J]. Phonetica, 1972, 25(3)：140－164.

125. Lam PK, Chan KM, Ho WK, Cross-cultural adaptation and validation of the Chinese Voice Handicap Index－10[J]. The Larynoscope, 2006, 116(7)：1192－1198.

126. Miller R L. Nature of the Vocal Cord Wave[J]. Acoustical Society of America Journal, 1956, 31(311)：93－95.

127. Machulla R, HackiT,Hoppe U，etc. Voice Handicap Index(VHI) in inpatient voice rehabilitation medicine[J]. HNO, 2006,54(54)：52－58.

128. Kenneth G. Shipley, Julie G. McAfee. Assessment in Speech-Language Pathology：A Resource

Manual[M], 3rd ed. Thomson Delmar Learning, 2004.

129. Karen Forrest, Jenya Iuzzini. A Comparison of Oral Motor and Production Training for Children with Speech Sound Disorders[J]. Semin Speech Lang, 2008, 29(4): 304 – 311.

130. Paget, R. Human Speech: Some Observations, Experiments, and Conclusions as to the Nature, Origin, Purpose and Possible Improvement of Human Speech[J]. Nature, 1930, 125(3165): 966 – 967.

131. Rasch T, Gunther S, Hoppe U, etc. Voice —related quality of life in organic and functional voice disorders[J]. Logopedics phoniatrics vocology, 2005, 30(30): 9 – 13.

132. Rosen CA, Lee AS, Osborne J. Development and Validation of the voice handicap index – 10. The Larynqoscopc. 2004, 114(9): 1549 – 1556.

133. S. Fonville MD, Dr. H. B. Worp MD, PhD, P. Maat MD, M. Aldenhoven MD, A. Algra MD, PhD, J. Gijn MD, FRCP, FRCPE. Accuracy and inter-observer variation in the classification of dysarthria from speech recordings[J]. Journal of Neurology. 2008, 255(10): 1545 – 1548.

134. Titze I R. The human vocal cords: a mathematical model[J]. Phonetica, 1973, 28(3): 129 – 170.

135. Titzc I R, Martin D W. Principles of Voice Production[J]. Journal of the Acoustical Society of America, 1998, 104(3): 1148 – 1148.

136. Zaoming Huang. Measures of vocal function during change in vocal effort level[J]. Journal of Voice, 1996, 9(4): 429 – 438.

137. Zaoming Huang. Dr. Speech Science for Windows [M] San Diego: Singular Publishing Group, 1995.

138. Ying Yang, Yue-Hui Liu, Ming-Fu Fu, Chun-Lin Li, Li-Yan Wang, Qi Wang, Xi-Bin Sun: Home based Early Intervention on Auditory and Speech Development in Mandarin speaking Deaf Infants and Toddlers with Chronological Aged 7 – 24 Months[J]. Chinese Medical journal, 2015, 128(16): 2202 – 2207.